클라이브 폰팅 (1946~2020)

Clive Ponting

영국의 역사가. '빅 히스토리'의 개척자로 평가받는다. 크림 전쟁과 두 차례의 세계대전, 윈스턴 처칠 등 여러 가지 주제를 다룬 저서들로 명성을 얻었다. 특히 방대한 인간 문명사를 지구 환경의 관점에서 정리한 세계적 베스트셀러 『녹색 세계사』는 환경사의 명저이자 고전으로 꼽힌다.

마거릿 대처 행정부에서 국방부 고위 공무원으로 근무하던 중에 포클랜드 전쟁 관련 문서를 노동당 의원에게 건네 은폐된 진실을 밝히려고 했다. 결국 기밀을 유출한 혐의로 기소되었으나, 국민의 알 권리를 위한 행동이었다고 스스로 변호함으로써 배심원들이 유죄 판결을 거부하게 했다. 공직에서 물러난 후에는 스완지 대학에 재직했으며, 스코틀랜드 국민당에 합류해 활동했다.

한국에 소개된 저서로는 『클라이브 폰팅의 녹색 세계사』와 『진보와 야만』이 있다.

클라이브 폰팅의
세계사 1

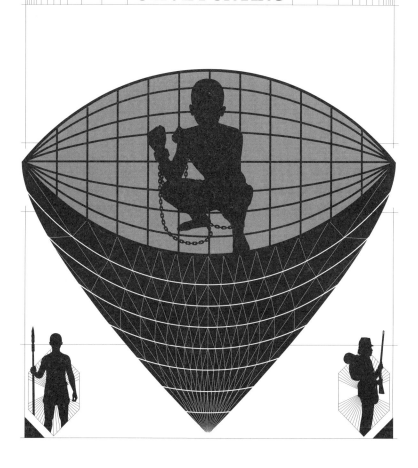

클라이브 폰팅의

세계사

선사시대에서 중세까지

클라이브 폰팅 | 왕수민 옮김

1

WORLD
HISTORY
A NEW PERSPECTIVE
CLIVE PONTING

민음사

WORLD HISTORY:
A New Perspective
by Clive Ponting

보니 헌터 윌킨슨(Bonnie Hunter Wilkinson: 1926~1997년)을 추모하며

감사의 말

탁월한 솜씨로 이 책의 지도와 도표들을 그려 준 맥신 부비어(Maxine Boobyer)에게 감사의 마음을 전하고 싶다. 부비어의 그림들이 없었다면 이 책은 이루 말할 수 없이 빈약해졌을 것이다.

1권 차례

3부 초기 제국들(기원전 2000~기원후 600년)

지도 차례

일러두기

1   이 책은 Clive Ponting, *World History: A New Perspective*(2000) 중 서론과 1부(1장)에서 4부(15장)까지에 해당한다.
2   인명과 지명 등 고유명사의 외래어 표기는 국립국어원 외래어 표기법을 따랐다.
3   중국의 인명과 지명은 신해혁명을 기준으로 표기를 달리하되, 사례에 따라서는 병기했다.

서론

세계사

　세계사란 무엇인가? 단순히 세상에 존재해 온 개개 국가와 제국, 문명의 역사를 한데 추린다고 세계사가 되는 것은 아니다. 그런 접근법으로는 국가, 제국, 문명 등의 구성단위에 담긴 공통의 주제는 물론, 그것들이 상호작용해 온 방식도 끌어내지 못한다. 그뿐인가, 다양한 인간 공동체 사이의 지식과 기술의 전파 역시 그런 접근으로는 추적 불가능하다. 세계사는 반드시 공통의 주제와 발전을 중심으로 내용을 구성해야 한다. 그렇게 하되 어느 한 집단의 경험에 치중하는 일 없이, 각기 다른 인간 공동체 모두의 경험을 담아내는 일이 필요하다. 오늘날 세계사를 바라보는 우리의 관점에는 심한 결함과 편견이 존재한다는 것이 이 책의 근본 논지다. 그러한 결함은 뿌리 깊은 유럽 중심주의에서 비롯된다. 유럽 중심주의는 '서구 문명'을 세계사의 주된 동력이라고 보며, 서구 문명 안에 인간 사회와 인간 사고의 모든 훌륭하고 진보적인 것이 담겨 있다고 믿는다. 이런 관점에서는 서구 이외의 전통과 사회가 가진 역할과 중요성이 간과되고 무시되곤 한다. 그것은 곧 이 세상 사람 대다수의 경험을 간과하고 무시하는 일이 된다. 이 책은 인간의 역사를 좀 더 균형 잡힌 시각에서 서술하고자 한다.

　세계사의 집필에서 가장 흔히 시도되는 방법 중 하나가 일련의

'문명' 위주로 내용을 구성하는 것이다. 이 방법을 맨 처음으로 시도한 이는 오스발트 슈펭글러(Oswald Spengler)로, 1932년에 번역되어 나온『서구의 몰락(The Decline of West)』이 그의 주저다. 주로 '서구'를 그리스·로마 세계와 비교하는 내용인데, 예증은 거의 찾아볼 수 없다. 슈펭글러는 문명이 외부 영향에서 자유로운 독립적 실체라고 보았고, 문명의 역사를 이루는 것도 대체로 예술과 철학이라 여겼다. 각 문명은 저마다 깊숙한 곳에 '영혼'을 간직하고 있고, 이것이 문명에 배어들어 문명을 이끈다고 그는 생각했다. 이런 식의 접근법으로 가장 유명한 책은 아널드 토인비(Arnold Toynbee)가 쓴『역사의 연구(A Study of History)』로, 1930년대 초반부터 근 30년에 걸쳐 열두 권이 출간되었다. 토인비는 20세기 초반 유럽 세계의 전형적 소산이라고 할 인물이었다. 사회 진화론자였던 그는 문명이 유기체와 비슷하다고 주장했다. 문명은 자연환경 속의 '도전과 응전'을 통해 등장하며, 생존을 위한 투쟁 과정 속에서 탄생, 성장, 붕괴, 해체라는 공통된 주기를 겪는다고 보았다. 엘리트주의자로서 토인비는 이러한 문명의 역사에서 중대 요소를 이루는 것은 '창조적 소수'라고 믿었다. 토인비 이후에도 나름의 체계를 구축해 온 사가가 여럿 있다. 피티림 소로킨(Pitirim Sorokin)은『사회·문화적 동력(Social and Cultural Dynamics)』에서 문명은 '문화적 상위 체계'이며, '관념', '감각', '이성'의 주기적 단계를 차례로 거친다고 주장했다. 1960년대에 책을 집필한 캐럴 퀴글리(Carroll Quigley)는 사회가 '기생 사회'와 '생산 사회'의 두 종류로 나뉜다고 보고, 이들이 각자 나름의 '확장 수단'을 지닌다고 여겼다. 좀더 최근에 들어서는 데이비드 윌킨슨(David Wilkinson)이 '중심 문명'을 주장했다. 근 4000년 전에 하나로 통합되었던 이집트 문명과 메소포타미아 문명이 이후 (일본이 통합되는 시점인) 1850년에 이르기까지 여타 문명에 대한 통합을 계속해 결국 하나의 단일한 세계 문명을 이루었다는 것이다. 세계사를 통틀어 최고 걸작이라 평가받는 윌리엄 맥닐(William McNeil)의 『서구의 발흥(The Rise of the West)』도 본질적인 면에서 '문명적' 접근법을 취하기는 마찬가지다. 물론 그는 이들 구성단위 간의 상호작용을 밝혀내고, 모든 문명에 공통적으로 영향을 미친 힘이 무엇인지 설명해 내는 데 주력했지만 말이다.

이런 접근법에는 여러 가지 문제가 있다. 무엇보다 문명을 구성하는 요소가 무엇이며, 이제껏 지구에 문명이 몇 개 나타났는지에 대해 의견이 전혀 일치되지 않고 있다. 토인비만 해도 작업 초반에는 문명을 스물세 개로 나열했지만, 막상 막바지에 이르자 목록이 스물여덟 개로 달라져 있었다. 퀴글리의 경우 문명은 열여섯 개뿐이라 여겼다. 이와 달리 열아홉 개라는 의견을 피력하는 이들도 있다. 마찬가지로 일부 사가는 일본을 '극동' 혹은 '중국' 문명과 떼어 생각하지만, 일부는 그렇지 않다. 아울러 중국을 나머지 아시아와 분리해서 보는 역사 접근법도 있다. 크레타섬의 '미노스' 문화를 별개 문명으로 치는 이들이 있는가 하면, 단순히 고대 그리스 문명의 전조로만 보는 사람도 있다. 정통 기독교 문명이 과연 따로 존재하는지, 이슬람 문명이 기존 문명의 유산과 전혀 별개로 존재한 적이 있는지에 대해서도 의견이 일치하지 않는다. 히타이트족과 유대인 집단을 어떻게 다루어야 하는지의 문제도 속 시원히 해결된 적이 없다. 의견이 합치된 곳은 딱 하나, 별개의 '이집트' 문명이 존재했다는 것뿐인데, 이마저도 사람들마다 시작 연대는 2500년 이상, 종말 연대는 거의 1000년 이상 차이가 난다.

문명을 기반으로 세계사를 연구할 때 생기는 훨씬 근본적인 문제는 문명의 성격이 대체로 '고차원 문화'의 특징, 즉 문학작품(특히 '위대한 저작들')과 철학, 종교, 예술 양식을 갖고 정의된다는 점이다. 이들 활동들은 거의 전적으로 사회 내 소수 엘리트층만 담당했는데도 말이다.(몇십 년 전만 해도 세상 사람의 태반이 문맹이었다.) 따라서 세계사를 논하면서 '문명'에 방점을 찍으면, 그러한 요소를 인간 역사에서 지나치게 중시하는 꼴이 된다. 게다가 좀 더 면밀히 탐구해 보면 이들 '문명'은 거의 제각각 전혀 다른 '문화'와 언어로 이루어져 있다는 사실을 알 수 있다. 이는 중국과 서유럽만 봐도 분명하다. 중국과 서유럽에 각기 다른 문화가 생겨난 것은 인간 사회의 발달 방식이 달라서이기도 했겠지만, 애초에 두 지역이 그만큼 큰 차이를 안고 있었기 때문이다. 물론 문명이 어떤 '본질적 특성'을 가진다는 생각, 나아가 그런 특성이 세월을 건너뛰어 후대로까지 전수된다는 생각도 아주 틀리다고만은 할 수 없다. 그러나 이런 생각은 특정 사실을 간과한 것으로, 중국과 서유럽 모두 2000년 전 조건과 비교해 봤을 때 거의 모든 면에서 근본적으로 달라져 있다. 문명이 가진 특성 중 세월을 건너뛰어 후대로까지 전수되는 부분은 실제로는 미미한 수준에 그친다는 이야기다. 그뿐 아니라, 문명사적 접근을 취해 본질적으로 '지적인' 면만 강조하다 보면 인간 역사 전반을 살피지 못하는 우를 범한다. 이는 각자 고유한 발전 패턴을 보이는 사회, 경제, 기술, 군사, 전략의 영역에서 특히 그렇다. 따라서 어떤 문명을 수천 년 전에 존재한 다른 문명과 비교하는 것은, 그 사이에 일어난 경제적·기술적·사회적 발전을 무시한다는 면에서 온당치 않다.

개별 문명에 초점을 맞추다 보면 문명이 자율적 단위이며 나름의 고유한 동력에 따라 발전한다는 사고를 피하지 못한다. 이는 세계사의 근본 특징 두 가지를 무시하는 결과를 초래한다. 첫째, 인간 사회에 공통적으로 나타나는 경제와 기술의 배경을 보지 못한다. 이를 살피기 위해서는 다양한 인간 사회가 고차원 문화의 몇 가지 양상과 관련해 갖는 차이를 부각하기보다는, 유사성을 찾아내는 것이 훨씬 유용한 방법이다. 토인비는 (6장에서 설명하겠지만) 초창기 '문명'의 역사에서 공통된 리듬을 여럿 찾아냈다고 했는데, 사실 이는 초창기 농경 사회와 제국의 어디에서나 나타난 공통된 특징에 지나지 않는다. 둘째, 문명에 초점을 맞추면 다양한 사회의 연관성은 물론 사회 간의 사상과 신앙, 기술의 전파를 간과하게 된다. 이제까지 인류 역사에서 철저한 고립 상태에서 발전한 문명은 아메리카 대륙 문명밖에 없었다. 제각각 달랐던 그 모든 인간 사회가 차츰 긴밀해져 하나로 뭉쳐졌다는 사실이야말로 세계사를 이루는 핵심 내용 중 하나다.

세계사를 보는 가장 흔한 접근법은 '서양 문명'의 안경을 끼는 것이 아닐까 한다. 이는 유럽 문화 깊숙이 자리 잡은 전통으로, 19세기에 생겨난 유럽 우월주의에 연원한 바가 크다. 이 관점에 따르면 애초에 '문명'은 메소포타미아와 이집트에서 생겨나, 이윽고 '서양 문명'의 진정한 본산이 되는 땅으로 급속히 이동했다. 미노스 문화를 이룩한 크레타섬, 미케네 문화를 이룩한 그리스가 바로 그런 땅이었다고 여겨지며, 이곳을 토대로 '고전 시대' 그리스와 로마가 일어설 수 있었다. 그리고 그리스와 로마(특히 후자)가 ('합리적'이고 '과학적'인) '서양적' 사고방식과 '서양적' 정치 전통(특히 민주주의)이 생겨나는 기원이 되었다. 이러한 속성이 유달리 많이 전파된 곳이 유럽이다. 잠시 이슬람의 중요성이 부각된 때도 있었으나, 세계사의 동력은 약 800년 무렵에 카롤루스 대제의 제국 치세를 시작으로 '유럽'이 '흥기'하면서 본격적으로 만들어질 수 있었다. 이 고유하고 역동적이며 진취적인 문화는 십자군 전쟁에서 처음 모습을 드러냈으며, 1500년 이후 유럽 문명의 이득이 나머지 세상에 전해진 '탐험의 시대'가 개막되며 본격적인 힘을 발휘했다. '과학혁명'과 '산업혁명', 기술 진보, 자본주의, (합리적이고 제한된 통치를 지향하는) 유럽식 정치 구조, 민주주의 등도 바로 '서양 문명'의 힘이 있었기에 탄생할 수 있었다. 이러한 서술에서는 중국과 인도를 비롯한 세계 나머지 지역의 역사가 별개로 분리된 것이 되며, 이 나머지 지역은 유럽의 거침없는 진격으로 만들어진 '세계 문명' 속으로 휩쓸려 들어온 후에야 비로소 좀 더 중요성을 갖는다. 따라서 이 관점에서는 유럽이 세계사에서 그 어디보다도 특권을 가지는 곳이자, 변화와 발전을 특징으로 갖는 곳이 된다. '서양'이 그러하다면, (유라시아의 나머지 지역인) '동양'은 ('서양'이 도래하기 전까지는) 전반적으로 비합리적이고 권위주의적이며 정적이고 정체된 곳이라는 뜻이 된다. 이 책에서는 이런 접근법을 일절 거부한다.

(특히 1500년 무렵 이후의) 유럽 문명과 관련된 문제는 이렇듯 '서양 문명적' 접근법에도 나타나지만, '문명'을 세계사의 핵심 단위로 보는 다른 접근법에서도 마찬가지로 나타난다. 토인비는 서양의 기독교를 하나의 문명으로 보면서 그에 함축된 결과 때문에 고민하지 않을 수 없었다. 만일 서양의 기독교가 (토인비가 발견했다고 믿은) 역사'법칙들'의 지배를 받는다면, 기독교 역시 쇠락을 면치 못할 것이기 때문이었다. 이는 토인비가 원한 전망이 아니었고, 따라서 어떻게 하면 이런 결과를 피할지에 대한 고민이 토인비의 저작 후반부를 상당 부분 차지한다. 서유럽 '문명'의 등장과 전 지구적 확산이 세계 문명들의 상호작용에 변화를 일으킨 것은 분명 사실이다. 맥닐도 이런 변화가 진행된 시기(즉 19세기 중반)를 중심으로 삼아 책의 결론 부분을 끌어갔다. 그 결론은 그리 명쾌하지 않았으나 책에서 맥닐이 전하고자 한 메시지는 분명하다. 역사는 현재 '서양이 발흥'하는 방향으로, 나아가 서양이 세계를 지배하는 방향으로 전개되고 있다는 것이다.

맥닐이 책을 썼던 1950년대는 그런 전망이 당연하게 비쳤을지 모르나 21세기 초는 그렇게 자신할 만한 상황이 아니었다. 『서구의 발흥』 출간 25주년을 맞아 쓴 놀라운 자기비판의 글에서 맥닐도 자기의 위대한 저작에 커다란 결점이 있음을 인정했다. 1500년 이후 서유럽에 의해 통합된 세계경제가 탄생했다는 사실, 나아가 서유럽이 (북아메리카의 후손들과 함께) 그 경제의 주요 수혜자였다는 사실을 경시했다는 것이다. 이는 '문명'을 기반으로 한 세계사는 경제적·사회적 역사를 경시할 수밖에 없음을 일부 인정했다는 뜻이자, 이매뉴얼 월러스틴(Immanuel Wallerstein)이 1970년대 이후에 이룬 연구 업적과 그의 '세계 체제론'을 인정한 것이기도 하다. 세계 체제론은 1500년 무렵에 세계사에 근본적인 단절이 있었다고 주장한다. 1500년 무렵에 유럽은 자본주의를 세계 체제로 탄생시키기에 이르는데, 자본주의는 (이전의 착취 체제와는 달리) 어떤 정치 제국과도 직접적 연관을 갖지 않는 특징이 있었다. 그리고 그 과정에서 세계는 재편되어, 부유하고 산업화된 국가가 주축인 '핵심부'와 후진적이고 의존적이며 농경 위주인 국가가 주축인 '주변부', 그리고 그 사이의 '반(半)주변' 지대로 나뉘었다. 일부 역사가는 이런 구분법을 확장해 다양한 종류의 세계 체제 개념을 1500년 이전 시기에까지 적용하려고 노력하고 있다. 일부 타당성은 있는 작업이기는 하나, 완성까지는 어느 정도 시간이 걸릴 것으로 보인다. 반면 월러스틴은 이런 시도를 일절 거부하면서, 세계사의 독특한 상황은 1500년 이후에나 찾아볼 수 있다고 주장한다. 따라서 월러스틴의 접근법 역시 심각한 유럽 중심주의의 문제를 안고 있기는 마찬가지다. 월러스틴의 이론은 세계의 역동적 요소를 오로지 서유럽으로만 보며, 서유럽이 1500년에 이미 여타의 오래된 사회 및 경제를 재편할 힘을 갖고 있었다고 가정하기 때문이다. 이 책은 월러스턴의 관점과는 달리 서유럽은 상당 기간 그럴 만한 힘을 갖지 못했다고 본다. 심지어 서유럽은 18세기 중반에 이르러서야 비로소 아시아의 공동체들(특히 인도 및 중국)과 동등한 상황에 설 수 있었다고 주장하는 바다.

월러스틴이나 그의 논적들(이들은 재산권과 개인기업, 자유, 부의 창출과 집적, 자유 시장 자본주의의 모든 혜택, 제한된 통치와 민주주의 등 이른바 '유럽의 기적'을 옹호한다.)만 서유럽이 경제적·사회적 면에서 독특한 위상을 갖는다고 생각한 것은 아니다. 마르크스주의 역시 19세기 유럽을 지배한 세계관을 상당 부분 반영했고, 특히 진보가 인간 역사의 뿌리를 이룬다는 믿음을 여실히 보여 주었다. 마르크스주의에서는 역사가 원시 공산주의, 노예사회, 봉건주의, 자본주의의 고정된 단계를 거친다고 보았는데,(그 뒤에는 공산주의가 찾아와 필연적 승리를 거둔다.) 전적으로 19세기 중반에 유럽이 겪었던 경험들에 기초한 것이었다. 이 역시 영락없이 유럽 중심주의에 빠져 있기는 마찬가지다. 설령 카를 마르크스(Karl Marx)가 다른 사회의 경험을 고려했다고 해도,(혹은 알았다고 해도) 보통 그것을 '동양의 전제주의' 정도로 치부하는 데 그쳤다. 이후 마르크스주의 역사가들은 유럽의 과거를 토대로 만든 이 모델에 모든 인간 사회를 끼워 맞추려고 시도해 왔다. 그래도 마르크스가 중요하기는 한데, 모든 인간 사회가 착취를 기반으로 이루어졌음을 강조했기 때문이다. 이제까지의 사회는 지배적 위치의 엘리트층이(그리고 국가들이) 사회 대다수 성원이 생산한 잉여물을 자기들 이익에 맞게 전용(專用)해 왔다고 마르크스는 주장했다. '문명'이라는 개념도 결국에는 최초의 농경 사회가 잉여 식량을 생산해 비생산자들(사제와 통치자, 군인, 장인)을 부양하면서, 이로써 좀 더 복잡하고 구조화되고 위계적인 사회가 탄생한 데 그 토대를 둔다.(이 책에서 사용하는 '문명'이라는 용어도 바로 이런 뜻이다.) 물론 처음에는 사람들이 공동체 일반의 목적을 위해 잉여 식량을 자발적으로 내놓았을 수 있다. 하지만 그렇다고 해도 바뀌지 않는 사실은 얼마 안 가 착취적 성격을 띠게 되었다는 것이다. 역사 흐름의 제1단계에서 변화한 것은 바로 이러한 잉여생산물의 성격뿐이었다. 처음에 잉여 생산은 농업에 기반을 두었지만, 차츰차츰 기술 발전을 통해, 그리고 좀 더 대규모의 에너지 자원 이용을 통해 새로운 기회들이 열렸다. 이로써 사회는 산업적 성격을 띠면서 근본적으로 변화했다. 마르크스는 이 후반 단계를 '자본주의'라고 부르며 유럽에만 나타나는 독특한 무언가로 여겼다. 이 책은 마르크스의 이런 접근법을 거부한다. 인간은 투자와 교역, 사업을 통해 수익과 이득을 추구하는데, 그러한 인간의 물욕은 역사 전반에 걸쳐 모든 사회에 공통적으로 나타난다. 알고 보면 그러한 활동이 처음 대단위로 발달한 곳도 중국이었지 유럽은 아니었다. 1600년 무렵 이후를 기점으로 유럽에서 일어난 전환도 그런 활동의 성격에서 빚어진 것이 아니라, 화석연료 에너지로의 급격한 전환, 나아가 새로운 산업 기술 발달에 힘입은 것이었다. 이 둘은 단순히 인간 물욕의 힘이 작동하도록 좀 더 거대한 기회를 제공했던 것뿐이다. 따라서 그 밖의 다른 이론들, 이를테면 유럽 특유의 자본가 정신이 청교도 윤리에서 비롯되었다고 본 막스 베버(Max Weber)의 관점 역시 유럽 중심주의에서 전혀 벗어나지 못한 것으로 보아 거부할 수 있다.

그렇다면 이 같은 문제들을 이 책은 어떻게 다루고자 하는가? 유럽 중심적인 관점은 거부하고, 세계의 그 어느 지역에도 편중되지 않는 훨씬 폭넓은 세계사의 관점을 취할 것을 지향한다. 그 방식은 일차적으로는 연대순이다. 세계 모든 지역에 존재한 인간 공동체의 이야기를 시간 순서에 따라 서술하려고 노력할 것이다. 첫 번째 부분에는 가장 짧은 분량에 가장 긴 기간의 이야기가 담길 텐데, 인류의 진화와 전 세계로의 확산, 그리고 인류의 유목 생활과 채집 생활을 다룬다. 두 번째 부분에서는 인간의 역사 전체를 통틀어 가장 근본적이었던 전환, 즉 농경의 채택과 거기서 생겨난 정착 공동체에 관해 다룬다. 아울러 세계 여기저기에서 '문명'이 독립적으로 등장하는 과정을 살핀다. 2부의 마지막 장(5장)에서는 이 과정이 아메리카 대륙 및 태평양 연안에서 진행된 모습을 다루면서, 이들 문명이 유럽인과 최초로 접촉하게 될 때까지 이야기를 이어 갈 것이다. 그렇게 하는 까닭은 이 지역이 고립된 채 자기들만의 고유하고 독립적인 문명을 발달시키기는 했으나, 유럽인과 조우할 당시 사회적·경제적 수준이 기원전 2000년 무렵의 유라시아와 크게 다르지 않았기 때문이다.(여기서 2부를 마무리한다.) 3부와 4부는 아시아와 유럽, 북아프리카를 아우르는 광대한 지역인 유라시아의 역사가 주 내용이다. 3부는 초기 농경 제국들의 역사를 기원후 600년까지 담아낸다. 4부는 이슬람의 흥기가 가져온 근본적인 전환으로 시작해, 약 1000년 전에 중국에서 일어난 어마어마한 변화를 살핀 후, 몽골족의 영향에 관해 논의할 것이다. 5부에서는 다시 한번 전 세계로 시야를 넓혀, 유럽이 아메리카 대륙에 도착하는 한편 아시아에 오래 존립했던 사회들과 처음으로 직접 접촉한 후 세계의 판도가 어떤 식으로 균형을 이루었는지 자세히 살필 것이다. 이 마지막 5부에서 현대 세계의 등장과 함께, 지난 250년 동안 일어난 대규모의 경제적·사회적·정치적 변화를 세계사의 관점에서 다룰 것이다.

이렇게 구성된 서사 속에는 몇 가지 공통적인 주제가 흐른다. 첫 번째 주제는 세상에 제각각 등장한 문명들이 어떻게 서서히 서로 접촉해 갔는지다. 메소포타미아와 이집트의 경우에는 초기 단계부터 접촉이 있었다. 그 뒤 수천 년이 걸려 인더스강 유역, 나아가 중국에까지 접촉이 이루어졌다. 유라시아 대륙 양끝은 애초에 간접적으로 일부 접촉이 있다가, 종국에 모두가 서로를 직접 접촉할 수 있게 되었다. 유라시아는 그 어느 지역도 장기간 고립을 겪은 일이 없다. 따라서 서로 다른 집단 사이에 어떻게 중대한 사상과 기술, 종교의 전파가 이루어졌는지가 두 번째 주제다. 결국 세계사에서는 이런 것들이 각 문명의 독특한 문화적 요소보다 훨씬 중요했던 것으로 드러났다. 그러므로 이들 지역 모두의 역사는 서로 맞물려 있는 셈이다. 이따금씩 한 집단이 다른 집단을 앞서거나 유리한 고지를 점하기도 했지만, 종국에 가서는 모든 독점이 무너지고 새로운 발견과 발명이 다른 사회로 전해졌다. 예를 들어 기원후 600년을 기점으로 500년 동안 중국은 유달리 생산적인 면모를 보였다. 인쇄술과 종이, 나침반, 화약, 발달된 철기 기술이 다른 데보다 먼저 발명되어 나온 것인데, 결국 모두 다른 지역에까지 확산되었다. 이와 비슷하게 18세기 중엽 이후 약 100년 동안 서유럽도 여러 산업적인 변화를 이끌었지만, 이 역시 급속한 속도로 전 세계에 확산되었다. 그 속도가 한 차원 빨라졌다는 것은 곧 다양한 인간 사회의 통합이 더욱 증대되었다는 뜻이며, 통합의 증대는 세계 역사 전반에 걸쳐 나타나는 또 하나의 현상으로 볼 수 있다.

세 번째 주제로는 문명의 '핵심' 지역 확대를 들 수 있다. 최초의 문명화된 사회는 모두 자기들보다 발달이 덜한 ('주변') 지역에 둘러싸여 있었고, 이들 지역을 경제적으로 착취하는 경향이 있었다. 그러나 그러한 착취의 영향, 나아가 착취에서 비롯된 좀 더 발전한 사회와의 접촉이 주변부의 상류층에게 결정적 영향을 미쳤다. 그들은 좀 더 힘을 기르지 않을 수 없었고, 나아가 자기네 국가의 원시적 구조를 자기들 능력으로 발달시켜 발전된 지역과의 접촉을 제힘으로 통제하고자 했다. 그 결과 이루어진 것이 점진적인 '문명'의 확산이다. 이 과정은 특히 메소포타미아와 이집트의 초기 국가들에서 뚜렷이 나타난다. 그 영향력은 레반트에 미친 뒤, 크레타와 그리스 본토를 차례로 통합했고, 이어 이탈리아와 이베리아반도, 마지막으로는 서유럽을 훨씬 광대한 '문명화된' 지역 안으로 끌어들였다. 중국의 경우에는 중앙의 강 유역에서 북쪽으로 문명이 서서히 뻗어 나갔으며, 결국에는 이것이 창장강 이남의 고도로 생산적인 땅(논을 이용한 집약적인 쌀농사에 적합했다.)에 진입한 것이 가장 주효했다. 동유럽과 러시아의 상당 지역에서도 이와 유사한 과정이 약 1000년 전에 진행되어, 그 지역 고유의 원시 국가들을 발달시켰다.

네 번째 주제는 정착 사회와 그들을 둘러싼 유목 집단 사이의 관계다. 예로부터 전자는 후자를 '오랑캐'라 부르며 그 모습을 말을 타고 물밀듯 몰려와 문명화된 도시를 쑥대밭으로 만드는 가차 없는 싸움꾼으로 그리곤 했다. 이는 근본부터 잘못된 오해다. 유목 사회 자체가 정착 세계 없이는 존재할 수 없었고, 유목민의 생산품 상당수도 정착 사회에 의존해 만들어졌기 때문이다. 유목민이 성공한 이유는 수천 년 동안 정착 공동체를 군사적인 면에서 앞질렀기 때문이다. 말 탄 궁수는 싸움에서 밀린다 싶으면 언제든 스텝 지대로 퇴각할 수 있었기에, 이들이 패배한다는 것은 거의 불가능했다. 그러자 정착 사회에서는 '오랑캐'와 싸우기보단 그들을 매수하는 것이 더 손쉬운 방책임을 알게 되었다. 물론 그러면서도 (특히 대를 이은 중국 왕조들은) 겉으로는 자기들이 문화적으로 우월하고자 했고, '조공'도 그들이 아닌 유목민 쪽에서 바치는 것처럼 보이기를 원했다. 유목민들은 문명화된 세계를 대규모로 공격하느니 그들의 생산품을 취하는 것이 현실적 면에서 더 낫다는 것을 금세 알아차렸다. 그런 유목민의 수가 극히 소수에 불과하기는 했지만 말이다.

문명화된 지역의 확장(이는 유목 세계의 숨통을 서서히 조이는 일이기도 했다.)에는 여러 가지 원인이 기저에서 작용했는데, 주변부에서만 나는 다양한 산물에 대한 수요도 그러한 원인 중 하나였다. 세계사를 이루는 다섯 번째 주요 주제는 바로 교역이다.(점차 높아지는 교역 수준, 좀 더 대규모가 되는 교역 상품, 계속 늘어나는 교역 거리 등을 다룬다.) 메소포타미아에서는 상인과 무역업자가 문명의 가장 초창기부터 나타나 최초의 도시들에서 각양각색의 물건을 사고팔았다. 이는 레반트는 물론, 멀리 페르시아만 아래의 오만(Oman), 산맥 너머의 이란고원지대, 머나먼 북쪽 땅 아나톨리아 및 종국에는 인더스강 유역에서까지 이루어졌다. 이런 교역은 애초에 사치품에 주로 한정되었지만, 그렇다고 해서 세계의 접촉과 부를 증가시키는 데 교역이 한 역할이 감소되는 것은 아니다. 부피가 큰 물품도 꽤나 일찍부터 교역되었고, 육상 통신이 열악한 상황에서도 교역은 멈추지 않았다. 그런 물품을 손쉽게 옮길 수 있는 바다와 강을 이용하면 되었기 때문이다. 교역에 주로 의존하는 도시들은 초기 단계에 이미 등장했으며, 거의 모든 통치자와 국가가 부유한 상인과 도시에 상당한 수준의 독립을 보장해 주었다. 통치자들이 겪어 본 결과 교역에 세금을 매겨 조세를 거두는 것이 결국에는 최선책이었기 때문이다. 교역이 이루어지자 지중해와 인도양에서는 서서히 두 개의 거대한 '해양 세계'가 생겨났고, 후자는 페르시아만에서 시작해 인도와 동남아시아를 거쳐 중국에 이르는 지역을 하나로 연결했다. 이 해양 세계를 통해 광범위한 교역망과 대규모의 기술적·종교적 접촉이 이루어졌으니, 이는 그 어떤 국가나 제국의 범위도 훨씬 뛰어넘는 것이었다. 육지를 통하는 주요 경로에는 '비단길'

이 있었고, 종국에 이 길이 중앙아시아와 이란을 통해 중국과 동부 지중해를 연결했다. 위대한 세계종교 중 일부도 이 길들을 통해 전파되었다. 이러한 전파의 일부는 무역업자들이 담당했고, 그들과 함께 이동한 순례자와 교사들도 전파에 한몫했다. 세 번째의 해양 세계는 대서양에 만들어진 것으로, 16세기 이후 유럽에 의해 형성되었다.

여섯 번째 주제는 유럽이 세계사 내에서 점하는 위치다. 문명이 최초로 등장하고 약 5000년 동안에 유럽은 대체로 주변부의 위치였다. 1000년 전까지만 해도 유럽은 국가의 구조도 제대로 갖추지 못했으며, 이집트와 메소포타미아, 이란, 인도, 중국에 장기간 존립한 사회와 경제에 비해 경제적으로나 사회적으로 한참 뒤쳐져 있었다. 세계사가 전개된 시간의 대부분 세상에서 가장 부유하고 발달된 사회는 아시아에 자리했다. '서양 문명'의 관점에서 쓰인 설명들은 대부분 이러한 불편한 사실은 무시한 채, 영웅적인 '탐험'의 시대에 이미 유럽이 세상에서 가장 역동적이고 번창한 지역이었다고 본다. 이것은 근본부터 잘못된 오해라고 이 책은 주장한다. 지중해와 인도양 사이에 무역이 개시된 이래, 적극적으로 '동양'의 물품을 원한 것은 '서양' 쪽이었다. 문제는 서양에는 '동양'이 교역하고 싶어 하는 물건이 거의 없었다는 사실이다. 그 결과 귀금속들이 물건 값의 명목으로 끝없이 '동양'으로 흘러들어 갔고, 결국 금괴가 바닥나면서 교역도 쇠퇴했다. 그러다가 1500년 이후 상황이 바뀌는데, 유럽이 아메리카 대륙에서 착취한 어마어마한 부의 원천을 활용해 인도양에 장기간 존립한 부유한 교역 세계를 서서히 사들이기 시작한 것이다. 이 책 5부의 주된 논지는 유럽이 1500년부터 세계 패권을 장악했다고 보는 것은 실수라는 것이다. 유럽이 아메리카 대륙을 자기들 뜻대로 움직인 것은 맞지만, 그럴 수 있었던 것은 이 고립된 대륙의 기술 수준이 현저히 낮았던 데다, 대륙 사람들이 유라시아의 질병에 대한 자연면역 체계를 갖지 못해 예기치 않은 타격을 받았기 때문이다. 유럽은 오스만 제국과 사파비 왕조, 무굴 제국, 거대한 중국 제국에 미미한 영향밖에 미치지 못했다. 당시 유럽인들이 한 일이라곤 기껏해야 연안을 따라 교역 기지를 건설하는 것 정도였다. 따라서 1500년에서 1750년 사이는 유럽이 서서히 '동양'의 거대 제국에 맞먹는 부와 힘을 갖추기 시작한 시기라고 할 수 있다.

이는 일곱 번째 주요 주제로 이어진다. 오늘날 세계, 즉 산업화와 급속한 기술 변화, 고도의 에너지 활용과 도시화된 사회가 특징인 세계는 어떻게 탄생하게 되었을까? 농경을 채택한 이래 모든 인간 사회는 거의 내내 일차적으로 농경 사회였고, 사람들도 열에 아홉은 농사를 지어 생계를 이어 갔다. 그러나 그 와중에도 교역에서 발생하는 부가 차츰 늘고, 사회 기반 시설이 발달하고, 더디게나마 기술이 발전했으니, 농경의 한계를 뛰어넘는 사회가 하나쯤 등장하는 것은 피할 수 없었다. 중국도 11~12세기에 이런 사회를 거의 이룰 뻔했으나, 여진족과 몽골족에 차례로 침략당하면서 실패했다. 어쩌면 수 세기 동안은 유럽보다 훨씬 부유하고 발달했던 이슬람 세계 역시 산업사회를 이루었을지도 모른다. 그러나 결국 전환을 맨 처음 이루어 낸 것은 유럽이었다. 그리고 전환의 기반은 유럽이 유라시아 나머지 지역의 기술과 사상을 광범위하게 채택한 데 있었다.(강철 용광로와 종이, 인쇄술, 화약, 시계 장치, 나침반, 선미재와 키, 등자, 복잡한 금융과 회계 기법, '아라비아' 숫자, 0의 개념 모두 유럽 바깥에서 만들어졌고, 심지어 증기기관의 기본 요소조차 최초의 발달은 중국에서 이루어졌다.) 이런 변화의 최종 결실을 통해서, 그리고 18세기 중엽 이후 이루어진 산업 발전을 통해 잠시나마 서유럽(그리고 북아메리카에 터를 잡은 서유럽의 후손)이 나머지 세계에 대한 주도권을 쥘 수 있었다. 하지만 그때조차도 나머지 세계에서는 서유럽의 패턴을 '채택'하지 않았다. 현대의 사회적·경제적 진화는 전 세계에 걸쳐 진행된 것이지, 유럽에서 일어난 변화를 나머지 세계가 단순히 한발 늦게 되풀이한 것으로 볼 수는 없다. 사회 변화는 나름의 고유한 방식으로 이루어졌으나, 각자가 처한 제약이 서로 달랐던 만큼 다른 사회에 비해 유달리 성공하는 곳들이 있었다. 그러나 이때 유럽이 끼친 영향은 일시적이며 제한적이었다. 일본이나 중국 같은 나라는 자기 운명을 스스로 통제할 줄 알았던 만큼, 유럽이 미친 영향은 '서양 문명' 개념의 신봉자들이 믿고 싶어 하는 것보다는 훨씬 적은 수준이었다.

이 책은 통일성과 다양성이라는 보이지 않는 실타래로 한데 엮여 있다. 이제껏 곳곳의 인간 사회는 그 토대가 매우 유사했고, 따라서 다른 사회라도 무척 비슷한 문제들을 맞닥뜨리기 마련이었다. 그러나 그 문제에 대한 해결책은 저마다 달랐으며, 사회와 제국, 국가는 자기만의 고유한 특성을 가지고 있었다. 하지만 상호 간의 접촉을 통해 갖가지 사상과 기술이 전파되었고, 각 지역은 나머지 지역에서 여러 가지 요소를 채택해 썼다. 궁극적으로 보면 인간 집단 중에서 홀로 발전을 이룰 수 있었던 집단은 없으며, 따라서 문화적·기술적 유산도 어느한 곳만 독특하게 가지고 있기는 어렵다. 모든 사회는 오가며 반복되는 사상의 전파에 끊임없이 영향을 받아 온 것이다. 예를 들어 이 책이 사용하고 있는 영어만 해도 대체로 약 1500년 전에 앵글로·색슨족의 영향을 받은 게르만족 언어이지만, 프랑스어와 라틴어의 요소가 매우 강한 것은 물론 그 외 세계의 거의 모든 언어의 말이 들어 있다. 영어의 알파벳은 약 3000년 전 레반트의 페니키아인이 발명했으며, 역시 여러 곳에 원천을 두고 있다. 이 책의 면지 아래에 매긴 숫자는 유럽인들이 아라비아 표기법이라고 부르나, 십진법 표기와 마찬가지로 개념의 기원은 사실 인도다. 이 책이 인쇄된 종이는 중국의 발명품이다. 인쇄 역시 불과 십수 년 전이었다면 중국식에 기초한 가동 활자로 이루어졌을 것이다. 물론 15세기의 유럽에서 이용된 가동 금속활자를 처음으로 발명한 곳은 한국이었지만 말이다.

어떤 식으로든 세계사 집필을 시도하면 (탈유럽 중심의 시각에서 글을 쓸 때는 더더욱) 민감하게 제기되는 것이 용어의 문제다. 이와 관련해 아예 사용하지 말아야 할 명칭이 몇 가지 있다. '극동(Far East)'은 19세기에 영국 외무부에서 만든 용어이며, 중동(Middle East)과 근동(Near East) 역시 비슷한 군사적 용어로 다양한 사령부 지역을 가리킨다. 이 중에서도 중동과 근동 개념은 특히 쓰기가 곤란한데, 두 가지의 주요한 오류를 안고 있기 때문이다. 첫째, 중동과 근동은 그리스를 (유럽의 일부분으로 보고) 배제하고 있다. 사실 현재의 터키 서쪽 국경선에 선을 긋고 그곳을 '아시아'의 시작으로 본 것은 역사에서는 드문 일이었다. 지중해 동부와 그리스, 에게해, 아나톨리아는 보통 하나의 단위를 이루었으며, 이 지역은 거의 늘 서양보다 동양에서 중심 세계의 역할을 해 왔다. 둘째, 중동과 근동의 개념에는 이란이 포함되는데, 사실 이란은 이제껏 인접한 서부와 확연히 다른 특성을 보여 왔다.(물론 이란계 제국들이 이들 서쪽 지대를 장악한 적은 종종 있었지만 말이다.) 또한 이란은 서쪽과도 접촉이 많았지만, 동쪽의 인도와 내륙의 중앙아시아와도 그만큼 빈번하게 접촉했다.(맥닐의 아이디어를 채택해 유럽을 '극서(Far West)'로 부르고 싶은 생각도 있었지만, 이 역시 쓰지 않기로 했다.)

이 책의 중심 개념은 유라시아가 단일한 역사 지역이었다는 것이다. 헤로도토스(Herodotus: 흔히 헤로도토스를 '역사의 아버지'로 부르나, 이 역시 '서양 문명적' 관점이다. 중국에도 똑같은 시기에 역사를 집필한 역사가들이 있었으니까.)는 아시아와 유럽, 아프리카를 별개로 치기를 거부하며 이렇게 말했다. "실제적으로 한 덩어리나 다름없는 땅에 (……) 왜 세 개의 명칭을 부여해 왔는지 그 까닭을 알 수 없다." 유럽을 아시아와 별개로 여기는 생각에는 '유럽'에 흔히 나타나는 특정 사고방식이 반영되어 있다. 그러나 유라시아의 존재는 지리학적 사실이며, 이제까지의 역사에도 심대한 영향을 미쳐 왔다.('아시아'라는 용어는 이 지역 거주자들도 최근에 들기 전에는 잘 쓰지 않았던 만큼, 이 책에서도 '유럽'에 반대되는 말이 필요할 때만 부득이하게 '아시아'라는 용어를 쓰기로 한다.) 유라시아를 단일한 대륙으로 다루어야 하는 까닭은 유럽이 대륙이 아닐뿐더러, 인도도 확실히 아대륙은 아니기 때문이다. 만일 인도가 아대륙이라면 유럽도 아대륙이어야 한다. 논리적으로 따지면 유럽은 (인도를 남아시아로 볼 경우에 특히) 서아시아로 보아야 맞지만, 이 용어는 너무 생경한 까닭에 사용하지 않기로 했다. 유라시아·아프리카라는 용어도 있으나 너무 조잡해 보여 역시 사용하지 않기로 했다. 따라서 이 책의 유라시아에는 대륙의 나머지 지역과 역사를 공유했던 아프리카 지역도 포함해야 한다. 이집트와 북아프리카가 특히 그렇고, 사하라 사막을 횡단하는 낙타 여행길이 열린 이래로는 서아프리카도 여기에 포함되며, 페르시아만과 인도, 중국에서 오는 배들의 교역로로 이용된 이래로는 동아프리카도 포함된다. 이 책의 용어들은 주로 지리학적 뜻에서 이용되었다. 이를테면 이 책에서 서남아시아는 아나톨리아에서 메소포타미아를 거쳐 멀리 남쪽의 이집트까지 포함한다. 이란과 같은 현대적 지명은 지리적 편의성을 위해서만 이용했을 뿐, 현대 국가와의 연관성은 전혀 함축하고 있지 않다.

연대에서도 주요한 문제가 몇 가지 제기된다. 당연히 '고전 시대'나 '중세 시대' 같은 용어는 역사에 보편적으로 사용할 수 없는데, 특정 종류의 '서양적' 역사관에만 적용되기 때문이다. 이 시대구분을 유라시아의 다른 지역 역사에까지 활용하는 것은 심각한 왜곡이 아닐 수 없다. 따라서 이 책에서는 그런 구분법을 모두 피하고자 하며, 세계사를 하나의 장기적이고 지속적인 과정으로 보고자 노력할 것이다. BC(기원전)와 AD(기원후) 같은 용어를 사용하는 것은 서양의 기독교 사관을 받아들이는 의미로 여겨질 수 있다. 더군다나 AD의 사용은 (비록 그 시초가 잘 알려져 있다고 해도) 기독교의 공통된 관점이 아니다. 비잔티움 제국 교회력에서는 그리스도 탄생 5508년 전을 기원으로 잡았으니, AD 800년은 곧 6308년을 의미했다. 이 책에서는 연대에 '‒'와 '+'를 사용하는 방식도 취하지 않을 텐데, '‒'의 모양이 대시(-)와 너무 비슷하기 때문이다. 따라서 이 책에서는 BCE(Before the Common Era: 공통 시대 이전)와 CE(Common Era: 공통 시대) 표기를 사용하기로 하겠다. 물론 최근 1000년의 역사는 별달리 헷갈릴 일이 없으므로 CE 표기를 생략한다.(우리말의 '기원(紀元)'은 무언가가 시작되는 시점의 일반적인 말로 쓰이므로, BCE와 CE도 종전처럼 '기원전'과 '기원후'로 번역하기로 한다. ― 옮긴이)

　명칭의 음역은 편의를 위해 '서양에서' 가장 흔히 쓰이는 형식을 이용하기로 한다. 해당 용어에 대한 정확한 음역이 없을 때에는 원어를 살린다. 이때 특히 문제가 되는 것이 중국어 음역이다. 이 책에서는 최근에 중국에서 만들어진 현대식의 병음 표기 대신에 웨이드-자일스 표기법(Wade-Giles system)을 따랐다. 따라서 왕조의 명칭에서 진(秦)을 Qin이 아닌 Ch'in으로, 송(宋)을 Song이 아닌 Sung으로 표기했으며, 베이징 역시 종전대로 Beijing이 아니라 Peking으로 표기했다. 이렇게 한 것은 편의와 익숙함의 문제를 일부 고려해서다. 향후 몇십 년 안에는 병음 체계가 더 널리 쓰이게 될 것이다.

역사가 중에는 세계사의 집필이라는 구상을 시답잖게 보아 온 이가 많다. 광범한 일반화를 꾀하다 보면 중요한 세부 사항을 놓치게 된다는 이유에서다. 그러나 모든 역사 서술은 결국 얼마나 일반화를 하느냐, 얼마간의 세부 사항을 어떻게 배제하느냐의 문제다. 모든 것을 완벽히 담아낼 수 있는 서술은 없으며, 역사가라면 누구나 자기가 중요하다고 여기는 바를 선별해 내는 작업을 거치기 마련이다. 따라서 필연적으로 세계사는 한 그루의 나무보다는 숲에 집중할 수밖에 없으며, 그 과정에서 인류 역사를 형성한 주요 요인들을 적절한 수준의 분량 내에서 나름대로 고찰해 낼 수 있어야 한다. 한 그루의 나무에만 집중해서는 사건들 사이의 관계, 각 사회가 맺은 연관성과 교류, 다양성 안에 내재한 통일성을 놓칠 위험이 따른다.

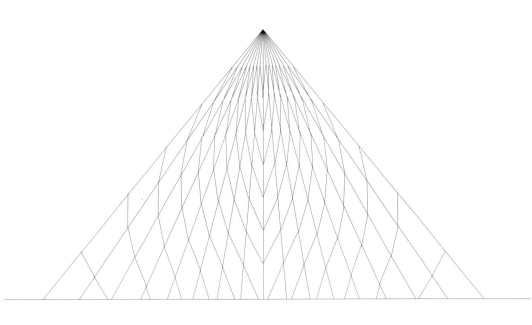

인류 역사의 99퍼센트

기원전 1만 년 무렵까지

1

기원

1

인류의 역사를 맨 처음부터 이야기하기란 불가능하다. 현대 인류의 최초 조상을 찾자면 뒤따르는 문제만 한둘이 아니다. 유골들이 드문드문 불완전한 상태의 화석 기록으로 남은 데다, 그 연대마저 단정 지을 수 없기 때문이다. 그런 기록들을 어떻게 체계화할지, 이제까지 발견된 다양한 유골 간의 관계를 어떻게 정리할지를 두고는 전문가들마저 근본적으로 의견이 엇갈리는 상태다. 화석 기록 중 어떤 것들을 별개의 종(種)으로 묶을 수 있는가? 그 사이에는 어떤 관련이 있는가? 그중 어떤 것이 현대 인류로 진화했는가? 중대한 의미를 가진 수많은 질문 중 우리는 겨우 이 정도에만 일부 답할 수 있을 뿐이다.

1.1 영장목

그러나 인류가 나머지 자연 세계와 맺고 있는 관계만큼은 명확하다. 인류는 현재 185종이 생존해 있는 포유강 영장목에 속해 있다. 영장목은 진원류(유인원과 원숭이, 인류)와 원원류(여우원숭이와 안경원숭이)의 두 종류로 나뉜다. 영장목 동물은 모두 열대에 살며 고도의 사회성을 보인다는 특징이 있다. 손과 발에는 마주 보는 엄지와 대단히 긴 발가락이 달려 있어 물건을 움켜쥘 수 있다.(두 발로 땅을 디딘 이래로 영장목 중 유일하게 인류만이 후자를 쓸 줄 모르게 되었다.) 영장류의 손발톱은 뾰족한 갈고리가 아니라 납작하게 눌린 형태이며, 대개 뒷다리를 이용해 주변을 배회한다. 냄새보다는 주로 시야에 의존하며, 머리 앞쪽에 달린 두 개의 눈으로 사물을 입체적으로 바라본다. 영장류는 대부분의 여타 포유류에게 한참 뒤쳐질 정도로 번식 속도가 매우 느리다. 또한 소가족을 이루어 살며, 새끼는 한 번에 한 마리만 낳고, 부모가 새끼 양육에 무척 많은 공을 들인다.

영장류의 멀디먼 친척이 6500만 년 전의 거대 파충류 대멸종에서 용케 살아남은 것만은 틀림없으나, 진원류의 정확한 혈통은 명확히 밝혀져 있지 않다. 다만 한 조상에서 갈라져 나왔을 가능성은 큰데, 약 3500만~3000만 년 전에 나일강에 살았던 여우만 한 몸집의 아이깁토피테쿠스(Aegyptopithecus)라는 생물이 그 조상이었을 것으로 여겨진다. 한 가지 확실한 설도 있다. 약 2500만~2000만 년 전에 진원류 내에서 근본적 분화가 일어났고, 이로써 유인원이(따라서 인류도 함께) 원숭이와 갈라졌다는 사실이다. 하지만 화석 기록의 간극이 심한 탓에 이런 일이 정확히 어디서, 어떤 식으로 진행되었는지는 알 길이 없다. 초창기 유인원의 화석으로는 프로콘술 아프리카누스(Proconsul africanus: 나무에 서식하는 개코원숭이만 한 크기의 생물이었다. 유인원과 원숭이의 특징이 뒤섞여 있었으며, 생존 연대는 2200만~1800만 년 전이다.)와 시바피테쿠스(Sivapithecus: 오랑우탄 유형의 생물이며 1200만~700만 년 무렵의 남서부 아시아에서 발견되었다.)가 발견된 바 있다. 이 두 종류 외에도 상당한 종류의 유인원이 이 장기간의 시기에 번성했고, 유인원들은 서서히 몸집과 두뇌를 키워 가는 한편 생활 방도를 넓혀 나갔다. 이제는 나무의 과일만 따서 먹는 것이 아니라 잎사귀를 먹거나, 평지에서도 얼마간 먹을거리를 구하게 된 것이다. 그다음 단계의 발전은 약 1000만~500만 년 전의 유인원 집단에서 일어났는데, 침팬지와 호미니드(Hominid: 인류의 직접적인 조상)에게서 고릴라가 갈라져 나왔다. 하지만 안타깝게도 이 시기의 화석은 현재 전혀 남아 있지 않아 당시에 정확히 무슨 일이 있었는지에 대해서는 순전히 추측만 할 뿐이다. 진원류의 진화 양상을 알려 주는 화석 기록이 지극히 단편적이기는 하나, 현대 진원류의 DNA를 오늘날 방법으로 분석해 본 결과 다음과 같은 일반 패턴을 확인할 수 있었다. 인류는 원숭이군과는 아주 먼 관계지만, 긴팔원숭이 및 오랑우탄과는 약간 가까우며, 아프리카 유인원과는 밀접한 사이다. 인류와 가장 가까운 것은 침팬지로, 이들은 DNA 뉴클레오티드 배열의 98.4퍼센트, 아미노산 배열의 99.6퍼센트를 우리와 공유한다.

1.2 인류의 조상

호미니드(이 중 현생종은 인류뿐이다.)의 진화는 약 500만 년 전에 이루진 것이 거의 확실하다. 지난 75년 동안 화석이 잇따라 발견되었지만, 그것들을 어떻게 분류하고, 어떻게 별개의 종으로 묶을 것이며, 어떤 것을 인류의 조상으로 볼 것인지는 지금도 격렬한 논쟁의 대상이다. 처음에는 화석을 하나 발견할 때마다 거의 새로운 종으로 분류했으나, 현재는 각각의 종이 지닌 변동성을 좀 더 폭넓게 받아들여 종의 수를 줄여 가는 추세다. 그런데도 혼란스러운 그림이 연출되기는 지금도 마찬가지이며, 이제까지 발견된 호미니드종도 전체의 절반뿐인 것으로 보인다. 현재 가장 초창기의 중대한 유적들은 거의 모두 동아프리카에서 발견되는데,(남아프리카에서도 한 차례 발견이 이루어졌다.) 이것이 화석 기록에 커다란 편견으로 작용했는지는 단정 짓기 어렵다. 다만 누구나 동의할 수 있는 점은 호미니드가 새로운 환경과 새로운 식량 조달 방식에 적응하면서, 특히 열대우림을 나와 탁 트인 사바나 초지를 이용하게 되면서, 그들에게 몇 가지 근본적 변화가 일어났다는 사실이다. 호미니드 진화의 핵심 사건으로는 다음의 네 가지가 꼽힌다. 평지에서의 생활, 양족 보행 채택 이후 자유로워진 '양손'의 추가 활용, 두뇌 크기의 증가, 문화의 발달 및 언어를 통한 문화의 전파다. 앞의 두 사건은 호미니드 역사 초창기에 일어났지만, 나머지 두 사건은(특히 마지막 사건은) 훨씬 오랜 시간이 흐른 뒤에야 일어났다.

과거에는 인류의 진화를 묘사하며 '영웅적'이라는 용어를 많이 썼다. 인류를 먼 곳까지 진출시켜 세상을 지배하게 만든 그런 특성들이 진화를 일으킨 힘이라는 식으로 말이다. 그러나 우리는 스티븐 제이 굴드(Stephen Jay Gould)의 금언을 기억할 필요가 있다. "진화와 관련해 가장 널리 퍼져 있는 오해는, 그것이 삶을 필연적으로 더 나은 방향으로 이끌어 가리라는 가정이다." 초창기 호미니드가 겪은 진화는 일련의 우연적 사건으로, 장기간에 걸쳐 따로따로 진행되었으며, 어떤 예측 가능한 부분이나 궁극적 목적을 지니지 않았다. 양족 보행도

양손을 해방해 도구를 만들려는 목적이 있었던 것이 아니라, 다른 이유들로 일어난 발전에서 생긴 부차적이고 예기치 않은 결과였다. 따라서 초창기의 호미니드도 인류의 전단계라기보다는 그 자체로 하나의 종으로, 즉 특정한 환경에 적응했고 자신들의 특성 덕분에 비교적 성공을 거두었던 그들 나름의 종으로 보아야 옳을 것이다. 실제로 예전과 달리 오늘날에는 이들 초창기 호미니드를 인류보다 유인원에 더 가깝다고 보는 추세다.

역사 최초의 호미니드는 오스트랄로피테신(Australopithecine: '남쪽의 유인원'이라는 뜻이다.)으로 알려져 있다. 원래 초기 역사 분야는 일반적 합의가 이루어지기 어려우나, 호미니드 최초의 종이(즉 다른 모든 호미니드의 기원이) 오스트랄로피테쿠스 아파렌시스(Australopithecus afarensis)라는 데는 대체로 이견이 없다. 오스트랄로피테쿠스 아파렌시스는 약 370만 년 전에 세상에 출현해 100만 년가량 생존했다.(이들 외에 다른 호미니드종도 있었겠지만, 300만 년 이전에도 존재했다고 알려진 것은 이들뿐이다.) 에티오피아의 하다르에서 이 종의 유골이 가장 완전한 형태로 발견되었는데,(발굴된 유골만 쉰여섯 구였다.) 그중에서도 발견자 모리스 타이엡(Maurice Taieb)과 도널드 요한슨(Donald Johansen)이 '루시(Lucy)'로 이름을 붙인 유골이 가장 유명하다. 이 화석은 골격의 거의 절반이 온전한 상태였으며, 약 4피트의 키에 19세에서 21세 사이로 추정되는 여성이다. 하다르에서 훨씬 남쪽인 탄자니아 북부의 라에톨리(Laetoli)에서도 대략 같은 시기의 유골들이 메리 리키(Mary Leakey)에 의해 발견되었다. 리키는 호미니드 유골 열세 구와 함께 호미니드의 화석화된 발자국도 상당수 발견했는데, 물웅덩이를 향해 걸어가던 이 발자국의 주인은 4피트 7인치의 신장을 가졌던 것으로 보인다. 이들 유골 및 발자국을 통해 우리는 오스트랄레피테쿠스 아

초창기 호미니드의 동아프리카 유적지

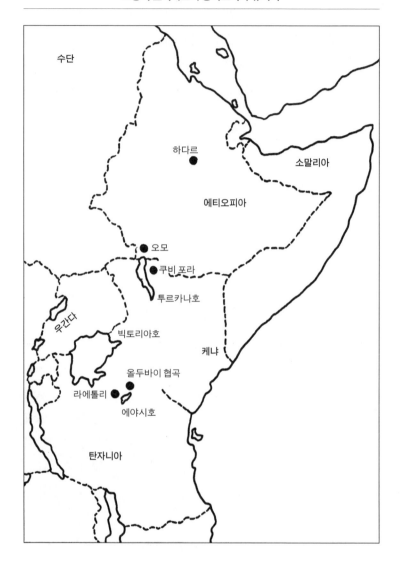

수단

하다르 ●

소말리아

에티오피아

● 오모
● 쿠빈 포라
투르카나호

우간다

빅토리아호

케냐

올두바이 협곡
라에톨리 ● ●
에야시호

탄자니아

파렌시스가 양족 보행을 했음을 알 수 있다. 물론 무릎이 굽어 있고 두 팔도 매우 긴 것을 보아, 여전히 나무도 탔던 것으로 보인다. 따라서 아직 도구가 만들어지기 전인 수백만 년 전에는 두 개의 뒷다리로 땅을 걷기 시작한 것이 호미니드가 이룬 제일 주요한 적응이라고 하겠다. 사실 영장류 사이에서 양족 보행은 드문 일로, 호미니드 외에는 그 어떤 동물도 일상에서 양족 보행을 하지 않는다. 양족 보행은 균형을 유지하는 데만도 상당한 수준의 근육 및 해부학적 적응이 필요한 극도로 위험한 전략이기 때문이다. 아마도 양족 보행은 동아프리카의 기후가 건조해져 광활한 사바나 초지가 더욱 늘자 이 새로운 환경에 적응하기 위한 수단으로 발달하게 된 것 같다. 여기에 다른 동물이 먹고 남긴 사체를 처리하는 등, 다양한 종류의 새로운 식량 자원을 조달하는 데 양족 보행이 좀 더 효율적 역할을 했던 것이 틀림없다. 그래도 나무를 타는 능력은 여전히 남아 있어 포식자를 피해 은신할 수 있게 했다. 그러나 우리는 초창기의 호미니드와 인류의 유사성을 지나치게 강조하지는 말아야 한다. 이들의 두뇌는 여전히 침팬지 정도였고, 치아는 유인원과 인류의 중간 단계였으며, 성별 이형성(유인원에게서 두드러지게 나타나며, 인류는 훨씬 덜하다.)도 아직 강했기 때문이다. 이들은 남성이 여성보다 키가 30퍼센트 더 컸고, 몸무게는 거의 50퍼센트가 더 나갔다. 또한 무엇보다 중대한 사실로 이 동물들은 도구를 만들었다는 증거가 전혀 없다.

오스트랄레피테쿠스 아파렌시스가 사라진 직후(약 200만 년 전)에는 여러 종의 호미니드가 공존하는 모습을 보였다. 그중 하나가 일명 '건장한' 종으로, 쟁반같이 둥글넓적한 얼굴에 눈 위쪽의 두개골에는 커다란 시상척(矢狀脊, sagittal crest)이 자리해 있었다. 이 시상척을 기반으로 육중한 근육들이 발달해 음식물을 씹거나 가는 데 사용되었다. 이 부위는 특정 먹을거리에 대한 적응이었을 텐데, 그렇지 않았다면 이 생물도 '가냘픈' 종과 매우 유사한 모습이었을 것이다. 가냘픈 종은 세 종류였을 가능성이 크며, 여섯 종류였을 가능성도 있다. '가냘픈' 종 중에서는 오스트랄로피테쿠스 아프리카누스가 가장 유명하며, 1925년에 남아프리카의 스테르크폰테인에서 레이먼드 다트(Raymond Dart)가 처음 발견했다. 이 종의 여자들은 키가 약 4피트에, 몸무게는 6파운드가량 나갔으며, 두뇌는 침팬지보다 약간 컸다. 이 서로 다른 종들이 정확히 어떤 관계였는지는 알기 어렵지만, 다음의 한 가지 사실은 분명하다. 이 동물들로부터 어떤 간편한 사다리를 거쳐 인간으로 곧장 진화가 이루어지지는 않았다는 점이다. 또 하나, '건장한' 종이 현대 인류로 진화하지 않았다는 것도 확실하다. 이들은 약 100만 년 전에 멸종해 완전히 자취를 감추었다.

1.3 초기 인류

현대 인류의 직접적 조상인 사람(Homo)속(屬)이 출현한 것은 약 200만 년 전으로 보인다. 사람속은 오스트랄로피테신 근처에 붙어살면서 대체로 똑같은 환경을 이용하다가, 더딘 속도로 이들에게서 갈라져 나왔다. 한 가지 근본적이며 풀리지 않는 문제는, 동시대를 살았던 사람종이 하나인가, 아니면 둘인가 하는 점이다. 이와 관련해 첫 번째 증거가 발견된 것은 올두바이 협곡으로, 탄자니아 북부 세렝게티 평원의 이 단층에는 약 200만 년 전으로 거슬러 올라가는 오래된 호수 바닥이 드러나 있다. 1960년대 초반에 리처드 리키(Richard Leakey)는 여기서 유골을 한 구 발견하고 도구 사용과 관련이 있다는 가정에 따라 호모하빌리스(Homo habilis)라 이름 붙였다. 이 유골은 오스트랄로피테쿠스 아프리카누스와 유형이 매우 유사해, 키는 3피트 남짓으로 여겨졌다. 중대한 차이는 두개골에서 나타나 유인원과의 유사성이 크게 줄어든 모습이었으며, 치아가 인류와 훨씬 유사했고, 두뇌 크기가 650세제곱센티미터에 달해 침팬지보다 컸다. 리키는 이를 근거로 이 생물이 인류의 직접적 조상이라고 결론 내렸다. 그러나 이후 투르카나호 인근과 오모 및 쿠비 포라에서 일련의 화석이(특히 ER-1470이라는 가상 명칭이 붙은 두개골이) 발견되면서 상황이 복잡해졌다. 이것들을 통해 호모하빌리스보다 두뇌 용적이 (약 800시시로) 훨씬 크고, 신장도 더 큰 생물체가 있었다는 사실이 드러났기 때문이었다. 이 생물이 호모하빌리스와 전혀 다른 종이었다는 주장은 1986년에 올두바이에서 300조각의 두개골(OH62)이 발견되며 더욱 강화되었다. 이 종족은 두개골이 인류와 상당히 닮아 있어 그에 비하면 호모하빌리스의 두개골은 거의 인류로 여겨지지 않을 정도였다. 이 여자는 생존 연대가 '루시'보다 100만 년이나 늦는데도 겉모습은 루시와 모습이 별반 다르지 않았다. 키는 단 3피트에 지나지 않았고, 나무를 탔던 듯 양팔이 매우 길었으며, 성별 이형성도 여전히 뚜렷했다. 이 생물이 인간에 좀 더 가깝다는 증거는 두뇌 크기, 발, 턱, 치아의 유사성밖에 없었다.

호모하빌리스라는 종이 과연 실존했는지는 여전히 심각한 의문점이다. 호모하빌리스의 전체 견본 중 과거에 호모하빌리스로 분류되었다가, 일부 전문가가 다시 다른 종으로 배정한 견본만 절반에 이른다. 설령 호모하빌리스가 실존했다고 해도, 이들의 두뇌 크기는 자신들의 종 내에서조차 눈에 띄는 차이를 보였다. 또한 이들은 실존했다고 해도 생존 기간이 그리 길지 못했는데, 사람속임이 확실시되는 화석의 최초 연대가 약 160만 년 전으로 거슬러 올라가기 때문이다. 사람속임이 확실시되는 화석들은 투르카나호에서도 발견되는 추세다. 쿠비 포라 유적지에서 아주 양호한 보존 상태로 발견된 두개골(KNM-ER 3733)은 현대 인류의 직접적 조상인 호모에렉투스(Homo erectus)의 최초 화석으로 확인되었다. 이 두개골의 두뇌 크기는 약 900~1100시시에 달해 현대 인류에 맞먹는다. 인간을 닮은 이 생물체는 키가 5피트 6인치 정도였으며, 시력이 매우 좋았던 것 같다. 동일한 지역에서 발견된 또 다른 화석(WT-15000)은 사람들 발에 짓밟혀 죽은 열한 살짜리 소년의 유골이었다. 이것은 골격 구조가 매우 현대적이며, 소년임에도 신장이 5피트 4인치에 달해 성인 오스트랄로피테쿠스보다 훨씬 컸다.

호모에렉투스는 매우 안정적이었던 종으로, 현대 인류에게 밀려나기 전까지 족히 100만 년 이상을 지구에서 살았다. 이 기간에 두뇌는 평균적으로 서서히 커졌고, 성별 이형성은 차츰 줄었다. 이제 여자는 남자에 비해 평균 12~15퍼센트가량 작을 뿐이었다. 이때 두뇌가 상당량 커진 것은 이른바 '인간'의 주요 특징들을 처음 채택한 결과였을 것이 거의 확실하다. 즉 이때부터 체계적 도구 제작을 비롯해 사냥과 택지, 야영지, 불의 활용이 이루어진 것이다. 더불어 이들 기술을 채택함으로써 현대 인류의 조상은 처음으로 아프리카를 벗어날 수 있었다. 최근까지 호모에렉투스는 종 분류가 비교적 간단해, 오스트랄로피테신과 현대 인류의 중간이 확실하다고 여겨졌다. 물론 전자보다 후자에 훨씬 가까우리라 생각되었다. 하지만 지금은 여기에마저 의문을 품지 않을 수 없는 상황이다. 특히 아시아의 유골 견본을 접하면 이런 의문을 품지 않을 수 없는데, 인도네시아 솔로강의 모조케르토와 산기란 유적지의 가장 앞선 시기의 화석들이 이 문제와 관련이 깊다.(처음에는 이 화석의 연대가 160만 년 전이라는 주장이 있었지만, 그렇게 터무니없이 이른 시기일 리는 없다.) 이것들은 유럽에서 발견된 가장 초창기 화석들과 상당히 다른 모습을 하고 있으며, 유럽과 아시아의 유골 모두 약 50만 년 전의 아프리카에서 발견된 호모에렉투스 유골과도 차이를 보인다. 최근의 이론들에서는 이들 중 오직 아프리카 유형만이 현대 인류, 즉 호모사피엔스(Homo sapiens)로 진화했다고 본다.

1.4 현대 인류의 기원

다소 거만한 듯한 이름의 호모사피엔스(지혜로운 사람이라는 뜻이다. ― 옮긴이)는 그 기원을 두고 지난 20~30년간 격렬한 논쟁이 있었다. 이 논쟁과 얽혀 있는 두 가지 이론은 모두 이따금 희화되는 동굴인(네안데르탈인)의 위상과 역사를 명확히 설명해 내야 할 필요를 안고 있다. 20세기에 전개된 호모사피엔스의 기원에 관한 논의에서는 대체로 유럽의 정보가 지배적이었다. 그도 그럴 것이 유럽에서만 네안데르탈인 유골이 300구 이상 발견된 데다, (기원전 3만 년 무렵부터 시작되는) 후기 구석기를 살피기에 제격인 고고학 유적지도 유럽에 있었으며, 프랑스 남서부와 스페인 북부에서 동굴벽화가 광범위하게 발견되었기 때문이다. 그래서 이 시기에는 인류의 발전이 유럽을 중심으로 일어난 듯 보였는데, 유럽 중심적 가정마저 유행하면서 이 관점이 더욱 힘을 얻었었다. 전문가들은 찰스 다윈(Charles Darwin)의 학설을 그대로 따라, 당시의 모든 주요 발전이 초창기 호미니드가 아프리카 대륙을 벗어난 이후 아프리카 대륙 바깥에서 일어났다고 보았다. '필트다운인'이 날조로 밝혀지면서 퇴출당하는 사건도 있었는데도 호모사피엔스가 (아마 4만 년 전 무렵에) 유럽에서 진화했으리라는 가정은 여전히 유효했다. 하지만 이 입장도 더는 견지하기 어렵게 되었다.

1980년대에 호모사피엔스의 기원을 설명하는 이론은 두 가지였다. 첫 번째는 이른바 '나뭇가지 촛대(candelabra)' 모델로도 알려진 밀퍼드 월포프(Milford Wolpoff)의 이론이다. 월포프의 주장에 따르면, 유라시아 전역에 걸쳐 살던 호모에렉투스는 모두 독자적으로 구(舊)형태 호모사피엔스로 진화했고, 나중에 이 구형태 호모사피엔스가 완전히 진화해 현대 인류가 되었다는 것이다. 이 주장이 옳다면 (100년 전에 사람들이 이른바 '인종'으로 부른) 전 세계의 다양한 인류 유형은 매우 장기간을(아마 50만 년 이상을) 서로 떨어져 지냈다는 이야기가 된다. 이 이론에서는 유럽에 살았던, 구형태를 한 호모사피엔스의 변종이 유럽의 네안데르탈인이었다고 보며, 종국에는 이들이 현대 인류로 진화했다고 여긴다. 최근까지는 상당수 증거가 이 가정을 뒷받침하는 것처럼 보였다. 그중에서도 특히 유럽의 스완스콤과 슈타인하임에서 발견된 30만~20만 년 전 무렵의 두개골이 주효했는데, 호모에렉투스보다 두뇌가 커서 호모사피엔스로 급격하게 전환된 첫 증거로 판단되었다. 그런데 오늘날의 분석 결과 이 두개골에 나타나는 고대의 특성들은 이들이 현대 인류가 아닌 네안데르탈인의 조상임을 말해 주는 것으로 밝혀졌다.(그리스의 페트랄로나(40만~30만 년 전)와 프랑스 피레네산맥의 아라고(약 20만 년 전)에서 발견된 두개골들도 마찬가지다.) '나뭇가지 촛대' 모델이 가진 또 하나의 큰 문제는, 네안데르탈인에서 어떻게 호모사피엔스가 진화해 나왔는지 설명하지 못한다는 점이다. 더욱이 이 문제는 하뇌페르잔트(Hahnöfersand: 함부르크 근방) 및 샤랑트의 생세제르(Saint-Césaire)에서 네안데르탈인의 유골 두 구가 발견되어 완전히 복원되면서 해결이 더욱 곤란하게 되었다. 이 두개골의 생존 연대는 3만 6000~3만 1000년 전인데, 당시는 서유럽에 호모사피엔스가 이미 살고 있던 시기이자, 서남아시아에서는 네안데르탈인이 이미 호모사피엔스에게 밀려 사라진 뒤였기 때문이다.

두 번째 이론은 일명 '노아의 방주' 모델로, 크리스토퍼 스트링거(Christopher Stringer)와 클라이브 갬블(Clive Gamble)이 제창해 왔다. 이 이론의 주장에 따르면, 호모사피엔스의 진화는 한 시점에 한 장소에서만 있었고, 이때 진화한 종이 나중에 전 세계로 퍼져 나가 구형태를 서서히 대체했다. 애초에 이 이론을 뒷받침한 것은 아프리카에서의 고고학적 발굴이었다. 이 발굴을 통해 통상 약 6만 년 전의 인류 유형이 썼다는 고도로 발달한 도구가 아프리카에서는 약 14만 년 앞서 만들어진 사실이 밝혀졌다. 약 2만 년 전 유럽의 숙련된 사냥꾼들이 썼던 도구들도 아프리카에서는 6만 년 앞서 만들어졌다. 여기다 에티오피아의 오모 키비시에서 발견된 남자 유골의 생존 연대가 약 13만 년 전으로 밝혀짐에 따라, 온전한 현대 인류가 과거의 생각보다 훨씬 일찍부터 지구에 존재했음이 증명되었다. 이는 레반트의 카프제 동굴에서 발굴한 두개골을 복원해 연구한 결과 더욱 타당성을 갖게 되었다. 이 두개골이 온전한 형태의 현대 인류로써 약 9만 년 전에 존재했다는 사실에는 현재 논쟁의 여지가 없다. 이 말은 곧 완전히 현대적인 호모사피엔스가 구형태의 인류와 함께 레반트 지역에서 최소 4만 5000년간을 함께 살다가, 이후 네안데르탈인을 비롯한 구형태의 인류는 모두 멸종해 자취를 감추었다는 뜻이 된다. 아프리카와 서남아시아의 화석을 지속적으로 연구한 결과, 현재는 호모사피엔스의 진화에 관한 그림이 훨씬 명확해진 상태다. 지금으로부터 20만 년 전 아프리카에서는 호모에렉투스를 시초로 호모사피엔스의 최초 형태가 진화해 나왔다. 이 무렵에 두개둥근천장(cranial vault)이 더 커지는 등 좀 더 '현대적인' 해부학적 특징을 가진 인류가 나오기 시작한 것이다. 그러다가 최소 10만 년 전에 구형태의 특징은 인류에게서 거의 사라졌고, 온전히 발달한 현대 인류가 동부와 남부의 아프리카에 일부 생겨났다. 그러다가 최소 9만 년 전 무렵에는 현대 인류가 아프리카 대륙에서 나와 서남아시아에 자리 잡았고, 얼마 후 아시아의 나머지 지역과 유럽에까지 진출했다.

호모사피엔스의 진화가 아프리카에서 단 한 차례 있었다는 이런 그림은 최근의 분자생물학과 인구 유전학의 연구를 통해서도 그 타당성이 뒷받침된다. 현대 인류는 전 세계에 걸쳐 분포하지만, 유전적 다양성은 매우 낮다. '나뭇가지 촛대' 이론대로 호모에렉투스가 유럽과 아프리카, 아시아의 각지에서 독립적으로 진화해 현대 인류를 출현시켰다면 이런 식의 동질성이 나타나기는 지극히 어려웠을 것이다. 그 옛날에 인류 사이에 이종 결합 및 유전자 교환이 충분히 일어나 심각한 차이가 발생하지 못한 것일 리도 없다. 1980년대 말에 진행된 미토콘드리아 DNA(이 DNA는 모계로만 전달되며, 핵 DNA보다 돌연변이가 누적되는 속도가 빠르다.) 연구도 이 그림이 사실임을 입증한다. 연구에서 밝혀진 바에 따르면, 세계 각지의 인류는 차이가 매우 적을 뿐 아니라 그 차이도 아주 최근에 생겨났다고 한다. 미토콘드리아 DNA의 누적 변화 속도를 추정해 봤을 때, 인류 사이에 차이가 발생한 것은 최근 20만 년 내의 일이다. 이 연구를 핵 DNA 및 혈액형 분포 연구와 결합해 보면, 인류가 아프리카인의 한 집단과 아시아인 및 유럽인의 또 다른 한 집단으로 나뉜 흔적이 뚜렷이 확인된다. 아프리카계와 비(非)아프리카계의 1차 분화는 13만~10만 년 전에 일어났으며, 그 외의 분화는 이보다 약간 뒤에 진행되었다. 아프리카인의 DNA를 분석해 보면 나머지 인류에 비해 유전적 다양성이 높게 나오는데, 이는 다름 아니라 아프리카인이 그런 변화를 누적시킬 수 있는 기간이 좀 더 길었기 때문이다.

따라서 고고학과 유전학의 지식에는 현대 인류의 진화와 관련해 폭넓은 합의가 이루어지고 있는 셈이다. 현대 인류의 조상은 약 20만 년 전에(어쩌면 그보다 약간 이후에) 동아프리카의 어딘가에서 진화했다. 이들이 약 10만 년 전 무렵에 호모사피엔스로 진화했고, 호모사피엔스는 아프리카를 나와 서남아시아로 들어간 후 그곳에서 구형태 인류와 함께 살다가 서서히 그들을 대체했다. 그리고 동아프리카에서 출현해 이후 전 세계로 퍼져 나간 초기 인류의 집단 중 극히 일부에서 우리 모두가 나왔다는 사실이 바로 세계사의 근본적 통일성을 설명한다.

이 새로운 그림에서 유럽의 네안데르탈인은 어디에 놓일까? 먼저 우리는 1856년에 뒤셀도르프 근방 네안더 계곡의 펠트호퍼 동굴에서 네안데르탈인 유골이 처음 발견된 이래, 그들에 대해 좋은 인상은 못 받아 왔음을 인정해야 한다. 초기부터 그들의 모습을 오해한 것이 문제였는데, 그들의 구부정한 동체, 육중한 팔다리, 크고 돌출된 안면이 애초에 유달리 강조되었던 것이다. 하지만 네안데르탈인은 사실 사냥의 명수였고, 정교한 문화를 가졌으며, 현대 인류와 동일한 자세와 손 기능을 지녔고, 뇌의 용적은 현대 인류보다 약간 크기까지 했다. 달랐던 점이라면 현대 인류에 비해 사지 골격이 육중하고, 근육의 힘이 대단했으며, 이마가 약간 꺼지고 눈썹 언저리의 골격이 더 솟아 있었다는 것이다. 네안데르탈인의 '고전적' 특징이 가장 뚜렷이 나타나는 것은 서유럽의 네안데르탈인이다. 다른 곳의 유골들은 그에 비해 변동성이 훨씬 크고 극단적 특징은 덜한 편이다. 네안데르탈인의 뿌리는 최소 25만 년 전으로 거슬러 올라가므로, 유럽과 서남아시아 일부에 한정해 살던 구형태의 인류라는 것이 그들에 대한 가장 합당한 설명일 것이다. 현재로서는 네안데르탈인이 현대 인류로 진화하지 않았고, 호모사피엔스와도 결합하지 않았다는 사실이 분명하다. 이들은 서서히 아프리카에서 진화해 좀 더 나은 환경 적응력을 보인 인류에게 밀려나야 했다. 세계 각지에서 인류의 이 두 유형은 상당 기간 근거리에서 생활했으나, 호모사피엔스가 미미하게 우위를 가지면서 차차 우세해질 수 있었다. 컴퓨터 모델에서는 네안데르탈인의 사망률이 호모사피엔스보다 단 2퍼센트만 높아도, 1000년도 안 되어 유럽에서 완전히 자취를 감추는 것으로 나타난다. 실제로 네안데르탈인이 호모사피엔스로 대체되기까지는 훨씬 오랜 시간이 걸린 만큼, 두 유형 사이의 차이는 그야말로 아주 미미했다는 뜻이다. 하지만 그 미미한 차이로 말미암아 네안데르탈인은 약 3만 년 전에 자기들의 마지막 피신처(서유럽)에서 완전히 자취를 감추었고, 이로써 호모사피엔스가 세상의 유일한 인류가 되었다.

1.5 두뇌와 언어

근 400만 년에 걸친 인류의 진화에서 오스트랄로피테쿠스 아파렌시스와 호모사피엔스를 구분 짓는 가장 근본적인 특징은 두뇌 크기가 비교적 급속도로 엄청나게 커졌다는 점이다. 이 사실은 두개골 측정으로 쉽게 확인되나, 그 변화가 일어난 까닭은 설명하기 훨씬 어렵다. 애초에 오스트랄로피테신의 두뇌 용적은 400~500cc가량이었다. 이것이 호모하빌리스에서 50퍼센트가량 늘었고, 호모에렉투스에서는 두 배로 늘어 850~1000cc에 이르렀다. 현대 인류에서 그 양은 또다시 늘어 1100~1400cc가 되었다. 이렇듯 두뇌 크기가 300만 년만에 세 배로 늘어난 것은 다른 동물들에게서는 전혀 없는 일이었으며, 더구나 인류가 속한 영장목은 다른 동물에 비해 이미 상당히 큰 두뇌를 가진 상태였다. 인류의 두뇌는 유인원에 비해 크기만 큰 것이 아니라, 구조도 좀 더 체계적이다. 인간의 두뇌는 이전에 비해 중복이 줄어든 형태이며, 공백이 되는 영역들이 있어 한 번에 여러 일을 처리할 수 있다. 일부 전문가는 이런 상이한 구조의 두뇌가 오스트랄로피테신 때 이미 나타났다고 보지만, 일반적으로는 호모하빌리스와 호모에렉투스의 등장 이후 이런 변화가 일어났다고 본다. 인류의 임신 기간은 유인원과 대략 동일하며, 갓 태어난 새끼의 두뇌는 유인원에 비해 두 배다. 인류는 출생 후에도 두뇌가 약 12개월간 계속 자라며, 따라서 인류 영아가 유인원에 비해 훨씬 무력할 뿐 아니라 영아기도 훨씬 길다. 그런 만큼 틀림없이 초창기 호미니드는 영아 양육을 훨씬 장기간 감당해야 했을 것이고, 이 점이 인류의 사회조직에 중대한 영향을 미쳤을 것이다. 따라서 인류, 그리고 인류와 밀접한 다른 유인원 사이에는 둘의 해부학적 차이에서 짐작되는 것보다 훨씬 먼 정신적 거리가 존재한다.

가장 답하기 어려운 문제는, 호미니드의(아울러 인류의) 두뇌 크기가 왜 그렇게 급속도로 커졌는가 하는 점이다. 이전 연구들은 도구 제작 및 수렵의 압박을 강조하는 입장이었으나, 현재는 이들 요인을 그리 중요하게 보지 않는다. 도구 제작과 수렵은 두뇌 크기가 증가한 이후에 이루어진 일임이 거의 확실하기 때문이다. 그런데 여타 영장목과 그들 사회적 집단의 직분 수행을 연구한 결과, 인류의 진화에서도 삶의 직분 수행이 매우 중요했음이 드러났다. 최초의 호미니드는 집단을 이루어 살았고, 따라서 집단 내에서 제대로 기능하고 성공하며 상호작용하고 번식하는 일이 매우 중요했다. 바로 이것이 매우 강력한 압력으로 작용해 훨씬 큰 두뇌라는 적응 우위를 만들어 낸 것이다. 두뇌가 커지자 그 일환으로 새 세대에 지식을 전수해 주는 능력이 생겨났다. 그 핵심 방편이 인간만의 고유한 속성인 언어였다. 언어 발달이 어떻게 이루어졌는지를 고고학 기록을 통해 살펴보기란 불가능하다. 그렇지만 인류는 성대라는 아주 특별한 기관을 갖고 있다. 인류의 후두는 목 아랫부분에 있는데, 목의 너무 아래쪽이어서 진화에 크게 불리할 정도다. 공기도 여기로 지나다니기 때문에 무언가를 삼킬 때 이곳을 닫아 주지 않으면 질식해 버리기 때문이다. 하지만 인류의 우위가 생길 수 있던 곳이 후두의 이 상부 공간이었으니, 이 부분에서 소리가 큰 폭으로 변형되면서 말소리를 낼 수 있게 되었다. 인류는 생후 18개월부터 후두가 목 아래로 내려가 이때부터 차차 말할 수 있다. 다행히도 후두 위치는 두개골 기부에 반영되고, 따라서 화석 기록에서도 그 흔적을 찾아볼 수 있다.

고차원의 영장목도(특히 유인원도) 소리를 광범위하게 낼 수는 있지만, 발달된 언어의 복잡성을 표현해 낼 정도는 아니다. 오스트랄로피테신의 후두는 영장목과 비슷했으므로 유인원 이상의 복잡한 소리는 만들어 내지 못했다. 호모에렉투스는 후두가 8세 인류 수준까지 내려온 상태여서, 최소한 얼마간의 원시적 언어는 구사할 수 있었다. 두뇌가 커지면서 생긴 다른 능력들과 함께, 바로 이런 언어 능력이 있었기에 최초의 인류도 아마 아프리카를 나와 훨씬 척박한 땅을 이용할 수 있었을 것이다. 두개골을 해부한 결과, 네안데르탈인은 회화 능력이 매우 제한적이었고 따라서 언어도 매우 기초적 수준이었던 것으로 보인다. 현대적 형태의 인류가 지닌 후두는 최초의 호모사피엔스 집단이 출현한 이후에나 발견되며, 이때서야 비로소 온전한 형태의 언어가 발달할 수 있었다. 아울러 더욱 커지고 더욱 통합된 두뇌는 언어의 통제와 이해, 나아가 언어 안의 복잡한 구문 발달에 꼭 필요하기도 했다.

언어가 발달하면서 최초의 호모사피엔스는 엄청난 진화상 이점을 확보할 수 있었을 것이다. 초기에는 이런 이점이 집단 내 상호작용 속에서, 나아가 훨씬 고차원의 협동이 요구되었을 사냥 등의 활동에서 뚜렷이 나타났을 것이다. 하지만 언어 발달은 지식과 문화를 발전시켜 그것을 타인에게(특히 후세대에게) 전하는 데 더 중요했을 것이다. 아마 말과 언어가 없었다면 인류 행동의 유의미한 발전, 즉 더없이 복잡한 도구의 발명, 수렵·채집 전략의 발달, 예술과 신앙의 초기 발달(이 내용들이 다음 장의 주제다.)은 전혀 이루어질 수 없었을 것이다.

채집과 수렵

2

화석 기록에 (인류의 조상인) 최초의 호미니드가 나타나는 것은 근 400만 년 전부터다. 인류의 직접적 시조(호모에렉투스)는 약 150만 년 전에 진화했고, 현대 인류(호모사피엔스)는 약 10만 년 전에 진화했다. 그들이 살던 세상은 어떠했을까? 그 세상에서 그들은 어떻게 살아남을 수 있었을까? 어떻게 그들은 아프리카를 나와 세계 전역에 터를 잡을 수 있었을까?

2.1 초기 인류의 세상

초기 호미니드가 진화하던 시절, 즉 지금으로부터 약 250만 년 전에 지구 기후는 비교적 안정적이었고 지금보다 약간 따뜻했다. 하지만 서서히 대륙이 이동해 북반구 가장 고위도 부근에서 한 덩어리로 뭉쳤고 여기서 거대한 빙원이 형성되어 약 150만 년 전에는 큰 폭의 기온 변동이 수차례 일어났다. 70만 년 이전의 기후 패턴은 정확히 정리하기 어려우나, 그 이후에는 큰 폭의 기온 변동이 잇따라 일어나 대규모의 빙하기가 최소 아홉 차례 이상 찾아왔다. 지구는 대략 9만 년에 한 번꼴로 혹한기를 거쳐야 했고, 그 사이 간빙기는 단 몇 차례도 되지 않았다.

지구의 이런 기온 변동에 대해 옛 유고슬라비아의 과학자 밀루틴 밀란코비치(Milutin Milankovic)가 1920년대에 한 가지 이론을 제시한 바 있다. 그 이론에 따르면, 지구의 기온 변동은 우주에서의 지구 위치와 관련된 세 가지 요인 때문에 일어난다. 첫째, 지구는 태양 주위를 원이 아닌 타원궤도로 도는데, 이 때문에 1년 중 지구가 태양과 가장 가까운 시점이 10만 년을 주기로 바뀐다. 둘째, 지구자전축의 기울기가 약 1만 년을 주기로 바뀐다. 셋째, 지구자전축의 세차가 2만 6000년을 주기로 달라진다. 밀란코비치는 이들 주기의 다양한 결합만으로도 기후변화가 충분히 설명된다고 주장했다. 그중에서도 특히 북반구 고위도 지방의 여름철 기온이 중요한데, 여름철 기온이 충분히 높지 않으면 얼음이 녹지 못해 북극에 눈이 쌓이기 때문이다. 더구나 새하얀 눈은 태양의 열을 우주로 반사시켜 눈이 쌓이는 추세를 더욱 강화한다. 밀란코비치의 연구는 1960년대 말까지만 해도 순전히 이론적 가설로 여겨졌으나, 이후 기후 분야의 연구가 대폭 확장되면서 상황이 바뀌었다. 기술의 발전으로 그린란드 내부와 (특히 태평양의) 해저 깊숙한 곳에서 핵(core: 여기서 핵은 침전물의 핵과 빙핵을 말한다. — 옮긴이)을 채취할 수 있게 된 덕분이었다. 여기에 핵 내부에 다양한 층위로 존재하는 산소 유형들 사이에서 미세한 차이를 측정한 것도 주효했다. 핵 분석 작업으로 이제는 기후변화 연대표가 제법 상세히 그려지게 되었고, 밀란코비치가 찾아냈던 다양한 주기도 실제로 존재하는 것으로 확인되었다.

70만 년 전 무렵부터는 기온이 꾸준히 하강해, 북반구에 어마어마한 크기의 빙판을 쌓아 놓았다. 이런 식의 빙하작용은 52만 5000년 전 무렵에 절정을 맞는데, 빙판 속에 얼어붙어 있던 물의 양이 엄청나서 당시의 해수면은 현재보다 650피트가 낮았다. 18만 년 전에서 12만 8000년 전 사이에 대규모 빙하기가 다시 찾아왔고, 그 뒤에는 짧게나마 간빙기가 이어져 현재보다 온화한 기후를 보였다. 하마들이 템스 강에서 헤엄을 치고 북쪽의 요크셔를 서식지로 삼을 정도였다. 그러다가 11만 3000년 무렵에 빙판이 다시 넓어지기 시작해 7만 3000년 전 무렵에 절정에 이르렀다. 그 뒤로는 혹한기와 급격한 기온 변동이 이어졌고, 이윽고 기후는 급속히 악화되어 3만~1만 8000년 전에는 마지막 빙하기가 절정을 맞았다. 어마어마한 크기의 빙판이 북아메리카의 세인트루이스는 물론 북서유럽의 상당 부분을 뒤덮었고, 나무 한 그루 없는 툰드라와 차가운 스텝 지대가 거의 지중해에 닿을 만큼 남하했다. 해수면은 현재보다 425피트가 낮아, 동남아시아의 대륙붕이 물 위로 드러나 있었으며 베링 해협도 물기 없는 마른 땅이었다. 그러다가 기원전 1만 1000년 무렵에 기후가 현저히 따뜻해지기 시작하면서 빙판도 급속히 물러갔다. 이로써 기원전 8500년 이후 1000년 만에 해수면이 90피트 이상 상승했다. 기원전 6000년 무렵에 이르면서는 발트해와 북해가 생겨났고, 오늘날의 영국은 물에 잠겨 섬이 되었다.

2.2 사냥꾼 혹은 사체 청소부?

가장 초창기의 호미니드가 진화한 동아프리카는 일반적으로 기후가 온화하고 기온 변동도 극심하지 않았지만, 그 정도 변동도 식생에 큰 폭으로 변화를 일으키기에는 충분했다. 그렇다면 이 생물체들은 자기들의 환경을 어떻게 이용함으로써 생존에 필요한 식량을 충분히 찾아낼 수 있었을까? 그 핵심 적응의 첫 단계를 수행해 낸 것은 오스트랄로피테쿠스 아파렌시스였으며, 이들은 영장목의 통상적 서식지(삼림 환경)를 벗어나 대초원에서 살아가는 평지 거주 생물로 바뀌어 나갔다. 인류 이외의 영장목 중에서는 개코원숭이가 유일하게 이런 변화를 이루었는데, 사바나의 대규모 초식동물들 사이에 끼어서도 작은 체구를 이용해 그들이 이용하지 않는 틈새를 공략했다. 하지만 가장 초창기의 호미니드는 몸집이 중간 정도였던 데다 직립보행을 하는 동물이었다. 이들도 처음에는 과일, 견과류, 잎사귀, 곤충 등 영장목의 표준적인 먹거리를 식량으로 삼았을 것이다. 아마도 이런 식량들은 사바나 초원에 널려 있었을 테지만, 이들 최초의 호미니드는 사회조직을 이용할 줄 알았다. 먼 데까지 나가 먹을거리를 찾아냈고, 먹을거리를 찾으면 공유할 줄 알았던 것이다. 이 정도는 통상적인 영장목의 사회조직이 약간만 적응하면 가능한 일이었을 것이다.

그러다 어느 단계에 이르러 이 생물체들은 고기를 먹기 시작하는데, 영장목 동물로서는 이례적인 행동이었다. 이 사실 때문에 한때는 호미니드 진화의 성격 및 그것이 인류에 미친 영향을 둘러싸고 격렬한 논쟁이 불붙기도 했다. 오랫동안 지지를 받아 온 관점(이 관점은 1960년대 중반에 시카고에서 일명 "사냥하는 인간(Man the Hunter)"이라는 주제로 대규모 콘퍼런스가 열리면서 한층 힘을 받았고, 로버트 아드레이

(Robert Ardrey) 같은 작가들이 『아프리카 창세기(African Genesis)』 등의 책을 써서 널리 대중화했다.)에서는, 초창기의 이들 호미니드가 동물을 사냥한 다음에 그 사체를 자기들의 야영지로(혹은 '본부'로) 가져와 원시적 수준의 석기로 살을 발라냈다고 본다. 이런 사냥에 필요했던 기술적·조직적 요구가 호미니드의 진화를 이끈 숨은 동력이자 인간 행동의 중심 요인이라는 것이 이 관점의 주장이다. 실제로 가장 초창기의 고고학 유물 몇 가지는 이 가설에 합치하는 것으로 해석될 소지가 있었다. 우선 쿠비 포라(이 유적지의 연대는 약 180만 년 전으로 거슬러 올라간다.)에서는 죽은 하마의 뼈가 그 주변을 에워싼 석기들과 함께 발견되었다. 훨씬 광대한 규모의 유적지가 발굴된 올두바이 협곡(의 1번 지층)에서도 1200제곱피트가 넘는 땅에서 대량의 동물 뼈와 함께 4000점 이상의 석기가 출토된 바 있다. 발굴가 루이스 리키(Louis Leakey)의 주장에 따르면, 이곳은 초창기 인류가 이용하던 전형적 야영지로, 자신들이 잡은 동물들을 잠자고 생활하던 이곳으로 가져와 살을 발라내 먹었다는 것이다. 이런 식의 활동이 이루어졌다는 것은 곧 이들 집단 내에서 현대의 수렵·채집 집단에 버금가는 비교적 고도의 사회적 활동과 통합이 일어났다는 뜻이었다.

하지만 좀 더 최근 진행된 연구에서는 이들 초창기의 호미니드가 훨씬 볼품없었을 뿐 아니라, 그 행동도 훨씬 '인간'답지 않았다고 본다. 현대의 수렵·채집을 다룬 여러 연구를 보면 활과 독화살, 작살을 다 갖춘 상태에서도 사냥 성공률이 3분의 1에 그친다. 가장 초창기의 호미니드는 이런 보조 기구가 없던 것은 물론 두뇌도 매우 작고 자기들끼리 행동을 조율할 만한 언어도 없는 상태였다. 따라서 이들이 꽤 큰 규모의 사냥을 함께 해 내기란 역부족이었을 것이다. 그렇다면 우리 조상들과 관련된 가장 초창기 유적은 어떻게 해석해야 할까?

두 고고학자 글린 이삭(Glyn Isaac)과 루이스 빈퍼드(Lewis Binford)가 진행한 연구(1980년대 초반에 올두바이 협곡 1번 지층의 유적지를 재조사했다.)에 따르면 가장 앞선 시기의 호미니드는 사체 청소부였다. 동물 뼈가 석기와 연관된다고 해서 초창기 호미니드를 반드시 동물 사냥꾼으로 볼 필요는 없다. 이들 유적지는 야영지라기보다는 육식동물이 다른 동물을 잡아먹는 살육지였거나, 아니면 동물들이 자연 수명이 다하면 자연스레 찾는 장소였을 것이다. 호미니드는 다른 동물들이 다녀간 뒤 이곳에 찾아와, 유해 사이의 살점 부스러기를 떼어 먹거나 특히 뼈다귀를 부수어 그 안의 골수를 빨아 먹었을 뿐이었다. 이 뼈들을 상세히 분석한 결과, 호미니드가 동물 유해에서 떼어 내 살을 발라낸 경우는 (있다고 해도) 매우 드물었고, 그마저도 상당수는 육식동물의 이빨 자국 위에 석기의 흔적이 남아 있는 것으로 밝혀졌다. 유해들 틈에는 육식동물에게 갉아 먹힌 것처럼 보이는 호미니드의 뼈가 일부 끼어 있기도 했다. 그 외에도 일부 유적지에서는 석기를 무더기로 쌓아 놓았다가 나중에 그곳으로 동물 뼈를 가져와 살을 발라 먹었을 수 있다. 이들 호미니드 생물체는 여러 군데에 은신처를 두고 생활했겠지만, 기다란 두 팔로 손쉽게 나무를 오를 수 있었던 만큼 아무래도 유일하게 맘 편한 은신처는 나무였을 것이다.

가장 초창기 호미니드의 경우에는 도구를(특히 석기를) 제작해 쓸 줄 알았던 것이 하나의 우위로 작용했던 것이 분명하며, 인류가 이룬 기술 발전의 제1단계도 이것이라고 할 수 있다. 동물 중에도 '도구'를 사용하는 동물은 많다. 해달은 돌멩이를 이용해 조개껍데기를 까고, 침팬지는 막대기나 가늘고 기다란 풀잎을 꺾어 흰개미를 잡는다. 하지만 그 어떤 동물도 초창기 호미니드가 쓰던 도구를 (심지어는 가장 '원시적'인 수준으로도) 만들지는 못한다. 최초의 호미니드로 알려진 오스트랄로피테쿠스 아파렌시스의 경우에는, 대체로 직립보행을 한 덕분에 양손이 자유로웠는데도 그 유적에서 석기가 발견된 적은 한 번도 없다. 하지만 이들이 '도구'를 만들어 썼을 가능성은 큰데, 다만 썩어 없어지는 재질로 만들어 고고학적 기록으로 남지 못한 듯하다.

인류가 최초로 썼다고 알려진 도구는 올도완(Oldowan)이라는 유형 명칭이 붙은 것으로, 호모하빌리스와 연관이 있으며 연대는 약 200만 년 전으로 거슬러 올라간다. 이 돌들은 얼핏 전혀 가공이 안 된 듯한데, 자연적으로 쪼개진 동일 지역의 여타 돌덩이와 별반 다를 것이 없어 보인다. 하지만 이것들을 원시적 수준으로 볼 수는 없다. 이것들을 실제로 제작하기 위해서는 돌의 다양한 종류와 함께 그것이 쪼개지는 방식을 무척 복잡하게 이해하고 있어야 하기 때문이다. 20세기 말의 고고학자들이 초창기의 석기 제작 기술을 모방해 봤을 때도 가장 '투박한' 석기를 만들어 내는 데에만 몇 시간의 연습이 필요했다. 초창기의 석기 대부분은 돌을 단단한 망치를 두드리는 식으로 만들었다. 두 개의 돌덩이를 가져다 부딪치되 하나를 '몸돌'로 삼아 거기서 박편이 떨어져 나가게끔 한 것이다. 하지만 단순히 돌멩이들을 가져다 부딪친다고 해서 석기가 만들어지는 것은 아니다. 몸돌을 정확한 각도로 잘 그러쥐어야만 박편이 떨어져 나오기 때문이다. 그 외에 덜 흔한 방법이지만 돌덩이를 일종의 모루처럼 사용해 석기를 만드는 방법도 있었다. 개중에 날이 뭉툭하고 별 가공을 안 한 듯한 것들이 몸돌 역할을 한 것인데, 이것들은 석기를 만들고 난 뒤에 버려졌을 가능성이 크다. 물론 그중 일부는 동물 뼈를 깨는 데도 이용되었을 것이다. 현재는 몸돌에서 떨어져 나온 박편이 핵심 석기였다는 사실이 분명해졌는데, 날이 예리하기가 코끼리 가죽도 벗겨낼 정도였다. 이런 석기들 덕분에 호모하빌리스는 다른 동물에게 없는 몇 가지 핵심 이

점을 가질 수 있었고, 그중에서도 특히 상당수 육식동물을 비롯해 여타 사체 청소부 동물들이 그냥 지나치는 동물 부위를 석기를 이용해 먹을 수 있었던 것이 주효했다. 이런 도구들을 보면 석기를 만드는 데는 고차원의 제작 기술만이 아니라, 아니라 상당한 수준의 계획성까지 필요했음을 알 수 있다. 당시 호미니드들은 최고의 자재를 얻기 위해 필요할 경우 수 마일씩 돌을 옮겨 오기도 했고, 연장을 제작해서는 그것을 몸에 지니고 다니며 활용할 줄 알았으며, 연장 재활용을 위해 장거리를 이동하는 경우도 많았다. 석기는 좀 더 발전한 형태의 목재 도구를(예를 들면 뒤지개 같은 것들을) 만드는 데도 사용되었을 것이 거의 확실하지만, 당시에 제작된 목재 도구 중 현재까지 남아 있는 것은 없다. 가장 초창기의 이런 기술들로 미루어 볼 때, 초창기 호미니드에게는 두뇌 용적의 발달이 곧 진화의 핵심 이점으로 작용했음을 알 수 있다.

2.3 초기의 인류

초창기 호미니드의 유물 중 연대가 100만 년 이상인 것들은 모두 동아프리카의 적도 35도 이내에서 발견되고 있다. 초창기 호미니드가 왜 매우 제한된 지역, 즉 자신들이 약 300만 년 동안 진화했던 땅을 벗어나지 않았는가와 관련해서는 확실한 이유가 있다. 이들 생물체는 사바나의 자원들을 이용하는 데 적응되어 있었지, 좀 더 척박한 환경에서 살아가는 데 필요한 지식이나 기술은 갖고 있지 못했기 때문이다. 그런 척박한 땅에서는, 특히 겨울철에는 먹을거리를 구할 새로운 방도가 반드시 있어야 했다. 그러다가 현대 인류의 직접적 조상

(호모에렉투스)이 진화하면서 비로소 두뇌 용적이 발달하게 되고, 거기서 좀 더 나은 석기 기술과 좀 더 광범위한 지식이 나오는 한편 사회적 상호작용이 증대하며 (아마도) 원시 수준의 언어가 발달할 수 있었다. 가장 초창기 인류가 아프리카를 벗어나는 데는 이 모두가 필수적인 기술들이었다. 호모에렉투스는 추가된 이 기술들을 가지고 소규모로 무리 지어 다니면서 철마다 다양한 먹거리를 이용했고, 그렇게 1년에 20~30마일씩 이동하면서 몇 세대 만에 어마어마한 거리를 손쉽게 이동해 냈다. 확장은 주로 북쪽으로 올라가 나일강으로 진입하는 방향으로 이루어졌고, 거기서 서남아시아로 진입했다가 종국에는 동남아시아까지 흘러들어 갔는데, 여기까지 걸린 시간이 최장 10만 년 정도였던 것으로 보인다. 인류 최초의 유적지가 아시아에 언제 만들어졌는지는 지금도 논쟁이 분분한 문제다. 대부분의 전문가가 150만 년 전 무렵(호모에렉투스의 진화와 대체로 일치하는 시점이다.)보다는 70만 년 전을 통설로 보는 입장이다. 요르단강과 야무르크강이 합류하는 지점 근처에 자리한 우베디에 유적지가 이 시기의 것으로 보이며, 중국의 최초 유적지(베이징 근방의 저우커우뎬(주구점))도 이 시기의 것으로 여겨진다. 반면에 베트남의 랑짱 동굴은 약 50만 년 전의 유적지로 보아야 무방할 것이다.

호모에렉투스는 최소 20만 년의 기간에 걸쳐 저우커우뎬을 찾았으며, 이곳 동굴에서는 석기 10만 점 이상을 비롯해 인류 유골 마흔 구와 예순 종에 이르는 다양한 동물의 유해를 찾아볼 수 있다. 그뿐만 아니라 저우커우뎬은 인류가 확실히 불을 사용한 최초의 장소로 알려져 있기도 하다. 아프리카의 사바나가 자주 불길에 뒤덮였던 점을 감안하면 가장 초창기의 호미니드들도 생활에서 자연발화한 불은 충분히 접했을 것으로 보인다. 하지만 이들이 언제부터 불을 다스리기 시작했는지는, 즉 언제부터 스스로 불을 피우기 시작했는지는 상당한 논쟁을 불러일으키는 문제다. 일각에서는 남아프리카의 스와르트크란스 유적지와 케냐의 체소와냐(Chesowanya) 유적지(두 유적지 모두 연대가 150만 년 전으로 거슬러 올라간다.)에 남아 있는 불의 흔적이 모두 인류가 피운 것이라는 주장이 제기되어 왔다. 하지만 체소완야의 경우, 비록 돌멩이와 인공물의 배열이 화덕과 흡사하나, 자연발화에 의한 흔적일 가능성이 좀 더 높다. 그러나 70만 년 전 무렵에 들면서는 분명히 호모에렉투스도 불을 피우고 다룰 줄 알았다. 그리고 이 발전이 인류에게 가지는 의미는 컸다. 이제 인간은 불을 피워 자기를 포식자에게서 보호할 수 있었을 뿐 아니라, 음식을 익혀 독소를 제거함으로써 좀 더 많은 식물을 먹거리로 이용할 수 있게 되었으며, 고기 역시 날것으로 먹던 초창기 호미니드의 방식에서 벗어나 불에 익혀 먹게 되었다. 나아가 불을 피워 밤이나 겨울철에 몸을 덥힐 수 있게 되면서, 전 세계의 새로운 환경에 진입할 수 있는 발판이 마련되었다.

호모에렉투스의 핵심 이점은 하나 더 있었다. 예전의 호미니드에 비해 석기 기술이 훨씬 발전했다는 점이었다. 물론 옛날의 올도완 유형 연장들도 계속 사용되었지만, 이 무렵에 들어 아슐 석기(19세기에 프랑스 북부의 생 아슐에서 처음 발견되면서 이런 이름이 붙여졌다.)라는 새롭고도 매우 독특한 일련의 도구가 발달해 나온 것이다. 현재 이 도구들은 유라시아와 아프리카의 전역에서 발견되고 있으나, 대나무가 광범위하게 사용되었던 동아시아만큼은 예외다. 대나무는 자재로서 적응성이 매우 뛰어나 여러 가지 다양한 용도에 두루 쓰일 수 있으나, 목재인 까닭에 고고학 유적지에 그 물품이 보존된 경우가 드물다. 아슐 석기 중에서도 핵심 도구는 주먹도끼였다. 주먹도끼는 각양각색의 모양과 크기로 발견되며, 올도완 석기의 자르개 및 긁개와는 달리 도끼날들이 한 지점에서 모이는 것이 특징이다. 도끼날을 만들 때는 돌덩이를 사방으로 돌려 가며 박편을 떼어 냈고, 끝은 뾰족하게 하되 큼직한 절단면을 두 군데 만들었다. 이런 모양 덕분에 주먹도끼는 동물의 살을 발라내는 데 매우 효과적인 도구였을 것이다. 물론 주먹도끼는 그 밖의 일에도 광범위하게 활용되었을 가능성이 있다. 주먹도끼는 버리기 전에 날을 한 번 다듬으면 재활용할 수 있었다. 주먹도끼를 만드는 데는 올도완 석기보다 훨씬 고난도의 기술과 힘이 요구되었을 뿐 아니라, 애초의 돌덩이에서 어떻게 주먹도끼의 형태를 잡을지 미리 잘 상상해야 했다. 커다란 돌덩이를 가지고 작업을 시작할 경우에는, 9인치가량의 돌망치를 써서 박편도 큼지막하게 떼어 내야 했다. 그런 다음에는 양쪽 면에서 또 박편을 떼어 내 모양을 잡는다. 그러고 나서 주먹도끼 제작의 마지막은 종종 동물의 가지뿔이나 뼈 등 이른바 '무른' 망치를 이용해 최종 모양을 잡는 것으로 마무리되곤 했다. 이 주먹도끼와 함께 찍개와 가르개 같은 여타 석기, 그리고 땅을 파거나 아마 창으로 썼을 목재 용구들(복원된 목재 용구 중 가장 오래된 것은 연대가 20만 년 전 무렵까지 거슬러 올라간다.)이 100만 년 이상 호모에렉투스의 기본 연장통을 구성했다. 이후로 석기를 제작하는 과정은 (특히 이 시대의 말엽에 접어들면서) 약간 정교해지는 양상을 띠어, 예전과 달리 준비하는 과정이나 박편떼기 이전의 몸돌 잡기 과정에 훨씬 주안점을 두게 되었다. 그러나 이 시기에 기술 안정이 상당 수준으로 이루어진 것을 보면, 가장 초창기 인류의 삶에는 이런 기술이 확실히 잘 들어맞았음을 알 수 있다.

호모에렉투스는 아시아의 열대 환경과 아열대 환경에는 비교적 손쉽게 적응해 냈다. 하지만 좀 더 발전된 석기들에 불까지 사용하게 되었는데도, 유럽 정착은 그보다 훨씬 어려운 일임이 드러났다. 유럽 땅은 끝내 간헐적 정착만이 최선인 한계 지역으로 남았다. 최초의 인류로서는 애초에 남쪽 땅에서부터 이주해 나오는 것 자체가 쉽지 않았을 뿐더러, 이주 기간의 절반이 준(準)빙기, 나머지 절반은 완전한 빙하기라 대체적으로 여건이 혹독했다. 물론 대규모로 떼를 지어 풀을 뜯는 동물들이 유럽 대륙에 광범한 종류로 분포했지만, 이것들을 이용하기란 어려운 일이었고, 사냥 역시 당시의 기술 수준에서는 위험천만한 전략이었다. 또 다른 문제는 날씨가 좀 더 추워지면 충분한 식량을 확보하기 위해 무척 넓은 지역을 돌아야 했다는 점이다. 이렇게 장거리를 나서면 서로를 못 찾을 확률이 높아졌고, 그 결과 구성원 수를 일정하게 유지하기가 어려워져 종국에 일부 집단은 자취를 감추었다. 유럽 정착은 주로 간빙기를 틈타 여러 차례에 걸쳐 이루어졌을 가능성이 크며, 기후가 악화되면 사람들은 이내 정착지를 버리고 떠났을 것이다.

유럽 정착은 70만 년 전에 이루어졌을 수도 있으나, 대규모의 엘스터 빙기 이후인 50만 년 전이라는 설이 더 신빙성이 있다. 연대가 확실한 유럽 최초의 유적지는 50만 년 전 무렵에 형성된 이탈리아 중부의 이세르니아 라 피네타이며, 잉글랜드 남부의 복스그로브도 대략 비슷한 연대를 보인다. 발견되는 증거로 봐서는, 유럽도 기후 여건이 나았을 때는 호모에렉투스에게 어느 정도 생산적인 환경이었을 것이다. 일례로 마드리드 북동부의 토랄바와 암브로나 유적지는 그 연대가 40만 년 전 혹은 20만 년 전(둘 중 어느 설이 옳은지는 아직 논쟁의 여지가 있다.)까지 거슬러 올라간다. 당시에 이 유적지들은 깊은 늪이 있는 협곡이었고, 봄과 가을이면 동물들이 어김없이 이 지대를 지나 이동하곤 했다. 초창기 인류는 임시 야영지에서 생활하며 이 동물 떼의 움직임을 눈여겨보았다가, 천혜의 지형을 덫 삼아 동물들을 막힌 협곡과 늪으로 몰아넣어 잡곤 했다. 암브로나 유적지에서는 조각난 코끼리의 유해 30~35구가 발견되었으며, 근방에는 주먹도끼와 가르개, 긁개 등이 어지럽게 널려 있었다. 코끼리의 경우에는 두개골의 뼈를 부순 뒤 그 안에 든 뇌를 빼서 먹기도 했다.

2.4 생활 방식

호모에렉투스는 확실히 초창기의 호미니드에 비해 주변 환경을 훨씬 정교하게 이용할 줄 알았다. 이들이 영위한 생활 방식, 나아가 약 10만 년 전부터 호모사피엔스가 영위한 생활 방식은 오늘날의 수렵·채집 집단이 보이는 생활 방식과 매우 흡사하다. 따라서 이들 집단을 연구하게 되면, 농경 발달 시점(약 1만 년 전) 이전에 인류가 어떤 식으로 존재했는지 의미 있는 통찰을 얻을 수 있다. 그 연구들에서 나온 결과는 실로 놀라운데, 오늘날의 수렵·채집 집단은 광범위한 먹을거리를 손쉽게 접할 뿐 아니라, 여가 시간도 넉넉히 누리는 것으로 나타났기 때문이다.

최초의 연구들은 (아프리카 남서부의 칼라하리 사막에서 살아가는 부시먼인) !쿵 부족을 대상으로 이루어졌다. 이들이 갖춘 장비는 변변찮은 수준이라, 뒤지개, 간단한 형태의 활과 화살, 물통 대용의 타조알 껍질, 동물 가죽으로 만든 옷가지가 전부였다. 하지만 성인의 평균 노동시간은 일주일에 이틀 남짓이었으며, 식단 역시 오늘날 영양 기준으로 봤을 때 꽤 양호한 수준이었다. 이들은 무척 다양한 종류의 식물(100가지에 이르는 각양각색의 식물)을 주로 먹었지만, 무엇보다 중요한 주식은 몽곤고 열매였다. 이 열매는 사시사철 열리는 것으로, 채집하기 쉬웠을 뿐 아니라 영양가도 아주 높았다. 몽곤고 열매 0.5파운드(30분이면 채집할 수 있는 양이었다.)에는 쌀 2.5파운드에 맞먹는 칼로리와 소고기 1파운드에 맞먹는 단백질이 함유되어 있었다. 채집은 남녀 모두의 일이었지만, 사냥은 남자들만의 일이었다.(대신에 여자들은 아이들과 가사를 돌보았다.) 하지만 사냥은 위험이 크고 시간도 많이 잡아먹었기 때문에, 1년이 가도록 사냥이 식단에서 메워 주는 부분은 5분의 1에 불과했다. 사회의 기본단위는 가정이었지만, 음식은 집단이 공유했다. 한 해 동안 기본 생계를 유지하는 패턴은 해당 시기에 어떤 음식을 구할 수 있느냐에 따라 현격히 달라졌다. 인구는 때로 소규모 집단으로 분할되어 자기들끼리 생활하기도 했고, 음식이 한 자리에 풍성하게 마련될 때는 집단이 대규모로 모여 사교와 결혼, 구연 등의 기회를 마련하기도 했다. !쿵 부족은 농사를 지어야 할 이유를 전혀 찾지 못했다. 한 부시먼이 인류학자에게 이렇게 말했듯이 말이다. "몽곤고 열매가 천지 사방에 널렸는데 무엇 하러 씨앗을 심어야 한다는 말인가?"

!쿵 부족 연구에서 눈에 띄는 점은, 결국 이들이 정착 사회에 의해 변방으로 밀려났고 이후 강제에 못 이겨 농사가 안 되는 비교적 척박한 땅을 삶의 터전으로 삼아야 했다는 것이다. 좀 더 풍요로운 환경의 수렵·채집 집단 경우 생활 방식은 이들과 상당히 동일하지만, 기본 생계 마련이 !쿵 부족에 비해 훨씬 쉽다. 짐작컨대 최초 인류의 생활도 이런 식이었을 것이 확실하다. 이런 집단들은 주변에서 얼마든지 음식을 구해 먹을 수 있으며, 그중에서 극히 일부만을 실제 식량으로 활용한다. 생활은 대체로 채집을 통해 이루어지는 편이다. 사냥은 훨씬 고된 일이어서, 적도 및 열대 지역에서는 사냥으로 조달되는

음식이 전체의 3분의 1에 불과하다. 대규모 무리의 동물 사냥은 광활한 초지나 툰드라가 펼쳐진 고위도 지방에서나 중요할 뿐이다. 북극에서는 사냥의 중요성이 압도적으로 커지는데, 이누이트족의 경우 생존하기 위해서는 반드시 지극히 정교한 기술을 발달시킴과 함께 주요한 문화적 적응을 거쳐야 한다. 음식을 손쉽게 구할 수 있다는 것은 곧 채집자와 사냥꾼이 여유 시간을 넉넉히 갖고 그런 시간들을 문화 활동 및 사회 활동, 수면에 충분히 쓸 수 있다는 뜻이다. 또한 이들 집단의 노동은 농사와 달리 1년 내내 제법 꾸준히 이루어진다는 특징이 있다. 사람들은 개인 소유물을 거의 갖지 않는데, 그래야 이동성이 큰 생활에 방해가 되지 않을 뿐더러 필요한 물건들을 그때그때 채워 넣을 수 있기 때문이다. 재물과 기본 생계 수단은 꼭 토지를 소유해야 얻는 것이 아니다. 주변 환경만 잘 살피면 필요한 음식과 원료를 얼마든 공짜로 구할 수 있기 때문이다.

수렵·채집 집단의 사람은 모두 해당 지역 환경에 관한 해박한 지식에 의존한다. 그곳의 계절별 변화를 비롯해, 터전을 이리저리 옮길 경우 지역에 따라 구해지는 음식이 어떻게 달라지는지를 알아야 하기 때문이다. 그리고 다양한 시기에 따라 이용 전략도 달라질 수 있다. 그 방법은 집중적 식량 채취부터 새로운 터전으로의 빈번한 이동, 식량이 (식물이든 동물이든) 구해지는 몇 달 동안 반(半)영구 야영지에 머무는 전략까지 여러 가지다. 실제로 아메리카의 북서부 태평양 연안에서 생활하는 몇몇 수렵·채집 집단은 시간이 갈수록 점차 정착적인 성격을 띠기도 했다. 하지만 일반적으로는 여러 가지 활동이 1년에 걸쳐 혼합적으로 이루어지고, 기본 생계 패턴이 변화함에 따라 집단의 크기도 달리 형성된다. 가장 작은 무리(band: 수렵·채집인 사이에서 나타나는 유동적인 거주 집단을 가리키는 용어다. — 옮긴이)는 보통 몇 개

가족이 모인 스물다섯 명 정도로 구성되지만, 이 무리가 모인 200명 가량의 대규모 집단(무리가 일곱 개 이상 모인 규모다.)이 기본 생식 단위가 되면 무리의 외부인과 혼인한다. 여기에 1년에 한 번씩은 500명가량으로 좀 더 큰 규모의 집단이 형성되어 다양한 사회적 기능을 수행한다.

일반적으로 수렵·채집 집단은 균형이 잘 잡힌 식단을 유지하고 건강 상태도 좋은 편이다. 유아사망률은 1000명 당 200명 정도이며,(1890년대에 워싱턴 D.C.의 유아사망률이 1000명당 300명이었다.) 출생 시 기대 수명은 약 20~25세로 1920년대의 인도와 대략 동일한 수준이다. 보통 이들 무리에서는 영아 살해 및 노인과 병자의 유기를 통해 구성원 수를 조절하곤 한다. 초창기 인류는 바로 이런 방식에 따라 비교적 낮은 기술을 보유한 채 100만 년 이상 삶을 이어 나갈 수 있었고, 이 방식이 제공하는 삶도 꾸준히 높은 안정성과 훌륭한 적응력을 보였다.

2.5 현대 인류

불과 20~30년 전만 해도, 네안데르탈인과 호모사피엔스 사이에는 약 10만 년 전부터 기술 구분이 확연히 이루어졌다고 보는 견해가 일반적이었다. 네안데르탈인이 사용했던 도구는 유적의 최초 발견지(프랑스 남서부 르 무스티에 석굴) 이름을 따 무스테리안 석기라고 불렸다. 반면에 현대 인류가 만들어 쓴 것은 이보다 훨씬 정교하고 조그만 석기들로, 약 20만 년 전에 프랑스 남부와 스페인 북부의 복잡한 사회와 연관을 갖는다고 여겨졌다. 하지만 호모사피엔스가 진화하고 확산해 간 그림이 1980년대 이래 대폭 수정되면서 이 단순한 구분도 폐기되기 이르렀다. 이제는 과거에 네안데르탈인만 연관되었다고 여기던 도구들을 호모사피엔스도 (그들이 네안데르탈인 및 여타 구형태 인류와 공존하던 시기에) 똑같이 만들어 썼다는 사실이 분명해졌다. 하지만 이 도구들은 호모에렉투스의 도구보다 훨씬 발전된 특징을 보였다. 약 10만 년 전을 기점으로 아프리카와 서남아시아에서 차례로, 일명 '준비된 몸돌' 기법이 사용되기 시작한 것이다. 이제 몸돌은 광범한 모양으로 만들어졌고, 여기에서부터 박편의 모양과 크기가 결정되었다. 이는 석기 제작의 기술적 능력은 물론, 복잡한 준비 과정을 여러 단계로 미리 사유하는 능력이 전에 비해 월등히 향상되었음을 의미했다. 박편을 떼어 낼 때에도 따로 타격 도구를 이용해, 양 옆에 평행면을 두고 매우 긴 날이 형성되게 했다. 무스테리안 석기는 박편이 주를 이루며, 페리고르의 콩브 그르날 같은 몇몇 유적지에서는 예순 가지 이상의 다양한 종류의 석기가 발견되기도 했다. 목재 손잡이가 붙어 있었을 것으로 보이는 것도 상당수에 이른다. 한편 이 시기에 인류가 이룬 중요한 발전은, 빙하기를 뚫고 유럽 대륙에서 생존하는 데 성공한 것이다. 10만 년 전 이후의 약 6만 년간 생존에 성공한 것은 네안데르탈인 집단이었으니, 당시에 이들이 충분한 기술적 수준을 비롯해 혹독한 여건에서 살아남을 만큼 문화적·사회적 복잡성을 충분히 갖추었음을 보여 준다.

한편 유럽 바깥, 특히 레반트 지역에서는 약 6만 년에서 4만 년 사이에 걸쳐 호모사피엔스 집단이 훨씬 중요한 발전들을 이루어 가는 중이었다. 왜 이러한 발전들이 (완전한 현대 인류가 처음 출현하고 나서 약 4만 년이나 지난) 이 시기에 일어났는지는 분명치 않으나, 아마도 문화 및 기술 전수의 핵심 도구인 언어의 발달과 관련이 있는 듯하다. 이

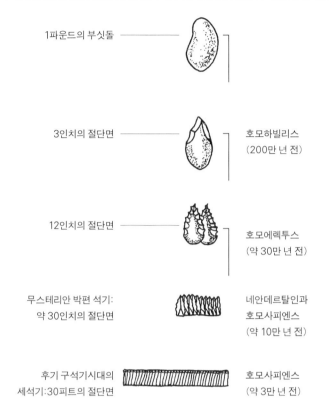

1파운드의 부싯돌

3인치의 절단면 — 호모하빌리스
(200만 년 전)

12인치의 절단면 — 호모에렉투스
(약 30만 년 전)

무스테리안 박편 석기: 네안데르탈인과
약 30인치의 절단면 호모사피엔스
(약 10만 년 전)

후기 구석기시대의 호모사피엔스
세석기:30피트의 절단면 (약 3만 년 전)

시기가 중요하게 꼽히는 것은 인류의 새로운 특징 몇 가지가 이때 처음 등장하기 때문이다. 즉 이제부터 인류는 화덕과 바람막이에 특별히 신경 쓴 체계적 주거 공간을 만드는가 하면, 단순한 동굴이나 석굴을 벗어나 움막을 지을 줄 알게 되었다. 여기에 더해 신체를 장식하고 시신을 무덤에 매장하게 되면서 원시적인 '예술'도 처음 등장했다. 하지만 핵심 발전은 '세석기'를 사용하게 된 것이었다. 이로써 돌

크기는 대폭 줄어든 반면 석기의 유형은 크게 세분화되었다. 세석기는 원뿔형 혹은 쐐기 모양의 몸돌을 공들여 준비한 뒤 그것을 두드려 수천 개로 조각을 내는 식으로 만들어졌다. 이렇게 조각난 날을 특정 모양의 뿔과 뼈, 목재 손잡이에 달면 창의 미늘, 화살촉, 칼, 자르개 등으로 기능했다. 이 새로운 기술에서는 무스테리안 기법 부싯돌에 비해 열다섯 배에 달하는 절단면이 만들어졌다. 석기에 일부나마 양식상 차이가 보이는 것도 이때가 처음인 듯한데, 당시 무스테리안 기법이 문화적·사회적으로 얼마나 중요시되었는가를 말해 준다. 이 시대의 세석기에 사용된 돌을 분석한 결과, 일부 종류는 매우 먼 거리에서 조달되었으며, 특별한 돌들은 근방의 자재와는 다른 방식으로 이용된 것으로 드러났다. 이런 돌들은 매우 귀하게 다뤄져 4분의 3 이상이 석기로 만들어졌지만, 이에 비해 부싯돌이 석기로 제작되는 비율은 단 5퍼센트에 그쳤다. 이렇듯 좀 더 정교한 기술과 좀 더 복잡한 수준의 사회조직은 5만 년 남짓 이전의 레반트 지역에서 처음 등장했다. 그리고 이후 현대 인류를 구성하게 되는 이들 집단이 하나둘 유럽 땅에 발을 들이기 시작했다. 그 역사상 최초 유적지는 4만 5000년 전에 만들어진 불가리아의 바초 키로(Bacho Kiro) 동굴이다. 프랑스에는 네안데르탈인과 무스테리안 석기가 끝까지 발을 붙이고 있다가, 약 3만 년 무렵에 이들마저 호모사피엔스에 밀려 자취를 감추었다. 호모사피엔스는 새로운 환경에 적응하면서 여러 가지 새로운 기술도 함께 발달시켜 갔다. 투창기(창을 던질 때 사용하는 길쭉한 도구다. ─ 옮긴이), 가시 돋친 작살 촉, 활과 화살을 만들어 내는 한편, 자신들의 혹독한 환경에 더 적합한 옷을 지어 입을 수 있게 실과 바늘도 만들었다.

수렵·채집의 생활 방식이 확연히 발달한 것은 마지막 빙하기가 절정을 이룬 약 2만 년 전 무렵에 프랑스의 남서부와 스페인 북부에서 였다. 그 모습은 특히 이 지역에 남아 있는 동굴벽화를 통해 잘 알려져 있다. 당시에는 유럽 북부 대부분이 (영국의 거의 전역을 포함해) 수백 피트 두께의 빙판으로 덮여 있었다. 아늑한 협곡에나 나무가 몇 그루 있을 뿐, 광대한 띠 모양의 스텝 초지는 거의 지중해에 닿을 정도로 남하해 있었다. 이 스텝 지대는 오늘날 시베리아에서 볼 수 있는 것보다 훨씬 남하한 상태였으므로 기후가 좀 더 온화한 편이었고,(여름철 기온은 약 10도였고, 겨울철은 얼음이 얼 정도였다.) 동물 종도 훨씬 풍성해 각양각색의 자원을 광범위하게 이용할 수 있었다. 그중에서도 특히 좋은 여건을 갖춘 곳이 피레네산맥 근처의 도르도뉴 지방이었다. 이곳에서는 1년에 두 차례 순록의 이동이 있었는데, 여름에는 초지를 찾아 서쪽으로, 겨울에는 계곡을 찾아 동쪽으로 이동했다. 근방의 강물에는 연어가 넘쳐 났고, 블루베리와 라즈베리, 도토리, 헤이즐넛 등 식량이 될 만한 채소도 주변에서 광범위하게 구할 수 있었다. 이곳의 인구밀도는 유럽의 다른 지역에 비해 월등히 높았으며, 집단들은 반(半)정착 생활을 통해 대규모 순록 떼를 무척 효율적으로 이용할 수 있었다. 사람들의 거주지는 주로 남향의 석굴이었는데, 물 가까이에 있고 순록 떼의 이동을 살피기 좋은 곳에 위치했다. 당시에 이들은 가림용 '막'을 사용했던 것으로 보이며, 심지어는 동굴 안에 다시 천막을 쳐서 더욱 확실한 은신처를 만들기도 했다. 도르도뉴의 로즈리 오트와 로즈리 바스, 라 마들렌 같은 대규모 유적지는 대규모 집단이 몰려들던 장소로, 이런 모임은 먹을거리가 특별히 풍성해지는 때를 골라 1년에 여러 차례 있었던 듯하다. 사람들의 주된 사회적 활동도 여기서 많이 이루어졌다. 그리하여 혼인식과 성인식이 열리는가 하면 그때껏 발견해 낸 색다른 산물들(프랑스 북부의 조개껍데기와 극북 지방의 호박(琥珀) 같은 물품들)을 서로 교환하기도 했다.

이 지방이 가진 환경의 능력에 힘입어 대규모의 사람은 자기들의 반(半)정착 상태를 줄기차게 유지해 나갔고, 그 결과 수렵·채집 집단의 것으로는 세상 그 어디서도 유례를 찾을 수 없을 만큼 정교한 예술이 발달했다. 현재 유럽 남서부 전역에는 다양한 유형의 벽화가 그려진 동굴이 200개 이상이며, 이 시절의 것으로 알려진 조각과 판화도 1만 점이 넘는다. 이런 작품들은 모두 제작자에게 모종의 상징적 의미를 가졌을 것이 분명한데, 지난 세기 내내 그 의미를 헤아리려는 노력이 있었으나 성과는 제한적일 뿐이었다. 가장 초창기 작품들의 연대는 약 3만 년 전으로 올라가며, 상아에 새겨진 동물 조각이 주종이지만, 판화와 심지어 뼈 피리도 찾아볼 수 있다. 일명 '비너스' 조각으로 유명한 작품은 여자의 가슴과 둔부를 강조한 형태로 러시아에서 도르도뉴에 이르기까지 널리 발견된다. 이는 약 2만 5000년 전의 매우 짧은 기간에만 제작되었다. 이 작품들은 세간에서는 유명하지만, 비교적 찾아보기 어려운 편이며, 종종 다산 의식의 일부 형태와 연관되기도 하나 무리한 해석이다. 이런 여자 조각상에서 임신 상태를 표현한 것은 단 몇 개에 불과하며, 성적인 신체 부위를 강조한 경우도 드물기 때문이다.

라스코와 알타미라 같이 뛰어난 수준의 동굴벽화는 거의 모두 빙하기가 절정이던 1만 8000년 전 무렵에 그려졌다. 물론 이런 그림이 수많은 사람이 수천 년에 걸쳐 그린 합작품인지, 아니면 몇몇 사람이 한 번의 작업으로 만들어 낸 그림인지는 지금도 알 수 없다. 개중에는 움직임을 강조하기 위해 바위 형상 주변에 동물을 그리기도 했지만, 벽화 대부분은 (자세히 들여다보지 않는 한) 크고 작은 동물 사냥감이 인간의 형상, 손자국, 여러 가지 점 및 표시들과 뒤죽박죽 섞인 모습이다. 벽화에 그려진 동물 종을 확인하기는 쉬운 일이 아닌데, 말이 가장 흔하며, 그다음이 들소, 오록스(야생 소), 순록, 붉은사슴 순이다. 육식동물을 비롯해 물고기와 새는 찾아보기 어려우며, 설치류같이 아예 등장조차 하지 않는 동물도 있다. 여기서 한 가지 사실만큼은 분명한데, 어떤 동물이 벽화에 많이 등장한다고 해서 그것이 꼭 실제로 사냥된 동물과(즉 동굴 안에서 그 유해가 발견될 수 있는 동물과) 직접적으로 연관되지는 않는다는 점이다. 동물 그림은 단순한 묘사 차원을 떠나 모종의 상징적 의미를 지녔던 것이 분명하다. 벽화에서 인간은 동물만큼 공들여 그려지지 않았다. 물론 스텐실 및 찍기 기법으로 손자국들이 나 있는 것과 함께, 일각에서는 벽화에 '주술사'가 등장한다는 주장도 있다. 프랑스 아리에주(Ariège)의 삼 형제 동굴벽화가 그예로, 여기에 그려진 인간 형상은 '가지뿔 머리쓰개'와 '말꼬리'를 달고 있다고 여겨진다.

이런 벽화에 대한 해석은 갖가지 이론이 생겨나는 결과를 낳았다. 우선 예술 자체를 목적으로 벽화가 그려졌다는 생각은 거의 지지를 못 받고 있다. 아울러 이런 그림을 단순히 '사냥용 주술'로만 보는 생각, 즉 사냥으로 동물을 도살한 그림(사실 이런 벽화 자체도 별로 없다.)이 실제의 사냥 성공률을 높여 주었을 것이라는 견해도 별 지지를 못 받고 있다. 또 다른 이론들에서는 동굴을 제각각 다양한 구역들로 나눈 뒤, 동물들이 가지는 상징성을 하나의 종합적이고 체계적인 틀 안에서 남자와 여자로 분류한다. 이러한 관점의 문제는 약 2만 년 전의 동굴 구조를 현재로서는 정확히 알 수 없다는 점이다. 그동안 동굴에 변화가 있었을 것이 분명한 데다, 사람에 따라 동굴 구역 구분이 다다르고 남자와 여자의 항목에 정반대의 동물 속성이 연관되기도 한다. 동굴에 그려진 다양한 형태의 점과 선은 확실히 체계성을 띠는 것으로 보이며, 시간이 흐르며 계속 추가된 듯하다. 이 표시들은 시간을(아마도 달의 주기를) 계산하는 법의 일부 형태를 나타낸 것으로 보인다. 동굴의 일부 장소, 특히 다른 데보다 어두컴컴한 동굴 안쪽에서는 특정 종류의 성인식이 행해졌으며, 다양한 씨족 집단이 이 의식에 참여했을 것으로 보인다. 호주의 애버리지니족 같은 현대의 수렵·채집 집단을 연구한 내용을 보면, 이들이 고도로 복잡한 일련의 믿음을 가지며 나아가 예술과 의례를 활용해 자신들의 존재에 질서와 의미를 부여한다는 사실을 알 수 있다. 그 작업의 일환이 바로 동물, 사람, 그리고 그들이 속한 사회적 세계 사이의 영속성을 상징적 차원에서 그려 내는 일이다. 마지막 빙하기에 그려진 대규모의 동굴벽화 역시 이와 비슷한 기능을 가졌을 가능성이 높아 보인다.

마지막 빙하기의 절정 무렵에 유럽 남서부 땅은 비교적 살 만한 환경이었지만, 그 외의 유럽 땅은 여건이 훨씬 어려웠다. 9개월이라는 장기간에 걸쳐 겨울이 이어지며 드넓은 평원들이 계속 눈에 덮여 있었고, 날씨는 늘 혹독했다. 이런 여건 속에서도 인류 집단이 생존에 성공했다는 것은, 앞서의 수만 년간 기술적·사회적 면에서 여러 가지 발전이 있었음을 방증한다. 유럽의 중부 및 동부 전역에 걸쳐 고도로 전문화된 삶의 방식이 발달해 특정 자원들을 이용해 나갔던 것이다. 그런 식으로 이용된 자원 중 하나가 1년에 두 번 이동했던 순록 무리로, 이 동물들은 겨울이면 북독일 평원, 헝가리 평원 혹은 흑해 근방에서 풀을 뜯다가 여름이면 쥐라산맥, 독일 고지 남부, 카르파티아산맥으로 이동해 한 철을 지냈다. 사람들은 이 순록 떼를 시종 따라다니거나, 아니면 1년에 두 번 그 이동 경로를 방해했다. 종종 이들 집단을 '순록 사냥꾼'으로 그리는 일이 있는데, 사실 순록 사냥은 당시로서는 식량을 얻는 매우 비효율적인 방법이었을 뿐 아니라, 이 당시 사람들이 순록을 따라다니며 한 일도 순록 떼를 공황에 빠뜨리는 것이 전부였다. 이와 관련해 인류 집단의 계절별 야영 위치 및 실제로 도살당한 동물을 복합적으로 연구한 결과, 현재는 이들이 순록 몰이꾼이었다는 사실이 분명해졌다. 이들은 순록 떼를 따라다니며 자신들이 망보고 손쓰기 좋은 협곡에 동물을 몰아넣은 뒤 울타리를 쳤고, 더러 주된 무리에서 이탈하는 놈들은 근방에 자리한 막사에서 죽였다. 무리 중 어느 놈을 죽이는가의 문제는 임의적인 사냥과 달랐다. 당시 죽임을 당한 동물을 보면 90퍼센트 이상이 성년 수컷이었다. 이 수치는 오늘날 따로 관리를 받는 순록 떼의 무리 내 도살율과 아주 유사한데, 이 정도 도살률은 개체 유지에 큰 효과가 있는 것으로 나타난다. 이들 수컷은 집단 안에서 잉여나 다름없는 존재이기 때문에 처치를 당하더라도 무리 유지에는 별 문제가 없다. 과거에는 이렇듯 인류와 동물이 서로 매우 밀접한 상태에서 살았다. 물론 이런 삶의 방식에서는 유지할 수 있는 사람의 수가 적었겠지만 말이다.

이들 외에 주로 매머드에 의지해 존립을 이어 가던 집단도 있었고, 들소와 북극여우를 잡아 이용하는 집단도 있었다.(후자는 모피가 목적이었다.) 돌니 베스토니체 유적지는 모라비아의 디예강이 굽어보이는 곳으로, 2만 5000년 전 무렵의 옛날에 약 100~120명이 정기적으로 찾던 야영지였다. 이 유적지는 여러 면에서 눈여겨볼 만하다. 우선 가마에 넣어 불에 구운 점토 조각이 다수 발견되었는데, 불에 구운 것으로는 세계 최초이며 최소 1만 5000년 전에 만들어졌다. 이 유적지는 의도적 시신 매장이 이루어졌음을 확실히 뒷받침하는 증거가 처음 발견된 곳이기도 한데, 이때 원시 수준의 종교적 믿음이 일부 존재했음을 암시한다. 발견 당시에 시신 세 구는 상아 장식 목걸이를 걸고 있었고, 시신을 먼저 불에 태운 뒤에 무덤을 흙으로 뒤덮은 흔적이 보인다. 이 유적지 훨씬 동쪽에도 제법 장관인 유적지가 두 군데 있는데, 돈강 근처의 코스텐키 유적지와, 키예프 남동쪽에서 드네프르 협곡을 굽어보는 메지리치 유적지다. 두 유적지 모두 연대는 마지막 빙하기가 한창이던 2만 2000년에서 1만 8000년 전으로 거슬러 올라간다. 코스텐키 유적지의 경우, 거대하게 얼어붙은 대륙 빙판에서 남쪽으로 불과 430마일 정도밖에 떨어져 있지 않았기 때문에 무척 적대적인 여건이었던 셈이다. 코스텐키 유적지에 만들어진 거대 움막은 크기가 420제곱피트를 아울렀으며, 메지리치의 경우 다섯 개 움막이 각각 최대 22피트 폭으로 자리 잡으며 코스텐키의 두 배에 달하는 지역을 아울렀다. 이들 움막은 모두 매머드 뼈대를 가져다 기반 벽을 세운 뒤, 그 위에 좀 더 작은 동물의 팔다리와 척추의 뼈를 '헤링본' 패턴으로 세세하게 엮어 지붕을 받쳤다. 움막에는 모두 일정한 공간에 화덕이 있었고, 노동 공간이 따로 있었다. 영구 동토층에는 보관용 구덩이를 파내 고기를 넣어 두기도 했다. 코스텐키의 날씨는 지독히 매서워 지하에도 거주공간이 마련되었다.

2.6 인구의 전 세계적 확산

빙하기의 유럽이라는 가장 혹독한 환경에서도 호모사피엔스가 살아남을 수 있었던 것은 당시의 좀 더 일반적인 현상, 즉 인구가 전 세계로 확산되는 현상의 일부를 보여 준 것에 불과했다. 몇몇 섬은 예외였지만, 이는 가장 초창기의 수렵·채집 집단이 꽤나 원시적 수준의 기술만 가지고 이루어 낸 성과였다. 약 15만 년 전에 아프리카에서 진화한 호모사피엔스는 약 10만 년 전 무렵에 아시아 서남부에 도달했고, 이후 자신보다 100만 년을 앞섰던 호모에렉투스의 발자취를 따

세계 각 지역의 정착 과정

기원전 1만 8000년?

기원전 1만 3000년?
북아메리카

기원전 1만 3000년?
남아메리카

기원전 1만 3000년?

기원전 1만 3000년?

시베리아

기원전 3만 3000년

하와이

이스터섬

기원후 500년

동남아시아
(기원전 6만 3000년?)

솔로몬제도

기원전 3만 년

뉴질랜드(기원후 1000년)

오스트레일리아(기원전 3만 3000년)

태즈메이니아(기원전 3만 년)

기원전 3만 3000년
유라시아

유럽(기원전 4만 1000년 무렵)

기원전 10만 년

마다가스카르
기원후 500년

아프리카

S

호모사피엔스의 발상지
(15만 년 전?)

라 동쪽으로 계속 전진해, 약 7만~6만 년 전 무렵에는 동남아시아에 이르렀다.

2.6.1 오스트레일리아

마지막 빙하기가 절정을 맞은 약 2만 년 전에 지구의 해수면은 급격히 하강했고, 따라서 오스트레일리아, 뉴기니, 그리고 주변의 인접한 섬들이 오늘날 사훌(Sahul)이라 불리는 거대한 땅덩이에 하나로 붙어 있었다. 그뿐만 아니라 말레이반도, 보르네오, 수마트라섬도 '순드라(Sundra)'라는 하나의 땅을 이루고 있었다. 그러나 유라시아에서 쭉 뻗어 나와 있던 이 대륙은 한 번도 사훌과 맞닿은 적이 없었고, 가장 가까운 섬들(티모르와 술라웨시)과 사훌 사이는 늘 최소 60마일 이상의 바다가 가로막고 있었다. 따라서 예로부터 오스트레일리아에 정착하기 위해서는 반드시 배를 이용해야 했다. 현재 모든 증거가 일관되게 제시하는 바에 따르면, 오스트레일리아는 빙하기가 절정을 맞기 한참 전, 따라서 훨씬 엄청난 거리의 바다를 건너야 했을 때에 정착이 이루어졌던 것으로 보인다.

동남아시아에 도달한 호모사피엔스는 연안 환경에 제법 빨리 적응했던 듯 보이며, 대나무를 가지고 배를 만들어 주변의 외딴섬들에까지 도달했다.(당시에는 본토에서도 상당수 섬이 선명하게 보였을 것이다.) 오스트레일리아까지의 항해는 섬 이곳저곳을 거쳐 계획적으로 이루어졌을 가능성이 크나, 우연찮게 계절풍을 만나 아래로 떠밀리기만 해도 티모르에서 오스트레일리아까지 약 일주일이면 갈 수 있었을 것이다. 이런 항해에 나섰던 초기 집단은 중도에 많은 사람이 목숨을 잃었을 것이 분명하나, 종국에 목숨을 건지고 살아남은 이가 몇몇 있었다. 오늘날 통설로 통하는 오스트레일리아의 최초 정착 시점은 기원전 3만 3000년이다. 그 외에도 미심쩍지만 불가능하지만은 않은 설에서는 그 시점을 기원전 4만 8000년까지 올려 잡는다. 시점이 정확히 언제든 간에, 당시의 항해는 과거 수만 년간의 그 어떤 항해보다 이른 시기에 이루어진 원거리 항해였다. 지중해에서는 최초로 항해가 이루어진 것이 기원전 1만 년 무렵이었다.

오스트레일리아에서의 정착은 무척 급속도로 이루어졌던 듯 보인다. 이곳에서는 기원전 3만 년 무렵의 유적지가 상당수 발견되며, 이때부터 1000년도 걸리지 않아 이용 가능한 환경 지대가 모두 활용되었다. 태즈메이니아 정착은 육지가 다리처럼 연결되어 있던 기원전 3만 5000~2만 7000년 사이에 이루어졌을 가능성이 크며, 가장 초창기 정착은 기원전 2만 8800년에 이루어졌다. 마지막 빙하기에 지구의 가장 남쪽에서 생활했던 인간 집단이 아마 이들이었을 것이다. 이들은 주(周)빙하를 터전으로 살아가던 붉은왈라비를 사냥감으로 삼았다. 오스트레일리아 전역에는 선사시대의 동굴 및 바위에 그려진 벽화가 곳곳에 자리하고 있다. 이들 유적지의 연대 산정은 쉬운 일이 아니지만, 아넘 랜드의 말란강게르 석굴이 기원전 1만 7000년에, 사우스오스트레일리아의 만나힐이 기원전 1만 4000년에 만들어졌을 것은 거의 확실하다. 일각에는 둘 모두의 연대가 거의 기원전 3만 년 무렵까지 올라간다는 주장도 있다. 그러나 좀 더 후기의 연대를 택한다고 해도 이곳 벽화는 프랑스 남서부 및 스페인 북부의 벽화와 대략 동시대에 제작된 셈이다. 기원전 1만 년 무렵에 오스트레일리아의 인구는 18세기에 유럽인이 이곳에 처음 도착했을 때와 (아마 약 30만 명으로) 대략 비슷했다. 그 긴 시간 동안 이루어진 기술 변화는 매우 느린 편이었지만, 애버리지니족 문화는 수준이 매우 높아 삶의 예술적·의례적 부분이 복잡한 믿음 체계와 연결되어 있었다. 태즈메이니아인은 본토와 분리되어 살았기에 새로운 기술 발달이 없었고, 따라서 돌촉이 달린 손잡이 도구, 부메랑, 투창기, 방패와 도끼 등도 가지지 못했다. 그런데도 이들은 나름대로 20여 유형에 이르는 각종 도구를 만들어 사냥과 채집을 했고, 이후 3만 년 동안은 그 방식에 따라 삶을 이어 나갔으나 유럽인이 섬에 도래하고 나서는 불과 100년도 지나지 않아 그들의 손에 전멸당했다.

2.6.2 아메리카 대륙

인류가 마지막으로 정착한 주요 지역은 아메리카 대륙이었다. 수렵·채집 집단들은 약 4만 년 전에 이미 시베리아와 바이칼호에 도달했고, 기원전 1만 8000년 무렵에는 이보다 훨씬 혹독한 환경인 유라시아 북동부 캄차카반도 주변까지 진출했다. 이후 아메리카 대륙 인구를 구성한 것이 바로 이들이다. 아메리카 토착 인구 내의 생물학적 차이는 낮은 수준을 보이며, 모든 인구 집단이 마지막 빙하기의 이 시베리아 인구와 밀접한 관련성을 가지는 것으로 나타난다. 당시 해수면이 낮았다는 것은 곧 하나의 땅덩이에 시베리아, 알래스카, 알류샨 열도가 연결되어 있었다는 뜻이다. 이 지역은 생활 터전으로는 열악했고,(그래도 캄차카반도보다 열악하지는 않았다.) 대규모 동물 떼도 전혀 찾아볼 수 없었다. 아마도 이 지역에 의지해 살 수 있던 인간 집단은 소규모에 불과했을 것이다. 또한 어마어마한 크기의 빙판 때문에 기원전 1만 3000년 무렵 이전에는 알래스카를 떠나 남하한다는 것이 거의 불가능했다. 그러다가 기후가 점차 온화해지고 빙판도 극지방으로 물러나면서 인간도 동물 무리를 따라 남하하게 되었다.

아메리카 대륙의 정착 시점에 대해서는 지금도 논란이 매우 무성하다. 일반적으로는 기원전 1만 2500년을 최초의 정착 시점으로 보는데, 피츠버그에서 남서쪽으로 약 30마일 떨어진 미도크로프트 석굴이 이때 만들어졌다. 이 석굴의 훨씬 남쪽에서 연대가 확인된 최초의 유적지는 칠레 남부의 몬테 베르데다. 이곳은 장기 거주 야영지로, 강줄기를 옆에 끼고 가옥이 몇 채 있었고 화덕과 석기도 몇 가지 이용되었다. 나중에 이 유적지는 토탄 늪에 덮이는데, 여기에 목재 도구 일부가 고스란히 보존되면서 방사성탄소를 이용한 정확한 연대 산정이 가능했다. 이보다 훨씬 앞선 연대에 생겼다고 주장되는 유적지들도 있다. 일례로 브라질 북동부 페드로의 보셰리우(Bocherio) 유적지는 기원전 4만 5000년에 만들어졌다고 하는데, 지속적으로 심한 지형 변화가 일어나는 하상(河床) 유적지인 만큼 인공물로 보이는 흔적이 사실 인간이 아닌 자연 균열에 의한 작품일 것이 거의 확실하다. 이들 유적지의 연대는 아메리카 정착이 마지막 빙하기 이후에나 처음으로 이루어졌다는 증거와도 상당히 어긋난다.

알래스카에서 처음 남하한 인류는 다채롭고 풍성한 서식지를 광범위하게 발견해 그곳을 터전으로 살아갈 수 있었으며, 확산이 진행되면서 인구도 급속히 늘어났다. 무척이나 다채로웠던 아메리카 대륙 환경에서는 일련의 다양한 문화와 삶의 방식이 발전해 나왔다. 그중 최초가 일명 '클로비스' 문화로, 기원전 9200년에서 8900년의 짧은 기간에 그레이트플레인스에서 크게 번성했다. 당시에도 고도의 기동성을 갖춘 집단은 방대한 범위의 동물을 이용할 수 있었으니, 대규모 사냥감 무리를 주식으로 삼되 다양한 채소로 영양을 보충했다. 빙하기 말에 이르면 북아메리카 대륙 전역에서 수십 종의 생물이 멸종당한 것으로 보이는 사태가 발생하는데, 과거 몇십 년 동안은 이것이 클로

비스 집단의 소행이라고 주장되어 왔다. 멸종당한 생물은 총 35종으로 주로 초식동물(매머드, 마스토돈, 영양, 사이가 산양, 자이언트 비버(몸집이 흑곰과 맞먹었다.))이었으며, 이들의 포식자인 육식동물(검치호, 사자, 아메리카 치타, 아르크토테리움)도 함께 자취를 감추었다. 인류가 처음 발을 들인 순간 과잉 살상과 멸종이 빚어지는 일이 다른 데서도 있었던 만큼,(이런 경향은 섬에서 특히 심했다.) 인류의 이런 영향도 전혀 불가능하지는 않다. 하지만 최근 연구는 이 가설에 얼마간 의심을 품게 만든다. 대량 멸종은 인간 사냥꾼과 상관없이 서서히 진행된 과정이었으며, 인류가 아메리카 대륙에 발을 들이기 전에 이미 시작되었을 가능성이 높다. '사냥꾼 인간' 개념을 비롯해, 이들 초창기 사냥꾼의 효율성과 관련해 점점 커지는 의구심도 이 이론의 신빙성을 무너뜨리고 있다.(빙하기 막바지의 멸종 현상은 유럽에서도 나타났다. 이때 매머드, 털코뿔소, 동굴곰이 사라졌는데, 이 동물들은 인류가 사냥을 가장 기피하던 대상이었다.) 아마도 당시의 대량 멸종에는 빙하기 말의 대규모 기후 변동이 중대했던 듯하며, 그와 관련한 식생, 계절별 기온, 생장철의 기간 변화가 주효했을 것이다. 이것들이 함께 작용한 결과 환경에 상당한 변화가 찾아왔고, 이로써 이동 경로를 비롯해 동물 생활의 주요 면면이 뒤바뀌고 말았던 것이다. 그러나 몇몇 종은 이때부터 이미 환경 스트레스를 받아 멸종으로 내몰리는 일이 있었을 것으로 보이며, 여기에 인간의 개입이 중요한 역할을 했을 가능성은 충분히 있다.

[이후의 아메리카 대륙 ☞ 5.1, 5.5]

2.6.3 태평양

세계에서 인류가 마지막으로 정착한 곳은 인도양과 태평양의 외딴섬들로, 아메리카 대륙 정착이 있고 나서 1만 년이나 후에 인간이 발을 들일 수 있었다. 이를 성취해 낸 것은 순수한 수렵·채집 집단이 아닌, 제한적이나마 얼마간의 농경 기술을 가지고 있던 집단이었다. 마다가스카르 정착도 아프리카에서 출발해 이루어진 것이 아니라, 기원후 500년 무렵에 인도네시아 군도 사람들이 멀리에서부터 배를 타고 와서 이룬 것이었다. 하지만 이보다 훨씬 대단한 항해가 있었으니, 태평양을 누빈 폴리네시아인들의 항해였다. 배를 타고 이 머나먼 섬에까지 이른 그들의 여정은 인류 역사에서 단연 눈에 띄는 대목으로,(이 중 식민(植民)까지 된 섬이 거의 350개에 이른다.) 그 어떤 지리학 지식도 그 어떤 철제 도구도 그 어떤 시간 계산법도 그 어떤 항해 도구도 없이 순전히 자연현상을 관찰하고 밤하늘의 별이 인도하는 방향만으로 이루어졌다. 당시 폴리네시아인들이 항해하고 정착한 지역은 북쪽의 하와이, 남서쪽의 뉴질랜드, 남동쪽의 이스터섬을 꼭짓점으로 하는 삼각지대로 약 2000만 제곱마일에 달하는 엄청난 면적이었다.(거리로는 지구 둘레의 거의 4분의 1에 달한다.) 단일한 문화 집단이 이렇게까지 방대한 영역을 아우르며 사방으로 뻗어 나간 것은, 혹은 다채롭게 펼쳐진 광범위한 환경을 두루 아우른 것은 세상 그 어디서도 찾아볼 수 없는 일이다. 이들의 항해는 우연이 아닌, 다수의 식민 집단에 의해 계획된 것이었으며 항해에는 일군의 동물 및 식물도 딸려 갔다. 항해에 이용된 배는 이중 선체(쌍동선)로 된 대형 카누(혹은 뱃전 바깥에 장치가 붙은 단일 선체로 된 카누)였으며, 약 70피트 길이의 단단한 통나무를 깎아 용골로 사용했다. 항해 속도는 약 8노트였으며,

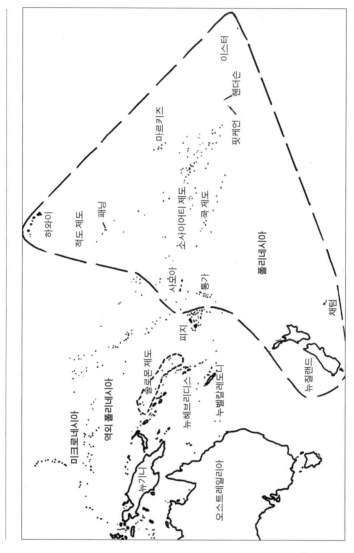

태평양의 정착: 폴리네시아 삼각지대

이스터

헨더슨

핏케언

마르키즈

소사이어티 제도

쿡 제도

페닝

적도 제도

하와이

폴리네시아

사모아

통가

피지

외곽 폴리네시아

솔로몬 제도

뉴헤브리디스

누벨칼레도니

미크로네시아

뉴기니

오스트레일리아

뉴질랜드

채텀

초기에는 서쪽에서 동쪽으로 항해가 이루어졌다. 태평양에서 우세한 풍향을 생각하면 얼핏 이상한 일로 비치나, 이 방향을 타면 항해가 별 소득이 없다고 판명될 경우 고향까지 비교적 손쉽게 돌아올 수 있었다. 이보다 고난도인 북쪽에서 남쪽으로 향하는 항해는 좀 더 나중에 가서야 시도되었다.

폴리네시아인 확산의 핵심 지역은 뉴기니와 비스마르크 제도 일대로, 기원전 3000~2000년 무렵에 라피타라는 매우 독특한 문화 양식이 발달한 곳이다. 기원전 1600년에서 500년 사이에 이들 집단은 오세아니아 본토를 벗어나 피지, 사모아, 통가에 정착했고, 기원후 300년 무렵(이보다 몇백 년 전이었을 가능성도 있다.)에는 사모아섬을 출발해 마르키즈 제도에 이르렀다. 이스터섬을 종착지로 하는, 서쪽에서 동쪽으로 향하는 가장 고난도의 항해는 기원후 500년 무렵에 이루어졌다. 이는 이전 항해에 비해 항해 자체는 그리 어렵지 않았지만, 훨씬 혹독한 인내심 시험을 치러야 했다. 북쪽 및 하와이를 향한 주요 항해도 대략 동일한 시기에 이루어졌는데, 이에 성공하려면 우선 남동무역풍 지대를 빠져나온 뒤 그 악명 높은 적도 무풍지대를 거쳐 북동무역풍 지대로 진입할 수 있어야 했다. 마르키즈 제도의 가장 가까운 거주지에서 출발한다고 해도 목적지에 가려면 정착민들은 거의 2500마일에 이르는 거리를 항해해야 했다. 하지만 소사이어티 제도에서 출발하는 것에 비하면 이는 식은 죽 먹기였다. 그 결과 뉴질랜드 정착은 아무리 빨라야 기원후 800년 혹은 기원후 1000년에야 이루어질 수 있었다. 뉴질랜드에서 바람 부는 방향으로 약 500마일 떨어진 채텀 제도의 경우, 사람들의 발길이 닿은 지가 약 500년밖에 되지 않는다.

정착지 일부(패닝, 핏케언, 헨더슨 제도)는 제풀에 사라지거나 버려지기도 했지만, 대부분은 끝까지 명맥을 이어 갔다. 정착지의 동단 및 남단의 섬들(이스터섬과 뉴질랜드)에서는 식민에 성공하기 위해 상당 부분에서 적응이 이루어지지 않으면 안 되었다. 폴리네시아인들은 애초에 아열대기후에서 출발하면서 식물과 동물도 함께 배에 실었지만, 기후가 너무 달랐기 때문에 거의 아무것도 살아남지 못했다. 따라서 정착민들은 음식을 구할 전혀 새로운 방식을 택하지 않으면 안 되었다. 그러나 그토록 먼 곳에서 시작된 정착이었는데도 이들은 폴리네시아 문화의 특징을 줄곧 확연히 유지해 나갔다. 폴리네시아인의 이 여정이야말로 인류가 세계에 정착하며 이룬 하나의 장대한 성취였다.

[이후의 태평양 ☞ 5.7]

개관 1

기원전 1만 년의 세계

인구 400만명	주요 도시 없음

사건

- 대규모 빙판이 후퇴하는 중이었으나, 영국은 아직 유럽 대륙에 붙어 있음. 북 해와 발트 해는 존재하지 않음.
- 최초의 인류 집단이 남 아메리카 최남단에 이름.
- 일본의 조몬 수렵 채집인들이 최초의 토기를 제작함.
- 아시아 남서부에 최초의 소규모 촌락 출현. 일부 가젤 목축이 행해졌지만, 인류는 여전히 채집과 수렵으로 식량을 구함.
- 자그로스산맥에서 소규모의 양과 염소를 반(半)사육함. 야생 곡물 채집도 병행됨.
- 지중해에서 최초로 선박이 사용됨.

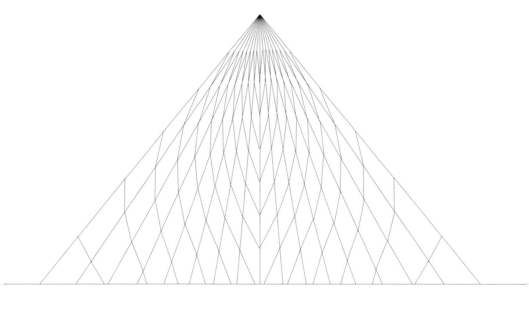

대전환

2

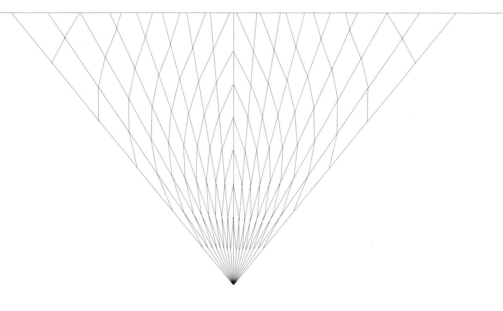

작물과 동물

3

인류는 100만 년 넘게 소규모 집단으로 이동하면서, 야생 들판에서 먹을거리를 구하고 동물들을 사냥했다. 자원이 허락할 때는 자기들끼리 좀 더 대규모 무리를 이루기도 했고, 이따금은(특히 의지할 수 있는 식량 자원이 풍성할 때는) 반(半)정착의 성격을 띠기도 했다. 그러다가 기원전 1만 년 무렵에 마지막 빙하기가 끝나고 나자, 이 안정적이고 균형 잡힌 생활 방식이 비교적 짧은 시간 안에 변화를 맞기 시작했다. 이제 전 세계적으로 인류는 한곳을 골라 정착하기 시작했고, 식물을 채취하는 대신 경작지를 만들어 작물을 길렀으며, 동물도 몇 종류 길들였다. 삶을 살아가는 이 새로운 방식이 전 세계로 퍼져 나가는 데는 1만 년이 채 걸리지 않았다. 수렵·채집 집단도 여전히 살아남아 있었지만, 이들은 점점 변방을 비롯해 농부들에게 쓸모없는 땅으로 밀려났다. 이런 집단 중 20세기까지 살아남아 인류학자들의 의해 연구된 이들은 소수에 불과했다. 농경의 채택은 인류 역사의 가장 근본적인 변화이자 문명 및 인류의 기록 역사라 일컬어지는 그 모든 것의 출발점이다.

3.1 왜 농경인가?

왜 잘 조절되던 삶의 방식에 이런 변화가 일어났는지는 매우 중대한 물음이다. 가장 초창기 이론에서는 농경의 이점이 너무도 분명해서, 인간의 재능, 지식, 발명이 충분한 선까지 발전을 이루자 그 순간 바로 농경을 채택했다고 보았다. 하지만 이 간편한 대답은 지금은 설득력을 많이 잃었다. 수렵·채집 집단 관련 연구들을 보면, 그들은 삶을 비교적 손쉽게 영위하는 것으로 나타난다. 별 노력 없이 식량을 손에 넣고, 영양이 풍부한 균형 잡힌 식단을 섭취하며, 여가 활동 시간도 넉넉하다. 반면에 농경을 고려하면 온갖 문제가 뒤따른다. 우선 농경에는 수렵과 채집에 비해 (파종기와 수확기에 특히) 훨씬 많은 노력을 쏟아부어야 한다. 작물도 해마다 상당 기간 저장해 두어야만 하며, 이 때문에 낭비와 절도의 가능성이 생겨난다. 농경이 수렵과 채집에 비해 생산성이 높기는 하지만, 단 몇 가지 작물에만 의존하기 때문에 춘궁기에는 식량 부족, 심지어는 기근에 시달릴 가능성이 수렵·채집에 비해 훨씬 높다.

농경 채택은 단번에 이루어진 것이 아니라, 세계 전역에서 서로 다른 작물과 동물이 활용되며 여러 차례에 걸쳐 이루어졌다. 그중에서도 핵심부는 서남아시아, 중국, 메소포타미아, 안데스산맥 및 아프리카 열대 지역, 동남아시아였다.(열대지방에서 일어난 농경 채택에 관해서는 파악하기가 훨씬 어려운데, 습한 기후 탓에 식물 유적들이 고고학 유적지에 거의 보존되지 못했기 때문이다.) 따라서 단순한 설명을 전 세계 모든 경우에 적용하는 것은 분명 무리다. 예를 들어 몇 년 전에 한 이론에서는 수렵·채집 집단의 인구 증가가 농경 채택으로까지 이어졌다고 주장했다. 수렵·채집민 인구가 일정 수 이상으로 불어나자 생활에 이용할 새 땅을 찾기가 어려워졌고, 그리하여 농경이 더 고된 일임을 아는 상황에서도 어쩔 수 없이 좀 더 집약적 방식의 식량 조달 방식에 의지하게 되었다는 것이다. 이는 서남아시아처럼 비교적 인구가 조밀한 지역에는 합당한 설명일지 모르나, 메소아메리카에 적용되기는 어려운 듯 보인다. 메소아메리카의 농경은 이곳에 정착이 시작된 지 불과 7000년도 안 되어 나타났다.

옛날에는 이 근본적 변화를 '신석기 혁명'이라 부르며, 토기의 발명 및 최초의 소규모 성읍 발달과 연관시키곤 했다. 하지만 꼭 농경을 채택하지 않더라도 인류 집단의 정착 생활은 가능하다. 예를 들어 북아메리카 태평양 연안의 아메리카 원주민들은 주변의 해양자원을 삶의 기반으로 삼아 고도로 복잡한 사회를 발전시켰다. 세계 최초로 토기를 제작해 쓴 이들도 기원전 1만 년 무렵에 일본에 살았던 조몬(繩文) 수렵·채집인들이었다.(이들은 비농경 상태에서 이후 1만 년 동안 지속적으로 토기를 만들었다.) 그뿐만 아니라 농경 채택에 뒤따랐던 변화도(그 어떤 집단도 농경 '발명'을 위해 뜻을 모았던 것은 아니므로) 혁명과는 거리가 멀었고, 그 수천 년의 과정에서 기본 생계 및 생활 방식은 한 세대와 후대 사이에 매우 미미한 차이만 보였을 뿐이다. 이러한 변화에서 제일 중요했던 면은 일명 '톱니바퀴 효과'였다. 좀 더 대규모의 식량 산출 방식을 몇몇 집단이 한번 채택하고 나자, 점점 늘어나는 인구 때문에 이제는 덜 집약적인 식량 조달 방식으로 돌아가기가 무척 어려워진 것이다.

이 복잡한 주제를 논한 가장 최근의 연구에서는 농경을 과거와의 갑작스러운 단절로 볼 것이 아니라 기나긴 진화 과정의 일부로, 즉 인간, 식물, 동물의 상호작용이 점차 증대된 과정으로 보아야 한다고 이야기한다. 수렵·채집 집단도 환경에 변화를 주어 자신들 입맛에 맞는 식물들이 잘 자라게 하며, 그럴 때는 세심한 계획하에 불을 놓거나 '관개지'와 옮겨심기 기술을 만들어 낸다. 과거 유라시아의 집단들도 약 3만 년 전부터는 동물 무리를 만나 닥치는 대로 잡아먹는 단순한 사냥꾼이 아니었다. 이들은 좀 더 정교하고 효과적인 동물 무리 관리 전략을 택했고, 이로써 자신들이 죽이고자 하는 동물을 신중히 선별했다. 이러한 기법들은 모두 농경이 완전한 틀을 갖추기 위해 거쳐야 했던 하나의 단계들이라고 할 수 있을 것이다. 야생에서 난 견과류 및 씨앗을 가공하는 기술(맷돌, 절구와 절굿공이, 저장 용기)은 농경이 발달하기 약 2만 년 전부터 모두 만들어져 있었다. 그리고 이런 가공은 농경이 채택된 이후에도 멈추지 않았다. 새로운 식물과 동물을 찾아 기르는 일도 계속 이어졌으며, 한때 기르다가 중도에 포기된 것들도 있었다. 식물 및 동물을 기르고 몇천 년 뒤에는 이른바 '2차 산물 혁명(secondary products revolution)'이 일어났다. 소를 이용하되 그것에서 우유와 기타 유제품까지 얻게 된 것이다. 사람들 손에 길러진 이런 동식물 품종은 이후 세계 전역으로 퍼져 나가 다양한 대륙에서 재배되고 사육되었다.

사람이 기른 식물 및 동물은 세계 전역에서 다양한 차이를 보였지만,(이는 주로 야생에서 무엇을 이용할 수 있는지에 따라 달라졌다.) 공통적 특징도 몇 가지 찾아볼 수 있었다. 인간이 제일 먼저 기르기 시작한 동물은 늑대였던 듯한데, 식량으로 쓸 목적은 아니었다. 늑대에서 진화한 개의 경우, 사냥에 따라나서 도움을 주고 인간이 남긴 음식으로 배를 채웠던 것으로 보인다. 일반적으로 인간이 중점적으로 길들인 동물은 조용하고, 움직임이 느리고, 광범한 종류의 음식을 먹으며, 무리 내에 고도의 사회성 및 순종적 위계질서가 이미 나타난 종들이었다. 양과 염소의 예만 봐도 잘 알 수 있다. 사람이 기르게 된 동물 종은 야생과 격리되었고, 이는 서서히 농부가 바람직하게 여기는 특징이 선택되는 결과로 이어졌다. 대부분의 재배종 작물은 자가수분을 한다. 덕분에 초기 농부들은 야생종에서 재배종을 매우 손쉽게 분리해 낼 수 있었다. 야생종은 종자를 퍼뜨리는 속도가 매우 빠른 경향이 있지만, 최초의 농부들은 아마 자연스럽게 씨앗이 식물에 더 오래 붙어 있는 식물을 골라 길렀을 것이다. 이로써 (단 몇 년 만에) 재배종은 야생종과 더욱 분리될 수 있었고, 종국에 재배종은 타작을 해야만 씨앗이 떨어지는 종으로 한정되었다. 이런 종들은 이제 반드시 인간의 힘이 있어야만 번식할 수 있게 되었다. 하지만 사람이 기른 식물 및 동물은 실로 다양했으니,(그 시기와 과정도 세계 전역에 걸쳐 다 달랐다.) 이는 곧 인류 역사의 가장 근본적인 변화는 지역별로 나눠 살펴보는 것이 최선의 연구 방법이라는 뜻이다.

3.2 서남아시아

서남아시아(레반트에서 출발해 터키 남동부를 거쳐 이란의 자그로스산맥까지 이어지는 지역이다.)야말로 농경이 가장 먼저 발달한 곳이자, 이제까지 연구가 가장 집중적으로 이루어진 곳이다. 현재는 인간이 길렀던 모든 작물 및 동물에 대해 그 시조 야생종이 무엇이며, 어느 지역에서 번성했는지 다 밝혀진 상태다. 또한 상당수의 고고학 유적지가 제공해 주는 막대한 양의 정보를 통해 그간 얼마나 다양한 인간 집단이 인간의 식량 조달 방식을 서서히 변화시켜 왔는지도 드러났다. 여기서 한 가지 핵심적 사실은, 농경에 이용된 초창기 식물의 유전학 연구 결과 식물은 재배종으로의 전환을 단 한 차례만 겪었다는 것이다. 단 그 일이 일어난 곳이 정확히 어디인지, 동일 장소에서 한꺼번에 재배되던 것이 나중에 각지로 확산되었는지, 아니면 여러 집단이 제각각 다른 식물을 재배하다 나중에 교환한 것인지는 현재로서는 알 수 없다. 동물의 경우에는 주로 자그로스산맥 일대에서 각각 따로 길들여졌다가, 나중에 좀 더 서쪽에 자리한 기존 농경 집단에까지 확산된 것으로 보인다.

인간은 어떤 식물과 동물을 길렀을까? 제일 중요했던 풀은 밀이었는데, 높은 영양가를 지닌 덕에 지금도 다른 곡물들보다 큰 가치를 갖는다. 애초에 인간이 길렀던 밀은 아인콘과 엠머였으나, 현재 이 둘은 빵밀과 경질밀(듀럼밀)에 밀려 더는 재배되지 않는다. 야생에서 자라는 아인콘은 지금도 서남아시아 전역, 특히 이란 북부 및 이라크에서 널리 찾아볼 수 있으며, 중세의 유럽에서도 계속 재배되었다. 초창기 밀 중에서는 엠머가 제일 중요했는데, 야생 엠머는 레반트, 이라크 북부, 이란에서만 찾아볼 수 있었다. 아인콘과 엠머 모두 수천 년간 야생에서 채집되다가 이후에 본격적으로 재배되기 시작했다. 그런데 재배 밀보다 이 야생 밀들이 영양가는 더 높은 것으로 나타난다. 또한 최근의 실험 결과, 야생에서 수확되는 밀의 양도 중세 잉글랜드의 밀 수확량에 맞먹는 1헥타르당 800킬로그램에 이르는 것으로 밝혀졌다. 보리는 더 혹독한 기후를 견딜 수 있었는데도 밀만큼 애용되지는 못했다. 그것은 빵 만드는 데는 거의 쓰이지 못하다가, 이후에 맥주를 제조하는 주요 곡물로 급부상했다. 호밀은 보리보다 더 혹독한 여건을 견딜 수 있었으며 아나톨리아 동부 및 아르메니아가 원산지였으나 초창기의 농경 유적지에서는 그 흔적을 찾아보기 어렵다. 귀리는 처음에는 밭에서 잡초로 자라다가 나중에 작물로 자리 잡았고, 주로 유럽의 온대 지역에서 이용되었다. 그리고 이런 풀들과 나란히 콩도 재배되었다.(식물 재배의 핵심 지역에서는 늘 이렇게 풀과 콩의 조합이 발견되는데, 이 둘을 다 먹어야만 균형 잡힌 식단을 섭취할 수 있다.) 렌틸콩, 완두콩, 누에콩, 병아리콩의 야생종은 서남아시아 전역에서 자랐으며, 아인콘 및 엠머와 나란히 채취되다가 이 둘과 거의 동일한 시기에 재배되기 시작했다. 서남아시아에서 가장 먼저 기르기 시작한 동물은 아르메니아 품종의 서아시아 무플론(오늘날 양의 조상)과 페르시아 야생 염소(오늘날 염소의 조상)로, 전자는 아나톨리아 남부 혹은 시리아 북부의 어딘가에서, 후자는 자그로스산맥에서 처음 길들여졌다.

이 다양한 품종의 야생 식물 및 동물은 어떤 식으로, 그리고 어떤 이유로 길러지게 되었을까? 기술과 지식의 발달과 함께 인류 집단은 좀 더 복잡한 수준의 수렵·채집 전략을 채택하게 되는데, 이러한 징후 일부를 최초로 찾아볼 수 있는 곳이 레반트의 케바라 문화다. 이 문화는 기원전 1만 8000년 무렵에 생겨났으므로, 빙하기 유럽에서 발달했던 집단과 대략 동시대로 볼 수 있다. 케바라 사람들은 해당 지역의 동굴을 기반으로 반(半)정착 생활을 수천 년 이상 이어 갔다. 또한 애초에 채집하던 씨앗 거의 모두를 재배하는 단계에 이르렀는데, 그렇게 집약적인 수준은 못 되었다. 그 대신 케바라 사람들은 서남아시아에서 살아가던 대규모 가젤 무리를 이용하는 데 주로 노력을 쏟았다. 해당 지역의 고고학 유적지를 복원한 결과 가젤이 전체 유해의

5분의 4 이상을 차지한 것으로 나타난다. 가젤의 성격으로 미루어 볼 때 당시 케바라인들은 덫을 놓아 가젤 무리를 잡은 뒤 일부를 선별적으로 도살한 듯한데, 그 방식이 완전한 사육에 매우 가까웠다.

케바라 문화는 기원전 1만 년 무렵, 즉 빙하기가 종식되며 일어난 기후변화가 레반트의 식생을 상당 부분 변화시킬 때까지 존속했다. 이러한 변화에 적응하기 위해 레반트의 수렵·채집 집단이 했던 일은 그저 자신들의 옛날 방식에 약간의 수정을 가하는 것뿐이었다. 기후가 따뜻해지자 식물들은 얼마 안 되던 안전한 땅을 벗어나 서남아시아 전역으로 급속도로 널리 퍼져 나갔다. 그중 특히 야생초(엠머, 아인콘, 보리)와 오크, 아몬드, 피스타치오 나무가 풍성하게 자라났다.(하나같이 훌륭한 식량 자원이다.) 그러자 터키 남부에서 나일강 협곡으로 이어지는 연안 및 구릉지대를 따라 새로이 나투프 문화가 생겨났다. 이 문화의 기반은 야생초를 이용하고 그 씨앗을 수확해 가공하는 정교한 기술(부싯돌, 날이 달린 뼈낫, 맷돌, 절구와 절굿공이)을 발달시킨 것이었다. 이런 일들과 병행해 가젤 몰이도 계속 이루어졌다. 야생에서 구할 수 있는 식량을 손쉽게 이용하게 되었다는 것은 곧 영구 정착 및 소규모 촌락 유지가 가능해졌다는 뜻이었다. 이 소규모 촌락 중 연구가 가장 잘 이루어진 곳이 시리아 유프라테스강 근방의 아부 후레이라다. 아부 후레이라의 촌락은 얕게 구덩이를 파고 이엉으로 지붕을 얻은 수혈식 주거 형태였으며, 300~400명을 수용할 수 있었다. 이들은 근방에서는 야생 아인콘, 호밀, 보리를 수확하고, 해마다 봄이 되면 협곡을 찾은 대규모 가젤 무리를 도살하는 것으로 생활해 나갔다.

아부 후레이라 같은 촌락만 봐도, (근방에서 식량을 충분히 구할 수만 있으면) 정착 공동체를 이루기 위해 반드시 농경이 필요한 것은 아님을 알 수 있다. 당시에는 이와 유사한 촌락들이 레반트 전역에 존재하

서남아시아: 농경 기원과 관련된 핵심 유적지

- 차탈회위크
- 무레이빗
- 아부 후레이라
- 자위 케미와 샤니다르
- 차르모
- 에리코
- 아인 가잘
- 네티브 하그두드
- 아부 고시
- 초가마미
- 간즈 다레
- 테페 구란
- 알리 코시

고 있었다. 이런 삶의 방식은 2000년 정도 지속된 듯 보이는데, 그 뒤에 또 한 차례의 기후변화가 찾아와 생활에 지장을 주었기 때문이다. 빙하기 이후로 지구의 날씨는 계속 따뜻해졌고, 그러자 레반트 땅은 점점 건조해져 오늘날의 지중해 기후에 훨씬 가까워졌다. 그 결과 야생초가 자랄 만한 지역이 크게 줄어들면서 나투프 집단은 커다란 위기를 맞아 기본적인 생계를 유지하는 것조차 어려워졌다. 이때 나투프 집단 일부가 취한 대응에서 농경이 나왔다. 아부 후레이라 같은 촌락들은 이내 버려졌고, 집단 일부는 옛날의 이동 생활 및 수렵·채집에 의한 생계유지 방식으로 돌아간 듯하다. 하지만 그 외 일부는 정착 생활을 한 기간도, 주변 땅에서 식량을 채집한 기간도 오래된 터라, 이 기회에 수렵·채집에 의지해 부족한 식량을 해결하는 방식을(즉 이동 생활을) 포기하기로 했다. 그 대신 그들은 자신들의 촌락 주변에 야생초를 심기 시작했다. 이로써 기존의 문화를 유지하는 동시에, 종자를 가공하고 저장하는 기술도 모두 그대로 사용할 수 있었다. 이를 두고 인류가 그 어느 때보다 중대한 발걸음을 떼었다고 보기는 확실히 어렵다.

이런 변화의 조짐이 처음 나타난 곳은 기원전 8000년 무렵의 요르단 계곡으로, 점점 줄어드는 호수의 가장자리에 자리한 촌락이었다. 레반트에서 일어난 농경으로의 전환은 시작에서 마무리까지 약 2000년이 걸렸으며, 이에 대해서는 해당 지역에서 발굴된 150여 곳의 유적지를 통해 연구가 가능하다. 초기 몇백 년 동안은 식물의 급속한 재배가 지중해식 식생이 자리한 띠 모양 지대의 언저리 몇 군데에만 한정되었던 듯하나, 이후로 다른 지역에까지 재빨리 확산되었다. 옛날에는 농경 공동체를 일종의 '식민자', 즉 새로운 농경지를 점유하기 위해 먼 데까지 확산해 나간 집단으로 보았으나, 현재 이 관점은 폐기된 상태다. 그 관점에는 20세기 초의 유럽주의 사상, 즉 제국주의를 비롯해 '발달한' 사회가 하급 사회에서 무언가를 탈취해 온다는 개념이 너무 짙게 배어 있기 때문이다. 그 대신에 고고학자들의 현재 주장에 따르면, 농경으로의 전환은 일련의 유포 및 적응 과정이었다. 수렵·채집 집단이 자신의 수렵·채집 활동을 일부 유지한 채 이웃 농경민들에게서 여러 가지 관습을 점차 넘겨받았다는 것이다. 예리코는 이제까지 발견된 농경 유적지 중 최초로 꼽히는 곳으로, 기원전 7500년 무렵에 가장 번성했다. 이곳에는 벌집 모양의 진흙 벽돌 움막을 약 10에이커에 걸쳐 지어 놓았으며, 약 300명이 그 안에 거주할 수 있었다. 이 움막들은 커다란 도랑과 돌담에 둘러싸여 있었고, 커다란 원형 탑과 내부 계단도 자리 잡고 있었다. 이 모든 것을 만들기 위해 당시 거주민들이 들여야 했던 노력은 상당한 수준이었을 것이 분명하다. 돌담과 탑은 처음에는 방어용이라고 여겨졌으나, 최근의 재조사 결과 강물이 범람할 때 물길을 돌리는 용도였던 것으로 밝혀졌다. 다른 마을에서도 그랬듯 예리코에서도 사람이 죽으면 집의 벽을 파내 시신을 묻었고, 보통 머리는 절단해 석고로 본을 떠 색을 칠했다.

고차원의 유물 복원 기술만 있었어도 예리코를 통해 가장 초창기의 농경 발달 국면이 상세히 밝혀질 수 있었을 테지만, 안타깝게도 예리코 발굴은 그보다 한참 전에 이루어졌다. 예리코에서 약 10마일 떨어진 네티브 하그두드는 기원전 7800~7500년 무렵의 유적지로, 1980년대에 이곳이 발굴된 덕분에 수렵·채집과 농경의 중간 단계에 있는 촌락의 모습이 제법 잘 그려질 수 있었다. 여기에는 약 20~30호의 가족이 살았는데,(따라서 예리코의 절반 정도 규모다.) 이들이 먹었던 음식은 매우 광범위했다. 근방의 샘과 얕은 호수에서는 조개, 달팽이, 가재, 오리, 물고기를 잡았고, 근처의 숲에서는 도마뱀, 설치류, 사슴,

야생 돼지, 가젤을 사냥했다. 또한 야생식물도 50종 넘게 채집했는데, 아인콘과 엠머 같은 풀과 함께 꼬투리 열매와 견과류도 따서 먹었다. 여기에 더해 호숫가를 따라 대강 땅을 일구어 보리의 초창기 형태인 재배종 식물도 길러 먹었다. 이것이 바로 농경을 향한 첫걸음이었던 셈이다. 하지만 뜻밖의 전환은 (기후변화로 버려진 지 약 300년이 지난) 기원전 7700년 무렵에 아부 후레이라에 다시 사람이 살기 시작하면서 일어났다. 처음에는 주민들도 예전 방식을 상당 부분 그대로 따라서 가젤을 몰고 근방의 식물을 광범위하게 채집하며 살았다. 그러나 두어 세대도 지나지 않아 농경으로 급격히 전환했다. 야생에서 광범위하게 채집하던 식물은 대여섯 가지 재배종으로(주로 아인콘과 콩류로) 줄어들었고, 사람들은 가젤 몰이보다 집에서 양과 염소를 키우는 편을 더 선호하게 되었다.

레반트에서 갑자기 양과 염소를 키우게 된 것은 타지의 동물이 유입된 결과임이 거의 확실하다. 레반트가 자그로스산맥과 메소포타미아 평원 언저리 곳곳에서 이루어진 발달을 그대로 뒤따른 것이다. 이 두 지역은 레반트에 비해 연구가 미진한 만큼, 농경 출현의 일부 요소가 좀 더 동쪽에 있는 이곳에서 먼저 등장했을 가능성도 있다. 명실상부한 농경, 즉 식물 재배와 가축 사육의 혼합된 형태는 이곳에서 먼저 발달했음이 분명해 보인다. 이 지역에 살던 수렵·채집 집단은 언덕부터 산악 지대에 이르기까지 계곡에서 접할 수 있는 모든 환경을 광범위하게 이용하는 데 뛰어난 적응력을 보였다. 농경으로 이행하는 제1단계는 쿠르디스탄 산악 지대에 자리한 자위 케미와 샤니다르 유적지에서 찾아볼 수 있으며, 연대는 기원전 9000년 무렵으로 거슬러 올라간다. 이 두 곳은 여름철 야영지로 활용되었을 가능성이 있는데, 어린 양과 함께 염소를 반(半)사육 상태로 키우는 한편, 주변에서는 야생 곡물을 채집해 먹었던 듯하다. 특정 철에 활용되는 이런 야영지는 케르만샤 근방의 간즈 다레에서도 기원전 8500년 무렵에 찾아볼 수 있는데, 그 뒤 500년도 채 지나지 않아 장방형 움막들로 구성된 소규모 촌락이 발달했다. 이곳에서는 염소 사육과 함께 곡물 재배가 이루어졌다. 좀 더 남쪽에 자리한 메소포타미아 평원 언저리에서는 기원전 8000년 무렵에 알리 코시라는 정착촌이 생겨났다. 이곳 주민들은 양과 염소를 쳤고, 동물을 언덕으로 몰고 올라가 여름철 초지의 풀을 먹였다. 엠머, 아인콘, 보리, 렌틸콩은 정착 초기부터 재배되었고, 근방의 습지에서는 물고기와 물새를 잡았다. 바로 이 지역에서부터 최초의 사육 동물(양과 염소)이 서쪽으로 퍼져 나가 레반트 지역의 작물 재배 공동체에까지 전해진 것이다.

이보다 북쪽에 있는 아나톨리아에도 하실라르(기원전 6700년 무렵에 건설되었다.) 같은 초창기 촌락들이 자리했는데, 레반트의 촌락들에 비해 훨씬 단순했다. 이곳 주민들은 토기가 따로 없이 바구니나 동물 가죽으로 용기를 만들어 썼다. 작물로는 보리와 엠머를 재배했고 야생에서도 갖가지 풀을 채취해 먹었으며, 양과 염소를 쳤던 것으로 보이나 대부분 동물이 아직 완전한 사육 상태는 아니었던 듯하다. 차탈회위크에 대규모 정착촌이 생겨난 것은 그로부터 얼마 안 지나서의 일이었다. 한창 전성기이던 기원전 6000년 무렵에 차탈회위크는 32에이커의 지역을 아울렀고,(예리코의 네 배 크기다.) 인구도 약 5000명에 달했다. 가옥들은 햇볕에 말린 벽돌로 짓되 집의 뒷벽이 서로 붙게 했다. 그 벽면의 그림 일부가 지금도 그대로 보존되어 있는데, 주로 다산 의식으로 보이는 다양한 상황 속에 수소와 여자를 그려 놓았다. 이 소규모 성읍 사회는 전문 직인(職人)과 사제들이 따로 존재했으므로, 초창기 농경 촌락들에 비해 평등성은 현저히 떨어졌을 것이다.

차탈회위크의 번영은 상당 부분 근거리의 흑요석 산지를 장악한데 기반을 두었으며, 당시에 흑요석은 매우 양질의 도구를 만드는 원료로 무척 가치가 높았다. 이는 곧 레반트, 아나톨리아, 자그로스산맥 전역의 다양한 공동체들이 다양한 물물교환 체계를 통해 서로 접촉했음을 시사한다. 물론 이 지역의 농경 발달은 대부분 독립적이었지만, 아이디어와 기술의 교환만큼은 분명 있었다. 그러다가 기원전 6000년 무렵에 접어들자 완전히 발달한 농경 경제를 어디서나 찾아볼 수 있게 되었다. 곡물은 인간의 선택을 받으면서 원래보다 높은 생산성을 보이게 되었다. 일례로 빵밀은 재배종 엠머와 야생종 밀을 교배해 적응력 좋은 작물을 만들어 낸 것을 계기로 기원전 6000년 무렵에 처음 등장했다. 양도 이러한 선택을 받아 이후 양모 생산에 이용되었다. 길들이기가 다른 동물에 비해 훨씬 어려웠던 소는 기원전 7000년에서 6000년 사이에 사육되기 시작된 듯하며, 역시 선택을 통해 여분의 우유를 생산해 내면서 인간의 유제품 사용이 시작되었다. 이어 돼지도 가축 대열에 합류하는데, 기원전 6500년 무렵에 차요뉴에서 처음 길들여진 듯하다. 농경이 채택되면서 인구는 서서히 늘어나, 100년에 약 10퍼센트의 증가세를 보였던 것 같다. 현대인의 눈에는 별 볼 일 없는 변화로 비칠지 모르나, 그것이 장기간 누적되며 불러온 결과는 상당했다. 이제 서남아시아에는 촌락과 소규모 성읍들이 전역에 걸쳐 발달했다. 당시 사회는 꽤 평등했던 것처럼 보이는데도 사회적 조직력은 전에 비해 월등히 커져 있었다. 모든 공동체는 저마다 복잡한 일련의 의례를 갖추고 있었고, 이를 통해 조상숭배와 특히 다산 의식에 참여했던 것 같다. 그만큼 이제 이들의 삶에서는 작물과 동물을 잘 기르는 일이 중요했다.

3.3 서남아시아에서 시작된 농업 확산

서남아시아는 농사에 의지하는 인류의 삶이 세계에서 처음으로 나타난 지역이었다. 농사라는 새로운 기술은 이 핵심 권역에서 시작해 유럽, 남쪽의 나일 계곡, 그리고 동쪽의 넓은 지역에까지 두루 퍼져 나갔다. 이 중 농경의 확산을 제일 먼저 경험했던 곳은 아마도 서남아시아의 동쪽 방향이었던 것 같다. 이란 북동부 코페트다그산맥의 구릉지대, 그리고 카스피해 근방의 투르크메니스탄 남부에는 기원전 6000년 무렵에 일련의 소규모 촌락이 발달해 있었는데,(제이툰 문화로도 알려져 있다.) 주민들은 서남아시아에서 기르던 그 모든 식물 및 동물을 생계 기반으로 삼았다. 카치 평원의 메르가르는 중앙아시아에서 인더스 계곡으로 통하는 주요 길목으로, 기원전 6000년 무렵에 이미 가젤 대신에 양과 염소를 기르고, 보리와 초창기 밀 등의 작물을 재배해 농경으로 급격히 전환한 상태였다. 이들은 이런 농경 기법과 함께 토기도 사용하고 있었다. 그리고 이후 1000년이 지나지 않아 힌두쿠시 북쪽 구릉지대 및 박트리아 평원의 사람들까지 농부가 되었다.

3.3.1 유럽

농경 유포의 여러 국면 가운데서도 이제까지 가장 잘 연구된 부분은 그것이 유럽에 끼친 영향이다. 빙판이 물러가고 그 결과 식생이 어마어마하게 급변하자 빙하기 환경에 잘 적응해 있던 수렵·채집인은 큰 충격을 받았다. 매머드와 털코뿔소를 비롯한 수많은 동물은 멸종해 버리고, 붉은사슴과 노루 같은 수풀 동물들이 그 자리를 메웠다. 대규모의 동물 떼를 더는 이용하지 못하게 되자 유럽의 수렵·채집인은 삶의 방식을 급격히 바꿀 수밖에 없었다. 그리하여 그들은 일반적으로 매우 특정한 자원, 특히 연안과 해안의 환경을 기반으로 하는 고도의 전문화된 생계 수단에 의지하는 방식을 택했다. 이런 환경에서는 식량을 구하고 가공하는 데 훨씬 많은 노력이 들어갔지만, 그 외에 달리 뾰족한 수가 없었다. 이런 삶의 방식에 원활히 대처하고자 그들은 고차원의 전문적인 도구를 발달시켰다. 일례로 덴마크의 울케스트룹(Ulkestrup: 연대는 기원전 7500~5700년)에서는 사람들이 호수 한가운데의 토탄(土炭) 섬에서 생활했으며, 목재와 나무껍질을 밑바닥에 깔아 움막을 지었다. 이들은 물에 카누를 띄워 그물 그리고 뼈나 가지뿔이 달린 창으로 물고기를 낚았다. 또한 붉은사슴과 야생소, 돼지를 사냥하고 덫을 놓아 새를 잡았다. 가을철에는 헤이즐넛을 비롯한 여타 식물 먹거리를 채집했다. 겨울에는 엘크 등의 짐승을 사냥감으로 삼았다. 당시에 이 지역은 이런 식의 영구 정착 생활이 유지될 만큼 충분히 생산적이었던 것이 분명하다. 유럽 남부에서는 식물 먹거리를 좀 더 중시하는 경향이 있었고, 그리스와 이탈리아의 일부 주민들은 사육에 매우 가까운 방식으로 붉은사슴 떼를 관리하고 도살했던 듯하다.

서쪽으로 확산된 농경은 아나톨리아에서 에게해를 거쳐 유럽 남동부까지 이르렀는데, 이렇게까지 광범위한 지역을 아우른 것은 사실 놀라운 일이 아니다. 이들 지역은 기후가 서로 매우 유사해 서남아시아에 발달한 농경 유형을 거의 아무런 변화 없이 받아들일 수 있었기 때문이다. 그리고 몇몇 지역에서는 실제로 농부들에 의한 식민화도 진행된 듯한데, 기원전 6000년 무렵에 있었던 크레타섬의 크노소스가 그 일례다.(지중해에서 배가 활용된 것은 최소 기원전 1만 년부터로, 밀로스산(産) 흑요석이 지중해 전역에서 활발히 거래되던 때다.) 그 외의 지역에서는 농경 집약화(농경이라는 새로운 기술이 여기저기로 확산되면서 일어난 결과다.)라는 일반적 과정의 일환으로 농경을 채택한 듯하다. 그리스에서는 농경이 테살리아의 아르기사-마굴라에서 기원전 6000년 무렵에 처음 정착했으며, 네아 니코메디아에서는 그 후 500년 뒤에 정착했다. 이탈리아에서는 반도 남동쪽에 자리한 타볼리에르 평원에서 기원전 5000년 무렵에 처음 농경이 정착한 것으로 알려져 있다. 이와 동일한 시기에 발칸 지역에서는 '카라노보'라는 농경문화가 널리 확산되었다.

유럽의 좀 더 서쪽과 북쪽에서는 농경의 채택과 함께 서남아시아에서 발달한 관습들을 일부 수정하지 않으면 안 되었다. 이곳은 연중 내리는 비 때문에 기후가 더 습했던 데다, 생장철도 더 짧았기 때문이다. 씨뿌리기는 가을에서 봄으로 시기를 옮겨야만 했고, 동물을 먹이기 위해 따로 겨울철 사료가 필요할 때도 많았다. 따라서 보리, 종국에는 귀리가 작물로서의 중요성이 훨씬 커졌다. 이 시절의 초창기 농부들에게는 제한된 범위의 도구밖에 없었는데,(주로 나무 괭이와 뒤지개 정도였다.) 이는 유럽의 중앙과 북서부에 널린 찰진 토양을 일구는 데는 별로 효과적이지 못했다. 유럽 전역으로 농경이 확산된 것은 '반더케라믹(Banderkeramik)'이라는, 매우 독특한 특징을 가진 토기에서 그 명칭이 유래한 문화와 연관을 보인다. 이 양식을 비롯한 초창기 농경은 기원전 5000년이 지나자 곧 도나우 계곡으로 올라가 유럽 중앙까지 진입했고, 그길로 서쪽의 네덜란드와 동쪽 멀리에 있는 비스와 강까지 뻗어 나갔다. 농부들은 보리와 아인콘, 엠머, 아마를 재배했고, 농사에 윤작을 도입했으며, 들에 울타리를 쳐 동물들(소와 양, 염소)을 가두어 길렀다. 당시의 농경 확산은 완만하게 진행되었던 것이 틀림없다. 새로운 여건에 사람들이 서서히 적응해 나가기 시작하면서, 수많은 농경 유적지가 실패하고 버려졌기 때문이다. 일반적으로 농부들은 가장 푸석푸석한 땅과 경작이 가장 손쉬운 땅에 정착했으며, 그런 곳으로는 중간 정도의 물줄기가 흐르는 자갈밭 하안단구가 특히 좋았다. 수렵·채집민도 농경의 일부 기법을(이를테면 겨울철에 대비해 야생에서 채취한 곡물을 토기에 저장하는 방식 등을) 택하기는 했으나, 이들은 농부들에게 밀려 서서히 여건이 좀 더 안 좋은 땅에 모여 살게 되었다.

초기의 정착촌은 규모도 작았고 매우 넓은 지역에 뿔뿔이 흩어져 있었다. 촌락 사이의 이 간극은 이후 인구가 서서히 늘면서 메워졌다. 기원전 4500년부터 상당수 정착촌은 장방형 가옥이 밀집된 형태로 바뀌었으며,(아마도 가족이 확대된 결과였던 듯하다.) 촌락 주변에는 흙담을 둘러 가옥을 보호했다. 초창기의 이들 사회는 자급자족하는 농부 집단으로 구성되었으며, 대체로 평등한 성격을 띠었던 것 같다. 하지만 확실히 매장에서는 어떤 식의 중대한 사회 분화를 찾아보기 어려웠다. 그러다가 기원전 4000년 무렵부터 직인의 전문화, 권역별 교역 중심지 형성, 복잡한 매장 의례의 발달이 이루어지면서 사회 변화가 점점 속도를 냈던 것 같다. 복잡한 매장 의식은 거석묘를 비롯해 특히 프랑스와 스페인의 대규모 능(陵)에서 그 흔적을 발견할 수 있다.

이들 사회 일부의 정교함은 그들의 의례용 구조물을 통해 판단해 볼 수 있다. 뉴그레인지는 더블린에서 북쪽으로 약 25마일 지점에 위치한 곳으로, 기원전 3300년 무렵에 지어진 이른바 '통로 무덤'이 자리하고 있다. 총 62피트인 이 통로의 끝에는 둥근 천장을 이고 있는 내부 공간이 나오며, 동짓날이면 주 통로와 별개인 '광창(roofbox)'을 통해 이곳으로 환한 빛이 비쳐 든다. 통상적으로는 무덤으로 묘사되나 실제로는 의례용 건물이었을 가능성이 높으며, 공동체의 대규모 노력으로 지어진 이 공간에 소수의 비밀 입회자가 모여 죽음과 부활을 기렸던 것 같다. 그 외의 수많은 유적지, 특히 북서부 유럽 전역에서 발견되는 환상열석(stone circles)도 이와 유사한 기능을 가졌던 것이 분명하며, 일부 의례에서는 매장도 함께 행해졌던 것으로 보인다. 이들 구조물은 천문 관측소라기보다 일종의 표시로서, 해와 달이(그리고 아마 별들이) 하늘을 운행하며 겪는 핵심 사건을 확인하는 기능을 했다. 동지, 춘분과 추분 등이 그런 핵심 사건 중에서도 제일 중요하게 꼽혔고, 복잡하게 돌아가는 달의 18.6년 주기도 중요하게 여겨졌다. 천체 운행을 고려한 이런 식의 배열은 잉글랜드 남부의 스톤헨지에서도 찾아볼 수 있으니, 이 거석군은 기원전 2800년 무렵부터 시작해 일련의 시기에 걸쳐 일부분씩 완성되었다. 브리튼 제도에는 고리형 돌무더기(stone rings)가 900개 이상 자리하고 있으며, 프랑스에서도 브르타뉴반도에 자리한 고도로 복잡한 패턴의 카르낙 거석군을 비롯해 수많은 돌 유적을 찾아볼 수 있다. 그중에서 스코틀랜드 북동부의 돌무더기 쉰 개를 연구한 결과, 하나같이 달 주기의 최대 및 최소 경사각 지점과 정렬을 이루는 것으로 밝혀졌다.

[이후의 유럽 ☞ 7.7]

3.3.2 나일 계곡

레반트에서 시작된 농경은 그 이남 지역과 함께 나일 계곡 안쪽으로도 퍼져 나갔다. 물론 이는 유럽 남동부의 농경 도입보다는 뒤늦은 일이었다. 당시 나일 계곡은 수렵·채집인이 점유한 지 오래였으나,(가장 오래된 유적이 기원전 1만 7000년 무렵까지 거슬러 올라간다.) 해마다 물이 범람하는 까닭에 생계유지에 이용하기는 어려운 땅이었다. 그러다가 기원전 6000년 무렵부터 이 지역의 기후가 훨씬 건조해지면서 수렵·채집 집단 일부가 계곡 안쪽까지 진출했던 것 같다. 사람 수가 불어나자 각 집단이 생계에 이용할 수 있는 구역도 점점 줄면서 좀 더 집약적인 기술을 택해야 하는 압력이 커졌다. 사람들은 야생 곡물을 채취하는 쪽에서 재배하는 쪽으로 급격히 전환했다. 정착 공동체 및 촌락도 등장했다. 이 과정의 정확한 연대는 지금으로서는 알 수 없다. 당시는 나일강의 범람 수위가 매우 낮은 시기였던 데다, 당시의 촌락 대부분이 지금은 물에 잠겨 버렸기 때문이다. 가장 유효한 증거에 따르면, 최초의 촌락은 기원전 4300년 이후에 등장했으며 농경은 그 후 800년 뒤에 완전히 자리 잡았던 것으로 보인다.

[이후의 이집트 ☞ 4.5]

3.4 중국

세계에서 두 번째로 농경을 채택한 곳은 중국으로, 그 발달은 서남아시아와는 상관없이 독립적으로 이루어졌다. 오늘날의 중국 지역에서는 별개의 독특한 두 종류로 농업이 발달했는데, 북쪽은 기장을, 좀 더 남쪽에서는 쌀을 기반으로 했다. 이 두 작물을 최초로 기르기 시작한 곳은 창장강 계곡 중부의 후베이 분지, 그리고 상하이 남부 창장강 유역의 항저우만 연안 평원이었다. 우선은 항저우만 연안 평원에서 기원전 6500년 무렵부터 쌀을 재배하기 시작했다. 야생종 쌀은 마른 땅에서 발아는 가능하나, 철에 맞추어 얕은 고인 물에 담가 주어야만 생장하도록 적응이 되었다. 재배종 쌀이 정확히 어떤 야생종에서 나왔는지는 확인하기 어려우나, 애초에 길러질 때부터 인공 지대를 만들고 그곳에 벼를 일일이 심는 식으로 재배되었다. 창장강 중하류는 물이 고인 호수나 저지대가 광범하게 펼쳐져 있었던 만큼, 이 작업을 손쉽게 할 수 있었다. 쌀과 짝을 이루어 재배된 콩류는 대두였다. 항저우만에 생겨난 최초의 농경 사회는 이러한 농경과 함께 낚시는 물론, 작은 새와 동물의 사냥에도 의지했다. 반면 후베이 분지에서 하천 상류에 자리한 공동체들은 완전히 농경 위주의 생활을 했다.

중국 북부, 즉 고지대를 빠져나온 황허강이 중국의 동부 평원으로 흘러들어 웨이수이강과 만나는 곳에서는 기원전 5500년 무렵에 농경이 등장했다. 이 지역은 겨울은 건조하고 추위가 매서운 데다 여름철 강우량은 농사를 지을 만큼 넉넉하지 못했다. 따라서 애초에 고지대에서나 채집되던, 가뭄에 잘 견디는 작물들을 기반으로 농사를 지었다. 그래서 기르게 된 것이 기장과 조였는데, 재배 곡물 중 이 둘만큼 물이 적게 들어가는 것도 없다. 동물들도 중요하게 여겨져서, 기원전 5500년 무렵에는 서남아시아의 동물 사육과 관계없이 독자적으로 돼지를 길들였으며, 기원전 5000년 무렵에는 세계 최초로 닭을 길들였다. 그로부터 500년 뒤에는 물소까지 길들여 무거운 짐을 나르는 데 이용했다. 이곳의 땅은 바람에 날려 쌓인 풍적토라 나무 뒤지개나 나무 괭이처럼 비교적 단순한 도구로도 손쉽게 경작되었다. 이 지역에 최초로 생겨난 촌락은 규모가 꽤 커서 직경 6피트의 커다란 원형 가옥이 제법 밀집해 있었으며,(일명 페이리강(배리강) 문화로도 알려져 있다.) 이곳에 살던 사람들은 이미 정교한 형태의 토기를 만들어 쓰고 있었다.

기원전 4800년 무렵부터는 양사오라는 좀 더 정교하고 새로운 문화가 북부 전역으로 확산되었고, 이와 비슷한 문화가 남부에서도 발달했다. 이들 문화에 들어선 촌락은 규모가 매우 컸으며, 깊숙이 파인 방어용 도랑이 촌락을 에워싸고 있었다. 촌락에는 중앙 광장이 마련되었으며, 그 주변을 둘러 가족 거주용 가옥, 엄청난 크기의 보관용 구덩이, 마을 공용 축사가 자리 잡았다. 이들 지역에서는 불과 수백 년 만에 상호작용이 증대되는 모습이 나타났으며, 이와 병행해 촌락 내부의 사회적 분화도 점점 심해져 갔다. 창장강 삼각주에서는 도공들이 물레를 이용해 고도의 전문성을 갖춘 흑색 채도를 만들어 냈다. 상감한 거북 껍데기나 옥처럼 특권계층의 물품도 상당한 거리를 오가며 교역되었다. 매장 방식에서는 평등을 찾아보기가 훨씬 어려워져, 한 젊은 남자의 무덤에는 200개 이상의 옥이 묻혀 있었는가 하면, 또 다른 무덤에는 수많은 사람이 산 채로 시신과 함께 매장당해 있었다. 또한 지역 사이를 비롯해 공동체 내에서도 분쟁이 심화된 표시가 있는데, 다리나 머리가 없는 시신들이 우물 깊숙이 쳐 박힌 채 발견된 것이 그 일례다. 이때부터 종교는 좀 더 복잡한 양상을 띠었던 듯하며, 초창기 중국 문명의 가장 독특한 요소, 즉 동물 뼈를 불에 구워 갈라진 모양새로 점을 치는 방식도 이 무렵에 이미 활용되고 있었다.

서남아시아에서 그랬듯, 중국의 농경도 핵심 지역 두 곳을 중심으로 퍼져 나갔다. 쌀 재배는 애초에 히말라야산맥 남부의 구릉지대나 상부 미얀마, 태국 북부에서 시작되었을 가능성도 있으나, 가장 최근 증거에 따르면 중국에서 처음 재배되기 시작해 서쪽으로 확산되었을 가능성이 더 크다. 그 뒤 쌀은 하천 유역과 연안 지대를 따라 계속 남하해, 기원전 3500년 무렵에는 타이완, 기원전 2100년 무렵에는 동티모르, 그로부터 약 400년 뒤에는 필리핀에까지 확산된 것이 확실하다. 그러나 일본에는 기원전 약 400년이나 되어서야 비로소 쌀이 전해졌다. 이어 중국에도 밀과 보리가 들어오는데, 서남아시아에서 나던 것이 기원전 2500년 무렵에 여러 문화를 경유해 간접적으로 전파되었다. 그로부터 얼마 후 양과 염소도 들어왔지만, 중국에서는 이것들이 크게 중요했던 적이 없다. 중국에는 그들이 나름대로 길들인 동식물 품종을 통해 이미 농경의 주요 특징이 정립되어 있었다.

[이후의 중국 ☞ 7.8]

3.5 아메리카 대륙 및 기타 지역

3.5.1 메소아메리카

세 번째로 작물 재배를 시작한 곳은 메소아메리카(지리상으로 멕시코와 중앙아메리카 북서부를 아우르는 지역으로, 역사적으로 마야와 테오티우아칸, 아즈텍 문명 등이 번성했다. ─ 옮긴이)였으며, 뒤이어 북아메리카와 안데스산맥 중앙에서도 각기 다른 식물로 재배가 시작되었다. 메소아메리카에서 처음 재배하기 시작한 작물은 호박과 스쿼시를 포함한 박과 식물들이었다. 처음에는 껍질을 용기로 사용하다가 나중에는 씨를 이용했으며, 재배될수록 맛이 달라지자 맨 마지막에 가서는 과육을 먹었다. 나중에는 이들 식물군에서 주키니호박과 매로를 비롯해 토마토와 아보카도, 고추와 같은 소규모 재배 작물이 파생되어 나왔다. 하지만 메소아메리카에서 제일 중요했던 식물은 옥수수였으니, 이와 짝을 이루는 콩류인 강낭콩도 곧 함께 재배되기에 이르렀다. 하지만 관련 유적이 아직 대여섯 군데밖에 발굴되지 못한 탓에, 메소아메리카에서 일어난 농경의 기원을 밝히는 연구에는 문제가 뒤따르는 실정이다.

옥수수의 애초에 조상은 테오신테라는 풀이었을 것이 거의 확실한데, 야생에서 채집되던 이 풀은 기원전 3500년 무렵(약간 일렀을 수도 있다.)에 멕시코 서부의 과달라하라 근처 고지에서 재배되기 시작했다. 초창기 경작민들은 옥수수를 재배하면서 금세 어려움에 직면했는데, 구세계의 야생 곡물 재배에서는 생기지 않았던 문제였다. 옥수수는 식물 유전자의 특성상 선택이나 품종 교배를 통해 생산량을 늘리기 어려웠던 것이다. 따라서 당시의 옥수수 속대는 오늘날의 것과 전혀 달라 길이가 불과 2인치밖에 되지 않았다. 재배종의 초반 생산성도 야생 채집에 비해 약간 좋았을 뿐이었다.(재배종은 단지 수확하기만 더 편했다.) 이는 메소아메리카가 농경으로 전환하는 데 다른 곳보다 오랜 시간이 걸려야 했음을, 나아가 옥수수를 재배한 초창기 집단에는 수렵·채집이 여전히 큰 비중을 차지했음을 뜻했다. 기원전 2700년 무렵에 테후아칸 계곡에서 처음 식물을 재배한 경작민이 바로 그런 경우로, 이곳 사람들의 식단에서 재배 식물이 차지한 비중은 약 4분의 1에 그쳤다. 메소아메리카 전역으로 확산된 옥수수는 기원전 2300년에서 1500년 사이에 멕시코 계곡에 이르렀고, 기원전 1400년 무렵에는 멕시코만 연안과 라 벤타에 이르렀다. 그로부터 약 400년 후에는 남아메리카 대륙 북부에까지 이를 수 있었다. 강낭콩은 옥수수보다 약간 늦기는 했지만 동일한 지역에서 함께 재배된 것이 거의 확실하다. 균형 잡힌 식단을 위해서는 이 두 작물을 함께 섭취해 주어야 했기 때문이다. 메소아메리카에 최초의 농경 촌락이 발달한 것은 기원전 2000년 무렵의 일이나, 옥수수 산출량이 개선되기 전까지 발달 속도는 내내 더디기만 했다.

[이후의 메소아메리카 ☞ 5.1]

3.5.2 북아메리카

인간이 재배하기 시작한 옥수수는 멕시코에서 북쪽으로 확산되어 기원전 1500년 무렵에는 미국 남서부에까지 들어갔다. 그 방식은 서남아시아에서의 농경 채택과 상당히 동일한 모습을 보여, 식민화보다는 유포가 주를 이루었던 것 같다. 기원전 1200년 무렵에는 미국 남서부에서 옥수수와 테오신테 토착종이 교배되어 북쪽의 짧은 생장 기간에 더 뛰어난 적응력을 가진 '마이스 데 오초(maize de ocho)'가 생산되어 나왔다. 이곳에 촌락이 최초로 등장한 것은 기원전 300년 무렵이었으며, 이때서야 비로소 (야생에서의 채취도 계속 병행된) 옥수수를 기반으로 하는 좀 더 정교한 문화가 발달해 나올 수 있었다. 옥수수는 좀 더 북쪽에서는 손쉽게 자라지 못하다가 척박한 환경을 좀 더 잘 견디는 품종이 나오면서 서서히 재배되었다. 종국에 옥수수는 기원후 900년 무렵에 북아메리카 동부에 이르면서 금세 주요 작물로 자리 잡았다. 그러나 최근 20~30년 동안의 연구 결과, 남쪽에서 옥수수가 전해지기 한참 전에도 북아메리카 사람들은 이미 소규모이기는 하나 식물을 재배하고 있었음이 밝혀졌다. 오랜 기간 야생에서 채집되던 식물 몇 가지가 기원전 2500년 무렵에 재배되기 시작해, 몇 군데의 하곡(河谷)을 따라 늘어선 소규모 밭에서 커 나갔다. 명아주(이 작물은 200년 전에도 재배되었으나, 현재는 멸종되었다.)와 마시엘더, 해바라기가 이런 작물에 해당했다. 이것들은 모두 생산성이 그리 높지 않아, 주로 수렵·채집 집단의 식단에서 부족한 영양을 보충해 주는 역할만 했다. 옥수수가 전파되기 전까지 북아메리카의 정착촌 및 촌락은 계속 소규모였지만, 그 와중에도 곳곳의 유적지에서는 제법 훌륭한 형태의 능들이 만들어졌다.

3.5.3 안데스산맥

북아메리카에서 재배된 작물이 거의 중요성을 갖지 못했던 반면, 안데스산맥 중앙에서 재배된 작물들은 (메소아메리카의 작물들과 마찬가지로) 중요성이 꽤 컸다. 퀴노아는 약 5000피트 이상의 고도에서 자라는 식물로, 기원전 3000년 무렵에 페루 남부와 볼리비아에서 재배되기 시작한 듯하다. 그 재배 과정은 각각 야생 구아나코와 야생 비쿠냐에서 유래한 라마 및 알파카의 사육과 연관되어 있는 것이 거의 확실하다. 수렵·채집 집단에서는 기원전 7000년 무렵부터 이 야생동물들을 몰기 시작했는데, 양과 염소와 비슷하게 성격이 유순하고 비교적 말도 잘 듣는 편이었다. 두 종 모두 퀴노아를 먹이로 삼았으나, 위장에 들어가서도 씨앗이 소화되지 않고 그대로 배출되기 때문에 똥을 비료로 쓰면 퀴노아가 다시 자라났다. 안데스산맥 중앙에서는 이 둘을 기원전 3000년 무렵에 완전히 길들였으며, 이때 함께 길들인 동물은 기니피그뿐이었다.(안데스산맥의 수렵·채집민은 기원전 9000년 무렵부터 기니피그를 주된 식량 자원으로 삼았었다.) 그러나 이 지역에서는 네 가지의 야생 구근류를 재배하게 된 것이 무엇보다 중요했다. 그중 세 가지(오카와 마슈아, 울루크)는 고산지대에서만 재배되었으나, 네 번째 작물인 감자(품종도 여러 가지였다.)는 좀 더 저지대에서도 재배되어 종국에는 세계의 주요 식량 작물 가운데 하나로 자리 잡았다. 이들 구근류는 오랜 세월 동안 야생에서 채집되다가, 기원전 2500년 무렵에 페루와 볼리비아의 접경지대인 티티카카호 근처에서 처음 재배되기 시작한 듯하다. 야생 감자는 십중팔구 독을 함유했을 가능성이 크며, 심지어 오늘날의 재배종도 녹색으로 변한 감자는 치명적일 수 있다. 독성이 없는 감자의 품종은 몇 개 되지 않으며, 과거에는 직접 맛을 보아야만 독성의 함유 여부를 알 수 있었을 것이나, 이는 몹시 위험한 일이기도 했다. 안데스 고지 주민을 연구한 몇몇 민족학 증거에 따르면, 과거에 그들은 감자의 독성을 낮추려고 감자와 흙을 함께 씹어 먹었다고 한다.

[이후의 페루 및 안데스산맥 ☞ 5.5]

3.5.4 세계 나머지 지역

세계 나머지 지역에서 식물이 재배된 증거는 현재 개략적으로만 나와 있다. 수수새속은 오늘날 세계에서 가장 중요하게 여겨지는 곡물 중 하나로, 수단 지역과 차드 지역에서 처음 재배된 듯하다. 그 정확한 연대는 알 수 없으나 꽤 초창기였던 것만은 틀림없는데, 인도에서는 기원전 2000년 무렵에 이미 아라비아반도를 경유해 들어와 있던 이 작물을 알고 있었기 때문이다. 모든 곡물 중 가뭄을 제일 잘 견디는 진주조는 사하라 근방에서 재배가 시작되었으며, 이후 아프리카 서부의 사헬 지방으로 산지가 옮겨 갔다. 아프리카의 이 두 작물은 근방의 콩 작물(동부와 땅콩)과 결합해 균형 잡힌 식단을 제공해 주었다. 아프리카 품종 쌀(아시아 품종과는 뚜렷이 다른 특성을 보인다.)은 기원전 1500년 무렵에 서아프리카의 어딘가에서 처음 재배되기 시작했다. 구세계 목화는 기원전 1800년 무렵의 인더스 계곡에서 처음 발견되나, 인도에서 자생한 것은 아니며 아마도 수단 지방과 누비아 지방에서 유래한 듯하다. 주요 열대작물의 경우 최초의 재배지와 재배 방식을 알기가 훨씬 어려운데, 기후가 습해 고고학 유적지에 거의 아무것도 보존되지 못했기 때문이다. 아프리카 전역 및 동남아시아에서 볼 수 있는 얌은 줄기를 다시 심기만 하면 손쉽게 경작되는 식물이어서, 지금도 수많은 수렵·채집 집단이 이용하고 있다. 토란과 빵나무는 동남아시아가 원산지이며 이후 오세아니아로 퍼져 나갔다. 마니옥과 고구마는 남아메리카 열대지방을 원산지로 삼는다.

3.6 농경의 영향

기원전 1만 년 이후 약 7000년 동안 세계 전역에서는 수많은 식물과 동물을 인간이 기르기 시작했고, 이로써 인류 대부분도 이동하는 생활 방식에서 벗어나 촌락에서 정착 생활을 하며 작물을 키우고 동물 떼를 돌보기 시작했다. 수렵·채집 집단은 소유물을 거의 갖지 않고 살았으며, 집단 내의 사회구조도 대체로 평등한 편이었다. 물론 특정 도구를 제작하거나 다양한 유형의 먹거리를 찾아내는 데 뛰어난 재간을 보였던 이들, 그리고 전통과 믿음을 수호하는 책임을 맡은 연장자 한둘 정도는 특별한 지위를 가졌을 수 있다. 수렵·채집 집단에는 땅을 비롯해, 거기서 나는 자원 모두가 소유의 대상이 아니었다. 뜻만 있으면 누구든 그것을 이용할 수 있었다. 음식은 집단의 사람들이 공유했다. 그런데 농경이 나타나자 이 모든 것이 뒤바뀌었다. 작물 재배 및 동물 사육을 위한 농지조성은 곧, 땅과 함께 그 부산물이 누군가의 소유가 된다는 뜻이었다. 이 소유권은 처음에는 공동체가 가졌으나, 매우 급속도로 개인의 소유로 바뀐 듯하다. 농경이 일으킨 가장 근본적인 변화는 농경을 통해 (수렵·채집에 비해 훨씬 많은 노력이 들어가기는 했지만) 훨씬 많은 식량을, 즉 농부를 비롯해 그의 가까운 가족이 먹고도 남을 만큼의 식량을 충분히 생산해 내게 되었다는 점이다. 이 잉여분의 식량이 이후 일어나는 그 모든 사회적·정치적 변화의 토대였다. 그 덕에 일부는 농사를 짓지 않고도 생계를 부양받을 수 있었기 때문인데, 특히 전문 직인과 종교 관리자, 종국에는 정치 지도자와 종교 지도자들이 그러했다. 여기서 핵심 질문은 농부가 가지고 있던 그 잉여분을 어떤 방식으로 누가 가져갔는가 하는 점이다. 처음에는 특정 직분에 있던 사람들을 위해 농부들이 자발적으로 잉여분을 내놓았을 가능성이 있다. 종교직은 공동체에서 중요하게 여긴 부분이었던 만큼 더욱 그러했을 것이다. 그러나 비교적 소규모의 농경 사회에서도 위계질서는 어김없이 나타났던 것으로 보이며, 무리를 이끄는 우두머리나 씨족장의 권위에 따라 잉여분 식량이 재분배되었다. 따라서 농사를 짓지 않는 전문직 종사자들은 점차 이 기제에 의존해 생존을 이어 나가지 않으면 안 되었다. 사회 내의 식량 재분배 방식은 오랜 세월을 거치는 동안 점점 강압적 면모를 띠게 된 것 같다.

농경을 채택하면서 생긴 중요한 결과는 이뿐만이 아니었다. 반정착 생활을 한 수렵·채집인도 간혹 매우 정교한 가옥을 짓는 수가 있었으나, 인류의 가옥은 한 장소에 정착하게 된 이후에야 훨씬 정교한 수준으로 지어질 수 있었다. 서남아시아 전역에서는 진흙 벽돌을 햇볕에 말려 지은 집(지붕은 보통 평평했다.)이 제법 일반적이 된 반면, 유럽의 중앙과 서부 그리고 중국에서는 목조 주택을 흔히 볼 수 있었다. 이동 생활을 버리면서 새로운 기술도 필요해졌다. 한 해의 수확을 마치면 식량을 저장해 두어야 했으므로, 곡물 저장용 창고나 구덩이를 만들 필요가 있었다. 물 역시 농사에 매우 긴요했던 만큼 토기를 만들어 담아 두어야 했다. 애초에 진흙 띠를 둥글게 쌓아 올려 노지(露地)의 불에 구웠던 이러한 토기 제작은 세계 전 지역에서 발달했다.(서남아시아에서는 기원전 6000년 무렵에 발달했다.) 당시에 수렵·채집인은 대부분 뒤지개를 도구로 이용했는데, 가장 초창기의 농부들도 파종에 동일한 도구를 이용했다. 하지만 곧 목재 및 철제 날 괭이가 나와 무른 땅을 일굴 수 있게 되었다. 농부들에게는 좀 더 날이 억센 농기구도 필요했다. 그리하여 돌을 갈아 만든 낫으로 작물을 수확했고, 도끼는 농지 정리에 이용했다. 이로써 최상급 석재, 특히 흑요석에는 고급 자재의 가치가 붙게 되었고, 이내 장거리를 아우르는 흑요석 교역 체계가 등장했다.

농경으로 식량 생산이 늘자 인류는 서서히 수를 늘려 갈 수 있었지만, 거기에는 몇 가지 중대한 단점도 뒤따랐다. 초창기 농부들은 수렵·채집인에 비해 의지하는 작물 수가 훨씬 적었고, 따라서 기상 악화와 병충해, 보관 중의 손실로 인해 흉작이 찾아들 경우 훨씬 큰 타격을 입었다. 농경에서 얻는 수확량도 충분치 않아 겨울에서 봄을 지나 다시 수확하는 철로 접어들 때까지 근근이 버티는 경우가 대부분이었다. 흉작이 연거푸 두 차례만 이어져도 그 결과는 참담할 수 있었다. 식량을 따로 저장하다 보니 절도와 함께 집단 간 분쟁의 위험도 훨씬 커졌다. 농사를 짓지 않는 전문직은 식량 부족과 기근에 특히 취약했고, 사회 내 재분배가 실패할 때는 더욱 어려움에 시달려야 했다. 초창기 농부들은 일단 한곳에 정주하게 되자 이동 생활로 복귀할 수 있는 지식과 기술을 불과 수 세대 만에 다 잊고 말았다. 수렵·채집인은 식량 부족 사태가 발생하면 그런 지식과 기술들을 이용해 최악의 상황을 면하곤 했었는데 말이다. 또한 농부들은 인근의 환경을 심각하게 훼손하는 수가 있었다. 그들은 농지를 조성하고 집을 짓기 위해, 난방과 요리에 쓸 연료를 구하기 위해 수풀의 나무를 베어 냈는데, 이것이 지력이 약한 지역에 처참한 결과를 불러왔다. 최근의 고고학 증거에 따르면, 요르단 계곡에 형성된 최초의 농경 촌락 일부는 불과 1000년도 안 되어 버려졌다고 한다. 삼림이 사라지면서 심각한 수준의 토양침식과 농경지 파괴가 일어났기 때문이었다.

식물과 동물을 한정된 범위로만 이용하게 되자 인간의 식단에도 중대한 변화가 일어났다. 사실 농경을 채택함으로써 인간이 이용할 수 있는 식량의 양이 평균적으로 늘었는지는 전혀 확신할 수 없는 문제다. 총생산량이 늘기는 했으나, 인구가 늘어난 점과 그에 따라 재분배되는 식량이 늘어난 점을 감안하지 않을 수 없다. 하지만 농경 채택이 불러온 가장 중요한 결과는 다양성의 상실이었다. 그 원인은 여러 가지이나 우선 재배된 작물 자체가 일반적으로 영양가와 핵심 비타민, 미네랄을 가장 많이 함유한 종이 아니었고, 거기다 저장하는 과정에서 이런 영양소가 많이 파괴되었다. 재배 밀은 야생 아인콘과 엠머에 비해 단백질 함량이 훨씬 낮았으며, 세 가지 핵심 아미노산의 함량도 빈약했다. 재배 쌀은 단백질 함량이 낮았던 데다, 비타민 A의 섭취마저 더욱 어렵게 만드는 특징이 있었다. 하지만 무엇보다 큰 문제는 옥수수를 먹었을 때 생겨났다. 옥수수는 두 가지의 핵심 아미노산을 비롯해 철과 비타민 나이아신의 함량이 적었다. 따라서 식단에서 옥수수가 높은 비율을 차지하면 빈혈과 펠라그라 같은 결핍성 질환에 걸릴 수 있었다. 그래도 메소아메리카 농부들은 이 문제를 어느 정도는 해결했는데, 식단에 콩을 포함하는 것과 함께 옥수수를 갈아 토르티야를 만들 때 석회로 처리한 것이다. 다른 지역들에서는 음식에 비타민 함량이 높은 식재료를 첨가했는데, 아메리카 대륙의 칠리 같은 향신료, 유라시아 대륙의 양파와 마늘이 그러하다. 농경의 채택으로 세계 전역에서 육류 섭취가 줄었고,(사회 내부에서 좀 더 특권을 가진 계층은 예외였다.) 이는 단백질과 비타민 B$_{12}$의 섭취에 영향을 미쳤다. 이상의 일반적인 결론은 최초의 농경 집단에서 발견된 일부 유골을 분석한 결과 사실로 뒷받침되고 있다. 유럽 남부에서는 최초의 농부들이 바로 이전의 수렵·채집인에 비해 평균 2인치가량 키가 작았다. 기대 수명 역시 이전에 비해 더 짧았던 것으로 보인다.

이보다 훨씬 중요했던 것은 새로운 삶의 방식이 인류의 질병에도 영향을 끼쳤다는 점이다. 농경 이전의 수렵·채집 집단은 질병에 걸리는 수준이 비교적 낮았다. 물론 수렵·채집인의 경우 동물을 직접 죽이게 되면 그들에게서 (특히 촌충과 위장 전염병 같은) 기생충이나 전염병이 옮을 확률이 높았을 것이고, 매종과 말라리아(이 두 전염병은 원숭이와 유인원도 걸린다.) 같은 질병에 걸릴 위험도 있었다. 그러나 이들은 대체로 소규모 집단을 이루어 이동 생활을 했던 만큼, 질병이 한곳에 자리 잡고 본격적으로 증식해 나가기가 매우 어려웠다. 이들 집단이 열대 지역 및 반열대 지역을 벗어나게 되면 아마 질병이 전염될 확률도 그만큼 떨어졌을 것이다. 그러다가 농경 및 정착 생활을 택하게 되자, 그 부차적 결과로서 질병을 증가시키는 여러 여건이 주위에 조성되었다. 가옥 건설과 식량 저장, 음식물 쓰레기 집적은 모두 해충과 해수가(특히 쥐와 벌레가) 인간 가까이에 붙어살기에 좋은 환경을 제공했다. 점점 쌓여 가는 인간의 쓰레기는 물이 오염될 위험을 급격히 높였다. 이 모든 요인이 합쳐진 결과 질병이 좀 더 쉽게 퍼지게 된 것이다. 십이지장충은 일정 기간 흙 속에서 발육해야만 번식할 수 있는 기생충인데, 이제 훨씬 손쉽게 인간을 감염시킬 수 있게 되었다. 집 주변의 개간된 농지 및 작은 물웅덩이들은 모기의 생육에 좋은 환경이었고, 따라서 수많은 지역에서 말라리아가 발병했다. 그 외에도 (특히 관개용으로 만들어진) 저수지와 도랑은 주혈흡충증의 매개체인 우렁이가 자라는 온상이었다. 이집트에서는 아무리 늦어도 기원전 1200년부터 사람들 사이에 주혈흡충증이 나타났으며, 메소포타미아에서는 이보다 훨씬 이른 시기에 이미 등장한 듯하다.

질병 확산에서 무엇보다 중요했던 것은 인간이 훨씬 커다란 공동체를 이루고 동물과도 훨씬 근거리에서 살게 되었다는 사실이었다. 전염성 질병은 개체 유지 및 증식을 거쳐 새로운 사람을 감염시키는데, 그럴 수 있으려면 일정 수준 이상의 인구수가 반드시 필요하다. 수렵·채집 집단은 확실히 질병이 유지될 만큼 큰 규모는 아니었다. 그러다가 더딘 속도이기는 하지만 인구가 늘면서 사람들은 좀 더 커다란 정착촌에서 생활하게 되었고, 이와 함께 교역 및 물물교환 체계를 통해 접촉했다. 이는 질병이 증식하기에 충분할 만큼 커다란 인구 집단이 확보되었다는 뜻이었다. 그러나 질병 확산의 결정적 요인은 가축 사육에 있었다. 이제 인간은 일정 범위의 동물들과 사시사철 가까이 붙어 지냈고, 생활공간을 그들과 함께 쓰는 경우도 (겨울철에 특히) 많았다. 그 결과 동물만 걸리는 특정 질병들이 돌연변이를 일으켜 인간에게도 자리 잡기에 이르렀다. 사실 인간이 걸리는 주요 질병은 거의 모두 동물 질병의 변형이다. 홍역은 소의 우역과 관련이 있고,(개 홍역도 관련이 있을 것으로 보인다.) 천연두는 우두에서 비롯되었으며, 디프테리아 역시 소에게서 나왔고, 인플루엔자는 돼지와 닭에게서, 감기는 말에게서 유래했다. 물론 이 새로운 질병 패턴들이 동물을 사육한 이후 곧장 나타난 것은 아니며, 수천 년간 인류에게 서서히 적응한 끝에 본격적으로 질병으로 자리 잡았다. 이후 이것은 인류의 건강, 그리고 세계사에 중대한 결과들을 불러오게 된다.

이처럼 농경은 단점이 다양했지만, 인류는 그것으로 삶을 영위하는 법을 배워 나갔다. 사실상 그것 말고는 달리 뾰족한 수가 없었다. 농경 채택은 늘되 매우 소폭으로만 증가하는 추세였고, 따라서 수렵·채집의 중요성이나 삶의 방식도 더디게 감소하고 변해 갔다. 농경을 향한 첫걸음이 일단 시작되고 나자, 예전으로 복귀하는 것은 불가능한 것으로 드러났다. 인구가 점점 불어 수렵·채집으로는 더는 부양이 안 될 규모로 커진 데다, 자유롭게 이용할 수 있는 땅도 얼마 남지 않았기 때문이다. 그러자 이전 삶에 대한 지식도, 그에 대한 문화적 적응도 급속도로 사라져 갔다. 식량을 한번 집약적인 방식으로 조달하고 나자, 그 과정에서 발을 빼기가 매우 어려워졌다. 이러한 변화의 장기적 결과로서, 사회는 더 많은 비생산자 전문가를 부양할 수 있게 되었고, 나아가 사회적 강압의 수준도 더 높아졌으나, 이런 모습은 나중에 가서야 서서히 나타나게 된다.

개관 2

기원전 5000년의 세계

인구 500만 명	**주요 도시** 성읍도시: 에리두 (4000), 우바이드(2000), 우르 (2000)

사건

- 수메르에 신전을 갖춘 최초의 촌락이 출현함.

- 아나톨리아와 엘람에서 최초의 구리 제련이 이루어짐.

- 중국의 창장강 및 황허강에 최초의 농경 정착촌이 출현함. 동시에 돼지 와 닭이 길들여짐.

- 인더스강 유역에 역사상 최초의 농경 촌락이 출현함.

- 이탈리아와 발칸반도, 도나우강 유역, 중부 유럽에 최초의 농경 정착 촌이 출현함.

- 수메르의 인장 및 화폐에 원시 형태의 글이 최초로 등장함.

문명의 출현

4

초창기 농경 사회에서 생산된 잉여분의 식량은 곧 이들 사회 거의 모두에서 위계질서 및 불평등이 한층 심화되었음을 뜻했다. 잉여분 식량의 상당 부분은 군장과 신관이 관할했고, 이들은 자신들이 매긴 우선순위에 따라 잉여분 식량을 재분배했다. 그러자 공동체 내부 사람들에 대한 이들의 지배력이 점차 커지는 양상을 띠었다. 그뿐만 아니라이제는 다른 집단과의 사이에도 (특히 땅과 물의 이용권을 두고) 분쟁이 일어났고, 이는 다시 그들의 지배력을 더욱 공고히 다지는 결과로 이어졌다. 이 정도의 발달을 보인 사회는 수천 년 동안 세계 도처에 존재했다. 1000년 전까지만 해도 유럽은 상당 부분 이런 상태였으며, 북아메리카는 기원후 1600년 무렵에 유럽인이 도래해 원주민의 삶이 파괴되기 전까지, 아프리카 여러 지역들은 19세기 말까지도 이런 상태였다.

4.1 문명

세계 대여섯 군데에서는 (외부의 영향을 전혀 받지 않은 채) 훨씬 발달한 몇몇 사회가 나타나 강압적인 국가의 단계까지 갔고, 여기에서 갖가지 조직과 제도, 문화가 만들어졌으니 이것이 우리가 이른바 문명이라 부르는 것이다. 인류의 역사에서 이 과정은 최대 6회 일어났는데, 메소포타미아, 인더스 계곡, 중국, 메소아메리카, 안데스산맥 중앙이 그 본거지였다. 초창기 문명에서 처음으로 유럽인들에 의해 집중 연구가 이루어진 이집트도 종래의 관점에 따르면 통상적으로는 이 범주에 들어가나, 이집트는 좀 더 앞서 발달했던 메소포타미아에서 영향을 받은 면이 있었을 것이다. 이들 사회는 몇 가지 뚜렷한 특징을 가진다는 점에서 다른 사회와 차이를 보인다. 우선 이들은 비생산자 엘리트층(사제, 통치자, 관료, 직인)을 수천 명 부양할 수 있는 능력이 있었다. 엘리트층은 주로 도시에 거주했으며, 세금 및 공물의 형태로 나머지 인구에게 힘을 행사했다. 도시에는 신전, 궁전, 곡물 창고 등으로 구성된 공공건물 단지가 들어서 있었고, 상당수가 장대한 규모로 지어졌다. 이들 사회는 초창기의 농경 집단에 비해 훨씬 복잡한 양상이었고, 영토에 대한 관념도 강했다. 또한 대부분의 사회가 모종의 글자를 만들어 다양한 형태의 기록을 남겼다.

이런 변화들은 농경을 채택한 사회가 다 자동적으로 겪는 과정은 아니었으며, 사실 무엇이 문명을 만드는지 그 요인만 따로 집어내기도 쉽지 않다. 메소포타미아는 유프라테스강과 티그리스강 사이의 넓고 비옥한 지대에서(나중에는 관개시설이 갖춰진 범람원에서) 발달한 문명이었다. 중국에서는 황허강과 창장강 유역을 중심으로 집중적으로 발달이 이루어졌다. 하라파 문명은 인더스 계곡에 기반을 두고 있었으며, 이집트는 좁고 길게 이어지는 나일강 연안과 해마다 되풀이되는 그곳의 범람에 의지했다. 페루에서는 해안가의 좁다란 계곡을 중심으로 초창기 문명이 발달했으며, 이들 계곡은 중간에 낀 사막 때문에 서로 고립되어 있었다. 메소아메리카에서는 멕시코만 연안이나 열대 정글 같은 매우 척박한 장소에서 도리어 초창기 문명이 발생했다. 이들 변화에서는 기술이 중심이 되지는 않았던 것 같다. 최초의 철 사용과 같은 중대한 발전들은 일반적으로 문명이 발달한 이후에 일어났으며, 아메리카 대륙은 철이 거의 전무한 상태에서 문명을 이룩해 냈다. 이와 비슷한 맥락에서, 최초의 도시들 역시 이러한 변화가 만들어 낸 결과였지 그것을 일으킨 원인은 아니었다.

'문명'으로까지 이어지는 이 복잡한 사회적·경제적·정치적 변화들을 단 한 가지 원인으로만 설명하기는 불가능하다. 당시에도 인구층의 압도적 대다수는 여전히 초창기 농부들이었으며 이들은 생산성이 매우 낮았다. 하천 유역의 일부 지대는 다른 지역에 비해 미미하게 생산성이 높았을 수 있지만, 당시에 이용할 수 있는 기술을 고려하면 농부 개개인이 식량 생산량을 현저히 늘릴 수는 없었다. 따라서 결정적인 변화는 이들 사회가 조직된 방식에 있었다고 할 수 있다. 수천 년이 지나지 않아 이들 사회 내부에서는 권력과 권위가 급격히 커져 갔고, 이는 다시 훨씬 심화된 불평등과 결합되었다. 이때에도 가장 중요했던 요인은, 농경 발달 때와 마찬가지로 '톱니바퀴' 효과와 '피드백' 효과였다. 일단 한 걸음을 떼고 나자 예전으로 복귀하기는 어려워졌고, 사회 한 지역에서 일어난 변화는 다른 곳에까지 중대한 영향을 미치며 소용돌이를 일으키듯 몇 배나 큰 폭으로 더 많은 변화를 이끌어 냈다.

애초에 잉여분의 식량은 종교 활동을 뒷받침하는 데에 이용되거나, 사회 내에서 일정 수준의 질서를 유지시켰던 집단의 장(長)에게 자발적으로 납부되었을 것이다. 그러나 이들 사회가 점점 발달하고 더욱 복잡해질수록, 내부에서 행해지는 강압의 정도도 훨씬 커져 갔다. 집단의 장은 좀 더 큰 권위를 행사하게 되었고, (경제적·이념적·군사적·정치적인 면에서) 새로운 제도와 권력 유형이 생겨나 잉여분의 식량이 비농부 계층에게 재분배되도록 힘을 발휘했다. 몇몇 사람이 다른 이들에 비해 더 많은 권력과 부를 축적하게 되면서 사회는 서서히 평등성을 잃어 갔다. 다른 이들에 비해 많은 땅을 가진 사람들이 생겨나는가 하면, 종교적·군사적·정치적 면에서 권력을 행사하는 사람들도 생겨났다. 이 과정에서는 다른 집단과의 사이에서 (주로 땅을 두고 벌어진) 분쟁이 매우 중요한 역할을 했으니, 분쟁을 해결하기 위해 지도자의 통솔력, 강한 군사력, 내부 단결의 필요성이 더욱 요구되었기 때문이다. 이런 식의 권력 행사가 이루어짐에 따라 신변 보호, 질서 유지, 중요한 종교 활동의 수행 등 사람들에게 제공된 모종의 이득도 있었을 것이다. 하지만 기나긴 발달 과정 끝에 이들 초창기 문명들이 종국에 가지게 된 특징은, 전에 비해 훨씬 복잡한 수준의 내부 조직과 권위를 가진 국가, 나아가 이용 가능한 자원을 몹시 불평등하게 분배하는 국가가 탄생했다는 것이었다. 엘리트층은 이제 잉여분의 식량을 농부들에게서 지속적으로 뽑아내고, 국가 및 종교 기능을 수행하기 위해 강제 노역을 부과하고, 아울러 자신들의 원시적인 군대에 사람들을 복무시킬 수 있을 만큼의 큰 권력을 갖게 되었다.

4장의 나머지 부분에서는 이런 변화들을 메소포타미아(가장 자세하게 연구된 지역이다.)와 이집트, 인더스 계곡으로 나누어 살펴볼 것이다. 결론부에 가서는 이 세 가지 문명 모두에 공통적으로 나타났던 두 가지 주제, 즉 기술의 발전과 글쓰기의 진화에 대해 다룰 것이다.

이어지는 5장에서는 아메리카 대륙과 태평양 연안에서 일어났던 일들을 다룰 것이며, 중국에서 일어난 여러 가지 발전은 7장에 들어가 다루기로 한다.

4.2 메소포타미아: 문명의 발상지

티그리스강과 유프라테스강 유역(메소포타미아라는 말은 이 지역에 설치되었던 로마 속주의 명칭이다.)은 기원전 5700년 무렵 전까지는 농부들이 아직 정착하지 않은 땅이었다. 그전의 몇천 년 동안에는 이곳 평원을 둘러싼 산맥의 구릉지대에서만 농경의 주요 발전이 이루어졌으니, 이를 통해 쌍둥이 강 사이에 자리한 넓은 하천 유역이 얼마나 살기 어려운 여건이었는지 알 수 있다. 이 지역의 여름은 길고 무더웠으며, 겨울은 혹독하고 추웠다. 강을 벗어난 곳에서는 물을 찾아보기 어려웠으나, 그래도 관개만 이루어지면 토양은 생산적인 편이었다. 이 지역은 핵심 자원도 모두 부족했다. 석재는 가장 가까운 산지가 에리두 서쪽 사막이었고, 구리는 가장 가까운 산지가 이란과 아나톨리아였으며, 산림은 무척 적은 양만 조달할 수 있었다. 그나마 그 대부분도 북쪽과 동쪽의 산맥까지 가서 가져와야 했고, 신전을을 건축하는 데 쓰이는 최상급 목재(삼나무와 포플러)는 레바논산맥에서부터 날라와야 했다.

4.2.1 초창기 국면

따라서 일견 보아서는 이런 곳에서 기원전 3000년 무렵에 최초의 문명이 출현했으리라고는 생각되지 않는다. 그러나 다른 한편에서 보면, 바로 그런 척박한 환경이었기에 정착 초기부터 훨씬 고차원의 사회조직이 요구되었던 것이 아닐까 한다. 최초의 농부들은 계곡에 들어와 농사를 지어 보고 나서야, 이 일대의 남쪽에 비가 거의 내리지 않는다는 사실을 알았다. 그뿐만 아니라 새로 파종한 작물에 물이 가장 많이 필요한 8~10월에 강물의 수위는 제일 낮았고, 봄과 초여름에는 (겨우내 산에 쌓였던 눈이 녹아내린 뒤라) 강물이 어느 때보다 높아져 범람하는 강물로부터 농작물을 보호하지 않으면 안 되었다. 따라서 물의 통제, 저장, 관개는 이곳에서 필수 불가결했다. 이 작업에는 강력한 중앙집권 국가(이는 좀 더 나중에 출현했다.)보다는 농경 공동체 내의 비교적 높은 수준의 협동이 필요했을 것이다. 당시의 농경 공동체는 대규모 혈족 집단을 중심으로 조직되었던 것으로 보이며, 따라서 초기 정착촌의 규모도 제법 컸다. 일례로 (바그다드 동부의) 초가 마미는 기원전 5500년 무렵에 조성된 유적지로, 약 15에이커의 땅에 1000명가량이 살았다.

핵심 발전은 멀리 남쪽, 오늘날 수메르라고 알려진 지역에서 이루어졌다. 이곳의 농부들이 원래부터 수메르인(기원전 3000년 무렵의 문명화된 여러 사회에 알려진 민족이다.)이었는지, 아니면 수메르인이 나중에 이 지역으로 들어간 것인지는 현재로서는 알 수 없다. 하지만 전자일 가능성이 좀 더 높은데, 이 시대가 장기간 이어지는 동안 핵심 유적지에서 뚜렷한 연속성이 나타나기 때문이다. 이 시대의 가장 초창기, 즉 최초의 정착 이후 기원전 4000년 무렵까지의 시기는 발굴 유적지의 이름을 따 우바이드 시대로 불리며, 에리두와 우사일라, 우르 같은 제법 커다란 촌락이 연달아 형성되었다. 이들 촌락은 진흙 벽돌과 이엉을 이용한 가옥으로 구성되었으며, 촌락 주변에 공동체의 밭이 군집

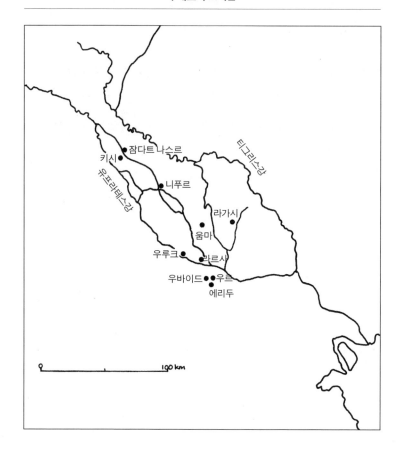

을 이루고 있었다. 촌락 안에는 초창기의 신전들이 자리했는데, 공동
체의 식량을 따로 비축하는 중심지였던 듯하다. 농작물 외에 농부들
은 늪지의 자원도 활용할 줄 알았고, 카누와 낚시그물도 이용했다. 촌
락은 종교 및 의례 활동의 집결지였고, 따라서 일부는 제법 큰 규모
로까지 성장했다. 일례로 기원전 4500년 무렵에 에리두에 자리한 신
전은 해당 권역에서 가장 큰 규모여서, 부지만 약 4에이커에 달했고

5000명가량의 인원을 수용할 수 있었다. 이는 차탈회위크 등 서남아시아에서 좀 더 일찍 발달한 일부 성읍과 대체로 동일한 규모였다. 에리두와 우르는 기원전 4000년 이후 500년 동안 확장을 계속해 근방을 25에이커 이상 아울렀고, 촌락 주민들은 약 3마일의 관개 운하를 운영하게 되었다. 에리두에 마련되어 있던 신전 기단 역시 그 규모가 확장되었다. 이들 신전은 수메르의 다양한 공동체가 자신의 정체성을 확립하는 데 확실히 중심 역할을 했지만, 이제까지 발견된 매장으로 미루어볼 때 우바이드 시대 전반에서는 중대한 사회적 분화 및 부의 차이가 나타났다는 증거를 거의 찾아볼 수 없다.

4.2.2 우루크

메소포타미아 문명 발달의 핵심 시기는 기원전 4000년 이후의 약 1000년 동안으로, 주요 유적지의 이름을 따 우루크 시대로 알려져 있다. 애초에 학자들은 이 시대를 이전과는 전혀 다른 별개의 시기로 구분했는데, 우바이드 시대에 만들어지던 전형적인 채색토기가 이 시기에 들어 돌림판으로 만들어진 소박한 토기 유형으로 바뀌었다는 이유에서였다. 하지만 오늘날 확실시되는 바에 따르면, 당시는 일련의 근본적 혁신이 연달아 일어난 시기였다. 이들 혁신은 두 문화 모두를 더욱 강력한 것으로 만들었고, 이로써 역사상 최초로 예전과 판이하게 다른, 제법 커다란 국가 통제력을 지닌 사회가 출현했다. 관개된 땅에서 생산된 잉여농산물은 일정 범위의 비생산자를 부양하는 데도 필수였지만, 인접한 지역에서 원자재를 구하기 위한 교역에도 쓰였다. 사회 내부에서는 점차 전문화가 이루어졌고, 이로써 분화 및 불평등은 훨씬 심화되었다. 그리하여 신관은 물론 세속의 지도자, 군대,

전쟁이 발달했다. 엘리트층은 급속도로 확장되던 정착촌에서 생활했고, 이런 곳들은 곧 명실상부한 도시로 자리 잡았다. 아울러 이런 사회의 작동과 통치를 돕고자 글과 함께 글을 읽고 쓸 줄 아는 필경사 계급이 발달했다. 금속 주조를 향한 첫걸음도 이때 처음 시작되었다.

이러한 발달의 성격에 대해서는 수메르의 제1도시로 자리매김한 우루크에 그 흔적이 가장 잘 남아 있다. 기원전 3600년 무렵에 우루크에는 지구라트라는 대규모의 성탑(聖塔)이 건설되었고, 이후 꾸준히 확장을 거듭했다. 의례용의 이 복합 건축물은 에안나와 아누에게 헌상된 것으로서 육중한 기단을 토대로 지어졌다. 이 건물은 진입로 및 설계상의 배치가 정교하며, 벽에는 얼키설키한 벽감이며 직경 6피트 이상의 기둥들이 자리 잡고 있었다. 건물의 기둥과 벽은 황색, 흑색, 적색의 소형 원뿔로 모자이크 장식이 되어 있었다. 이들 신전을 비롯한 기타 공공건물들이 우루크 전체 면적의 3분의 1을 차지했으며, 도시는 계속 확장되어 600에이커 이상을 아울렀다.(절정기 고대 아테네의 두 배 규모다.) 도시를 둘러싼 담은 그 길이가 거의 6마일에 이르렀다. 기원전 3000년 무렵에 도시인구는 거의 4만 명에 달해, 인류가 과거에 이룬 그 어떤 정착촌보다 훨씬 큰 규모였으며, 수메르의 타 도시들보다도 두 배 이상으로 컸던 것으로 보인다. 이 모든 과업을 완수하는 데는 상당한 노동력이 동원되어야 했으며, 그 진행은 신관을 비롯해 막 부상하기 시작한 세속 통치자들이 맡았다. 기원전 3400년 무렵에 이르자 최초의 원시적인 글이 등장해 다양한 국가 활동의 관리에 일조했다. 우루크를 둘러싼 상당 부분 지대에서는 집약 농업보다는 조방농업이 이루어졌고, 반경 약 6마일 내에 속해 있던 소규모 성읍 및 촌락의 거주민들이 경작을 맡았다. 이들 소규모 성읍과 촌락, 도시 사이의 관계는 복잡했다. 도시는 그곳의 신들 덕분에 지역 주민에게서 순례와 공양을 받을 수 있었는데도 군사 실력자와 정치 실력자들은 방어 및 국가 계획을 명목으로 사람들에게서 '공물'과 '세금'을 거둬들였다.(이것이 잉여농산물을 전용(轉用)하는 방편이었다.)

4.2.3 초기 왕조 시대

우루크가 수메르에서 제일 앞선 도시이기는 했지만, 기원전 3000년 무렵에 이르자 수메르 전역에 연달아 도시국가가 생겨났다. 이들 도시는 지역 주민에게 의지해 식량을 조달했고, 방어용 성곽으로 주변을 에둘렀다. 기원전 3000년에서 2300년 사이의 시기는 일명 초기 왕조 시대로 알려져 있다. 이 시대는 종종 다양한 시기로 구분되는데, 도기 및 인장의 양식 변화에 따른 것이라 그다지 큰 의미를 갖지 못한다. 이 시대에는 도시국가 사이에 끊임없이 분쟁이 일었고, 삶에 꼭 필요한 자원인 땅과 물을 두고 싸움이 벌어졌다. 일례로 라가시는 기원전 2500년 무렵을 전후로 움마와 150년간의 긴 국경분쟁에 돌입했다. 기원전 1800년 무렵에는 이른바 '수메르 왕 목록(Sumerian King List)'이 작성되는데, 실제 사실과 부합하는 내용은 얼마 없다. 물론 실존 통치자 이름도 목록에 들어 있으나, 이를 가지고 통치자 순서를 따지거나 도시국가 사이의 지배 패턴을 확인하기는 불가능하다. 통치자 일부에게는 '키시의 왕(King of Kish)'이라는 칭호가 붙었는데, 일종의 대군주 지위를 뜻하는 말이었던 것 같다.(라가시는 움마와 국경분쟁을 벌이는 내내, 메살림(Mesalim) 왕이 '키시의 왕' 자격으로 내렸던 기원전 2600년 무렵의 결정에 호소했다. 마치 '키시의 왕'이 내리는 결정은 어느 정도 구속력을 가진다는 어투인데, 그 이유에 관해서는 구체적으로 밝혀져 있지 않다.) 하지만 이 시대에는 세계 최초의 문명이 어떤 식으로 기능했는지와 관련해 충분한 양의 증거가 살아남아 있어 이를 통해 상당히 세세한 사실들을 알 수 있다.

불과 20~30년 전까지만 해도 수메르는 일련의 '신전 국가'가 모인 형태로 생각되었다. 신전 국가에서는 토지가 모두 신전의 소유이고, 거주민들은 다양한 계급으로 나뉘어 신전의 하인으로 일하며, 세속의 통치자는 신전의 대리 역할을 했다고 여겨졌다. 하지만 이 견해는 오늘날 커다란 오해로 통하고 있으며, 1930년대에 기르수 신전의 기록 하나만을 보고 그 내용을 심각하게 오독한 데서 실수가 비롯되었다. 현재 받아들여지는 통설에 따르면, 당시에 수메르 사회는 그와는 매우 다른 모습이었다. 토지는 상당 부분 가족 집단의 소유였고, '신전' 땅은 도시 통치자와 그 가족의 재산이었으며, 도시 통치자는 이를 자신의 추종자들에게 나누어 줄 수 있었다. 통치자는 도시 신의 이름을 내걸고 도시의 수호자 역할을 했으며, 신전을 운영하되 신과의 관계를 통해 자신의 지위를 확립했다. 핵심 의례도 도시 통치자가 사제들과 공동으로 치렀으며, 신전의 위계질서 내에서도 통치자 가문 사람들이 중요 직위를 다수 차지했다. 따라서 수메르에서 종교와 속세는 전혀 분리되지 않은 셈이었다.

신전은 내실을 마련해 금속과 보석으로 만든 신상을 모셨던 만큼, 그 건축과 관리를 위해서는 공동체의 노력이 상당 수준 들어가야 했으나, 공동체의 정체성을 확립하는 데는 이런 신전의 존재가 가장 중심적인 역할을 했다.(도시에는 저마다 신이 따로 있어 니푸르에서는 엔릴을, 에리두에서는 엔키를, 우르에서는 난나를 모셨다.) 이론상으로 대규모의 땅을 장악하는 주체는 신전이었다. 그중 일부 땅은 농부들이 공동체의 의무를 지고 직접 경작했으며, 이 땅에서 매일같이 거둬들인 식량이 신전 관리들을 부양하는 데 쓰였다. 하지만 이 외에도 신전 내 일정한 직위를 가진 자(보통은 통치자 가문과 기타 엘리트층 사람들이 차지했다.)에게 할당되는 땅이 있었고, 지위 고하에 따라 할당되는 땅의 양이 달라졌다. 신전의 관직 상당수는 사실 세습 한직(閑職)이나 다름없었으며, 관직에 붙어 다니는 땅도 점차 세습의 성격을 띠었다. 나머지 신전 땅은 가족과 개인에게 소작을 주는 데 그쳤다. 신전에 마련된 대규모 작업소에는 전문 직인들이 고용되어 있었으며, 이들도 신전의 땅에서 나는 산물을 식량으로 삼았다. 직인들의 조직은 대규모 영리 기업과 유사했고, 직인들과는 별개로 활동했던 상인 집단이 제작된 생산품을 가져다가 거래와 물물교환에 썼다.

궁(egal: '커다란 집'을 뜻했다.)은 통치자, 즉 루갈(lugal: '위대한 사람'을 뜻했다.)이 거처하는 곳이었다. 이 궁이 일부 도시에서는 신전 단지의 일부였던 듯하나,(일부였다고 해도 그 사실이 반드시 궁이 신관에게 예속되어 있었다는 뜻은 아니다.) 다른 곳, 특히 북쪽 도시의 궁은 신전과는 상관없는 별개 건물이었다. 궁궐은 통치자의 가족과 그 하인들의 거처였고, 나름의 작업장을 갖추어 놓은 것과 함께, 행정 중심지 및 나라의 국고로서 역할을 했다. 궁의 업무 상당 부분은 공동체 내에서 막강한 부와 권력을 가졌던 루갈과 관련되었으며, 그는 최고 판사이자 주요 종교 관리로서 직무를 수행하는 것을 비롯해, 자신의 광대한 영토를 관리하는 일을 이 궁에서 수행했다. 오늘날 드러난 몇몇 증거에 따르면 이 도시들은 애초에 도시 '원로'로 대표되는 연장자 의회가 통치했으며, 이들은 모종의 혈연관계로 맺어진 사람들이었을 수 있다. 그러나 통치자의 가장 중요한 기능은 역시 전쟁 지휘였고, 아마도 이것이 세속 지도자를 출현시킨 중대 요인이었을 것이다. 처음에는 통치자들이 전쟁 지휘의 역할을 임시적으로만 맡았을 테지만,(심지어 의회에서 선출했을 수도 있다.) 기원전 2600년 무렵에 이 직책이 세습으로 굳어지면서 통치자는 실질적으로 군주와 다름없는 존재가 되었다. 통치자를 가리키는 정확한 호칭은 도시마다 달랐다. 일부에서는 루갈, 또 다른 일부에서는 엔시(ensi)를 썼는데, 왜 이런 차이가 생겼는지는 알려져 있지 않다. 통치자의 권위를 나타내는 상징은 도시들끼리 비슷해서, 이때 생겨난 머리쓰개(왕관)와 막대(홀), 의자(왕좌)가 이후에도 인류 역사 내내 이용되었다.

전쟁은 수메르의 도시국가들에 무엇보다 중요했다. 우루크 시대(기원전 4000년)에 만들어진 최초의 원통형 인장에도 각종 전투를 비롯한 전쟁 포로를 찾아볼 수 있다. 기원전 3000년 무렵 이후의 초기 왕조 시대에 만들어진 '우르의 전승판(Royal Standard of Ur: 목재 물품으로서 어떤 기능을 했는지는 알 수 없다.)에도 전쟁과 군대의 모습이 나타나는데, 당시 군대의 병사들은 강제로 군역을 짊어져야 했던 징집병이었음이 거의 확실하다. 이들 군대의 기반은 도끼, 자귀, 가죽방패와 창으로 무장한 보병이었다. 당시는 구리나 청동으로 날카롭게 날을 세우던 단계가 아니었기 때문에, 병사들은 몸에 검 대신 원시 수준의 단도를 지녔을 뿐이었다. 통치자는 당나귀가 끄는, 통나무 원판으로 만든 바퀴가 달린 전차를 타고 전장에 나갔다. 전차는 제작 및 당나귀 훈련에만 해도 상당한 노력이 동원되어야 하는 물품이었다. 막상 전장에 나가면 통치자도 전차에서 내려 맨몸으로 싸웠던 것으로 보이므로, 이 무렵에 전차는 통치자에게 무기라기보다는 지위의 상징이었다. 도시들은 토지에 의존해 식량을 공급받았던 만큼, 무엇보다 토지를 점령당할 경우 속수무책이었다. 따라서 전쟁에서는 공성 망치와 탑을 이용해 벌이는 공성전이 핵심이었다. 도시가 함락될 때면 으레 성벽이 무너져 남자는 살해당하거나 노예가 되거나 눈을 잃었으며, 여자와 아이들은 노예가 되었다.

4.3 메소포타미아: 확장과 정복

4.3.1 교역

메소포타미아는 삶에 필수적인 원자재가 어느 하나 나지 않았고, 따라서 수메르와 초창기 성읍들은 애초에 성립부터 일련의 교역로들을 통해 외부와 광범위하게 접촉해 갔다. 이들 교역로가 확립된 것은 '문명'이 등장하기 훨씬 전이었으니, 인류 공동체 사이에는 가장 초창기부터 이미 광범위한 연결이 있던 셈이었다. 우바이드 시대(기원전 5500~4000년)에는 북부 산악 지대의 아시리아산(産) 맷돌을 수메르의 강까지 배로 실어오곤 했는데, 거기에는 종종 아나톨리아 중앙부의 흑요석이 함께 실려 있었다. 우바이드 토기는 현재 이란 남부 전역에서 발견되며, 수메르인들은 이 토기들을 매개로 테페 야흐야의 특별한 녹니석 사발을 구했던 듯하다. 이들 교역망은 우루크 시대의 핵심 시기, 즉 수메르가 중요한 사회적·정치적 발전을 한참 이루어 가던 시기에 광범위하게 퍼져 나갔다. 수메르의 동쪽에 자리한 엘람 근처 이란고원에서는 다수의 금속광이 채굴되었는데, 수메르인이 구리 제련법을 처음 익힌 것도 이들 광산을 통해서였던 듯하다.(수메르에는 금속광이 전혀 없었다.) 기원전 3500년에 이르자 수메르인의 영향력은 널리 퍼져 이란 남서부 후제스탄 평원 전역에 이르렀다.(이동에만 7~10일가량이 걸리는 거리였다.) 거의 모든 정착촌에서 우루크 양식의 도기가 발견되었으며, 이들 정착촌 일부는 수메르인이 농업도시와 교역 도시를 혼합해 건설한 식민지였던 것으로 보인다. 수메르인에게는 동쪽의 교역망이 그 어디보다도 중요했는데, 매우 값어치 있는 보석인 청금석이 조달되었기 때문이다. 수메르에서 가장 가까운 청금석 산지는 옥수스강의 쇼르투가이에 자리한 아프가니스탄 최북단의 산맥이었다.(이곳까지의 거리는 3000마일이 넘었다.) 청금석이 대상(隊商)들의 이동 수단에 실려 이란 중앙부의 샤르에 수헤테까지 오면, 일꾼들이 돌의 모양을 한번 다듬어 엘람으로, 그리고 최종적으로 수메르에 보냈다. 수메르 도시들은 아래쪽의 페르시아만 유역과도 교역했다. 이 교역의 첫 관문은 '딜문'이었으며,(통상적으로 바레인이 이 지역에 해당한다고 본다.) 이곳을 중심으로 '마간'(오만의 산악 지대)과 교역했다. 수메르는 이 지역에서 대량의 구리를 조달받았고, 그 대가로 직물, 가죽, 보리를 공급해 주었다. 수메르는 북쪽과도 교역했는데, 쌍둥이 강 계곡을 따라 위로 올라가 시리아, 지중해, 동부 아나톨리아에까지 이르렀다. 메소포타미아의 일부 마을에서는 우루크 시대의 수메르에서 만들어진 다양한 물품이 지금도 상당량 출토되고 있다. 또한 수메르의 도시 및 그 문화가 가졌던 다양한 특징을 판에 박은 듯 그대로 보여 주는 마을들도 있는데, 초창기의 수메르 도시들이 세운 교역 식민지였던 듯하다. 이들 마을은 명확한 계획에 따라 조성되어, 주변에 성곽을 두른 것은 물론 북서 및 동서 주요 교역로의 핵심 길목을 차지하고 있었다. 시리아 북부 유프라테스강의 거대한 만곡부에 자리한 카르케미시나 하부와카비라, 그리고 좀 더 동쪽에 자리한 티그리스강의 니네베가 그런 경우였다.

수메르의 동쪽(수사, 엘람, 이란 중앙), 페르시아만에 이르기까지의 남쪽, 그리고 북쪽은 수메르의 주요 발전들이 직접 가닿지 않는 주변부였고, 따라서 이들 지역에서는 사회적·정치적 조직의 수준이 좀 더 낮았다. 수메르의 종교 및 정치 엘리트층은 이들 지역에서 원자재 및 진기한 물품들을 공급받아 자신들의 지위를 유지하는 데 쓰고, 그 대가로 주로 직물과 식량을 대 주었다. 이러한 물물교환에서 교역

초창기 메소포타미아의 무역로

의 패권은 당연히 수메르에 있었고, 수메르는 핵심 지역의 식민지 건설과 함께 이따금 군사 원정을 감행해 패권 강화를 꾀했다. 주변부 중 수메르와의 접촉을 통해 급속하게 발전하는 곳도 있었다. 기원전 2500년 무렵에는 메소포타미아 북부 및 시리아에 아수르, 마리와 같은 일련의 도시국가가 생겨나 수메르와 유사한 노정을 밟으며 급속한 발달을 보였다. 일부는 250에이커 이상을 아우를 정도로 면적이 커져, 이에 못 미치는 수메르 도시가 많아질 정도였다. 하지만 무엇보다 의미심장한 사건은 1970년대 중반에 시리아의 에블라에서 우리가 미처 모르던 새로운 '문명'이 발견된 사실이다. 이곳에서는 점토판이 8000점 넘게 발견되었는데, 내용을 해독한 결과 수메르와 상당히 동일한 수준의 복잡한 사회가 존재했다는 사실을 분명히 알 수 있었다. 이 사회는 말리쿰(malikum: 제후 혹은 왕)과 연장자들의 자문 회의가 이끌었으며, 광범한 무역 접촉 및 아나톨리아와의 교역로를 장악해 도시의 부를 이루었다.

4.3.2 최초의 제국

초기 왕조 시대가 말기(기원전 2400년 무렵)에 접어들자, 수메르의 도시들 사이에 분쟁과 전쟁이 계속되면서 도시국가의 권력이 점차 한곳으로 집중되었다. 그리하여 기루스와 니나가 라가시에 통합되었고, 자발라는 움마가 차지했다. 우루크와 우르도 루갈키기네두(lugalkigineddu: 역사에 알려진 최초의 통치자 중 한 명이다.)의 통치 아래 통일되었으며, 이후 이곳이 움마를 차지했다. 종국에는 2350년 무렵(약간 일렀을 수도 있다.)에 우루크와 우르, 움마 세 도시의 통치자인 라갈자게시(Lagalzagesi)가 나라의 영토를 계속 확장해 북동쪽의 라가시

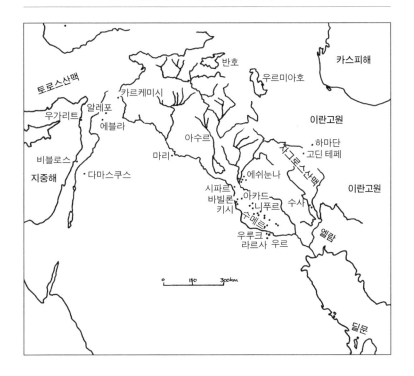

를 비롯해 수메르 대부분을 장악하고, 메소포타미아 북쪽과 지중해를 향하는 지역에까지 자신의 영향력을 확대한 것으로 보인다. 수메르 내부에 외세의 영향력이 지배적으로 나타나면서, 세계 최초로 '제국'이 성립하게 된 것이 바로 이때였다.

수메르는 결국 사르곤(Sargon)에게 정복당하는데, 그는 니푸르 북쪽 메소포타미아 평원에 자리하던 아카드의 통치자였다. 아카드인은 셈어를 사용하는 민족이었지만, 수메르인은 비(非)셈족 계열이었다. 이 두 민족이 기원전 2500년 무렵 이전에 정확히 어떤 관계를 맺고 있었는지는 현재로서는 불분명하다. 다만 상당 기간 이 지역에서 공존했던 것으로 보이며, 심지어 기원전 3000년 이전에 만들어진 수메르 최초의 점토판에서는 일부 셈어의 흔적이 발견되기도 한다. 사르곤이 제국을 성립시킨 연대가 정확히 언제인지는 논쟁이 분분하다. 기원전 2300~2100년보다 후반이라는 견해도 불가능하지 않으나, 기원전 2340~2159년이 통설로 통한다. 제국의 수도 아카드는 기원전 300년까지 사람이 거주한 도시였는데도 지금까지 발견되지 않았다. 사르곤('명실상부한' 혹은 '적법한' 왕이라는 뜻이다. 이런 호칭을 썼다는 것은 실상은 정반대였음을 암시한다.)은 일련의 궁정 모의를 거쳐 키시에서 권력을 탈취한 듯 보이며, 수메르를 비롯한 주변 지역은 그의 인생에서 비교적 말년에 정복했던 듯하다. 그가 사망한 연대는 기원전 2284년으로 추정된다.

사르곤이 건설한 제국은 사르곤의 두 아들인 리무시(Rimush: 기원전 2284~2275년)와 마니시투슈(Manishtushu: 기원전 2275~2260년), 손자 나람신(Naram-Sin: 기원전 2260~2233년)의 통치 속에서 100년 넘게 성세를 이어 갔다. 그중에서도 손자 나람신의 치세가 제국의 전성기였던 듯한데, 왕은 시리아 북부 및 이란 서부에 군사 수비대를 두는 한편, 아나톨리아와 자그로스산맥 일대에서, 그리고 도시 에블라를 상대로 군사 활동을 전개해 나갔다. 이 시기에 제국에서는 권력을 한곳에 집중시키려는 노력이 뚜렷이 나타났다. 아카드는 생산된 잉여농산물 대부분을 자국으로 가져왔고, 수메르 도시들 간에 다양하게 존재하던 도량형도 통일했다. 정복지를 다스리는 행정관은 왕의 임명을 받았는데, 왕은 자신과 가까운 친인척은 물론, 아카드 엘리트층의 다른 일원도 인선에 포함했다. 지방 출신이 행정관에 임명되는 경우는 이따금씩일 뿐이었다. 제국에서는 점점 셈어가 지배적 위치를 차지하게 되었다. 수메르어도 기원전 1700년까지는 법률 및 행정 문서에 계속 사용되었으나, 입말로서는 점차 위세를 잃었다. 능력 있는 전사 및 정복자의 역할이 강조되면서 제국 내에서는 왕의 지위가 한층 격상 되었다. 이런 경향은 나람신이 자기를 '아카드의 신'으로 선포하고 신 성한 존재로 군림하면서 절정에 이르렀다.

나람신 사후에도 아카드 제국은 샤르칼리샤리(Shar-Kali-Sharri) 의 통치 아래에서 25년간은 모종의 형태로 연명했다. 하지만 후기 제 국들이 건설되면서, 아카드로서는 중앙집권 제국의 외양을 유지하는 것마저 매우 어려워졌다. 제국 내 통신 상황이 열악했던 데다, 지방 세 력가들이 권력을 찬탈하려는 경향을 나타냈기 때문이다. 그리하여 기원전 2200년 무렵부터는 아카드 제국 수중의 땅이 부쩍 줄어 수도 주변에만 국한되었다. 제국 남쪽의 라가시와 우루크, 그리고 좀 더 북 쪽의 키시 같은 수메르의 옛 도시들에서는 지방 세력가들이 일어나 나름의 정권을 확립했다. (오늘날 바그다드의 동쪽에 있는) 디얄라 계곡 유역은 구트족(원래는 유목민이었으나 아카드 제국의 용병으로 활동하며 제 국 안에 편입되어 있었던 듯하다.)이 장악하게 되었다. 이들은 한동안 수 메르의 상당 지역까지 함께 다스렸다.

기원전 2112년 무렵에 접어들자 우르남무(Ur-Nammu: 원래는 도 시 우르의 행정관 출신인 듯하다.)가 메소포타미아 남부에 새로운 왕조 및 제국을 열기에 이르니, 이곳이 이후 100년 동안 명맥을 이어 나갔 다. 수메르의 도시들도 우르남무에게 정복당하기는 했으나, 전반적으 로 그가 장악한 지역은 아카드 제국에 비해 훨씬 적었다. 이때를 맞아 수메르의 도시들에는 번영이 찾아들었고, 아카드 제국 말기의 혼란 을 겪느라 한때 사양에 접어들었던 교역망도 다시 정립되었다. 아카 드의 옛 지배에서 벗어났다는 뜻에서 이제까지 이 시기는 '수메르의 르네상스'로 묘사될 때가 많았다. 하지만 그런 '르네상스'는 대체로 문학 및 신에게 바친 찬가에나 국한되었지, 수메르어가 입말로서 가진 위상은 여전히 떨어지는 추세였다. 게다가 구트족의 유산을 제외하면, 사람들은 여전히 아카드 제국의 유산을 거부감 없이 받아들이는 모습이었다. 대부분의 왕명이 아카드식으로 지어졌으며, 개인은 물론 새로 건설된 마을에도 아카드식 이름이 붙었다. 통치자들은 아카드의 전통에 따라 연호도 계속 왕가의 핵심 사건들로 이름을 붙였다. 특히 공주들과 지방의 통치자 간의 혼인을 중요시했는데, 제국을 장악하려면 언제나 혼인이 핵심적인 정치 사건이었기 때문이다. 이 제국이 가진 정치 역사가 정확히 어떤 것이었는지는 분명치 않으며, 심지어 통치자의 연대 산정에조차 어려움이 있다. 다만 이 왕조의 제2대 왕은 슐기(Shulgi)로, 역사상 최초의 법전을 반포하며 약 50년간 왕위에 머물렀던 것으로 보인다. 그래도 이 제국이 어떤 식으로 통치되었는가에 관해서는 다수의 문헌이 살아남아 있다. 왕은 생존 당시에는 신성한 존재로 추앙받았으며, 왕의 특권을 격상하기 위한 궁정 의례의 일부로 그를 기리는 정교한 찬가가 만들어지기도 했다. 속주를 관할했던 것은 엔시였으며, 세습직이었던 듯하나 경쟁 세력이던 군대 사령관 사긴(sagin)이 이들의 권력을 보완하면서 일부는 견제하는 역할을 했다. 국경 지대는 수칼마흐(sukkalmah), 즉 부왕이 다스렸다. 속주는 제국 중앙의 기관에 세금 명목의 농산물을 납부했고, 국가는 이것을 각지의 신전과 국가의 관리들을 부양하는 데 썼다. 그러다가 기원전 2000년 무렵에 우르 제3왕조로 불리던 제국이 무너졌다. 제국은 영토 상당 부분에서 지배력을 상실했고, 결국 구트족의 선례와 유사하게 유목민 출신 용병들(아모리족)이 수메르 땅 대부분을 장악하게 되었다.

4.4 후기 메소포타미아

우르 제3왕조에 관해서는 제법 많은 사료가 남아 있는 만큼, 그것들을 통하면 '문명'이 최초로 등장하고 약 1000년 만에 메소포타미아에 등장한 복잡한 사회가 어떤 모습이었는지 꽤 선명한 그림을 그릴 수 있다. 당시에도 사회의 기반은 여전히 땅이었으며, 인구의 압도적 대다수가 소수의 비생산층을 부양하기 위해 식량을 생산해 내야 했다. 그런데도 땅의 이용권은 지극히 불공평하게 나뉘어 있었다. 초기 왕조 시대의 경우, 명목상으로 신전 토지는 광범한 지역에 걸쳐 있었으나, 이를 모두 신전의 땅으로 생각하면 오산이다. 더구나 라가시에서는 신전이 소유한 땅이 전체 관개 농지의 8분의 1 정도에 그쳤다. 신전의 이런 토지 중 일부는 신전 봉직자가 직접 경작했고, 일부는 (주로 사회 엘리트층인) 신전 봉직자의 생계에 활용되었으며, 나머지는 임대를 주고 소작료를 받았다. 이런 신전 토지 중에서도 두 번째 유형이 특히 중요했는데, 신전의 봉직이 급속도로 세습화되면서 소유주가 이 땅을 타인에게 재임대하게 되기 때문이다. 따라서 이 땅은 사실상 엘리트층의 세습재산과 다름없게 되었고, 특히 왕실 가문 사람들은 이 땅을 가지고 임차인, 소작인, 일꾼들을 고루 부렸다. 기원전 3000년이 지나자 토지 대다수에서 집단 단위의 매매자, 즉 대가족이나 혈연집단은 중요성이 점점 떨어졌다. 기원전 2500년 무렵에는 토지 매도자의 절반이 개인이었으며, 판매 내역이 밭의 지도와 함께 일일이 점토판에 기록되어 해당 토지의 소유자 및 경계를 명시했다. 이런 식의 토지 거래는 기존의 불평등을 더욱 심화해, 토지 보유가 일부 계층에 집중되는 결과를 낳았다. 그래도 이 무렵에는 자기 땅을 가지고서 남의 밭도 함께 경작하는 농민을 찾아볼 수 있었다. 하지만 땅을 못 가진 채 품삯을 받고 농사를 짓는 일꾼도 이미 기원전 2000년 전부터 흔했다. 이들은 따로 계약을 맺고 고용되었는데, 계약에는 하루의 노동시간, 품삯,(남자, 여자, 아이들이 받는 품삯이 다 달랐다.) 품삯의 지급 방식이 (은으로 받을지 보리로 받을지) 규정되어 있었다. 이렇게 농사로 삯일을 하는 사람도 많았지만, 궁궐과 신전, 엘리트층의 땅에서 일꾼 노릇을 하는 이는 훨씬 더 많았다. 이들은 땅을 못 가진 비독립적인 일꾼들로, 땅에 매여 있었기 때문에 실질적으로 농노 혹은 노예에 가까웠다. 물론 그들 나름대로 가정생활은 영위할 수 있었다. 하지만 흉작이라도 들면 가족 전체가 몸값을 받고 팔려 가야 했다. 그럴 때는 채무를 진 소작인 상태로 계속 자기들 땅에 남거나, 아니면 반(半)노예가 되어 자신을 구매한 사람에게 생계를 의지해 살았다. 이따금 통치자가 칙령을 반포해 이런 채무를 탕감해 주기는 했으나, 사회 내 불평등 수준이 워낙 심했기 때문에 장기적 효과는 거의 없었다.

사회 내에는 통치자, 관료, 문인, 사제로 이루어진 엘리트층 말고도, 비(非)농부이면서 꽤 중대한 위치를 점한 집단이 둘 있었다. 바로 직인과 상인들이다. 기원전 2000년에 무렵에는 금·구리·은 세공사를 비롯해, 목수, 목재 및 상아 세공인, 고급 석재 세공인, 밧줄 제작자, 제혁업자 등 수많은 종류의 전문 직인들이 빠짐없이 생겨나 있었다. 이들 상당수는 대규모 단위로 조직되어 궁이나 신전의 관리들에게서 통제를 받았다. 그중에서도 가장 중요했던 것이 직물 산업으로,(30만 마리의 대규모 양 떼에 원료를 의지했다.) 총 6000명의 일꾼(지역 주민과 전쟁 포로가 뒤섞여 있었다.)을 수용하는 궁의 공장에서 작업했다. 당시 메소포타미아 경제의 조직 양상을 분석하는 데는 여러 가지 어려움이 따르는데, 관련 기록이 거의 모두 신전과 궁의 기록에서만 나온다는 것도 문제다. 이런 상황에서는 필연적으로 '국가' 경제에 치우친 그림이 나올 수밖에 없다. 하지만 이런 기록에서조차 우리는 국가 경제 바깥에 여러 종류의 일꾼이(즉 벽돌공과 양치기, 건축업자 같은 일련의 직인이) 상당수 존재했음을 알 수 있다. 신전 및 궁의 작업장에는 예속 일꾼도 일부 있었으나, 상당수는 품삯을 받고 고용된 상태였다. 이는 초창기 농업경제에서는 품삯을 치르는 것이 노동의 대가를 지불하는 가장 손쉬운 방법이었음을 말해 준다.(물론 이 당시 일꾼들에게 주어진 품삯은 대부분 보리였다.)

신전과 궁은 땅을 보유하고 일꾼을 고용했던 만큼 자원 분배에 중요한 역할을 했지만, 이들 말고도 번영을 누린 상업 분야는 또 있었다. 농부는 자신에게 생긴 잉여 산물, 즉 자신과 혈족에게 필요한 양과 국가 및 신관에게 납입할 양을 제하고 남은 농산물은 얼마든 다른 이에게 팔아 여타 필수품을 살 수 있었다. 이 매매는 규모가 작았을 가능성이 큰데, 인구의 압도적 대다수가 소유물을 거의 가지지 못했기 때문이다. 하지만 당시에도 소규모 상점들과 함께, '물건 사는 거리' 및 '성문(城門)의 물물교환처'가 있었다는 언급을 쉽게 찾아볼 수 있다. 그뿐만 아니라 제법 큰 규모를 이룬 상인 집단에 대해서도 기원전 2000년 무렵부터 그 이야기가 전해진다. 이들은 물품 생산을 위해 궁과 신전에 일부 의지할 수밖에 없는 처지였으나, 거래에서 막중한 역할을 담당한 것만은 분명하다. 무역 분야는(특히 외국과의 무역 분야는) 궁 및 신전 관리의 수중을 떠난 일로 간주되었다. 사실 이런 기반이 아닌 상태에서는 무역이 제대로 되었으리라 생각하기가 어렵다. 각처의 궁을 상대로 협상을 벌여 광범위한 교역망을 구축해 낸 것은 결국, 나중에 카룸(karum)으로 알려지는, 각양각색의 상인 협회였던 것이다. 이들이 수행한 무역은 모든 상품에 은으로 가치를 할당했다는 점이 주된 특징이었다.(간혹 구리를 쓰기도 했으나, 기원전 3000년 무렵 이후로는 그런 일이 매우 드물었다.) 따라서 계산의 표준, 교환의 매개체, 지급 수단의 역할을 한 것은 은이었다. 물론 다양한 상품의 실제 무역에서는 명목상 은의 가치만 이용되었지만 말이다. 따라서 당시에 은은 화폐의 모든 역할을 수행하는 한편, 매우 넓은 지역에서 교환의 매개체로 통했다. 은화 같은 것이 따로 존재하지는 않았으나, 은고리가 생산되어 일정한 가치가 매겨졌으며, 이를 좀 더 작은 단위로 쪼개 쓸 수도 있었다. 상인-무역업자는 이런 기제를 통해 기원전 3200년부터 뿔뿔이 흩어져 다양한 무역로를 따라 이동 생활을 했고, 거기서 구축해 낸 교역으로 초창기 메소포타미아 도시에 필요했던 생산품들을 조달해 주었다.

　기원전 2000년 무렵에 우르 제3왕조가 몰락한 이후, 수메르에서는 이렇다 할 부흥을 전혀 찾아볼 수 없었다. 아모리족이 몇십 년간 군림하고, 도시 이신과 라르사에서 몇몇 단명한 통치자가 나타났을 뿐이다. 기원전 1900년 무렵에 수메르는 바빌론이 장악하게 되는데, 사실 이전만 해도 바빌론은 수메르 북부에 자리한 별 볼 일 없는 도시였다. 하지만 이 이후로는 문명의 중심지 역할을 늘 북쪽 지역이 맡게 되고, 수메르에 세워졌던 도시들은 쇠락하거나 버려지는 신세가 되었다. 그렇다면 이런 쇠락을 일으킨 기저의 요인들은 무엇이었을까? 초창기의 수메르 도시들은 하나같이 관개 농경에 의존하고 있었지만, 메소포타미아는 사실 이상적인 관개 지대와는 거리가 멀었다. 이곳은 여름철이 매우 무더워 기온이 종종 40도까지 올라갔는데, 이 때문에 물이 증발해 표면에 소금층이 쌓일 확률이 높았다. 여기에 평지의 원활치 못한 배수와 쌍둥이 강을 타고 내려온 토사가 물길까지 막으면 상황은 더욱 악화되었다. 이런 여러 문제를 극복할 길은 단 하나, 땅을 오랜 기간 휴한지로 내버려 두는 것뿐이었다. 그러나 이는 수메르인에게는 불가능한 일이었다. 수메르는 인구 수준이 높았던 데다, 경쟁 도시들 사이에 (종종 땅의 이용권 분쟁과 맞물려) 끊임없이 권력 다툼이 일었으니, 이는 이용 가능한 땅은 단 1에이커도 남기지 말고 경작에 써야 한다는 뜻이었다. 수메르 사회의 토대를 서서히 약화한 핵심 요인, 그것은 바로 관개에서 비롯된 환경 기능의 저하에 있었다.

기원전 3500년 무렵, 즉 우루크 시대 중반 즈음에 문명을 향한 근본적 첫걸음이 수메르에서 시작되었을 때, 이 지역에는 밀과 보리가 대략 비슷한 양으로 자라고 있었다. 그런데 밀의 경우 토양 속 염도를 견뎌 내는 능력이 보리의 절반에 불과했다. 밀 생산량의 감소는 수메르의 토양 안에 염분이 증가했다는 표시였다. 기원전 2500년 무렵에 이르자 밀은 전체 작물의 불과 15퍼센트밖에 차지하지 못하게 되고, 기원전 1700년 무렵에는 밀 경작지를 수메르 어디서도 찾아볼 수 없게 되었다. 하지만 좀 더 중요했던 것은 작물 산출량의 감소였다. 기원전 2400년 무렵 전까지만 해도 이곳의 작물 산출량은 높은 편이었다.(최소한 중세 유럽의 산출량 정도는 되었다.) 이즈음에는 농지로 쓸 만한 땅은 모두 경작되고 있었는데, 토양의 염도가 증가하자 생산량이 떨어지자 일부 지역에 버려지는 농지가 생겨났다. 기원전 2400~2100년 사이에는 작물의 평균 산출량이 거의 절반까지 떨어졌다. 기원전 2000년에는 "흙의 색깔이 하얗게 변했다."라는 현황이 보고되니, 염류 축적의 영향이 명시적으로 드러난 언급이다. 농산물 생산량과 함께 비생산자 엘리트층을 부양할 잉여 식량이 감소하자, 수메르 사회 및 국가는 극적인 타격을 입었다. 생산량이 처음으로 심각하게 감소한 것은 기원전 2400년 무렵으로, 아카드의 사르곤이 수메르를 처음 침공한 시기와 대략 일치한다. 생산량 감소는 이후 몇 세기 동안 지속되었고, 그 사이 수메르는 잠시 부흥(우르 제3왕조)을 맞았을 뿐 이내 한층 심한 몰락(구트족 시대와 아모리족 시대)을 겪어야 했다. 기원전 1900년 무렵에 작물 산출량은 수메르 도시국가의 최초 번성기인 초기 왕조 시대(기원전 2900~2400년)에 비해 약 3분의 1로 떨어졌다. 농경의 기반이 한번 약해져 버리자, 복잡한 국가의 하부구조를 지탱해 낼 힘을 이 지역은 더는 갖지 못했다.

[이후의 메소포타미아 ☞ 7.1.1]

4.5 이집트

[이전의 이집트 ☞ 3.3.2]

4.5.1 통일

나일 계곡은 문명이 출현하는 과정이 메소포타미아보다 뒤늦었지만, 훨씬 집중적인 양상을 띠었다. 이곳은 농경이 비교적 늦게 도착해, 기원전 4000년 무렵에도 반(半)농경 공동체가 숱하게 자리 잡고 있었다. 100여 명의 이들 집단은 여전히 사냥과 낚시에 생계의 막대한 부분을 의존했다. 이들과 더불어 1000여 명 규모의 촌락들도 자리했는데, 지하 주거와 함께 중앙 집중식의 촌락용 곡물 창고가 갖춰져 있었다. 나일 계곡은 이후의 500년을 거치는 동안 인구가 불어나고 정착촌들도 확장해, 나일 계곡 내 자리한 비교적 좁다란 띠 모양의 경작지를 대부분 차지했다. 관개 작업은 모든 촌락에서 비교적 단순하게 이루어져, 마을 주민들은 강둑의 뜰에 밀과 보리를 기르는 한편,

소와 염소, 양, 돼지 같은 동물들을 키웠다. 여기에 배를 이용하게 되자, 나일강 연안의 촌락들 사이에서는 통신 및 교역량이 점차 증대되는 모습이 나타났다. 그뿐만 아니라 직인 전문화가 심화되고 '군장'(촌락 몇 개를 함께 다스렸던 지방의 통치자다.)이 등장한 표시도 처음으로 나타났다.

나일 계곡과 메소포타미아에 각기 등장한 문명은 여러 가지 점에서 차이를 보였다. 첫째, 나일 계곡에서는 매해 일어나는 범람 탓에 쓸 수 있는 농경지의 양에 제한이 있었고, 따라서 수메르에 비해 인구밀도가 훨씬 낮았다. 나일 계곡에서도 곳곳에 도시가 발달했으나, 메소포타미아 같은 대규모 거주 도시가 아닌 엘리트층을 위한 의례 중심지로서의 경향을 띠었다. 둘째, 나일 계곡은 매우 초창기부터 통일되어 있었기 때문에 메소포타미아에서 찾아볼 수 있는 것과 같은 별개 도시국가들은 출현하지 않았다. 이집트에서는 나일 계곡 일대를 통일해 내는 능력이 위대한 통치자 및 왕조의 특징으로 통했고, (역사후반부에 장기간 잦은 분열이 일어나기는 하지만) 이는 내내 이집트의 전통으로 남았다. 셋째, 나일 계곡은 지형이 협소한 데다 주변이 사막으로 둘러싸여 있었고, 그에 따라 이집트 학자들은 이집트가 자신만의 고유한 특성을 갖게 된 점을(즉 고립된 채 외세의 영향을 받지 않은 점을) 전통적으로 강조해 왔다. 하지만 나일강 유역의 계곡들은 사실 초기 단계부터 외부와 접촉하고 있었다. 그 범위는 나일강 상류의 남부 지역, 나일강 삼각주에서 시작해 시리아의 내지에 이르는 동부 지역, 삼각주 이남의 홍해에 이르는 지역을 아울렀다. 나중에 7장에서 살펴보겠지만, 이집트는 기원전 1500년 무렵부터 서남아시아를 지배하고자 필사적으로 노력한 제국 중 하나였다. 그러나 확실히 초창기에는 외부와의 접촉이 메소포타미아에 비해 그렇게 중요시되지 않았다. 메소포타미아의 경우 지형 경계가 뚜렷한 편이 아니어서 외세의 영향에 노출되기가 훨씬 쉬웠기 때문이다. 그러나 한 가지 근본적 면에서 최초의 문명이 출현한 이 두 지역은 거의 차이가 없었다. 바로 둘 모두 광범위한 사회적·정치적 강압, 즉 소규모 엘리트층이 인구 대다수를 착취하는 체제에 그 기반을 두고 있었다는 점이다.

이집트 국가는 기원전 3300년 무렵에 나일강의 범람 수위가 급격히 낮아진 것을 계기로 탄생할 수 있었고, 나일 계곡 연안의 모든 정착촌이 이러한 수위 변화에서 심대한 영향을 받았던 듯하다. 이로써 공동체 내부에 조직을 갖추어 흉작의 위기를 함께 극복할 필요성이 커졌고, 아울러 더는 물이 넘치지 않게 된 방대한 지역의 땅도 재분배해야 할 필요성이 커졌다. 이런 활동을 조직화한 것이 집단의 군장과 우두머리들이었고, 그 결과 이들에게 특권과 권력이 돌아갔다. 이런 공동체 활동으로 인해 사람들이 거둘 수 있던 즉각적 이익도 상당했지만, 근본적으로 중요했던 것은 장기적 차원의 결과였다. 기원전 3400년 무렵에 상이집트에는 주요 정착촌으로 히에라콘폴리스라는 곳이 있었는데, 당시에 인구가 약 1만 명에 달했다. 어느 시점에서 이 성읍은 근방의 주요 경쟁 세력이던 나가다와 자발적 병합 혹은 강제 점령을 통해 하나로 합쳐진다. 좀 더 큰 단위로 성장하자 히에라콘폴리스는 들쑥날쑥하던 식량 생산 문제를 한결 손쉽게 극복할 수 있었고, 자신의 세력을 뻗쳐 하이집트로 들어가는 무역로까지 장악할 수 있었다. 기원전 3200년 무렵의 시기(왕조 이전 시대의 말기)에는 나일 계곡 연안에서 세력이 미약한 군장과 우두머리들이 자기들끼리는 물론, 외부 집단들과 끊임없이 분쟁을 벌였다. 외부 집단과의 충돌은 리비아와 사하라 동부 땅이 점차 메말라 가자 나일 계곡으로 진입하려고 시도하는 이들이 다양하게 생기면서 빚어졌다. 나일강 삼각주는 동

나일 계곡: 이집트 문명의 주요 유적지

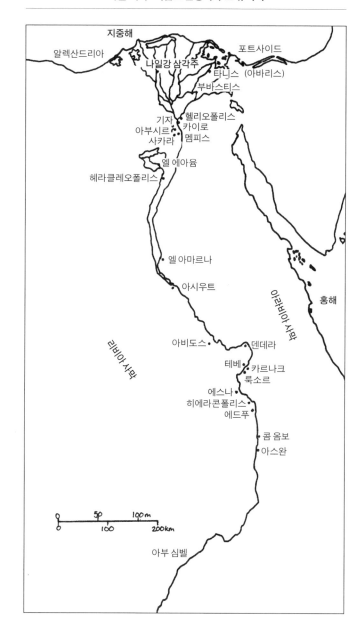

지중해

알렉산드리아

나일강 삼각주

포트사이드

타니스 (아바리스)

부바스티스

기자
아부시르
사카라

헬리오폴리스
카이로
멤피스

엘 에아윰

헤라클레오폴리스

엘 아마르나

아시우트

아라비아 사막

홍해

아비도스

덴데라

테베
카르나크
룩소르

에스나
히에라콘폴리스
에드푸

콤 옴보

아스완

리비아 사막

50   100m
100   200km

아부 심벨

쪽 및 서쪽의 영향에 훨씬 많이 노출되어 있었으나, 어떤 발전들이 있었는지는 명확하지 않다. 나일강물에 실려 온 엄청난 양의 토사와 끊임없이 물길을 바꾸는 강물 탓에 이들 초창기 유적지가 거의 대부분 땅에 묻혀 버렸기 때문이다. 미약한 통치자들 사이에 지속적으로 싸움이 벌어지자 군장과 전쟁 지휘자들이 좀 더 높은 권력과 지위를 얻는 결과가 나타났다. 좀 더 나중에 파라오가 권력의 상징으로 쓰게 되는 여러 예복 및 휘장(킬트식 치마, 타조 깃털, 음경 싸개, 적색 혹은 백색 왕관, 작대기와 홀)도 이미 이 시기에 다 쓰이고 있었다. 이 '왕조 이전' 시대의 통상적 이야기가 마무리되는 것은 기원전 3050년에 히에라콘폴리스의 통치자 나르메르(Narmer)가 이집트를 통일해, 왕들이 다스리는 제1왕조가 성립되면서였다.

이 시기에 이집트에서 정확히 무슨 일이 벌어졌는지는 이해하기가 매우 어렵다. 이는 무엇보다 기원전 3000년 이후의 2500년간에는 이집트 역사가 일련의 수많은 (총 스물여섯 개) 왕조로 구성되기 때문이다. 또한 그 사이사이에 낀 '중간기'에는 왕들이 이집트 전역을 다통치하지도 못했다. 이집트의 계보는 대체로 기원전 3세기에 그리스어를 쓴 이집트 학자 마네토(Manetho)를 통해 알려져 있다. 그의 저작 원본은 현재 유실되어 전하지 않으며, 다른 저자들이 자기들 책에 그 내용을 요약식으로 인용한 부분만 남아 있을 뿐이다. 일명 '토리노 파피루스(Turin King List)'를 비롯해, 비문 몇몇에도 이와 유사한 계보가 일부 보존된 것을 찾아볼 수 있다. 이 계보들은 기원전 1500년 이후에 '신왕국'에 등장했던 한 전승에 기반을 둔 것이 확실하다. 하지만 그 전승도 1500년 전에 일어났던 일들을 그렇게 많이 알았으리라고는 생각되지 않는다. 이 목록에는 왕들의 이름만 기재되어 있으나, 파라오가 세 개의 이름을 썼다는 사실이 널리 알려진 만큼 여기에도 모종의 혼란과 함께 일부 통치자의 이름이 중복으로 계산되었을 가능성이 있다. 제1왕조의 제1대 왕은 메네스(Menes)로 보는 것이 통례이나, 그의 정확한 역할은 알려져 있지 않으며 통치자 '나르메르'를 또 다른 이름으로 부른 것일 수 있다. 그 외에 '마네토' 전승과 일부 일치하지 않는 정보도 있다. '팔레르모 석'은 제5왕조(기원전 2400년 무렵) 때 새겨진 비문으로 제1, 2왕조 부분은 유실되고 없으나, 통설에 따른 '메네스'의 이집트 통일 이전 시대 왕들의 목록이 나와 있다. 그 내용에 따르면 메네스는 초창기의 통일국가가 한 번 무너졌던 것을 다시 탄생시킨 것으로 비쳐진다. 한편 (기원전 1200년 무렵으로 거슬러 올라가는) '사카라 석판'에는 이집트를 통치한 왕이 당대까지 빠짐없이 열거되어 있는데, 제1왕조의 가장 초창기에 재위한 왕 다섯 명의 이름만은 포함되어 있지 않다. 그리고 그 누락의 원인도 지금까지 밝혀지지 않고 있다.

이집트 통일은 통치자 단 한 사람이 단번에 빠른 정복을 이루어 달성된 일은 아닌 듯하다. 그보다는 상이집트의 정치 경쟁이 점차 격화되던 때에 서로 각축을 벌이던 소규모 국가 가운데 하나가 승리자로 부상했을 가능성이 있다. 그 후 이 나라가 밖으로 세를 뻗쳐 당시만 해도 강력한 수준의 정치조직이 미비하던 하이집트를 정복한 것이다. '메네스'는(그리고 '나르메르'는, 혹은 '나르메르'는) 그 과정 중에 출현한 통치자 중 하나에 불과했다. 그러나 이집트 두 지역(상이집트와 하이집트)의 통일은 모든 왕조에 무엇보다 중요한 사건으로 여겨졌다. 이를 상징하는 것이 파라오들의 이중 왕관(상이집트의 백색 왕관과 하이집트의 적색 왕관을 합친 것이다.)이었다. 더불어 파라오들은 '두 여인의 연인'이었으니, 두 여인이란 히에라콘폴리스 근방 네케브의 독수리 여신 네크베트, 그리고 나일강 삼각주 부토의 코브라 여신 우제트를 말한다. 이집트의 통일이 단순히 두 지역만의 병합이었는지, 아니면 그 외 다른 지역과 소국도 함께 병합된 사건이었는지는 현재로서는 알 수 없다. 그러나 확실한 것은 기원전 3050년 무렵의 이집트 통일은 훨씬 장기간에 걸쳐 일어난 발전의 일부에 불과했다는 사실이다. 통일이 되고 나서도 1000년 동안 이집트에는 크고 작은 지역 단위로 일련의 수많은 문화가 존재했으며, 신전의 상당수도 여전히 이런 옛 양식에 따라 지어졌다. 이 모든 것이 하나로 융합되어 이른바 '이집트' 문화 본연의 속성을 갖기까지는 상당한 시간이 걸렸다. 그 본연의 특성은 파라오의 궁에서 처음 생겨났으며, 통일을 전후해 급속도로 그 모습을 드러냈다. 정교한 사상, 형상, 의례가 신성한 존재인 파라오를 중심으로 만들어졌으며, 신성문자라는 무척 독특한 성격의 문자 체계가 갑자기 등장해 온전한 발달을 이루었다. 그러나 수 세기 동안에는 이런 식의 궁정 예술 및 문화는 그 범위가 매우 제한적이어서 단 몇 군데 건물에만 집중되어 나타났을 뿐이다.

4.5.2 초기 왕조들

초기 왕조 시대는 이집트의 제1, 2왕조(기원전 3050~2700년)로 구성된 일종의 전환기에 해당했다. 기원전 3200년 무렵 이후의 매우 급속한 발전을 거쳐, 이집트가 국가로서 주요 특징들을 구체적으로 갖추어 가기 시작한 것이 이때였다. 이 시기를 어떤 식이든 일관된 역사로 서술하기는 불가능하나, 최초의 통치자 네 명 이후로는 왕의 목록이 꽤 명확히 밝혀져 있다. 이 왕들은 이집트 전역을 통치했으며, 주변국 통치자와의 전쟁이 여전히 왕권을 신장시켜 주는 핵심이었다. 당시에 이집트의 수도는 나일강물이 물러간 땅 위에 메네스가 처음 창건했다고 하는 멤피스였다. 멤피스의 성장은 이후 꾸준히 이어졌는데, 나일강 지류 근방의 전략적 요충지에 자리하고 있어 삼각주 지대는 물론 이집트에 구리와 터키석을 공급해 주던 시나이반도 무역로까지 장악했기 때문이다. 이때까지도 왕들은 서거하면 상이집트의 아비도스에 자리한 거대한 능에 매장되었다. 비교적 초창기였는데도 이집트는 외부와의 접촉이 제법 활발했고, 그중 두 곳과의 교류가 특히 중요했다. 첫 번째는 나일강을 따라 누비아에 이르는 남쪽 지방으로, 이집트에 원자재와 노예를 공급해 주던 곳이었다. 하지만 좀 더 중요했던 곳은 시나이반도를 가로질러 시리아 내지로 통하는 무역로였다. 도중에 소규모 '중간역'이 마련되어 있던 이 무역로는 시나이 사막을 가로질러 남부 레반트의 주요 교역촌 및 '식민지'까지 이르게 되어 있었다. 그래서 레반트 남부는 이집트가 통일되자 그 여파를 거의 곧바로 실감할 수 있었다. 이집트는 레반트를 통해 메소포타미아와 갖가지 경로로 연결될 수 있었다. 이 길을 따라서 이동했던 것은 단지 물품만이 아니었다. 이집트에서 사용된 예술 모티프 일부는(특히 날개 달린 그리핀과 뱀 두 마리가 얽힌 형상의 장식은) 메소포타미아나 그보다 훨씬 동쪽의 엘람 지방에서 유래한 것이 확실하다.

기원전 2700년 무렵, 즉 제3왕조에서 제5왕조를 거치며 기원전 2200년 무렵까지 이어지는 이른바 '고왕국' 시대가 시작되었을 때쯤에는, 이미 강력하고 고도로 복잡한 통일국가가 이집트에 출현해 있었다. 하지만 안타깝게도 현재의 기록만을 가지고는 이집트의 역사를 매끄럽게 연결해 서술하기가 불가능하다. 그저 통치자들이 세워 놓은 무덤과 석주를 통해 끊임없이 이어지던 전쟁, 전쟁 포로, 그리고 시나이와 누비아에서 들고 온 전리품의 모습을 엿볼 수 있을 뿐이다. 의례용 건축물의 경우 멤피스 근처의 사카라에 '계단식 피라미드'가 지어지면서 양식상에 일대 전환이 찾아왔다. 이 피라미드는 제3왕조에서 제1, 2대 왕을 모두 역임한 조세르(Djoser)의 무덤으로써, 가로 약500야드, 세로 250야드의 넓은 부지에 자리 잡고 있었으며, 주위를 둘러싼 담장에 탑과 함께 단 하나뿐인 출입구가 나 있었다. 부지 안의 한 편에는 돌무덤이 늘어섰고, 피라미드 앞쪽으로는 기단이 마련되어 있었다. 세드(Sed) 축제 때가 열릴 때면 왕은 이 기단을 무대 삼아 아주 그럴싸한 모습으로 등장하곤 했다. 그는 상이집트와 하이집트의 왕좌에 앉았다가 다시 일어서서는 건물 터와 돌무덤 주위를 한 바퀴 천천히 맴돈 후, 이집트의 모든 땅과 그곳의 백성들을 다스릴 상징적 권리를 자신이 가졌음을 선포했다.

왕릉의 형식은 제4왕조에 들어서서 본격적으로 변화하게 된다. 이때는 피라미드도 온전히 제 모습을 갖추어, 세드 축제에 쓰이던 장방형 부지는 더는 딸려 있지 않았다. 당시에 피라미드는 파라오가 다스린 땅보다는, 주로 하늘의 태양을 비롯해 파라오가 태양 및 별들과 맺은 관계를 상징했다. 피라미드의 건축양식은 절정에 이르자 평균 2.4톤 이상의 돌덩이가 20만~30만 개나 사용된 대피라미드를 탄생시키기에 이른다.(돌덩이들은 더러 15톤까지 나갔으며, 1.5톤 이하짜리는 아예 찾아볼 수가 없었다.) 원래 이 대피라미드는 높이가 지상 480피트에 달할 정도였으나, 금으로 도금해 맨 꼭대기에 얹어 두었던 갓돌이 현재는 온데간데없이 사라진 상태다. 이집트의 이들 무덤 안쪽에는 하나같이 천문학적 형상들이 가득 들어차 있었는데, 주로 파라오가 별로(특히 밤하늘에서 지지 않아 '불멸'로 간주되곤 했던 주극성으로) 현신했다는 내용을 담고 있었다. 대피라미드라는 이 구조물이 (주로 피라미드의 비율과 관련해 모종의 수학적 원리가 숨어 있다는 식으로) 그간 세간에 수많은 억측을 불러일으켜 온 것은 사실이지만, 이 구조물 안에 뭔가 깊은 상징적 의미가 담겨 있는 것만큼은 분명하다. 피라미드의 기부는 넓이가 13에이커에, 네 귀퉁이가 정확하게 남북 및 동서 축과 정렬을 이룬다. 피라미드의 내부 계단을 따라 올라가게 되면 급격하게 경사진 대회랑이 나오는데, 이집트에서 500마일 이상 떨어진 아스완에서부터 매우 강도가 높은 화강암을 공수해 와 지은 것이다. 회랑은 총 길이는 153피트지만 폭은 단 7피트에 불과하고, 이에 비해 천장의 높이는 28미터나 된다. 남쪽 및 북쪽의 벽면에는 바닥에서 불과 몇 피트 올라간 위치에 두 개의 좁다란 통로가 뚫려 바깥까지 뻗어나간다. 그런데 그 방향이 하나는 불멸의 별인 '투반(Thuban: 북극성의 이집트식 명칭)'과 정렬을 이루고, 다른 하나는 오리온자리와 정렬을 이룬다. 따라서 대피라미드와 같은 구조물들은 천체 관측소였다기보다는, 신성한 파라오가 사후에 별로 현신했음을 상징한 건축물이라고 할 수 있다. 이들 건축물을 짓는 데는 오랜 시간에 걸쳐 어마어마한 노동력이 투입되어야 했다. 통치자, 사제, 관료 계급을 부양하기 위해 농민들에게서 잉여농산물을 거둬들인 데에서도 그랬지만, (그것이 대중의 지지를 얼마나 받았든 간에) 엘리트층의 이런 사업 계획에 이렇듯 대규모의 인력이 동원된 것만 봐도 초창기 국가의 힘이 얼마나 강력했는지를 알 수 있다.

이집트의 농부들과 국가가 나일강과 해마다 되풀이되는 그곳의 범람에 의지한 것은 생존하기 위해서는 어쩔 수 없는 일이었다. 기원전 2900년 이후로는 멤피스 이남의 이집트에 비가 거의 내리지 않았기 때문이다. 나일강에서는 강 옆의 자연 분지 옆으로 최대 3피트 높이의 둑이 자연스레 생겼는데, 1년에 한 번씩 이 둑을 넘어 범람이 일어났다. 상이집트에서는 8월 중순이 범람기였고, 북쪽에서는 이보다 몇 주 늦게 범람이 찾아왔다. 강물이 넘치면 보통 분지에는 4피트가량의 물이 고였고, 11월이 지나도록 침수 상태가 지속되었다.(범람이 원활치 못하면 일부 분지가 내내 건조 지대로 남아 있어야 했다.) 강물이 평균 수준으로 범람해 주면, 나일 계곡에서는 표면적의 3분의 2가량에서 1년에 한 차례 작물을 수확할 수 있었다. 이집트에서는 농사를 발달시키기 위해 대규모 관개시설을 만들거나, 강과 멀리 떨어진 지역에까지 대규모 방사상 운하를 건설할 필요가 없었다. 저차원의 기술 몇 가지를 개발하고 인근 지역을 정비하는 것만으로도 충분히 개선되었던 것이다. 그래도 필수적으로 몇 가지 작업은 해 주어야 했는데, 자연 범람이 일어나는 물줄기의 강바닥을 긁어내 하상을 낮추고, 자연 제방의 저지점이 잘 터지도록 고랑을 내고, 범람한 물을 막아 자연 분지에 담아 두고, 두레박으로 물을 퍼내 밭에 나르는 일 등이었다. 이집트에서는 이렇듯 간단한 체계만으로 자연 범람이 일어나는 평원 위쪽까지 경작지를 넓힐 수 있었고, 몇몇 지역에서는 하반기에 두 번째 작물까지 수확해 냈다. 이집트 세계에서는 모든 리듬이 해마다 되풀이되는 나일강의 범람 주기에 맞춰져 있었다. 그래서 달력에도 계절은 아크헤트(Akhet: 침수), 페레트(Peret: 생장), 셰무(Shemu: 가뭄) 셋뿐이었다. 수많은 다른 강에 비해서는 나일강이 훨씬 의지할 만했지만, 그런 만큼 범람이 너무 원활치 못할 때는(특히 그런 일이 두세 해 연거푸 겹칠 때는) 참담한 결과가 뒤따랐다. 광범위한 지역에서 기근이 발생했고, 가축들은 굶어 죽었으며, 사람들은 이듬해에 밭에 뿌리려고 모아 둔 종자를 식량으로 먹어야만 했다. 이 상황에서도 엘리트층은 계속해서 식량을 징발하지 않을 수 없었고, 그로 인한 압력은 불가피하게 사회적 동요와 정치적 위기를 불러왔다. 그리고 이집트 국가는 어떤 식이든 장기간의 위기를 극복하기에는 충분히 강하지 못했다.

이집트 역사의 상당 국면은 나일강물의 범람이 어떻게 변화했는지와 관련이 있다. 기원전 3200~2800년의 기간에는 강물이 유례없이 낮게 범람해 사회적 격변이 뒤따랐는데, 좀 더 대규모의 조직을 갖추어 이 문제를 해결해야만 했던 것이 이집트 국가를 출현시킨 중대 요인으로 작용했다. 또한 기원전 2700~2200년에 걸친 고왕국 시대의 번영과 안정은 나일강이 대체로 높이 범람하면서 물을 안정적으로 공급해 주었던 시기와 때마침 일치한다. 기원전 2180~1991년에는 고왕국이 붕괴하고 제1중간기가 찾아오는데, 이 시기는 참담하게 낮았던 당시 나일강의 범람 수준과 연관이 있는 것이 거의 확실하다. 제1중간기에 들어서자 초창기 파라오들과 관련 있던 왕실 건물이며 비문은 눈에 띄게 종적을 감추었고, 대신 당대에 부상한 소규모 지방 왕국 통치자들의 무덤이 정교한 형태로 도처에 자리하게 되었다. 당시 일어났을 법한 상황을 정리해 보면, 나일강의 범람이 매우 낮아지자 우선 경제적·사회적 소요가 발생함으로써 이집트 국가의 하부구조를 떠받칠 힘이 약해져 버렸다. 그러자 식량을 공급해 주고 인근 지역에서의 안전을 얼마간 보장해 줄 수 있는 지방 통치자들(아마도 이들은 고왕국의 지방 행정관 출신이었을 것이다.)이 새로 부상한 것이다. 이들 통치자들 사이에서 분쟁은 거의 끊이지 않고 계속될 수밖에 없었다. 이 시기를 한 줄로 개략하기에는 혼동이 있으나, 기원전 2180년 이후 약 20년 동안에는 대규모의 내전 및 사회적 소요가 이집트 내부에 발생한 것으로 보인다. 기원전 2160년에서 2040년 사이에는 멤피스 북쪽 약 60마일 지점을 중심으로 왕조가 하나 출현했지만, 이 왕조는 나일 계곡 일부를 통치하는 데 그쳤다. 기원전 2130년에는 상이집트의 테베에 왕조가 또 하나 출현했다. 그러다가 기원전 2040년에서 2000년 사이의 어느 시점에서 나일강의 범람이 회복되기 시작하자 ('두 땅을 합친 자'라는 뜻을 지닌) 스마토위라 불리는 통치자가 나타나 다시 통일된 이집트 왕국을 건설해 냈다.

[이후의 이집트 ☞ 7.1.2]

4.6 인더스 계곡

기원전 2300년 무렵에 인더스 계곡과 그 주변에 발달한 문명은 세계에서 세 번째로 꼽히는 문명이지만, 초창기 문명 그 어디보다도 알려진 것이 적다. 이곳 문자는 여전히 해독이 불가한 상태라 사회의 내부 구조와 문화가 어땠는지 거의 알 수 없을 뿐더러, 기원전 1750년 이후 너무 급속히 쇠락해 버렸기 때문에 당대에 달성한 위업이 후대의 사회나 국가에 거의 전달되지 못했다. 인더스 문명은 인류의 초창기 문명 중 제일 단명했으며, 번영의 절정기도 2300년 이후의 약 300년 간에 그쳤던 것으로 여겨진다.

인더스 계곡에서 농경이 행해진 최초 증거는 기원전 6000년 무렵으로 거슬러 올라간다. 이곳의 주요 작물은 밀과 보리였으며, 서남아시아의 가장 초창기 촌락에서 그 재배법이 유포된 것이 거의 확실하다. 이들 외에도 인더스 계곡에서는 완두콩, 렌틸콩, 대추야자 같은 작물도 자랐다. 핵심 작물은 목화였고, 이는 인도의 목화 재배가 세계 어디보다 빨랐음을 보여 주는 증거다. 인더스 계곡에서는 혹소, 물소, 돼지가 주요 가축에 속했고, 세 동물 모두 인근에서 동물 무리를 데려다가 키우기 시작한 것이 사육의 계기였던 것 같다. 양과 염소는 서남아시아에서는 핵심 가축이었지만, 이곳 인더스 계곡에서는 별 중요성을 갖지 못했다. 기원전 4000년 무렵부터는 인구가 증가함에 따라 진흙 벽돌을 쓴 제법 커다란 촌락들이 인더스 계곡에 즐비해졌고,

이 지역권의 문화도 점차 동질성을 띠기 시작했다. 이곳의 초창기 농부들에게 중대했던 문제는 히말라야산맥에서 시작되는 인더스의 강물이 6월과 9월 사이에 범람해 계곡의 넓은 지대를 침수시키는가 하면 곧잘 물길까지 바꾼다는 사실이었다. 기원전 3000년 무렵 이후로는 대규모 시설 공사를 벌여 넘친 강물을 가두었다가 둘레의 밭에 대주는 작업이 이루어졌다. 강물이 물러가고 난 뒤에는 밭에 밀과 보리를 심어 봄철에 거둬들였다. 이런 관개 및 치수 작업이 늘자 잉여 식량이 늘어났고, 이로써 기원전 2600년부터 인더스 계곡은 급속한 사회적·정치적 발전 국면에 접어들어 100년 만에(최대치로는 200년 만에) 고도로 복잡한 사회를 탄생시킬 수 있었다.

문명에 이르게 된 과정과 그 성격에 대해서는 거의 알려진 바가 없다. 통치자의 이름은 물론, 심지어 도시들의 이름조차 전혀 알려져 있지 않다. 다만 커다란 도시 두 개가 남쪽의 모헨조다로 유적지와 북쪽의 하라파 유적지에 자리해 있었던 것만은 분명하다. 이 두 곳도 전성기에는 인구가 3만~5만 명에 이르렀지만,(우루크와 비슷한 크기다.) 인더스 계곡 안에서 30만 제곱마일을 아우를 만큼 규모가 컸던 정착촌은 단 이 두 곳뿐이었다. 두 도시는 유사한 배치를 보였던 듯하다. 서쪽 측면의 일명 '요새' 언덕에는 주요 공공건물들이 자리해, 하나같이 남북을 축으로 배열되어 있었다. 동쪽에는 저지대 도시가 자리해, 주로 거주지로 활용되었다. 서쪽 요새는 벽돌담에 에워싸여 있었으며, 도시 전체를 둘러싼 성곽도 하나 있었을 것으로 보인다. 도로는 규칙적인 패턴을 따라 뻗어 있었고, 건물들은 일정한 크기의 벽돌로 지어져 있었다. 계곡 전체에서 일련의 공통 도량형이 사용되었고, 예술 및 종교 모티프도 상당한 통일성을 보였다. 이 같은 특성들은 모두 인더스 계곡 사회 내에 고도의 지배력이 행사되었음을 시사한다.

인더스 계곡 문명은 거미줄처럼 넓게 퍼진 교역망의 한가운데를 차지하고 있었다. 인도 중앙부는 황금의 산지였고, 이란에서는 은이, 라자스탄에서는 구리가 났다. 당시에 건설된 교역소와 식민지만도 여러 군데였다. 일부는 중앙아시아로 통하는 내륙의 전략적 요충지에 자리했으며, 그 외 일부는 힌두쿠시산맥의 목재처럼 핵심 자원을 확보하기 좋은 지역에 자리했다. 인더스 문명이 멀리까지 영향을

미쳤음은, 쇼르투가이에까지 교역 식민지를 둔 사실만 봐도 잘 알 수 있다. 당시에는 이곳이 유일한 청금석 산지였는데, 옥수스강에 있었으므로 인더스 계곡의 정착촌과는 아무리 가까워도 450마일 이상 떨어져 있었다. 인더스 계곡은 이보다 훨씬 북쪽인 코페트다그산맥의 최북단 및 카스피해 근방의 알틴 테페 유적지와도 연결되어 있었다. 알틴 데페는 7500명가량의 주민이 살던 성읍으로, 35피트의 두터운 성벽이 주변을 에워싸고 있었다. 마을 안에는 50기의 토기 가마와 함께 직인들의 대규모 거처가 마련되어 있었고, 이곳에서 정기적으로 인더스 계곡과의 교역이 이루어졌다. 아울러 일부 정착촌은 해상무역로를 장악해 캄베이만 맨 위쪽의 로탈 지방, 그리고 서쪽으로 마크란 연안을 따라 늘어선 일련의 요새에까지 세력을 미쳤다. 기원전 2600년 무렵부터 발달한 메소포타미아와의 무역에서는 이들 요새가 중요했는데, 메소포타미아의 배들이 페르시아만으로 내려온 후 이 마카란 연안을 따라 항해했기 때문이다. 메소포타미아인들은 당시의 인더스 계곡을 '멜루하(Meluhha)'라는 말로 불렀다. 인더스 계곡의 무역 수준은 여러 가지 사실을 통해 잘 드러나니, 바레인에서만 제작되던 특별한 인장이 인더스 계곡에서 발견되는가 하면, 인더스 계곡에서 메소포타미아 역관들의 소규모 식민지가 운영되기도 했고, 두 지역 상인들이 묵을 수 있게 특별 촌락도 마련되어 있었다.

인더스 계곡 문명은 기원전 1700년 무렵에 매우 급격한 종말을 맞았다. 몰락의 원인은 여러 가지로 복잡했다. 메소포타미아에서와 마찬가지로, 이곳도 고온에 배수가 느린 환경이라 농사에 부적합했는데, 거기에 관개를 하자 토양의 염류화 및 작물 산출량 감소가 나타났다. 여기다 매해 넘치는 인더스강물을 다스리는 것도 쉽지 않은 일이었다. 하지만 그보다 훨씬 중요성이 컸던 문제는, 메소포타미아가 진흙 벽돌을 햇볕에 말려 썼던 것과 달리, 인더스 계속에서는 아궁이에 나무를 때 벽돌을 말렸다는 것이었다. 수백 년도 지나지 않아 인더스 계곡은 삼림이 사라진 벌거벗은 땅이 되었다. 이 때문에 토양침식은 물론, 배수로 및 관개용 도랑의 토사 침적이 급격히 증가했을 것이다. 이 모든 요인이 작용해 내부의 힘이 약화되면서 당시에 출현해 있던 사회와 국가를 지탱하지 못하게 된 것 같다. 그 결과 외부 세력이 침략해 들어오니, 인더스 계곡 주변에 살던 유목 집단이었던 듯하다. 도시 생활과 '문명'은 이제 이 지역에서 자취를 감추었다. 메소포타미아와 이집트는 비슷한 문제들을 겪은 후 다시 일어설 수 있었지만, 인더스 계곡은 이후로 전혀 회복하지 못했다. 근 1000년이 흐른 후 인도에서 도시의 삶이 다시 발달했을 때 그 중심은 인더스강이 아닌 갠지스강과 주변의 남동부였다. 그리고 북부 인도에 다양한 국가와 제국이 출현한 동안에는 내내 이 지역이 핵심부로 기능했다.

[이후의 인도 ☞ 7.3.3]

4.7 기술

메소포타미아, 이집트, 인더스 계곡에 별개의 문명이 출현해 있던 그 기간에 이 세 곳은(나아가 주변부의 수많은 지역은) 당시에 일어난 여러 가지 발전의 영향을 함께 받곤 했다. 특히 기원전 3000년 무렵에 기술은 몇 단계의 근본적 진전을 이루는데, 메소포타미아에 좀 더 복잡한 사회 및 국가가 출현했던 그 시기와 정확히 일치한다. 이들 발달이 서로 연결되어 있었다는 데는 거의 의심의 여지가 없다.

가장 초창기의 발전은 도기 제작의 진보에서 일부 찾아볼 수 있다. 수천 년간 도기 생산 기법은 비교적 어설퍼, 고리 모양으로 진흙을 빚어 층층이 쌓은 뒤 불에 직접 굽는 식이었다. 그러다가 기원전 4000년 무렵에 온전한 형태의 도기 가마가 최초로 발명되었는데, 구멍 뚫린 바닥에 그릇을 올렸기 때문에 불이 직접 닿지 않았다. 제대로 된 다색 도기를 만들기 위해서는 가마가 꼭 필요했으며, 가마는 진흙으로 짓되 바깥 면을 석재나 진흙 벽돌로 한번 덮었다. 메소포타미아의 가마는 꼭대기에 통풍구가 뚫린 돔 형식이었고, 이집트의 가마는 그보다는 굴뚝에 가까운 형태였다. 그로부터 약 500년 뒤에는 최초로 도공용 돌림판이 발달해 나왔으나, 당시에는 회전반에 가까워 한 손으로 판을 돌리고 다른 한 손으로 그릇 모양을 잡아야 했다.(끊임없이 회전하는 형태의 돌림판은 기원전 700년에야 발명되었다.) 진흙 벽돌을 굽는 데는 가마와 비슷한 형태의 아궁이가 쓰이기도 했다. 메소포타미아에서는 건물의 가장 중추를 이루는 벽돌에만 이 기법을 썼던 반면, 이미 살펴보았듯 인더스 계곡에서는 진흙 벽돌을 불에 구워 광범위한 용도에 활용했다.(이집트에서는 한결같이, 심지어는 왕궁에조차 햇볕에 말린 벽돌을 썼다.) 직물 제조용 베틀은 기원전 3500년 무렵부터 이집트와 메소포타미아 모두에서 사용되고 있었다. 하지만 당시의 베틀은 그 크기가 바닥 붙박이식의 소형 업라이트 피아노 정도에 불과했으며, 양 기둥 사이로 늘어진 날실을 추들이 매달려 위치를 고정해 주는 식이었다.

농경 기술에도 서서히 변화가 찾아왔다. 메소포타미아가 우바이드 초창기에 진흙 낫을 사용한 것은 제작이 용이한 데다 주변에 원료가 풍부했기 때문이었다. 하지만 기원전 3000년 직후로는 진흙 낫 대신 부싯돌 낫, 즉 목재 손잡이에 부싯돌 날을 박아 역청으로 단단히 고정한 형태가 이용되었다.(메소포타미아에서는 역청이 지하 석유층에서 늘 배어 나왔기 때문에 구하기가 쉬웠다.) 애초에 쟁기는 끝이 갈라진 작대기로 토양 표면을 긁어내는 정도로 쓰였으나, 이즈음에는 목재로 쟁기를 만들어 인력으로 끌기 시작했다.(동물 대신에 사람이 직접 쟁기를 끄는 모습은 세계 여러 지역에서 수천 년 동안 목격할 수 있던 광경이었다.) 쟁기가 본격적으로 발달한 것은 여러 가지 기법으로 동물의 힘을 이용하게 된 뒤의 일이었다. 이집트에서는 뿔을 가지고 소를 부린 모습이 가장 초창기의 이집트 회화에 나타난다. 메소포타미아에서 이용된 동물은 (당나귀의 일종인) 아시아당나귀였다. 당시의 아시아당나귀는 목사리가 달린 멍에를 쓰고 일했으며, 그 때문에 안타깝게도 사람이 끌 때마다 숨통이 조이는 고통을 견뎌야 했다. 기원전 3000년 무렵에는 메소포타미아가 대폭 수정된 모습의 쟁기를 만들어 냈다. 애초에 한곳만 뾰족했던 이 목재 농기구는 이제 가랫날과 쟁기 바닥의 두 부분으로 구성되어, 전자는 흙을 파내고 후자는 흙을 옆으로 밀어내 고랑이 더 깊고 넓게 파이게 했다. 가축 두 마리가 함께 끌어야 할 정도로 무거웠던 일부 쟁기에는 파종용 깔때기도 붙어 있었다. 이들 쟁기는 모두 경토(輕土)에서만 제구실을 할 수 있었지만, 이랑 모양을 잘 잡아 주었기 때문에 파종과 잡초 제거가 한결 수월했고, 그 덕분에 확실히 생산성이 증대되는 효과가 있었다.

동물의 힘을 농사에 끌어 쓰게 되자 세계 처음으로 인위적인 육상 교통수단이 만들어질 수 있었다. 메소포타미아에서는 일찍부터 동물에게 썰매를 끌게 했으나, 본격적으로 이륜 및 사륜 수레가 사용되기 시작한 것은 기원전 3500년 무렵부터였다. 하지만 이때까지도 수레는 매우 조잡하고 비효율적인 상태를 면치 못했으며, 바퀴도 목재를 세 조각 이어 붙인 뒤에 둥글게 깎은 통바퀴 형태였다. 이런 바퀴는 울퉁불퉁한 흙먼지 길에서는 툭하면 망가졌을 것이 틀림없으므로, 도시를 벗어난 데서는 거의 쓸모가 없었을 것이다. 인더스 계곡에도 수레는 알려져 있었으나, 좀 더 장거리 여정에는 길들인 소를 이용하는 경향이 있었다. 이집트에서는 바퀴 달린 운송 수단이 흔치 않았다. 나일강물을 이용하면 각종 물건들을(심지어는 큰 건축물에 들어가는 무거운 돌덩이조차도) 비교적 수월하게 옮길 수 있었기 때문이다. 육상에서는 썰매에 물건을 실은 뒤 파피루스 줄기로 꼰 밧줄을 묶어 인력으로 끄는 것이 통상적이었다. 피라미드를 건축할 때는 엄청난 크기의 비탈면부터 만든 뒤 일꾼들이 대규모로 조를 이루어 썰매에 돌을 실은 후 비탈면을 따라 끌어올렸다. 가장 초창기의 선박에 대해서는 거의 알려진 바가 없다. 다만 기원전 1만 년 무렵에는 지중해에서도 배가 이용되었던 것이 틀림없는데,(세계의 다른 지역에 비하면 늦은 편이었다.) 멜로스섬에서 난 흑요석이 대륙의 여러 지역에서 두루 사용된 흔적이 엿보이기 때문이다. 기원전 3000년 이전에도 배들은 메소포타미아를 출발해 페르시아만으로 내려와 오만까지 항해했고, 몇 세기 후에는 인더스 계곡까지 오갈 수 있게 되었다. 이집트 최초의 목재 선박은 초기의 파피루스 배를 본 따 만든 것이었다. 이들 배에는 용골과 늑재 같은 것이 없었기 때문에,(따라서 짐칸도 없었다.) 모든 것을 노잡이의 걸상이 놓이는 갑판 위에 실은 채 항해해야 했다.

기원전 3000년 무렵의 가장 중요한 기술 발전의 일부는 철을 사용한 데 있었으니, 이로써 석기에 의존하던 인류의 오랜 삶의 방식도 끝을 맺었다. 인류가 처음 철을 접한 것은 광석에서 안료를 추출해 쓰면서였던 듯하다. 황색 및 적색 오커,(둘 모두 철광석에 해당한다.) 공작석(녹색), 구리 광석에 해당하는 남동석(파랑) 등이 그런 안료를 뽑아 쓸 수 있는 광석이었다. 이들 안료는 정착 사회가 출현하기 훨씬 전부터 신체 장식 및 의례 목적으로 수천 년 동안 사용되고 있었다. 구리는 광상(鑛床)에서 금속 형태로 채굴되지만, 망치질로 여러 형태를 잡을 수 있는가 하면, 그대로 두들겨 박편을 만들 수도 있고, 심지어는 반지와 소형 장식품을 제작하는 데 쓰이기도 했다. 구리는 이런 소형 장식품(구리가 매우 소량만 채굴되었기 때문에 그 크기에는 제한이 있었다.)이 수천 년간 만들어진 이후에야 처음으로 제련될 수 있었다. 그 중대한 발전이 정확히 어디서 어떻게 일어났는지는 알려져 있지 않다. 아마도 최초의 구리 광석 제련은 파이앙스(인조 청금석)를 제작하는 과정 중 일어났을 듯한데, 이 푸른색 유리를 만들려면 도가니에 돌과 구리를 넣고 고온에서 가열해야 했기 때문이다. 메소포타미아에서는 구리 광산을 전혀 찾아볼 수 없으므로, 메소포타미아에서 구리가 최초로 제련되었을 가능성은 매우 낮다. 가장 가능성 높은 곳은 아나톨리아와 이란고원이며, 그 시기도 기원전 6000~5000년 무렵으로 꽤 일렀을 것으로 보인다. 또한 도기 가마가 있었어도 제련 기법을 발견하는 데는 별 도움이 되지 않았을 것이므로, 구리는 도기 가마가 발달하기 훨씬 전부터 이미 제련되었을 것으로 보인다. 사실 구리 제련에는 딱히 장비가 필요한 것이 아니었다. 제련의 원리를 알고 이해하는 것이 핵심이었다. 아마도 당시에는 구리 광석을 연료(숯이나 아주 메마른 상태의 목재)와 섞어 백열의 온도가 유지되는 얕은 구덩이에 약 하루 동안 놔두었던 것 같다. 이 혼합물이 식으면 맨 밑바닥에 구리가 남아 있었을 텐데, 유리질의 광재(鑛滓)를 잘게 부수어 걷어 내는 작업을 해야만 최종적으로 구리를 얻을 수 있었다. 그런 다음에는 구리에 망치질을 하거나, 그것을 재가열해 거푸집(진흙 벽돌의 제작에 이미 사용되고 있었다.)에 부었다. 거푸집은 합범(合范: 한 쌍의 틀에 물건의 앞뒷면을 새긴 뒤 둘을 합치는 형태다. — 옮긴이) 아니면 단범(單范: 돌덩이 하나에 물건의 전체 형태를 파서 새긴 뒤 쇳물을 붓는 형태다. — 옮긴이)이었는데, 훨씬 정교하게 모양을 잡을 수 있었던 단범은 기원전 3300년 무렵에 발명되었다.

이런 기법을 활용한 철제 생산은 소수 직인만이 도맡아 했다. 처음에는 구슬, 핀, 갈고리 등 소형 제품을 위주로 제작했다. 그 원인은 여러 가지였으나, 구리 사용에 제한이 있던 것이 한 가지 이유였다. 구리는 날을 날카롭게 벼리기가 여간 어렵지 않았고, 따라서 군사 무기나 농기구로 사용되는 일이 거의 없었다. 기원전 2000년 무렵에는 메소포타미아에서 구리 낫이 제법 광범위하게 사용되기도 했으나, 기존의 부싯돌 낫에 비해 나을 것이 거의 없었다. 게다가 구리 광석은 이때까지도 수급이 비교적 달리는 상태였다. 그래서 이미 만들어진 물품을 다시 녹여 그 광물을 재활용할 때도 많았다. 그러나 제련 기법이 지속적으로 발전하고, 구리를 제련하는 과정에서 비소 광석을 얻게 되자 전에 비해 훨씬 나은 물품들이 만들어질 수 있었다. 기원전 3000년 무렵에 발전 속도는 매우 급격한 증가세를 보여, 불과 100년 만에 납, 은, 주석, 금이 모두 사용되는 단계에 이르렀다. 사실 기원전 3000년까지만 해도 금은 거의 사용되지 않았는데, 기원전 2600년에는 신전 및 궁의 작업장에서 일하는 메소포타미아 직인들이 정치계와 종교계의 엘리트층을 위해 대단히 정교한 금 제품들을 만들어 낼 정도였다.

기원전 3000년 무렵의 가장 중요한 발전은 구리를 제련하는 과정 중에 일어난 발견이었으니, 구리를 제련하는 과정에서 소량의 주석을 첨가하자 금속의 용융점이 낮아져 녹인 쇠붙이로 주물 뜨기가 한결 쉬워졌을 뿐 아니라, 훨씬 고강도를 지닌 최종 산물, 즉 청동이 만들어졌던 것이다. 이 과정을 처음 발견한 곳이 정확히 어디인지는 알려져 있지는 않으나, 이번에도 가장 가능성 높은 후보지는 아나톨리아(오랜 기간 청동의 주요 생산지 역할을 꾸준히 해 온 곳이다.)와 이란이다. 하지만 우리를 더 궁금하게 하는 대목은 따로 있다. 원래 주석이라는 광물은 구리 근방에서는 나지 않으며, 오로지 화강암 지대와만 연관을 보인다. 서남아시아에는 대량의 주석 매장지가 하나도 없는 만큼, 아마도 아프가니스탄이 주석 공급지 역할을 했을 가능성이 가장 크다.(그 외의 주석 공급지 후보는 북부 포르투갈, 브르타뉴, 콘월뿐이며, 그나마 콘월은 훨씬 나중에 가서야 주석이 광범위하게 사용되었다.) 따라서 청동 생산은 매우 긴 거리에 걸친 교역망을 얼마나 잘 유지하느냐가 관건이었다. 청동을 채택하는 과정이 기원전 3000년 이후로 1000년이나 걸려 비교적 서서히 진행된 까닭도 여기에 있는 것이 분명하다. 그럼에도 메소포타미아에서는 고품질의 청동이 만들어져 나왔다. 이곳의 청동은 주석 함유량이 8~10퍼센트 정도로 꽤 일정해 단단하면서도 잘 부러지지 않았을 뿐 아니라, 납을 첨가해 점성을 훨씬 높인 까닭에 당시에 새로 만들어진 4단짜리 합범에도 붓기가 쉬웠다. 이집트의 경우 기원전 2000년 무렵 전에는 청동을 거의 이용하지 않았으나, 구리는(특히 좀 더 강도가 높은 비소 구리는) 광범위하게 사용되었다.

기원전 2000년 무렵의 주요한 기술 발전으로는 양가죽 풀무를 발명해 불의 온도를 더욱 높일 수 있던 것을 든다.(그전에는 고작 불대(blowpipe)만 이용하는 수준이었다.) 이로써 금속이 훨씬 다량으로 생산될 수 있었을 뿐 아니라, 좀 더 흔한 광물인 구리 황화물을 일차로 불에 구워 활용할 수 있게 되었다. 주석을 첨가할 때도 구리 금속에 주석 원광(原鑛)을 넣는 대신, 주석을 금속으로 환원한 뒤 두 금속을 한데 섞어 열을 가하는 방식을 썼다. 이것이 시간은 훨씬 오래 걸렸지만 훨씬 효율적인 방식이었고, 주석 비율을 다양하게 조절함으로써 갖가지 용도의 다양한 청동 제품을 만들어 낼 수 있었다. 진정한 의미의

'청동 시대'는 이런 식의 여러 가지 발명 및 수정과 함께 발달한 것이었다. 이와 대략 동일한 시기에 유리도 처음 제조가 되었는데, 파이앙스를 제작하는 과정에서 우연히 만들어진 것임이 거의 확실하다. 더불어 납을 첨가하면서,(냉각 과정에서 유리가 수축되는 것을 막아 준다.) 벽돌, 타일, 그릇 같은 토기류 표면에 광택을 입히는 일이 가능해졌다. 그러나 이후 수천 년 동안 유리 사용은 매우 제한적 수준에만 머물렀다.

가장 초창기에는 매우 원시적인 채굴 기법에 의지해 금속을 생산했다. 광산은 비좁은 데다 유해하기까지 했으므로 보통은 노예들이 들어가 일했다. 당시에는 환기용 갱도는 물론, 지하수면 아래에서 작업할 때 필요한 펌프(갱도에 물이 고일 경우 퍼내는 용도다. — 옮긴이)도 전혀 갖춰져 있지 않았다. 채굴이라고 해 보아야 광맥을 찾고 그것을 따라 무작정 땅을 파나가는 것이 전부였다. 그러다가 쓸 만한 것이 나오면 불을 놓거나 석기로 주변의 흙을 조금씩 쪼아 광석을 캐냈다. 철기의 도입으로 작업이 얼마간 수월해질 수는 있었으나, 근본적 면에서 달라진 점은 전혀 없었다.

[이후의 기술 ☞ 8.1]

4.8 글

글의 진화는 문명 발달에 무엇보다 중요한 요소였다. 물론 잉카처럼 글 없이 잘 지탱해 나간 문명도 몇몇 있었지만, 대부분의 초창기 문명에서는 국가 기능을 유지하는 데 글이 근본적이었다. 원래 글은 언어를 그대로 표현하기보다, 필요한 정보를 저장하고 전달하는 데 그 목적이 있었다. 그래서 애초의 글은 무역 및 행정과 관련된 내용이

주를 이루었다. 문학은 상당한 시간이 흐른 뒤에야 발전했으며, 세대에서 세대를 통해 쉽게 구전되었다. 글의 발달이 문명을 탄생시킨 '원인'은 아니었다. 글은 좀 더 복잡해진 사회의 엘리트층이 그들의 필요에 따라 발달시킨 것이었고, 그 후로는 권력 및 지배력의 증대 추세가 글에 의해 점차 강화되었다. 불과 수백 년 전만 해도 문자 해독은 극히 일부 계층만 가질 수 있던 능력이었고, 글도 일부러 복잡하게 써서 아무나 지식을 접할 수 없게 할 때가 많았다. 글이야말로 국가의 권력과 능력에서, 그리고 엘리트층이 대다수 사람을 지배하고 착취하는 것에서 핵심이었기 때문이다. 오로지 그들만이 지식을 접할 수 있었고, 오로지 그들만이 특정한 결정을 내려 사회의 활동을 조정할 수 있었다. 또한 글은 엘리트층 사이에 강력한 기제로 작용해, 그들끼리의 연대 의식을 형성시키고 그들의 가치 체계를 서로 간에 전파시키는 역할을 했다. 바로 이러한 것들을 우리는 지금껏 문화 그리고 문명이라는 말로 불러오고 있는 것이다.

모든 문자는 기능 면에서는 동일하지만, 저마다 다른 사회에 자리하면서 나름의 뚜렷한 차이를 보여 왔다. 최근까지만 해도 사람들은 문자가 일련의 단계를 거쳐 어떤 정점에(이를테면 '서양 문명'에서 사용되는 알파벳 체계에) 이르는 식으로 진화했다고 보았다. 그러나 현재의 통설에서는 어떤 문자 체계가 오를 수 있고 또 올라야만 하는 '사다리'가 있다고 보지 않으며, 알파벳 체계로 발전하지 못했다고 해서 '실패'로 보지도 않는다. 어떤 문자가 다른 문자에 비해 본래적으로 '나은' 법이란 없으며, 각 문자에는 나름의 장단점이 몇 가지씩 있기 마련이다. 글자 형성의 제1단계는 그림문자로, 이를테면 발 모양 그림이 발이라는 말로 사용되는 식이다. 이런 그림문자는 쉽게 표의문자로 전환되며, 표의문자에서는 발 모양이 '서다' 혹은 '걷다'의 뜻을 함께 가질 수 있다. 이 두 종류의 의미 표시가 하나로 결합된 문자도 있는데, 한자가 그 실례에 해당한다. 이런 유의 문자 체계는 뜻을 나타내는 데 많은 수의 기호가 필요하다는 것이 단점이다. 중국 한자의 경우 글자 수만 약 7만 개에 이른다. 물론 대부분 글자는 여간해서는 잘 쓰이지 않으며, 중국어를 그럭저럭 구사하는 데도 최소 3000자만 알면 충분하다. 이런 문자 체계의 장점은 꼭 해당 지역의 말을 알지 못하더라도 뜻은 알 수 있다는 것이다. 소 그림이 프랑스에서는 '바쉬(vache)'로, 영국에서는 '카우(cow)'로 읽히는 것과 같은 이치다. 표의문자에서 한 발 더 나아간 것이 음절문자로, 이 문자 체계에서는 기호와 소리가 일치한다. 대부분 언어는 이런 식의 표시 80~100개만으로도 충분히 표현할 수 있다. 여기서 기호의 수를 더 줄인 것이 알파벳 체계로써, 대부분의 알파벳 체계는 스무 개에서 서른 개가량의 기호로 구성된다.(알파벳의 진화에 대해서는 8장에서 고찰하기로 한다.)

세계사에서 다양한 유형의 문자가 진화하고 채택되는 과정은 결코 단순하지 않았다. 그중에서도 한 사회가 다른 사회의 문자를 변용해 쓴 경우는 많이 찾아볼 수 있다. 바빌로니아에서 (기원전 2000년 직후에) 쐐기문자를 이용한 것이 최초의 실례이나, 쐐기문자는 원래 교착어인 수메르어를 표현하려는 것이었기 때문에,(이에 대해서는 나중에 살펴보기로 한다.) 바빌론에서 사용되던 셈계 언어에는 이상적인 표현 수단이 아니었다. 하지만 이런 변용 중에서도 가장 눈에 띄는 사례는, 자국 언어와 전혀 맞지 않는데도 일본이 한자를 채택해 쓴 것이다. 그 결과 오늘날 일본 어린이들은 독해 및 작문을 배우는 데 유럽 및 미국의 어린이보다 평균 2년은 더 걸린다. 물론 이러한 여건 속에서도 일본에는 고도의 경쟁력을 갖춘 현대적인 경제 체계가 들어설 수 있었다. 당대의 지배적 정치 세력이 특정 문자의 채택을 강요하는 일도 있는데, 과거에 러시아인들이 중앙아시아에 키릴 문자(비잔티움 정교회 수도사들이 인위적으로 만들어 낸 글자 체계다.)를 강제한 것이 그렇다.

그간 문자의 사용법은 여러 가지가 있었으며, 이와 관련해서도 어떤 방식이 다른 방식에 비해 본래부터 '나을' 수는 없다. 오늘날 '서양'식 알파벳 체계에서는 왼쪽에서 오른쪽, 그리고 해당 면의 위에서 아래로 글자를 배열하게 되어 있다. 모든 셈계 문자는 방향은 반대지만 면의 위에서 아래로 행을 배열하는 방식은 똑같다. 그러나 셈계 문자의 글들은 서양식으로 따지면 '뒤에서 앞으로' 넘기도록 책이 묶여 있다. 한자는(따라서 일본 문자도) 위에서 아래로 가는 세로쓰기 형식을 취하고 있으며, 역시 뒤에서 앞으로 넘기게끔 책이 엮여 있다. 메소아메리카의 마야 문자는 세로쓰기 2단 형식을 취하고 있다. 이집트 신성문자 같은 대부분의 그림문자는 글자들이 행의 맨 앞을 '바라보는' 모습인 반면, 알파벳 체계에서는 기호들이 행의 맨 끝을 '바라보고' 있다. 초창기의 그리스 글은 좌우 교대 서법을 택하기도 해서, 행마다 번갈아 왼쪽에서 오른쪽으로, 오른쪽에서 왼쪽으로 글자 배열이 바뀌었으며, 그에 따라 글씨의 방향도 함께 바뀌었다. 단어와 문장을 단위로 글을 나누는 방식은 사실 매우 서서히 발달한 것이다. 이집트어, 쐐기문자, 산스크리트어는 단어와 문장으로 글을 나누지 않으며, 중세 유럽의 종교 필사본도 초기에는 그 방식을 따르지 않는 것이 통례였다. 역사상 처음으로 단어와 문장으로 글을 나눈 것은 수단의 메로에 문자와 키프로스 문자였으며, 두 문자 모두 글을 나눌 때는 띄어쓰기보다 점과 사선을 이용했다.

역사상 최초의 문자는 메소포타미아에서 발달했다. 우선 글의 전(前)단계라고 할 유물이 우바이드기(기원전 5500~4000년) 유적지에서 둘 발견되는데, 하나는 인장이고 다른 하나는 속이 파인 진흙 구체다. 진흙 구체는 표면이 온통 인장으로 찍혀 있고 안의 빈 공간에는 진흙 알맹이들이 들어 있다. 인장의 경우 소유권 표시에 이용되었을 것으로 짐작되나, 진흙 구체는 현재 그 기능이 무엇인지 알려지지 않았다. 최초의 명실상부한 글은 일련의 토판에서 찾아볼 수 있는데, 기원전 3200년 무렵에 지어진 우루크의 에안나 신전 단지에서 발견되었다. 그 내용을 통해 당시에 이미 복잡하고 위계 잡힌 사회가 존재했고, 그곳의 행정상 필요에 의해 글이 발달했음을 알 수 있다. 토판 내용의 85퍼센트 정도는 신전 운영과 관련된 경제 기록으로, 물품의 이동 및 배급 그리고 그와 유사한 기능들을 다루고 있다. 그 나머지는 위계 서열에 따라 직분을 나열한 내용으로, 맨 처음에 '왕', 즉 '지도자'가 등장하고, '법', '도시', '군대', '쟁기', '보리'를 책임지는 다양한 관리들이 열다섯 개의 표시로 나열되며, 뒤이어 갖가지의 종교 직책 표시가 등장한 후, 대장장이, 은세공사, 양치기, 전령과 같은 수많은 직업이 열거된다.

에안나 토판에는 이런 표시가 총 2000개가량 들어 있으며, 대부분이 그림문자의 형태를 하고 있다. 이들 표시를 축축한 토판 위에 새기기는 그리 어렵지 않았지만, 몇 가지 단점도 뒤따랐다. 우선 토판 자체가 꽤 육중했고,(일부는 무게가 12파운드 이상 나갔다.) 토판이 한번 굳어진 뒤에는 내용의 수정 혹은 첨가가 불가능했다. 쐐기형 철필 및 토판을 이용한 이러한 글쓰기에 몇 가지 제약이 따르자 문자 자체가 발전하기 시작했다. 쐐기문자에 진화가 일어나 글자들이 그림문자의 성격을 벗고 좀 더 추상적이 된 것이다. 기원전 2000년 무렵에는 기호의 개수도 약 1000자까지 줄어들었다. 물론 이 중에서도 상용되던 글자는 일부에 불과했다. 애초의 세로쓰기 형식도 왼쪽에서 오른쪽의 가로쓰기로 바뀌었고, 글자도 예전 방식에서 90도 돌려쓰게 되었다.

그림문자		'고전기' 수메르 문자기원전 2400년 무렵		고대 바빌로니아 기원전 1700년 무렵	그림	의미
우루크직립 문자	기원전 3000년 무렵	선형 문자	쐐기 문자			
					목과 머리	머리 전면
					목과 머리 + 수염과 치아	입, 코, 치아, 목소리, 말하다, 단어
					천으로 감싼 몸(?)	인간
					앉아 있는 새	새
					황소의 머리	소
					별	하늘, 천신, 신(神)
					물줄기	물, 씨앗, 아버지, 아들

처음에는 글자에 거의 반영되지 않던 수메르어 발음도 차차 글자와 통합되는 양상을 띠었다. 예를 들어 '주다'라는 뜻의 수메르어는 숨 (sum)으로 발음되는데, 이 말에는 그림문자가 따로 없었다. 그래서 필경사들은 마늘 역시 숨으로 발음되던 점에 착안해 '주다'라는 말에 마늘의 그림문자를 썼다.(이 둘의 발음은 실제상으로는 약간 차이가 있었던

것으로 보인다.) 이후 아카드의 사르곤이 수메르를 정복하면서 아카드어 사용이 늘어남과 동시에 수메르어는 점차 퇴조했고, 이로써 아카드어에 맞게 쐐기문자의 변용이 이루어졌다. 이 변용에는 총 세 종류의 기호가 이용되었다. 해당 말의 음절을 표현해 주는 음절 기호, 단어나 뜻을 표현하는 표의 기호, 그리고 읽는 이에게 앞으로 이어질 말의 종류를 알려 주는 한정사가 그것이었다. 하지만 이러한 체제마저 복잡해지기 일쑤였는데 일부 기호가 때에 따라 세 가지 기능 모두를 가지면서 오히려 혼란을 가중시키기도 했다. 애초에 사용될 때만 해도 비교적 단순했던 수메르의 그림문자는, 불과 1000년도 지나지 않아 종전과는 전혀 다른 언어를 표현해 낼 만큼 고도로 복잡한 문자로 진화해 있었다.

쐐기문자가 진화하자 그것을 사용하는 지역도 좀 더 넓어졌다. 기원전 2900년 무렵에는 우르에서 토지의 상세한 구매 내역과 함께 일련의 글을 새겨 넣는 데 쐐기문자가 이용되었다. 그 후 300년도 채 지나지 않아 왕가의 비문 및 종교적인 글에도 쐐기문자가 사용되었고, 기원전 2500년 무렵에는 노예 매매, 대부 계약, 사업 기록에까지 쐐기문자가 이용되었다. 그로부터 300년 뒤에는 최초의 원시적인 '법전'이 편찬되었다. 애초에 메소포타미아에서 이용되기 시작한 글도 차차 이란의 엘람까지 퍼져 나갔으며, 시리아의 에블라에는 좀 더 직접적으로 글이 전해졌다. 1975~1977년에 이탈리아의 한 탐사팀이 에블라 왕궁의 기록소를 발견해 그 유적을 살펴본 결과, 그곳에 들어 있던 토판 1만 5000점이 모두 메소포타미아에서 차용한 쐐기문자로 쓰여 있었던 것이다. 이 토판들의 연대는 기원전 2500~2300년 무렵이며, 여기 적힌 언어는 셈족 계열임이 확실하다. 에브라에서 구체적으로 어떤 언어가 쓰였는지는 밝혀지지 않았으나, 아카드어가 아니었던 것만은 분명하다. 이 언어에는 잠정적으로 에블라어(Eblaite)라는 명칭이 붙여졌다.

메소포타미아의 글 발달이 이집트의 역사에까지 영향을 미쳤는지는 분명하지 않다. 그러나 확실한 것은 이집트에서는 글이 국가 형성의 매우 후반부에 등장했으며, 메소포타미아와 달리 글의 전(前)단계 형태도 거의 찾아볼 수 없다는 점이다. 이집트의 글은 두 종류로 나뉘어 발달했다. 즉 기념물에 사용되는 문자(신성문자(hieroglyphic))와 일상 업무 처리에 적합한 문자(신관문자(hieratic))가 따로 있었다. 짤막한 형태의 최초 신성문자는 이집트가 통일되고 제1왕조로 전환되는 시기에 발견되는데, 형태상 그림문자의 성격이 강했다. 신성문자는 이후에도 내내 그림의 요소를 강하게 가졌으며, 메소포타미아의 쐐기문자와 유사한 식의 진화는 이루지 못했다. 신성문자는 애초부터 통치자를 위해 만들어진 것이 분명하며, 그 이용도 몇 군데 장소에서만(주로 왕묘에서만) 매우 제한적으로 이루어졌다. 신성문자는 신성한 왕의 직분을 강조한다는 특정한 목적을 염두에 두고 만들어진 것이었으므로, 다루는 내용도 매우 제한적이었다. 즉 이집트의 지리 및 행정단위를 의인화된 형태로 표현하거나, 파라오 및 엘리트층의 업적을 드러내는 것이 주를 이루었다. 이는 수메르 문자의 일차적 기능이 '경제' 면에 있던 것과 매우 대조되며, 당시의 이집트 사회가 매우 다른 성격을 가지고 훨씬 중앙집권화되어 있었음을 보여 준다. 신성문자의 용도가 더딘 속도로나마 약간 넓어져 다양한 공무원과 관료의 무덤에까지 쓰이게 된 것은 제4왕조(기원전 2500년 무렵)에나 접어들어서의 일이었다.

신성문자는 통상적 글쓰기에 활용되기에는 그림의 성격이 너무 강했고, 따라서 이런 필요를 충족시키고자 신성문자와 나란히 신관문자가 발달하게 되었다. 신관문자로 발달했음직한 기호는 기원전 3000년 직전에 만들어진 토기에서 찾아볼 수 있다. 신관문자는 갈대 펜으로 선 몇 개를 죽죽 긋는 식으로 신성문자를 단순화한 형태였으 며, 이집트에서는 기원전 2500년 무렵부터 파피루스에 적기 시작했 다. 하지만 파피루스가 매우 값비싼 물품이었기 때문에, 이집트의 다 양한 신전 및 궁궐의 관리들이 남긴 기록은 토판이라는 좀 더 저렴한 재료를 쓴 메소포타미아에 비해 그 양이 훨씬 적었던 듯하다. 신관문 자는 쐐기문자와 얼마간 비슷한 발전 양상을 보였다. 신관문자 역시 표의문자와 음절문자가 뒤섞인 특징을 지녔으며, 한정사가 문자 해독 에 도움을 주었던 것이다. 하지만 신관문자는 이집트어의 본래적 특 성 때문에 한 가지 중대한 면에서 쐐기문자와 차이를 보였으니, 모음 은 빼고 각 음절의 자음만 표기된 것이다.

인더스 계곡 문자는 지금까지 해독은커녕, 그것이 표현한 언어가 무엇인지 감조차 잡히지 않는 실정이다. 현재 인더스 계곡 문자라고 알려진 내용은 기호 몇 개로만 이루어진 매우 짤막한 단락에 불과하 기 때문에, 앞으로도 인더스 문자에 대한 이해는 영영 불가능할 가능 성이 크다. 일부 전문가는 메소포타미아와 인더스 계곡 간에 광대한 교역이 이루어지면서 일부 메소포타미아의 영향을 받아 이 문자가 만들어졌다고 믿으나, 이 결론을 뒷받침할 구체적 증거는 거의 찾아 볼 수 없다. 하지만 초창기의 다른 문명에서도 그랬듯, 인더스 계곡에 서 글을 썼던 필경사들은 특권층 엘리트에 속했던 것으로 보인다. 국 가 및 신관들이 사회의 나머지 구성원들을 이끌고 지배하는 데 이들 필경사의 기능은 필수적이었다. 필경사의 삶은 농부의 삶보다 훨씬 나은 것이었다. 그들은 밭에 나가 비지땀을 흘릴 필요가 없었고, 농 산물을 거둬들여 상당량을 강제로 내놓을 일도 없었으며, 국가의 대규모 공사를 위해 노역이나 군역에 동원될 일도 없었다. 이집트 파피루스 두 개에는 다음과 같이 말하는 대목이 있다.

"필경사가 되어라. 그것이 너를 고생에서 해방시키고, 그것이 너를 모든 종류의 노동에서 보호하리라."

"필경사가 되어라. 그러면 네 팔다리는 매끈하게 가늘어지고, 두 손은 고와질지니. 새하얀 옷을 멋지게 차려입고 궁정 대신들에게서 예우를 받을지니."

[초창기 중국 문자 ☞ 7.8.2, 알파벳의 발달 ☞ 8.7.3]

개관 3

기원전 2000년의 세계

인구 2700만 명 **권역별 인구** 서남아시아: 500만, 중국: 500만, 인더스강 유역: 400만, 나일강 유역: 100만	**도시** 라가시(8만), 멤피스(5만), 우루크(5만), 하라파(5만), 모헨조다로(5만)

사건

- 우르 제3왕조 몰락. 바빌론 흥기.
- 이집트가 제1중간기를 거친 후 제12왕조에서 재통일됨.
- 인더스강 문명이 절정에 달함.
- 초창기 중국 문화인 상 문화가 출현하기 시작함.
- 크레타에 최초의 복잡한 사회가 출현함.
- 아시아 남서부와 중국에서 본격적으로 청동이 생산됨.
- 아시아 남서부와 중국에서 전차가 발달함.
- 아시아 남서부에서 처음으로 유리를 생산함.
- 아시아 남서부의 무역로를 따라 여행자 숙소 체계가 확립됨.
- 유럽 전역에 농경 촌락이 생겨남.
- 옥수수 재배가 메소아메리카 전역으로 확대됨. 남북 아메리카에 최초의 농경 촌락이 출현함.
- 북아메리카에서 최초의 식물 재배가 이루어짐.
- 안데스 지역에서 초창기 감자가 재배됨.

고립: 아메리카 대륙과 태평양

5

메소포타미아, 이집트, 인더스 계곡에서는 초기 문명들이 발달한 이후 비교적 일찍부터 서로 간에 접촉이 있었다. 기원전 2000년 무렵부터는 서남아시아의 여러 국가와 제국들 사이에 끊임없이 상호작용이 일어났으며, 그 영향권은 양방향으로 확대되어 서쪽으로는 지중해, 동쪽으로는 이란과 인도의 여러 국가 및 제국에까지 이르렀다. 중국 문명은 초창기에는 비교적 고립되어 있었으나, 기원전 1000년 무렵에 이르자 중국 역시 인도 및 이란의 국가들과 접촉하게 되었다. 그리하여 최소 기원전 200년에는 유라시아 세계 전체가 하나로 연결되었다. 따라서 매우 초창기는 예외겠으나 이들 국가 및 사회가 서로 고립된 채 발달했다고 여긴다면 커다란 오해가 생길 수밖에 없다. 그런데 이런 유라시아와 수천 년간 전혀 접촉하지 않은 채 독자적으로 문명을 출현시키고 발달시킨 지역이 세상에 한 군데 있었다. 바로 아메리카 대륙이다. 태평양 역시 불과 200년 전부터 유럽인과 본격적으로 접촉하기 전까지는 아메리카 대륙과 비슷하게 고립된 상태였다. 이곳 사회들은 복잡한 수준까지 발달해 있었음에도 '문명'이 보이는 주된 특징은 가지고 있지 않았다.

아메리카 대륙에서는 기원전 1만 2000년 무렵, 세계 주요 지역 중에서는 가장 뒤늦게 인간이 정착했다.[2.6.2] 따라서 이곳의 발달 속도가 유라시아에 비해 전반적으로 뒤처졌다고 해도 그렇게 놀랄 일은 아니다. 농경의 발달도, 최초의 촌락 발달도, 메소아메리카에서는 기원전 2000~1500년에야 이루어져 서남아시아에 비해 거의 6000년이나 늦었다. 비교적 복잡한 사회가 처음 출현한 것도 기원전 1000년 직후의 일이었으며, 최초의 도시와 태동기 국가는 기원 전후 시점에야 출현했다. 이 당시 사회의 발달 단계는 기원전 3500년 무렵의 초기 수메르 도시국가들과 동일한 수준이었다. 하지만 이후로는 메소포타미아의 발달 속도를 제법 따라잡은 셈이었는데, 톨텍과 아즈텍의 군사 제국이 기원전 2300년 무렵에 메소포타미아에 출현했던 아카드 제국에 대략 필적했기 때문이다. 이 뒤늦은 출발은 아즈텍과 잉카 제국이 유럽인에게 한참 뒤떨어지고, 나아가 1500년 이후 그들에게 그렇게 쉽사리 멸망당하는 한 가지 이유가 되었다.

아메리카 대륙이 고립되어 있었다는 것은 곧 이곳에 발달한 문명들이 유라시아에서 발견되지 않는 독특한 특징을 여럿 가졌다는 뜻이기도 하다. 농경도 유라시아에서는 알지 못하던 다양한 작물에 의존했는데, 앞서 살펴보았듯, 옥수수, 콩, 호박 같은 작물이 특히 그러했다. 하지만 이보다 중요한 사실은 어떤 식으로든 동물이 중요시되지 않아 차후 인간에게 사육당하는 일도 없었다는 것이다. 이곳에는 양, 염소, 돼지는 물론, 그보다 훨씬 중요한 것들로서 소, 말, 당나귀 등 축력(畜力)을 제공해 줄 동물이 전혀 없었다. 안데스 지역에서 라마와 알파카를 길들이기는 했으나, 고작 짐을 운반하는 데에나 쓰였을 뿐이었다. 그 결과 바퀴의 제작 원리를 알아 장난감에 달기까지는 했어도, 그것을 활용해 육상 수송 수단을 발달시키지는 못했으며 농사의 모든 활동도 오로지 인력에 의존해 이루어졌다. 따라서 사람이 직접 져 나르지 않는 한 물길 외에는 별다른 수송 방법이 없었고, 식량 같은 기본 물품도 최단 거리 범위를 벗어나서는 수송하기가 매우 어려웠다. 그러다 보니 아메리카 대륙의 교역은 주로 사치품에 한정될 수밖에 없었는데, 이에 반해 기원전 2000년 무렵부터 메소포타미아 지역에서는 우르에서 이신까지 해마다 7만 2000부셸의 곡식이 이송되었다. 그뿐만 아니라 아메리카 대륙에서는 어디든지 원거리에는 군대를 주둔시키기가 무척 어려웠으니, 부대에서 먹을 군량을 병사들이 몸소 날라야만 했기 때문이다. 아즈텍 제국 크기가 일정 수준까지 커지다 멈추고 만 데는 이 점도 주요한 요인으로 작용했다. 또 한 가지의 근본적 차이는 아메리카 대륙에서는 중요하다고 꼽히는 철기들을 전혀 찾아볼 수 없었다는 점이다. 안데스산맥에서 유일하게 금속 가공이 발달했으나, 그조차 범위가 제한적이었던 데다 의례 및 장식의 기능을 가지는 데 그쳤다. 그 결과, 아메리카 대륙 사회들은 하나같이 계속 석재에 의존해 각종 도구 및 무기를 만들어 냈다.

이렇듯 아메리카 대륙 문명들은 유라시아 문명과는 다른 토대를 가진 채 홀로 고립되어 있었다. 따라서 기원후 1500년 직후에 아메리카 대륙이 유럽인과 접촉하게 될 때까지는 이곳 역사를 하나의 단위로 보고 따로 살피는 것이 최선이다. 메소아메리카, 안데스, 페루 연안의 문명들도 서로 이렇다 할 연관성을 보이지 않는 만큼, 이들도 하나씩 떼어 살펴볼 수 있다.

5.1 초기 메소아메리카

[동시대 유라시아의 역사 ☞ 8.3, 8.5.3, 8.8, 8.9, 8.11, 8.12]

메소아메리카 역사의 연대 구분은 유라시아와는 전혀 다른 양상을 띤다. 이곳의 가장 초창기 역사('문명 형성기')는 기원전 2000년 무렵에 농경 촌락이 최초로 발달하기 시작해 기원 전후 곳곳에 도시 및 체계화된 국가가 출현한 시기로 볼 수 있다. 농경이 발달한 이후에도 이곳의 촌락과 인구의 수는 더디게만 늘어 갔는데, 주요 식량 작물인 옥수수의 산출량을 교배를 통해 늘리기가 여간 어렵지 않았기 때문이다.(아메리카 대륙에서 최초로 토기가 사용된 것은 기원전 3500년 무렵에 에콰도르의 태평양 연안에서였던 듯하며, 그로부터 1000년 후에는 멕시코 계곡에서도 토기를 사용한 듯 보인다.) 최초 촌락들에서는 옥 같은 몇몇 보석을 가지고 교역했으며, 마야 저지대에서는 기원전 2200년 무렵부터 카누가 이용되었다.

기원전 1200년 무렵에는 멕시코만에 최초의 복잡한 사회 및 문화가 출현해 약 800년 동안 명맥을 유지했다. 흔히 이를 올멕 문화라 하는데, 사실 올멕은 이 지역 거주민들의 스페인 정복 시절 명칭이다. 고대 사회의 거주민들이 이 지역을 실제로 무엇으로 불렀는지는 현재 알려져 있지 않다. 다만 이후 모든 메소아메리카 문명이 여러 주요 특징을 발달시키는 데 이들이 주된 영향을 끼친 것만은 분명하다. 올멕에서 초창기의 여러 발전이 가능했던 것은 토양이 비옥하고 강우량이 풍부해,(매년 120인치 이상이었다.) 1년에 두 차례 옥수수를 수확할

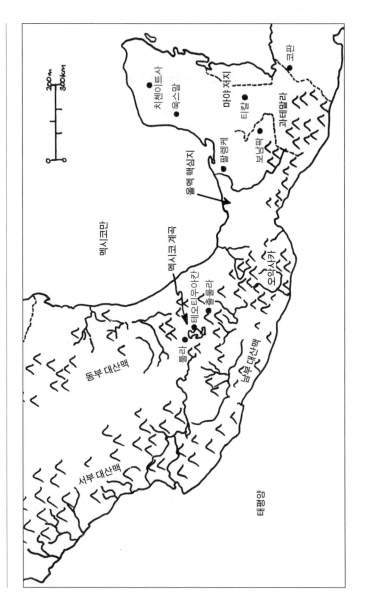

메소아메리카

코판

치첸이트사
욱스말
마야 저지
티칼
과테말라
세이발
플렝케

올멕 핵심지

멕시코만

멕시코 계곡
테오티우아칸
툴라 촐룰라
오악사카

동부 대산맥

남부 대산맥

서부 대산맥

태평양

수 있었던 덕이었다. 여기서 상당량의 잉여농산물이 확보되면서 엘리트층을 부양할 수 있게 된 것이다. 지금까지 살아남은 올멕 문화 중 무엇보다 인상적인 것은 아마 돌로 조각된 거대한 인두상일 것이다. 8피트 이상의 높이에 범상치 않은 표정과 툭 튀어나온 입술을 가진 이들 인두상은 다른 아메리카 대륙 문명에서는 전혀 찾아볼 수 없다. 이 조각상들은 3차원으로 조각되어 모든 각도에서 바라다보이며, 무게는 40톤에서 50톤 사이다. 돌의 산지가 아무리 가까워도 최소 80마일은 떨어진 만큼, 당시에는 돌을 강물에 띄워 의례 중심지까지 날라 왔을 것이 틀림없다. 올멕 문화 최초의 유적지는 산 로렌소로, 250년간 크게 번성하다가 이후 버려진 도시가 되었다. 그 바람에 이곳에 자리했던 의례용 두상 일부도 근방의 계곡에 처 박힌 채 남아 있게 되었다. 물론 개중에는 가지런히 열을 맞추어 땅속에 정성스레 매장된 것들도 있다. 그 당시에 정확히 무슨 일이 있었는지, 또 이 광대한 의례용 유적지가 왜 이런 식으로 버려졌는지에 대해서는 현재 알려진 바가 없다. 그 직후로는 좀 더 큰 규모의 섬 유적지인 라 벤타가 의례 중심지로서의 기능을 대신했다. 이곳에는 거대한 두상들은 물론 다채로운 색상의 거대 진흙 피라미드도 자리했는데, 기부의 넓이만 가로 420피트, 세로 240피트에 달했다. 이 피라미드가 매장용 묘였는지는 알 수 없으나, 길쭉한 형태의 낮은 능들이 이 피라미드와 함께 대형 광장 안에 자리했으며, 그 주변을 7피트 높이의 현무암 기둥들이 둘러싸고 있었다. 이 대규모의 의례용 유적지에서 무슨 일이 행해졌는지는 현재로서는 전혀 알 수 없다. 기원전 400년 무렵에는 이곳도 파괴를 당했고, 두상들도 거의 모조리 훼손을 당해야만 했기 때문이다. 올멕 지방에는 이보다 소규모의 유적지도 여러 군데 형성되었는데, 라 벤타에서 북서쪽으로 약 100마일 떨어진 트레스 사포테스 같은 곳에는 흙무덤이 50기 이상 자리 잡고 있었다.

기원전 1200~400년을 거치는 동안 올멕 문화의 영향력은 메소아메리카의 상당한 지역에 널리 파급되어, 초반에는 오악사카 계곡을 거쳐 후반에는 멕시코 계곡에 이르렀고, 종국에는 과테말라 근방의 태평양 연안에까지 이르렀다. 이런 접촉은 옥 같은 엘리트층의 물품을 교역하는 데 일부 목적이 있었기에, 메소아메리카의 핵심 지역에는 올멕의 교역 식민지도 상당수 존재했던 것 같다. 올멕은 평화로운 사회는 아니어서, 기념물 속에 전쟁과 정복 활동의 모습이 곧잘 나타나곤 한다. 이런 전쟁 및 정복 활동은 엘리트층이 올멕 사회를 지배하는 데 일정 부분 중요한 역할을 했을 것이다. 올멕 사회는 문맹이었으며, 온전하게 발달한 문자도 아직까지 발견된 적이 없다. 물론 당시의 물품 몇 가지에서 차후 마야 문자로 발전하는 신성문자의 흔적이 어느 정도 엿보이기는 한다. 그러나 이 올멕에서부터 후일 모든 메소아메리카 문명이 공통으로 쓰게 되는 달력이 처음 만들어진 것만은 분명한 사실로 보인다. 이 체계의 핵심은 무엇보다 모든 메소아메리카 문명이 (이 역시 올멕에서 파생된 관행으로 보이는데) 셈의 기본단위로 20을 사용했다는 점이다. 메소아메리카 달력은 나란히 진행되는 달력 두 개가 하나로 결합된 형태였다. 첫 번째 달력은 태양력으로써, 20일씩 열여덟 '달'이 있고 여기에 '죽은' 5일을 더해 총 365일의 1년을 만들었다. 두 번째 달력은 일명 '신성한' 달력으로서, 날 이름 스무 개가 1에서 13까지 한 바퀴 돌아 총 260일이 구성되었다. 이 달력이 왜 260이라는 날수를 채택했는지는 현재 밝혀져 있지 않았으며, 천문학상의 그 어떤 뚜렷한 주기도 이 날수와는 일치하지 않는다. 다만 이 두 달력이 52년에 한 번씩 애초의 출발점으로 함께 되돌아왔던 것만은 분명하다. 메소아메리카의 모든 문명에서 이 날은 그 의미가 지대했다. 이 주기가 완성되는 순간 세상은 종말을 고할지도 모른다고, 그러면 더는 태양이 뜨지 못해 영영 밤이 내릴지도 모른다고 생각했기 때문이다. 올멕이 이룩한 또 하나의 주된 기여는 메소아메리카의 모든 문명에서 신성한 기능을 수행했던 듯 보이는 일종의 공놀이를 (기원전 500년에) 발명한 것이다. 이 공놀이는 벽으로 둘러쳐 진 커다란 뜰에서 치러졌는데, 팀을 둘로 나누어 벽 높은 곳에 매달린 '링'에 작은 고무공을 통과시키는 시합이었으나 시합 도중 양손은 쓰지 못했던 듯하다.

기원전 400년 무렵에 올멕 문화가 종식되고 그 후 약 500년 동안은 메소아메리카 전역에 영향을 끼칠 만큼 비중 있는 사회나 국가가 출현하지 못했다. 이 시기를 특징짓는 가장 중요한 유적지는 오악사카 계곡에서 찾아볼 수 있다. 기원전 500년 무렵부터 몬테 알반 유적지가 이 커다란 계곡의 모든 농경 정착촌에 위세를 떨친 것인데, 이 부지는 협곡 세 개가 합류하는 지점의 상부, 1300피트 고지의 일련의 언덕 위에 자리 잡고 있다. 엘리트층은 주변 지역에서 들어오는 식량(틀림없이 공물의 형태였을 것이다.)에 의지해 살면서 이곳에서 의례와 행정을 주관했다. 유적지 안에는 중앙 광장과 다수의 거주 단지 및 수공예품 생산지가 마련되어 있었으며, 그 주변을 일련의 건축물이 에워싸고 있었다. 몬테 알반은 기원전 200년 무렵에 급속한 성장세를 보여 유적지 일대를 중심으로 대규모의 방어용 성곽이 건설되었으며, 절정기에는 인구가 약 2만 명에 이르기도 했다. 사포텍어를 말했을 것으로 보이는 이들 사회는 주변 지역에까지 지배력을 행사했으며 전쟁 및 정복 활동을 권력의 기반으로 삼았다. 이 유적지에서는 가장 초창기의 신성문자도 일부 발견되는데,(해독은 불가능하다.) 그 모습만 봐도 당시의 전쟁 및 성읍의 정복 상황을 잘 알 수 있다. 이 유적지의 건축물 상당수에는 일명 '단산테(Danzantes)'라고 알려진 특이한 형상이 300개 이상 새겨져 있다. 대부분이 사지가 뒤틀린 채 신체가 절단된 사람의 모습인데, 전쟁 포로를 나타낸 것이리라 짐작된다. 이 유적지는 의례의 기능도 함께 가지고 있었으나, 어떤 내용의 의례였는지는 알려져 있지 않다. 이 유적지에서도 구조물 J는 다른 모든 건축물에 비해 기묘한 배치를 가진 것이 특징이다. 아마도 몬테 알반에서 태양이 (1년의 2회 중) 처음 천정을 지나는 시기에 카펠라성이 태양 곁에 떠오르는 현상과 연관이 있는 듯하다. 그러므로 이곳은 천문 '관측소'라기보다는, 달력에서 특히 중요하게 여겨졌던 시기를 실제로 확인하는 용도였던 것으로 보인다.

5.2 테오티우아칸

[동시대 유라시아의 역사 ☞ 9.7, 9.10, 9.11, 9.12, 10.2, 10.3, 10.8, 10.10, 10.11]

메소아메리카에서는 기원전과 기원후의 시점 직후에 최초의 주요 도시 및 제국이 출현하게 되고, 이로써 고전 시대가 서막을 열어 기원후 약 900년까지 지속되었다. 테오티우아칸은 멕시코 북동부의 광대한 지역을 아우르는 유적지로, 다수의 주거 지구와 신전, 그리고 두 기의 거대한 피라미드를 찾아볼 수 있다. 현재 이들 피라미드에는 태양과 달이 이름으로 붙어 있는데, 처음에는 그런 이름이 아니었을 것이 거의 확실하다. 도시가 기원후 500년 무렵에 절정기를 맞았을 때는 인구가 약 10만 명에 달해 전 세계에서 가장 많은 축에 속했으며, 그 영향력도 메소아메리카 전역에 뻗쳤다. 하지만 메소아메리카 문명 중에서도 가장 이해가 빈약한 곳이 바로 여기이며, 그 성격과 관런한 주요 질문에도 모두 답이 나오지 않은 실정이다. 이 도시에는 명실상부한 문자는 없었던 것으로 보이며, 신성문자의 표시만 몇 개 발견될 뿐이다. 그 표시들은 메소아메리카에서 사용된 다른 체계들과 얼마간 유사성이 있으나, 독특하게도 이곳만큼은 다른 지역과 달리 복잡한 달력을 채택해 쓴 흔적이 없다. 누가 이 도시를 건설했고, 그들이 어떤 언어를 썼으며, 또 자신들의 도시를 어떻게 불렀는지는 현재 알려져 있지 않다. 당시 사회에 계층화가 심하게 진행되어 강한 권력을 쥔 통치 엘리트층(종교와 군사 직분이 뒤섞여 있었다.)이 존재했던 것은 분명하나, 얼마 후 등장하는 마야 문명과 달리 이곳에서는 통치자를 숭상하며 바친 기념물을 찾아볼 수 없으며, 또 이전 시대의 몬테 알반과도 달리 정복 및 점령 활동의 모습도 찾아볼 수 없다. 도시에서 군사적인 면이 중요시되었을 것은 분명하나, 따로 방어용 성곽이 건설되어 있지는 않았다.

이 지역의 정착은 기원전 150년 무렵에 이루어졌으므로, 멕시코 계곡의 나머지 지역에 비해 늦은 편이었다. 하지만 곧 급속하게 발달했으니, 비옥한 토양, 관개시설, 지역 내의 풍부한 흑요석 매장량을 이용한 덕분이었다. 그러나 좀 더 중요했던 점은 이곳이 종교와 의례의 중심지라는 데 있었다. 당시 도시의 중심부는 개조된 형태의 천연 동굴이었다. 현재 태양의 피라미드 밑 부분에 해당하는 이 동굴은 메소아메리카 달력의 핵심 부분과 관련해 모종의 천문학적 정렬을 이루는 것으로 보인다. 이후 도시는 성장을 계속해 기원후 150년 무렵에는 광범위한 지역에 걸쳐 재건 작업을 행했는데, 매우 면밀하고도 지극히 인위적인 설계에 따른 것이었다. 이 정도로 폭넓은 도시 설계가 이루어진 곳은 당대 세계 그 어디에서도 찾아볼 수 없었다. 설계의 주축은 일명 '사자(死者)의 거리'라 불린 곳으로, 스물세 개의 단지를 중심으로 일련의 광장이 늘어서 있었으며, 광장마다 세 개씩 자리한 신전은 메소아메리카의 다른 곳에서는 볼 수 없는 매우 독특한 건축 양식을 하고 있었다. 여기에 중앙의 '궁'과 행정관청도 따로 자리하고 있었다. 두 기의 거대한 피라미드도 정북에서 동으로 15도 28분 기울어진 이 축에 맞추어 자리 잡았다. 동서 축도 의도적으로 설계된 것인데, '사자의 거리'와 완전히 직각이 아닌 정동에서 남으로 16도 30분 기울어진 방향이다. 사실 이런 방향에 따라 도시를 건설하는 것은 테오티우아칸의 자연 지형을 거슬러야 했기에 매우 어려운 일이었다. 도시 설계의 위치가 신중하게 선정되었음은 바닥 포장재나 바위의 노두(露頭)에 새겨 넣은 일명 '점선형 십자 표시'가 도시 전체에서 발견되는 것만 보아도 알 수 있다. 이들 표시는 한 쌍의 동심원이 두 개의 축으로 사등분된 꼴인데, 유적지의 주요 정렬 부분에서는 어김없이 발견된다. 왜 두 축의 방향을 애써 이렇게 정했는지 그 이유는 알려져 있지 않다. 다만 동서 축만큼은 태양이 봄철의 테오티우아칸에서 천정을 지날 때 플레이아데스 성단이 태양과 함께 떠오르는 현상과 관련이 있는 듯하며, 기원후 150년에는 그 날짜가 아마도 5월 18일이었을 것으로 보인다. 이 도시에는 일련의 성벽도 자리해 내부의 주요 구획을 나누어 주는 역할을 했다.

테오티우아칸에서 종교적 믿음이 어떤 성격을 지녔는지는 분명치 않으나, 종교예술에서는 매우 복잡한 상징이 이용되었던 것이 분명하다. 곳곳의 신전에서 여신은 양팔에 손 대신 갈고리 발톱을 달고 있었으며, 머리에는 인간의 심장으로 만든 머리쓰개를 얹고 있다.(후자의 장식품은 테오티우아칸 유적지에서 공통적으로 발견되는 모티프다.) 테오티우아칸에서 최초로 나타나는 메소아메리카의 문화적 요소는 이것 말고도 또 있다. 바로 '깃털 뱀'(나우아어로는 '케찰코아틀'이라고 한다.)

신전인데, 이 뱀은 문화 창건의 영웅으로써 그리스 신화의 프로메테우스처럼 인류에게 문명을 가져다주었다고 여겨진다. 이 신전의 건설이 이루어지는 동안,(이 신전에서는 기단의 층층마다 뱀 머리를 요소요소에 배치했는데, 목 주변의 꽃잎 장식을 빼도 머리 하나만 4톤씩의 무게가 나갔다.) 공사지에서는 동서남북의 대칭 위치에 맞추어 총 260명에 이르는 인간 제물을 갖다 놓았던 것으로 보인다.

이 신전이 건설된 직후, 계곡의 인구는 매우 체계적이고 엄격한 방식에 따라 모두 이 도시로 집중되었다. 테오티우아칸의 거주 지구는 광대한 지역에 걸쳐 총 2000개의 창문 없는 1층짜리 주택단지로 구성되었으며, 건물들은 단지 안쪽 및 서로 연결된 단지의 뜰을 향해 배치되어 있었다. 모든 단지에는 지하 배수 시설이 마련되어 있었고, 단지 하나마다 약 예순 명을 수용했던 것으로 보인다. 테오티우아칸은 거리 설계를 따로 했던 만큼, 이들 거주지도 도시의 성스러운 배치에 따랐다. 이런 식으로 거주 단위를 구성한 것은 메소아메리카 역사에서는 전무후무한 일이었다. 주거지는 친족 단위로 점유했던 것으로 보이며, 거주자들의 집단, 지위, 직업에 따라 단지의 크기가 달라졌다. 도시에는 특정 직종 사람들에게만 배정된 지역도 있었으며,(예를 들어 도공들은 도시의 남서쪽에 거주했다.) 아마도 상인과 무역업자로 활동했을 '이방인'에게도 따로 구역이 배정되었던 것 같다.(오악사카 계곡 출신은 서쪽에, 베라크루스 출신은 동쪽에 머물렀다.) 이들 단지가 통치 엘리트층과 정확히 어떤 관계였는지는 알 수 없지만, 당시에 막강한 권력과 결정권이 존재했고 거기서 강력한 내부 기강이 다져져 지극히 체계적이고 질서 잡힌 사회가 건설되었던 것만은 분명하다.

테오티우아칸의 매우 급속한 주요 건설 작업은 약 50년 만에 완료되어 기원후 200년 무렵에 마무리되었다. 이후로는 더없는 안정기가 찾아와, 약 400년 동안 지속된 듯하다. 도시 테오티우아칸은 메소아메리카 전역에 걸쳐 광범한 교역망을 발달시켰다. 이를 통해 여러 가지의 물품(케찰(비단날개새과에 속하는 새로, 중앙아메리카의 멕시코 남부에서 파나마 서부 산악 지대에 이르는 지역에 서식한다. — 옮긴이) 깃털, 옥, 코펄, 고무, 카카오 열매)이 수입되어 들어왔는데, 대부분은 의례에 사용하기 위한 것이었으나 카카오 열매만큼은 일종의 화폐 구실을 한 것 같다. 테오티우아칸은 이것들을 수입하고 흑요석, 도기, 직물을 수출했다. 교역의 영향력은 넓은 지역에 걸쳐 확산되었다. 일례로 카미날후유는 오늘날 과테말라시의 외곽에 있어 테오티우아칸과는 650마일 이상 떨어져 있었으나, 그것의 축소판이나 다름없는 모습을 하고 있었다. 카미날후유가 테오티우아칸의 예속민들이 건설한 일종의 '식민지'였는지, 아니면 단순히 테오티우아칸의 교역 기지였는지는 현재로서는 알 수 없다. 사실 테오티우아칸 '제국'의 전체적 성격 자체도 그만큼이나 불분명하다. 최근 몇십 년 전까지만 해도 테오티우아칸은 신정정치가 행해진 평화로운 사회였다는 것이 통설이었다. 그러나 최근의 유적지 발굴 결과, 이곳의 통치 엘리트층은 군사적인 면을 항상 중시했던 것으로 드러났다.(이 점은 그들의 머리쓰개에 달린 특별한 술 장식을 통해 확인할 수 있다.) 당시라면 정복 제국도 하나 있었을 수 있지만, 그것은 문화 및 교역의 영향력 면에서만 생각해 볼 수 있다. 확실히 오악사카와 몬테 알반 지역은 이 시기 내내 테오티우아칸과는 독립된 상태를 유지했다.

기원후 600년 무렵부터는 테오티우아칸 사회에서 군사적인 면이 더욱 중요시된 듯한데, 이것이 메소아메리카 전역에 미치던 테오티우아칸의 영향력 쇠퇴와 관련이 있는지는 명확치 않다. 확실한 사실은 기원후 750년 무렵에 테오티우아칸이 파괴를 당했다는 것뿐이며, 외부 침략의 증거가 전혀 없는 만큼 내부 원인에 의한 것이었음이 거의 확실하다. 도시는 아무렇게나 파괴당한 것이 아니었다. 우선 '사자의 거리'를 따라 늘어선 신전이 한 차례도 아닌 수차례에 걸쳐 전부 무너져 불에 탔다. 오랜 시간 자리 잡고 있던 종교 신상들도 허물어져 내팽개쳐졌다. 이는 도시의 정치적·사회적·종교적 구조는 물론 그 안에 세워진 사회까지 철저히 무너뜨리기 위해 꾸준하고 체계적인 파괴가 진행되었음을 분명히 보여 주는 증거다. 이후 약 50년간 도시는 버려진 상태였지만, 이 와중에도 주택단지 네댓 곳은 파괴되지 않은 채 남아 있었다. 이후 한 세대가량이 더 흐른 후, 이 단지 일부에 다시 사람들이 들어와 살기 시작했다. 하지만 이들은 단순히 농부들로써 주변의 밭을 일구는 데 그쳤고, 따라서 한때 위대했던 도시가 가졌던 그 외 특징들은 이후 다시 자리 잡지 못했다.

5.3 마야

[동시대 유라시아의 역사 ☞ 10.12, 10.13, 11.1~11.9]

　메소아메리카의 고전 시대에 등장한 또 하나의 주요 문명은 마야 문명으로, 멕시코만 연안에서 온두라스 북부로 뻗은 유카탄반도의 맨 아래, 광대하게 펼쳐진 저지 열대 밀림에서 형성되었다. 마야 문명은 몇백 년 동안 테오티우아칸 옆에서 함께 번성하다가, 테오티우아칸이 무너진 후에는 홀로 남아 기원후 900년 무렵까지 존속했다. 크리스토퍼 콜럼버스(Christopher Columbus) 이전 시대의 아메리카 대륙 문명 중 가장 발달했다고 꼽히는 것이 마야 문명이다. 오로지 마야 문명만이 명실상부한 문자를 만들어 냈고, 메소아메리카의 공통

달력도 상당 부분 발전시켜 좀 더 복잡한 수준으로 만들어 놓았다. 이 지역에서 정착의 흔적이 처음 발견되는 것은 기원전 2000년 무렵이다. 이후 1000년 만에 토기들 사이에 제법 통일된 양식이 나타나기 시작했고, 초창기 올멕 문화와도 접촉했다. 그러고서 몇 세기를 거치며 촌락이 성장했고, 의례 집전지가 건설되었으며, 통치 엘리트층이 형성되어 사회를 이끌어 나갔다. 종국에는 기원후 초기 몇 세기부터 일련의 도시가 발달해 대규모의 신전 단지 및 공공건물을 광대한 영역에 갖추어 나가게 된다. 그런데 마야를 수십 년 연구하고도 한 가지 명확해지지 않는 부분이 있었다. 이 지역에서는 '나무를 베어 내고 땅을 태우는' 이른바 화전농법이 통상적 생계 수단이었던 듯한데, 이것으로 어떻게 사회를 지탱해 나갈 수 있었는가 하는 점이었다. 이 농법에서는 땅에 불을 놓아 밭으로 쓸 농지를 정리한 뒤 이후 몇 년 간은 그곳에 작물을 심는다. 그러다가 불에 탔던 밀림이 다시 우거지기 시작하면 다른 농지를 찾아 이동한다. 이 농법은 땅을 광범하게 이용하는 것인 만큼 인구밀도가 비교적 낮은 곳이 아니면 인구를 부양해 나가기가 불가능하다. 그런데 마야는 그 크기로 보아 인구가 상당했을 것임에도 정작 도시들 사이의 공간은 충분치 않았던 것이다.(도시들 사이의 거리가 10마일도 채 안 되는 경우가 많았다.) 그러나 1970년대 이래 레이저 탐지를 비롯해 고고학 연구가 진행된 결과, 고전 시대 마야의 농법은 고도로 집약적이어서 엘리트층을 부양할 만큼 충분히 잉여 식량을 생산해 낼 수 있었던 것으로 밝혀졌다. 그들은 산비탈을 밀어내고 그곳에 복잡한 형태의 계단식 농지를 조성해 토양의 침식을 막았다. 좀 더 중요했던 것은 습지 위에 땅을 돋우고 농지를 조성한 것이었다. 또한 농지 주변으로 격자형 도랑을 파 놓는가 하면 밭에 진흙을 퍼 넣어 농토를 비옥하게 만들었다. 운하 안에는 물고기도 넣어 길렀던 것 같다. 이런 체제를 유지하려면 아마 고난도의 관리가 필요했을 테지만, 이곳의 주요 작물인 옥수수를 재배하는 데는 지극히 생산적이었다. 옥수수와 함께 마야에서는 부수 작물로 각종 콩 작물, 목화, 카카오도 재배되었다.

마야의 도시들은 곳곳에 수많은 기념 석주를 세우고 그 위에 인간의 형상, 비문, 다수의 날짜를 새겨 넣었다. 그래서 마야 문명이 발견된 19세기 중엽 거의 직후부터 마야가 메소아메리카 달력을 상당 수준 발전시켜 놓았음이 분명하게 드러났다. 마야인들은 끝없이 순환하는 52년 주기 달력 대신, '장기력(長期曆: Long Count)'이라고 알려진 훨씬 큰 규모의 체계에 통합되어 있었다. 오늘날 통설로 받아들여지는 그리스도력과의 상호 관련성을 고려할 때, 장기력이 시작하는 날짜는 기원전 3114년 8월 11일이다. 현존하는 세상의 질서가 바로 이 날 생겨났다는 것인데, 왜 이 특정 날짜가 선택되었는지는 알려져 있지 않다. 장기력 자체는 마야인들이 만든 것이 아닌 듯하다. 최초로 장기력을 새긴 사례가 마야에 있지 않고, 치아파스 지방의 치아파 데 코르소 유적지의 2번 석주, 그리고 기원전 32년 올멕의 트레스 사포테스 유적지에 세워진 석주 C에서 발견되기 때문이다. 하지만 이 장기력을 유례없는 길이로 늘여 놓은 것이 바로 마야인이었다. 그들은 '1년', 즉 툰(tun: 360일)을 날짜를 헤아리는 기본단위로 삼았다. 툰이 스무 개 모여 카툰(katun: 7200일)이 되었고, 카툰이 스무 개 모여 박툰(baktun: 14만 4000일, 즉 400툰)이 되었다. 이런 셈법을 통해 마야인은 장구한 세월에 걸친 시간을 앞뒤로 계산해 낼 수 있었다. 거기서 나온 가장 오랜 연대가 4억 년 전으로, 기원후 766년에 키리구아에 세워진 석주 D에서 그 내용을 찾아볼 수 있다. 마야인들은 다른 분야에서도 정교한 계산을 할 줄 알았다. 그들은 태음 주기(lunar cycle:

메돈 주기(Metonic cycle)라고도 하며, 태양력과 태음력이 거의 완전히 일치하는 주기로 19태양년에 해당한다. — 옮긴이)를 계산해 놓은 것은 물론, 태양의 일식 주기까지 정해 놓았다. 물론 당시 마야 내에서는 일식이 일어나는지를 알 방도가 전혀 없었지만 말이다. 그들이 해 놓은 그 모든 계산 중에서 제일 복잡했던 것은 아마 금성과 관련된 계산일 것이다. 마야인들은 금성의 주기가 584일임을 알았을 뿐 아니라, 이 주기를 두 가지 달력 모두에 맞추어 65금성주기는 260일의 146주기, 그리고 365일의 104주기와 일치함을 알아냈다. 아울러 그들은 금성의 주기가 정확히 584일이 아니라는 사실까지 알아, 481년짜리 달력에 수정을 가해 1년에 14초꼴의 평균 오차를 없앴다. 이는 마야인들이 1년을 365. 2550일로 계산했음을 간접적으로 알려 주는데, 오늘날 1년의 가장 정확한 계산 수치인 365. 2422일과 거의 차이가 없다. 마야인들의 관측과 계산은 몇백 년 전까지만 해도 세상 그 어디보다 정교한 수준이었던 것이다.

이처럼 마야는 천문학적 관측 및 광대한 시간대 계산을 중요시했는데, 이 때문에 마야 사회의 성격과 관련해 하나의 정설이 성립되어 몇십 년 전에 완전히 설득력을 잃기 전까지 내내 위력을 발휘했다. 고고학자들은 다수의 기념 석주 및 벽화에 전쟁 장면이 곧잘 등장함에도, 마야가 사제들이 다스린 신정정치 사회였고 사제들은 마야 특유의 이런 복잡한 계산을 하는 데 시간을 주로 할애했다고 주장해 왔다. 이런 주장이 정설로 통한 데는 무엇보다 잉글랜드 고고학자인 에릭 톰프슨(Eric Thompson)의 지배력이 큰 역할을 했다. 1954년에 그는 이렇게 썼다. "고전 시대의 신성문자 텍스트는 오로지 시간의 경과, 그리고 천문학적 문제들에만 골몰하고 있다. (……) 그들은 현실의 개별적인 문제는 다루지 않은 것으로 보인다." 만일 이 해석이 옳다면, 마야 사회는 우리가 이제까지 알고 있는 그 어떤 사회와도 다른 모습을 하고 있었다는 뜻이 된다. 더불어 톰프슨은 마야 문자는 앞으로 해독이 안 될 가능성이 높으며, 나아가 (정말 희한한 일이지만) 해당 지역의 그 어떤 언어와도 관련이 없을 것이라고 주장했다. 그러나 이상의 내용이 공언되고 몇 년 안 지나 톰프슨의 주장은 설득력을 잃었으며, 마야 문자도 지난 20~30년 사이 (톰프슨이 틀렸다고 확신했던 그 체계를 통해) 마침내 많은 부분이 해독될 수 있었다. 마야 문자는 이루 말할 수 없이 복잡한 구조를 하고 있었다. 물론 똑같은 뜻을 가진 대용어가 일부 있는 데다 접두사와 접미사도 포함되어 있었지만, 마야 문자는 그 안에서 사용되는 기호만 800개가 넘었던 것이다. 거기다 마야 문자는 표의문자와 음절문자가 혼합된 형태이면서도 표음의 요소도 매우 강했다. 이런 마야 문자에 들어 있는 핵심 기호 몇 개의 의미, 그중에서도 특히 개별 도시들에 사용된 상형문자의 의미가 서서히 확정되면서 우리가 이제껏 그려 온 마야 사회의 그림도 완전히 뒤바뀌게 되었다. 현재는 마야가 자잘한 소왕국으로 분열되어 있었으며, 군국주의를 표방하던 엘리트층에 의해 통치되었다는 사실이 분명해졌다. 이들 엘리트층은 기념 석주를 세워 통치자들인 그들 자신과 자기들의 위업, 그리고 (실제 인물과 가공 인물 모두를 포함해) 그들의 조상을 기리곤 했다.

마야에 최초의 의례 중심지와 성읍들이 출현한 것은 기원후 50년 무렵의 일이었다. 뒤이은 두 세기 동안에는 마야 저지대의 자잘한 소왕국과 국가들 사이에 분쟁, 전쟁, 정복 활동이 더욱 잦아졌다. 그 결과 일부는 규모가 더 커졌고, 일부는 정복을 당해 자취를 감추었다. 이와 동시에 마야 사회 내에서도 분화가 더욱 심해지는데, 통치자들이 더욱 신장된 권력을 쥐고 사람들을 이끌어 최초의 왕조를 성립시키는 과정이 진행되었기 때문이다. 비교적 단기간이기는 하지만 기원후 250~300년에는 변화 속도가 확실히 빨라지는 모습이었다. 그리하여 마야 전역에 통치자의 업적을 찬양하는 기념 건축물과 최초 석주들이 속속 세워졌고, 이런 기념물에는 어김없이 장기력으로 표기된 연대와 함께 무척 복잡한 형태의 도해가 새겨졌다. 현재까지는 292년 7월 8일에 티칼에 세워진 29번 석주가 최초의 석주로 알려져 있다.

마야와 관련해 가장 풀기 어려운 문제는 초기의 마야 통치자들과 테오티우아칸이 정확히 어떤 관계를 맺고 있었는가 하는 점이다. 당시 테오티우아칸은 메소아메리카 전역에 구석구석 영향을 미쳤던 만큼, 마야만 따로 고립되어 있었을 가능성은 매우 낮다고 하겠다. 그런데 마야 안에 좀 더 대규모 조직이 갖춰지고, 최초의 도시가 발달하고, 전사 엘리트층 통치자가 등장한 시기가 마침 테오티우아칸이 대도시로 자리매김한 시기와 일치한다. 이는 테오티우아칸이 점차 큰 영향력을 행사하는 것에 반발해 토착민들이 그런 변화를 일으킨 것으로도 볼 수 있지만, 다른 한편으로는 마야의 엘리트층이 테오티우아칸과 연합해 세력을 키운 후 그들의 대리 자격으로 마야 지역을 통치하게 된 것으로 볼 수도 있다. 테오티우아칸은 마야 고지의 카미날유후에 세웠던 '식민지'를 통해 그런 영향력을 일부 행사했던 것으로 보인다. 기원후 350~500년 마야의 유적지에서는 일련의 조각 작품, 도기, 도해가 거의 어김없이 나타나는데 여기에도 테오티우아칸으로부터 영향을 받은 흔적이 역력하다. 티칼의 경우 초창기 통치자 일부가 테오티우아칸 출신이었거나, 혹은 테오티우아칸으로부터 군사원조를 받았을 가능성이 있다. 기원후 445년 티칼에 세워진 석주 31번을 보면, 일명 '폭풍우 치는 하늘'이라고 알려진 통치자가 테오티우아칸식 군장을 한 전사들에 빙 둘러싸여 있는 장면이 있다.

그러다가 6세기 초반에 들면서 상황에 급속한 변화가 찾아왔다. 500년에서 550년 사이에 테오티우아칸의 영향력이 마야 지역에서 자취를 감춘 것인데, 아마도 내부 문제가 깊어진 데 원인이 있는 듯하다. 테오티우아칸의 영향력이 물러감과 동시에 마야의 도시들 전체에서 석주 건립이 중단되는 현상이 잠시 뚜렷하게 나타났다. 그리하여 534년에서 593년 사이에는 석주 건립 사례를 거의 하나도 찾아볼 수 없다. 그 뒤로는 마야 문명에 가장 화려한 시절이 찾아와 약 2세기가량 지속되었다. 마야 최대의 도시 티칼에는 대규모 신전만 여섯이 건립되었고, 쌍둥이 피라미드 건축물도 도처에 들어섰다. 티칼 외의 다른 도시에도 유사한 건축 계획이 진행되었으며, 모든 곳에 방대한 양의 기념 석주가 조각되고 세워졌다. 마야 세계 내부의 정확한 정치 구조가 정확히 어땠는지는 얼마간 논쟁의 소지가 있는 문제다. 하지만 마야 문명에서 개별 도시들이 중요시되었다는 것만큼은 분명하다. 이제까지 마야 유적지는 총 서른다섯 곳이 알려져 있는데,(세 곳은 아직 미발견 상태다.) 각자 '도시별 상징 문자'(석주에 조각된 신성문자 표시)가 있었던 것으로 확인되었다. 이것들이 나타내고자 했던 것은 해당 지역의 수도 및 그 영토였지, 해당 지역의 통치자 칭호는 아니었다. 이들 표시의 사용 시기는 해당 도시의 정치적 독립 시기와 일치하며, 더는 표시를 찾아볼 수 없다는 것은 어떤 식으로든 정복되었다는 의미였다. 이를 근거로 하면, 마야 내에서 '도시별 상징 문자'를 한 차례도 가지지 못했던 곳은 독립된 도시가 아니었을 것이라고 짐작할 수 있다. 그러나 당시의 마야 사회가 티칼, 팔렝케, 코판 같은 주요 도시를 기반으로 여덟 개의 '광역' 단위로 구성되어 있었는지, 아니면 50여 개의 자잘한 소왕국으로 분할되어 있었는지는 현재 명확하지 않다. 도시들 간에 몇 차례 정복이 있었던 사실도 확인할 수 있는데, 378년 티칼이 우악삭툰을 정복한 것이나 도스 필라스가 735년 이래 40년 동안 세이발을 통치한 것이 그 예다. 대부분 국가는 수도를 중심으로 근방 15마일의 땅을 다스렸던 듯하며, 이보다 규모가 훨씬 큰 곳도 확실히 몇 군데 있었다. 일례로 티칼이 지배한 지역에는 약 150만명가량의 인구가 살았던 것으로 보인다.(동시대 잉글랜드의 앵글로·색슨족 총인구가 이 정도였다.) 전쟁이 마야에 항상 고질적이었던 것 같지는 않으며, 휴한기의 남자들을 병사로 충분히 차출할 수 있는 11월에서 5월 사이의 건기에만 주로 전쟁이 벌어졌다.

이 시기에 마야를 다스렸던 것은 소규모의 엘리트층이었다. 마야에 관한 최근의 논의 상당수가 다양한 도시에 세워진 '왕조' 개념에 치중되어 있는데도, 현재로서는 어디부터 어디까지 왕위가 세습된 것인지 명확하지 않다. 하지만 이따금 왕위가 세습된 것만은 확실하며, 나아가 일반적으로 부계 세습이었음에도 여성 통치자가 나온 사례도 둘 확인할 수 있다. 카날-이칼(Kanal-Ikal: 583~604년) 여왕 그리고 사크-쿠크(Zak-Kuk: 612~615년) 여왕이 그 경우인데, 둘 모두 팔렝케의 군주였다. 물론 후자는 정식 군주가 아니라 아들을 대신한 섭정이었던 것으로 보이지만 말이다. 일부 석주에서는 서로 다른 도시들끼리 왕족 간 혼인을 맺었다는 기록도 찾아볼 수 있다. 하지만 그와 동시에 엘리트층은 내부에서 자기들끼리 격심한 분쟁을 벌이기도 했다. 티칼에서는 후대 통치자들이 석주를 일부러 무너뜨려 내용을 지운 경우가 많았으며, 코판에서도 왕가 내에서 대규모 분란이 벌어지곤 했다. 현재는 마야 세계를 주름잡았던 가장 큰 힘이 정치권력이었음이 분명해졌지만, 일군의 '사제' 집단이 있어 이들이 석주 뒤에 숨은 복잡한 계산들을 담당했던 것도 틀림없는 사실이다. 기념 석주는 왕의 즉위 이후 제5회, 제25회 기념일에 맞추어 건립되었으며, 통치자의 생일이나 치세 기간 중의 핵심 사건 같은 주요 일자들이 석주의 내용으로 기록되었다. 이런 날에는 도시에서 특별한 사혈 의식이 거행했던 듯한데, 가오리의 등뼈를 노끈에 감아 왕비의 혀, 아니면 왕 자신의 음경에 통과시켰다. 이 의식에서 쏟아져 나온 피는 통치자 조상들의 영혼을 불러내는 데 쓰였으니, 마야가 신화상의 족보를 만들어 수천 년 전의 과거를 계산한 것도 바로 이런 이유에서였다.

마야 문명의 절정기는 비교적 짧게 끝난 편이었다. 731~790년에는 비슷한 기간의 다른 시기에 비해 좀 더 많은 기념물이 세워지는 모습이었다. 하지만 800년 이후 마야는 지역 전체가 매우 급속한 쇠락을 맞았다. 왕조의 기념물도 코판에서는 820년, 타칼에서는 879년, 우악삭툰에서는 889년에 마지막으로 세워지고 끝이었다. 장기력의 일자도 909년의 기록이 마지막인 것으로 알려져 있으며, 이후 이 책력은 메소아메리카의 그 어느 사회에서도 다시 채택되지 못했다. 마야의 몰락 원인을 두고는 이제까지 오랜 논쟁이 있어 왔으나, 여전히 명확하게 밝혀진 것은 없다. 그러나 엘리트층이 사회의 나머지 구성원, 특히 언제 무너질지 모르는 최저 생활 계층에 압력을 가했던 것이 몰락의 주원인이었던 것만은 분명하다. 또한 인구 증가로 대규모 지역에서 벌채가 이루어질 수밖에 없었는데, 나무를 베어 농지를 조성하고, 목재 및 연료를 공급받으며, 의례용 건물에 입힐 회반죽을 제조하기 위함이었다. 더구나 침식이 잘 되는 마야의 열대성 토양은 산비탈의 농사만 어렵게 만든 것이 아니라, 매우 정교하게 경작해야만 했던 습지의 돋움식 농경지에도 큰 타격을 입혔다. 농경 문제가 심화된 징후는 8세기에 들어 나타났는데, 매장 시신 중 영아 사망, 결핍성 질환, 농민의 영양 결핍 사례를 더 흔하게 찾아볼 수 있었다. 더불어 마야의 엘리트층은 자신들을 부양해 나가는 데 필요한 잉여농산물의 양이 줄자, 인구 대다수를 상대로 오히려 더욱 많은 것을 요구했다. 하지만 마야에 성립되어 있던 국가는 매우 취약했으니, 관료제가 거의 발달해 있지 않은 데다 아주 제한적인 것들 외에는 국가 체제를 지켜 갈 방도가 거의 없던 탓이었다. 쇠락의 소용돌이는 걷잡을 수 없이 빨랐다. 국가 내부의 문제와 스트레스는 점차 쌓여 결국 '농민반란'으로 이어졌을 것이고, 그 정확한 성격은 알 수 없으나 내부 부패가 만연하면서 외부 침략(그 흔적은 몇몇 유적지에서 뚜렷이 찾아볼 수 있다.)도 훨씬 쉬워졌을 것이다. 100년도 채 되지 않아 저지(低地)의 마야 사회는 예전의 훨씬 단순했던 단계로 회귀했고, 인구는 크게 줄었으며, 사람들이 도시를 버리고 떠나면서 왕조의 기념물은 밀림으로 뒤덮였다.

5.4 아즈텍

[동시대의 유라시아를 다룬 장 ☞ 13, 14, 15장]

기원후 900년에 마야가 몰락하자 메소아메리카의 '고전 시대'도 막을 내렸다. 그 뒤를 이은 후고전 시대(이후 스페인에 정복당하기 전까지의 시기)는 광범한 지역의 전쟁 및 군국주의, 인구의 이동 및 과도기 제국의 탄생을 주요 특징으로 꼽을 수 있다. 이와 동시에 후고전 시대에는 인간 제물의 중요성이 더욱 강조되어, 메소아메리카 사회들이 제 기능을 수행하는 데 핵심 역할을 했다. 테오티우아칸이 멸망하고 자취를 감춘 이후, 멕시코 중앙부에는 소규모 국가가 잇따라 일어나 단기간 번성하는 모습을 보였다. 일례로 기원후 800년 무렵에는 믹스텍족이 푸에블라의 촐룰라를 점령하고는 그길로 북진해 멕시코 계곡

안까지 진입해 소치칼코를 중심으로 나라를 하나 세웠다. 하지만 이보다 더 중요했던 것은 상당한 규모의 멕시코 북부 주민들의 이주였는데, 이들은 정착 농경 공동체의 생활권을 넘어 대륙 중앙의 주요부까지 진출했다.

이런 이주민 중 제일 중요했던 것이 톨텍족으로, 10세기 초반 토필친(Topiltzin)을 필두로 멕시코 계곡 북부의 툴라에 수도를 건설했다. 이후 제국의 영토는 점점 넓어져 기원후 1000년 무렵에는 동서 해안 사이에 걸친 멕시코 중앙부 전역이 그들 차지가 되었다. 그러나 테오티우아칸이나 마야의 도시들과는 달리, 엄청난 규모의 툴라 유적지는 이제까지 발굴이 거의 전무한 실정이다. 툴라는 피라미드, 광장, 열주식 홀이 여러 개씩 자리한 복합 단지였으며, 신보다는 전사들의 형상이 주로 자리했다. 톨텍족은 집단별로 여러 개의 군사 조직을 이루고 있었는데, 토템 신앙을 그 밑바탕에 깐 듯 코요테, 재규어, 독수리 같은 동물 이름이 붙어 있었다. 톨텍족의 이 제국은 1160년 무렵에 무너졌고, 이때 툴라도 거의 남김없이 파괴를 당했다. 침략자들은 툴라의 피라미드로 들어가 엄청난 크기의 참호를 파낸 뒤 그 안에 조각상들을 모조리 쳐 넣는 방식으로 도시를 파괴했다. 이런 만행을 저지른 것은 후일 '치치멕'(직역하면 '개(犬) 민족'이다.)으로 알려진 이들이었는데, '야만인'과 다름없는 뜻을 가졌던 치치멕은 일종의 비하하는 말로서 멕시코 북부를 근거지로 살아가던 부족 집단 다수를 싸잡아 일컫는 말이었다. 툴라가 무너지기 전만 해도 톨텍은 유카탄반도에까지 영향력을 행사할 정도였다. 유카탄반도 북부에는 치첸이트사 같은 주요 중심지들이 자리하고서 고전기의 마야가 자리해 있던 저지의 열대 밀림과는 전혀 다른 환경에서 성장해 나갔다. 후고전 시대의 핵심 특징 몇 가지가 형성된 곳도 바로 이 유카탄반도였다. 그 핵

심 특징의 사례로는 촘판틀리(tzompantli)와 착물(chacmool)이 꼽히는데, 전자는 인간의 두개골을 줄지어 매달아 놓았던 틀이었으며, 후자는 뒤로 비스듬히 누워 있는 형태의 조각상으로 배 부위의 널찍한 그릇에 인간의 심장을 얹게 되어 있었다. 1250년 이후로는 치첸이트사도 급격한 쇠락을 맞았고, 이로써 마야판이 툴룸 및 코스멜 같은 해안가 성읍들과 함께 수도로 부상했다. 유카탄 해안을 중심으로 한 광범한 지역의 무역을 장악한 것이 바로 이들 도시였다. 오악사카의 경우에도 750~800년 무렵에 고전기의 몬테 알반 유적지가 사람들에게 버려졌고, 이후로는 미틀라 같은 신흥 군사 중심지가 출현해 일대를 장악했다.

12세기 중반에 툴라가 몰락한 이후 멕시코 계곡은 일련의 소규모 도시국가들로 분열되었고, 한동안은 끝없는 전쟁 속에서 수차례의 동맹이 급격히 맺어지고 끊어지며 옛날의 톨텍 제국을 다시 일으키려는 노력이 전개되었다. 그러다가 1420년 말 마침내 이들 집단 중 하나(멕시카족)가 계곡 전체의 지배권을 확립하고 1519~1520년에 스페인에게 정복당하기까지 멕시코 중앙부 상당 부분을 영토로 점하니, 후일 아즈텍인이라 알려진 이들이다. 하지만 아즈텍은 스페인의 정복 이전에는 사용되지 않았던 만큼 올바른 명칭이 아니다. 세간에 아즈텍이라는 말이 널리 퍼진 것은 20세기 초반이며, 아즈텍이라는 말 자체도 멕시카족의 전설상의 고향 아스틀란에서 유래한 것이다. 멕시카족은 애초에 툴라가 멸망한 이후에 멕시코 계곡으로 이주해 들어온 소규모 집단으로서, 호수의 섬 위에 테노치티틀란이라는 소규모 성읍을 세운 뒤 이를 기반으로 자신들의 제국을 세워 나간 사람들이었다. 하지만 아즈텍이라는 말이 세간에 아주 널리 퍼진 만큼, 이 책에서 불가피하게 아즈텍이라는 용어를 사용하기로 한다. 아즈텍 제국은 성립되고 불과 한 세기도 지나지 않아 스페인에 정복당했고, 따라서 당시 현황 상당 부분이 구전으로 전해져 유럽인들의 글로 남을 수 있었다. 그 글들은 우리에게 매우 흥미로운 통찰을 제공하는데, 어떻게 제도조차 미비하던 한 혈족 중심의 사회가 그와는 전혀 다른 모습의 제국으로, 즉 귀족 엘리트층이 존재하고 고도로 계층화를 이루며 국가 체제가 다소의 권력을 행사하는 그런 제국으로 변모할 수 있었는지 알려 주기 때문이다. 사실 초창기 문명들은 아즈텍의 이런 과정을 대략적으로 수차례 되풀이하며 성립되었던 것이 틀림없다. 애초에 족장들도 전쟁에서 거둔 승리로 득의양양해지면서 스스로 권력을 확립해 원시 제도를 성립시켰을 테고, 여기서 한발 더 나아가 사회 엘리트층과 힘을 합쳐 점차 불평등한 사회를 만들어 갔으리라는 이야기다.

14세기 중엽, 즉 멕시카족이 멕시코 계곡에 도착한 직후, 멕시카 사회의 기반을 이루고 있던 것은 칼풀리(calpullin)였다. 칼풀리는 혈연관계로 맺어진, 주거 및 경제활동을 함께 하는 집단이었다. 이곳 사회에서는 칼풀리마다 학교 및 신전이 따로 있었으나, 땅의 소유는 가족이 주체였고 그 가족이 계속 경작을 이어 갈 수 있기만 하면 다음 세대에 땅을 물려주는 것도 가능했다. 칼풀리는 군사 조직의 기본단위이기도 했다. 이들 칼풀리는 혈연집단이었는데도 자기들끼리는 물론 집단 내에서도 상당한 차이를 보였고, 그러한 차이가 세대를 이어가며 전수되었다. 칼풀리의 지도자는 이론상으로는 선출도 가능했지만, 실질적으로는 세습직이나 다름없었다. 멕시카의 최초 통치자(틀라토아니(tlatonani))는 외부인 출신의 톨텍족 후손이었던 것으로 보이며, 1370년에 도시 쿨루아칸의 지명을 받고 지도자 자리에 올랐다. 그러나 초기 3대까지는 틀라토아니의 권력 기반이 매우 미흡해 전쟁 지도자 이상의 의미를 갖지 못했다.

　멕시카 계곡은 서부의 테파넥파(派)와 동부의 아콜우아 연맹으로 나뉘어 서로 대립하고 있었는데, 애초에 멕시카족은 서부의 테파넥파에 속해 있었다. 그런데 15세기 초엽에 이 테파넥파 안에서 멕시카족이 차지하는 권력이 점점 커졌고, 비교적 하찮게 여겨지던 그들의 영웅신 우이칠로푸크틀리도 이 무렵에 그들을 지키는 수호신으로까지 발돋움했다. 그러다가 1426~1428년에 아즈텍 국가를 형성시키는 일련의 핵심 사건이 일어나게 된다. 멕시카족이 속한 테파넥파가 아콜우아 연맹을 무찌른 것인데, 테파넥파의 우두머리(테소소목)가 승리한 직후에 사망하면서 멕시카족이 권력을 잡을 기회가 찾아왔다. 멕시카족은 아콜우아의 텍스코코에서 추방된 통치자를 비롯해 자신들과 함께 테파넥파에 속해 있던 도시 타쿠바와 연합했고, 결국 멕시카족의 틀라토아니인 이츠코아틀(Itzcoatl)이 이 연합을 이끌어 경쟁 세력을 물리치는 데 성공했다. 이로써 멕시코 계곡의 지배권은 이들 세 도시의 '삼각 동맹'에 돌아가니, 이 동맹의 지배 세력인 멕시카족이 결국에는 실질적인 통치자인 셈이었다.

　이를 계기로 멕시카의 엘리트층이 광범위하게 늘어나, 기존 제도의 틀을 재정비하고, 자신들의 입지를 공고히 다지며, 아즈텍 국가의 윤곽을 다잡는 작업에 들어갔다. 1428년에 역사 및 종교 관련 문헌을 모두 소각한 것이 그 작업의 시초였다. 이제 모든 권력은 틀라토아니 한 사람에게 집중되었고, 4인 위원회가 구성되어 자문을 맡았다. 자문 위원회는 모두 왕족 출신이었으며, 차기 톨라토아니는 반드시 이 가운데서 선정되어야 했다. 이후 아즈텍 사회가 심하게 불평등해진 것도, 1428년에 생겨난 결과로 각종 공물 및 땅이 사회 구성원에게 고루 분배되지 않고, 황실 가문 및 황실을 지지하는 귀족층에게만 집중

아즈텍 제국

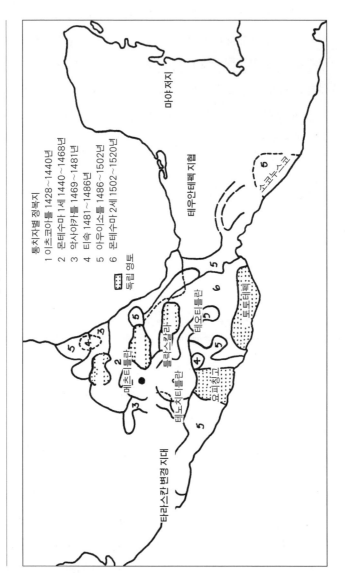

적으로 돌아간 데에 핵심 원인이 있었다. 칼풀리는 이제 주변부로 밀려나, 수도 테노치티틀란 근방의 원래 멕시카 땅에서만 찾아볼 수 있었다. 추가로 이루어지는 정복 활동은, 거기서 나온 전리품과 공물 역시 대부분 엘리트층에게만 돌아감으로써, 아즈텍 사회의 불평등을 더욱 부추기는 결과만 낳았다. 이츠코아틀과 그를 계승한 몬테수마 1세(Moctezuma I)는 아예 법령을 제정해 이런 불평등을 공식화했다. 이제 사람들은 피필틴(pipiltin)과 마세우알틴(macehualtin)의 두 계급으로 나뉘었다. 이 중 일부다처제의 적용을 받으며 2층집에 거주할 수 있는 것은 피필틴 뿐이었고, 이들의 신분을 구별해 주는 복장도 따로 정해져 있었다.

15세기의 남은 기간에 아즈텍의 확장을 부추긴 동인으로는 두 가지를 꼽는다. 첫째, 엘리트층이 정복 활동과 공물을 통해 계속 부와 권력을 쌓고자 했다는 점이다. 둘째, 1420년대 말 펼쳐진 재편 작업의 일환으로 우이칠로푸크틀리가 국가적 경배의 대상이자 아즈텍 성공의 후원자로서 그 역할이 커졌다는 점이다. 1428년 이전만 해도 인간 제물은 제식에서 미미한 부분밖에 차지하지 못했으나, 이제는 우이칠로푸크틀리를 모시는 데 핵심 역할을 하게 된다. 우아칠로푸크틀리는 곧 태양이었으며, 이 우주 나아가 아즈텍 백성을 다스리는 현존 질서였다. 아즈텍은 우이칠로푸크틀리의 제식에 필요한 포로를 정복 활동에서 구했고, 제물이 된 포로는 제식에서 산 채로 그 심장이 도려내졌다. 심장을 도려내고 남은 시신은 백성들에게 나누어 주어 고기로 먹게 했다. 아즈텍에서는 이런 식으로 희생된 사람의 수만 한 해에 약 1만 5000명에 이르렀던 것으로 보이나, 테노치티틀란의 중심에서 열린 대신전 봉헌 같은 주요 행사에서는,(테노치티틀란은 태양이 춘분과 추분에 신전 꼭대기를 지나도록 도시가 배치되어 있었다.) 단 나흘 만에 약 1만 명이 목숨을 잃기도 했다.

아즈텍 확장의 동인은 경제적인 면에도 일부 있었으니, 1450~ 1454년의 대기근 이후가 특히 그러했다. 이 난국을 벗어나고자 아즈텍은 현재의 과테말라가 자리한 태평양 연안의 소코누스코 왕국을 비롯해, 멕시코만 연안의 비옥한 땅을 정복해야 했다. 이처럼 식량, 공물, 희생 제물을 정복 활동으로 확보해야 했다는 것은 아즈텍이 제국의 내치에는 별달리 관심을 두지 못했다는 뜻이다. 거기다 단번에 손에 넣을 만큼 정복이 쉬운 땅도 있었지만, 고지(高地) 왕국 틀락스칼라처럼 제국의 심장부와 가까워도 정복이 까다롭기 때문에 그냥 방치하는 것이 나은 땅들도 있었다. 아즈텍은 정복한 땅에서 일차적으로 포로를 데려온 뒤에는, 테노치티틀란에 공물을 계속 바치는 한, 해당 지역의 엘리트층에게 통치를 맡기는 것이 보통이었다. 그 결과 지역민들의 반란 및 영토 재탈환을 피할 길이 없었다. 한편 내부적으로는 직인과 상인이 도시로 유입되고 아즈텍인 자체의 인구가 늘면서 수도가 급속히 팽창하는 모습을 보였다. 그리하여 호수 위에 건설된 기존의 뜰과 밭만으로는 인구 부양이 어렵다고 보고 대대적인 개간 작업이 계획되었다. 그러나 15세기 말에 아즈텍 제국은 이미 위기를 향해 치닫는 중이었다. 당시에 아즈텍은 무엇보다 내치를 강화해야 할 시점이었다. 초반의 확장 국면은 대체로 마무리된 상태였고, 아즈텍 제국이 뻗어 있던 지역만도 이미 너무 넓어 효율적 통치가 이루어지지 못하고 있었기 때문이다. 더구나 오악사카 계곡의 여러 나라에 막혀 더 이상의 추가 확장은 어려운 형편이었고, 제국의 북부와 남부는 인구 분산이 심해 필요를 충당하기가 무척 어려웠다. 그러나 아즈텍 내부의 역학을 보건대, 내치 강화로 갈 경우 여러 가지 골치 아픈 문제가 생겨날 것이 분명했다. 우선은 엘리트층이 정복 활동의 공물에 의지한다는 것이 문제였고, 이보다 훨씬 중요한 것으로써 앞으로도 아즈텍 세계는 우이칠로포크틀리에게 계속 인간 제물을 바쳐야 한다는 점이었다. 정복 활동이 뜸해진다는 것은 곧 제물 공급이 말라버린다는 뜻이었고, 노예-상인계급이 발달한다고 해도 제물의 수요를 충분히 채우기는 불가능할 것이었다.

이런 문제들은 아즈텍의 마지막 통치자 몬테수마 2세(Moctezuma II: 1502~1520년)의 재위 기간에 더욱 극심해졌다. 그는 선대 왕 아우이소틀(Ahuitzotl: 1486~1502년)이 못다 이룬 위업을 이어받아 제국 땅을 재정복하는 데 치세의 상당 부분을 할애했다. 하지만 추가 영토 확장은 여간 어려운 일이 아니었고, 따라서 그는 과거에 수차례 곤혹을 치렀는데도 틀락스칼라 같은 제국 중심부 근방 지역에 대한 공략을 시도했다. 하지만 공물이나 포로 획득 면에서 군사작전은 거의 성과를 거두지 못했고, 따라서 제국 내부의 압박감만 더욱 키운 꼴이 되었다. 민심에 어긋나는 통치자를 지명해 중앙의 지배를 강화하려는 노력도 소요와 반란으로 이어졌다. 이 모든 문제들이 쌓인 결과 1519년에 스페인인들이 도착할 당시의 아즈텍 제국은, 이방인들에게 이용당하기에 더할 나위 없이 좋은 환경이 되어 있었다.

[이후의 메소아메리카 ☞ 16.2, 17.1]

5.5 초기 페루와 안데스산맥

페루는 메소아메리카와는 따로 떨어져 있었고, 발전 양상도 대체로 지형에 의해 결정되었다. 페루 인근의 태평양 연안은 상당 부분이 건조하고 척박한 사막인데, 그것을 또 안데스산맥에서 내려오는 하곡 40여 개가 이리저리 나눠 놓고 있다. 이들 계곡에서도 농경과 관개는 가능했으나, 여기 출현했던 다양한 문명과 문화는 중간중간에 끼인 사막 탓에 비교적 고립되어 있었다. 안데스산맥의 경우 농경 정착에 적합한 땅은 고지의 계곡과 분지뿐이어서, 기원후 6세기에 들어서까지 여전히 부족 생활에 머물렀던 곳이 많았다. 그런 가운데도 실질적 발전이 이루어진 주요 중심부가 있었으니, 바로 (페루와 볼리비아의 접경지대에 있는) 티티카카호 주변의 널따란 분지와, 대규모의 농경지 조성 및 대량의 라마 사육이 가능했던 고지의 알티플라노(중부 안데스 고산지대에 넓게 펼쳐진 고원을 이른다.—옮긴이)였다.

페루에서는 기원전 2500년 무렵부터 태평양 연안을 따라 최초의 촌락들이 발달하기 시작했고, 시간이 지나 기원전 1800년 무렵에는 도기와 직물도 발명되어 나왔다. 후자의 시기에는 대규모 의례 집전지도 최초로 등장했는데, 특히 페루 북부 해안가의 카스마 계곡이 대표적이다. 다수의 의례 집전지 중 가장 큰 규모로는 세친 알토가 손꼽히며, 여기 조성된 거대한 둔덕은 가로 세로가 250야드에 300야드였으며 높이는 100피트를 넘었다. '초기 지평선 시대(Early Horizon: 기원전 900~200년)'에는 거의 모든 계곡에 의례 집전지가 들어서며 웅장한 건축물을 갖춘 것이 특징이었다. 이들 계곡에는 관개에 기반을 둔 농경 사회가 자리 잡았으나, 대규모 건축 사업에 다수의 노동력을 동원해야 했던 만큼 상당한 수준의 권력이 행사되었을 것이 틀림없다. 이 시대에는 곳곳에서 걸핏하면 전쟁이 일었으며, 차빈이라고 불린 매우 독특한 예술 양식과 문화양식이 차빈 데 우안타르 지방을 중심으로 페루 전역에 보급되기도 했다. 하지만 이런 식의 문화 전파를 군사적 정복이나 단일 문화의 강제 확산 표시로 보기는 어려울 것 같다. 그보다 차빈 문화양식은 모종의 비군사적 종교 제식이 생겨나 그것이 페루 연안 상당 지역으로 퍼져 나갔음을 뜻한다고 하겠다.

이 시기를 지나는 동안 안데스산맥 중앙에서는 처음으로 철이 사용되기 시작했지만, 사회에는 매우 제한적 영향만 미쳤을 뿐이었으며, 사용자 역시 엘리트층 내에만 국한되었다. 안데스산맥 중앙에서는 광범한 지역에 철 매장지가 자리했으나, 서남아시아에서와 달리 처음 제련된 재료는 구리가 아니라, 당시에도 가장 중요하게 여겨지던 금속인 금이었다. 금은 기원전 1500년 무렵부터 세공되었으며, 주물을 떠 망치로 편 후 얇게 금박을 입힌 최초의 구리 제품들이 기원전 900~450년 무렵의 무덤들에서 발견된다. 금을 재료로 한 이들 장식 용구를 엘리트층은 매우 귀하게 여겼으며, 따라서 직인들의 작업도 구리와 은의 합금(망치로 두들겨 펴기가 매우 쉬웠다.) 제품 및 구리와 금의 합금(무척 아름다운 황금 빛깔을 내며, 툼바가(tumbaga) 합금이라고도 불렸다.) 제품을 만드는 데 집중되었다.

기원전 200년 무렵부터 차빈 양식은 자취를 감추었고, 그 이후로 800년 동안은 하곡의 다양한 사회들에서 독특한 지역성이 나타나며 페루 연안의 주된 특징을 형성하게 된다. 그런 사회들 중에는 초창기 국가 형성 단계의 특징을 보이는 곳들도 있었다. 페루 북부의 경우, 농작물의 재배가 계곡의 비옥한 농지로부터 연안의 평원 쪽으로 퍼져 나가면서 잉여농산물이 증가할 수 있었고, 덕분에 모체 문화가 생겨나 일대를 지배했다. 남부에서는 나스카 문화가 제일 중요했는데, 사막 바닥에 그려진 일군의 지상 그림과 연관된 것이 이 문화다. 페루의 최남단인 안데스산맥 고지에서는 티아우아나코라는 종교 유적지가 번성했다. 기원후 600년에서 1000년 사이에는 페루 최초의 국가 및 제국의 등장을 가장 중요한 특징으로 꼽는데, 페루 중앙부 고지의 아야쿠초 계곡이 그 중심지였다. 이 계곡에는 기원전 600년 이전부터

다수의 정착촌이 들어앉아 있었고, 그 규모는 대략 모두 동일했다. 그러다가 인구가 차차 증가함과 함께 자원을 둘러싼 경쟁이 격화되면서 정착촌 사이에 경쟁 구도가 생겨났다. 여기서 승리를 거둔 곳이 와리(Wari)였고, 와리는 이후 약 1000에이커를 아우르는 도시로 성장해 계곡을 지배했다. 와리에는 문자라고 알려진 것이 없었으며, 따라서 사회 및 정치 구조도 남아 있는 건물의 잔해를 통해 추론만 할 뿐이다. 그에 따르면 와리에는 매우 강력한 중앙 권력이 존재했던 듯하다. 도시 내부는 거대한 벽으로 나뉘어 사방이 가로막힌 주택군으로 들어차 있었으며, 인구 대다수가 군대의 병영과도 같은 이런 숙소에 거주했다. 건물 일부는 도시 중심부에 자리 잡고 행정 기능도 수행했던 것으로 보인다. 700년 무렵부터는 와리의 영향력이 아야쿠초 계곡 너머에까지 미쳤다. 와리 특유의 독특한 도해 및 건축양식이 연안 지대를 따라 늘어선 다수의 유적지에서도 발견되기 때문인데,(고지 사람들이 처음 연안을 지배한 것이 이 와리 시대 때였다.) 단 최북단을 비롯해 티아우아나코가 여전히 독립해 있던 남부에는 와리의 흔적이 남아 있지 않다. 더불어 와리 시대에는 장거리 무역이 증가하면서 다양한 지역을 서로 연결해 주는 도로망이 건설되었다. 와리의 확장이 정확히 어떤 성격이었는지는 여전히 논란을 일으키는 문제다. 일부 전문가는 차빈 문화가 그랬듯, 종교 사상이 전파되면서 와리가 확장했을 것이라고 본다. 하지만 와리 내부에 강력한 중앙 권력이 존재했다는 점을 근거로, 와리가 군사 정복 및 초창기 제국의 성립과 함께 확장했을 가능성에 더 무게를 두는 의견도 있다.

기원후 1000년 무렵에 와리가 쇠퇴하고 나자 페루에는 다시 지역마다 다양한 문화가 선을 보이는 시기가 찾아왔다. 그중 제일 중요했던 것은 북부의 치무 문화였는데, 모체 계곡 및 수도 찬찬을 핵심 근거지로 삼았다. 치무 문화는 기원후 900년 무렵에 등장하는데, 그 후로 약 400년 동안은 해당 지역에 앞서 존재했던 모체 문화와 거의 다를 것이 없었던 것처럼 보인다. 즉 그때까지만 해도 관개를 기반으로 하는 국가로써 다수의 하곡 가운데 하나와 그 주변부를 다스렸던 것이다. 그러다가 1300년 무렵에 지독한 '엘니뇨' 현상의 발생으로 태평양의 조류가 뒤바뀌었고, 이때 쏟아진 엄청난 양의 비가 치무의 복잡한 관개시설 상당 부분을 휩쓸어 가 버리는 일이 일어났다. 하지만 치무는 관개시설 재건이라는 대대적 작업에 힘을 쏟는 대신, 국정 운영의 방침을 재설정하는 방향으로 나아가 엘리트층에서는 국가에 필요한 자원을 군사적 정복 활동으로 얻어 내고자 했다. 이 방침을 실행한 결과 치무의 지배 영역은 종국에 네 배로 늘어, 현 에콰도르 접경지에 자리한 툼베스부터 리마 근방까지 아우르게 되었다. 이 방대한 지역에 치무가 행사했던 지배력은 공물을 거둬들이는 정도에 그쳤던 것으로 보이며, 따라서 지방 통치자 상당수도 그대로 세력을 보전했던 듯하다. 치무 제국이 확장되자 수도 찬찬도 점차 그 규모가 커져 종국에는 10제곱마일 이상을 아우를 정도가 되었다. 찬찬에는 엘리트층의 주거용 주택 시설만 총 서른네 군데 있었던 것으로 확인되며, 불규칙한 형태로 다닥다닥 붙어 있는 수많은 방에도 상당수의 인구가 거주했다. 하지만 찬찬이라는 도시가 가진 가장 뚜렷한 특징은 열 곳의 대규모 주거 시설로, 제국 확장기 이후에 통치자들이 저마다 하나씩 차지했던 곳이었다. 왕들은 각자 궁정 시설을 마련해 놓고 그 안에서 국정을 돌보았는데, 이곳은 왕의 가족이 왕의 미라를 간수해 두는 곳이자 왕이 죽고 난 후 복잡한 의례로 제사를 지내는 곳이기도 했다. 그리고 1년에 최소 한 차례 이상은 왕의 시신을 일반 대중에게 공개하고 제사를 지내는 자리가 마련되었던 듯하다. 왕이 서거하면, 그 당시나 혹은 이후에 왕의 수행단이나 가족 일부가 제물로 바쳐졌던 것으로 보인다. (15세기 중엽부터 치무 제국을 압박하기 시작한) 잉카 제국에서도 훨씬 정교한 단계에 따라 이 의례가 시행되었던 것을 보면, 이 관행은 페루의 초창기 문화에서부터 이미 그 뿌리가 깊었던 듯하다.

5.6 잉카

[동시대의 유라시아 역사 ☞ 15]

1532년에 스페인인들이 페루에 도착했을 당시, 오늘날 콜롬비아의 남쪽 국경에서부터 칠레 중앙의 마울레강에 이르기까지, 잉카 제국은 무려 2500마일이 넘는 지역에 뻗어 있었다. 잉카 제국은 콜럼버스 이전 시대 아메리카의 여러 나라를 통틀어 가장 규모가 컸을 뿐 아니라, 유라시아의 유사 제국 그 어디보다도 훨씬 넓은 영토를 자랑했다. 메소아메리카의 아즈텍 제국이 그랬듯, 잉카 제국도 스페인의 정복이 이루어진 세기를 전후해 비교적 늦게 탄생한 편이었다.

기원전 1200년 즈음 국가 티아우아나코가 몰락하자 알티플라노에 자리한 각양각색의 소규모 국가들 사이에는 거의 한시도 분쟁이 그치질 않았다. 안데스 남부에서 사상 처음으로 청동이 제작된 것이 바로 이 무렵으로, 이때부터 각종 장신구와 함께 최초의 철제 무기가 만들어질 수 있었다. 애초에 잉카 제국의 구성원은 쿠스코 일대의 소규모 촌락 출신 농민들이었으며, 이들은 티티카카호 근방의 코야 왕국 및 루파카 왕국에 오랜 기간 빌붙어 살던 처지였다. 이들의 초기 사회조직은 멕시카족이 멕시코 계곡에서 이루었던 사회조직과 눈에 띄게 비슷했으며, 당연히 해당 발전 단계에 있던 전 세계의 다른 수많은 집단과도 유사성을 보였다. 당시 잉카 사회의 기본단위는 아이유(ayllu)로써, 조상이 같은 후손들이 모인 혈연집단이었다고 여겨지며, 이들 집단이 소유한 땅을 개별 가족들이 나누어 경작했다. 물론 개별 가족들이라도 서로의 가옥을 지을 때는 하나로 협동했다. 잉카 제국이 탄생할 무렵에는 일명 쿠라카스(curacas)라고 알려진 세습직 군장들이 아이유를 통제했으며, 이들 군장들은 사람들을 이끌어 공동 노역을 조직할 만한 능력이 있었다. 물론 이와 유사한 체제가 초창기의 잉카 역사에도 존재했는지는 현재로서는 알 수 없다. 1400년 이전에 존재했던 잉카의 초기 정치조직도 그 성격을 정확히 판별하기가 어렵기는 마찬가지다. 아마도 권력은 아이유의 지도자들과 신치(sinchi)라 알려진 전쟁 지도자들이 나눠 가졌던 것으로 보인다. 신치의 경우에는 좀 더 항구적으로 권력을 누릴 방법이 있었으니, 비(非)잉카계의 타 촌락들과 항시 소소한 싸움이 벌어졌던 만큼 거기서 능력을 발휘하면 되었던 것이다. 잉카의 종교는 초기에는 복잡한 양상을 띠었다. 잉카는 티아우아나코로부터 창조신 비라코차, 태양신 인티, 번개와 날씨의 신 이야파의 개념을 들여와 이들을 섬겼다. 그러나 사실 이들은 별개의 신이 아니라,(한때 그렇게 생각한 것은 스페인들의 오해에서 빚어진 실수였다.) 단 하나의 신이 다양한 모습으로 현현한 것이었다. 이들 신과 함께 후아카(huaca)도 숭배의 대상이었는데, 그것은 사람(미라로 만들어 놓은 시신)일 수도 있었고, 사당 같은 장소일 수도 있었으며, 신상 같은 물체일 수도 있었다. 후아카는 신성함을 지니는 것이었으며, 각 아이유는 저마다 일정 범위의 후아카를 보유하고 그것을 정성스레 돌보는 것으로 정통성을 부여받았다. 후아카를 돌보는 일은 보통 너무 노쇠해 더는 밭에 나가 일할 수 없게 된 노인들이 맡았다.

잉카 제국의 확장은 15세기 초반에 비라코차(Viracocha)의 치세에 들어 시작되었다. 비라코차는 잉카 제국의 제8대 왕인데, 잉카 제국의 초대 왕이 누구였는가에 대해서는 이렇다 할 지식이 없는 형편이다. 아마도 임시의 전쟁 지도자에서 벗어나 명실상부한 왕으로 발돋움한 것은 그가 최초였고, 아울러 쿠스코 일대 지역을 처음 정복하기 시작한 것도 그였을 것으로 보인다. 영토의 대대적 확장은 파차쿠티(Pachakuti: 1438~1471년) 치세에 이루어졌는데, 파차쿠티는 도시 쿠스코가 반(反)잉카 성읍 연합군에게 포위 공격을 당할 때 그 안에서 군사 쿠데타를 일으켜 권력을 찬탈한 것으로 보인다. 그는 잉카를 전혀 다른 나라로 일신시켰는데, 옛날 아즈텍 제국 통치자들이 멕시코 계곡에서 권력을 찬탈한 이후 취했던 방식과 아주 유사했다. 1450년 무렵에 잉카의 지배력은 알티플라노를 비롯해 티티카카호 대부분에 미치게 되었다. 이후 잉카는 안데스 고지를 벗어나 멀리 연안 지역까지 영토를 넓혔으며, 1463년에서 1471년 사이에는 치무를 무찌르고 1493년 무렵에는 남쪽 지역까지 정복했다. 그러다가 1490년대 말에 들면서 영토 확장의 큰 흐름은 마무리되었다.

잉카인들은 자신들의 제국을 타완틴수유(Tawantinsuyu)라는 말로 알고 있었는데, '네 구역으로 나뉜 땅'을 의미했다. 이 명칭은 당시 잉카인들이 가진 기본 세계관을 담고 있었다. 수도 쿠스코('지구의 배꼽'이라는 뜻이다.) 역시 네 구역으로 나뉘어 있었는데, 단 각 '구역들'의 크기가 다 달랐고 남서 구역이 타 구역들에 비해 월등히 컸다. 각 구역들은 (무척이나 복잡한 방식으로) 잉카가 이루고 있던 사회조직과도 관련이 있었으며, 초기 잉카 제국의 사회조직이 지위에 따라 세 집단으로 분류되었다. 이런 식의 집단 분류는 잉카의 의례 및 사회조직인 케크(ceque)에도 그대로 반영되었다. 쿠스코의 한가운데에는 코리칸차, 즉 태양의 신전이 자리 잡고 있었다. 이 신전은 제국의 중심으로(아울

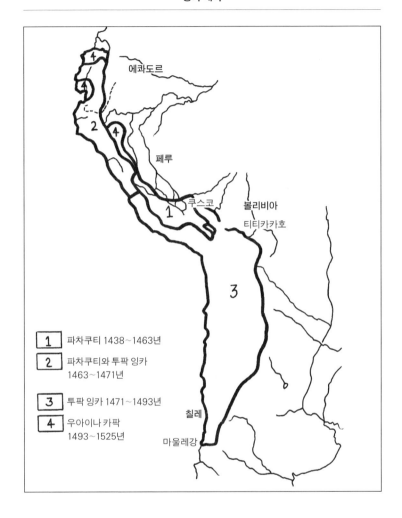

1 파차쿠티 1438~1463년

2 파차쿠티와 투팍 잉카
1463~1471년

3 투팍 잉카 1471~1493년

4 우아이나 카팍
1493~1525년

에콰도르

페루

쿠스코

볼리비아

티티카카호

칠레

마울레강

러 세계의 중심으로) 여겨졌고, 신전의 위치도 하지와 동지에(즉 여름에
는 일출 시간에, 겨울에는 일몰 시간에) 맞추어 세심하게 정렬되어 있었다.
이 밖에도 신전은 계곡 꼭대기의 다양한 탑들과도 중요한 정렬을 이
루었는데, 그 선들을 살피면 파종 시기의 핵심 일자를 알 수 있었다.

잉카 제국은 조상숭배 의식을 무척이나 정교하게 발달시켰으니, 북부의 경쟁자 치무 제국은 상대도 안 될 정도였다. 잉카에서는 죽은 왕의 시신을 미라로 만들어 그것을 코리칸차 신전의 벽감에 진열했고, 이렇게 신전 안에 모셔진 왕의 시신은 그 무엇보다 신성한 후아카였다.(잉카인들이 숨겨 둔 이런 시신을 스페인인들은 27년이나 걸려 가며 모조리 찾아 훼손했다.) 잉카인들은 죽은 통치자를 여전히 살아 있는 존재인 양 다루었고, 따라서 광대한 땅을 하인 부대에게 일구게 해서 거기서 나온 소출로 이 왕들을 '먹여 살렸다.' 하지만 죽은 통치자의 수가 점점 늘어나고, 나아가 인구, 특히 비생산자 엘리트층(잉카에서 파나카(panaqa)라 불린 이들은 통치자의 친인척 및 후손들로 구성되었다.)이 불어남에 따라 이들을 부양하기 위한 새로운 땅이 필요해졌다. 여기에 잉카는 아이유 안에서 구성원에게 부과하던 공동 노역을 확대해, 잉카 제국의 모든 시민이 빠짐없이 토지 경작, 공사 노역, 군역의 의무 중 한 가지를 지게 했다. 멕시코 중앙의 아즈텍인 제국이 그랬듯, 15세기 말에 접어들자 이런 내부적 원인들의 골이 깊어지며 잉카 제국에도 커다란 위기가 닥쳤다. 두 제국 모두 사회의 핵심 특징들을 유지하려면 더 많은 땅과 사람들이 필요했다. 죽은 왕들을 봉양할 땅이나, 우이칠로포크틀리에게 바칠 희생 제물이 있어야 했기 때문이다. 실행 가능한 확장 및 정복에서 두 제국 모두 점차 한계에 다다르고 있었다. 잉카가 손쉽게 정복할 만한 땅은 이제 바닥나고 있었고, 와이나 카팍(Huayana Capac)은 오늘날 에콰도르의 비교적 소규모 지역을 차지하려고 애쓰다 치세(1493~1525년)의 대부분을 허비하고 말았다. 훌륭한 도로망이 발달해 있고 국가 전령 체계(잉카 제국이 선대 국가들에서 물려받은 제도였다.)가 잘 자리 잡혀 있었는데도 제국의 변경에서 보낸 전갈이 쿠스코까지 도착하는 데에만 열흘이 넘게 걸렸다. 따라서 제국을 제대로 다스리기는 무척이나 어려운 일이었고, 특히 제국 안으로 점차 다양한 집단의 사람들의 유입되고 있던 터라 어려움은 더욱 커져 갔다.

이런 문제의 상당수가 절정으로 치달은 것은 1525년 와이나 카팍이 세상을 떠나고 잉카 제국이 내란에 휩쓸리면서였다. 죽은 왕의 두 아들, 와스카르(Huascar)와 아타우알파(Atahualpa) 사이에 싸움에 벌어진 것이다. 사실 아타우알파는 왕위 계승 서열에서 밀렸는데, 당시 왕실의 순수 적통으로 인정받았던 남매간 결혼 태생이 아니었기 때문이다. 하지만 군대의 상당수 병사에게서 충성을 받고 있던 것은 그였다. 한편 와스카르는 왕으로서는 그다지 인기가 없었다. 잉카에서 정통성을 인정받는 핵심 장치이자, 동시에 잉카라는 나라의 핵심 약점이기도 했던 제도를 그가 폐지시키고자 했기 때문이다. 즉 죽은 통치자들을 봉양하는 데 쓰이던 막대한 양의 토지를 그는 다른 용도로 전환하고자 했다. 결국 1532년에 벌어진 둘 사이의 결정적 싸움에서 패한 것은 와스카르였다. 그리하여 아즈텍인들의 경우와 마찬가지로, 1532년 스페인인들이 도착했을 때 그들 눈앞의 잉카 제국은 이미 심각하게 쇠약해진 상태였다.

5.7 태평양

(94쪽의 지도를 참조하라)

폴리네시아인들은 일련의 장대한 항해를 통해 태평양 전역으로 퍼져 나갔고, 그러면서 다양한 섬들 안에서 서로 다른 세상과 환경을 만나 그곳에 정착해 나갔다. 애초에 생활을 시작할 때만 해도 그들은 모두 폴리네시아에서 공통적으로 쓰던 삶의 방식 및 기본 생계 수단을 이용했지만, 다양한 집단들이 저마다 다른 환경을 만나게 되면서 옛날의 생활 방식에도 대폭 수정을 가하지 않으면 안 되었다. 고향 땅에 살 때 폴리네시아인들은 토란, 참마, 빵나무 열매를 재배하고, 돼지, 개, 닭 등의 몇몇 동물을 키워 기본 생계를 유지했다.(폴리네시아인들은 인간 집단으로서 매우 독특한 면도 있는데, 초창기만 해도 토기를 만들어 썼으나, 시간이 갈수록 토기의 수가 급격히 줄어 결국 기원후 300년 무렵 이후로는 더는 토기를 만들어 쓰지 않았다는 점이다.) 하지만 새로운 정착지 태평양은 열대부터 온대, 아남극까지 다양한 지역에 걸쳐 있어서 이런 식의 생계유지 패턴도 다양한 환경에 맞추어 변화해야 했다. 일례로 뉴질랜드 남쪽의 섬에서는 사람들이 경작을 버리고 다시 수렵·채집 생활로 돌아갔다. 한편 섬의 민감한 생태에서는 인간이 일으킨 환경 변화가 처참한 결과를 빚기도 했다. 일례로 뉴질랜드에서는 날지 못하는 대형 조류 모아가 13종 이상 멸종당했으며, 그 외의 또 다른 조류들도 약 16종이 함께 멸종당했다. 하와이 제도 역시 유사한 수준의 광범위한 멸종 사태를 겪어야 했다. 폴리네시아인들이 정착한 섬들은 거의 모두 고립되어 있었고, 따라서 사회가 국가 형성 단계 직전의 군장 정치로 발달해 가는 상황이 마치 섬마다 별개의 실험이 이루어지듯 전개되었다. 태평양 전역을 유럽인들이 항해하기 시작했을 때에도 폴리네시아인들은 여전히 이 단계에 머물러 있었고, 그래서 그러한 발달의 세세한 부분들이 아직 사람들의 기억에 간직되어 있었다.

태평양의 섬들을 처음 찾아간 초기 유럽인들에게 그곳은 마치 '열대의 낙원'처럼 비쳤으니, 이곳에서는 기본 생계나 생활유지가 손쉬운 것처럼 보였기 때문이다. 그러나 현실은 전혀 달랐다. 우선 특정 철이면 가뭄이 들어 큰 골칫거리였고, 기근 때문에 목숨을 잃는 일이

다반사였다. 따라서 폴리네시아 사회에서는 식량을 저장해 두었다가 위급할 때 배급해 주는 일이 무엇보다 중요했고, 차차 이것이 군장의 주요 역할 중 하나가 되었다. 사회는 씨족을 기본단위로 조직되었으며, 씨족 구성원들은 하나의 조상에서 나온 한 핏줄이라 여겨졌다. 그러나 같은 씨족이라도 내부는 지위와 혈통에 따라 격심하게 분열되어 있곤 했다. 토지는 보통 씨족 단위로 소유했으나, 경작은 개별 가족들이 맡았다. 폴리네시아인들은 보통, 그리고 새로운 섬을 찾아 정착할 때는 특히, 해안가로부터 언덕 꼭대기에 이르게끔 기다란 띠 형태로 땅을 나누었는데, 그렇게 하면 모든 씨족이 각양각색의 자원을 각자 광범위하게 이용할 수 있었기 때문이다. 애초에 군장이 사회에서 맡은 역할은 공동체와 그곳의 신 및 조상들 사이에서 중재자 노릇을 하는 것이었다. 하지만 이내 도처에서 전쟁이 판치며 고착화하기에 이르렀다. 전쟁은 보통 토지이용을 둘러싸고 일어났는데, 대규모로 농경지 정리 작업을 하는 것보다는 정복 활동을 벌이는 편이 훨씬 손쉬웠기 때문이다. 전사로 성공한 이들은 곧잘 군장의 권력을 찬탈했고, 그런 후에는 정복지 상당 부분을 자기 땅으로 만들어 관리자에게 대신 경작을 맡기는 식으로 자신의 권력을 증대시켜 나갔다. 따라서 이제는 군장 가문 혈통보다는 전쟁에서 거둔 승리가 좀 더 많은 정치권력을 만들어 내는 요인이 되었다.

폴리네시아의 사회 발달을 연구할 때는 세 곳의 사례를 살피는 것이 가장 좋은데, 그 세 곳이란 폴리네시아의 심장부 통가, 최북단의 하와이, 남동부의 이스터섬을 일컫는다. 통가는 폴리네시아 세계 내에서도 매우 독특한 특징을 갖는 곳으로, 정교하게 이어진 외부 항로 및 물물교환 체계가 뿔뿔이 흩어진 제도 내의 섬들뿐만 아니라 동쪽의 피지, 북쪽의 사모아섬과도 연결되어 있었다. 통가 제도 안에는 자

그마한 섬이 다수 모여 있었는데 집약적인 건조 농업(과거 이 지역에서
는 관개가 불가능했다.)을 통해 각각 최대 약 1만 명까지 인구를 부양할
수 있었다. 이 지역 사람들은 그간 족보에 줄기차게 강박적 관심을 가
져왔고, 나아가 이 지역에서 여러 차례 고고학적 발견도 이루어졌기
때문에 이 지역에 대해서는 얼마간 역사를 재구성하는 일이 가능하
다. 통가 사회 내에서 계층화가 점차 뚜렷해진 것은 기원후 1000년 무
렵의 일로, 이 무렵에 통가타푸섬의 무아에 거대한 의례용 능이 조성
되었다. 이 능은 군장 두 명의 생활 거처이자,(죽어서도 여기에 묻혔다.)
군장으로서 가장 중요한 역할을 수행하는 집무처이기도 했다. 즉 두
명의 군장은 이곳에서 공물 진상 의례를 거행한 후 자신의 추종자들
에게 그 공물을 나누어 주는 의식을 치렀던 것이다. 15세기 무렵까지
만 해도 종교와 세속의 양면에서 최고 권위자는 (통가 제도의 우두머리
군장인) 투이 통가였다. 그러다가 투이 통가의 제23대 군장 타칼라우
아(Takalaua)가 암살당하면서 두 직분이 분리되었다. 이제 투이 통가
는 순전히 종교 지도자가 되어 실질적 권력은 거의 가지지 못했다. 대
신 하우(hau)가 새로이 속세의 지도자로 부상해, 거대한 의례용 능들
이 자리한 부지를 재조성함과 동시에 바닷가에도 대규모 부두를 건
설해 자신의 권력을 통가 제도 대부분 지역으로 확장시켰다. 또한 하
우는 동일 가문 출신의 인물들을 자기 아래의 부(副)군장으로 만들어
자신의 행정상 결정들을 구체적으로 실행시키게 했다. 통치도 이제 더
는 씨족이 아닌, 영토를 기반으로 이루어졌다. 1700년 무렵에 접어들
면서는 군장과 나머지 사람들 사이에 매우 뚜렷한 구분이 생겨났다.
평민들은 혈통상 더는 군장들과 연관을 가지지 않았고, 그저 군장이
다스리는 땅 위의 거주민일 뿐이었다. 토지도 더는 씨족 소유가 아니라
여러 급으로 나뉜 군장들의 소유였고, 군장들은 사람들에게 땅을 소

작 주고 그 대가로 공물과 노역을 제공받았다. 이런 식의 매우 뚜렷한 계급 분화와 불평등은 최초의 농경 사회들이 좀 더 복잡하게 발달하면서 태평양 제도 전반에서 여러 차례 되풀이되며 그 양상이 심화된 것으로 보인다. 일부 사회는 여기서 한발 더 나아가 완전한 국가로까지 탈바꿈했으며, 이때에는 훨씬 강한 불평등과 중앙 권력이 출현했다.

하와이에 사람이 정착한 시기는 500년 무렵으로, 통가와 달리 진정 고립된 섬이었다. 그러나 하와이 자체만 해도 커다란 섬이 여덟 개 딸린 거대한 제도인 데다, 폴리네시아 삼각지대 안에서도 그 크기가 뉴질랜드에 이어 두 번째로 컸다. 하와이에서는 비옥한 토양을 통해 다량의 잉여 식량이 생산된 결과 급속히 인구가 늘 수 있었으니, 기원후 900년에 사람들이 대규모로 새로운 땅에 정착하게 된 이후 특히 그러했다. 하와이 제도의 섬은 모두 여러 개의 독립된 군장 사회로 나뉘어 있었고, 이들 사회가 전쟁, 외교, 혼인 동맹 등을 통해 서로 지위와 권력을 차지하려 각축을 벌였다. 그러다가 1400년 무렵 이후 각축이 한층 격화되는데, 더는 남아도는 농경지가 없어 군장의 아들이 새로운 정착민을 거느리고 자기만의 영토를 구축하기가 불가능해졌기 때문이다. 농지는 집약적으로 경작되었으나, 결국 끊임없는 인구 증가로 사회 내부의 불안은 더욱 심화되었으니, 특히 농경지가 주변부 땅으로 심하게 밀려나면서 흉작과 기근의 위험이 높아진 것이 문제였다.

이런 식의 내부 불안이 깊어진 결과, 1440년 무렵에 오하우섬에서는 개개의 군장 사회가 사라지고 1인 통치자가 등장해 실질적으로 소왕(小王) 노릇을 했다. 그러자 뒤이어 다른 섬들도 급속히 동일한 노정을 밟아 나갔다. 이렇듯 중앙의 정치 지배가 강력해지자 여러 가지 사회적 변화가 잇따랐다. 군장들과 사회의 나머지 구성원들 사이의 거리는 더욱 멀어졌고, 군장의 혼인은 타지 섬의 군장 가문끼리만 이루어졌다. 이제 사람들은 군장을 대상으로 공물을 납입해야 했고, 공물 역시 거의 전적으로 군장 계급 내에서만 재배분되었다. 물론 기근의 위기가 닥칠 경우에는 군장 계급에 따라 공동체 부조의 의무가 지워지기는 했지만 말이다. 섬의 토지가 점차 군장들의 소유가 되면서 인구 대다수는 군장의 소작인으로서 일해야 했다. 군장들은 공물을 좀 더 다량으로 징발하고자 영토를 확장하려고 시도했고, 그 결과 섬 안에서는 전쟁이 더욱 빈발했다. 그리하여 유럽인들이 대거 하와이에 도착하기 직전인 1795년, 하와이의 섬들은 단일 통치자가 모두 점령해 통일되기에 이른다. 불과 1300년도 걸리지 않아 하와이는 소수 정착민밖에 없던 사회에서 원시 단계의 왕국까지 발전한 것이다.

이스터섬은 이 지구상에 조성된 인간의 거주지 중 가장 외진 곳이다. 남아메리카 해안에서 2000마일, 태평양의 자그마한 섬 핏케언과도 1000마일이 넘게 떨어져 있기 때문이다. 이스터섬은 사람 몇몇이 기원후 500년 무렵에 찾아와 살기 시작하면서 정착이 이루어졌다. 사람들이 도착하고 보니 이 섬은 고작 150제곱마일 크기에 천연자원이 거의 나지 않는 데다, 그들이 고향에서 키우던 아열대 작물도 거의 키울 수 없는 곳이었다. 사람들은 고구마와 닭고기를 주식으로 생활해 나가야 했다. 인구가 증가하자 섬사람들은 폴리네시아 사회가 통상 그랬듯 여러 개의 씨족과 혈연집단으로 나뉘어 군장 한 사람의 지배를 받았다. 각 집단에는 일명 아후(ahu)라 불린 종교 의례지가 하나씩 있었는데, 돌로 만들어진 이 기단에서 사람들은 시신 매장, 조상 숭배, 군장의 사후 추모 의식을 치렀다. 이스터섬에서 섭취하는 식단은 단조로웠으나 영양은 풍부했고, 음식을 손쉽게 구할 수 있었기 때문에 문화 활동에 넉넉히 시간을 투자할 수 있었다. 덕분에 이스터섬에서는 폴리네시아에서는 유례가 없을 정도로 수준 높은 문화가 발달할 수 있었다. 오롱고의 새(鳥) 의식도 이런 문화 행사의 일환이었으며, 현재 오롱고에서는 마흔일곱 채의 특수 가옥을 비롯해 다수의 기단 및 깊은 돋을새김 조각이 발견된다. 이스터섬에서는 이런 의식을 치르는 과정 중에 일명 롱고롱고(rongorongo)를 읊기도 했는데, 폴리네시아에서 유일하게 글의 형태를 갖추었다고 알려졌으나 진정한 의미의 문자라기보다 일련의 암기 기법을 모아 놓은 것에 가깝다. 이스터 사람들은 무엇보다 아후를 건설하는 데 큰 공을 들였고, 이런 아후가 이스터섬 해안 주변에만 총 300기 이상이 자리하고 있었다. 이렇게 건설된 아후 상당수는 동지와 하지, 혹은 춘분과 추분의 주기 하나와 천문학적 정렬을 이루었다. 모든 기단 곁에는 거대한 석재 조각상이 한 개에서 열다섯 개 정도 자리했는데, 라노 라라쿠 채석장의 돌을 흑요석 석기로 깎아 만든 것으로 남자의 두상 및 상반신을 고도의 양식화된 형태로 표현했다. 이들 석상은 높이가 약 20피트에 달하며, 무게도 수십 톤이 나간다. 조각상의 꼭대기에는 붉은색 돌을 일종의 '상투' 모양으로 깎아 얹어 놓았는데, 또 다른 채석장의 돌을 자재로 제작한 것은 무게만 약 10톤이 나간다. 이런 거대 조각상들은 모두 합해 600개가 넘는다고 하나, 미완성 작품도 상당히 많다.

이 거대 조각상을 세우기 위한 씨족 간의 경쟁은 곧 이스터섬의 핵심 특징으로 자리 잡으니, 1550년 무렵에 이르자 이스터섬의 인구가 7000명까지 늘어 절정에 달하고, 씨족 집단도 그 수가 몇 배로 불어났기 때문이었다. 정착민들이 처음 도착했을 때만 해도 이스터섬은 숲이 매우 울창한 곳이었으나, 인구 증가로 차차 나무들이 사라졌다. 사람들은 나무를 베어 내 농경지를 조성하고, 그것으로 목재를 만들어 집을 짓고, 난방과 요리용 땔감으로 쓰고, 섬 구석구석으로 거대 조각상을 끌고 가기 위해 굴림대로 만들어 썼다. 1600년 무렵에 목재가 바닥나자 섬에는 큰 위기가 닥쳤다. 이제 거대 조각상들을 세우기는커녕 나르는 일도 불가능해졌다. 그 결과, 엄청난 수의 조각상이 채석장에 버려진 채 방치되었다. 이러한 사태는 아마도 섬사람들이 가지고 있던 믿음에 근본적으로 타격을 입혔을 것으로 보인다. 가옥을 건설하는 일도 더는 불가능해져, 사람들은 동굴에 들어가 살거나 사화산 호수 언저리의 풀로 갈대 움막을 지어 살아야 했다. 카누도 더는 만들 수 없었으며, 갈대배를 가지고는 감히 장거리 항해에 나설 수 없었다. 한 마디로 사람들은 섬 안에 발이 묶인 꼴이었다. 삼림 파괴가 섬의 토양에도 악영향을 미치면서 토양이 침식되고 작물 산출량도 감소했다. 그러자 닭이 소중한 자원으로 부상했고, 사람들은 튼튼한 방비의 닭장을 만들어 그 안에 닭을 가두고 지켜야만 했다.

섬에서 구할 수 있는 식량이 감소하자 덩달아 인구도 감소했다. 1세기도 지나지 않아 섬의 인구는 3000명 남짓까지 떨어졌다. 사회의 분열도 계속되었다. 씨족 간에는 땅과 식량을 둘러싸고 전쟁이 더욱 잦아졌다. 노예제는 흔한 일이 되었고, 식인 풍습도 쉽게 찾아볼 수 있었다. 이제 사람들에게는 경쟁 집단의 아후를 파괴하는 것이 전쟁의 주목적 중 하나가 되었다. 그 크기가 너무 커 파괴가 불가능한 거대 석재 조각상은 어떻게든 쓰러뜨려 놓았다. 18세기 초반에 유럽인이 처음 도착했을 때, 이스터섬에는 그래도 제대로 서 있는 거대 조각상이 몇 개는 남아 있었다. 하지만 1세기 뒤에는 그것들마저도 모두 쓰러져 버렸다. 섬사람들은 거의 전무하다시피 한 자원을 가지고 극빈 생활을 해야 했으며, 심지어는 자신들이 환경을 파괴하기 전에(그에 따라 그들 자신의 사회가 파괴되기 전에) 자기 조상들이 어떤 업적을 이루었는지조차도 기억하지 못했다.

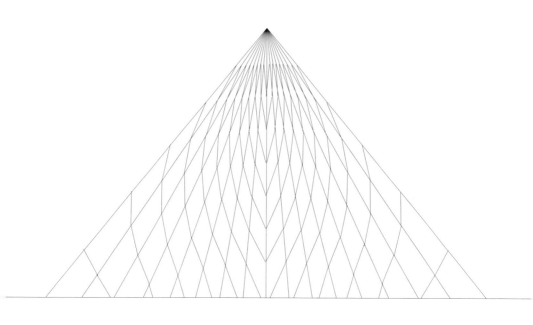

초기 제국들

기원전 2000 ~ 기원후 600년

3

초기의 유라시아 세계

6

메소포타미아, 이집트, 인더스 계곡, 그리고 좀 더 뒤늦은 시기의 중국에 출현했던 최초의 문명들은 기원전 2000년 무렵에 이르자 원시 수준의 국가 및 제국으로 발달했다. 그로부터 최소 3000년 동안은 '문명화된' 지역의 유라시아 전역으로의 확산, 새로운 국가들의 탄생, 정착 국가와 유목 집단 간의 지속적 갈등, 제국들의 흥망성쇠를 세계사의 주요 특징으로 꼽을 수 있다. 이 시기의 모든 국가와 제국들은 대체로 유사한 요인들에 제약을 받았는데, 주로 초기 농경 사회의 특성에서(즉 기술 변화의 속도가 매우 더디고 효율적인 정치권력이 미비한 점에서) 비롯된 것들이었다. 이는 곧 초창기 국가와 제국들은 한순간 흥했다가 사라질 운명인 데다, 역사 패턴도 대체적으로 비슷할 수밖에 없었다는 뜻이다. 보통 역동적인 한 통치자에 의해 초창기의 확장 국면이 끝나고 나면, 제국은 내부와 외부의 양면에서 생기는 모든 문제를 더는 막지 못하는 것으로 드러났다. 더러 그런 문제들이 터지지 않게 억누른 경우도 있었지만,(그럴 때면 종종 수 세기 정도 파국이 지연되었다.) 궁극적으로는 그것들이 국가와 제국의 존립에 치명적인 위해를 끼치는 것으로 판명되었다. 중국이 기원후 1000년 무렵에 접어들기 전까지는, 세상의 그 어느 국가도 초기 농경 사회에서 비롯되는 이런 제약들을 뛰어 넘으려는 움직임을 시작하지 못했다.

6.1 유라시아의 사회들

초기 국가들이 직면한 근본 문제는 기원전 8000년 무렵부터 발달해 온 농경의 특성에서 비롯된 것이었다. 농경은 수렵·채집에 비해서는 생산성이 좋았지만 (훨씬 엄청난 노력이 들어가는 점을 감안하면) 전반적인 면에서는 생산성이 낮았다. 농경이 산출할 수 있는 잉여 생산량은 얼마 되지 않았고, 따라서 농경 사회가 농부 이외 직종의 인구를 부양할 수 있는 비율도 적었다. 불과 몇 세기 전만 해도 농경 이외 직종의 인구 비율은 10퍼센트를 넘는 일이 매우 드물었으며, 심지어는 5퍼센트에 근접하게 수치가 떨어질 때도 많았다. 이는 사회의 잠재력을 심각하게 저해하는 주된 제약으로 작용했다. 기록 역사 대부분의 기간에 인류의 압도적 대다수가 경험했던 것은 농부로서의 농사일 그리고 가난이었다. 인구의 태반이 기본 생계를 근근이 이어 가는 처지였고, 그마저도 악천후와 흉작이 닥치면 속수무책이었다. 한 해 흉작이야 재앙까지 가지 않을 수 있었지만, 흉작이 연달아 두세 차례만 겹쳐도 기근과 아사를 거의 피할 길이 없었다. 인구 증가는 매우 더디고 간헐적인 수준에 그쳤다. 심지어는 인구 증가가 장기간 멈추기도 했고, 때로는 (비록 단기간이지만) 인구 감소도 있었다. 증가한 인구를 감당하기 위해 사회에서 주로 썼던 방식은 새로운 토지를 생산에 투입하는 것이었다. 설령 기존 경작지에 비해 새로운 토지의 생산성이 떨어진다고 하더라도 말이다. 기술 진보와 생산성 증대의 속도는 매우 더뎠으며, 그마저도 제한된 영향밖에는 미치지 못했다. 따라서 가용 농경지가 부양할 수 있는 최대치까지 인구가 올라가는 바람에, 흉작, 전쟁, 질병으로부터 훨씬 큰 타격을 받는 경향이 나타났다. 토지가 잉여 인구를 감당하지 못하면서 거지, 부랑자, 범죄자, 도적 떼도 대거 생겨났다. 경제는 성장했으나 질보다는 양적인 면에 치중하는 경향이 있었다. 더욱 많은 수의 사람이 더욱 넓은 땅을 경작하게 되면서 경제의 규모 자체는 커졌겠지만, 근본적인 면에서의 질적 변화는 거의 찾아볼 수 없었다.

각 사회 엘리트층의 삶은 일반 농부들과는 동떨어져 있었고, 심지어는 말도 똑같은 것을 쓰지 않는 경우가 많았다. 엘리트층은 농부들에게서 잉여 식량을 징발해 그것으로 생존해 나갔으며, 이를 위해 지대, 세금, 공물, 노역 등의 다양한 방식이 이용되었다. 농부들 상당수는 농노 혹은 채무자의 상태로 토지에 묶여 있었다. 몇몇 사회에서는 노예층이 광범위하게 형성되어 엘리트층에 필요한 잉여 식량 상당 부분을 조달해 주기도 했다. 엘리트층은 거의 모두 유라시아 전역에 드문드문 자리한 대도시에 거처를 두었다. 대부분의 제국에 대도시는 단 하나뿐이었고, 바빌론, 멤피스, 알렉산드리아, 장안(長安: 시안), 로마, 콘스탄티노폴리스 같은 도시에 통치자의 궁궐 및 행정처가 자리했다. 도시는 엘리트층, 그들의 하인, 엘리트층이 원하는 물품을 공급해 주는 직인, 그리고 생존을 위해 생계 수단과 충분한 먹을거리가 필요했던 빈민들이 속속 모여들면서 훌쩍 인구가 늘어나 도시 하나가 수십 만 명에 이르는 경우도 많았다. 기원후 16세기 말에 중국이 운하를 건설해 나가기 전만 해도 이런 대규모 도시들은 해안이나, 배가 다닐 만한 강에 위치한 경우가 많았다. 당시에는 바다와 강 말고는 도시 주민들이 먹을 식량을 대량으로 운송할 길이 없었기 때문이다. 일부 국가에서는 궁정이 여기저기로 이동해 다니기도 했는데, 시골 지역을 다니며 그곳의 잉여 식량을 그때그때 소진시키기 위해서였다. 잉글랜드의 경우에는, 16세기까지 이 관행이 계속되었다. 이렇듯 궁정이 이동해 다녔다는 것은 초기 국가와 제국이 하나같이 수송 및 통신 면에서 많은 어려움을 겪었다는 뜻이다. 군부대 행군을 위해(혹은 전령들이 주로(走路)로 이용하기 위해) 제국 시대에 건설된 몇 군데 도로를 제외하면, 육상의 통신망은 매우 열악한 수준이었다. 마차는 원시적 수준이었고, 육상 수송이 어렵고 비쌌기 때문에 대량의 물품을 수십 마일 이상 육상으로 나른다는 것은 비경제적이거나 종종 불가능한 일이었다. 해상 수송도 여러 모로 난감하기는 마찬가지였다. 선박은 대체로 원시적인 수준에다 튼튼하지 못했기에 육지를 벗어나 먼 바다까지 나갈 수 있는 배가 거의 없었다. 불과 몇백 년 전까지만 해도 지중해에서는 날이 고요한 여름철에만 항해가 이루어졌고, 인도양 전역 및 동남아시아와 중국의 바다에서도 철에 따라 계절풍이 일어날 때만 항해가 이루어졌다.

인구의 압도적 대다수는 농경으로 근근이 기본 생계를 유지했기에 각종 연장이나 솥 등의 필수 가재도구 외에는 다른 데 돈 쓸 여유가 거의 없었다. 이렇듯 수요가 적었던 데다 통신 수준마저 열악했으니 무역은 제한적이었다. 당시 이루어졌던 무역의 상당 부분은 엘리트층을 위한 것이었으며,(가처분소득의 대부분을 이들 엘리트층이 쥐고 있었다.) 수송이 제법 용이하다는 이점에 따라 사치품이 주로 교역의 대상이 되었다. 재산의 주된 형태가 토지였으므로, 엘리트층도 농부들에게 거둬들인 잉여생산물을 과시적 소비(특히 음식, 옷, 이국의 수입 제품) 외에는 달리 쓸 데가 없었다. 따라서 상인과 직인들의 수도 제한적이었다. 사회를 이루고 있던 두 축은 엘리트층과 농부들이었고 상인과 직인은 대체로 그 바깥에 존재하는 사람들이었다. 이들은 엘리트층으로부터 보통은 배척을 당했고, 이들의 부가 초창기 국가들에 중요했는데도 사회적으로도 천시를 받았다. 그러다가 서서히 시간이 지나 부가 늘기 시작하면서 교역의 수준이 높아졌고, 그러면서 교역이 경제에서 차지하는 비중도 차차 중요해졌다.

6.2 유라시아의 국가와 제국

이렇듯 사회적·경제적·통신적 제약 때문에 유라시아 초창기 국가와 제국들은 매우 취약한 구조일 수밖에 없었다. 게다가 자원도 거의 이용하지 못했으며, 그 이용마저 불안정한 실정이었다. 그들이 의지할 수 있던 경제적·사회적 기반 시설은 그 규모가 무척 작았다. 초창기의 국가 및 제국들은 거의 모두 군주국 형태였으나, 소수 몇 군데 지역은 여전히 도시로 남은 채 지방 호족의 통치를 받는 곳도 있었다.(보통은 단기간에 그쳤다.) 종교, 상징, 의례의 면에서는 군주가 종종 중요한 직분을 담당했지만, 보통 군주와 신관 사이에는 권력분립이 이루어졌다. 물론 정확히 어느 선에서 권력을 나누어야 하는지가 상당한 논란 거리이기는 했지만 말이다. 통치자들은 종교를 필수 불가결하게 여기는 편이었으나, 그것이 꼭 권력 정당화의 기능을 가져서만은 아니었다. 종교는 촌락과 지방을 초월해 존재하는 몇 안 되는 조직체 중 하나였으며, 기독교와 이슬람교 같은 구세주 신앙이 흥기하면서는 더욱 그러했다. 더구나 중세의 유럽에서처럼 종교 집단 외에는 사회 구성원 모두가 문맹인 경우도 많았으니, 그럴 경우 종교 집단은 원시적인 국가 구조의 존립에 있어 없어서는 안 될 존재였다.

당시의 통치자들 대부분은 실질적인 권력 행사에 있어 극심한 양분을 느껴야 했다. 궁정 안에서는 통치자가 개인 권력을 무제한으로 휘두를 수 있을 때가 많았다. 통치자의 일시적 기분에 따른 결정이 그대로 실행되는가 하면, 순간 통치자의 눈 밖에 났다가는 정적(政敵)은 물론 한때의 정우(政友)도 그 자리에서 유배당하거나 사형에 처해지기 일쑤였다. 이런 상황에서 정치라고 할 만한 것은 거의 찾아볼 수 없었다. 궁정 안의 일들은 정치라기보다 엘리트층의 다양한 구성원과 엘리트층 가문들이 서로 권력, 부, 궁정의 실권을 놓고 벌이는 싸움이었다. 때로는 공화정 시대의 로마에서처럼 그저 엘리트층 내부에서 자기들끼리 싸움이 일기도 했다. 이런 경우들에서는 권력 행사를 통치자 개인의 사적인 틀에서 바라보는 것이 불가피하다. 하지만 정작 궁 밖에서는 통치자가 사회 전역에 미치는 공적인 영향이 매우 제한적이었다. 통치자들은 자신들의 권력을 지방 엘리트층에 나누어 주고 그들이 자신의 지배권 안으로 들어오기만 바랐을 뿐, 그 외에는 달리 할 수 있는 일이 없었다. 보통 지방 엘리트층은 자신들이 보유한 토지 및 지방의 권력, 그리고 그에 뒤따르는 후원에 힘입어 해당 지역에서 이미 세를 굳건히 다진 상태였다. 이런 이들을 지배하기 위해 통치자가 쓸 수 있는 방법들은 궁색하기만 했는데, 이를테면 그들의 가족을 궁정에 볼모로 붙잡아 두는 식이었다. 이런 유형의 정권 중 가장 규모가 컸던 것이 17세기 초부터 1868년까지 존립한 일본의 도쿠가와 막부로, 당시 일본의 모든 지방 영주들은 1년 중 일정 기간은 반드시 수도 에도에 머물러야 해서 에도와 고향 두 곳 모두에 거처를 마련해 두지 않으면 안 되었다.

이들 초창기 국가 및 제국들은 지극히 제한적인 기능만 수행했을 뿐이었다. 관료 조직은 규모가 무척 작아 통치 기능을 제대로 발휘하지 못했고, 통치자의 사적인 가정사와 국가의 공적인 정무가 거의 구분이 안 될 때도 많았다. 초창기 국가와 제국들의 경우 주목적은 세금을 거두는 것, 나아가 군대를 양성해 외치 및 내치에 활용하는 것이었다. 인구와 토지를 적(籍)에 등록시키고 그것을 바탕으로 세금 징수 능력을 증대시킬 수 있었던 국가나 제국은 얼마 되지 않았다.(주로 중국의 나라들이 그러했다.) 그 외 대부분 국가는 아주 단순한 방식의 세금 체계를 마련해 놓고 그것을 이용하는 것 외에는 별다른 도리가 없었다. 당시에는 토지만이 유일하게 재산의 형태를 취하고 있었기 때문에 세금도 토지를 대상으로 부과되었다. 세금은 보통 지역별 및 토지 단위별로 고정되었는데, 현실적으로 그것이 세금을 부과할 수 있는 유일한 방법이었기 때문이다. 농부들 입장에서는 그들이 '국가'와 접촉하는 때는 세금을 징수당할 때뿐이었다. 세금은 무력에 의존해 강압적으로 징수되었다. 따라서 농부들로서는 그것이 오늘날 의미의 세금 납부라기보다는, 자신들도 먹고 살아야 할 식량을 강제로 징발당하는 것으로 비쳐졌을 것이다. 당시에는 여간해서 세금 수준에 변동이 없었는데, 어떻게 해야 효과적으로 세금을 변동시킬지와 관련해 마땅한 지식이 없었기 때문이다. 이렇듯 세금 수준이 동일할 때의 문제는, 인구가 감소하면 세금 부담이 늘어나 정부도 억제 못할 만큼 큰 반란이 일어날 수 있다는 것이었다. 반대로 인구가 증가해 한 지역의 부가 전보다 늘어나면 정부가 귀하디귀한 조세수입을 손한 번 써 보지 못하고 그대로 놓쳐 버리는 셈이었다. 세월이 흐를수록 세금과 사회의 실질적 부 사이의 차이는 점점 커져만 갔다. 그리하여 국가가 조치를 하나 취한 것이, 징세 청부인을 고용해 국가 대신 조세를 거두게 한 것이었다. 징세 청부인을 두었다는 것은 곧 국가의 관료제가 그만큼 미비했다는 뜻이나, 적어도 국가가 어느 정도 의지할 만큼의 조세수입은 걷어졌다. 단점은 꽤 많은 양의 세금이 그대로 세금 징수원의 호주머니로 흘러들어간다는 것이었다. 18세기 프랑스의 경우, 징세 청부인의 이런 착복으로 인해 국가가 입은 손실만 전체 조세수입의 약 4분의 1에 달했다.

당시에는 거의 모든 국가가 최소한의 국내 안보 외에는 그 어떤 것도 제공해 주지 못했다. 경찰이 없었던 것은 물론이고, 통치자의 지배력도 영토의 상당 부분에 거의 닿지 못했다.(산악 지대, 늪지대, 수도와 떨어진 벽지는 특히 더했다.) 이런 지역을 근거지로 도적 떼와 산적이 창궐해 여행객들을 습격하고 촌락을 약탈했다. 범법자들은 사람들에게 붙잡히는 날엔 잔혹한 형벌을 받았지만, '치안'은 대체로 해당 지역 집단들 및 몇몇 지주에게 맡겨진 일이었다. 이따금 통치자들이 다양한 경제적·사회적·종교적 문제에 대해 칙령을 반포하기는 했어도, 그 내용이 실행되기란 어려운 일이었고 칙령을 따르는 일도 드물었다. 일부 국가가 도로, 운하, 사원, 궁궐 등 대규모 건설 사업을 진행시킨 일은 있었다. 하지만 그것도 해당 지역의 주민들, 혹은 노예 및 전쟁 포로들을 노역에 동원할 수 있을 때에야 가능한 일이었다. 또한 소수이기는 하나 안보를 명목으로 인구 전체를 이주시킬 만큼 힘이 있던 국가들도 있었다. 아시리아 제국이 이 정책을 방대한 규모로 실행시킨 경우에 해당하는데, 국력이 한창 절정에 달했을 무렵에 약 450만 명을 총 300년에 걸쳐 타지로 이주시켰다.

초창기 국가와 제국들의 일차적 기능은 여전히 전쟁이었고, 통치자들 대부분도 전쟁의 성공적 수행 여부에 따라 이력이 달라졌다. 국가가 조세수입을 늘리는 가장 손쉬운 방법이자 대체로 유일했던 방법이 바로 이웃 국가를 공격해 그 일대를 약탈하거나, 아니면 농경지와 거기 딸린 농부를 빼앗아 잉여농산물을 손에 넣는 것이었다. 이런 식의 전쟁을 통해 통치자는 자신의 특권을 더욱 높이는 한편 전쟁에서 얻은 전리품으로 엘리트층에 보상을 해 줄 수 있었으니, 운만 좋으면, 이후에도 내내 그들에게서 충성을 받아 낼 수 있었다. 국가의 조세 대부분은 자국 군대의 운영에 쓰였다. 국가가 가진 가장 주요하고도, 종종 유일했던 이 기능은 이후 1000년이나 계속 유지되었다. 이를테면 잉글랜드의 경우, 1130년부터 1815년까지 육군과 해군에만 국가 전체 조세수입의 4분의 3 이상이 들어갔다.

이런 일반적인 제약들로 인해 초창기 국가 및 제국들의 역사는 광범위한 면에서 유사한 패턴을 보였는데, 앞으로 이어지는 장(章)들에서 우리는 그 모습을 몇 번이고 되풀이해서 살펴보게 될 것이다. 국가는 가장 초기의 몇 단계 동안에는 역동적인 단일 지도자의 통솔 아래 급속히 영토를 확장시킨 경우가 많았다. 당시에는 모든 국가가 일반적으로 취약한 상태였던 지라,(특히 경쟁국들이 서로 쇠락하고 있을 때는 더더욱 그랬다.) 상당 지역의 땅을 순식간에 정복해 내는 것이 가능했고, 아울러 군대가 대부분 소규모여서 단 한 번의 전투 결과가 매우 결정적일 수 있었다. 그러나 그런 식의 영토 확장 이후 국가는 곧바로 강력한 한계들에 부딪혀야 했다. 강이나 산악 지대 같은 자연 경계는 지형을 극복하기 여간 어려운 것이 아니었고, 어느 지역이든 새로운 곳을 점유해 관리하다 보면 전쟁 비용을 비롯해 해당 지역에서 거둬지는 조세수입이 상쇄되기 마련이었다.(당시처럼 통신이 열악한 상황에서는 더욱 그러했다.) 사실 초창기 제국들에는 명확히 정해진 '국경선' 같은 것이 따로 없었다. 그 대신 국경 지대가 존재했는데, 이곳에 대한 국가의 지배력은 제한적인 데다 들쭉날쭉했으며, 해당 지역의 상황에 예속되었다. 이런 지역에 대해서는 징벌성 원정을 통해 잠시나마 질서를 부여하고 얼마간의 약탈품을 빼앗아 오는 것 말고는 국가가 별달리 할 수 있는 일이 없었다.

하지만 초기 국가 및 제국들에 정작 중대한 문제는 초기의 정복 단계 이후 일어나는 일들이었다. 그중 가장 중요하게 여겨졌던 것 하나가 통치 가문 내의 왕위 계승 문제였다. 안정된 정국을 보장받기 위해서는 남성의 성인 통치자에게 왕위가 돌아가는 것이 어느 모로 보나 가장 바람직했다. 통치자의 형제들이나 아들들 사이에 왕위를 둘러싸고 싸움이 일기라도 하면, 혹은 섭정에 의지할 수밖에 없는 어린 아들에게 왕위가 돌아가기라도 하면, 국가 내부는 취약해지기 십상이었고 종종 내전까지 일어났다. 인구가 늘어나고, 새로 토지가 경작되고, 조세수입이 증가하고, 무역이 좀 더 대규모가 되는 등의 국가 안정기는 보통 왕위 계승이 몇 세대 안정적으로 자리 잡은 시기와 일치한다. 그러나 몇 세대를 넘어서게 되면 어떤 국가건 왕위 계승 문제는 지극히 피하기 어려운 문제였다.

새로운 제국에서는 초기 통치자들이 서로 관련된 다음의 세 가지 문제를 해결하지 않으면 안 되었다. 그 셋이란 자신의 추종자들에게 어떻게 보상해 줄 것인가, 새로 정복한 지역을 어떻게 다스릴 것인가, 군대를 어떻게 유지할 것인지다. 그리고 통치자들은 이들 문제에 해답을 내놓기 위해서는 한 가지 근본적 제약을 염두에 두어야 했다. 바로 당시의 거의 유일한 재산이자 부의 형태가 토지라는 점이었다. 따라서 통치자들이 택한 해법도 거의 늘 똑같았다. 자신이 정복한 토지를 엘리트층 내부의 개개인에게 하사하되, 그 토지를 기반으로 각자 나름의 군대를 육성하게 한 뒤 필요할 때 통치자에게 제공토록 한 것이다.(유럽사에서는 이러한 체제를 '봉건제'라는 말로 부르고 있으나, 사실 봉건제는 수천 년간 유라시아 전역에 공통적으로 나타났던 현상의 한 형태에 지나지 않는다.) 처음에는 이런 식의 토지 하사에 반드시 차후 병사를 제공한다는 조건이 붙었고, 토지는 통치자가 회수할 수 있는 땅으로서 후대까지 세습되지 않았다. 초기 통치자들의 경우 토지 소유주가 사망하면 간혹 그 토지를 다른 이에게 재할당할 정도로 막강한 힘을 지니기도 했다. 그러나 당시의 일반적 추세는 이런 토지들이 매우 급속한 속도로 세습의 성격을 띠게 되었다는 것이다. 이런 추세가 한번 나타나자, 통치자의 지방 엘리트층에 대한 지배력은 훨씬 약화될 수밖에 없었다. 지방 엘리트층은 자신만의 권력 기반을 갖추게 된 셈이었고, 군대도 자력으로 이끌 수 있었다. 이제 통치자는 지방의 지지를 얻기 위해 그들과 협상을 벌여야 하는 처지가 되고 말았다. 이런 지방에 대한 지배권을 계속 확립하고자 통치자들은 지방 및 속주에 행정관을 지명해 그에게 통치자의 권위를 위임하는 방법을 썼다. 그런데 문제는 국가가 양성한 관료 조직이 없는 한, 통치자가 전적으로 의지하고(나아가 믿고) 일을 맡길 만한 사람이 거의 없었다는 점이었다. 그리하여 제국은 커다란 비중을 갖는 행정직을 몇 개 만든 뒤 통치자 가문의 구성원들에게 그 직을 하나씩 맡겼다. 가문의 구성원이라면 가문의 통치를 이어 가는 데 얼마간 협력할 의사가 있으리라는 희망에서였다. 이 체제는 통치자의 힘이 강력할 때는 원활히 돌아갔으나, 단점은 왕가의 구성원들에게 강력한 권력 기반을 제공할 경우 왕위 계승 분란이 일어날 시 그들이 권력을 얼마든 자기들 뜻대로 이용할 수 있다는 것이었다.

이 왕위 계승 문제만 잘 피하면 초창기 제국도 얼마간은 비교적 안정적으로 지낼 수 있었다. 하지만 그 사이 제국 내부에 또 문제가 쌓이는 것이 보통이었다. 엘리트층은 세습으로 굳어진 토지로 자신의 세를 더욱 공고히 다져 갔고, 궁핍한 농부를 상대로 땅을 사들이거나 아니면 아예 그 땅을 자기 것인 양 전용하며 토지 보유량을 늘려 나갔다. 이 문제는 이후 더욱 악화되기에 이르는데, 엘리트층의 세금 회피 성향이 더욱 심해진 것과 함께 세금을 내지 않는 각종 기관들에게(특히 종교 집단에게) 통치자가 점점 더 많은 땅을 하사했기 때문이다. 이로써 통치자가 이용할 수 있는 부는 점점 줄어든 한편, 통신이 열악해 지배력이 미치기 어려운 지방에는 엘리트층이 강성한 세력으로 흥기하게 되었다. 이 두 추세 모두 군대를 유지해 가기가 점점 어려워짐을 뜻했다. 세금을 올리려는 시도는 보통 자멸적 결과를 불러오기 마련이어서, 지방 반란이나 농민 봉기, 혹은 이 둘 모두로 이어지곤 했다. 이쯤 되면 제국에는 통상 일종의 악순환이 생겨났다. 제국 내부의 힘은 취약해지고, 지방에서는 반란이 이어지며, 또 왕위 계승을 둘러싼 분쟁이 터져 더는 외부의 압력에 대항하지 못하는 상태가 되는 것이다. 그리하여 영토를 빼앗기면 조세수입이 줄어 나라의 힘이 더욱 약해졌고, 그러다가 종국에는 무너지고 마는 것이었다.

이런 붕괴의 정확한 성격은 제국의 사정에 따라 다 달랐다. 테오티우아칸이나 마야 같은 제국들은 후계 국가도 하나 못 남길 정도로 총체적인 붕괴를 겪었던 것처럼 보인다. 반면 과도기 성격을 지닌 붕괴도 많았으니, 그런 경우에는 일부 영토가 사라지기는 하되 다른 곳에 새로운 제도와 집단이 출현해 기존의 전통을 일부 지켜 나갔다. 이러한 붕괴의 가장 전형적인 실례가 바로 로마 제국으로, 정치적 단위로서는 기원후 5세기에 서유럽에서 자취를 감추었지만,(물론 문화의 상당 부분은 그대로 유지되었다.) 동쪽에 새로운 형태의 제국이 나타남으로써 이후 1000년 동안 명맥을 더 이어 나갔다. 물론 동로마 제국의 경우 종국에 가서는 제국의 면모가 심히 훼손된 측면이 있기는 하다. 국가 구조가 무척이나 부실하고 허약할 경우에는 새로운 통치자가 잇따라 나타나 이전 통치자를 밀어내기 일쑤였다. 그러나 인구 대다수, 즉 농부들 입장에서는 이런 식의 변화에도 딱히 바뀌는 것이 없을 때가 많았다. 일반적으로 농부들은 통치자와 접촉할 일이 거의 없었고, 따라서 새로운 지주 엘리트층을 맞는다고 해서 뭔가가 근본적으로 달라지는 것은 아니었다. 새로운 통치자들이 내전과 정복 활동을 일정 기간 거친 후 얼마간 안정기를 불러올 수는 있었으나, 이는 얼마 안 되는 농부들의 잉여 식량을 그들이 조세와 강제 징발을 통해 좀 더 효율적으로 거두어 가리라는 뜻이기도 했다.

6.3 초기 유라시아 역사의 패턴

초창기 농경 제국들의 흥망성쇠의 역사에서는 뚜렷한 일관성을 보이는 얼마간의 패턴과 함께, 다양한 지역에 두루 영향을 끼친 기저의 구조를 찾아볼 수 있다. 유라시아는 단일한 정치 체제가 나타나 지역 전체를 한꺼번에 지배할 수 있었던 적이 단 한 차례도 없었다. 유라시아 지역 자체가 너무 장거리라 일부 광역권에 걸쳐 제국이 출현한 것이 고작이었다. 이 광대한 넓이의 유라시아에서 핵심 지역으로 꼽힌 곳은 크게 세 곳이다. 서남아시아, 인도, 그리고 중국인데, 모두 자신만의 고유한 전통을 가지고 있다 차츰 시간이 흐른 뒤에야 서로 접촉할 수 있었다. 이들 세 지역에는 저마다 핵심 지역이 있었고 거기서 최초의 문명들이 출현했다. 서남아시아의 메소포타미아와 이집트, 인도의 갠지스강 평원,(인더스 계곡 문명은 인도의 후기 역사에는 거의 아무런 영향도 끼치지 못했다.) 그리고 중국의 창장강 및 황허강 유역이다. 이들 핵심 지역은 주변부 지역과도 관계를 형성하기에 이르는데, 이들 주변부 지역은 중요한 원자재의 산지인 경우가 많았다. 교역이 서서히 발달하자 주변부 지역들에도 중대한 정치적 발전들이 일어났다. 지방 통치자들이 교역 실권을 장악하고는, 좀 더 발전된 국가와의 연합을 통해 권력과 특전을 손에 넣었다. 이 모든 요인은 변화에 박차를 가하는 힘이 되었고, 이로써 주변부 지역들에도 이내 국가가 생겨났다. 그 결과 '문명'이 서서히 새로운 지역들로 확산될 수 있었다. 그리스가(나중에는 이탈리아가) 기원전 1500년 무렵부터 서남아시아 세계에 통합된 것이 이런 문명 확산을 여실히 보여 주는 사례이며, 동유럽과 러시아에서도 기원후 1000년 무렵을 전후해 수백 년 동안 이와 눈에 띄게 유사한 발전들이 있었다. '문명' 지역이 점진적으로 확산되기는 중국도 마찬가지였는데, 처음에는 두 하천 유역 평원의 남부로 퍼져 나갔다가 종국에는 고도로 생산적인 습식 벼농사 지대까지 진입했다. 그러자 중국 국가 내부에서도 서서히 힘의 판도가 바뀌었다. 기원후 2년의 호구조사에서는 중국 인구의 거의 3분의 2가 중국 북부에 거주하는 것으로 나타났으나, 기원후 1200년에는 북부 거주민이 전체 인구의 5분의 1도 되지 않았다. 기원후 1550년 무렵에는 중국 인구 3분의 2 이상이 남부에 거주하고 있었다.

인도는 세 군데 지역이 매우 뚜렷하게 구분되는 양상을 보였다. 북부에서는 갠지스 평원의 핵심 무역로를 중심으로 다수의 국가와 문화가 출현했고, 중앙에는 데칸고원이 자리했으며, 최남단 국가들은 (페르시아만 및 동남아시아와 이어지는) 외부 무역로와 늘 강력하게 연결되곤 했다. 이 시절 제국들은 어느 하나 오늘날의 인도 땅을 모두 다스릴 만큼 크지 못했는데, 이를 근거로 유럽에서는 인도 역사를 흔히 '실패작'으로 가정하곤 했다. 그러나 사실 인도는 오늘날의 유럽 땅 전체와 맞먹을 정도로 넓은 지역이다. 인도의 국가들도 유럽의 그 어느 국가 못지않게 컸던 경우가 많으며, 인도 거의 전역에 지배력을 행사한 제국이 있었다는 사실(마우리아 왕조, 굽타 왕조, 무굴 제국)에도 주목할 필요가 있다. 한편 중앙아시아의 한참 북쪽 지역에서는 여러 개의 국가가 서로 멀찍이 떨어진 오아시스들 및 그 근방의 경작 가능한 땅을 바탕으로 발달해 나갔다. 이때 중요 핵심지도 다수 등장했는데, 옥수스강과 야크사르테스강을 중심으로는 각기 박트리아와 소그디아나가, 멀리 동쪽에서는 페르가나가, 아랄 해 근방의 옥수스강 삼각주와 카슈가르 같은 타림 분지를 중심으로는 화레즘이 발달했다. 중앙아시아 북부의 이들 오아시스는 서쪽의 이란 및 인더스 계곡과는 물론, 동쪽의 중국과도 연결되어 있었다. 이들 오아시스는 이후 서남아시아와 중국 사회들 간에 무역로가 발달하는 데도 핵심 역할을 담당했다.

유라시아의 세 번째 핵심 지역인 서남아시아에는 전략적 통로이자 무역로가 셋 있었으니, 제국들 사이에서는 이곳을 두고 3000년 이상 각축이 벌어졌으며 주요 도시들도 이곳을 근거지로 잇따라 발달했다. 그 첫 번째는 나일강과 홍해를 잇는 통로로, 지중해를 인도양의 무역 체계와 연결해 주는 역할을 했다. 이집트는 수도 세 곳(멤피스, 알렉산드리아, 카이로)을 통해 이 길을 장악한 바 있었고, 이후 세워진 제국들도 연이어 이 길을 중심지로 삼았다. 두 번째는 육로로써 시리아 근방의 지중해 연안에서 출발해 메소포타미아 북부까지 이어졌다가 거기서 다시 두 개의 핵심 무역로(첫 번째는 페르시아만으로 내려가 인도양으로 이어지는 길, 두 번째는 중앙아시아로 이어지는 육로다.)와 연결되는 길이었다. 메소포타미아가 이 길을 장악했을 때 잇따라 나타난 주요 도시들이 바로 바빌론, 셀레우키아, 바그다드였다. 세 번째 핵심 지역은 에게해에서 출발해 다르다넬스 해협을 거쳐 흑해로 들어갔다, 종국에는 육로를 통해 중앙아시아까지 연결되는 길이었다. 초창기에는 트로이아가 이 길의 주요 도시로 꼽혔지만, 그 이후로는 단 한 군데 지역이(그리스인들에게는 비잔티온, 후기 로마 제국과 오스만 제국에는 콘스탄티노폴리스로 알려진 지역이) 이 길의 통행권을 장악하고 줄곧 지배권을 유지했다. 이 세 길 중에서도 단연 중요성이 컸던 곳은 보통 두 번째 길이었는데, 통행이 비교적 수월했을 뿐 아니라 대상들이 오가며 닦아 놓은 길을 따라 중앙아시아에까지 이를 수 있었기 때문이다.

16세기 초반 (오스만 제국이 등장하기) 전까지는 이 세 길을 지속적으로 지배할 수 있었던 단일한 제국이 단 하나도 없었다. 첫 번째와 두 번째 길을 중심으로(즉 메소포타미아와 나일 계곡에서) 최초의 제국들이 출현하기는 했으나, 기원전 7세기에 아시리아인이 위세를 떨치기 전까지는 그 어느 국가도 이 두 길을 한꺼번에 장악하지 못했다. 그 뒤로는 유라시아 역사 전개의 한 중대한 요인으로써, 이란에 잇따라 제국들이 출현하게 된다. 이들 제국은 서남아시아 세계를 인도와 연결하는 역할을 했던 것은 물론, 서남아시아에서는 그 세력 판도를 뒤바꿔 놓기까지 했다. 기원전 539년에 이란 최초의 제국인 아케메네스 왕조가 바빌론을 정복한 이후 더는 메소포타미아를 기반으로는 제국이 출현하지 못했으며, 이후 1000년간 메소포타미아는 이란과 서쪽의 제국들 사이에 끼어 보통 접경지의 역할을 하는 데 그쳤다. 아케메네스 제국은 서남아시아 최초의 제국으로써 이집트 및 시리아와 메소포타미아에 걸친 첫 번째와 두 번째의 핵심 지역을 모두 장악했으며, 세 번째 길에도 흑해를 통해 일부 지배력을 행사했다. 그러다가 기원전 330년 무렵에 아케네메스 제국은 몰락했고, 그 후 10년이 채 지나지 않아 마케도니아의 알렉산드로스 3세(Alexander III)가 이 세 길과 함께, 멀리 인더스 계곡까지 장악하게 되었다. 기원전 323년에 알렉산드로스 대왕이 죽으면서 그의 제국은 급속히 사분오열되었고, 그 뒤로 후계 국가가 세 개 생겨나 제각각 핵심 지역을 하나씩 장악했다. 2세기가 채 지나지 않아 그 자리에는 로마 제국이 대신 들어서 지중해, 이집트, 흑해의 길들을 장악했으나, 시리아와 메소포타미아 지역을 두고는 이란의 후대 제국들(파르티아 왕조와 사산 왕조)과 600년 이상 계속 각축을 벌여야 했다. 이후 7세기에는 이슬람의 흥기와 함께 후기 로마 제국이 뒤로 밀려남으로써 로마는 흑해의 길 단 하나밖에는 장악하지 못했다.

아프리카는 지리학적으로 보아 유라시아의 일부였는데도, 기원전 3000년에서 2000년 사이에 오늘날 형태의 사하라 사막이 대륙에 형성되면서 대부분 지역이 일종의 반(半)고립 상태에 들어가야 했다. 북아프리카 연안은 애초부터 지중해 세계 일부로 통했고, 그래서 이집트도 아프리카의 북, 동, 서 방향으로는 내내 면밀한 관심을 기울이면서도 남쪽에는 별 관심을 두지 않았다. 이집트의 영향력은 나일강을 거슬러 올라가 누비아 지방에까지 미쳤으나, 인도의 갠지스 평원 문화가 그랬던 것과는 달리 이집트 문화는 아프리카 대륙 전체에 스며들지는 못했다. 아프리카 역사 연구의 난점은, 사하라 이남 아프리카 대륙의 상당 부분이 대체로 문맹 상태였기 때문에,(물론 구전의 전통은 매우 강하게 남아 있었다.) 아프리카인을 접촉했던 사람들의 저술을 제외하면 가치 있는 문헌 기록을 전혀 찾아볼 수 없다는 사실이다. 거기다 사하라 이남 아프리카는 외부와의 연결이 지극히 제한적이었다. 그들이 아는 외부인이란 홍해와 페르시아만에서 남하해 아프리카 동해안을 오가는 사람들과(특히 기원후 700년 무렵 이후의 아랍인 무역 집단과) 사하라 사막을 횡단하는 서부의 대상들이 전부였다. 후자는 초창기에 등장했으나, 기원후 800년 무렵 이후에 들어서야 비로소 제법 큰 규모로 발달했다. 이렇듯 아프리카 대륙은 유라시아로부터 대체로 고립된 상태였고, 따라서 사람들의 이주도 척박한 환경 속에서의 내부 과정으로 진행되었다. 이주하는 과정에서 농부들은 여러 가지 심각한 제약에 처할 수밖에 없었는데, 질병 및 열악한 통신 사정이 특히 큰 문제였다. 이곳 주민들이 늘 체체파리와 트리파노소마(trypanosoma: 척추동물의 혈액 속에 기생하는 생물로, 수면병 등의 악성 질환의 원인이 되곤 한다. ― 옮긴이)를 안고 다녔고, 그랬기 때문에 소를 비롯한 짐 운반용 가축들이 사하라 이남을 비롯한 대다수의 스텝 지대에서 살아남지 못했다. 이곳에서는 바퀴 달린 수송 수단의 이용도 사실상 불가능했으며, 남북 아메리카 대륙 대부분에서 그랬듯 통신도 대체로 인간 짐꾼들과 강물에 떠다니는 카누에 의지해야 했다. 더욱이 카누는 강물을 타고 근방의 근거리만을 이동할 수 있을 뿐이었다. 이 말은 곧 사하라 이남에서는 잉여농산물의 이송 자체가 어려운 문제였다는 뜻이 된다. 그리고 이 모든 것이 사하라 사막 이남에서 대규모 국가가 발달하지 못하게 막는 요인이 되었다.

6.4 유목 세계

유라시아의 모든 문명은 필수적으로 해결해야만 하는 한 가지의 공통적인 문제를 안고 있었다. 그 문제란 바로 중앙아시아의 복잡한 세계에 살던 유목 민족들로, 서남아시아, 인도, 중국에 이르는 다수의 정착 사회 주변에서 거대한 호 모양으로 세를 이루어 살았다. 20세기 초반만 해도 사람들은 유목 생활을 수렵·채집에서 농경으로 넘어가려다 실패한 중간 단계로 보았다. 하지만 지금은 인식이 바뀌어 유목 생활을 일련의 특수한 환경에 적응해 낸 고도의 성공적인 생존법으로 보며, 나아가 정착 사회가 없이는 유목 생활도 불가능하다는 의견이 널리 인정받고 있다. 유목민의 생활 방식에서 핵심 사건은 말을 길들인 것이었다. 말 사육은 기원전 3200년 무렵, 우크라이나 남부 평원의 어딘가에서 이루어진 것으로 보인다. 말을 사육하게 됨으로써 사람들은 (무엇을 활용할 수 있느냐는 철에 따라 크게 달라졌지만) 광대한 지역의 자원을 이용할 수 있었으니, 그 범위는 우크라이나부터 유라시아를 거쳐 바이칼호 지역 뿐 아니라, 몽골과 멀리 만주 북동부, 그리고 아무르강에까지 이르렀다. 유목민들이 기르는 가축 떼에는 보통 여러 동물이 뒤섞여 있었다. 그중 제일 중요한 것이 양이었고, 소는 습한 지대에서만 길러졌으며, 낙타는(그중에서도 일명 '박트리아 낙타'로 불리는 쌍봉낙타는) 좀 더 건조한 지대에서만 길러졌다. 야크가 고지의 산악 지대에 고도로 적응한 동물이었다면, 쪼(dzo: 야크와 소 교배종)는 그에 비해 특수성이 약간 덜했다. 유목민들은 이동식 가옥(유르트) 안에서 생활했고, 철에 맞추어 이 지역 저 지역을 돌면서 동물 떼를 길렀다. 겨울철이면 풀이 모자라 동물들이 바싹 여윔에도 불구하고 유목민들은 동물을 먹일 꼴을 따로 베지 않았으며, 따라서 겨울에도 풀이 자라는 초지가 이들에게는 무엇보다 긴요했다. 각 집단은 저마다 그들 것이라 공인받는 땅이 있었고, 유목민들은 그 지역들을 1년 동안 두루 돌며 생활했다. 물론 최상의 목초지를 두고는 유목민들 사이에 분쟁이 이는 경우도 많았다. 이따금은 한 집단이 작정하고 새로운

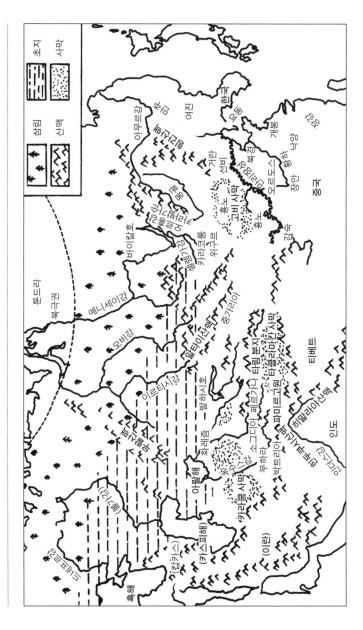

중앙아시아

지대로 발을 들이기도 했는데, 그럴 때면 잇따라 다른 집단들이 지대를 이동하는 바람에 종국에는 일부 집단이 정착 농경민들의 땅까지 밀고 들어가는 경우가 생기기도 했다.

유목민이 만들어 내는 것 중에는 정착민들이 쓸 만한 것은 거의 없었다. 그래서 유목민들의 주된 교역품은 대체로 말이었다. 중국은 차마사(茶馬司)라는 관청에 전문가를 따로 두고, 중국 군대에 필요한 말을 유목민과 거래해 다량으로 매입하곤 했다. 한편 유목민 측에서는 스스로 만들지 못하는 상당수 물품을 정착 사회에서 구해 써야 하는 형편이었으며, 철기와 식품을 비롯해 의복과 비단 같은 사치품이 주로 필요했다. 다만 무역 불균형이 매우 심한 상황이었기 때문에 무슨 방법을 써서 정착민들을 무역에 나서게 할지가 유목민들로서는 문제였다. 당시 유목민들은 군사적인 면에서 정착 문명을 앞서 있었고 이 점이 근본적으로 유리하게 작용했다. 유목민의 기마 궁수는 정착 사회의 보병에 비해 수천 년이나 전쟁에서 우위를 점했다. 정착 국가들에도 기병이 존재했지만,(물론 이들이 보병보다는 효과적이었다.) 그 규모가 작았던 데다 유목민들을 패퇴시킬 능력도 없었다. 유목민들은 공격이 가해지면 스텝 지대로 퇴각해 소규모 무리로 흩어지면 그만이었고, 그런 그들을 끝까지 쫓아 찾아낸다는 것은 여간 어려운 일이 아니었다. 이에 대해 정착 사회가 취할 수 있었던 최선책은 성곽을 지어 유목민의 이동을 제지하고, 이따금 급습을 펼치거나 외교술로 내부 분열을 조장해 유목민의 힘을 약화시키는 것뿐이었다. 유목민과 정착민의 이런 상황은 기원후 16세기가 지날 때까지도 내내 지속되었다. 이후 정착 지역에 인구가 좀 더 늘어나고, 농경지의 경계가 유목 지대를 밀고 들어가고, 아울러 화약 무기를 채택해 쓰면서, 정착 사회는 비로소 유목민들을 상대로 차츰 우위를 확보할 수 있었다.

정착 사회는 하나같이 유목민을 '오랑캐'라 부르며 얕보았지만, 그런 그들도 가끔은 유목민과 거래하는 것 외엔 별다른 도리가 없었다. 유목민들 측에서도 폭력적인 공격으로는, 즉 도시를 급습해 문명화된 지역을 약탈하는 것으로는 단기적 소득만 있을 뿐이라는 사실을 금세 알아차릴 수 있었다. 우리는 유목민들과 정착 사회의 접촉을 흔히, 이후 '로마 제국의 몰락'에서 보게 되듯, '야만족의 물결'이 정착 사회를 휩쓸고 내려오는 것으로 그리곤 하지만, 사실 그런 식의 침략은 원칙에서 벗어난 아주 예외적인 일이었다. 더구나 유목민들은 자신들이 정복한 땅을 다스리려면 직접 정착 생활을 택해 '문명' 문화의 상당 부분을 받아들여야만 한다는 사실을 잘 알고 있었다. 사실 그 같은 일들은 단지 로마 제국이 쇠락한 이후의 서유럽에서만이 아니라, 청나라(중국의 마지막 제국으로 1640년대부터 1911년까지 중국 땅을 다스렸다.)를 비롯해 중국에서도 실제 여러 차례 일어난 바 있다. 유목민과 정착 사회의 관계에서 나타난 통상적인 패턴은 본질적으로 공생이었다. 유목민과 정착 사회 사이에는 뚜렷한 국경선이 없었다. 둘 사이의 접경지대에서는 종종 주민들의 생활 방식이 어느 하나에서 다른 하나로 급변하곤 했으며, 유목민이 정착민들을 지배하는 상황도(혹은 그 역의 상황도) 간혹 있었다. 유목민이 가하는 무력 위협에 정착 사회는 일반적으로 속수무책이었고, 보통 그것만으로도 무역이 이루어지기는 충분했다. 이 무역을 중국은 늘 '오랑캐'가 '조공'을 바친 것이라 일렀지만, 그것은 자신들의 지위가 좀 더 우월했다고 본 그들의 견해에 맞춘 말이었다. 하지만 실상을 면밀히 분석해 보면 그 무역은 심하게 비대칭적인 모습이었고, 무역의 균형추도 압도적으로 유목민들에게 유리하게 쏠려 있었다. 중국인들은 나라의 국경선 둘레에 자리한 적수들을 자신들 힘으로 무찌르지 못하자 그들에게 돈을 주고 평화를 샀던 것이다.

이따금은 스텝 지대의 유목 세계가 다양한 민족들에 의해 지배를 받기도 했다. 많은 수의 정착민 제국이 그러했듯, 유목민 제국도 초반에는 카리스마 넘치는 지도자가 자신의 능력과 성공을 바탕으로 다양한 집단을 하나로 결집시키면서 토대를 이룬 경우가 많았다. 이들 유목민들이 만들어 낸 것은 복잡한 방식으로 돌아가는 일종의 제국 연맹체였다. 그 중심에는 연맹체의 지도자, 그의 친인척, 그리고 조신들이 자리했다. 국사와 관련한 고도의 협의는 이 집단 내에서 이루어졌으며, 왕위 계승에서는 세습의 원칙을 따르는 대신 가장 높은 효율성을 보일 만한 이를 지도자로 선택하는 방식이 취해졌다. 그리고 이 가문에서부터 일련의 '총독'이 나와 연맹체 내의 다양한 부족들에 대한 장악을 시도했다. 연맹체의 이 하부구조를 통해 기존의 부족 단위 조직도 계속 유지될 수 있었다. 유목민 연맹체의 지도자는 정착 지역과의 '무역'에 의존할 때가 많았고, 교역에서 얻은 물품을 자신의 추종자들에게 나눠 주어 자신의 지위 및 부하들로부터의 충성을 계속 지켜 가고자 했다. 이렇듯 정착 국가와 유목 국가는 서로 의존하는 처지였고, 따라서 흥망성쇠의 역사를 함께할 때가 많았다. 중국의 한(漢)나라는 기원전 2세기부터 스텝 지역의 흉노족과 맞수로 지냈고, 수와 당은 (기원후 6세기 말부터) 돌궐 제국을 상대하지 않으면 안 되었다. 이들 유목 제국들은 중국 국가들에 얼마만큼 의존하고 있었기 때문에 중국을 파멸시켜 봤자 좋을 일이 거의 없었다. 심지어 위구르족 같은 집단에서는 중국의 질서 회복 및 기존 정권 지원을 위해 실질적인 조치를 취하기도 할 정도였다. 몽골족을 제외하면, 이들 유목민들이 중국 땅 일부를 점령했던 것은 항상 중국이 이미 쇠약해진 뒤의 일이었다. 이런 국면이 전개되는 내내 중국인들은 늘 한 방향으로만 차용이 일어났다고 믿고 싶어 했다. 즉 '오랑캐'들이 중국의 양식을 채택해 중국화가 되었다고 말이다. 그러나 실제로는 그 반대 방향으로도 만만찮은 차용이 이루어졌으니, 두 세계 사이의 경계가 늘 뒤바뀌곤 하던 만주 지역 같은 수많은 접경지대에서는 특히 더 그러했다.

6.5 접촉

유라시아에는 각각 중국, 인도, 서남아시아를 중심으로 매우 독특한 문화적 전통들이 등장했지만, 그중 따로 고립된 채 외부 혹은 서로의 영향력을 전혀 받지 않은 곳은 하나도 없었다. 유라시아 역사의 핵심 특징도 바로 다양한 집단 사이에 접촉이 점차 늘어 갔다는 점이다. 그런 접촉들을 통해 무역이 이루어지고, 사상이(특히 종교가) 전파되었으며, 기술이 유포될 수 있었다. 접촉의 수준은 처음에는 제한적이었다. 물론 메소포타미아가 기원전 3000년 이후 곧바로 이집트는 물론 인더스 계곡과도 접촉했지만 말이다. 그러다가 차츰차츰 교역이 증대하고 통신이 발달하면서 접촉도 늘어났다. 일부 경우에는 유라시아 각지를 연결해 주는 기나긴 무역로를 따라 상인들이 이동해 다녔다. 육로로는 서남아시아에서 인도, 중앙아시아, 중국으로 이어지는 길들이 있었고, 해로로는 지중해를 횡단하는 길, 페르시아만과 홍해에서 출발해 인도 서부 연안에 이르는 길, 그리고 인도에서 출발해 서남아시아 및 중국 남부 연안에 이르는 길이 있었다. 이들 무역로 일부는 여정에만 긴 시간이 걸렸기 때문에, 차라리 상인들이 해외의 성읍에 영구 식민지를 건설하고 거기 머무는 것이 더 편할 때가 많았다. 이곳 해외에서 그들은 (종종 외국인 전용 지구에 따로 살아야 했지만) 해당 지역의 토박이말과 생활양식을 배우는 한편, 그들 자신이 가진 사상과 믿음을 널리 해외에 퍼뜨렸다. 이런 사상이나 믿음이 해외 공동체 안에서의 특전과 연관되었던 만큼, 이에 이끌리는 사람들은 해외 토착민 중에도 많았다. 특히 군장이나 지역 유지들은 해외의 종교 채택을 지위 격상의 한 가지 방법으로 종종 이용하곤 했다. 서남아시아에서 많은 이가 힌두교를(나중에는 이슬람교를) 채택하게 된 것도 이 같은 맥락에서였고, 아프리카 서부와 동부 모두 똑같은 방식에 따라 이슬람교가 전파되었다. 기원후 3세기부터 중국에 불교가 널리 퍼지는 데도 해외의 공동체가 핵심 역할을 했으니, 애초에 인도와 중앙아시아에서 채택된 불교는 무역로를 따라 널리 중국에까지 퍼졌다.

시간이 흐를수록 (여러 차례의 부침은 있었지만) 유라시아 세계의 다양한 공동체 사이는 점차 더욱 강력하게 연결되어 갔다. 무역은 그 규모만 증대한 것이 아니라, 교역 제품도 더욱 방대한 범위로 늘어났고, 사회 내에서 무역이 차지하는 비중도 훨씬 커졌다. 이와 함께 사상, 종교적 믿음, 기술 전파도 마찬가지로 늘어났다. 하지만 유라시아의 양 끝자락은(이를테면 중국과 지중해 사이는) 여전히 직접적 접촉이 미미한 채 오랜 기간 간접적 접촉만 이루어졌다. 한 제국과 로마 제국도 각자 서로의 존재를 인식하고 있었음에도 직접적 접촉은 내내 최소한도로만 이어졌다. 이들 사이에서는 사상의 유포도 무역의 연결도 간접적이어서, 이란, 인도, 중앙아시아같이 유라시아 중간의 공동체들을 반드시 경유했다. 그러다가 접촉이 좀 더 직접적이 된 것은 서남아시아에서 탄생한 이슬람 세계가 기원후 8세기 초반에 중국과 직접 접촉하게 되면서였다. 유라시아 세계가 더욱 긴밀하게 하나로 뭉쳐지자 여러 국가와 제국들 사이에서도 흥망성쇠를 동시에 겪는 패턴이 좀 더 뚜렷이 나타났다. 즉 이들이 각자 번영을 겪는 시기 그리고 혼란 및 내부 분란을 겪는 시기가 서로 일치하는 경향을 띤 것이다. 이제는 유라시아 어느 한곳에서 사건이 발생하면 그 여파가 유라시아의 광대한 영역 전역에서 감지되고는 했다.

상호작용

기원전 2000~기원전 1000년

7

기원전 2000년 무렵, 메소포타미아에서 최초로 문명을 발달시켰던 수메르가 마침내 쇠락하고, 대신 바빌론이 흥기함과 함께 이집트가 제1중간기의 분열에서 벗어나 부흥을 누리게 되면서 서남아시아의 다양한 제국들 사이에는 과거 그 어느 때보다 긴밀한 접촉이 이루어졌다. 그 후의 1000년간(종종 '청동기 시대'로 일컬어진다.)은 서남아시아 역사에서 모종의 공통된 리듬을 감지할 수 있는 시기였다. 우선 기원전 2000년에서 기원전 1750년 무렵에 사이에는 바빌론이 성장한 것과 함께, 이집트에 제12왕조(중왕국 시대에 해당한다.)가 등장해 강력한 힘과 통일성을 보여 주었다. 또한 서남아시아 전역에 걸쳐 무역망이 강력하게 발달했고, 여기에 에게해 지역이 서남아시아에 통합되고 크레타에서는 미노아 문명이 발달하면서 무역망이 지중해에까지

확장되었다. 동쪽에서도 페르시아만으로 내려가 인더스 계곡까지 이어지는 지역에 걸쳐 무역이 크게 번성했다. 이 시기를 뒤이어서는 기원전 1750년부터 250년간 각지에서 일반적 위기로 비칠 만한 일들이 잇따라 일어났다. 메소포타미아에서는 내부 분란이 증대되었는가 하면, 페르시아만에서는 무역이 퇴조했고, 인더스 계곡에서는 문명이 붕괴했다. 이집트는 제2중간기에 접어들면서 '힉소스인'이라 알려진 외부인에게 점령당했다. 이와 함께 아나톨리아에는 히타이트족의 새로운 왕국이 출현했다.

기원전 1550년에서 1200년 무렵에 사이에는 부흥기가 찾아왔다. 이 시기에 서남아시아는 제국적 차원의 분쟁을 대규모로 겪어야 했는데, 신왕국 시대 통치자들의 이집트와 히타이트족, 카시트족의 통치 아래 부흥한 메소포타미아와 북쪽의 신흥국가 아시리아의 넷 사이에 충돌이 일어난 것이다. 한편 키프로스는 구리 무역으로 부를 쌓아 제법 큰 왕국으로 발달할 수 있었고, 크레타와 에게해는 한참 번성했으며, 유럽 본토에는 최초로 문명(그리스 남부의 미케네 문명)이 출현했다. 그러다가 기원전 1200년 무렵에 접어들면서 광범한 지역에서 몰락이 일어났고, 그 뒤로는 이른바 기록조차 제대로 찾아볼 수 없는 '암흑시대'가 수 세기 동안 이어졌다. 카시트족 왕국은 무너졌고, 이집트는 침략을 당해 패배했으며, 아나톨리아에 자리했던 히타이트족이 수많은 소왕국과 함께 사라진 것처럼 미케네 문명도 어느덧 자취를 감추었다. 당시에는 어느 도시 하나 파괴당하지 않은 데가 없었다. 이 같은 위기가 닥침으로써 서남아시아에 자리했던 '청동기 시대' 제국들도 종말을 고해야 했다. 기원전 2000년에서 1000년 사이에 서남아시아가 이와 같은 발전을 거치고 있을 때 중국에서도 나름의 고유한 문명이(즉 상나라가) 최초로 출현했다. 정확히 연대를 산정하기는 어렵지만, 매우 독특한 청동 기술을 가지고 있던 상 문화는 기원전 1800년 직후에 출현해 기원전 1027년까지 존속했다.(이보다 1세기 일찍 몰락했을 수도 있다.) 위치상 서남아시아와 중국이 무척 장거리이고 당시에는 접촉 수준도 무척 낮았음을 감안할 때, 상나라가 서남아시아의 청동기 시대 제국들과 대략 동일한 시기에 무너진 것은 그저 우연의 일치였던 것으로 보인다.

7.1 확장 및 안정(기원전 2000년 무렵~기원전 1750년 무렵)

7.1.1 메소포타미아

[이전의 메소포타미아 ☞ 4.4]

기원전 2000년 무렵에 우르의 제3왕조가 무너진 후, 메소포타미아 남부에서는 근 200년 동안 다수의 도시국가가 출현했으나, 그중 어디도 제국을 성립시키지는 못했다. 이 시기의 통치자 상당수가 아모리족 명칭을 갖고 있기는 하지만, 이 시기와 관련해서는 일관된 흐름의 정치 역사 서술이 불가능하며, 심지어 일부 통치자는 그 계보를 정확히 따지는 것조차 불가능하다. 남쪽에서는 도시 두 곳(이신과 라르사)이 패권을 놓고 서로 다투었다. 이신의 통치자들은 우르 옛 왕조의 유산을 바탕으로 왕실 규범과 행정 구조의 상당 부분을 마련했으며, 일명 '수메르 왕 목록'을 고안해 자신들의 정통성을 끌어올리고자 했으니, 이를 근거로 수메르의 도시국가를 다스린 고대 통치자들이 자신들의 조상임을 내세운 것이다. 당시에 이신이 번영할 수 있었던 것은 우르, 우루크, 니푸르를 통해 페르시아만 무역을 장악한 덕분이었다. 우르에 대한 지배력을 상실하자 이신은 이내 쇠락했다. 하지만 그 후로도 이신은 꽤 오래 존속하다가, 라르사가 이신의 농경지에 대한 물 공급을 대거 차단한지 거의 100년이 지난 기원전 1794년에 끝내 멸망했다.

메소포타미아 중앙에서는 디얄라 계곡의 도시 에쉬눈나가 주로 위세를 떨쳤지만, 정작 중요한 지역 및 도시들이 새로 등장하기 시작한 곳은 메소포타미아의 북부였다. 그런 도시들 중 하나가 티그리스의 아수르였다. 하지만 초창기에 해당하는 이곳의 유적은 현재 거의 발굴되지 못한 상태인데, 유적지가 하필이면 제국 시대 아시리아의 도시 밑에 깔려 있기 때문이다. 당시 이 도시의 이름은 확실히 아수르였던 것으로 보이며,(도시의 주신(主神) 이름을 딴 것이다.) 아수르가 독립한 기원전 2000년 무렵부터는 통치자 목록도 대략 계통이 세워진다. 아수르가 발달할 수 있었던 것은 핵심 무역로 세 곳을 장악할 수 있는 입지에 있었기 때문이다. 우르를 경유해 페르시아만으로 가는 무역로, 티그리스강 연안의 무역로, 그리고 엘람에서 레반트를 잇는 동서 무역로의 길목을 아수르가 차지했던 것이다. 아수르의 통치자들은 상인들에게 세금 면제의 특권을 주었고, 그렇게 해서 쌓인 도시의 부는 정복자들이 눈독 들일 만한 것이었다. 종국에 아수르는 아모리족 통치자였던 샴시-아다드 1세(Shamshi-Addad I: 기원전 1813~1781년)에게 정복당하고 만다. 아수르에서 서쪽으로 한참 떨어진 유프라테스강, 즉 오늘날의 시리아와 이라크의 국경에는 도시 마리(Mari)가 자리하고서 나머지 핵심 무역로들에 대한 지배력을 행사했다. 마리는 대상 무역로의 출발점이기도 해서 여기서부터 타드모르(후일 팔미라로 불린 곳) 오아시스를 거쳐 오론테스강의 콰트나를 비롯해 비블로스의 지중해 연안까지 길이 이어졌다. 유프라테스강 연안의 무역로를 지배한 것도 마리였다. 당시 마리는 아모리족 왕조의 통치를 받았으며, 무역을 통해 도시에 부가 쌓이면서 6에이커가 넘는 땅에 어마어마한 규모의 궁궐을 건설했다.

그러나 새로운 제국이 건설될 수 있던 핵심 도시는 바빌론이었다. 사실 바빌론 자체에 대해서는 알려진 것이 극히 적은데, 해당 지역의 지하수면이 높아 기원전 7세기 무렵의 지층 아래로는 발굴이 거의 불가능하기 때문이다. 따라서 바빌론의 역사 대부분은 여타 유적지에서 나온 기록들을 토대로 추론하는 수밖에 없으며, 그곳을 다스린 통치자들에 대해서도 기원전 1894년 제1왕조가 성립한 이후 신-무발리트 치세(기원전 1812~1793년)에 이르기까지는 사실로 확립된 바가 거의 없다. 신-무발리트도 바빌로니아 제국 창건자인 함무라비(Hammurabi: 기원전 1792~1749년)의 아버지라는 것 외에는 따로 알려진 사실이 없다. 애초에 함무라비는 샴시-아다드와 라르사의 림-신(Rim-Sin) 밑에서 부하로 일했으니, 그의 초창기 '정복' 활동은 모두 그들을 대행해 이루어진 것이었다. 그러다가 기원전 1763년 무렵에 함무라비가 반란을 일으켜 직접 권력을 손에 쥐었다. 나아가 림-신을 무찌른 후, 이신, 우루크, 우르, 니푸르, 라르사 같은 남부 도시들도 손에 넣었다. 기원전 1761년에는 메소포타미아 중앙의 에쉬눈나를 정복했는데, 이로써 메소포타미아에서 이란고원 중앙으로 통하는 무역로도 그의 수중에 들어왔다. 이듬해에는 마리를 패퇴시키고 서쪽으로 통하는 무역로를 장악함으로써 거대한 교역 도시 알레포와 직접 접촉할 길을 열었다. 이제 함무라비는 광대한 제국의 통치자가 되어 메소포타미아 및 그와 연계된 무역로에서 지배적 위세를 떨치게 되었다. 약 600년 전 사르곤이 아카드 제국을 세웠던 이래, 메소포타미아에 그 어느 때보다 강력한 제국이 세워진 것이다. 하지만 함무라비에 대해서도 그가 치세를 2년 남기고 7피트가 넘는 석주에 자신의 '법전'을 새겼다는 것 외에는 별달리 알려진 사실이 없다. 이 석주는 기원전 13세기에 바빌론이 엘람인들에게 약탈을 당하면서 수사(Susa)로 옮겨지게 되었고, 이후 엘람인들이 이 석주에 비문을 덧입히면서 내용 일부가 훼손되었다. 그중 오늘날까지 전해지는 사항만으로 보면, 이 석주에 적힌 법률들은 그 내용이 매우 유별났던 데다 다방면의 일을 잡다하게 다루었던 것으로 보이며, 함무라비가 책정했다고 여겨지는 갖가지 금액도 동시대 점토판의 기록과는 전혀 일치하지 않는다. 따라서 이 석주가 실제 '법전'이었을 리는 없을 것으로 보이며, 아마도 통치자들이 말년에 들면 자화자찬하며 자신들의 '위업'을 나열하곤 했던 일종의 송덕비였을 가능성이 크다.

7.1.2 이집트

[이전의 이집트 ☞ 4.5]

메소포타미아에 이런 발전이 이루어지던 시기에 이집트에서는 제1중간기가 끝나고 제12왕조가 성립된 상태였다. 제12왕조는 꽤 오랫동안 지속되어, 기원전 1991년에서 기원전 1785년까지 이집트를 다스렸다. 이 왕조의 창건자는 아메넴헤트 1세(Amenemhat I)로, 이집트 궁정에서 비지에(vizier: 이집트 행정조직의 수장을 가리킨다. — 옮긴이)를 지내다 권력을 찬탈해 왕위에 오른 것으로 보인다. 그는 즉위한 후 새로이 이시타위(Itj-tawy)라는 도시(멤피스 근방의 리시트)를 세우고 수도를 비롯해 파라오의 매장지를 그곳으로 옮겼다. 제12왕조가 안정을 누린 이유는 여러 가지였는데, 그중에서도 단일 가문 내에서 줄곧 왕위 계승이 이루어진 점, 나아가 이집트 역사만이 가진 독특한 제도, 즉

현 통치자의 후계자로 지명되면 왕과 함께 공동 통치자 노릇을 할 수 있었던 점이 주효했다. 이 시기가 대체로 안정적이었다는 것은 이집트의 영향력이 크게 확대된 데서 확인할 수 있다. 우선 남쪽의 누비아에 나일강의 제1, 2급류를 따라 요새들이 줄지어 건설되었는데, 이중 성곽, 망루, 내부 격자 설계를 갖춘 대규모의 방비였다. 이집트는 누비아를 모질게 통치해서, 지역 주민들을 강제로 광산 노역에 동원해 금, 구리, 자수정을 생산하게 했다. 그뿐만 아니라 이집트 군대에 징집당한 누비아인도 상당히 많았다. 이집트는 동쪽으로는 시나이 전역을 비롯해 레반트 내지까지 강력한 연결망을 구축해, 곳곳에 신전을 짓고, 무역로를 건설하고, 각 지역의 광물자원을 제 것처럼 이용했다. 심지어는 최북단의 비블로스와 남부의 아나톨리아에까지 사절을 파견했으며, 간혹 이집트 군대가 해당 지역의 일에 직접 개입하기도 했다. 레반트 지역과의 이런 접촉을 통해 이집트는 서남아시아 무역로와 연결될 수 있었고, 서남아시아의 무역로들은 다시 메소포타미아를 비롯해 훨씬 먼 동쪽 지역으로까지 이어졌다.

7.2 위기(기원전 1750년 무렵~1550년 무렵)

기원전 1785년에 제12왕조가 종식된 후 이집트에 찾아 온 위기는 걷잡을 수 없이 컸다. 이집트의 제13왕조는 혼란으로 점철된 채로 약 50년간 지속되었다. 한동안 이집트 전역에 대한 통치가 계속 이루어지기는 했으나, '왕조'라는 말이 무색할 정도로 통치자가 수도 없이 바뀌었다. 이전 왕조와 달리 제13왕조에는 단일한 왕실 가문이 존재하지 않았고, 따라서 군인, 외국인, 비왕족, 혹은 엘리트 출신이 잇따라 왕위에 올랐다가 1년도 채 재위하지 못하고 내려올 때가 많았다. 기원전 1750년 무렵에 접어들어서는 하이집트에 대한 지배권이 다수의 지방 통치자에게 넘어가고 만 듯하다. 그 이후로는 '제2중간기'가 찾아와 약 2세기 동안 지속되었는데, 첫 번째 중간기 때와는 양상이 사뭇 달랐다. 이때는 내전이 전혀 일어나지 않은 대신, 일명 '힉소스인'이라 알려진 외부 통치자들이 잇따라 이집트를 통치했다. 이 힉소스인들이 누구였는지에 대해서는 현재 알려진 바가 없다. 다만 레반트 남부 출신으로서, 이집트 중앙 권력이 와해되자 그 혼란을 틈타 나일강 삼각주 지대로 진입했으리라 짐작할 뿐이다. 이 힉소스인들이 후일의 이집트 정통 통치자 목록에서 빠진 것은 석연찮은 일인데, 대체로 이집트의 재통일 이후 신왕국의 통치자들이 정치 공작을 통해 그들을 배제한 결과였다. 그러나 실질적 면에서 힉소스인들은 이집트 왕실의 전통을 계승한 사람들이었다. 그들은 스스로 '레(Re)의 아들'임을 자처했고, 이집트의 사제들도 그들을 왕으로 모셨으며, 이집트인들 역시 힉소스인들의 궁정에 들어가 계속 관료로 일했다. 힉소스인들은 이집트 동쪽의 삼각주 지대에 새로 수도를 세우기도 했다. 또한 레반트 남부와 통하는 무역로도 장악했는데, 누비아에서 발견되는 힉소스인의 유골 숫자로 판단컨대, 이 시절 누비아로의 무역 및 영향력은 이집트의 이전 통치자들 시대와 거의 차이가 없었다. 이집트 통치자의 '진짜' 계보가 테베에서 끊이지 않고 이어진 것도 분명 사실인 듯하나, 그들 역시 삼각주의 힉소스인들에게 복종하며 지냈다.

메소포타미아에 자리한 함무라비의 제국은 명이 매우 짧았던 것으로 드러났다. 20년도 채 지나지 않아 제국은 마리에 대한 지배력을 상실했고, 엎친 데 덮친 격으로 라르사에서는 제국에 대해 반란이 일었다. 기원전 1700년 무렵에는 메소포타미아 남부에 대한 지배력마저 잃게 되었고, 페르시아만에서의 무역도 급속히 퇴조했다. 기원전 1677년에는 남부에서 '시랜드(Sealand)' 왕조가 실권을 잡아 전역에 지배권을 행사했다. 바빌로니아 제국은 쇠락해 바빌론 주변부 땅만 겨우 차지하고 있을 뿐이었다. 그러다가 기원전 1595년에 히타이트족의 왕 무르실리 1세(Mursili I)에게 약탈당하면서 끝내 바빌로니아 제국은 무너졌다. 이와 대략 같은 시기에 메소포타미아 북부 및 아나톨리아 동부에서는 타 제국들이 약화되고 몰락하는 틈을 타 미탄니라는 새로운 왕국이 출현했다. 이 왕국은 그 성격과 관련해 여러 가지 의문을 들게 만드나, 속 시원히 답해지는 것은 거의 없다. 이 국가의 언어는 '후르리어'로 일컬어지며, 쐐기문자로 쓰지만 희한하게도 메소포타미아의 그 어떤 언어들과도 연관성을 가지지 않는다. 이들 '후르리인'들은 내내 한 지역에서 살았을 가능성이 높은데, 기원전 2200년 무렵으로 거슬러 올라갈 만큼 오래된 메소포타미아 문헌에서도 후르리인 특유의 이름이 몇몇 발견되기 때문이다. 미탄니 왕국은 와슈칸니와 타이두 두 곳에 수도를 세웠었으나, 두 곳 모두 정확한 위치는 아직 알 수 없다. 기원전 1500년 무렵에 미탄니는 레반트의 대규모 교역 도시국가인 알레포와 에마르까지 아우를 정도로 세력을 확장했다. 그 이후로도 미탄니는 몇 세기간 메소포타미아의 주요국으로 계속 남아 있었고, 기원전 1500년 이후에는 이집트의 메소포타미아 확장을 저지해 낼 만큼 강력한 힘을 보이기도 했다.

기원전 1750년 이후로는 미탄니와 함께 아나톨리아의 국가 히타이트도 새로이 부상했는데, 이곳이 미탄니보다 국력도 더 강하고 더 유명했다. 히타이트가 어떻게 강성해질 수 있었는지는 확실치 않은데, 왕국이 온전히 성립되는 기원전 1650년 무렵 이전에 대해서는 정보가 전혀 존재하지 않기 때문이다. 아마도 지방의 한 통치자가 옛 도시 하투샤(오늘날의 앙카라 동부에 있는 보아즈쾨이)를 장악한 뒤, 그것을 새 국가의 수도로 탈바꿈시킨 것이 아닌가 한다. 히타이트의 초기 역사는 타 지역과의 상호 관련을 따져야만 겨우 기본 연대를 산정할 수 있는 상황이며, 기원전 1650년 이후에 초반 확장을 이룬 뒤 기원전 1595년에서 1525년 사이에 국내가 불안해지면서 레반트 북부에 대한 지배권을 잃었다는 것이 그나마 가장 신빙성 있는 사실로 통한다. 히타이트족과 관련된 정보는 주로 하투샤에서 발견되는 점토판이 제공해 준다. 이들 점토판에 따르면, 히타이트족이라는 명칭은 부근의 또 다른 집단인 하티족의 오해에서 비롯된 잘못된 이름이다. 히타이트족 자신들은 스스로를 네스(nes)족이라 일컬었으며, 그들 언어는 네실리(nesili)어라 칭했다.(오늘날 용어로 하면 '네사이트(Nesite)'다.) 이들 히타이트족이 미탄니 왕국과 어떤 관계였는지도 확실히는 알 수 없다. 다만 기원전 1400년 무렵 이후의 제국 시대에 후대 '히타이트족' 왕 일부가 후르리인 명칭을 사용했고, 그로부터 약 1세기 후 야질리카야에 대규모 의례 및 제식 중심지가 건설되었을 때에도 '후르리인'의 신들이 지배적 위세를 떨쳤다고 전한다.

7.3 인도·유럽인

7.3.1 언어

하지만 그보다 훨씬 근본적인 문제는 히타이트족이 아나톨리아의 다양한 언어들과 어떤 관계를 맺고 있었는가 하는 점인데, 이와 관련해 하투샤의 점토판에 사용된 언어만 해도 무려 일곱 가지에 이른다.(물론 이것들 모두 메소포타미아의 쐐기문자를 채택해 쓰고 있기는 하다.) 여기 더해 히타이트에서는 새김 형태의 신성문자(이집트의 신성문자와는 관련이 없다.)까지 하나 이용했는데, 거기 적힌 말이 히타이트어는 아니었다. 아나톨리아 지방에서 '히타이트어'와 그 외 두 언어(루비아어와 팔라어)가 쓰인 것은 오늘날 사람들 거의 절반이 쓴다는 언어군인 인도·유럽어족의 첫 등장을 뜻했다. 인도·유럽인과 그들의 언어는 근 두 세기 동안 꽤 많은 논란을 불러일으켜온 주제다. 이 논쟁이 진행되는 동안 사람들은 성격이 전혀 다른 문제들, 이를테면 언어의 분화 및 진화, 예술 양식과 문화와 토기의 변화, 인구의 이동 같은 문제들을 서로 연관시킴으로써 엄청난 혼란에 빠져들곤 했다. 그러나 사실 그것들은 전혀 별개로 보아야 할 현상들로, 이 중 어느 한 문제를 뒷받침하는 증거를 반드시 다른 문제의 결론 도출에 이용할 수 있는 것은 아니다.

유럽 학자들이 인도의 역사와 문화의 복잡성을 처음 인식하게 된 것은 18세기 말이었는데, 그들을 제일 먼저 놀라게 했던 것은 바로 자기들 '고전' 문화 속의 죽은 언어들(그리스어와 라틴어)이 역시 죽어버린 인도의 언어(산스크리트어)와 유사한 모습을 하고 있다는 사실, 나아가 후자는 이란의 고대 언어들과도 매우 유사하다는 사실이었다. 이들 언어는 하나의 커다란 어군에(즉 인도·유럽어족에) 속해 있으면서, 구문은 물론이고 구조적인 면에서도 여러 가지 유사성을 보이는 것이 분명했다. 그러나 각 언어 사이의 분화가 뚜렷이 진행될 수 있었던 점으로 보아 일정 기간은 서로 고립된 채 지냈던 것도 틀림없었다. 인도·유럽어족 언어들은 유사성이 매우 두드러지는 경우들이 있었다. 이를테면 산스크리트어에서는 전차를 가리켜 라타(ratha)라 하는데, 라틴어에서 바퀴를 가리켜 로타(rota)라 한다. 힌두교의 주요 신들을 나타내는 말들도 히타이트족의 주신(主神)들과 확실히 일치

유라시아의 인도-유럽어족

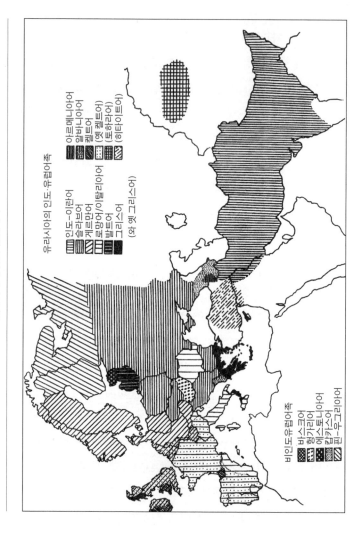

하는데, 인드라(인다라), 바루나(우르브나), 미트라(미티라), 낙사트라스(나사티야)가 그 예다.(괄호 안이 히타이트족 주신들의 이름이다.) 인도·유럽어족 내에서도 자기들끼리 매우 뚜렷한 관계를 보이는 언어들이 있다. 유럽의 경우 게르만어, 발트어, 슬라브어가 서로 밀접하게 얽혀 있되, 이탈리아-켈트 어군과는 다소 차이를 보인다. 아울러 로망어(프랑스어와 스페인어, 포르투갈어, 이탈리아어, 루마니아어)가 라틴어에서 갈라져 나왔으며, 힌디어와 우르두어, 벵골어, 펀자브어, 마라티어, 신티어가 산스크리트어에서 갈려져 나왔다는 사실도 분명하다. 인도·유럽어족에 속하는 언어는 꽤 많지만 지금까지 여러 역사언어학자의 노력으로 오늘날 알려진 것과 같은 언어 관계도가 확립될 수 있었다. 인도·유럽어족의 경우 그 내부에 구조적·문법적 유사성이 강하게 나타므로, 어떤 식이든 다른 언어 유형과 대거 혼합이 이루어졌을 가능성은 없다. 그럼에도 불구하고 시간이 경과하면 언어도 발달하기 때문에, 특히 '차용어'의 도입 및 (영어의 경우처럼) 언어 간의 혼합 현상이 나타나기 때문에, 이제는 어떤 식이든 단순한 형태의 언어 '진화도'를 그리기는 불가능하게 되었다. 오늘날 언어를 구분하는 큰 틀은 분명 존재하지만, 해당 분야의 연구자가 수없이 많아 그 틀을 다시 짜는 작업도 수없이 다양하게 이루어지고 있다. 일군의 다른 언어학자는 모든 언어에 공통적으로 들어 있는 특징만 따로 모은 뒤, 그것을 바탕으로 하나의 기원 언어(인도 유럽 조어(Proto-Indo-Europen: PIE)), 즉 거기서 다른 모든 언어가 파생되어 나왔다고 믿어지는 그런 언어를 만들려고 시도하고 있다. 이는 극단에 치우친 매우 위험천만한 작업이 아닐 수 없다. 이 작업이 과연 신뢰할 만한 것인지는 이 언어를 갖고 기존 로망어에서 라틴어를 '재구성'해 봤을 때 분명해졌고, 그 결과는 작업 방향 자체가 아예 잘못되었음을 시사했다. 언어의 진화는 복잡한 성격을 가진 문제다. 따라서 언어가 가진 일부 일반적인 패턴에 대해서라면 몰라도, 인도·유럽어족 언어들이 정확히 어떤 관계를 맺고 있는지, 또 진화상 어떤 패턴을 보이는지 같은 문제를 가지고 한 가지 설을 수립해 내기란 어려운 일이다.

7.3.2 역사

인도·유럽어족의 존재는 여러 역사적 결론을 도출시키기도 하는데, 앞서의 논의보다 확실성이 훨씬 떨어진다. 이런 식의 결론 도출과 관련한 상당수 문제들은 19세기 말 유럽에 흔히 퍼져 있었고 20세기에 들어서까지 끈질기게 힘을 발휘한 한 가정에서 비롯된다. 그 가정에서는 각종 '문화'에 나타난 변화, 즉 매장, 무기, 토기, 예술에서의 새로운 양식 도입을 새로운 민족의 도래와 동일시한다. 19세기 말에는 기원후 5세기에 서유럽에서 일어난 '로마 제국의 몰락'과 그것을 둘러싼 일련의 사건들을 무엇보다 중요시하는 분위기였다. 그래서 거기에 각별히 주안점을 두어 새로운 민족들을 대륙을 휩쓴 이민자의 물결로 보고 그들이 각자 별개의 인종 및 언어 집단을 이루었다고 결론을 내렸다. 그리고 인종적 사고에 입각해 이들 '인종' 사이에 뚜렷한 서열이 존재한다고 보았으니, 그중에서도 특히 게르만족, 앵글로·색슨족, 그리고 '아리아인'들을 최상위에 놓았다. 따라서 문명의 발전, 특히 그리스 '고전기'는 이 우월한 민족들을 빼놓고는 논할 수 없는 것이었다. 이에 따라 인도·유럽인은 중앙아시아의 스텝 지대에서 출발한 유목민 침략자가 되었고, 이들에 의해 서남아시아와 인도에 자리 잡았던 문명과 민족들은 맥없이 무너진 것이 되었다. 그 최초의 침략자가 히타이트족이었고, 그 뒤를 이은 모든 침략자 무리도 '인도·유럽인의 고향 땅' 어느 한곳에 뿌리를 두고 있었다. 따라서 이 인도·유럽인들 내에서 공통적으로 쓰이던 단어들을 파악할 수 있다면, 애초에 PIE를 썼던 인도·유럽인의 어휘에 대해서도 충분히 추론할 수 있으리라 여겨졌다. 그리고 그 '기원 단어'들이 나무 및 동물과 연관을 가지지 농작물 및 채소와는 연관이 없다고 여겨짐에 따라, 가장 초창기의 인도·유럽인들은 유목민일 것이라는 주장이 제기되었다. 그러나 인도·유럽어족의 언어 모두에 뿌리를 둔 말은 실제로는 거의 존재하지 않으며, PIE에서 찾아지는 공통성도 상당 부분 자의적인 것으로 비쳐진다. 예를 들어 PIE는 버터, 눈, 발(足)에 대해서는 공통된 뿌리를 가지지만, 우유, 비, 손에 대해서는 공통된 뿌리를 가지지 못한다고 여겨진다. 아울러 전차를 가리키는 산스크리트어 단어와 바퀴를 가리키는 라틴어 단어가 대략 동일하다고 해서, 애초에 인도·유럽인들이 반드시 전차를 보유했다고 볼 수도 없는 노릇이다.

이 같은 맥락의 주장들이 어떤 문제를 안고 있는지는, 인도·유럽인에 대한 논의에서 막강한 영향력을 행사하는 두 이론을 통해 여실히 드러난다. 인도·유럽인 이주 이론의 대표적 옹호자인 마리야 김부타스(Marija Gimbutas)는, 인도·유럽인들을 기원전 4000년 무렵에 우크라이나 남부 및 러시아에 출현했던 '쿠르간 문화'와 동일하다고 본다. 이 문화는 보통 독특한 매장 방식, 특수한 양식의 비커 토기, 그리고 청동제 무기와 연관을 가진다. 그리고 후일 이 '문화'는 유럽 전역에 걸쳐 발견되기에 이른다. 그러나 '문화', 언어, 민족이동의 세 가지는 그런 식으로 단순히 관련되는 것이 아니다. 이 문화가 나름의 독특함을 지닌 어떤 종교적 믿음의 표현이었고, 그것이 민족이동을 전혀 동반하지 않은 채 유럽 전역에 걸쳐 서서히 채택되었을 가능성도 얼마든지 있기 때문이다. 반면 전사 엘리트층의 소규모 이주는 충분히 있었을 법하나, 설령 이주가 있었다고 해도 그것이 언어에 어떤 중대한 영향을 미쳤을 것으로는 보이지 않는다. 따라서 이어지는 장에서 함께 살펴보겠지만, 기원전 1000년 사이의 유럽을 '켈트족' 세계로 보고 거기에 공통의 문화와 언어들을 설정하려는 노력 역시 갖가지 난제에 부딪칠 수밖에 없다.

인도·유럽인 이주에 관한 두 번째 이론은 조르주 뒤메질(Georges Dumézil)이 주창한 것으로, 그는 인도·유럽인의 언어와 사회에 사제, 전사, 경작자의 삼분(三分)이 뚜렷했다고 주장한다. 나아가 유럽과 아시아의 수많은 사회에 이런 구분이 나타났다는 것은 곧 인도와 유럽의 사회가 공통된 배경에서 파생되었음을 '증명한다'고 이야기한다. 하지만 이는 인도·유럽인들이 유목민 침략자라는 관점과 사실상 배치되는 것이니, 유목민 집단 사회는 그런 식의 비교적 복잡한 구분을 가지지 않기 때문이다. 더구나 이런 식의 구분은 특정 단계까지 발전을 이룬 사회에서는 제법 흔히 나타나는 패턴으로, 인도·유럽어족의 권역이 아닌 일본에서는 물론, 셈어 계열의 사회에서도 뚜렷이 찾아볼 수 있다. 더구나 일각에서는 인도·유럽인 사회가 다른 곳에 비해 더 가부장적이었다고 주장하는데, 이를 뒷받침할 증거는 어디에도 없다. 예를 들어 그런 식의 가부장적인 특성은 메소포타미아의 초창기 셈족 사회도 똑같이 가지고 있었다.

이런 이론들을 극복할 만한 대안을 내놓은 것은 영국의 고고학자 콜린 렌프루(Collin Renfrew)로, 그의 이론은 초창기 아나톨리아 언어가 가진 성격을 기반으로 하고 있다. 우리가 알고 있는 최초의 증거에 따르면, 기원전 1700년 무렵에 아나톨리아의 언어에는 하티어, 후르리어, 서(西)셈어, 아카드어, 엘람어, 수메르어, 우라르트어, 후기 아람어 등의 비(非)인도·유럽어족과 히타이트어, 팔라어, 루비아어 등의 인도·유럽어족이 대거 뒤섞여 있었다. 이들 '아나톨리아' 인도·유럽어족은 그 연대가 매우 오래 되었는데, 그것들이 가진 문법적 형태와 구조 일부는 매우 초창기에 사라져버렸거나 아니면 다른 인도·유럽어족 언어에는 전혀 나타나지 않는 특징이 있다. 이를 근거로 일부 언어학자들은 '아나톨리아계' 언어들이 방대한 '히타이트·인도·유럽 집단' 안에서 PIE가 분화해 각자 별개 집단으로 분리되기 훨씬 이전에 PIE에서 따로 떨어져 나왔다고 주장해 왔다. 하지만 그보다 훨씬 신빙성 있는 의견은, 이들 아나톨리아계 언어가 해당 지역에 매우 깊이 뿌리를 내리고 있었고, 차탈회위크 같은 소규모 성읍에 살던 농경 집단과 연관을 가졌으리라는 것이다. 이를 근거로 삼는다면 인도·유럽어는 애초에 아나톨리아에서 생겨났다가, 기원전 5000년 무렵에 최초의 농경 공동체와 함께 유럽 곳곳으로 확산되었다고 생각할 수 있다. 그 뒤에 사람들이 정착 생활을 하고 기존 집단과 통합하면서 인도·유럽어족 언어들이 차츰 분화하기 시작했고, 미개척지로의 이주가 본격적으로 시작되면서 서서히 서로 다른 언어로 분리되었던 것이다. 그리고 이런 국면이 전개되는 동안에도 농경을 채택하지 않은 유럽의 집단 일부는 바스크어나 스코틀랜드 최북단의 언어 같은 자신들의 옛말을 그대로 유지해 나갔다.(이것들은 확실히 인도·유럽어족과는 다른 성격을 가진다. 헝가리어, 핀우그리아어, 에스토니아 등의 비(非)인도·유럽어가 들어온 것은 훨씬 나중의 일이었다.) 이 이론을 적용하게 되면 아나톨리아와 캅카스, 러시아 남부 일대에서부터 유럽으로 들어온 방대한 민족 및 언어에서 기타 다양한 어군이 형성되는 것도 마찬가지로 설명해 낼 수 있다. 물론 이들 민족이나 언어를 고고학상의 특정 '문화'와 동일시하는 일은 없어야 하겠다. 즉 스텝 지대를 '고향'으로 둔 인도·유럽인이 자신들의 특수한 사회구조나 그들만의 고유한 언어를 가지고 갑자기 물밀듯이 문명 세계로 밀고 내려온 일은 결코 없었다는 이야기다.

7.3.3 인도

[이전의 인도 ☞ 4.6]

인도·유럽인을 스텝 지대 출신의 정복 전사, 즉 전차와 말을 몰고 기존 문명을 전복시킨 이들로 볼 경우 어떤 문제점들이 생겨나는지는 인도의 역사만 봐도 잘 드러난다. 인도의 역사에 대해서는 기원전 1700년 무렵에 인더스 계곡 문명이 몰락하고부터 기원후 1000년의 초창기에 이르기까지는 고고학적 증거가 거의 발견되지 않는다. 현재로서는 『리그 베다(Rig Veda)』가 당시 역사를 알려 주는 유일한 자료인 듯한데, '지식의 시'를 뜻하는 이 문헌에는 다양한 신들에게 바쳐진 시가 1000수 이상 실려 있다. 『리그 베다』의 내용이 글로 적히기 시작한 것은 기원전 600년 무렵의 일이라고 여겨지나, 그보다 1000년 전부터 이미 구전 전통이 존재해 왔을 것으로 믿어진다. 이 『리그 베다』의 내용을 보충해 주는 것이 『브라마나(Brahmana)』이다. 이 문헌은 『리그 베다』의 주석서이되 인도의 사제, 즉 브라만(brahman)의 역할을 격상시켜 놓았다. 이보다 훨씬 철학적이고 복잡한 내용을 담은 것이 『우파니샤드(Upanishads)』로, 여기에는 기원전 800년 무렵에 저술된 것으로 보이는 문헌이 총 100편 이상 담겨 있다. 그런데 『리그 베다』를 읽다 보면 검은 피부의 사람들, 즉 다사(dasa: 이 말은 후일 노예의 뜻으로 쓰이게 된다.)들이 전차, 말, 청동 무기를 사용한 집단들에 정복당한 듯한 대목이 끼어 있다. 이 정복 집단은 여러 부족으로 조직되어 있었으며, 라자(raja), 즉 왕과 아리안(aryan)이라는 귀족 집단의 통솔을 받았다. 부족민 대다수는 바이샤(vaishya)였으며, 바이샤들의 가부장적 사회에서는 오로지 아들만 상속을 받을 수 있었고 죽은 자들에 대한 종교 의례 역시 아들만 올릴 수 있었다. 다사의 정복은 '일곱 개 강이 흐르는 땅'에서 일어났는데 아마도 펀자브 지방을 가리키는 듯하며, 당시의 정복 집단들은 갠지스강에 대해서는 알지 못했던 것으로 보인다.

이 자료들이 19세기 유럽 학자들의 손에 들어가면서 우월한 인종 집단의 이야기가 만들어져 나온 것으로, 그들은 밝은 피부색의 인도·유럽인 전사들이 말과 전차를 타고 물밀듯 내려와 기존 문명들을 파괴시킨 후 그 자리에 자기들의 독특한 문화를 세웠다고 보았다. 인더스 계곡 문명이 20세기 초반에 발견되었을 때는 인도·유럽인의 침략 물결이 그것을 파괴한 것이 틀림없다는 가정까지 곧바로 세워졌다. 파괴 시점도 하필이면 (기원전 1700년으로) 유럽 학자들이 말하는 패턴에 잘 맞아 들어가는 것처럼 보였다. 그러나 인더스 계곡에서 어떤 언어가 쓰였는지는 현재 알 길이 없다. 인더스 계곡 언어가 인도·유럽어족이 아니란 법은 없으며, 그것 역시 서남아시아 및 이란의 초창기 농경 공동체에서 발생했을 가능성이 얼마든지 있다. 더구나 『리그 베다』의 내용들을 면밀히 들여다보면, 전투 대목은 여러 차례 등장하지만, 침략을 직접 언급한 부분은 단 한 군데도 없다. 따라서 이들 문헌에 들어 있는 내용은 사실상 귀족층 전사 집단('아리아인들')이 농부 집단을 상대로 지배력을 확립한 과정이었을 수 있으며, 그들 전사 집단은 자신만의 엘리트 문화와 가치를 분명하게 지닌 채 기존 사회 내부에 이미 발달해 있었을 것이다. 이런 해석에 따르면, 산스크리트어로 쓰인 『리그 베다』와 고대 이란어로 쓰인 최고(最古)의 종교 문헌 『아베스타』가 서로 명확한 관련성을 보이는 이유도 달리 생각할 수 있다. 둘 모두 아리아·인도·유럽인의 침략을 받은 결과라기보다는, 기존 엘리트층 문화가 갖고 있던 유사성이 두 문헌에 반영된 결과인 것이다.

[이후의 인도 ☞ 8.5]

7.4 제국의 경쟁: 서남아시아(기원전 1550~1200년 무렵)

7.4.1 히타이트족, 카시트족, 아시리아인

기원전 1500년 직전을 기점으로 서남아시아 전역은 2세기에 걸친 분란의 시기를 끝맺고 전반적인 회복기에 접어들었다. 이즈음 일어난 히타이트 제국의 등장은 서남아시아 세계에서 이루어진 대규모 재건 작업의 일환이자, 초창기 제국들 사이에 곧 커다란 세력 다툼이 벌어지리라는 신호탄이었다. 히타이트 제국의 확장이 시작된 것은 투드할리야 1세(Tudhaliya I) 치세로, 아마 새 왕조를 창건한 것도 그였을 것으로 보인다. 애초에 히타이트 제국과 주로 힘겨루기를 했던 곳은 미탄니 왕국이었고, 따라서 히타이트인들은 이집트가 미탄니와 싸워 이기는 것이 자신들에게 유리하리라 여겼다. 하지만 히타이트의 세력이 나날이 강성해지자 오히려 이집트와 미탄니가 힘을 합쳐 히타이트에 맞서는 형국이 되었다. 히타이트 제국이 제법 힘을 떨치기 시작한 것은 수필룰리우마 1세(Suppiluliuma I: 기원전 1370~1330년) 치세 말엽에 접어들면서였다. 그는 우선 동쪽 지방 공략에 나서 유프라테스강 건너에 자리한 미탄니의 수도 와슈칸니를 약탈했다. 그러고는 (사티와자(Shattiwaza)를 히타이트 제국의 제후왕에 봉함으로써) 미탄니 왕국 서쪽 절반에 대한 지배권을 얻고 그곳을 방패막이 삼아 아시리아의 팽창을 저지했다. 이후 수필룰리우마는 거대 교역 도시 알레포와 카르케미시를 비롯해 시리아 북부까지 지배권을 확립할 수 있었다. 그리고 이들 승리에 힘입은 결과, 후대 왕 무르실리 2세(Mursili II: 기원전 1330~1295년)가 서쪽 지방 정벌에 나설 수 있었다. 히타이트 문헌에 따르면 당시 제국의 대적 상대는 아르자와(Arzawa)와 아히야와(Ahhiyawa)였는데, 이 둘의 정체는 현재 불확실하다. 하여간 히타이트와의 싸움에서 아르자와가 패퇴했고, 이로써 히타이트의 지배력은 에게해까지 확장되었다. 하지만 무르실리 2세는 이때 그만 수도 하투샤에 대한 지배권을 '카스카족'이라는 집단(이들의 정체 역시 아직까지 밝혀지지 않고 있다.)에게 빼앗기고 말았던 듯하다. 히타이트 제국의 위세는 그 뒤를 이은 두 명의 통치자인 무와탈리(Muwatalli)와 하투실리 3세(Hattusili III)의 대에 이르러 절정에 달했다. 이들의 지배력은 아나톨리아와 레반트의 상당 지역에까지 미쳤으며, 그 힘이 강력하기가 이집트를 상대로 협정과 동맹을 강요할 수 있을 정도였다. 히타이트 제국은 400년가량 막강한 위세를 떨칠 수 있었으나 제국 내에 강력한 하부구조까지 발달시키지는 못했다. 히타이트를 다스린 것은 하투샤의 '대왕'이었고, 그가 속한 통치 엘리트층은 왕실 가문과 귀족을 구성하면서 제국 내에서 강한 결집력을 보였다. 대왕의 지배력은 광범한 종류의 공동체 및 옛 정치 단위들에까지 미쳤는데, 이들은 하투샤의 최고권을 인정하기만 하면 나름의 통치자, 언어, 관습, 법률을 계속 유지해 나갈 수 있었다. '대왕'은 제국의 군대를 지휘하는 장수이자 모든 신을 모시는 대사제 역할을 했으나, 생전에는 신성한 존재로 숭앙받지 못했다.

히타이트는 기원전 1595년에 바빌론을 파괴하고도 바빌론에 대한 지배권은 손에 넣지 못했다. 그 대신 바빌론은 카시트족의 수중에 들어가, 기원전 1530년부터 1200년 무렵까지 그들에게 통치받았다. 카시트족은 자그로스산맥 일대 출신인 것으로 보이나, 이들이 메소포타미아를 통치한 장기간 역사에 대해서는 거의 알려진 바가 없다. 심지어 카시트족은 왕의 기본 계보를 세우는 일조차 쉽지 않으며, 자신들 언어를 제외한 그 어떤 언어와도 관련성을 갖지 않았던 것처럼 보인다. 그러나 이 시기가 상당한 안정기였던 것만은 확실하며, 다른 제국들이 남긴 기록으로 판단컨대, 당시 바빌로니아는 커다란 규모를 자랑하는 제국이었다. 이 바빌로니아 제국이 '시랜드' 왕조에 패퇴한 이후 메소포타미아는 통일되기에 이르는데, 메소포타미아 최남단에 자리했던 시랜드 왕조는 페르시아만 무역로로 통하는 주요 길목을 차지하고 있었다. 카시트족은 바레인 같은 남단의 무역로와 함께, 디얄라 계곡을 통해 이란 및 중앙아시아(중앙아시아는 무척 진귀한 광물이던 청금석의 산지였다.)로 들어가는 무역로까지 장악했던 것으로 보인다. 메소포타미아 최북단에서는 소규모의 아시리아 왕국이 미탄니 왕국에 예속당한 채 있었으나, 기원전 1340년에 미탄니 왕국이 히타이트인들에게 패퇴당하면서 속국의 처지에서 벗어날 수 있었다. 이를 계기로 아시리아인들의 확장이 시작되더니, 아다드니라리 1세(Adad-nirari I: 기원전 1307~1275년)의 시대에 들어서면서 본격적으로 대규모의 확장이 이루어졌다. 아다드니라리 1세는 옛 미탄니 왕국의 동부를 손에 넣고는,(서부는 히타이트인들이 장악했다.) 그길로 남쪽으로 밀고 내려가 카시트족과 세력을 겨루었다. 샬마네세르 1세(Shalmaneser I: 기원전 1274~1245년)의 치세에 접어들자 아시리아의 지배권은 메소포타미아 북부까지 확장되기에 이르러, 이제 아시리아는 히타이트인과 이집트인의 국가에 버금갈 정도로 강력한 나라가 되어 있었다. 그 뒤를 이은 투쿨티닌우르타 1세(Tukulti-Ninurta I: 기원전

1244~1208년) 치세에는 바빌로니아의 상당 지역이 아시리아인들의 실질적 지배 아래에 들어갔고, 수도에는 그들에 의한 꼭두각시 정권이 세워졌다.

7.4.2 이집트

이 시기에 서남아시아에서 가장 중대한 발전이 일어난 곳은 다름 아닌 이집트였다. 기원전 1550년 무렵 이후부터 이집트인 지도자들과 그들의 군대는 힘을 합쳐 점차 힉소스인들을 그들의 본거지인 레반트 남부로 몰아내기 시작했고, 이로써 다시 통일된 이집트 왕국이 건설되었다. 이집트의 학자들은 이집트 사회가 보수적인 곳이었음을 강조하는 경향이 있지만, 이 시기의 이집트는 사회와 국가의 양면에서 내부적으로 대대적인 변화를 겪었다. 우선 이집트가 정복 활동에 기반을 둔 제국 및 사회로 변화하면서 군대가 나라의 주된 힘으로 자리 잡게 된다.(이집트 군대의 주 무기는 이륜 전차였다.) (신왕국 시대로 알려진) 이 기간에 이집트는 그 어느 때보다 막강한 부와 힘을 자랑했다. 국내 문제들을 전반적으로 잘 억제한 결과, 이집트의 지배력은 누비아의 군사 주둔지 및 방어 시설을 넘어 멀리 레반트 중앙에까지 미쳤다. 아부심벨, 카르나크, 아비도스, 서(西)테베, 엘 아마르나와 같은 역사상 최대 규모의 건축물이 일부 지어진 것도 바로 이때였다. 이 시기에 대해서는 일반적 연대가 제법 명확하게 밝혀져 있는 편이다. 물론 그렇다고 해도 당시의 정치 역사를 세세히 서술하기란 불가능하나, 몇몇 문서를 토대로 하면 일부에 대해서는 그런 서술도 가능하다. 기원전 1269년에 히타이트와의 사이에 맺어진 조약이 그러한데,(이에 대해서는 양국 모두 문헌을 만들어 내용을 밝혀 놓았다.) 아마도 세계 최초의 국제조약이 아니었을까 한다. 그와 함께 일명 '아마르나 서신(Amarna Letters)'이라고 불리는 일련의 점토판 기록도 남아 있는데, 주로 기원전 1400년 이후 70년 사이에 만들어진 것들이다. 이들 기록은 국제어로서의 입지를 여전히 잃지 않고 있던 아카드어로 쓰였으며 이집트가 서남아시아의 여타 강대국들과 교신한 내용을 담고 있다. 히타이트 제국, 키프로스, 바빌로니아, 미탄니, 아시리아가 그런 강대국에 속했고, 특히 이집트가 지배력을 행사하고자 애썼던 레반트의 지방 통치자들도 중요한 교신 상대로 여겨졌다.

이집트 국가에 주된 재건 작업이 이루어진 것은 마지막 남은 힉소스인을 최종 축출한 직후인 투트모시스 1세(Tuthmosis I: 기원전 1507~1494년)의 치세에 들어서였다. 그 일환으로 수도도 테베에서 멤피스로 옮겼는데, 시나이 동쪽 국가들과의 핵심 관계를 장악하는 데는 멤피스의 입지가 더 나았기 때문이다. 멤피스는 군사 및 국내 행정의 면에서도 중심지로 기능했다. 테베도 계속 명맥을 이어 가며 종교의례를 주관했고, 인접 지역인 카르나크에서는 '왕들의 계곡'과 '여왕들의 계곡'이 왕족들의 매장지로 이용되었다. 기원전 15세기 중반까지만 해도 이집트인들은 머나먼 동부의 유프라테스강까지 한창 군사작전을 전개해 가는 중이었다. 하지만 기원전 1400년 직후, 아멘호피스 2세(Amenhopis II)가 레반트에서 대규모 반란을 한 번 진압하고 난 뒤에는, 지배력의 한계선을 레반트 중앙에 두는 것이 현실적으로 가장 바람직하다는 사실을 이집트인들이 인정하게 되었다. 그리하여 이집트에 계속 도전을 가해 오던 미탄니 왕국 통치자와 협정이 맺어지는가 하면, 다음 대의 이집트 통치자 투트모시스 4세(Tuthmosis IV) 치세에는 결혼 동맹도 한 차례 성사되었다.

이집트의 힘이 꽤 강성했던 마지막 시기는 제19왕조, 그중에서도 특히 람세스 2세(Rameses II: 기원전 1290~1224년) 치세였다. 이 무렵에 이집트는 레반트 지역에서의 세력 확장을 위해 대대적인 노력을 기울였으나, 때마침 히타이트 제국이 아나톨리아에서 남으로 밀고 내려오던 터라 그들과의 충돌을 피할 길이 없었다. 이 히타이트와의 사이에서 벌어진 기원전 1285년의 카데시 전투를 두고 람세스 2세는 거창하게 전승비까지 세워 가며 자신의 업적을 기렸지만, 사실 이 싸움은 무승부였다. 기원전 1269년에 히타이트인들과 맺은 평화협정에서도 람세스 2세는 자신이 마치 약소국의 애원을 너그럽게 받아주는 것처럼 그랬지만, 이 협정이 필요하기는 양측 모두 마찬가지였다.(협정이 절실한 것은 오히려 이집트 쪽이었는데, 당시 이집트는 서쪽 사막에서 밀고 들어오는 집단들의 압박을 받는 상황이었기 때문이다.) 그러다가 히타이트족 공주 하나가 기원전 1256년에 람세스 2세와 혼인하면서 두 강대국 사이에는 더는 전쟁이 벌어지지 않았다. 이집트가 어떤 식의 제국적 면모를 가지고 있었는지는 통치자들이 건립한 각종 기념물들을 통해 잘 드러난다. 이집트는 곳곳에 대규모의 신전과 행진용 대로를 건설했고, 그 목적은 사람들에게 위압감을 주는 동시에 공동체의 행사 및 종교 행사의 개최지로 쓰기 위함이었다. 각종 조각상과 신성문자 문헌에는 군대의 힘이 무엇보다 강조되어, 적군의 궤멸이나 포로의 공개 처형 장면이 담겼다. 이제 통치자에게는 '위대한 집'이라는 뜻의 파라오(per'ao)가 공식 명칭으로 붙었고, 이 파라오가 신성한 존재라는 것이 이집트의 이데올로기의 핵심을 차지했다.

이집트의 파라오와 다양한 신들이 가졌던 신성성은 정확히 어떤 것이었는가. 이 질문야말로 이른바 '아마르나 시대(Amarna period)'를 비롯해 그 직후 이어진 아케나텐(Akhenaten: 기원전 1364~1347년)에서 호렘헤브(Horemheb: 기원전 1332~1306년)까지의 치세에 발생한 각종 분란의 핵심이었다.(이 시기에 이집트는 내부적으로 대규모 분란을 겪었지만, 인접 지역에 대한 대외 지배는 아무 문제없이 유지했던 것으로 보인다.) 이 집트의 종교는 절대 한 가지 모습에 고착되는 일 없이, 늘 발달에 발달을 거듭했다.(기원전 4세기 말에 그리스의 영향력에 완전히 함몰당하는 일만 없었다면 이후로도 내내 그랬을 것이다.) 이집트의 신학은 사제들이 주축이 되어 발달시킨 것으로서, 갖가지 명칭과 단어에 대한 숭상을 통해 이집트의 모순된 두 사상을 하나로 연결하고자 했다. 그 모순이란 이집트가 역사상으로 수많은 신을 섬겨 오면서도, 늘 태양을 보며 통일된 신성한 힘의 존재를 인식했다는 것이다. 그래서 태양신 라(Ra)는 일흔다섯 개에 이르는 다양한 이름뿐 아니라, 자연의 신성한 힘을 뜻하는 수많은 다른 신의 이름도 함께 가지고 있었다. 그중에서도 아문 라(Amun-Ra: 테베의 신이었다.)는 인간의 형상을 한 태양신으로써, 사람들에게서 특히 강력한 숭배를 받았다. 아문 라는 이집트의 마트(maat) 사상과도 연관이 있었는데, 마트는 '진실', '정의', 우주의 올바른 질서쯤으로 이해하는 것이 좋을 것이다. 이후 마트는 라의 딸로써 이집트의 여신으로 자리 잡는다.

이집트의 이 종교 체계는 아메노피스 4세(Amenhopis IV)가 아텐(aten)을(태양 자체를 형상화한 것으로, 동그라미에서 뻗어 나온 여러 개의 빛살 끝에 손이 하나씩 달려 있다.) 추종해 자신의 이름을 아케나텐으로 개명하면서 완전히 뒤집히게 된다. 아케나텐은 아텐이 세상 만물을 창조하는 보편적 힘이라고 보았다. 사실 이 생각은 새로운 것이 아니었다. 아문 라도 테베에서 종종 그런 힘을 가진 신으로 여겨졌기 때문이다. 아텐을 이렇게 강조하게 된 것은 태양신의 힘을 강조해 오던 이집트의 추세가 그즈음 절정에 달한 결과일 수도 있었다. 다만 아케나텐 대에 들어 새로워진 것이 있다면, 더는 태양의 힘이 발현된 것으로 여겨지지 않는 기타 신들에 대해서는 거침없이 성상 훼손을 감행한 점, 인간의 형상을 뺀 태양 자체의 이미지를 강조한 점, 신성한 존재가 다양하게 존재하는 우주론을 폐기한 점이었다. 이와 동시에 아케나텐은 태양신 외의 신전에 지급된 자원들을 도로 회수해 유일신인 아텐을 위해서만 쓰이게 했다. 더불어 아케나텐이 아텐의 유일한 지상의 현신임을 역설함으로써, 신과 파라오가 하나라는 사실에 더욱 힘을 주었다. 아케나텐은 이따금 스스로를 '마트(matt)를 양식으로 삼는 자'라 칭했는데, 이는 그때까지 중요시되지 않던 신의 본성을 새로이 일깨우는 말이었다. 또한 아케나텐은 멤피스와 테베의 중간 지점에 이제까지와는 전혀 다른 도시를 새로 짓되, 아텐 숭배가 때에 물들지 않게 다른 신들의 신전은 일절 들어서지 못하게 했다. 오늘날 아마르나라고 알려진 이 도시의 당대 이름은 아케타텐으로, '태양의 지평선'이라는 뜻이었다. 이곳을 건설하느라 국가는 물론 국가가 동원한 수많은 일꾼이 막대한 노력을 쏟아부어야만 했다. 최전성기의 아케타텐에는 약 5만 명이 살았던 것으로 추정된다.

　이 같은 일화를 어떤 식으로 해석할지는 지금도 논란이 되는 문제다. 그가 세운 기념물들을 보면, 아케나텐은 보통 매우 독특하고 기형적 외관을 가진 인물로 묘사되어 있으며 이 점은 그의 가까운 가족들도 마찬가지다. 이 때문에 그간 세간에서는 아케나텐이 유전에 의한 특이 질환을 앓았다는 주장이 제기되어 왔다. 하지만 이는 그다지 신빙성 없는 주장으로, 아케나텐과 그의 가족이 그렇게 묘사된 까닭은 그들을 인간이 아닌 반(半)신의 존재로 그리기 위한 의도적 노력에서였을 것이다. 사람들은 아케나텐과 그의 정실부인 네페르티티를 신성한 존재로 여기고 기도드렸으며, 그들 생전에는 그 육신 안에 아텐의 진정한 본질이 담겨 있다고 여겼다. 아케나텐의 믿음이 수많은 주석가의 눈에는 일신론에 가깝게 비치는 것이 사실이며, 서양의 전통에서는 그것을 이전 신앙들에 비해 뛰어나다고 인정해 일종의 '진보'로 간주하곤 한다.(기독교 신앙이 진정한 일신론인지도 사실 해결이 어려운 문제다.) 그렇게 본다면 아케나텐의 신앙은 일부 측면에서 유대교의 단초를 가진 것으로도 생각될 수 있다. 그러나 아텐 사상에는 도덕적 가르침이라고 할 만한 것이 전혀 없으며, 아텐은 그저 생명의 원천일 뿐이다. 따라서 아텐 사상은 후대에(즉 수백 년 후에) 나타나는 유대교 신앙과는 그 성격이 전혀 다르다고 하겠다. 유대교 신앙에서 신 야훼는 걸핏하면 화내고, 인간의 일에 간섭하며, 다른 모든 민족과는 구별되는 정체성을 유대인에게 부여한다.

아케나텐이 죽자 그의 사상은 이내 배척당했고, 그렇게 아텐 숭배가 막을 내리면서 거대 도시 아마르나도 사람들이 떠나 폐허가 되었다. 아케나텐은 순식간에 이집트의 '적'으로 몰렸고, 그의 치세 역시 오래 이어져 오던 이집트 신앙을 완전히 뒤엎으려고 했던 공포 시대로 간주되었다. 아케나텐이 사후 왜 이런 격한 반발을 샀는지 그 정확한 원인은 알려져 있지 않다. 다만 분명한 것은 그러한 반감이 아케나텐 가족에게까지 미치지는 않았다는 점인데, 이후에도 아케나텐의 가족들은 제18왕조의 일원으로써 이집트에 대한 통치를 계속해 나갔기 때문이다. 아케나텐에 뒤이어 왕위에 오른 것은 투탕카멘(Tutankhamun)으로, 그는 아케나텐의 형제이면서 아케나텐의 딸 중 하나와 혼인했던 것 같다. 투탕카멘의 본명은 투탕카텐(Tutankhaten)이었는데, 그는 개명함으로써 자신이 이집트에 아문 라의 옛 질서를 재확립했음을 나타내고자 했다. 투탕카멘에 뒤이어 왕위에 오른 것은 아이(Ay)로, 그는 아케나텐의 정실부인 네페르티티의 아버지였던 것으로 보인다. 제18왕조의 마지막 통치자(호렘헤브로 기원전 1306년에 사망했다.)는 아이(Ay)의 사위였으니 그는 결국 네페르티티의 형부인 셈이었다.

이렇듯 기원전 14세기 후반 약 50년 동안 국내가 각종 소요로 떠들썩했는데도 신왕국 시대 이집트는 국가로서의 기능을 별 탈 없이 발휘했다. 곳곳의 사유지에 예속된 일꾼들은 각종 생산품을 만들어 이집트의 신전들과 파라오의 거대한 왕릉, 그리고 대규모 사제의 생활까지 유지시켰다. 일례로 카훈(Kahun)은 세누스레트 2세(Senusret II)의 피라미드 및 의례지 관리용으로 만들어진 성읍이었는데, 정밀한 격자 구조에 맞추어 설계된 것이 특징이었다. 그 안에는 엘리트층의 구성원들이 기거하던 복잡한 설계의 대규모 가옥도 몇 채 자리하고 있었다. 약 3000명에 달했던 주민의 대다수는 그것의 약 20분의 1 크기인 220채의 가옥에서 생활했다. 성읍 주민들은 다양한 종류의 직종으로 나뉘어 팀 혹은 조로 명확하게 조직되어 있었으며, 각 조직은 엘리트층의 가옥 내에 자리한 곡창에 전적으로 의지해 생계를 꾸려 갔다. 도시 전체가 함께 쓸 수 있는 곡창은 따로 존재하지 않았다. 그 외의 다른 신전에서는 몇 개의 회(會)가 돌아가며 신전의 일을 맡아 처리했다. 이들 회는 통상 열 개로 구성되었고, 각 회는 한 달 간 신전에서 일한 뒤 다음 회에게 일을 넘기고 촌락의 일로 복귀했다. 신전 및 국가에서의 노역도 중요했지만 엘리트층이 살아가려면 잉여농산물도 반드시 필요했기 때문에, 이 둘을 결합시키려면 그런 식의 교대 작업을 이용하는 수밖에 없었다. 신전 경내에서 일할 경우 일꾼들의 품삯은 현물로 지급되었다. 첫 단계로 곡물이 산출되면 필경사들이 절도 방지를 위해 곡물의 양을 잰 후 곡창까지 안전하게 수송시켰으며, 곡창에 도착한 후에도 다시 한번 무게를 확인했다. 이 곡식들을 이용해 사람들은 빵과 맥주를 만들어 냈다. 그러나 맥주는 사실상

걸쭉한 귀리죽이나 다름없어 거의 술이라고 할 수 없었다. 필경사들은 빵과 맥주의 생산과정을 일일이 다 확인하지는 않았지만, 일정량의 곡식으로 어느 정도의 빵과 맥주가 만들어지는지 정도는 알았다. 빵은 표준 규격에 준하는 틀에서 만들어져 일꾼들에게 하루 열 덩어리씩 지급되었으며, 맥주의 양은 사정에 따라 수시로 달라졌다. 한편 사회계층이 상위로 올라갈수록 식량 지급량도 일련의 고정된 단계에 따라 차등적으로 늘어났다.

대규모 건설 작업이 진행되게 되면 막대한 수의 인부는 물론, 직인, 건축가, 관료들까지 모두 국가의 일꾼으로 직접 고용이 되었다. 자재 할당 및 식량 배급의 책임은 필경사가 맡았고, 일꾼들이 정해진 '작업 기준'만큼 성과를 내게 하는 것도 그의 소관이었다. 이집트의 피라미드 및 신전 건축의 세부 사항에 대해서는 거의 알려진 것이 없지만, 공사 때마다 매번 국가의 주관하에 주민을 대규모로 관리하고 감독하고, 일꾼들이 묵을 막사를 건설하고, 공사에 쓸 석재를 채석해 수송하는 일이 이루어졌을 것이다. 거기다 이 모든 일과 함께, 석재를 좀 더 높은 데까지 올리고 작업에서 생겨난 방대한 양의 잔해를 치울 수 있게 엄청난 크기의 비탈면도 세워야 했다. 오늘날까지 남아 있는 이집트의 국가 계획들을 보면 이런 활동들이 얼마나 대규모였는지 일부 짐작해 볼 수 있는데, 와디 하마마트 채석장으로의 원정이 그 일례다. 이 작업에는 일꾼만 총 1만 8660명이 동원되었으며, 숙련 및 비숙련노동자를 포함해 사냥꾼, 군인, 제분업자, 양조업자, 제빵사까지 원정에 나섰다. 이들의 지휘를 맡은 것은 관료 여든 명, 일꾼 공급을 맡은 '시장(mayor)' 스무 명, 그리고 필경사 여덟 명이었다.

이집트의 경제에서 국가가 큰 비중을 차지했던 것은 분명하지만, 국가의 통제 바깥에서도 여러 가지의 교역과 활동이 활발히 이루어졌다는 증거가 상당수 발견된다. 국가와 신전 차원의 대공사가 벌어질 때 고위 관료들은 하루에 최대 500덩어리까지 빵을 할당받을 수 있었다. 그런데 관료들에게는 식량이 별개로 할당되었던 데다, 배급 처리 과정에서 그 양이 측정이 안 되는 복잡한 부분들이 있었기 때문에, 일종의 신용 체계를 비롯해 이들 '식량분'을 다른 생산품과 교환할 방도가 있었을 것임이 틀림없으나, 그 방도가 어떤 것이었는지는 현재로서는 알 길이 없다. 토지는 개인이 사적으로 보유하는 것은 물론, 매매와 임대도 할 수 있었다. 개인 곡창들도 존재했으며, 비축해 둔 곡물을 담보로 대출을 받을 수도 있었다. 한편 국가가 생산량 조절을 통해 강력한 영향을 끼쳤는데도 이집트의 곡물 가격은 일정 수준으로 고정되지 못했다.(기근이 닥치면 국가의 비축분이 있는데도 곡물 가격이 열 배까지 뛰어올랐다는 증거가 곳곳에서 발견된다.) 이집트 사회에서는 수많은 농부가 교역 활동을 구경만 하는 처지였고, 사실 그러기는 수천 년 동안 대부분의 사회가 마찬가지다. 그러나 촌락 차원에서는 광범한 종류의 물품이 물물교환과 교역에 이용되었다는 증거가 많이 남아 있다. 한 파피루스에는 황소 한 마리를 사기 위해 동물성 기름 한 항아리, 튜닉 두 벌, 구리와 청동 몇 조각, 식물성 기름 얼마간을 치렀다는 기록이 남아 있다. 여기서 중요한 대목은 이런 식의 희한한 물품 조합이 구리 50단위와 동일하게 취급되었고, 또 그 가치가 은으로 환산되어 영수증이 발행되었다는 점이다. 이로써 당시 이집트에는 일종의 셈의 단위가 존재했고 그것이 화폐와 유사한 기능을 했음을 알 수 있다. 실제로도 이집트 경제 내에서는 상당량의 은이 유통되었던 것으로 보인다. 무역은 나일강을 오르내리며 광범위하게 이루어졌고, 그 어디서도 국가가 해외무역을 독점했다는 증거는 찾아볼 수 없으나, 그렇다고 해서 상인의 지위가 특별히 높았던 것은 아니었다.

7.5 에게해의 통합

7.5.1 크레타와 미케네

기원전 2000년 무렵 전까지만 해도 유라시아 서부에서 '문명'은 서남아시아 대륙의 아나톨리아와 메소포타미아에서 시작해 이집트까지 뻗은 지역에만 한정되어 있었다. 그러나 기원전 1000년대를 거치면서 문명은 에게해의 섬들, 그중에서도 특히 크레타까지 확대되었고, 종국에는 미케네 같은 그리스 본토 남부로까지 퍼져 나갔다. 에게해의 초창기 역사를 다루다 보면 두 가지 점에서 문제를 만나지 않을 수 없다. 첫째, 학계 연구에서 반드시 에게해를 별개 지역으로 취급하려고 하는 등, 고대 그리스 세계와 이른바 '고전주의 시대'에 대한 서양의 '집착'이 심하다는 점이다. 따라서 기원전 1000년대에 에게해에 발달한 사회들은 그들 나름대로의 평가를 받거나 당시 지배적이던 서남아시아 사회의 한 줄기로 인식되지 못한 채, 거의 1000년이나 차이가 나는데도 불구하고 고전 시대 아테네 세계의 전신(前身)으로 해석되는 경향이 있다. 특히 고전 시대 연구에서 호메로스(Homer)의 서사시들이 해 온 역할들이 있다 보니 미케네 세계를 『일리아스(Iliad)』 및 『오뒷세이아(Odyssey)』의 세계와 동일시하는 경향이 있어 왔다. 둘째, 당시 에게해에서 일어난 사건들에 대해서는 정확한 연대 산정법이 존재하지 않는다는 점이다. 이들 연대는 이집트와 대략 동시대인 일련의 토기 양식들을 기반으로 하는데 그 상호 관련성에 따라 계산이 달라지곤 한다. 그 오차가 전후로 1000년씩 차이가 나곤 하는 만큼 산정되는 연대는 도저히 정확하다고 할 수 없다.

에게해의 사회는 하나같이 소규모였고, 이집트와 메소포타미아에서 찾아볼 수 있는 그런 하부구조도 갖추지 못했다. 정착촌들은 주로 농경 공동체였고, 지역 전체를 합쳐봐야 주민 수는 수천 명에 불과했다. 공공 구역을 대규모로 갖춘 성읍도 몇 곳에 불과했으며, 설계의 증거도 일부만 찾아질 뿐이다. 사회가 유지해 갈 수 있는 전문 직인의 수도 대륙 지역에 비하면 훨씬 적었다. 동식물의 사육과 재배, 수공예 기술, 인장의 사용, 글의 발달과 같은 주요 발달들도 유라시아 대륙에서 처음 생겨나 서쪽의 섬들로 퍼져 나간 것이었다. 또한 에게해 섬들은 그리스 본토에서 영향을 받기 훨씬 이전부터 서남아시아의 영향권 안에 있었다. 이집트도 (대체로 무역을 통해) 이 지역에 강력한 영향을 미쳤다. 이집트어 케프티우(Kftiw)는 크레타를 칭하는 말이었을 것임이 거의 틀림없으며, 이집트의 위세와 영향력이 정점에 달한 기원전 1470년대 무렵에 크레타가 이집트에 조공을 바쳤던 것으로 나타나 있다. 이집트 본토는 기원전 1900년부터 이미 아테네 근방의 은 광산 및 납 광산의 광물을 로리안족과 교역했으며, 이 교역은 기원전 1400년 무렵에 절정에 이르렀다. 레반트 지역이 그랬듯, 이 지역에도 이집트의 식민지가 자리했을 가능성이 매우 높다. 그리스 본토를 가리키는 이집트어를 음독하면 타나야(Tanaya)인데, 호메로스의 작품에 등장하는 다나오이(Danaoi)와 무척 유사하다. 이들 두 단어는 '늙은' 혹은 '쇠약한'이라는 뜻을 가진 트니(tni)에 공통된 뿌리를 두고 있다. 아이스킬로스의 희곡에 등장하는 다나오스(Danaos: 그리스인들은 이 다나오스가 실제로 이집트로부터 아르고스를 빼앗아 식민화했다고 믿었다.)도 이 말과 연관이 있는 것이 분명하며, 작품 속에서 그 역시 시종

일관 늙고 쇠약한 모습으로 등장한다.

기원전 2000년 무렵 이후부터는 크레타의 엘리트층이 서남아시아와의(특히 이집트와의) 연고를 이용해 자신들의 지위를 향상시키는 한편, 크노소스, 파이스토스, 말리아를 중심으로 소규모 국가들을 세우기에 이르렀다. 이들 '소형 국가들'은 서로 경쟁을 벌이는 사이였기에 나라마다 길을 따라 곳곳에 위병소가 세워졌다. 그러다가 어느 시점엔가 국가가 자리했던 이들 터 상당수가 파괴를 당하게 되는데, 아마도 크레타섬의 패자로 자리 잡은 크노소스가 전쟁을 일으켜 승리한 결과인 듯하다. 20세기 초반 아서 에번스 경(Sir Arthur Evans)이 크레타섬에 조성된 정교한 유적지를 발굴한 결과, 이곳은 크레타섬을 통치한 왕들과 연관이 있는 것으로 밝혀졌는데, 여기에 '미노스의 궁전'이라는 말을 썼다가는 확인되지도 않은 그리스 고전 시대의 영향력을 또다시 근거 없이 갖다 붙이는 셈이 된다. 크레타섬의 이 유적지는 현재 '궁전'으로 일컬어지나, 이곳에 사람이 거주했다는 증거는 사실상 거의 발견되지 않으며, 통치자가 군사적 혹은 종교적 역할을 가졌음을 나타내는 묘사도 전혀 찾아볼 수 없다. 왕들이 자신의 삶이나 위업을 칭송한 비문은 물론이고, 그들의 무덤이나 매장용 건축물들도 전혀 발견되지 않는다. 이들 건물에 그려진 벽화는(특히 크노소스의 벽화들은) 황소 숭배 의식(이집트에서 유래했을 것이다.) 등 상징적이고 종교적이고 의례적인 활동들을 다양하게 표현한 모습이다. 그 안에서 군대나 무기에 대한 묘사는 전혀 찾아볼 수 없다. 벽화의 모든 요소를 종합해 보건대 이들 건물은 의례 중심지를 구성해 엘리트층의 직분 수행에 쓰였던 것으로 보인다. 기원전 1600년 이후 크레타섬은 에게해 전반을 비롯해 그리스 본토에까지 뚜렷한 영향을 미치게 되었으나, 크레타의 식민지였을 것으로 여겨지는 키티라의 카스트리를 제외하면, 그 어디서도 정치적 지배는 행해지지 않았던 것으로 보인다.

그러다가 크레타섬들 곳곳이 파괴당하는 일이 생기는데, 불과 몇 년 전까지만 해도 이는 기원전 1450년 무렵에 키클라데스 제도의 테라섬에서 엄청난 규모의 지진과 화산 폭발(근래 최악으로 꼽히는 19세기 말의 크라카타우 산 화산 폭발보다 훨씬 대규모였다.)이 일어난 결과라고 여겨졌다. 그리고 이 대재앙 이후 그리스 본토 출신의 집단들이 내려와 섬을 점령했다. 그런데 그린란드 빙원에서 빙핵을 채취해 연구해 본 결과, 테라섬의 화산 분출은 기원전 1640~1630년의 사건으로, 크레타섬 궁전들이 점령당하고 파괴당한 것은 그 후 최소 2세기는 더 지나서의 일인 것으로 밝혀졌다. 당시의 화산 폭발이 크레타 사회나 크레타의 엘리트층에 상당한 곤란을 안겼을 것은 틀림없지만, 그래도 크레타 사회는 살아남아 이후로도 2세기 동안 더 번영을 누리다 본토에서 내려온 미케네 집단들에 땅을 빼앗긴 것이다.

그리스 본토에서는 크레타섬보다 훨씬 뒤늦게야 이런 소규모 국가들이 발달했으니, 사회의 성격도 크레타섬과는 크게 다르고 오히려 서남아시아의 초창기 국가들 일부와 훨씬 유사했다. 하지만 규모가 작기는 미케네 사회도 마찬가지였다. 개중에 대규모로 꼽혔던 티린스조차 총면적이 20에이커가 채 되지 않았다. 그러나 미케네, 티린스, 필로스 등지의 궁전들은 크레타섬과 달리 통치층 군사 엘리트의 실제 거주지였던 것으로 보이며, 통치층이 갖추고 있던 소규모의 관료 조직은 군대 편성 및 군량 배급의 역량이 충분했던 것 같다. 이들 궁전은 바위산의 노두(露頭) 위에 지어져 있었으며, 방어용 성곽이 성 둘레를 에워싸고 있었다. 사람들은 통치자가 죽으면 대규모의 가족용 지하 묘지에 정교하게 매장하고 그를 기렸다. 미케네 통치자들은 본토의 소국들 사이에 벌어지는 자잘한 싸움에서 성과를 거둠으로써 특권을 손에 넣곤 했다. 이들 미케네의 집단이 종국에 크레타섬까지 점령하게 된 것은 기원전 1450년의 일로 보인다.(이집트의 자료 속에서 이 연대를 뒷받침하는 증거를 일부 찾아볼 수 있다.) 이때부터 기원전 1200년 무렵에 이르는 기간에 미케네 세계는 절정기를 구가했고, 지중해 동부와 서남아시아 전역을 아우르며 훨씬 광범위해진 교역망의 일부를 구성했다. 미케네 문화는 에게해 전역과 그리스 본토에 걸쳐 꽤 일관되게 나타났지만, 이 지역에 어떤 식이든 정치적 통일이 이루어졌다는 증거는 전혀 찾아볼 수 없다.

[이후의 그리스 ☞ 8.9]

7.5.2 문자와 언어

[초기의 문자 ☞ 4.8]

크레타와 미케네 세계에 대해서는 그들이 썼던 초창기 문자를 통해 몇 가지 내용을 더 추론해 볼 수 있다. 우선 크레타에서는 원시 수준의 신성문자가 기원전 1800년 무렵에 일명 선형 A라 알려진 문자로 대체되었다. 선형 A 문자는 지방에서 발달한 것으로써, 일부 표시들만 보면 주로 음절문자의 성격을 가졌던 듯하나, 더러 가축 및 일상 물품들은 그림문자들로 표현되어 있다. 이 문자는 주로 햇볕에 말린 토판(메소포타미아에서는 불에 구운 형태로 발견된다.)과 인장에서 발견되며, 몇 군데의 그릇 명문(銘文)에서도 찾아볼 수 있다. 선형 A 문자의 단어 중 그 뜻을 풀이할 수 있는 것은 몇 개에 불과하며, 따라서 초창기 크레타의 주민들이 어떤 언어를 사용했는지는 지금도 알 길이 없다. 다만 한 가지 확실한 점은, 선형 A 문자는 어떤 식이든 그리스어를 표현하고 있지는 않다는 사실이다. 그보다는 서남아시아의 것과 비슷한 형태의 셈족 언어를 나타냈을 가능성이 더 높다. 선형 A 문자는 크레타가 미케네에 정복당하기 전까지는 계속 사용될 수 있었다. 하지만 이후 미케네의 새로운 통치자들이 크레타의 지방 필경사들에게 자신들의 언어에 맞게 선형 A 문자를 변형해 줄 것을 부탁하게 된다. 그에 따라 크노소스에서 만들어진 것이 선형 B 문자였고, 미케네인들은 이 문자를 본토로 가지고 돌아가 사용했다. 선형 B 문자는 1950년대에 해독되었으며, 매우 초창기의 그리스어를 표현하는 것으로 밝혀졌다. 사실 그리스어의 기원은 복잡한 편이다. 형태와 상당량의 어휘에서는 분명 인도·유럽어족임에도 불구하고, 비인도·유럽어족적인 요소도 여럿 내포하기 때문이다. 이를테면 코린토스(Korinthos), 아타나이(Athanai), 무카나이(Mukanai: 미케네) 같은 단어들은 지금은 종적을 감춘 그리스의 옛말에서 파생되었다. 일부 전문가들은 '그리스어' 단어 중에 셈족 언어에 기원을 둔 것이 전체의 3분에 1에 이른다고 주장하기도 한다. 선형 B 문자가 사용된 문헌은 소수를 제외하면 모두 순전히 행정적인 내용들로서, 통치자의 궁정 운영, 군대, 군대와 연계된 군량 배급 체계들을 다루고 있다. 비문이나 공물 같은 데에 선형 B 문자가 사용된 흔적은 전혀 없으며, 선형 B 문자를 이용한 장문의 텍스트도 존재하지 않는다. 그도 그럴 것이 선형 B 문자는 행정적인 내용 이상의 장문이 되면 다른 해석의 여지가 많아지는 데다, 문자 표시 역시 선형 A 문자에서 파생된 것이라 그리스어에는 잘 들어맞지 않았기 때문이다. 문자 해독 능력은 확실히 왕궁에서 일하는 소수 필경사만 가지고 있었고, 거기 쓰인 그리스어도 알고 보면 미케네 세계에서 널리 사용되던 말이 아니었다. 한편 기원전 1150년 무렵에 미케네의 궁궐과 국가들이 모조리 무너지면서 선형 B 문자도 더는 사용하는 곳이 없게 되었다. 그로부터 수백 년이 지나 그리스가 다시 글을 읽게 되었을 때는 레반트 지역에서 파생된, 선형 B 문자와는 전적으로 다른 알파벳 문자가 이용되었다. '그리스어의 전신'이라는 선형 B 문자가 고전 시대 그리스에 매우 뚜렷하게 나타났던 방언과 정말 연관성을 가지는지도 현재로서는 전혀 명확치 않은 상태다.

우리가 선형 B 문자를 통해 미케네 사회의 군주(아낙스(wanax)), 궁전(아나크토론(wanaktoron)), 궁전 가신들 및 전쟁의 중요성 등에 대해 얼마간의 통찰을 얻을 수 있는 것은 분명 사실이다. 그런데 그렇게 해서 드러난 세계는 과연 호메로스 작품 속의 세상과 얼마나 흡사할까? 호메로스의 서사시 두 편이 지어진 것은 기원전 700년 무렵이었다고 여겨지며,(미케네가 몰락하고 약 500년 뒤의 일이었던 것 같다.) 저자도 두 사람이었을 가능성이 있다. 서사시들이 최초로 글로 쓰였다고 알려진 것은 이보다도 훨씬 후대(기원전 3세기)이며, 거기에는 당대 말투인 그리스어의 이오니아 방언이 사용되고 있다. 호메로스의 작품이 일부 세부 사항을 미케네 세계에서 취해 왔을 가능성은 있다. 예를 들어 작품 속에서 전사들은 절단한 수퇘지의 엄니를 겉면에 덧댄 투구를 머리에 쓰고 있는데 이는 미케네 양식으로 통한다. 한편 도시 트로이아가(7A기(紀) 유적이) 파괴당한 것은 기원전 1250년 무렵의 일이었다. 사람들은 이를 종종 『일리아스』의 '트로이아 전쟁'과 연관시키곤 하는데, 사실 당대에는 서남아시아 전역에 걸쳐 그런 식의 파괴가 광범위하게 진행되던 중이었다. 그 외에도 호메로스의 작품에는 그 모습이 미케네 세계와 일치하지 않는 부분이 상당히 많다. 예를 들어 호메로스의 작품 속 영웅들은 죽어 화장되지만, 미케네의 통치자들은 대규모 지하 묘지에 매장되었다. 선형 B 문자를 통해 파악할 수 있는 미케네 통치자들에 대한 주요 칭호들(헤케타스(hequetas), 텔레스타스(telestas), 라아게타스(lawagetas))도 호메로스의 작품에는 전혀 등장하지 않는다.(작품 구상 시 자료 조사를 면밀히 하지 않은 탓도 있겠지만.) 호메로스는 또한 미케네 세계의 중심지였던 그리스 서부의 지리에 대해서도 거의 알지 못했던 것으로 보인다. 따라서 대체로 보아 선형 B 문자 문헌 속에 그려진 세계는 호메로스의 작품 속 세계와는 매우 다른 모습이라고 하겠다. 사람들이 오랫동안 잊고 지낸 세계에 대한 사실이 호메로스의 작품 속에 몇 가지 담겨 있는 것은 분명 사실이지만, 그의 작품은 대체로 흡인력이 강한 하나의 신화로서의 성격이 강하다.

7.5.3 키프로스

기원전 1000년대에 동부 지중해 세계에서 중심지 역할을 담당했던 곳은 키프로스섬이었다. 당시 키프로스섬은 알라시야(Alashiya) 왕국으로 알려져 있었으며, 갖가지 종류의 사료들(쐐기문자, 이집트어, 선형 B 문자 문헌 등)에서 이 왕국에 대한 언급을 찾을 수 있다. 키프로스가 부를 쌓으며 발달할 수 있었던 것은 구리 자원 덕분이었는데, 서남아시아 전역을 비롯해 에게해의 청동 생산에서는 구리가 필수적이었기 때문이다. 키프로스섬에 자리 잡은 사회는 기원전 1700년 무렵을 기점으로 농경 촌락에서 성읍 국가로 발돋움하게 되니, 엘리트층에 의해 기념 건축물들이 세워지고, 무역 및 증가하는 부의 필요에 따라 문자(크레타의 선형 A 문자를 기초로 했다.)가 사용되면서 왕국이 하나 탄생하게 된 것이다. 키프로스섬에서는 전역에 걸쳐 구리 광재(鑛滓), 용광로 파편, 도가니, 물품 수출에 이용되던 항만 시설 등 광범한 종류의 고고학적 유물이 발견된다. 키프로스에서 채굴된 구리는 대부분 선단을 이룬 선박들에 실려 레반트의 대규모 교역 도시들

(우가리트, 비블로스, 베이루트, 티레 등지)로 수출되었다. 또한 키프로스 섬에서 만들어진 동괴(銅塊)는 에게해와 서남아시아 전역에 걸쳐 표준적인 통화 단위로 활용되었다. 이 동괴의 모양에서 '덩어리'를 뜻하는 선형 B 문자의 그림문자가 나왔고, 크노소스를 비롯해 필로스만 연안의 미케네 본토 전역에서는 키프로스의 이 동괴를 기반으로 표준 도량형이 만들어졌다. 키프로스의 왕들은 스스로를 이집트 및 히타이트의 왕들과 동급으로 보았으나, 키프로스의 구리가 필요한 것은 양국 모두 마찬가지였기 때문에 키프로스는 서로 다투는 제국들 사이에서 중립을 지킬 수 있었다.

7.6 무역

[메소포타미아의 초기 무역 ☞ 4.3.1]

이 시절에 키프로스가 번영할 수 있었던 것은 교역망이 서남아시아의 제국들과 에게해를 연결하며 한층 넓어진 덕분이었다. 교역 상품은 주로 금속과 직물을 비롯해, 기름, 향신료, 방향제 따위의 희귀 농산물이었으며, 울이나 곡물처럼 부피가 큰 품목들은 교역에 제한이 있었다. 교역 중심지는 주로 레반트 연안에 자리한 부유한 도시들이었고, 그중에서도 메소포타미아 북부 티그리스강 유역의 아수르와 페르시아만 무역을 지배했던 메소포타미아 남부의 도시들이 중요하게 꼽혔다. 물품 수송은 육지보다는 바다를 이용하는 편이 훨씬 쉬웠고, 또 훨씬 많은 양의 물품을 나를 수 있었다. 기원전 1800년 무렵에 도시 마리에서 발송된 한 서신을 보면, 선박 두 척에 각각 포도주가 1600갤런씩 실렸다는 언급이 있으며, 그 외의 선박들은 맷돌과 역청을 나르기도 했다고 한다. 또한 당시에 좌초당한 선박이 최근에 터키 앞바다에서 발견되었는데, 이집트, 메소포타미아, 레반트, 키프로스, 에게해, 유럽 본토를 원산지로 하는 온갖 화물들이 잡다하게 뒤섞여 있었다. 하지만 대상 무역로를 이용하는 육로 무역도 조직을 잘 갖추어 제법 큰 규모로 이루어졌다는 증거가 다수 발견된다. 사막에 최초의 여행자 숙소가 생긴 것은 기원전 2000년 무렵인데, 당나귀들이 마차 한가득 향나무를 싣고 시리아 북부에서 남부로 힘겹게 날랐다고 하니 이때에도 원시 수준의 '도로들'이 얼마쯤 나 있었음을 시사한다. 육로를 이용하려면 아마도 많은 비용이 들었겠지만, 그 비용이 수송 자체를 엄두 못 낼 만큼 턱없이 높지는 않았던 것이 분명하다.

핵심 금속이었던 구리는 오만과 아나톨리아 동부에서 산출되는 편이었는데, 기원전 1000년대 중반 무렵부터는 키프로스가 구리 산지로 부상했다. 오만을 출발해 페르시아만을 따라 올라오는 무역로에서는 1년에 18톤가량의 구리가 선박에 실려 교역되었고, 아나톨리아의 구리는 매년 장사를 떠나는 대상 무리에 의해 1년에 약 3톤가량이 교역되었던 듯하다. 그러나 키프로스의 교역량에 비하면 이들 두 곳의 공급량은 아무것도 아니었다. 이집트는 키프로스를 '망망대해 한복판의 섬'이라 부르며 그들과 직접 교역을 했다. 주석은 청동에 들어가는 또 하나의 필수 금속으로써 주로 아프가니스탄의 노천 광산에서 났으며, 이란을 거쳐 북부의 아수르를 통과해 남쪽의 수사를 거치는 기나긴 육로를 따라 교역이 되었다. 아나톨리아 중앙부는 은의 주산지였고,(이 중 약 250킬로그램이 메소포타미아로 들어갔다.) 금은 대부분 누비아에서 산출되어 이집트를 경유했다. 메소포타미아 남부에서는 이들 금속의 값을 치르기 위해 고품질의 직물 생산을 특화시켰으며, 이를 페르시아만 아래 지역을 비롯해 육로를 타고 아나톨리아까지 수출했다. 곡물은 페르시아만 아래로 주로 들어갔으며, 거기서도 메소포타미아와 이집트에 난 여러 강을 따라 광범위하게 교역이 이루어졌다. 기원전 1000년대 후반에는 미케네에서 만들어진 토기가 광대한 지역에서 교역이 되었다. 이는 미케네의 토기가 키클라데스, 도데카니사, 시칠리아, 키프로스, 몰타, 스페인 동부는 물론, 카르케미시를 비롯한 서남아시아 대부분의 도시에서 발견되는 것으로 알 수 있다.

　　그렇다면 이들 교역은 어떤 식으로 조직되어 있었을까? 이 질문에 답하기가 그나마 나은 것은, 당시 메소포타미아 북부의 아수르와 아나톨리아 중앙의 도시 카네시 사이의 무역 내용을 기록한 기록소가 발견되었기 때문이다. 그 기록들에 따르면, 당시의 무역은 놀라울 정도로 '현대적'이었다. 아수르는 인구 1만 명가량의 소규모 도시로, 국제무역의 중간 기착지 역할을 했다. 그래서인지 당시 중요하게 여겨지던 물품이 아수르에서 직접 생산되는 일은 없었던 듯하다. 교역은 궁궐이나 신전의 소관이 아니라, 일명 '항구'라 알려진 상인 공동체의 뜻에 따라 조직되었다. 주요 교역은 (아프가니스탄에서 나는) 주석과 (메소포타미아 남부에서 나는) 직물을 아나톨리아로 수출해, 은이나 이따금은 금으로 대금을 지급받았다. 주석의 경우에는 이란의 중개상들을 통해 물량을 확보했고, 직물은 아수르가 메소포타미아 남부의 시파르에 교역 식민지를 두고 직접 물품을 사들였다. 카네시에는 도시의 주요 성채 아래편에 있는 별개의 구역에 아수르 무역업자들의 거주지가 따로 있었다.(그러나 앞서 말한 문서가 발견되지 못했다면 단지 고고학적 증거만을 가지고 이곳을 한 나라의 국외 식민지로 생각하기는 어려웠을 것이며, 따라서 타지의 무역이 과거에 우리가 생각하던 것보다 훨씬 방대한 규모였을 것임도 미처 짐작치 못했을 것이다.) 두 식민지는 신뢰 체계와 조직을 잘 갖추고 제법 커다란 규모로 무역을 했으니, 그 정도면 상인들이 아수르에서 700마일 이상 떨어진 곳에 영구 식민지를 운영하기에 충분했다. 물품들은 명확하게 정해진 일련의 규칙에 따라 당나귀가 끄는 대형 마차에 실려 수송되었다. 세금은 아수르와 카네시에서 납부되었으며, 아수르의 상인들은 아나톨리아 지방의 직물에 대한 교역권은 가지지 못했으나 그 대가로 특정 사치품에 대한 독점권을 확보할 수 있었다. 교역을 조직한 주체는 주로 가족 단위의 회사들이었고, 그래서 주요 교역 도시에 가족의 일원이 상주하곤 했다. 이들 회사는 가격의 급변 양상과 허용 가능한 수익의 최저 한계치를 잘 숙지하고 있었으며, 특정 가격에서 물품을 얼마나 매도할 수 있고, 또 그 가격에서 얼마큼의 수익이 필요한지를 문서를 통해 지시했다. 이들 문서에는 상인들이 어떤 식으로 동업하고, 어떤 식으로 다양한 투기사업에 다량의 자본을 투자했으며, 또 아수르와 카네시 양쪽 모두에서 어떤 식으로 채무를 청산했는지 잘 나타나 있다. 당시의 무역은 차후에 등장하는 좀 더 복잡한 교역이 가지는 특징들을 이미 상당수 보유하고 있었다.

7.7 유라시아의 주변부: 유럽

[이전의 유럽 ☞ 3.3.1]

서남아시아와 에게해의 세계가 한참을 앞서 발전해 가던 이 때, 유럽 본토 대부분은 그 주변부에 머물러 있었다. 물론 유럽에서도 호박(琥珀)같이 고도로 특화된 물품이 몇몇 교역되기는 했으나, 이 시절의 초창기 제국 및 국가들이 미친 영향은 전반적으로 보잘것없는 수준이었다. 또한 유럽은 기원전 1000년대를 거치는 동안에도 지난

2000년 동안 발달했던 초창기의 농경 공동체와 매우 고도의 연속성을 보였던 것이 분명하다. 일명 '쿠르간' 문화, 즉 '수혈(竪穴) 분묘' 문화가 특히 그러했던 것으로 보이는데, 이 문화는 '줄무늬' 토기를 비롯해, 비록 정도는 덜하지만, 그 뒤를 이은 '벨 비커' 문화(앞서 언급된 '비커 문화'의 또 다른 명칭이다. ─ 옮긴이)와도 연관이 있었다. 앞에 언급한 문화들은 곧잘 인도·유럽어족의 유목민 집단이 유럽 전역을 휩쓸었던 표시로 해석되곤 한다. 그들이 러시아 및 우크라이나의 스텝 지대에서 물밀듯 내려와 그곳에 원래 살던 농경민들을 몰아냈다고 말이다. 그러나 현재 대부분의 고고학자들의 견해에 따르면, 이들 변화는 대체적으로 안정된 주민들 사이에서 일어난 기존 문화의 수정 및 변화였다. '수혈 분묘' 문화의 주된 특징은, 우선 능 밑에 수혈을 파고 그 안에 시신을 매장하되 일련의 표준화된 부장품을 함께 묻은 점, 매장이 이루어지기 전에 시신의 사지를 절단한 점, 그리고 무덤이 동쪽 아니면 남쪽을 바라보게 했다는 점이다. 그런 다음에는 시신에 붉은색의 황토를 흩뿌렸다. 이 수혈 분묘에 대해서는 여러 가지 해석이 가능하겠으나, 새로운 형식의 종교적 믿음이 유럽 전역에 퍼지면서, 대규모로 공동 의례 중심지를 건설해야 했던 예전 신앙이 밀려났다고 보는 것이 최선일 것이다.

이때만 해도 유럽 전역의 공동체들은 규모가 매우 작았던 데다 고립되어 있었다. 대부분의 촌락이 불과 2에이커 정도의 땅에 움막이 들어선 형태였으며, 인구는 100명가량에 그쳤다. 간혹 언덕 위의 성채 정도는 찾아볼 수 있었지만, 몇 종류 안 되는 구리 광물을 제외하곤 그 어떤 곳에서도 특화된 생산은 이루어지지 못했다. 청동을 제련하는 기술도 더디게 발달했다. 물론 발칸반도 공동체에서는 일찍이 기원전 5000년부터 구리를 사용했을 가능성이 있다.(그렇다면 메소포타미아보다도 앞선 것이다.) 그러나 구리 광산은 유럽 북부에 널렸을지 몰라도, 주석은 대서양 연안, 보헤미아, 이탈리아 북부에 인접한 몇몇 지역에서만 발견될 뿐이었다. 심지어 유럽의 중앙과 남부에서 청동을 채택해 사용할 때조차도, 영국을 비롯한 북부 지방은 여전히 구리만 사용하던 상태였다. 원료 같은 경우에는 초창기 농부들 때부터 장거리에 걸쳐 물물교환이 이루어졌으니, 사실 무역의 발달과 청동의 교환도 이 과정이 한층 심화된 것에 지나지 않았다. 기원전 2000년 무렵에서 1500년 사이에 유럽 전역의 인구는 꾸준히 늘기 시작하는데, 아마도 말을 부려 좀 더 묵직한 쟁기로 밭을 갈게 된 것과 연관이 있는 듯하다. 이로써 계곡 안쪽에 쌓여 있던 좀 더 점성이 강한 토양도 경작할 길이 열린 것이다. 이 시기의 청동 생산의 주된 중심지는 카르파티아산맥이었고, 이곳에 발달해 있던 독특한 '오토마니(Otomani)' 문화는 이후 모라비아와 보헤미아 지방까지 확산되기에 이른다. 이 문화의 주된 특징은 정착촌이 돌담으로 둘러싸인 채 언덕 위에 요새화되어 있었다는 점, 그리고 에게해의 세계와 유럽을 연결시키는 주된 연결 고리가 되었다는 점이다. 인구가 증가하고 정착촌이 확장되자 사회의 변화가 일어났고, 여기에 청동 생산이 증가하고 물물교환 수준까지 높아지자 변화는 더욱 빨라졌던 것 같다. 더불어 소금 같은 핵심 자원 및 상위층의 몇몇 물품에 대한 교역 장악도 그만큼 중요한 역할을 했다.

이쯤 되자 사회에는 좁은 구역을 관할하는 군장과 함께 좀 더 확실히 무장을 갖춘 엘리트층이 서서히 등장하게 되었다. 내부의 위계질서도 차츰 강력하게 자리 잡혀 갔고, 다른 데에 비해 중심지로써 좀 더 큰 비중을 가지는 정착촌들도 생겨났다. 무기를(특히 단도를) 만드는 데에 이용되는 청동의 양은 계속 늘어났고, 이 시기 무덤에서 많은 양의 무기가 출토되는 것으로 보아 촌락 간의 전쟁도 흔했던 것으로 보인다. 그 외의 변화들(이전까지는 이런 변화들을 새로운 민족이 이동한 징표로 여겼다.)은 이러한 변화에서 비롯된 부수적인 결과였다. 전사 엘리트층은 수중에 말 몇 마리만 가진 상태에서 자신들 나름의 의례를 발달시켰는데, 여기서는 특히 음주가 중심이 되었다. 서유럽의 '벨비커'는 결국 오로지 남자들만 참석할 수 있던 이 의례에 사용된 특별한 종류의 그릇을 뜻하는 것으로 보인다.(서유럽에서는 '줄무늬 토기'가 사용된 적이 없다.) 엘리트층은 이내 인구 대다수에 대한 착취도 늘려 갔으며, 주민들이 창출해 낸 얼마 안 되는 잉여농산물을 자기들 뜻대로 전용했다. 그럼에도 불구하고 유럽 전역의 정치조직 수준은 매우 낮은 편이었다. 전쟁 시에는 이따금 촌락들 사이에 동맹이 맺어지기도 했지만, 촌락이나 소(小)군장 이상의 발달은 거의 찾아볼 수 없었다.

[이후의 유럽 ☞ 8.12]

7.8 초기의 중국: 상

[초기의 중국 농업 ☞ 3.4]

중국의 중앙 평원에 위수(웨이수이강)와 황하(황허강)를 중심으로 존재했던 초기의 농경 촌락과 공동체들이 어떻게 복잡한 문명으로 진화할 수 있었는지에 대해서는 알려진 것이 별로 없다. 메소포타미아가 그렇듯, 관련 문자 기록이 전혀 없는 데다 고고학적 연구가 진행된 적도 거의 없기 때문이다. 다만 기원전 1800년 무렵에 상(商)이라는, 거의 난숙한 단계까지 갔던 복잡한 문화 및 문명이 하나 존재했다

중국: 권역별 지명

는 것은 확인이 가능하다. 이 상 문화의 성격으로 미루어 보건대, 그 이전의 1000년 동안에는 중국도 세계의 다른 지역들과 눈에 띄게 유사한 발전 과정을 거쳤음을 알 수 있다. 즉 종교, 군사, 정치 분야의 엘리트층이 좀 더 막강한 권력으로 사회 나머지 성원들을 동원하며 이끌게 되었고, 그로써 사회가 생산해 낸 잉여농산물을 점차 자기들 뜻대로 이용하게 된 것이다. 상의 출현도 결국에는 장기간 진행된 이런 발전의 일환이었고, 상의 경우 청동 제련을 핵심으로 하는 훨씬 복잡하고 지배적인 엘리트층 문화가 나타난 것이 주된 특징이었다. 중국의 이런 발전은 메소포타미아와 이집트에 비하면 거의 1000년이나 뒤늦은 것이었지만, 그것이 중국 안에서 자생했다는 사실에는 거의 의심의 여지가 없다. 중국은 어떤 식이든 외부 영향을 크게 받았던 흔적이 없기 때문이다. 중국에서 발전한 청동 제련 기술, 즉 합범(合范)도 세계의 다른 지역은 알지 못하던 것이었다. 상이 이룬 갖가지 (문화적인) 발전과 글, 제도 등은 이후 중국에 매우 독특한 문명이 발달하는 토대가 되었다. 상 문화는 기원전 1000년대의 거의 전 기간에 존립했다. 그러다가 기원전 1122년이나 1027년에 주에 의해 멸망당하게 된다.(두 연대 모두 해당 연대를 뒷받침하는 증거가 존재한다.)

7.8.1 상의 사회와 국가

상나라에 관한 우리의 지식은 거의 대부분 1928년에 발견된 안양 유적지에 그 근거를 두고 있다. 안양은 상이 세워진 초기의 약 500년 동안 수도 역할을 했던 것으로 보인다. 그러나 안양은 통상적 의미의 도시보다는 의례 중심지에 더 가까운 곳이었다. 이 지역은 환하(洹河)를 따라 길이 2마일, 폭 1마일 이상에 걸쳐 있었으며, 궁궐, 사당, 무덤을 비롯해 수많은 인구가 모여 살던 소규모 거주지가 곳곳에 자리 잡고 있었다. 안양을 중심으로 남북으로 약 150마일가량에 걸쳐 뻗어 있던 매우 광범한 지역은 촌락들이 속령(屬領)을 이루고 있던 곳이었다. 당시 상나라는 중국 중앙에 존재했던 '국가'가 아니라, 그곳을 차지한 수많은 국가 중 제일 중요한 한 국가였음이 분명하다. 문헌을 보면 다양한 시기별로 여덟 개에서 서른세 개에 이르는 여타 국가가 혼인 동맹이나 씨족 연계를 통해 상나라와 관련을 맺었다는 언급이 등장한다. 당시 엘리트층이 얼마나 막강한 권력을 지녔는지는 왕족의 무덤을 통해 짐작해 볼 수 있는데, 안양에서 발견된 이들 무덤 일부에는 인간과 동물 제물이 함께 묻혀 있었다. 일례로 1976년에 발견된 한 수갱(竪坑) 분묘는 제2급 왕족 출신의 무덤으로써, 청동 기물 400개와 함께,(여기에는 무척 독특한 특징을 가진 제기용 술잔 200개와 하나당 무게가 300파운드 이상 나가는 가마솥 한 쌍이 끼어 있었다.) 자안패 7000개,(일종의 화폐 단위로, 남부 해안에서 나는 것을 장거리에서 수송해 썼다.) 진기한 옥 제품이 600개 이상 묻혀 있었다. 종교의식이 열릴 때면 엘리트층은 때로 1000마리가 넘는 소를 한꺼번에 도살할 수 있었다. 물론 특별한 일이 없을 때는 한 번에 100~500마리를 죽이는 것이 상례였다.

상나라의 조직은 씨족과 여타 요소가 복잡하게 뒤섞인 형태를 하고 있었다. 통치를 맡은 것은 추(Tzu)라는 씨족이었으나, 이 씨족의 구성원이라고 해서 모두 왕이 될 수 있는 것은 아니었다. 씨족 내에서도 오로지 왕족 가계만이 왕위를 물려받을 수 있었다. 상의 이 조직이 정확히 어떻게 짜여 있었는지는 현재 분명치 않으며, 조상 및 후손의 정확한 계보도 알려져 있지 않다. 다만 먼 조상들(실제 인물 및 신화 속 인물들)이 씨족 의례의 핵심이었던 것만은 분명하다. 왕족의 가계는 왕위 계승 규칙을 명확하게 정해 두고 있었으며, 왕족 가계는 서로 차등을 가지는 열 개의 집단(간(kan))으로 나뉘어 그 사이에서 의례와 혼인이 이루어졌다. 새로운 왕은 선대 왕과 동일한 간에서 나올 수 없었으며, 세대교체가 이루어질 시에는 이 열 개의 간을 아우르는 두 개의 '상위 집단' 차원으로 왕위 계승 문제가 옮겨 갔다. 왕은 자문단을 두어 정무에 관한 조언을 받았으며, 이 자문단의 핵심 인물은 왕과 다른 상위 집단에 속한 간의 수장이었다. 왕위 계승은 협의를 통해 순탄하게 이루어지기도 했고, 때로는 분란과 유혈 사태를 거치기도 했다.

왕실 씨족의 모든 구성원은 수도 내에서 종교와 행정과 관련한 갖가지 직분을 맡았으며, 이들을 주축으로 상 특유의 도시(yi) 제도들이 마련되었다. 이들 제도는 자연적으로 성립했다기보다는, 명확한 의도와 계획을 가지고 설계된 것들이었다. 각 도시의 수장은 왕실 가문의 일원이 맡았으며, 그 수장의 뜻에 따라 성읍의 명칭이 지어졌다. 성읍에 마련된 사당에서는 따로 명판을 세워 도시 수장이 조상 씨족 및 왕실 가문과 관련해 어떤 위치를 가졌는지 명시해 두었다. 이런 도시의 수장 중에는 왕실 씨족과 합세한 지방 통치자들이 끼어 있었을 공산이 크다. 도시의 수장은 성읍 둘레의 농경지를 장악하는 대신, 왕에게 식량과 각종 노역을 제공할 의무를 졌다. 왕이 안양에 머물면서 이런 지방 통치자에게 과연 어느 정도의 지배력을 미쳤는지는 분명치 않으나, 때에 따라 큰 변동이 있었을 것임은 틀림없다. 사실상 상은 하나의 통일된 국가를 이룬 적이 단 한 번도 없었으며, 왕이 다른 통치자들과 실질적으로 혹은 명목적으로 맺은 관계를 통해 일종의 느슨한 연합체를 구성했던 것뿐이었다. 현재 도시들의 이름은 800개 이상이 알려져 있으나, 그 위치 및 통치 영역은 확인할 수 없는 실정이다. 도시들 사이에는 곧잘 전쟁이 벌어지곤 했다. 도시의 수많은 인구는 주(tsu)라고 알려진 100가구 단위의 조직에 편입되어 있었다. 각 주에 주어진 가장 일차적인 직분은 군역이었고, 국가가 요구할 시 반드시 병사 100명을 충당해 주어야 했다. 다만 상비군은 일부 주에 한해서만 요구되었다. 이 주가 정확히 어떻게 구성되어 있었는지는 현재로서는 불분명하다. 단 별개의 다양한 씨족들로 구성된 것은 아니었지만, 주의 각 성원이 갖는 지위에는 매우 큰 차이가 있었던 것으로 보인다.

상의 통치자는 세속 정치와 종교 사제의 직을 겸했는데, 국가 정통성 확립의 역할을 한 것은 후자였다. 중국이 최고신으로 모신 천(天)은 사회 및 국가에 꼭 필요한 두 가지 요소를 제공해 주었으니, 바로 농작물 수확과 군사적 승리였다. 이 천신에게 탄원할 수 있는 존재가 왕의 조상들이었기에, 중국인들에게는 조상숭배가 무엇보다 중요한 일이었다. 그리고 왕은 조상들의 뜻을 점복을 통해 헤아렸다. 상 이전 시대에도 그랬지만, 중국에서는 동물 뼈를 불에 구워 생긴 균열을 가지고 길흉을 점쳤으며,(서남아시아 사회에서는 보통 동물의 내장을 가지고 점괘를 해석했다.) 점복을 담당하는 점복관들도 국가에서 가장 중요한 관리에 속했다. 다만 상대에 들어 새로워진 것이 있다면 점복을 칠 때 동물 뼈에 질문을 새겼다는 것인데, 보통 군사 정벌, 사냥의 길흉, 속국 통치자들의 조공 여부를 물었다. 이들 갑골은 오늘날에 들어 상이 어떤 나라였는지 파악하는 데 주된 사료가 되어 주고 있다.

7.8.2 중국의 문자

[서남아시아의 초기 글 ☞ 4.8]

이들 갑골에 새겨져 있는 질문들을 잘 살펴보면, 중국의 십진법을 비롯해 완숙 단계의 중국 문자가 어떤 형태였는지 그 최초 사례들을 접할 수 있다. 중국 문자에는 1에서 10까지는 물론 100을 가리키는 표시까지 있었던 만큼, 중국은 내내 십진법이 사용되었던 사회였다고 하겠다.(1만을 나타내는 표시는 나중에 따로 추가되었다.) 아울러 중국에서는 아무리 늦어도 기원전 1300년 무렵에는 자리값 체계까지 온전히 발달을 이루었다. 중국 문자는 상대의 갑골문에 이미 초기 형태가 완전히 발달한 모습으로 나타나나, 기원전 5000년 무렵의 도기에서 원시적 형태가 발견된 이후 갑골문이 발견되기까지 약 3000년 사이에는 당대의 유물이 전혀 남아 있지 않은 관계로 어떤 발전이 있었는지는 추적할 길이 없다. 전 세계적으로 완벽한 독창성을 지녔다고 평가되는 문자는 현재 셋이 꼽히는데, 한자도 그 하나에 들어간다. 나머지는 메소포타미아의 쐐기문자와 마야 문자다.(이집트와 인더스 계곡의 문자도 충분히 독창적이라고 할 수 있지만, 이 두 문자는 메소포타미아로부터 어느 정도 영향을 받았을 수 있다.) 당연한 얘기지만, 중국 문자는 중국어의 특성을 십분 살린 것으로써 위치어라는 점을 주된 특성으로 삼는다. 타 언어에서(특히 인도·유럽어에서) 문법에 따라 단어의 기능이 정해지는 것과는 달리, 위치어에서는 단어의 문장 내 위치에 따라 그 기능이 결정된다. 여기에 중국어는 주로 단음절인 데다 음절의 수가 제한적이라 동음이의어가 많다. 즉 발음은 같아도 글자 모양이 달라 다른 의미를 갖는 말이 많다.

한자는 의미가 기반이 되는 글자다. 한자는 기호 하나하나가 의미의 단위이며, 글자와 발음이 관련성을 가지는 방식도 다른 문자들과는 다르다. 한자에서는 기호의 종류를 여섯 가지로 나눈다. 가장 기본이 되는 첫 번째 유형의 기호들은 약 600개로써, 물체의 형상을 그대로 본뜬 것(상형)이 특징이다. 두 번째는 그림으로 뜻을 나타낸 기호

(지사)들로써, 이를테면 반달 모양의 기호가 저녁을 의미하는 식이다. 세 번째는 기호가 두 개 이상 조합되어 뜻을 나타내는 경우(회의)로, 아이를 뜻하는 기호를 연달아 두 번 쓰면 쌍둥이를 의미하는 글자가 된다. 네 번째는 이른바 '전주'인데, 여기에 해당하는 글자는 드문 편이다. 예를 하나 들면, 아이를 뜻하는 기호를 거꾸로 뒤집으면 출산을 뜻하는 글자가 되는 식이다. 다섯 번째 종류는 '가차'이며, 여섯 번째 종류인 '형성'이 한자를 만드는 이 육서법 중에서도 가장 중요한 것으로 꼽힌다. 형성자에서 소리를 나타내는 일명 '성부(聲符)'는 기원전 1000년대부터 발달한 것으로 알려져 있다. 한자는 지극히 정교함을 갖춘 체계인 동시에, 기호들이 융통성 있게 결합된다는 특징 때문에 새로운 단어들을 거의 무궁무진하게 만들어 낼 수 있다.(그래서 오늘날의 한자에서도 형성자가 90퍼센트 이상을 차지한다.) 하지만 한자의 내부 구조만큼은 4000년이 지나도록 줄곧 일관된 모습을 유지하고 있다. 물론 새로운 종류의 글쓰기 매체가 발달하면서 한문의 외형이 계속해서 바뀌는 것만은 사실이다. 더불어 한자는 전 세계 문자 중 글자 수가 줄기는커녕 오히려 계속 느는 유일한 문자이기도 하다. 상 시대에만 해도 글자 수는 2500개 정도였으나, 기원후 100년 무렵에는 9000개 남짓까지 늘었고, 11세기의 백과사전에는 총 2만 4000개의 글자가 실렸으며, 오늘날 한자는 약 7만 자에 이른다. 물론 이 중 일상적으로 사용되는 것들은 고작 몇천 자 정도에 불과하지만 말이다.

수많은 서양인들은 기호만 해도 터무니없이 많다는 이유로 한자를 알파벳보다 못한 '실패작'으로 여기곤 한다. 그래서는 글자를 배우기도 쓰기도 어렵기 때문이다. 그러나 한자는 유라시아 서부의 글에는 없는 매우 커다란 이점을 하나 지녔고, 이는 중국의 역사에도 심대한 영향을 미친 요소다. 한자라는 문자는 언어와 직접 관련을 갖지 않아서, 소리가 변화하거나, 다양한 방언이 존재하거나, 발음이 제각각 다르거나, 심지어는 언어 구조가 제각각 달라도 별 영향을 받지 않았다. 한자가 이런 통일성을 지니게 된 데는 중국이 최초로 통일된 시절(기원전 200년 직후의 진 제국 시절)에 강제로 한자의 표준 양식을 하나로 정한 것이 주효했다. 덕분에 중국인들은 서로의 언어를 알아듣지 못하는 상태에서도 문자로 의사소통할 수 있었다. 한자가 음성 변화나 언어의 발달과 크게 관련을 갖지 않은 덕에 문화와 지식 면에서도 엄청난 연속성이 유지될 수 있었다. 중국의 경우 기원전 1000년대까지 거슬러 올라가는 먼 옛날 고전 문헌도 얼마든 원문 그대로 손쉽게 읽어 낼 수 있다. 문헌이 쓰인 당시의 언어가 정확히 어떤 것이었든 상관없이 말이다. 따라서 지중해와 유럽 세계의 언어가 그리스어, 라틴어, 갖가지의 현대 로망어, 영어, 독일어 등으로 갈라지면서 서로의 말뜻을 못 알아듣게 된 데 반해, 중국은 이런 식의 복잡한 변화를 피할 수 있었다. 그리고 그 결과 언어 변화 때문에 '상실'을 경험한 유럽과 달리 중국은 예로부터 쌓인 방대한 양의 지식과 전통을 온전히 지켜 올 수 있었다.

[이후의 중국 ☞ 8.2]

[한자에서 파생한 일본의 가나 문자 ☞ 11.7.1]

7.9 몰락(기원전 1200년 무렵)

기원전 1122년, 혹은 1027년의 어느 한 시점에 상은 주(周)에 멸망을 당하게 된다. 상의 멸망은 대체로 정치적 사건으로 볼 수 있는데, 상이 가지고 있던 왕실의 행정 기록이 파괴당했는데도 경제적·사회적·문화적 면에서는 고도의 연속성이 이어졌기 때문이다. 이 당시 중국은 유라시아 서부 세계와 비교적 고립되어 있었으므로, 상이 멸망한 바로 그 시기에 마침 서남아시아 및 에게해 전역에서 그보다 훨씬 광범위하고 심각한 국가들의 몰락이 일어난 것은 그저 우연의 일치라고 하겠다. 서남아시아 및 에게해에서 진행된 몰락은 사실, 기원후 400년 무렵에 있었던 이른바 서로마 제국의 '멸망' 사건보다 훨씬 중요한 사건이었다. 기원전 1200년 무렵의 약 40년 혹은 50년 동안, 지중해 동부에서 제법 규모가 큰 도시와 궁정은 거의 모조리 파괴당했고, 이후 그중 상당수에는 다시 사람이 들어와 살지 못했다. 최근에 일부 고고학자가 이른바 통설로 통하는 연대를 재구성하기 위해 노력하고 있기는 하나, 기원전 1200년 무렵 이후의 최소 2세기 동안은 서남아시아와 에게해 전역에 일종의 '암흑시대'가 찾아왔던 것이 분명해 보인다. 이 시기에는 그 어떤 기록도 살아남지 못했고, 따라서 그때와 관련해 어떤 식으로든 일관된 흐름의 역사를 서술하기란 불가능하다. 그러다가 기원전의 초반 몇 세기, 그러니까 암흑시대를 벗어나 다양한 국가와 사회가 출현하기 시작했을 때에는 이미 세계가 매우 중대한 변화들을 겪은 뒤였다.

아나톨리아에서는 우리가 알고 있는 모든 도시 및 왕궁 터가 기원전 1200년 무렵에 파괴를 겪은 흔적이 있다. 히타이트 제국은 기원전 1215년 무렵을 지나면서 국내에서는 각종 문제들이 현저히 증가하고 대외적으로는 동쪽의 신흥 세력 아시리아의 압박을 받기에 이르러, 결국 아나톨리아 서부 영토에 대한 지배력을 상당 부분 잃고 말았다. 그러다가 종국에는 수도 하투샤가 약탈을 당하면서 불탔고, 그 와중에 히타이트 제국도 함께 자취를 감추었다. 아나톨리아 서부 연안의 트로이아는 기원전 1250년 무렵과 기원전 1190~1180년의 파괴를 모두 겪은 흔적이 있다. 키프로스에서는 대도시 세 곳(엔코미, 키티온, 신다)에서 약탈이 일어났는데, 그것도 도시마다 두 차례씩 약탈을 겪었던 듯하다. 시리아에서는 교역 도시 우가리트가 화재로 파괴를 당하면서 두 번 다시 사람이 살지 못하는 곳이 되었다. 당시의 화재로 우가리트의 수백 개 토판이 아궁이 속에서 구워졌고, 이것들이 그대로 후대까지 전해졌다. 이들 토판은 사람들이 '왕'에게 보낸 전갈도 기록하고 있는데, 내용인즉슨 아나톨리아 곳곳에서 군대와 선박이 출몰하는데 도시는 무방비 상태인 데다 바다로부터는 이름 모를 '적'들이 공격해 오니 배 150척을 보내달라는 요청이었다. 레반트 지역에서는 시리아와 이집트 간 무역로의 주요 도시들(아슈도드, 아슈켈론, 메기도)이 모조리 파괴당했다. 그리스 본토 전역은 물론, 에게해에 지어졌던 미케네의 궁전도 모두 파괴당하면서 문화의 흔적은 거의 찾아볼수 없게 되었다. 키클라데스 제도의 경우에는 최악의 파괴만은 면했던 것으로 보이나, 크레타의 피해는 유독 심각했다. 이에 주민들은 접근하기 어려운 높은 산악 지대로 급히 거처를 옮겼는데, 그렇게 살게 된 카프리는 라시티 평원(이 평원만 해도 해수면에서 거의 3000피트 높이에 위치해 있다.)에서 1300피트 높은 데 자리하고 있었다.

메소포타미아의 경우 이 당시에 파괴당한 흔적은 거의 없으나, 카시트 제국이 북쪽의 아시리아와 동쪽의 엘람으로부터 동시에 침략을 받고 멸망한 이후 정치적으로 크게 불안정한 시기를 겪었다. 그 뒤로 메소포타미아에서는 소규모 정치집단의 지배권 확립이 단 한 차례도 이루어지지 못했다. 물론 북쪽에서는 아시리아가 계속 국가로서의 명맥을 이어 가기는 했지만, 나라의 힘은 보잘것없었다. 한편 이집트는 기원전 1224년에 람세스 2세가 세상을 떠나면서 내부 문제들이 (특히 왕위 계승을 둘러싼 장기간의 싸움이) 급속도로 악화되는 모습이었다. 그리하여 제19왕조의 마지막 파라오가 퇴위하고 기원전 1186년에 제20왕조의 제1대 왕인 세트나크트(Setnakht)가 즉위하기까지 중간의 14년 남짓한 시간은 통치자 없는 공백기가 이어진 듯하다. 이집트의 위세는 순식간에 쇠해 기원전 1135년에는 레반트 지역에 대한 지배권을 잃었다. 그리고 10년이 채 안 되어 이집트 내부의 통일이 깨지면서, 테베와 타니스를 수도로 해서 최소한 두 개 이상의 별개 왕국이 출현했다. 기원전 1070년에는 제20왕조마저 막을 내렸고, 이어지는 제3중간기 동안(기원전 712년까지 지속되었다.) 이집트는 소규모 국가로 사분오열되어 지내다가 외부 세력인 수단 왕조가 들어오고 나서야 비로소 재통일될 수 있었다.

왜 광범한 지역에서 한꺼번에 이런 식의 대규모 격변과 몰락이 일어났는지를 설명하기 위해 이제까지 여러 가지 노력이 이루어져 왔다. 우선은 기원전 1159년에 일어난 아이슬란드의 헤클라 화산 대폭발을 생각할 수 있는데,(아이슬란드에서 한참 떨어진 중국에서까지 감지할 만큼의 대규모 폭발이었다.) 이로 인해 기후가 변화하고 그것이 농작물 생산 악화로 이어지면서 이런 파괴에 일조했을 가능성도 있으나, 화산 분출로 인한 파괴는 이보다 이전 시대에 일어난 일인 만큼 그것이 일차적인 이유였을 가능성은 없다. 초창기 제국과 국가들의 경우 그 구조가 매우 취약했을 것임은 틀림없는 사실이다. 나라 내부는 엘리트층과 대다수의 농민층으로 심하게 분열되어 있었고, 그렇다고 국가와 사회를 하나로 묶어 줄 튼튼한 하부구조가 마련되어 있는 것도 아니었다. 그러나 이런 사정은 당시 국가들이 이미 수백 년 동안 겪어 온 일이었으므로, 이 역시 그 수많은 국가가 하필 한꺼번에 그 광범한 지역에서 그토록 급속도로 동시에 무너진 이유를 설명해 내지는 못한다. 이와 관련해서는 일명 '바다 민족'이라 알려진 '반(半)오랑캐들'

이 문명 세계를 향해 물밀듯 내려왔다는 설명이 가장 널리 받아들여지고 있다. 하지만 이는 민족이동을 무엇보다 강조하는 19세기 말의 관점이 계속 위력을 발하고 있음을 보여 주는 또 다른 사례에 지나지 않는다. 이 경우는 당시 사건들을 그리스의 '도리아인 침략'과 연관시키는 입장이다.(이들이 '아리안인'의 토대 위에 그리스의 '고전 시대'를 열었다는 주장이다.) 하지만 좀 더 면밀한 연구가 이루어진 결과, 이는 역사적 신빙성이 그다지 없는 사건으로 판명되었다. 우선 이른바 '바다 민족'이라는 집단이 존재했음은 이집트의 자료와 두 개의 비문을 통해서만 확인되는데, 후자의 경우 지금까지 그 내용이 잘못 해석되어 왔다. 비문에 기록된 내용은 사실 시리아인과 그들이 대동하고 다녔던 지중해 세계 출신의 용병 파견단 사이에 싸움이 일었다는 것이지, 지중해의 '바다 민족'이 독자적으로 군사 활동을 펼쳐 다른 곳을 침략했다는 내용이 아니었다.

이 광범위한 붕괴를 가장 그럴싸하게 설명해 낼 수 있는 이야기는, 이 무렵에 들면서 전쟁의 성격에 잇따라 여러 가지의 근본적 변화가 찾아왔다는 것이다. 기원전 2000년에서 기원전 1200년 무렵에 사이의 기간에 아시아 서남부와 에게해의 여러 국가와 제국들은 하나같이 전차를 전쟁의 주 무기로 의지하고 있었다.(중국의 상나라도 마찬가지였다.) 이 전차는 기원전 2000년 무렵의 시대가 이룩해 낸 커다란 기술적 개가로써, 애초에 전차가 만들어진 것은 서남아시아의 어디쯤이지,(중국에서는 이와 별개로 전차를 제작해 냈다.) 옛날에 생각하던 것처럼 문명 세계 바깥의 '오랑캐' 집단이 만들어 낸 것이 아니었다. 통나무 원판 바퀴가 달린 마차와 수레를 당나귀나 아시아당나귀가 끌던 방식은 기원전 3000년 무렵에 발달한 것이었다. 이러한 탈것 중 일부가 특권층 물품으로 이용되면서 왕을 비롯한 전쟁 지휘관들을 전장으로 날라 주기는 했으나, 그런 것들은 전혀 싸움의 무기가 되지 못했다. 본격적으로 전차가 발달하기 위해서는 먼저 여러 가지 혁신이 일어나야만 했다. 말이 길들여진 것은 정착 문명의 바깥에서였던 것이 확실하나, 재갈이 달린 말굴레를 씌워 말을 사람의 뜻대로 부릴 수 있게 만든 곳이 어디였는지는 현재로서는 알 길이 없다. 여기에 전차가 가벼워지기 위해서는 차체가 가벼워야 했고, 가죽제 그물망으로 발판을 만들어야 했으며, 바퀴는 열에 달궈 둥글게 만든 테에 바퀴살을 달아 그 무게를 이전 원판 바퀴의 10퍼센트 수준으로 줄여야만 했다. 바퀴의 중심, 바퀴의 테두리, 바퀴살을 만드는 데도 저마다 다른 세 종류의 나무가 필요했으니, 여기에는 보통 느릅나무, 오크, 물푸레나무가 이용되었다. 원래는 발판 아래에서 돌아가던 차축도, 기원전 1300년 무렵에는 발판의 후면 모서리 쪽으로 이동시켜 탑승 시에 균형이 좀 더 잘 잡히게 했다. 바퀴살은 처음 만들어진 기원전 1300년 무렵에는 네 개 정도이던 것이 서남아시아에서 들어오면서 여섯 개로 늘더니, 그로부터 3세기 뒤 중국에서는 바큇살이 열여덟 개인 전차가 이용되었다. 기원전 1700년 무렵에 들면서 전차는 이제 복합궁(목재, 동물의 뿔, 힘줄을 조합해 만드는 활로, 제작에만 몇 년이 걸렸다.)을 쓰는 궁수와 결합되기에 이르니, 이를 발달시킨 것은 아나톨리아였다.

그러다가 기원전 1700년 무렵 이후에 서남아시아와 중국에서는 (마부와 궁수가 탑승하는) 2인용 전차가 전쟁의 주 무기로 자리 잡게 된다. 당시에 궁수가 전차에 올라 타 마음 놓고 활을 쏠 수 있었던 것은 보병들이 창을 들고 전차 곁을 지켰기 때문이다. 전쟁에서 이 보병들이 맡은 임무란 공성전에 투입되어 백병전을 벌이는 것, 그리고 행군 시와 야영 시에, 나아가 전투를 앞두고 길게 대오를 짰을 때 곁에서 전차를 보호하는 것이 전부였다. 이들 보병은 전차를 따라다니면서 부상당한 적군의 숨통을 확실히 끊어 놓는 일을 하기도 했다. 사실 처음에는 이런 전차들이 전쟁에 많이 쓰이지 않았으나,(약 100대 정도가 이용되었던 것 같다.) 전차를 끌 수 있는 말의 수가 부쩍 늘고 전차가 무기로서 뛰어난 성능을 가졌음이 입증되자 초창기 제국들은 점차 전차의 대수를 늘려 갔다. 그런데 이렇게 전차를 늘리려면 비용이 만만찮게 들어갔다. 우선 전차 탑승자가 착용할 군장이 따로 필요했고,(이따금은 말도 따로 군장을 차야 했다.) 말에게 먹일 꼴을 재배하는 데만도 제법 많은 농지를 할애해야 했다. 이들 정예부대 및 그 보급품을 관리하는 일이 당시 점차 늘어 가던 궁정 관료들의 주 업무가 될 정도였다. 그러다가 말기에 접어들자 제국이 보유한 전차의 대수도 급격히 늘어나는 양상을 띠었다. 일례로 기원전 1285년에 벌어진 이집트와 히타이트 제국 사이의 카데시 전투에서는 양국이 배치한 전차만 각기 약 3000대씩에 이르렀고, 따라서 이때는 보병들이 서로 맞붙어 싸울 일이 거의 없었던 것으로 보인다. 한편 미케네 세계에서처럼 왕국이 좀 더 소규모일 경우에는 동원할 수 있는 전차의 수가 고작 몇백 대에 불과했다.

이렇듯 전차에 의지해 싸우던 초창기 제국들은 기원전 1200년 무렵부터 전쟁의 성격이 갑자기 급변한 데 대처해야만 했는데, 그 변화의 원인은 여러 가지였다. 우선 보병들의 무장이 한층 개선되어, 허리춤까지 오는 흉갑을 입고, 가죽 하반신 덮개를 걸치고, 별 소용은 없었으나 청동제 정강이 받이를 끼고 전쟁에 나서게 되었다. 그러나 이 모든 발전 중에서도 제일 중요했던 것은 손잡이가 달린 원형 방패였으니, 일대일의 각개전투에서는 이것이 무엇보다 긴요했다. 이런 변화들에 신무기 두 가지도 결합되었다. 그 첫 번째는 짧은 투창으로,(길이는 약 3피트였다.) 원래는 사냥용 무기였으나 말을 공격하는 데 아주 효과적이었다. 두 번째는 새로운 유형의 검이었다. 기원전 1200년 무렵까지는 검의 날이 낫과 비슷해 무언가를 베는 데에나 적합했다. 그러다가 기원전 1450년 유럽 중앙에서 '나우에 2번 유형(Naue Type II)'의 검이 만들어졌다.(물론 이 검이 서남아시아에까지 도달한 것은 이후 1세기도 더 지나서의 일이었지만 말이다.) 일직선의 이 기다란 검에는 양쪽으로 평행하게 날이 서 있었고, 하나의 쇠붙이에 칼날과 칼자루가 함께 주조되어 있었다. 따라서 이 검은 사람을 벨 때도 휘거나 부러지지 않을 만큼 충분히 강했고, 자르거나 찌르는 등의 용도로도 활용할 수 있었다. 이 모든 변화로 인해 보병이 전차를 누르고 효과적인 무기로 탈바꿈함으로써 전쟁의 양상에 일대 혁신이 일어났던 것이다. 그로부터 2세기도 지나지 않아 전차는 더는 효과적 무기로서 기능하지 못하게 되고, 예전처럼 그저 통치자를 비롯한 엘리트층의 몇몇 성원을 전장까지 편안히 실어 나르는 역할만 하게 되었다. 기원전 1200년 무렵의 서남아시아와 에게해의 국가들은 자신의 전쟁 스타일을 이런 변화에 맞추는 데 충분히 민첩하지 못했던 것 같다. 그래서 문명 세계 언저리에서 살아가던 다양한 집단이 수없이 몰려왔을 때 일시적으로나마 그들이 가지고 있던 기술적 우위에 밀려 번번이 패배를 당하고 말았다. 그러다가 기원전 초반 몇 세기에 걸쳐 '암흑시대'를 뒤덮고 있던 자욱한 구름이 물러가고 그 자리에 새로 국가와 제국들이 형성되었을 때는 장검과 원형 방패로 무장한 보병들이 군대 안에서 주축을 이루고 있었다.

[이후의 서남아시아 역사 ☞ 8.6]

확장

기원전 1000~기원전 200년

8

기원전 1000년에서 기원전 200년 사이는 유라시아에서 여러 가지 중대한 변화가 일어난 시기로 특징지어진다. 첫째, 철 제련 기술이 발달해 널리 확산되었는데, 애초에 서남아시아에서 시작된 것이 이후 중국으로 옮겨 와 훨씬 발달된 과정을 거쳤다. 둘째, 이 시기의 막바지에 사상 최대의 통일국가가 중국에 탄생했다. 셋째, 인도 땅을 대거 차지한 제국이 최초로 출현해 절정기를 구가하다가 다시 쇠락했다. 넷째, 기원전 539년까지 서남아시아는 아시리아 제국의 지배를 받았는데, 이 아시리아 제국을 거의 마지막으로 문명의 최초 발상지 메소포타미아에서는 더는 제국이 성립되지 못했다. 그 뒤에는 바빌로니아 제국이 잠시 이 땅을 차지했으며, 이후로는 이란 최초의 제국이(아케메네스 제국) 이 땅을 차지하면서 지중해와 이란의 동단을 처음으로 연결했다. 그러다가 기원전 330년에 아케메네스 제국은 알렉산드로스 대왕이 이끄는 마케도니아 제국에 패배를 당하는데, 마케도니아는 승리하고도 매우 단명했다. 알렉산드로스 대왕이 세운 제국은 가까스로 10년을 넘긴 후 세 개의 주요 왕국으로 분열되었고, 이후 100년 동안은 이 셋이 서남아시아 지방의 패권을 두고 서로 싸움을 벌였다. 마지막으로 기원전 1000년대 이후 서남아시아 문명들의 영향력이 점차 서쪽으로 확산되어 지중해 전역에 이르렀고, 이로써 에게해 너머의 새로운 지역들까지 이 문명들 안에 편입되었다. 애초에 이 과정은 페니키아인들이 세운 교역 도시에서부터 시작되었다, 그 뒤로는 그리스의 도시들이 점차 자신들의 세력을 확장해 나갔다. 기원전 7세기 무렵에는 이탈리아 중앙에 에트루리아인들의 도시가 발달하더니 이어 도시 로마가 생겨났다. 로마는 이탈리아반도에 대한 지배를 서서히 확립해 나갔으며, 이 시기가 끝날 무렵에는 카르타고에 자리한 옛날 페니키아 식민지와의 싸움에서 승리를 거두고 지중해 서부 대부분을 지배하게 되었다. 한편 좀 더 북쪽의 유럽 북서부 및 중부에서도 남쪽의 발달한 나라들과 좀 더 긴밀하게 접촉하면서 변화의 속도가 한층 빨라졌다.

8.1 철

[초기의 기술 ☞ 4.7]

기원전 1000년 무렵까지 유라시아 사회는 모두 구리와 청동을 주 금속으로 의지하던 상황이었다. 금과 은은 사람들이 사치품으로 보관해 두거나, 이따금 통화로 활용할 뿐이었다. 그런데 구리와 청동에는 단점이 크게 두 가지 있었다. 이 두 금속은 비교적 무른 편인 데다, 날을 날카롭게 벼려 효과적인 절단면을 만들기도 쉽지 않았다. 그러다가 철 생산법이 발달하면서 훨씬 단단한 도구 및 무기가 제작될 수 있었고, 이는 농경과 전쟁의 양면에 큰 영향을 미치게 된다. 그러나 애초의 철 제련 과정을 파악하기는 쉬운 일이 아닌데, 철을 제련하는 데 필요한 기법은 구리 및 청동과는 사뭇 다르기 때문이다. 서남아시아에서 청동 생산에 이용되던 용광로는 액체 상태의 철을 만들어 낼 만큼 높은 온도가 아니었다. 따라서 철 광물을 집어넣고 가열하면 덩어리로 된 철이 나올 뿐이었고, 이것에 수차례 열을 가하고 망치질을 해 시뻘겋게 달군 뒤에야 마침내 연철을 만들 수 있었다. 이런 식으로 철을 제련하기 위해서는 새로운 도구만도 여러 가지(집게, 모루, 망치)가 필요했으며, 여기 더해 쇠를 벼리고, 형태를 잡고, 시뻘겋게 단 쇠를 용접하는 기법과 함께 용광로의 상태를 조절할 수 있는 능력까지 필요했다.

8.1.1 서남아시아 및 인도에서의 철

철 생산이 수 세기가 지나도록 매우 소규모에 그쳤다는 것은 그리 놀랄 일이 아니다. 철은 기원전 2000년 무렵에 우연히 생산된 듯하며, 처음에는 귀금속으로 여겨졌을 것으로 보인다. 그리고 이후 1000년이 더 지나도록 철을 대량생산해 내는 기술은 온전히 발달하지 못했다. 철은 어느 한곳을 중심으로 그 사용법이 발달하기보다는, 철 사용과 관련한 갖가지 생각과 기술이 다양한 사회들 사이에서 급속히 전파되면서 발전한 것 같다. 연철은 기원전 1000년 무렵에 처음으로 대량생산되었는데, 힘이 강하면서도 다양하게 모양을 잡을 수 있어 각종 농기구, 철사, 못, 편자, 무기를(특히 검을) 만드는 데 안성맞춤이었다. 연철로 만들어진 최초의 도구는 칼이었던 듯하나, 한 세기쯤 지나고 나서는 농경 분야에 철을 이용하는 일이 많아졌다. 이는 농업 생산량을 대폭 증가시키는 효과를 냈는데, 쇠망치를 비롯해 날이 더 억세진 쟁기와 괭이가 만들어지면서 밭 일구기가 훨씬 수월해진 덕분이었다. 아울러 철의 사용으로 목공이나 석재 가공과 같은 타 업종에도 일대 혁신이 일어났다. 철 사용지는 서남아시아를 시작으로 더디게 늘어나기 시작했다. 이집트에서는 기원전 700년 직후에 철을 사용하기 시작했고, 철이 발칸반도에 도달한 것도 그 무렵이었다. 유럽의 나머지 지역은 지중해 서부에서 활동하던 페니키아 무역업자들을 통해 철이 들어왔는데, 당시에 이 지역은 사회조직의 수준이 비교적 낮았던 만큼 기원전 500년 이전에 철이 독자적으로 생산된 증거는 거의 발견되지 않는다. 그뿐 아니라, 유럽 서부는 이후 1500년이 더 흐르도록 지중해 지역의 철 사용량을 따라잡지 못했다. 철 생산 역시 서남아시아에서 시작해 동쪽으로 전파되어, 약 1세기 만에 인도 북부에 도달했고 약 500년 뒤에는 인도 남부에 도달했다. 기원후 3세기에 이르자 인도의 철 제련 기술은 크게 발달해서 높이 15피트에 무게 6톤 이상의 거대한 철 기둥을 제작해 낼 수 있었다. 인도의 산업 기술은 수준이 대단히 높아서, 생산량 일부가 지중해 세계에 수출될 정도였다. 인도에서는 도가니강의 소량 생산이 특화된 산업으로 자리 잡았다. 인도인들은 소량의 이 도가니강을 자재로 최상품의 칼날을 만들어 냈고, 그렇게 만들어진 칼은 유라시아 전역에서 귀한 물건으로 대접받았다. 도가니강을 제작하려면 먼저 매우 고온(약 1400도)을 견딜 수 있는 용기(容器)부터 만들어야 했는데, 이 문제를 해결한 것이 인도인들이었다. 아울러 기원전 300년 무렵에는 인도의 주물공장이 아연 활용법을 발견해 내기에 이른다. 유럽은 기원후 1500년까지도 이 같은 철 생산 공정을 전혀 모르고 지내다가, 포르투갈인들을 경유한 끝에야 비로소 인도에서 발전시킨 철 관련 기술들을 들여올 수 있었다.

8.1.2 기술의 정체(停滯)

철 기술의 발달로 인간 역사는 큰 발걸음을 하나 뗀 셈이었다. 그러나 기원전 1000년 무렵 이후에 서남아시아와 지중해 세계 전역에서 기술 발전 속도는 매우 더딜 뿐이었다. 새로운 원료는 전혀 사용되지 못했고, 진정 기발하다고 할 만한 기법도 전혀 발달하지 못했다. 이 지역사회들은 하나같이 기술 발달은커녕 기술 정체기에 있었으니, 에너지 공급은 제한적이었고 기술 변화도 소폭 나아지거나 아니면 기존 기술을 새 분야에 적용하는 선에 그쳤던 것으로 보인다. 새로 발달한 기술은 몇 가지에 불과해, 기원전 300년 무렵에 레반트에서 유리공예가 발달하고,(이를 위해서는 철제 불대(iron blowtube)가 필요했다.) 도공의 물레에서 작업판의 위치가 변경된 정도였다. 후자의 경우, 도공이 앉은 채로 발로 바퀴를 차면 회전판이 돌아가 양손으로는 자유롭게 진흙의 모양을 잡을 수 있었다. 그래도 최초로 수력을 활용하게된 것만은 확실히 중대한 발전이었다. 물레방아가 처음 발달한 것은 기원전 1세기의 그리스, 혹은 아나톨리아의 어딘가에서였다. 기원전 65년에 폰토스의 왕 미트리다테스(Mithridates)가 물레방아를 보유했다는 기록이 수차에 관한 첫 언급으로 등장하기 때문이다. 이 최초의 물레방아는 원시적 형태였다. 바퀴는 수평으로 눕혀져 있었고, 기어 장치가 달려 있지 않아 바퀴와 맷돌이 똑같은 속도로 돌았으므로 물살이 매우 빠르지 않은 데서는 이용할 수 없었다. 그러다가 기원후 5세기 무렵에 기어 장치와 함께 윗걸이 수차를 이용하게 되면서, 연못을 파내고 그 위에 물레방아를 설치해 이전보다 훨씬 오랜 시간 방아를 돌릴 수 있게 되었다. 이들 물레방아는 밀을 갈거나 올리브에서 기름을 뽑아내는 데 쓰였다.

[유라시아 서부의 이후 기술 ☞ 12.4]

8.1.3 중국의 철과 기술 발달

철의 기술과 사용에서 가장 괄목할 만한 발전이 일어난 곳은 중국이었다. 중국은 철과 관련한 일부 기술에서 유라시아 나머지 세계를 훨씬 앞질러 있었으며, 최소한 기원후 1800년까지는 철과 강철의 생산에서 세계 중심지의 자리를 지켰다. 중국의 철 생산은 서남아시아에 비해 400년 늦게 시작되었지만, 애초부터 그들과는 전혀 다른 기술을 기반으로 삼았다. 즉 중국은 연철 대신 곧장 주철 생산에 들어갔으니,(주철은 청동처럼 거푸집에 부어 모양을 만들 수 있었다.) 유럽이 처음 주철을 생산했다고 알려진 기원후 1380년 무렵에 비하면 근 2000년을 앞선 것이었다.(유럽은 심지어 이때에도 관련 생산 기법을 중국에서 들여왔던 것으로 보인다.) 중국이 이렇게 발전할 수 있었던 까닭은 여러 가지였다. 중국은 양질의 점토를 사용해 용광로를 만들었는데, 이것이 주철 생산에 요구되는 매우 고온의 온도를 유지시켜 주는 역할을 했다. 또한 중국인들은 복동식 피스톤 풀무(double-action piston bellows)를 만들어 주철 생산에 이용했는데, 이를 가지고 송풍을 매우 규칙적으로 해 주면 상당량의 탄소가 제거되어 주철이 쉽게 깨지지 않았다. 기원후의 초반 몇 세기에는 피스톤 풀무와 기계식 망치 모두가 수력과 연동되면서 철을 망치질해야 하는 수고를 훨씬 줄여 주었다.(물레방아가 최초로 만들어진 시기는 중국과 서남아시아가 비슷하나, 이를 철 생산과 연동한 곳은 중국뿐이었다.) 중국에서는 일찍이 기원전 250년부터 주철이 산업적 규모로 대거 생산되었다. 일례로 사천(쓰촨) 지방의 일부 철공소에는 인부만 1000명 이상이 고용되어 있었고, 심지어 면도날이 생산되기까지 했다. 기원후 200년 무렵에는 주철로 조각상, 거대한 기둥, 탑을 제작했다. 기원후 600년에는 주철로 철제 밧줄을 만들어 300피트의 상공에 길을 잇는 현수교를 놓기도 했다.(유럽에서 비슷한 식의 현수교가 제작된 것은 이로부터 1100년은 더 지난 후의 일이었다. 1741년에 독일인 기술자 피셔 폰 에를라흐(Fischer von Erlach)가 1725년에 중국을 답사하고 얻은 지식을 바탕으로 이런 다리를 하나 건설했다.)

중국은 주철뿐 아니라 연철도 손쉽게 만들어 내는 곳이었기 때문에, 강철도 비교적 곧바로 생산했다. 기원후 약 400년 무렵에 중국은 이른바 공융해(co-fusion) 방식을 발달시켰다.(주철과 연철을 한데 가열해 탄소 함량을 주철과 연철의 평균에 맞춤으로써 강철을 생산해 내는 방식이다.) 이는 19세기 중반에 들어서야 유럽이 마침내 발달시켰던 지멘스마르탱(Siemens-Martin)로(평로) 공법과 전혀 다르지 않았다. 따라서 철 생산에 한참 뒤처져 있던 미국 철강 산업이 1845년에 자신들의 생산 기법을 향상시키려고 중국의 자문단을 초빙해 의견을 구한 것도 그렇게 놀랄 일은 아니다. 서남아시아와 지중해 지역이 철과 관련해 기술 정체를 겪은 것과 달리, 중국에서는 정체가 일어나지 않았다. 오히려 중국의 철강 기술 발달은, 그곳을 세계에서 가장 선진적인 경제 및 사회로 발돋움시킨 좀 더 폭넓은 과정의 일부에 지나지 않았다. 한편 중국에서는 기원전 14세기부터 발달한 양잠을 통한 비단 생산도 철 기술 못지않게 중요성을 가졌다. 유라시아 사회 중에서 매우 긴

길이(몇백 야드)로 방직 섬유를 뽑을 수 있는 곳은 중국뿐이었고, 따라서 중국은 아마나 면을 가지고 몇 인치 단위로 섬유를 뽑아 실을 자을 필요도 없었다. 그뿐만 아니라 비단은 인장강도(引張强度: 물체가 잡아당기는 힘에 견딜 수 있는 최대한의 응력을 가리킨다. ── 옮긴이)도 다른 식물 섬유소에 비해 월등히 뛰어났다. 비단 생산과 관련된 다양한 기술은 거의 2000년 동안 중국 내부에서 철저하게 비밀에 부쳐졌다. 이 기간에 중국은 유라시아에서 가장 값진 상품, 즉 유라시아 사회의 엘리트층 모두가 원했던 상품을 생산해 내는 유일한 곳이었다. 유라시아 최초의 주요 교역에서 비단은 빠뜨려서는 안 될 기본 물품이었다.

[중국의 이후 기술 ☞ 12.3]

8.2 중국: 주 초기

중국의 전승에 따르면,(중국의 전승을 실제 사실과 근본적으로 다르다고 볼 이유는 어디에도 없다.) 주는 섬서성(陝西省: 산시성)에 위치했던 나라로 이곳을 다스리던 무왕이 황화 북부의 무예 전투에서 상나라를 물리치고 상나라 왕(제신(帝辛))을 참수한 뒤 스스로 통치자의 자리에 올라 섬서성 위수 유역, 즉 장안 근방의 호경(鎬京)에 수도를 세웠다고 한다. 이 일련의 사건은 기원전 1122년 혹은 1027년에 일어났는데, 이러한 국면은 상대에 수없이 벌어졌던 소국 사이의 전투가 하나 일단락된 것에 지나지 않았다. 중국의 전승이 이 사건을 두 가지 점에서 중대하게 취급한 것은 적절한 일이었다. 첫째, 이 주나라를 기점으로 기원전 200년 직후에 중국이 하나의 통일된 국가로 탄생하까지 매우 기나긴 과정이 시작되었다는 것이다. 둘째, 이 주대에서부터 비로소 중국의 영향력이 중국 문화가 최초로 발달했던 핵심부의 바깥으로까지 크게 확대되기 시작했다는 점이다. 중국 농민들이 북쪽의 북경(베이징) 근방, 북동쪽의 산동성(산둥성), 그리고 장강(창장강) 이남의 평원으로 계속해서 이주 작업을 벌이게 되는 것도 기원전 1000년 무렵부터의 일이었다. 이와 함께 인구가 꾸준히 증가하면서 어디서건 정착촌과 성읍이 눈에 띄게 늘어났다. 주대의 역사는 세 시기로 구분해 살펴보는 것이 가장 좋다. 우선 기원전 771년까지의 제1기는 주나라의 도읍이 섬서성에 자리한 데 따라 서주 시대로 일컬어진다. 도읍을 정주(후대 왕조의 수도인, 호남성(후난성)의 낙양(뤄양) 근방에 있다.)로 옮긴 이후 기원전 771년에서 기원전 5세기 말까지는 산동 지방 노나라의 역사서 이름을 따 '춘추(春秋)'시대라 부른다. 세 번째 시기는 기원전 221년에 진나라가 중국을 통일하기까지의 시기로, 이른바 '전국(戰國)'시대로 알려져 있다.

주나라가 정확히 어떤 성격을 가진 곳이었는지 해석하기란 쉬운 일이 아니다. 주나라는 절정기에 접어들면서 영토를 확정 짓는 한편, '천자(天子)' 칭호를 가진 통치자를 통해 군사와 종교라는 양면의 직분을 하나로 통합했다.(이러한 통합은 상대에도 일어난 바 있었다.) 주의 도읍은 공동체의 종교 의례가 치러지는 본산인 동시에, 죽은 왕들을 기리는 핵심 의례지였다. 수도는 미리 결정된 설계에 따라 인위적으로 지어졌으며, 그 설계는 대우주와 소우주의 합일을 표현한바, 그 복잡한 상징이 가진 뜻은 지금도 다 헤아리지 못한다. 도시는 한 변을 9리(里: 약 4000야드에 달하는 거리다.)로 하는 정방형 모양이었으며, 사면에 각각 자리한 세 개의 성문에서 아홉 개의 대로가 뻗어 나와 도시 안에서 교차했다. 대로는 정확히 전차 아홉 대가 나란히 달릴 만큼의 폭이었다. 도시 한가운데에는 통치자의 궁궐이 자리했으며, 그 정중앙에는 하지점에 그림자가 전혀 생기지 않는 위치에 해시계 바늘이 꽂혀 있었다. 상대에도 그랬지만, 주대에도 각 도시의 명칭은 해당 지역의 통치자 이름을 땄고, 통치자들은 주나라 왕과 (실질적으로든 인위적으로든) 모종의 관계를 맺고 있었다. 이들 가문이 정치적·종교적 권력을 행사했던 땅을 이른바 봉토(封土)라고 했는데, '봉'이란 원래 경계를 표시하기 위해 쌓아 놓은 흙더미를 뜻했다. 통치 가문은 저마다 각 도시를 창건한 시조에게 늘 제를 올렸고, 이런 조상숭배에 대한 권리와 의무는 오로지 정실부인의 장남만 물려받을 수 있었다. 통치 가문의 차남들은 위로 제4대까지의 조상에게만 제를 지낼 수 있었다.

상나라와 초기 주나라는 제법 뚜렷한 연속성을 보였던 것이 분명하다. 두 나라 모두 상당히 원시적인 수준의 군주제를 벗어나지 못했고, 그래서 통치자가 가진 실질적 권력도 매우 제한적이었다. 또한 중원의 전반적 패권이 주나라에 있음을 명목적으로 인정하기는 했지만, 중국 각지의 지방 국가 및 통치자들은 사실상 독립 상태였다. 초기에는 주나라 왕이 각 도시 통치자들을 축출할 힘을 가졌던 것 같지만, 얼마 안가 이들 통치자 자리는 급속히 세습의 성격을 띠게 되었고 기원전 750년 무렵 이후에 이 추세는 더욱 뚜렷해졌다. 당시 중원에는 강력한 힘을 가진 제후국들이 여남은 개 존립하고 있었으며, 그중에서도 제일 중요시되던 곳이 정(鄭), 송(宋), 위(衛), 노(魯), 조(趙), 진(陳), 채(蔡) 등의 나라였다.(이 중 송나라는 옛날 상 왕조의 후손들이 다스리고 있었다.) 중원 언저리에서는 이들보다 훨씬 큰 규모로 나라들이 발달했는데, 변방에 자리한 까닭에 영토 확장의 여지가 더 컸다. 그런 나라 중의 하나가 산서성(山西省: 산시성)의 분하(汾河) 계곡에 자리한 진(晉)이었고, 진은 북서쪽의 유목 집단은 물론 산동성 북서단의 제나라와 거의 끝없이 싸움을 벌여 힘을 키워 나갔다. 남쪽에서는 초

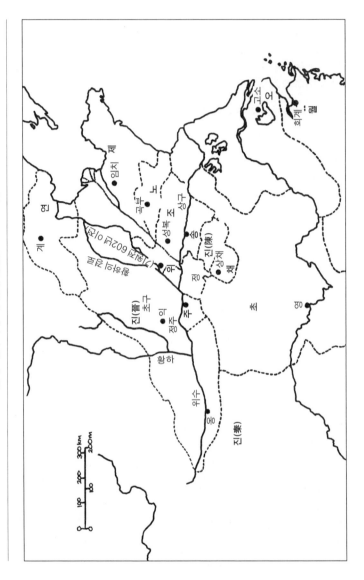

중국: '춘추시대' 국가들(기원전 771~403년)

(楚)나라가 일어나 중국어가 통용되지 않는 지역까지 아우르고는 스스로 천자를 칭하며 중안 안에서의 패권 싸움에 가세했다. 결국 이들 나라는 제나라와 진나라를 중심으로 합종연횡을 하기에 이르니, 처음에는 자유 체제로 연합이 이루어졌으나 기원전 597년에 진(晉)나라가 초나라의 장왕(莊王)에게 패한 이후로는 강대국이 약소국을 강제로 자신들 연맹에 편입시키는 형국이 되었다. 한편 중원의 문화와는 다소 동떨어진 면이 있던 남동부에서는 기원전 600년 무렵 이후부터 오(吳)나라와 월(越)나라가 좀 더 강력한 힘을 갖게 되는데, 주로 초나라의 힘이 약해진 결과였다. 중원 언저리의 다른 국가들과 마찬가지로, 오와 월의 두 나라도 나름대로 영토를 확장할 여지가 있었고 이를 바탕으로 나라의 힘을 키워 나갔다. 애초에 가장 비중이 컸던 나라는 부차(夫差: 기원전 496~473년) 시절 특히 두각을 나타낸 오나라였으나, 기원전 460년대에 월나라의 구천(句踐)에게 패함으로써 오나라는 장강 중류와 산동 일대의 점령지를 다 잃고 말았다.

이들 왕국 사이에는 거의 끊임없이 전쟁이 벌어졌고 그 긴장 관계 속에서 중국의 사회와 국가는 모두 급속한 변화를 겪었다. 하지만 그중 성공하는 나라와 통치자는 따로 있었으니, 상대와 주 초기의 느슨한 연합에서 이탈해 자국의 중앙집권화를 꾀하고 아울러 자신들의 지배지 내부로 필요한 자원을 집결시킨 이들이었다. 특히 통치자들은 조세제도를 발달시킴으로써 각종 자원을 손에 넣었는데, 이 세금 체계는 노나라에서는 기원전 590년대에, 정나라에서는 그로부터 50년 뒤에 처음 나타났다. 기원전 550년대에는 통치자들이 국내 지배력을 강화하기 위해 각종 법전을 반포하기에 이른다.(청동판에 새겨진 형태였다.) 그러나 실제로는 권세가 큰 가문들이 중앙집권화에 저항하면서 수많은 나라에서는 이런 발전은 오히려 내부 분란을 더욱 가중시키는 결과를 가져왔다. 노나라의 경우에는 맹손씨, 숙손씨, 계손씨의 세 가문이 나라의 권력을 쥐고 있었다. 노나라의 통치자가 여전히 주 왕실로부터 정통성을 끌어오는 상황이었음에도, 통치자는 이들 가문에게 갖고 있던 권력을 다 뺏기고 말았다. 제나라의 전씨 가문은 그것으로도 모자라 공식적으로 스스로 왕을 자처하는 단계까지 나아갔다. 진(晉)나라는 군대 지도자들 사이에서 권력 다툼의 양상이 나타나더니 결국 한(韓), 위(魏), 조(趙)의 세 나라로 쪼개졌다.

8.3 중국: 중앙집권 국가의 탄생

기원전 403년에 진(晉)나라가 이렇게 삼분된 것을 보통 '전국'시대의 서막으로 본다. 전국 시대는 경제, 사회, 국가의 모든 면에서 변화의 가속도가 붙은 시기로써, 절정기에 달한 기원전 221년에는 드디어 진(秦)에 의해 중국이 역사상 최초의 통일 제국을 이루게 된다. 당시에 중국 통일을 명분으로 싸움에 뛰어들었던 패자(覇者)는 총 일곱 나라였다. 진(晉)이 쪼개지면서 생겨난 한, 위, 조와, 전씨 가문의 통치를 받게 된 제(齊), 섬서성의 진(秦), 장강 중류 하곡의 초, 그리고 북방에서 새롭게 부상하며 북경 근방(오늘날의 하북성(허베이성))에 수도를 두고 있던 연(燕)이었다. 이들 사이의 분쟁은 당시 일어난 여러 발전에 의해 그 양상이 뒤바뀌곤 했다. 그중 무엇보다 중요했던 것이 귀족의 권력에서 핵심을 차지하던 전차가 군사적인 면의 중요성을 대거 상실하게 된 점이었다. 이로써 이제 전차보다는 보병 부대가 주력이 되었으니, 원래 보병 부대는 지형의 특성상 전차전을 치르기 어려웠던 남부의 오나라와 월나라에서 처음 발달했었다. 여기에 두 가지 변화

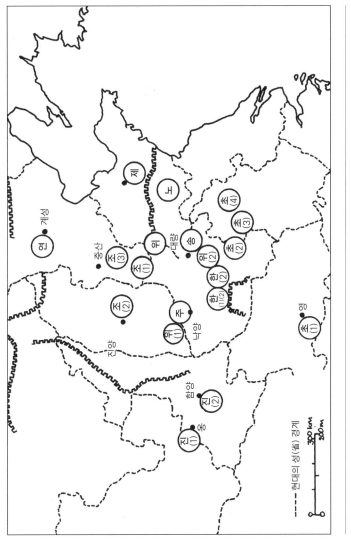

중국: '전국시대'(기원전 403~221년)

가 더해지면서 보병 부대의 중요성이 한층 강화되기에 이른다. 첫째 는 철제 무기, 특히 검의 발달이었다. 둘째는 궁기병의 발달로, 애초에 스텝 지대의 유목민에게서 빌려 온 전쟁 기술에 중국인의 새로운 발 명품이 가미되었다. 즉 중국 궁기병들은 자동식 쇠뇌를 쓸 줄 알았는 데, 정교한 격발장치가 화살을 그때그때 발사 위치에 놓아 주었기 때 문에 이 쇠뇌는 이후 1000년이 더 지나서도 최초의 화약 무기에 대적 할 만큼 뛰어난 힘을 발휘했다. 기원전 300년에 이르자 이제 전쟁은 보병 부대의 싸움이 되었고, 군대 지휘도 전쟁 기술에 조예가 깊은 전 문 사령관이 맡았다. 전쟁의 성격이 이런 식으로 뒤바뀌자 사회적·정 치적인 면에도 근본적 변화가 찾아왔다. 한때 무력과 전쟁을 독점했 던 귀족들의 힘은 대폭 줄어든 반면, 자국의 농민들을 관리하고 동원 해 대규모 군대를 양성할 수 있는 곳들이 효율적인 나라가 되었다. 이 것이 가능했던 이유는 여러 가지였으나, 일차적으로는 철제 기구 사 용으로 농지 정리 및 심경(深耕)이 용이해진 것이 주효했다. 그 결과 증대된 인구로 더 많은 땅의 경작이 가능해졌고, 나라는 이제 조직을 충분히 잘 갖추기만 하면 이들에게서 꽤 많은 조세를 거둬들일 수 있 었다. 그리하여 통치자들의 귀족들에 대한 의존도는 낮아지고 대신 지주들로 구성된 제2계급에 대한 의존도가 점차 커졌는데, 지방과 중 앙정부의 양면에서 일할 관리들이 바로 이들에게서 나왔기 때문이 다. 이로써 중국은 (그 규모는 여전히 매우 작았지만) 효율적 관료제를 세 계 최초로 발달시킨 나라가 되었다. 예전에는 사적인 친인척 관계가 권위의 핵심이었으나, 이제는 일종의 '공적 영역'이 생겨나 이를 대신 했고, 거기서는 통치자 및 통치자를 대표하는 지방 관료들의 권위가 무척 중요시되었다. 이에 따라 종래의 혈연 제도는 그 비중이 차차 줄 어들어, 농민들 가계와 그들이 모시는 조상 제사에서나 중요해졌다.

이 당시 열국 사이에 벌어진 전쟁의 주된 특징은 동맹 관계가 수시로 뒤바뀌었다는 점, 강대국 두 곳(진(秦)과 위)이 특히 맹위를 떨쳤다는 점이었다. 중원 국가들은 정착 지대에 있었기 때문에 영토를 더 넓힌다는 것이 불가능했고, 따라서 차츰차츰 영역을 넓혀 오는 변경의 나라들에 자신들이 가진 자원 기반을 고스란히 빼앗기는 처지가 되었다. 그중 서쪽 변경에 자리하고 있던 것이 진(秦)나라로, 기원전 350년대 들면서 진은 전문 행정가 상앙(商鞅)의 지휘하에 열국 최초로 새로운 형태의 전쟁, 조세, 행정 체제를 채택해 시행하게 된다. 사실 진나라는 비교적 가난했던 데다 지리적으로도 고립되어서 오랫동안 기반이 튼튼한 귀족층이 있는 것은 아니었으나, 변경 지대에 자리했기에 영토 확장만큼은 꽤나 손쉽게 이룰 수 있었다. 진은 주민들을 다섯 가구 및 열 가구 단위로 묶어 준군사 집단을 조직했고, 이를 기반으로 조세를 징수하기도 했다. 진에는 이내 새로운 귀족층이 형성되었으나, 전쟁에서 뛰어난 업적을 쌓은 사람들이 아니면 여기 속할 수 없었다. 기원전 350년에는 새로운 도읍이 함양에 건설되기에 이르고, 이와 함께 나라 안에는 서열화된 행정단위가 생겨났다. 이 행정단위는 민생과 군사의 면에서 따로 나뉘었으니, 전자는 현(縣)으로 나뉘어 현령의 관리와 감독을 받았고, 후자는 군(郡)으로 나뉘어 태수들의 다스림을 받았다. 진은 도량형을 통일시키기도 했다. 이후 '재상'이라고 알려지는 관직이 출현해 통치자의 최고 고문 역할을 맡은 것도 이즈음의 일이었다.

진에서 이루어진 이러한 변화들은 기원전 221년에 진이 경쟁국들을 물리치고 중국에 하나의 통일국가를 탄생시키는 데 핵심 역할을 했다. 기원전 314년에 진은 북쪽 국경선에 출몰하던 유목민 집단을 패퇴시키는 데 성공하면서 이후 마음 놓고 중국의 다른 열국들과 전쟁을 벌여 나갔다. 기원전 311년부터 진은 확장을 계속해 사천성 진입에 성공했고 그 길로 호북성(후베이성)까지 들어가 초를 패퇴시켰다. 그 뒤로는 한, 위, 조 등 동부 변경의 열국을 상대로 잇따라 승리를 거두었다. 기원전 249년에는 진의 군대가 하남성(허난성)의 소국 동주(東周)를 무찌르면서 오랜 세월 이어져 오던 주 왕실의 통치에 사실상 종지부를 찍었다. 그러다가 진의 제후 정(政: 시황제(始皇帝))가 기원전 247년에 정권을 잡으면서 중국의 통일 기반이 본격적으로 마련되었다. 열국 사이에 얼마 동안 합병이 이루어지고 나자 기원전 231년 이후의 10년 사이에는 대규모 정벌이 매우 신속하게 이루어졌고, 이로써 남아 있던 여섯 개 독립국인 조(기원전 228년), 초와 한(기원전 223년), 연(기원전 222년), 마지막으로 제(기원전 221년)가 차례차례 멸망을 당했다.

8.4 중국: 경제, 사회, 사상

군사적·정치적 면에서 이런 변화들이 일어나자 사회적·경제적 면에서도 커다란 변화들이 잇따라 일어났다. 진의 통일은 곧 정착 지역으로의 대규모 확장을 의미했고, 그 결과 중국은 세계에서 가장 큰 국가뿐만이 아니라 세계에서 가장 인구가 많은 나라가 되었다. 경작이 이루어지는 땅도 위수 유역, 중앙 평원, 사천성의 성도(청두) 평원을 중심으로 급격히 늘어났다. 집약적 농경지 정리 작업이 국가의 지원하에 종종 진행되었으며, 그럴 때면 습지 물 빼기, 대규모 관개시설 정비, 기존 정착지에서의 좀 더 원활한 치수 작업 등이 이루어지곤 했다. 끝없던 전쟁은 좀처럼 그칠 기미가 없었으나, 이 때문에 오히려 경제 및 사회의 변화 속도는 한층 불이 붙었다. 기원전 300년 무렵부터 중국의 경제는 눈에 띄게 '현대적'인 모습을 갖추었고, 이를 기반으로 기술적·경제적·사회적 면에서 근본적 발전이 일어났다. '전국'시대 내내 중국인들은 새로운 땅의 개척이나 새로운 성읍의 성장에 발맞추어 온 나라를 자유롭게 옮겨 다닐 수 있었다. 농민군의 발달로 옛날의 전사 귀족층이 가지고 있던 권력은 상당 부분 무너져 내렸고, 대신 어느 나라나 농민의 수를 충분히 확보해 필요할 때 그들을 군에 배치하는 일이 중요해졌다. 대규모 사유지나 지주가 계속 남아 있기는 중국도 마찬가지였지만, 그 발달 방식이 서남아시아, 지중해, 유럽과는 전적으로 달랐다. 중국에서는 대부분의 토지가 개인 소유였고, 사람들 사이에서 자유롭게 양도가 가능했다. 기원전 2세기에 들어서는 재산권도 확고히 자리 잡았다. 이로써 중국은 자유농민들이 각자 자기 땅에서 독립적으로 농사를 지었고, 얼마든 자신들 뜻에 따라 이주할 수 있었다. 대규모 땅을 가진 지주들도 존재하기는 했지만, 이들도 주로 소작인이나 자유노동자에게 일을 맡겨 자신들 토지에 농사를 지었다. 중국 역사에서는 농민이 땅이나 지주에게 예속된 적이 없었으며, 따라서 유럽에서와 달리 땅 주인이 일꾼을 마음대로 팔 수도 없었다. 이 시절의 호구조사에서도 농민과 지주는 언제나 별개의 가구로 등록되었다. 물론 중국에도 노예가 아예 없지는 않았으나 그들은 주로 전쟁 포로나 범죄자들이었지, '고전 시대' 그리스나 이탈리아에서 발견되는 대규모의 노예제는 단 한 번도 나타나지 않았다. 대규모 사유지는 주로 소작을 통해 임대해 주었고, 일찍이 기원전 3세기부터 계약을 통해 임대 내용이 규정되었다. 땅에서 난 농산물은 표준적으로 소작인과 지주가 50 대 50으로 나누어 가졌으며, 이 비율은 중국 역사 내내 거의 일관되게 지켜졌다. 다만 농민에게 소를 공급할 경우에는 지주가 60을 가져갈 수 있었다. 중국 농가 중에는 토지를 소유하거나 임대하지 못한 가구도 많았지만, 타인의 사유지에서 일해도 자유농민의 신분은 유지할 수 있었다. 이는 기원전 3세기의 문서 계약을 통해서도 그 내용이 확인된다.(이로부터 몇 세기 지나지 않아 중국에서는 표준 계약서를 만들어 두고 계약 시 쌍방이 문서를 기입하는 방식이 이용되었다.)

중국은 매우 초창기 단계부터 자유 시장 및 현금 경제가 운용되던 곳이자, 고도의 노동 전문화가 이루어진 곳이기도 했다. 중국은 농민들이 생필품을 자급자족하는 비율이 유라시아 다른 지역들에 비해 현저히 낮았고, 농민들은 자신들의 생산품을 내다 팔기도 하면서 시장경제에 직접 참여했다. 세금도 현물이 아닌 현금으로 냈으며, 모든 물품에는 가격이 매겨져 있었고, 국가의 노역에 동원된 일꾼들도 현물이 아닌 현금으로 품삯을 지급 받았으며, 농민들 가정에서도 보유 재산을 화폐 단위로 기록해 두었다. 중국인 최초의 위대한 역사가인 사마천(司馬遷)은 자신의 저서 『사기(史記)』에 당시의 중국의 경제상과 사회상을 다음과 같이 묘사해 놓았다.

무릇 세상에는 식량을 생산해 내는 농부, 산과 늪에서 풍부한 자원을 뽑아내는 일꾼, 그 자원을 가공하는 장인, 그 제품을 유통시키는 상인의 존재가 반드시 있기 마련이다. 그러니 정부에서 명령이 떨어지길 기다릴 필요가 무엇인가. 사람들이 각자의 직분에서 일하되 그 일에서 최선을 다해 자신이 원하는 것을 얻으면 될 일이다. 상품은 가격이 싸면 그것이 더 잘 팔리는 지역으로 가게 되어 있고, 반대로 가격이 비싸면 사람들이 더 싼 것을 찾게 되어 있다. 모든 일이 각자의 직에서 자발적으로 이루어지면, 마치 밤이나 낮이나 물이 쉬지 않고 아래로 흐르듯, 재화는 따로 구하지 않아도 나는 것처럼 보일 것이며, 사람들은 따로 청이 없어도 물건을 만들어 내는 것처럼 보일 것이다. 그것이 바로 도(道)와 조화를 이루는 길이자 자연의 순리에 따르는 길이다.

사마천이 이러한 글을 쓴 것은 애덤 스미스(Adam Smith)보다 거의 2000년이 앞선 기원전 100년 무렵의 일이나, 여기에는 시장경제의 작동 원리와 매우 유사한 내용이 표현되어 있을 뿐 아니라, 이 안에 든 흐르는 물의 비유도 스미스의 '보이지 않는 손'과 동일한 역할을 하고 있다.

중국의 다양한 사상을 규정짓는 주요 특성들이 출현한 것도 중국이 하나의 통일국가를 향해 나아가던 바로 이 시기였다. 유럽에서 성경(Bible)과 고전 시대가 큰 의미를 갖듯이, 중국인들에게도 이 시대의 사상은 무엇보다 핵심적이었다. 중국의 이런 전통은 현재 제대로 평가받지 못하는 실정인데, 중국의 전통이 '유교 사상(Confucianism)'이라는 단 한 마디면 표현이 가능하며, 따라서 그 성격도 매우 정적이고 보수적이라는, '서양'이 지닌 그간의 믿음 때문이다. 그러나 이런 생각은 그 어느 것도 옳다고 할 수 없다. 실제로 이 시절의 중국은 사회와 경제는 매우 역동적이어서, 시절이 변하며 중요성은 달라졌을지 몰라도 온갖 다양한 사상이 폭넓게 존재했다. 물론 당시의 사상도 이후 몇 세기 동안 힘을 발휘하다가, 기원전 400년 무렵에 중국이 불교 국가로서 포교 핵심지가 되면서 그 중요성을 거의 잃었지만 말이다. '유교 사상'의 원류는 기원전 2세기에 활동한 중국 문인 집단에서 찾을 수 있으며, 이들은 고대의 현인 공자(孔子)의 말을 사상의 권위로 삼았다. 공자 혹은 공부자(孔夫子)는 '공씨 성을 지닌 성인'이라는 뜻으로, Confucius는 기원후 7세기의 예수회 선교사들이 공자를 라틴어식으로 번역하면서 생겨난 말이다. 전승에 따르면 공자는 기원전 551~479년에 생존했다고 하며, 그의 생전 어록을 모은 매우 짤막한 선집(『논어(論語)』)은 그의 사후에 만들어졌다. 그 어록에서 공자는 개개인이 지혜와 올바른 행실을 통해 끊임없이 자질을 함양해 나가야 한다고 가르쳤으니, 결국 덕을 개인적 노력의 산물로 보았던 셈이다. 그런 만큼 원래 공자의 사상 자체에는 '보수적'이라고 할 부분이 전혀 없었다. 그뿐만 아니라, 수많은 유럽인이 믿는 것과 달리 애초에 유교는 종교도 아니었다. 일종의 윤리 체계이기는 하지만 그 안에서 윤리를 강요하는 '신'은 찾아볼 수 없기 때문이다.

중국의 사상에 좀 더 핵심적 영향을 미친 것은 사실 도교로서, 장주(莊周: 기원전 370~300년 무렵에 생존했으며, 『장자(莊子)』의 대부분을 그가 썼다.)의 저술들을 통해 가장 잘 알려져 있다. 도교주의자들은 '박(樸: '흔히 가공되지 않은 나무토막'으로 번역되는 말로, 경험을 겪지 않은 원초적인 마음 상태를 뜻한다. ─ 옮긴이)', 자연에 가까운 삶의 리듬, 속세에서(특히 공적인 생활에서) 물러남을 주된 목표로 여겼으며, 가르침이나 글보다는 자기의 직접적 경험을 통해 세상을 깨닫는 것이 중요하다고 보았다. 도교에서 유일한 실재는 끝이 없는 변모뿐이었다. 도교는 이내 중국인들 사이에서 널리 유행했으며, 그 영향력은 공자의 사상보다도 훨씬 심대했다. 또한 도교는 불교의 일부 가르침과도 여러 가지 면에서 흡사했고,(연대는 불교가 도교에 몇 세기 앞선다.) 덕분에 이후 중국에는 불교가 좀 더 손쉽게 도입될 수 있었다. 불교와의 이런 유사성은 맹자(孟子: 기원전 4세기에 생존했으며, 후일 Mencius라는 라틴어로 번역되었다.)의 저술에서도 마찬가지로 나타난다. 맹자의 저술에서는 아주 심오하거나 독창적인 면은 찾아볼 수 없다. 주로 과거를 이상화하고 인도적 통치를 중시하며, 선한 행동을 할 수 있는 도덕적 자질을 모든 인간이 가지고 있다는 믿음을 표방하는 정도다. 이들 저술은 기원후 10세기까지도 별 영향을 끼치지 못하다가, 그 핵심 사상이 중국 식자층의 지배적 가치관에 통합되면서 크게 힘을 떨치기 시작했다.

한편 한층 현실적인 입장에 서서 점차 증대하는 국가 권력을 정당화한 사상가도 많이 나왔는데, 이들을 통틀어 '법가(法家)'라고 했다. 이런 사상의 설파자 중 제일 유명했던 이는 한비(韓非: 기원전 280?~234년)였다. 그의 사상에서 통치자는 반드시 절대적인 존재여야 했고, 그 밑의 신하와 관리들은 반드시 객관적이고 구속력이 있는 규칙에 따라 그 직분이 정해져야 했다. 법률은 반드시 공적이고 명확해야 했고, 따라서 만인에게도 동일한 내용이어야 했으며 수시로 변하기 마련인 인간의 판단에 좌우되어서는 안 되었다. 이러한 법가의 견해는 통일된 중국의 발달에는 물론 중국 법의 성격에까지 영향을 미쳤다. 유럽에서는 재판관이 여러 증거를 따지고 사실관계를 헤아려 죄인에게 적합한 형벌을 내리는 것을 지향했지만, 중국에서는 이와 달리 재판관이 죄인의 죄목만 올바로 정하면 그만이었다. 죄목이 확정되고 나면 그 죄목에 미리 정해져 있던 형벌이 뒤따라 부과되는 식이었다. 중국에서는 나라의 통치와 그 기제를 올바로 세우는 것을 무엇보다도 핵심으로 보았고, 따라서 이후로도 개개인의 개성은 그다지 중요하게 여기지 않았다.

[이후의 중국 ☞ 9.1]

8.5 인도 최초의 제국들

[이전의 인도 ☞ 7.3.3]

기원전 1700년 무렵에 인더스 계곡 문명이 몰락한 후, 인도 역사는 1000년 이상 대규모 '암흑시대'가 이어졌다. 이 시기에 대해서는 주요 사건들을 대략 개괄하는 것 외에는 따로 추론해 낼 만한 것이 없다. 당시 인도 북부를 지배했던 것은 이른바 '채문 회색 토기' 문화로써, 라자스탄부터 히말라야산맥에 이르기까지 커다란 강 유역을 따라 약 8마일가량 드문드문 줄지어 있던 소규모 촌락들을 통해 발견된다. 이때는 (이란에서 들여온 것으로 보이는) 철기 기술을 도입해 농기구에 활용한 것이 가장 주효했다. 그 덕에 정착민들이 갠지스강 유역까지 밀고 들어가, 나무가 울창한 정글 지대를 개간한 후 매우 기름진 땅에 벼를 심어 재배할 수 있었기 때문이다. 바로 이 지대와 이 지대에서 가능했던 고도로 생산적인 농업, 그리고 거기서 발생한 잉여 식량이 이후 2000년 동안 인도 역사의 가장 핵심적인 부분을 이루게 된다.

8.5.1 인도의 사회

인도의 이 시기는 역사의 최고 난제로 꼽히는 문제와 관련이 되는데, 바로 인도만의 독특한 사회 체계인 '카스트'제도가 어떻게 생겨났는가 하는 점이다. 사실 '카스트'라는 명칭도 16세기에 포르투갈인이 붙인 것으로, 여기에만도 오해의 소지가 다분하다. 이 시절에 인도 사회는 농경 지대의 확장 및 새로운 공동체들과의 통합으로 복잡성이 한층 증대되는 양상이었는데, 원래 인도의 기존 사회집단은 총 넷으로 나뉘어 있었다. 엘리트층인 브라만, 전사 집단인 크샤트리아, 인구의 압도적 대다수를 구성하던 농민층 바이샤, 그리고 노예 및 농노로써 사회 맨 밑바닥을 구성했던 수드라다. 하지만 이후 인도 사회에는 기존 수드라보다 훨씬 천대를 받는 제5집단이 급속히 출현하니, 인도의 네 계급 바깥에 자리한 이들 판차마는 이른바 '불가촉천민'이라 불렸다. 인도의 이 사회 계급은 (무두질처럼 너무 불결해 다른 신분이 손대지 못한 일들은 대체로 제5신분이 도맡았으므로) 일부 직업에 따라 구분되기도 했지만, 태생과 혈연관계 역시 직업만큼이나 중요한 요소였다. 그런데 인도에서 '문명화된' 지역이 좀 더 확장되고, 아울러 새로운 지역까지(특히 남부까지) 통합되자 이들 다양한 사회집단 간의 균형도 지역에 따라 천차만별로 차이가 나기 시작했다. 그런 만큼 인도의 사회 체계 및 발달을 다루면서 그 내용을 단 한 마디로 간단히 정리해 내기란 불가능하다. 인도가 수많은 종류의 사회집단(그 일부는 배타적 성격을 띠기도 했다.)으로 뚜렷하게 나뉘어 있었던 것만큼은 사실로 보이나, 그 '카스트'라는 것이 인도에 유독 큰 영향을 미쳤는지 아니면 아주 이례적 영향만을 미쳤는지는 현재로서는 명확히 알 수 없다. 사회가 매우 다양한 집단으로 나뉘기는 당시 유라시아 어디나 마찬가지여서, 지주, 사제, 전사가 인구의 얼마 안 되는 부분을 구성하고 농민을 비롯한 다양한 직군의 사람들이 나머지 대다수를 차지했다. 그리고 이들 집단 사이의 신분 이동은 비단 인도뿐만이 아니라, 유라시아 어느 사회에서나 매우 제한적이었다.

8.5.2 불교와 자이나교

기원전 800년 무렵에 접어들면서 인도의 종교는 점차 복잡해져,

유라시아 대부분의 사회에서 찾아볼 수 있던 단순한 모습의 종교를 차차 탈피하는 양상이었다. 그중에서도 가장 정통에 속한 것이 일명 우파니샤드('~의 앞에 앉다'라는 뜻이다.)라 알려진 일군의 가르침이다. 우파니샤드에서는 자아를 제어해 고통 및 끝없는 윤회에서 벗어나는 것을 개개인이 추구해야 할 목표로 가르쳤다. 아울러 '카르마'(행위와 그에 따르는 과보가 수많은 생을 거치며 가지는 연관성)로 일컬어지는 복잡한 사상을 정교하게 전개하는가 하면, 리그 베다의 주신(브라마)을 브라만으로 변모시켜 만물에 스며들어 있는 보편 영혼으로서 설명해 내기도 했다. 인도의 종교가 기존 모습에서 좀 더 철저하게 탈피할 수 있었던 것은 히말라야의 구릉지대인 카필라바스투 근방의 한 소국에서 싯다르타 고타마(Siddhartha Gautama)가 왕자로 태어나면서였다.(전승에서는 싯다르타가 기원전 563년에 태어났다고 보나, 그보다 몇 세기 이후였을 가능성도 있다.) 이 왕자가 바로 부처로, 그가 창건해 낸 불교는 세계의 위대한 종교들 중 가장 먼저 생겨나 가장 오래 수명을 이어왔다. 부처는 고통이 어디에나 존재함과 함께, 고통이 생겨나는 원인 및 그것을 소멸할 방법(후일 '팔정도'로 알려지게 되는 내용)을 사람들에게 가르쳤다. 나아가 '열반'(nirvana: 원어를 풀면 촛불을 불어 끄듯 번뇌를 소멸시킨다는 뜻이다.)에 들어 고통과 끝없는 윤회를 종식시키는 것을 개개인이 이루어야 할 목표라고 보았다. 불교는 부처의 가르침을 따르는 사람들을 위해 남녀 모두를 대상으로 교단(불교에서는 이를 '승가(Sangha: 僧家)'라 부른다.)을 설립한 최초의 종교였으며, 부처는 명상, 금욕, 비폭력, 빈곤을 몸소 실천함으로써 자신을 따르는 이들에게 길을 일러 주었다. 이 부처와 가까운 시대에 크샤트리아 계급 왕자로 태어난 이가 하나 더 있었으니, 이 바르다마나 마하비라(Vardhamana Mahavira)는 베다와 브라만교의 권위를 거부하는 수도승들과 평신도들을 중심으로 훗날 자이나교라고 알려지는 종단을 창건하게 된다.('자이나(jina)'는 '정복자를 뒤따르는 이들'이라는 뜻이다.) 마하비라는 총 스물네 명 존재한다는 티르탄카라 최후의 일인으로 여겨졌는데, 티르탄카라란 직역하면 '여울목 건설자'로서, 여울을 건너 고통의 끝으로 가는 길을 일러 주는 사람을 뜻했다. 자이나교는 금욕적인 성격이 무척 강한 종교로서, 자연은 어느 것 하나 우주의 원리를 표현하지 않은 것이 없으므로 어떤 형태든 생명을 가진 것에는 폭력을 행사하지 말 것을 절대적인 원칙으로 강조했다. 따라서 자이나교의 평신도는 농사를 절대 지을 수 없었고, 그러다 보니 자연스레 무역과 장사가 주업이 되었다. 자이나교는 이렇듯 금욕주의의 성향이 강했던 탓에 불교처럼 좀 더 폭넓은 사람들에게 호소력을 갖지는 못했던 것 같다.

8.5.3 마우리아 제국

불교와 자이나교는 인도 세계가 한창 급속한 변화를 겪을 때 생겨났다. 기원전 500년 이전부터 갠지스 평원에는 최초의 성읍들이 발달하고 있었고, 인도 북부는 열여섯 개가량의 소규모 왕국으로 나뉘어 있었다. 갠지스 평원 서부는 스라바스티를 도읍으로 한 코살라 왕국(아요디아라는 주요 종교 의례지가 자리 잡고 있었다.)이 패권을 장악해, 갠지스강의 바라나시를 도읍으로 한 독립 왕국 카시를 정복했다. 평원 동부에서 가장 중요하게 꼽혔던 나라는 마가다 왕국이었다. 라지기르를 도읍으로 삼았던 마가다 왕국은, 갠지스강을 따라 난 무역으로만이 아니라 바라바르 언덕에서 나는 철 등의 각종 광물자원까지 함께 장악했다. 인도 북부의 패권을 마가다 왕국이 잡을 수 있었던 것은, 고도로 생산적인 농경이 이루어짐과 동시에 이렇듯 무역 및 광물자원에 대한 지배력까지도 확보한 덕분이었다. 마가다 왕국은 다른 소규모 국가들을 정복하면서 동과 남의 양방향으로 영토를 넓혀 나갔고, 그리하여 기원전 400년 무렵에는 빔비사라(Bimbisara)의 치세 속에서 인도 북부에서 가장 강성한 왕국으로 성장하니, 그 지배력은 갠지스강은 물론 멀리 중앙아시아로 통하는 무역로와 함께 교역 도시 탁실라까지 미쳤다.

기원전 322년 무렵에 이르자 마가다 제국에서는 난다 왕조의 마지막 왕이 실각당하면서 장수 찬드라굽타(Chandragupta)가 새 왕조를 세우기에 이른다. 이를 출발점으로 인도 제국은 급속한 확장을 이루어 나갔다. 신생 마우리아 제국은 기원전 305년에 이르자 인도 북부의 대부분은 물론 멀리 펀자브 지역과 힌두쿠시산맥까지 장악했고, 접경지대를 두고 이란의 통치자들과 수차례 협정을 맺기도 했다. 당시 마우리아 제국은 기존의 정치 구획에 따라 일종의 '행정구역'인 자나파다(janapada)로 나뉘어 있었던 듯하며, 각 지방의 통치는 찬드라굽타의 친척 및 휘하 장수들이 맡았다. 마우리아 제국은 표준 형태의 동전을 만들어 도입하고 토지세도 신설해 시행했다. 하지만 실질적으로는 상당량의 토지가 세금을 면제받았는데, 불교나 자이나교 같은 종교 단체의 땅이나 정착이 장려되는 미개척지에서는 세금을 받지 않았다. 중앙 통치자의 권력은 제한적이었으며,(새로운 제국의 땅은 방대한데 나라를 지탱할 하부구조는 거의 갖추어지지 않은 상태였다.) 따라서 대부분 성읍은 자치를 하며 반(半)독립 상태로 지냈다. 전승에 따르면 찬드라굽타는 기원전 301년에 자신의 위세가 절정에 달했을 때 스스로 왕위에서 물러나 인도 남부로 내려가 자이나교 수도자가 되었다고 한다. 뒤이어 왕위에 오른 아들 빈두사라(Bindusara)는 기원전 269년까지 통치하며 제국의 영토를 남부로 크게 확장했다.

마우리아 제국의 통치자 중에서 가장 유명한 인물로는 아소카(Ashoka: 기원전 269~232년)가 꼽히는데, 열여덟 군데의 벼랑 및 서른 개의 기둥에 그가 갖가지의 칙령 및 도덕적 지침을 새겨 놓았기 때문이다. 해독된 인도의 글 중에서는 이 비문의 내용들이 연대가 가장 앞선다고 알려져 있다. 물론 여기에 사용된 문자는 현재는 전해지지 않으나, 이 비문보다도 훨씬 오래전에 발달한 체제에 기반하고 있다. 비문 내용은 대부분 오늘날 힌두어의 조상 격인 브라흐미 문자로 쓰여 있으며, 일부는 서남아시아의 아람어에서 파생한 카로슈티 문자로 쓰여 있다. 아소카는 왕위에 오른 지 10년 만에 제국의 영토를 인도의 최남단까지 확장할 수 있었다. 아소카 왕은 이 위업을 칼링가 왕국(오늘날의 오리사 지방)과의 피비린내 나는 대혈투 끝에 달성해 냈는데, 이 사건을 계기로 마우리아 제국은 근본적 변화를 맞게 된다. 아소카가 불교에 귀의해 비폭력을 새로운 정책 기조로 택하고, 나머지 치세 내내 그 기조를 이어 간 것이다. 기원전 240년 무렵에는 아소카의 후원하에 불교의 제3차 대결집(불교의 '결집'이란 고타마 붓다의 가르침을 함께 암송하고 불경을 편찬하기 위해 후일 소집된 모임을 뜻한다. — 옮긴이)이 이루어졌다. 아소카의 치세 동안 제국의 영토는 오늘날의 아프가니스탄 근방에서 방글라데시까지 뻗었으니, 인도 남부에서 독립을 이어 간 곳은 케랄라, 촐라, 판드야의 소규모 왕국 셋뿐이었다. 대외적으로는 아소카 왕이 이란, 이집트, 시리아 등의 서쪽 왕국 통치자들과 협상을 벌이며 그들과 대등한 위치에 섰으나, 제국 내부에서 그가 행사할 수 있는 권력은 매우 제한적이었다. 통치는 여전히 대부분 지방 차원에서 이루어졌는데, 그래도 이 기간에 들어 오래도록 국내의 평화가 유지된 것은 마우리아 제국이 이룬 최고의 성과였다.

그러나 아소카가 세상을 떠나자 마우리아 제국이 얼마나 취약한 곳이었는지가 단번에 드러났다. 왕위 계승을 둘러싼 논란은 결국 내란으로까지 이어졌고, 이내 내부 분열과 경제 쇠락을 면치 못하더니 외부 침략이 잦아지면서 제국은 급속히 일련의 소규모 국가로 쪼개졌다. 기원전 184년까지는 아소카의 후손들이 마가다에서 통치를 이어 갔으나, 그 이후부터 기원전 72년까지는 장수 푸시야미트라 슝가 (Pushamitra Shunga)가 새로 왕조를 열어 인도 중부의 상당 지역을 다스렸다.

[이후의 인도 ☞ 9.3]

8.6 서남아시아: 아시리아의 패권

[이전의 메소포타미아 및 이집트 ☞ 7.4와 7.9]

이른바 '암흑시대'를 처음으로 뚫고 생겨나, 기원전 1200년 이후 약 300년 동안 서남아시아에 전역에 걸쳐 존재한 국가는 다름 아닌 아시리아였다. 이후 아시리아는 기원전 900년 무렵부터 기원전 610년까지 이 지역 일대 역사를 주름잡았으며, 이집트와 메소포타미아 사이의 중간 지대를 전부 장악하고 이를 발판으로 주요 무역로를 차지한 최초의 제국이기도 했다. 아시리아의 역사는 크게 두 국면으로 나눌 수 있다. 기원전 10세기 말부터 기원전 745년까지의 시기는 통치자들이 메소포타미아 고지에 자리한 아시리아의 심장부를 중심으로 주변부 일대에 대한 지배권을 확립하는 데 여념이 없던 시기였다. 기원전 745년부터는 제국 시대가 막을 열어, 이후 50년 만에 급속한 영토 확장이 대체로 마무리되기에 이른다. 이렇듯 급속하게 확장한 후에도 제국은 1세기가량 명맥을 더 이어 나갔다.

아시리아 전승을 보면 아시리아 제국이 기원전 1500년 무렵에 세워진 원래의 아시리아 왕국과 연속성을 가진 곳임이 유달리 강조되어 있다. 기원전 1050년을 전후로 거의 단절에 가까운 쇠락과 내부 분란의 시기를 유달리 심각하게 겪었는데도 말이다. 그도 그럴 것이, 그러는 동안에도 둘 사이에 상당 부분 연속성이 나타난 것도 부정할 수 없는 사실이다. 아수르가 옛 시절과 다름없이 여전히 중심 도시의 역할을 했으며, 왕실의 의례도 예전과 변함없이 유지되었다. 그러다가 나라 힘이 약해질 대로 약해졌던 시기가 일단 지나고 나자, 기원전 1000년 무렵 이후의 약 한 세기 동안 아시리아 옛 왕국의 터에 다시 지배권을 확립하려는 노력이 헌신적으로 이루어졌다. 그리하여 북부 산악 지대를 근거지로 전쟁과 군사작전이 그칠 날이 없었으나, 기원전 884년에 투쿨티-닌우르타(Tukulti-Ninurta)가 세상을 떠날 때쯤에는 이 혼란도 대체로 마무리되었다. 역사에서는 항상 아시리아 제국이 유달리 무자비한 나라로 그려지는데, 사실 무자비하기는 서남아시아의 초창기 제국들 어디나 거의 매한가지였다. 아시리아 제국이 주로 정복과 약탈에 의지했던 것은 맞지만,(이는 다른 제국들도 마찬가지였다.) 그 외에도 결혼 동맹을 여러 차례 성사시키는가 하면 무역 및 상인들에 대한 지원도 잊지 않았다. 지방 세력을 패퇴시키고 난 뒤에도 그곳의 통치자들의 지위를 계속 보전해 준 경우도 많았다.

아시리아 제국이 본격적으로 확장하기 시작한 것은 아슈르나시르팔 2세(Ashurnasirpal II)의 치세에 들어서였다. 그를 통해 아시리아는 레반트 지역들을 정복할 수 있었고, 그의 치세부터 왕실이 주관한 사냥 대회, 군사작전, 의례 집전 등이 거대한 돋을새김 조각에 새겨지는 전통이 시작되었다. 아울러 그는 칼후(훗날의 님루드)에도 수도를 새로 건립했다. 아시리아가 이룬 무엇보다 중요한 성과는 샴시-아다드 5세(Shamshi-Adad V)의 치세인 기원전 812년에 바빌로니아(당시 바빌로니아에는 기원전 900년 무렵부터 지방 왕조가 출현해 있었다.)를 공략한 일이었다. 아시리아인들은 바빌로니아를 침략해 황폐화한 뒤 이후 12년 동안 통치자를 세우지 않았다. 그렇다고 아시리아인들이 그곳에 어떤 식으로든 영구 지배를 시도한 것은 아니었다. 기원전 750년 무렵에 아시리아의 지배력은 광대하게 확대되어,(단 아수르, 니네베, 칼후같이 역사적으로 의미 깊은 도시들은 오히려 아시리아의 지배권에 들지 못했다.) 유프라테스강이 크게 굽어지는 지대의 동쪽은 물론 메소포타미아 평원 북부 전체, 그리고 동쪽 자그로스산맥의 구릉지대까지 모두 장악했다. 그러나 이때까지만 해도 아시리아는 제국이라기보다 제법 규모가 큰 일개 왕국에 지나지 않았다.

그러다가 제국으로서 급속하게 확장하기 시작한 것이 티글라트-필레세르 3세(Tiglath-pileser III: 기원전 744~727년)의 치세였으니, 그는 최남단의 다마스쿠스에 이르기까지 시리아를 점령하는 한편 이집트의 변경 지역에 여러 제후국을 세워 다스렸다. 우라르투 왕국의 경우 아시리아 제국과 1세기간 팽팽하게 힘 싸움을 벌이다가 이즈음에 패퇴당하면서 그 위세가 꺾였다.(그렇다고 아시리아 제국에 완전히 정복당한 것은 아니었다.) 아시리아 제국은 이 무렵에 바빌로니아 지역들도 일부 차지하게 되나, 메소포타미아 지역 전부를 정복해 제국 내에 통합시킨 것은 사르곤 2세(Sargon II)의 치세인 기원전 705년이었다. 메소포타미아는 광범한 무역망이 짜여 있던 만큼 그 중요성이 어디보다 막중했으나, 막상 점령하고 보니 지배하기가 여간 어려운 땅이 아니었다. 아시리아인들이 꼭두각시 왕을 세워 놓았음에도 불구하고 메소포타미아 각지에서는 반란이 거의 끊이지 않아, 제국은 기원전 689년과 648년의 두 차례에 걸쳐 재정복 작업을 벌이지 않으면 안 되었다.

기원전 700년 이후로는 제국의 주된 확장 방향이 이집트와 부딪칠 수밖에 없었는데, 당시 이집트는 기원전 712년 이래 누비아 왕조의 통치를 받던 중이었다. 레반트 장악을 둘러싼 둘 사이의 분쟁은 급기야 기원전 671년에 아시리아의 이집트 침공으로 이어졌고, 아시리아는 결국 멤피스를 점령했다. 그러나 메소포타미아에서도 그랬듯, 막상 점령하고 나자 이집트 역시 (테베까지 정복한 뒤였음에도) 통치를 유지하기가 너무 어려웠다. 아시리아인들이 할 수 있던 일이라곤 프사메티쿠스(Psammetichus)를 데려다 제후왕으로 봉하는 것뿐이었고, 프사메티쿠스가 기원전 656년에 이집트를 재통일해 사이스 왕조(제26왕조)연 이후 이집트는 기원전 525년까지 이 왕조의 통치를 받았다. 이집트 통치자들은 아시리아의 위세가 강성했던 동안에는 대체로 그들에게 예속된 상태로 지냈다.

아시리아 제국의 확장은 군사력의 대대적인 변화에 기반을 두었다. 기원전 1200년 무렵에 전차가 퇴조하면서 촉발된 군사 방면의 혁명은 기나긴 여정을 거친 끝에 아시리아에서 기본 형식이 성립되는 것으로 마무리되었다. 기원전 800년 무렵에 들어섰을 때 아시리아 군대가 보유한 전차는 1300대가량에 불과했던 반면에, 보병의 수는 5만 명을 웃돌았다. 당시만 해도 유라시아 서부 국가 중 이 정도 규모로 전문 군대를 유지할 수 있는 곳은 전무했고, 군대도 농민들이 대다수 징집된 민병대일 수밖에 없었다. 정복 활동이 전개되자 왕권은 더욱 신장되었다. 아시리아의 경우에는 국가 성립 초창기부터 엘리트 층의 성원들로 모종의 자문단이 구성되어 왕의 의사 결정에 도움을 주었던 것으로 보인다. 제국의 규모가 커지자, 왕의 지명을 받는 행정관 및 군대 사령관의 수가 많아지면서 왕의 권력도 아울러 커졌고, 그와 함께 왕도 점차 독재자와 절대자의 면모를 띠어 갔다. 제국은 여러 개의 속주로 나뉘어 있었으며, 속주 이름은 보통 주요 도시의 이름을 따서 지어졌다. 속주에는 저마다 담당 행정관이 하나씩 파견되었으며 궁궐도 지어져 행정 및 조세 징수의 중심지 역할을 했다. 그러나 상당수 도시가 아시리아에 교역세를 안겨 주는 원천이었던 만큼, 각 도시는 지방 행정관의 지배에서 독립해 왕과 직접 접촉하는 경우가 많았다. 제국에는 원시적이나마 도로 체계가 발달해 있었지만 통신 사정은 여전히 열악했다. 따라서 효과적인 통치는 주로 소수였던 아시리아 통치층이 얼마나 잘 단결하느냐에 달려 있었으니, 제국이 정복지의 땅을 이들에게 나누어 주는 방식으로 스스로를 지탱해 갔기 때문이다. 한편 아시리아인들은 (제국의 운영에서 새로운 전환이 된 듯한) 한 가지 정책을 채택해 시행하게 되는데, 제국의 주변부로 다양한 집단의 사람들을 강제로 이주시킨 것이었다. 물론 이 정책은 제국의 외진 지역에까지 사람들을 정착시킨다는 목적도 일부 있었지만, 주민들 사이에 공포를 조장해 내치를 좀 더 원활히 하자는 목적도 분명 있었을 것이다. 이런 식의 강제 이주는 사람들이 곧잘 주장하는 것처럼 그렇게 대규모는 아니었지만, 그래도 제법 큰 규모이기는 해서 약 400만 명에 이르는 사람이 이 정책에 영향을 받았던 것으로 보인다.

이런 아시리아 제국은 돌연 예기치도 않게 몰락하게 된다. 아시리아 제국의 위세는 기원전 630년 무렵에 절정에 달했는데, 그로부터 30년도 지나지 않아 더는 나라를 찾아볼 수 없게 된 것은 물론 제국의 심장부를 구성했던 주요 도시들(님루드, 니네베, 아수르)마저 모조리 파괴당했다. 아시리아 제국의 몰락과 관련된 자료는 그 내용이 단편적인 데다 서로 모순되는 부분이 많으며, 핵심 사건들의 경우 신뢰성 있는 연대를 확정 짓기가 불가능한 실정이다. 아시리아 최후의 위대한 왕은 아슈르바니팔(Ashurbanipal)로, 기원전 631년에서 627년 사이의 어느 시점에 그가 사망하자 왕위 계승 문제를 둘러싸고 격심한 내부 분쟁이 벌어졌다. 그러자 아시리아의 권력 공백을 틈타, 메소포타미아 남부 출신의 칼데아인인 나보폴라사르(Nabopolassar)가 바빌론 근방에 왕국을 하나 세웠다. 이것이 기원전 626년이었던 듯하며, 나보폴라사르의 왕국은 기원전 620년대 막바지에 메소포타미아 거의 대부분에 대한 지배권을 확립할 수 있었다. 기원전 616년에는 왕국의 힘이 제법 강성해져 아시리아 내부를 공략할 정도였고, 그로부터 2년 뒤에는 이란 서부의 신흥 강국 메디아와 연합해 아수르를 약탈하는가 하면, 기원전 612년에는 니네베를 약탈했다. 이에 아시리아인들도 이집트의 동맹군과 한편이 되어 반격에 나섰지만, 결국 기원전 608년에 아시리아의 위세는 쇠했고, 아시리아의 위대했던 도시들도 폐허가 되었다.

한편 나보폴라사르가 바빌로니아에 세운 왕국은 단명에 그쳤다. 왕국의 절정기는 네부카드네자르 2세(Nebuchadnezzar II) 치세였는데, 이때만 해도 레반트 지역의 지배권을 두고 이집트와 수차례 대규모 전쟁을 치를 정도였다.(이집트로서는 레반트를 둘러싼 이런 전쟁을 이미 1000년이나 계속해 온 셈이었다.) 왕국은 비교적 부유한 편이었는데, 아래의 페르시아만에서 동쪽으로 통하는 무역로를 장악해 그곳으로부터 세금을 거두어들일 수 있었기 때문이다. 도시 바빌론도 재건을 통해 발달해 나갔으며,(종국에는 면적 3제곱마일 이상에 인구가 10만 명을 웃돌 정도로 커졌다.) 거대한 규모의 이중 성곽 및 해자가 도시 주변을 둘러쌌다. 그러다가 네부카드네자르가 죽으면서 왕국은 7년간 내란을 겪어야 했고, 그 와중에서 실권을 장악한 것이 나보니두스(Nabonidus)였다. 하지만 그의 왕국도 기원전 539년에 접어들면서 이란에서 새로 흥기한 아케메네스 제국에 파괴당하게 된다.[8.8]

8.7 페니키아인과 레반트

8.7.1 레반트

아시리아의 흥기와 때를 같이해 레반트 연안의 교역 도시들도 기원전 1200년 무렵의 골치 아픈 문제들을 떨쳐 내고 다시 부흥기를 맞았다. 이로써 거대한 교역 제국 및 식민지가 지중해의 중부와 서부에 걸쳐 대거 성립해 확장하는 시기가 그 막을 열었다. 이 과정에서 크게 활약한 국가와 사람들을 지금은 보통 페니키아와 페니키아인으로 부르나, 사실 이는 그 기원조차 불분명한 그리스어 명칭으로 해당 교역 도시의 주민들은 스스로를 한 번도 이렇게 부른 적이 없었다. 그들은 스스로를 카나니(can'ani), 즉 가나안인이라 칭했으며, 자신들 나라는 가나안이라 불렀다. 그간 이들에 대해서는 그 역사와 중요성을 무시하고 폄하해 온 면이 많은데, 특히 고전주의자들이 훗날의 경쟁자인 그리스인과 로마인의 관점에서만 줄곧 이들을 바라봐 온 탓이 크다. 이들은 당시 띠 모양의 레반트 연안 지대를 차지하고 있었고, 해당 지역에서 오래도록 번영을 누려 오던 부유한 교역 도시를 중심으로 소규모 왕국들을 구성하고 있었다. 왕국 내부의 역사는 현재 명확히 파악되지 않는 실정이다. 다만 비블로스, 티레, 시돈이 주된 핵심지였으며, 그중 시간이 갈수록 티레와 시돈이 더욱 중요성을 갖게 되었다는 것을 알 뿐이다. 이들 도시는 내내 독립을 유지하다가, 기원전 800년 무렵에 결국 아시리아의 영향권에 들게 되었다. 그래도 명목상의 자유는 계속 유지할 수 있었는데, 이들 도시가 교역을 통해 창출해 내는 수익이 아시리아인들에게 꽤나 긴요했기 때문이다. 티레의 독립 상태는 이보다 한참 뒤인 기원전 564년에 네부카드네자르 2세가 이

<u>끄</u>는 바빌로니아 제국으로부터 침공을 당하고 나서야 비로소 공식으로 종식되었다.

그러다가 기원전 900년 무렵에 들면서 페니키아인들의 대규모 확장이 시작되었다. 애초의 확장은 각종 금속 교역과 관련해 이루어졌던 것으로 보인다. 즉 페니키아인들은 구리를 얻기 위해 아나톨리아와 근방의 시칠리아섬에 진입했고, 이후에도 은과 주석을 확보하기 위해 서쪽으로 점차 영역을 확대해 나갔다. 주요 정착지는 도시 키티온을 중심으로 기원전 820년 무렵에 처음 생겨났으나, 서쪽과 교역하려면 기나긴 항해 도중에 들를 중간 기착지가 반드시 필요했다. 훗날 대도시로 성장해 더 나중에는 그 자신을 수도 삼아 제국까지 건설하게 되는 카르타고가 기원전 814년이라는 매우 이른 시기에 그 토대를 마련할 수 있던 까닭도 바로 여기에 있다. 서쪽 끝단에 자리한 북아프리카의 릭수스와 가디르(오늘날의 카디스)의 정착촌들은 이보다 훨씬 오래전에 생겨났을 것으로 보이며, 아마도 대서양에서의 주석 광물 무역을(특히 포르투갈 연안 및 훨씬 이북인 브르타뉴와 콘월에서 났을 주석 광물의 무역을) 장악하려는 노력의 일환으로 건설되었던 것 같다. 가디르는 거대한 교역 중심지로 발달하면서 내지의 금속 자원을 양껏 활용하게 되는데, 특히 리오 틴토에서는 이후 1000년이 지나도록 계속 많은 양의 금속 광물이 채굴되었다. 그 외에도 지중해 동부 연안의 말라가, 섹시(오늘날의 알무녜카르), 아브데라(오늘날의 아드라) 등지에도 식민지가 여럿 생겨났으나, 인구도 희박한 데다 자원도 거의 나지 않았던 만큼 이곳들은 아무래도 농경 정착지였을 것으로 보인다. 이후 페니키아인들은 더 많은 정착촌을 건설하며 지중해의 서부와 동부 사이의 빈 땅들을 메워 나갔다. 시칠리아섬에서도 페니키아인이 대규모로 땅을 점유해, 서쪽 끝단의 모티아, 파노르모(오늘날의 팔레르

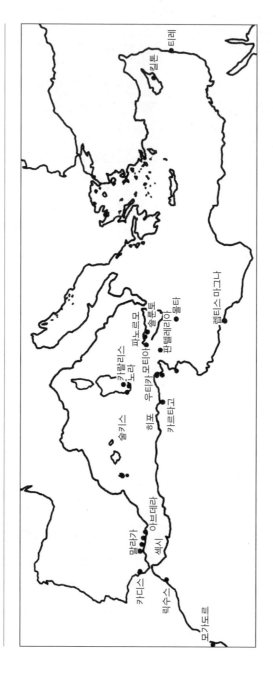

지중해에서 진행된 페니키아인의 확장

티레

킬론

비블로스

몰타

판텔레리아

셀리눈테

판오르모

우티카·모티아

카르타고

카랄리스

노라

술키스

히포

레프티스

말라가

세스

카디스

릭수스

모가도르

모), 솔룬토 등이 모두 그들의 차지가 되었다. 기원전 800년 무렵에는 몰타, 고조, 판텔레리아에도 정착지가 생겨났으며, 람페두사도 마찬가지였을 가능성이 크다. 그 뒤를 이어 곧바로 노라의 사르데냐, 술시스, 카랄리스(오늘날의 칼리아리)에도 페니키아인의 정착지가 자리 잡았고, 이를 근거로 페니키아인들은 리비아 연안에 정착지(렙티스 마그나와 히포)를 더욱 늘려 감과 함께 더욱 깊숙한 내륙지역에까지 지배력을 확장해 나갔다. 이 교역 제국 안에는 에게해는 물론,(페니키아인은 일찍이 기원전 850년 무렵부터 로도스 및 크레타 지역과 교역해 오고 있었다.) 그리스 본토도 일부 포함되어 있었다. 고전주의 역사가들은 그리스 신흥국가들이 이들 페니키아인에게서 어떤 식으로든 영향을 받았다는 사실을 웬만해서 인정하지 않으려고 하지만, 레반트에 자리했던 페니키아 도시들은 서남아시아 문명의 핵심부에 속했던 만큼 그리스 도시들보다 그 유서가 훨씬 깊고 영향력도 훨씬 대단했다. 에게해에도 페니키아인 정착지가 존재했던 것이 거의 확실하며, 그리스의 카드모스 전설에서는 테베를 세운 것이 페니키아인들이라는 전승이 대대로 전해 내려온다.

이 모든 식민지가 하나의 교역 및 정착 제국에 속해 있었고, 그 제국이 수 세기 동안 지중해 세계를 주름잡았던 것이다. 그러나 이때에도 페니키아 선박은 꽤나 원시적인 수준이었고, 가로돛에 노를 사용했던 만큼 선박 운항도 매우 고된 일이었을 것으로 보인다. 대부분 항해는 연안 지역을 오가는 정도에 그쳤지만, 섬들에도 정착지가 자리했던 것으로 보아 주요 지형지물이나 하늘의 별을 길잡이로 삼아 외해(外海)에서의 항해도 얼마든지 가능했던 것 같다. 항해에 나설 수 있는 기간은 여름철의 몇 달뿐이었고,(불과 몇백 년 전까지만 해도 지중해의 항해는 오직 여름철에만 이루어졌다.) 배를 타고 티레를 출발해 스페인 남부까지 도달하는 데에만 약 3개월이 걸렸던 것으로 보인다. 여름한 철만으로는 그 길을 왕복한다는 것이 불가능했고, 따라서 항해를 접고 겨울이 가기를 기다렸다 돌아오는 기간까지 합하면 왕복에는 총 15개월 내지 16개월이 걸렸다. 페니키아 선박들의 항해는 남쪽으로도 이루어져 지브롤터 해협을 출발해 모가도르 식민지에 이르기도 했으며, 이보다 훨씬 남단인 서아프리카 연안까지 도달하는 일도 그렇게 어렵지 않았던 것으로 보인다. 기원전 596~593년에는 페니키아인 항해사들이 이집트 파라오 네카우(Nechas)의 지원을 받아 아프리카 대륙을 일주했다는 증거도 일부 발견된다.

8.7.2 카르타고

페니키아인들의 본국에 아시리아인, 그리고 뒤이어 바빌로니아인들의 지배력이 점차 강하게 미침에 따라 페니키아인들이 건설한 식민지도 하나둘 독립해 나갔다. 그중에서도 가장 중요했던 곳은 카르타고였다. 카르타고는 원래 티레의 왕실 가문이 건설했던 식민지인 듯하며, 그 정확한 지위는 알 수 없으나 수 세기 동안 본국인 티레에 예속된 채 지내야 했다. 카르타고는 해마다 티레에 사절을 파견했고, 도시가 거두어들이는 교역 수익의 총 10분의 1에 해당하는 공물을 티레의 주신인 멜카르트의 신전에 바쳐야 했다. 이 시절에 카르타고는 단순히 교역 중심지의 역할만 한 것이 아니었다. 카르타고가 점차 부를 늘려 가며 성장할 수 있었던 것(절정기의 카르타고 인구는 7만 5000명 이상이었을 가능성이 크다.)은 매우 생산성 높은 내지의 농업의 힘이 컸기 때문이다. 카르타고는 기원전 654년에 이비사섬에 최초의 식민지를 건설하면서 제국 탄생의 첫걸음을 내딛었다. 기원전 600년 무렵부터는 지중해 중부 및 서부의 식민지들에 대한 지배권이 점차 강화되어, 사르데냐 및 시칠리아 상당 부분은 물론 스페인 남부와 북아프리카까지 장악하게 되었다. 카르타고가 거느린 여러 식민지도 그랬지만, 카르타고는 이른바 토펫(tophet)이라는 정착지 언저리의 밀폐된 성소에서 (어린아이를 불에 태우는 등) 인간을 제물로 바치는 의식을 치른 것이 핵심 특징이었다. 이런 전통은(특히 첫째를 제물로 바치는 풍습은) 레반트 지역에서 제법 흔했으나, 레반트에서는 이따금 예외적인 상황에만 이용되었던 반면에 카르타고에서는 이 의식이 훨씬 빈번하게 치러졌다. 카르타고의 경우에는 이 의식이 왕들을 비롯한 도시 창건자의 직계 후손들만 누릴 수 있는 일종의 '특권'이었던 것 같으며, 도시의 독립을 기리는 의식과도 얼마간 관련을 가졌던 듯하다. 그리하여 기원전 400년 이후의 2세기 사이에 카르타고에서는 약 2만 명에 달하는 아이가 희생당했던 것으로 보인다. 그러나 일각에서는 희생당한 아이들이 허약한 상태였음을 이야기하며, 이 의식은 병약한 아이들을 유기했던 스파르타식 관습의 좀 더 극단적 형태였을 뿐이라고 주장하기도 한다.

[이후의 카르타고 ☞ 9.5]

8.7.3 알파벳

[문자의 초기 역사 ☞ 4.8, 7.5.2와 중국 문자 ☞ 7.8.2]

　페니키아인의 본국은 또 한 가지의 근본적 발전에서도 중요했다. 이곳에서 기원전 1400~900년의 시기를 거쳐 알파벳이 진화해 나왔기 때문이다. 알파벳의 진화에 정확히 어떤 과정이 동반되었는지는 현재 완전히 밝혀지지 않았지만, 그래도 몇 가지의 핵심 단계는 파악되었다. 우선 시나이의 세라비트 엘-카뎀(Serabit el-Khadem: 터키옥 광산이 다수 자리한 부지다.)에 가면 연대가 기원전 1400년 무렵으로 올라가는 비문을 서른 개가량 찾아볼 수 있다. 그 비문을 들여다보면 이집트 신성문자 곁에 또 다른 문자 하나가 씌어 있는 것을 볼 수 있는데, 현재 해독된 내용이 일부에 불과하기는 하지만 셈계 언어임이 거의 확실하다. 외견상 신성문자에 가까운 이 문자는 사용된 기호가 스무 개에서 서른 개에 불과한 것으로 보아 알파벳 문자였을 가능성이 크다. 한편 이와 대략 동일한 시기에(혹은 200년 뒤에) 시리아 북부의 우가리트에서는 훨씬 복잡한 상황이 연출되었던 듯한데, (이집트 신성문자, 아카드 쐐기문자, 키프로스-미노아 문자, 히타이트 신성문자, 우가리트의 '쐐기문자 알파벳' 등) 서로 다른 문자 다섯 개가 한꺼번에 사용되었다. 이 중 우가리트의 '쐐기문자 알파벳'은 서쪽 지방의 셈계 언어였던 우가리트어와 현재 거의 알려진 바 없는 후르리어를 나타내는 데 사용된 문자였다. 이 문자는 서른 개의 기호를 사용했으나, 그 형태는 애초의 메소포타미아 쐐기문자에서 파생된 것이 아니었다. 그보다 이 문자는 음절문자에서 알파벳으로 넘어가는 과도 단계의 문자였던 것으로 보인다. 그 과도 단계는 혼란으로 점철된 상황이었지만, 그래도 이 알파벳이 이집트의 영향력이 강한 곳에서 발생했으리라는 점, 나아가 이집트 알파벳에 모음이 없는 만큼 이 문자도 거기서 파생했으리라는 점 정도는 추론할 수 있다. 그러나 초창기의 우가리트 알파벳은 한 개인이 각 표시에 특정 음절을 부여하는 식의 단순한 과정을 통해 만들어진 것은 아니었다. 우가리트 알파벳은 따로 고안된 문자가 아니라, 일정 시기를 거치면서 서서히 발달을 이룬 체계였다. 우가리트에서 행해진 것이 있다면 자기들의 언어를 말하는 데 필요한 모음(a, i, u)을 표기할 수 있게 그곳의 필경사들이 기호를 따로 추가한

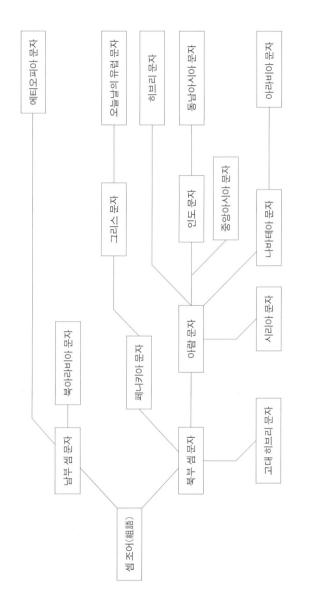

알파벳 문자의 계통

정도였다. 모든 모음이 빠짐없이 갖춰지는 등 알파벳이 완전히 구색을 갖춘 것은 기원전 1000년 무렵으로, 비블로스에서 발견된 아히람 (Ahiram) 왕의 석관 덮개 및 그의 무덤 벽면에 그 흔적이 나타나 있다. 유라시아 서부와 인도, 서남아시아에서 사용되는 알파벳 문자는 모두 레반트 문자에서 유래한 것으로서, 궁극적으로는 그것이 성격이 전혀 다른 언어들에 차츰 적응하면서 전혀 다른 모습의 문자들로 진화했다.

[그리스 문자의 파생 ☞ 8.9.1]

8.7.4 이스라엘

아시리아 제국 및 페니키아의 교역 도시들이 흥기하던 바로 그때, 레반트 연안 평원 뒤쪽에 자리한 구릉지대에서도 소규모 국가가 몇 개 출현했다. 순리대로라면 이들의 이야기는 세계사에서 거의 비중을 차지하지 못했을 테지만, 그 역사가 구약성경에 상세히 기술되어 있다는 이유로 이제까지는 꽤 중요하게 다뤄져 왔다. 따라서 이 지역의 역사를 다루는 과정에서는 두 가지의 커다란 문제가 존재한다. 첫째, 구약성경은 종교 문헌이지 역사 문헌은 아니라는 점이다. 그래서 갖가지 연대 오류와 함께, 여러 사건이 이중, 삼중으로 중복 기술되어 있는가 하면 모순되는 부분도 여러 군데인 데다,(예를 들어 창세기에는 탄생과 관련해 두 가지 이야기가 들어 있다.) 최고신 야훼에 대해서도 전혀 다른 두 개의 관점이 등장한다. 성경 내용의 일부는 최소한 기원전 9세기에는 쓰였을 가능성이 있으나, 대체로는 이보다 훨씬 뒤늦게 저술되었을 가능성이 크다. 그렇다고 하면 구약성경은 세계 각지에 왕국이 출현하던 시기와 동시대의 것은 아닌 셈이다. 두 번째 문제는 종교적인 것이다. '서양' 세계에서는 구약성경과 관련한 제반 가정들이 널리 받아들여지는 바, 따라서 구약성경의 내용은 대체로 옳아야만 하며, 나아가 그 어떤 증거도 이 도식에는 반드시 들어맞아야 한다고 여겨진다. 그런 만큼 이 지역에서 수행되는 고고학 작업은 대부분 구약성경의 내용이 옳다는 사실을 시험하고 '증명하는' 데 주로 이용된다. 그러다 보니 구약성경에 등장하는 어떤 성읍에서 파괴의 흔적이 발굴되기라도 하면 이스라엘의 정복 시절에 여호수아(Joshua)가 그곳을 파괴했다는 사실을 '증명해 주는' 증거로 간주되고는 한다. 그러나 기원전 1200년 무렵 이전의 고대 이스라엘 역사와 관련한 주장들은 그것을 뒷받침할 만한 합리적 증거를 전혀 갖고 있지 못하며, 그러기는 이스라엘인들의 이집트 체류와 탈출, 사막의 유랑, 여호수아에 의한 정복과 관련한 주장들도 마찬가지다. 특히 마지막 주장은 이 지역에 대한 이스라엘의 권리를 정당화하기 위해 7세기에 들어 인위적으로 만들어 낸 일종의 신화인 것으로 보인다.

서남아시아 전역이 그랬듯, 이 지역에서도 중대한 변화는 기원전 1200년 무렵을 전후해 찾아왔다. 이곳에서 발견된 고고학 증거와 가장 잘 합치되는 해석에 따르면, 기원전 1200~1050년 사이의 일명 '고난의 시대'에 수많은 집단이 연안의 가나안 문화를 빠져나와 이 구릉지대에 일련의 촌락들을 새로이 건설했던 것으로 보인다. 구약성경에서 이는 '판관기' 시대에 해당하며, 성경 안에는 다양한 민족 집단들이 외침과 내분 등으로 서로 싸움을 벌이면서도 세겜, 벧엘, 길갈, 실로 같은 제식 장소는 함께 공유한 것으로 나타난다. 물론 이들 사이에 어떤 식이든 종교적 통일성이 존재했는지는 현재 명확하지 않다. 이 당시에 '12지파'라는 것이 존재했다는 것도 사실은 이보다 훨씬 후대에 구상되어 나온 생각이다. 이곳에 통일국가가 생기고 나서 최초로 왕위에 오른 이는 사울(Saul: 기원전 1020~1000년 무렵)로, 원래는 군대를 통솔하다 소규모 권역을 장악하게 된 인물이었다. 그의 뒤를 이어서는 아들 이스보셋(Ishbaal)이 왕위에 올랐으나, 아브넬(Abner)과 다윗(David)의 두 군대 사령관 간에 연합이 맺어지면서 곧 폐위당했다. 아브넬과 다윗은 원래는 소규모 도당(徒黨)으로 한때 사울의 궁정에 빌붙어 지내다 초대 왕 및 그 아들을 상대로 싸움을 벌인 것이었다. 다윗과 그의 아들 솔로몬은 이 소왕국을 기반으로 짤막한 수명의 왕조를 하나 열었고, 최하층의 노예를 포함해 위계질서가 뚜렷한 사회에 원시 수준의 행정 구조를 마련했다. 한편 구약성경 속의 서사는 특정한 종교적 메시지를 전달하기 위한 것인 만큼 역사적인 가치는 별로 가지지 못한다. 예를 들어 오늘날 우리가 알고 있는 이 지역의 신전 구조 중 연대가 이 시대까지 올라가는 것은 찾아볼 수 없으며, 시바 왕국도 이 당시에는 존재하지 않았던 것으로 확인된다.(구약성경에는 시바 왕국의 여왕이 솔로몬 왕의 지혜를 시험하기 위해 그의 왕국을 방문했다고 기술되어 있다. ― 옮긴이) 다윗이 암몬, 모압, 에돔 등 이 지역에 존재했던 다른 소국들도 몇 군데 물리친 것은 사실이나, 이 시대의 다른 왕들이 그랬듯 그는 개인적 차원에서 권력을 휘두른 것이었고 그마저도 그의 특권에 기반하고 있었다. 이 왕국이 부를 쌓을 수 있었던 것은 아카바만 및 연안 지대의 거대한 교역 도시들 사이의 무역로를 장악한 덕분이었다. 하지만 솔로몬이 세상을 떠날 무렵에는 왕국의 세가 꺾여 결국 기원전 920년대의 어느 시점에 두 개 왕국으로 영원히 쪼개지니, 북쪽의 사마리아를 수도로 한 곳이 이스라엘, 남쪽의 예루살렘을 수도로 한 곳이 유다였다. 성경 속의 서사들은 이 중에서도 남쪽 왕국의 입장에서 쓰인 것이 확실하다. 그런 까닭에 다윗이 위대한 인물로 이상화되는 것과 함께, 이스라엘에 늘 '모반'이 끊이지 않았다는 관점이 줄기차게 등장하는 것이다. 성경 외의 자료에서는 이 두 소왕국에 대한 언급을 거의 찾아볼 수 없으며, 그보다는 아시리아 제국에 대한 내용들이 주를 이룬다. 당시에 이스라엘(아시리아의 기록에서는 종종 사마리아라고도 불렸다.)은 아시리아와 유다 사이에 끼어 완충국의 역할을 해서 나라가 좀 더 불안정한 경향이 있었다. 이스라엘은 2세기 동안 존속하다 결국 아시리아에 점령당했고, 기원전 721년에는 끝내 제국 안으로 흡수되었다. 이때 유다 왕국도 아시리아의 예속국이 되었으나 명목상의 독립은 유지할 수 있었다. 그러다가 레반트의 나머지 대부분 지역과 마찬가지로, 기원전 587년에 네부카드네자르 2세에 의해 바빌로니아 제국 안으로 통합되기에 이른다.

당시 이곳의 종교적 상황이 구약성경에 기술된 비교적 단순한 설정에 비해 훨씬 복잡했다는 사실은 이 시대 증거들을 피상적으로만 살펴봐도 금방 드러난다. 유다 왕국 남부의 쿤틸렛 아주르드(Kuntillet Ajrud)에서 발견된 고고학적 유물들에서는 최고신 야훼가 종종 성스러운 동반자와 함께하는 모습으로 나타나며, 키르벳 엘-콤(Khirbet el-Kom)에서 발견된 문헌에 따르면 사회 일각에서는 이 동반자를 여성으로 여겼다고 한다. 사실 순수한 형태의 일신교는 이보다 훨씬 후대에나 발달하게 되며, 따라서 구약성경에서 폄훼하는 그 수많은 '외국의' 신들이 당시 이 지역에서 숭배받던 신의 일부라는 사실도 그렇게 놀라운 일이 아니다. 그 신들은 모두 공통된 레반트 문화에 뿌리를 두고 있었으며, 더욱이 이스라엘보다 훨씬 발달한 연안의 도시들을 대표하고 있었다. 당시 이 지역의 종교적 믿음이 얼마나 복잡한 성격을 띠었는지는 암몬의 데이르 알라에 세워진 지성소 벽면의 아람어 비문으로도 어느 정도 짐작할 수 있다. 그 안에 확실히 발람(Balaam: 구약성경 22~24장에 등장하는 인물이다.)의 이야기는 들어 있지만, 거기 등장하는 신들은 어느 하나도 이스라엘이나 유다 왕국과는 관계가 없었다.

8.8 아케메네스 제국

기원전 560년 무렵에 이란에 출현한 제국은 그때까지만 해도 서남아시아의 주된 핵심 지역에서 벗어나 주변부의 외진 데 위치하고 있었다. 이후 이란에서는 거대 제국이 연달아 세 개가 일어나며 근 1000년 동안 유라시아 서부 역사를 주름잡는데, 그 첫 번째가 아케메네스였다. 아케메네스 제국(통치 가문을 따라 지어진 이름이다.)은 세상이 그때껏 본 적 없는 사상 최대의 영토를 점유해, 절정기에 해당하는 기원전 400년 직전에는 그 땅이 보스포루스 해협부터 서쪽의 이집트, 인도 북부까지 뻗었던 것은 물론 중앙아시아의 땅도 오늘날의 카자흐스탄 국경 지대까지 차지했다. 이토록 방대한 지역의 땅을 하나로 연결한 것은 아케메네스 제국이 처음이었다. 아케메네스의 뒤를 이어서는 파르티아 제국(기원전 140년~기원후 224년)과 사산 제국(기원후 224~651년)이 차례로 등장했다. 사산 제국 사람들은 자신의 고국을 에란샤르(Eranshahr)라 불렀으며, 현재의 이란이라는 지명도 여기서 파생되었다. 알고 보면 페르시아라는 말도 원래는 그리스어로서, 제국 내에서 페르시아어(당시 근방에서 좀 더 폭넓게 사용된 이란어군의 일부였다.)를 사용하던 사람들이 거주하는 지방을 가리켰다. 아케메네스 제국의 역사를 해석할 때 어려운 점은, 제국 내에서 만들어진 사료가(특히 기원전 522년 이후의 사료가) 턱없이 부족해 그리스의 자료를 토대로 많은 부분을 추론해 낼 수밖에 없다는 것이다. 그런데 그리스의 자료들은 자신들의 세계였던 에게해 지역에만 주로 흥미를 보일 뿐인 데다 내용 자체가 크게 신빙성이 떨어지는 것이, 이른바 '페르시아인'들을 비겁하고 무능하며 부가 넘치고 퇴폐적이며 여자들에게 통치받던 사람들로 그리기 때문이다.(이 모든 것이 후일 '동방'의 특성으로 여겨졌다.) 그러나 부유했다는 것만 빼면 아케메네스 제국은 오히려 그와 정반대였다.

애초에 페르시아의 위치는 자그로스산맥 남동부 끝자락에 자리한, 오늘날 이란의 파르스라는 곳이었다. 이 지역과 기원전 700년 무렵 이전 일에 대해서는 알려진 것이 거의 없으나, 아마도 서쪽의 엘람으로부터 지배를 받았던 것 같다. 그러다가 아시리아인의 침공 시기인 기원전 646년에 이 지역에서 작은 왕국이 하나 떨어져 나와 독립했다. 다른 수많은 제국도 그랬듯 아케네메스도 대체로 키루스 2세(Cyrus II: 키루스 대왕, 기원전 559~530년) 한 사람만의 힘으로 제국이 창건되었다. 그는 그만큼 단기간에 제국을 확장시킨 사례가 없을 정도로 급속히 정복 활동을 전개했다. 키루스는 페르시아의 소왕국을 물려받아 불과 10년 만에 수사와 메디아 등의 인접 왕국들을 물리치고 서쪽으로 진군했다. 그러고는 아나톨리아의 왕국 리디아를 물리쳐 그곳의 왕 크로이소스(Croesus)를 포로로 붙잡았다. 기원전 539년에는 마침내 오피스 전투에서 바빌로니아의 왕 나보니두스를 물리치며 그의 제국을 무너뜨렸다. 동쪽으로 진군해서는 오늘날 아프가니스탄은 물론 아시아 중남부 땅 대부분에까지 세력을 뻗칠 수 있었다. 제국은 새로 수도를 세우고 (키루스가 속해 있던 부족의 이름을 따) 파사르가다에(Pasargadae)라 불렸지만, 제국의 중심지 역할을 한 곳은 메디아 왕국의 옛 수도 엑바타나였다. 키루스가 세상을 떠날 때쯤 이제 유라시아 서부의 주요 국가 중 유일하게 독립국으로 남은 곳은 이집트뿐이었다. 키루스를 이어 왕위에 오른 캄비세스(Cambyses: 기원전 530~522년)는 해군을 창설해 키프로스섬을 정복하는 한편, 기원전 526년에는 이집트 침공을 지휘해 멤피스를 점령하는 것으로 원정을 마무리했다. 이로써 아시리아인들에게 좌지우지되던 이집트의 사이스 왕조도 결국 끝을 맺었다.

캄비세스의 사망 시에 정확히 어떤 일이 벌어졌는지는 분명치 않다. 한 가지 확실한 것은 다리우스 1세(Darius I: 기원전 522~486년)가 왕실 가문 출신이면서도 적통이 아니었던 탓에 왕실 내부의 분란을 수차례나 진압해야만 했다는 점이다. 하지만 이런 와중에도 통치권은 빠른 속도로 재확립되었고, 그리하여 기원전 330년에 최종 패퇴를 당하기 전까지 아케메네스 가문은 단 한 번도 왕위 계승권을 놓치지 않았다. 기원전 500년 무렵 이후로는 제국을 어지럽히는 문제들이 거의 일어나지 않았고, 반란도 대체로 이집트에만 국한되었다. 당시 광대한 아케네메스 제국은 수많은 '총독령'으로 나뉘었는데, 제국의 지배권이 강화되자 이들 행정단위의 수는 점차 늘고 면적은 점차 줄어드는 양상을 띠었다. 지방 총독은 반드시 페르시아 출신이어야 했으며, 총독령의 주도에 머물며 통치해 나갔다. 총독령 안에는 도로망을 발달시켜 각지를 연결했고 핵심 지점에는 반드시 역과 수비대를 두었다. 이 행정단위 이하의 통치는 지방 엘리트에게 맡기는 것밖에는 달리 뾰족한 수가 없었다. 전반적으로 아케메네스에서는 그 이전의 어떤 제국보다도 수준 높은 중앙집권화가 이루어졌던 것 같다. 페르시아인은 따로 세금을 납부할 필요가 없었으며, 제국 땅 어디에든 사유지를 가질 수 있었다. 초창기에만 해도 다양한 형태의 군 복무를 해야만 토지가 주어졌지만, 제국 건립 이후로는 토지 대신 금전을 지급하는 식으로 급격히 바뀌어서 군대 병사들도 상당 부분 용병으로 구성되었다.

아케메네스 왕은 이란의 종교(조로아스터교)에서도 핵심적인 존재였다. 이 종교와 그 창시자(자라투스트라(Zarathustra))가 정확히 어떻게 탄생했는지는 알려진 바가 별로 없다. 자라투스트라의 경우 아케메네스 제국 탄생 이전에도 존재했던 것이 거의 확실한데, 생존 연대는 대략 기원전 630~550년으로 추정되나 이보다 200년 앞선다는 주장도 일리가 없지는 않다. 조로아스터교의 경전 아베스타(Avesta)에는 자라투스트라에 대한 시들(이를 가타스(Gathas)라 한다.)이 고어체로 실려 있으며, 작품집이 최종 완성되기까지 장기간이 걸렸으리라고 짐작된다. 생전에 자라투스트라는 이란 동부에 거처했으며, 처음에는 사제로 활동하다가 차차 본격적인 교설에 들어간 듯하다. 그는 이 세상이 본질적으로 둘로 나뉘어 있으며, 선과 악 사이에 끝없이 다툼이 벌어진다고 가르쳤다. 아울러 자신이 제3시대를 연 이래로는 선과 아후라 신이 승리하도록 이 세상이 돌아가고 있지만, 인간에게는 여전히 선택의 자유가 있기 때문에 자기의 원(願)이 있을 때만 악의 근절에 일조할 수 있다고 여겼다. 조로아스터교 신앙에서는 신성한 불이 무엇보다 핵심이었으며, 불만큼이나 땅도 중요시해서 시체가 땅을 오염시킨다며 사람이 죽으면 매장하지 않고 야외에 쌓아 두었다. 조로아스터교는 세계 각지로 퍼져 나가며 주요 종교까지 되지는 못했지만,(조로아스터교의 주된 추종자로는 인도의 파시교도들이 있다.) 선과 악의 이분법을 탄생시킨 것을 비롯해 사상적으로 심대한 영향을 미쳤으니 서남아시아에는 그 영향을 받지 않은 종교가 거의 없었다.

기원전 500년 무렵, 창건되고 불과 50년 만에 아케메네스 제국은 다리우스 1세의 치세 속에 사모스, 트라키아, 그리고 인도 북서부 일부를 추가로 확보하면서 영토를 최대치까지 확장했다. 하지만 역사에 전무할 만큼 넓은 땅을 통치하려고 보니 벌써부터 갖가지의 큰 문제가 생겨나기 시작했다. 기원전 498년에는 이오니아해 연안의 그리스 도시들이 반란을 일으켜 도시 사르디스가 불에 탔다. 이 반란은 결국 진압되었으나, 다리우스는 이참에 제국 영토를 서쪽으로 더 확장해 그리스 본토까지 진입하고자 했다. 그리하여 그리스 본토 정복에 나섰다가 기원전 490년의 마라톤 전투에서 패배했다. 그래도 그 외 분야에서는 다리우스가 성과를 거두었다. 그는 지중해와 홍해를 연결하는 운하 건설을 지시하는 한편, 수사를 재건해 내고 왕조의 새 수도 페르세폴리스를 건설했다. 다리우스의 이런 정책들은 이후 크세르크세스(Xerxes: 기원전 486~465년)가 넘겨받아 계속 이어 갔다. 크세르크세스도 이집트와 메소포타미아에서 일어난 반란을 수차례 진압하는 데는 성공했으나 제국의 영토를 그리스 내부까지 확장하려는 시도는 역시 실패로 돌아갔다. 테베와 테살리아는 아케메네스 제국의 통치를 순순히 받아들인 편이었지만 스파르타와 아테네는 달랐다. 기원전 480년에 그리스인들은 아케메네스 제국을 상대로 살라미스 해전에서 승리를 거두었고, 이듬해에는 육상의 플라타이아이 전투에서도 승리했다. 당시 그리스는 병력은 얼마 되지 않았지만 아케메네스 군대가 본국에서 한참 서쪽까지 진군한 터라, 그리스 인근 지역들에서 병력을 끌어 모아서 간신히 그들을 물리칠 수 있었다. 이후 20년간 아케메네스는 에게해의 섬들과 아나톨리아 연안의 땅들을 트리키아의 그리스인들에게 내주어야 했다.

그러다가 크세르크세스와 그의 후계자가 기원전 465년 살인을 당하면서, 아르타크세르크세스(Artaxerxes)가 왕위에 올라 이후 40년간 제국을 통치했다. 그 사이 이집트가 그리스인의 지원을 받아 반란을 일으켰으나 진압당했고, 그리스의 키프로스 침공도 결국에는 수

포로 돌아갔다. 여기에 기원전 431년에 스파르타와 아테네 사이에서 펠로폰네소스 전쟁이 발발하면서 아케메네스 제국으로서는 에게해에 손쓸 여지가 훨씬 커졌고, 기원전 413년에는 아테네가 시칠리아에서 패배하면서 이오니아 연안 도시들에 대한 지배권을 온전히 되찾아 올 수 있었다.(그리스인들은 기원전 386년에야 마침내 아케메네스의 통치를 받아들였다.) 한편 이집트에 대해서는 기원전 399년에 지배권을 상실해, 이후 50년이 넘도록 이집트를 다시 손에 넣지 못했다. 기원전 338년 무렵에 국내의 분란을 비롯해 궁정 쿠데타가 잇따라 터지기는 했지만, 이때까지만 해도 아케메네스 제국은 여전히 건재한 듯 보였다. 그러나 불과 10년도 지나지 않아 제국은 더는 존재하지 않게 되니, 얼마 안 가 마케도니아의 알렉산드로스 대왕에게 정복당해 버렸기 때문이다.

8.9 그리스

기원전 900년 무렵, 미케네 지역이 몰락하고 약 300년간 이어진 '암흑시대'를 지나 마침내 그리스가 출현했을 때, 그곳에 자리했던 옛 세상은 대부분 자취를 감춘 뒤였다. 하지만 그 와중에도 변하지 않은 채 그대로인 사실이 하나 있었다. 서남아시아 문명의 핵심부에 비해 그리스는 여전히 주변부에 불과했다는 것, 그래서 수백 년 동안 경제적으로나 문화적으로 좀 더 발달한 지역에 의존할 수밖에 없었다는 것이다. '그리스 문명'의 독특한 특징이라고 여겨지는 것 상당수(도시국가, 에게해 및 지중에 전역에 걸친 식민지 건설 및 교역)도 사실은 페니키아인이 먼저 시작한 것이었으며, 후기 그리스 문명의 특징 대다수가 처음 발달한 것도 서남아시아와의 접촉을 통해서였다.

8.9.1 그리스 알파벳

이 경로를 통해 전파된 것 중 가장 중요한 것은 페니키아 알파벳
이었다. 당시의 증거들이 하나같이 말하는 바, 이 페니키아 알파벳으
로부터 그리스 알파벳이 만들어졌다.(미케네의 선형 B 문자는 이와 성격
이 전혀 다르나, 기원전 1200년 이후로는 그 흔적을 전혀 찾을 수 없다.) 옛날
그리스어에서는 '문자'를 포이니케이아(phoinikeia)라고 했는데, 다름
아닌 '페니키아 물건'이라는 뜻이었다. 그리스 문자는 페니키아 문자
에서 그 모양을 차용해 왔을 뿐 아니라, 알파벳 순서도 페니키아 문
자를 차용한 것이나 다름없었다. 그리스 문자는 각 기호의 이름에 따
로 뜻이 없었지만, 그것들의 원형인 페니키아 문자에는 원래 이름마
다 뜻이 있었다. 알파(alpha)의 원어인 알레프(aleph)는 황소라는 뜻이
었고, 베타(beta)의 원어 베스(beth)는 집이었으며, 감마(gamma)의 원
어 기멜(gimel)은 작대기를 던진다는 의미였다. 페니키아어가 그리스
문자로 전환되면서 크게 달라진 부분이 있다면 모음이 첨가되었다는
것뿐인데,(셈계 언어에는 사실상 모음이 필요 없었다.) 레반트 지역의 다른
문자들은 이 같은 변화를 이미 수 세기 전에 겪었었다. 그리스어에는
셈계 언어에서 빌려 온 이른바 '차용어'도 제법 많았으며, 도기 모양,
직물, 어업, 항해 관련 용어의 분야에서 특히 그러했다. 그리스 알파
벳이 고안된 것은 기원전 850~800년이었으며, 그리스와 레반트 사
이의 교역업에 종사하던 한 개인이 혼자 힘으로 만들어 낸 것으로 보
인다. 그가 그리스인이었는지 혹은 페니키아인이었는지는 현재 알 수
없다. 문자가 생겨나자 그리스에는 기록 사례가 폭발적으로 늘기 시

그리스어 및 페니키아어 알파벳

고대 그리스어 기원전 8세기	고전 시대 그리스어 명칭	페니키아어 기원전 8세기
	알파	
	베타	
	감마	
	델타	
	엡실론	
	디감마	
	제타	
	에타	
	세타	
	이오타	
	카파	
	람다	
	뮤	
	뉴	
	크시	
	오미크론	
	피	
	코파	
	로	
	시그마	
	타우	
	윕실론	
	피	
	카이	
	프사이	
	오메가	
	삼피	

작했다. 그리하여 기원전 776년부터는 올림픽 경기 승자가 기록되기 시작했고, 기원전 683년부터는 아테네의 행정관 목록이 남기 시작했으며, 그로부터 10년 뒤에는 최초의 법전이 기록으로 남겨졌다. 그러나 이후 수 세기 동안 문자 해독은 소규모의 엘리트층에만 국한된 일이었으며, 글의 활용이 기존의 방식을 벗어나 커다란 전환을 맞은 것도 기원전 500년이 지나고 나서의 일이었다. 그때까지는 유라시아 어디서나 왕실의 비문, 교역상 회계, 법전, 종교의 성가에만 주로 문자가 활용되었다. 그러다가 기원전 500년이 지나면서 우리가 알고 있는 (에우리피데스와 소포클레스의) 최초의 극작품과 (헤로도토스와 투키디데스의) 비판적 역사서가 그리스에 등장하게 되고, 이후 약간의 시간이 흘러 정치 및 사회와 관련한 (플라톤과 아리스토텔레스의) 사상들이 등장하기 시작했다. 물론 중국의 법가(이들은 여러 가지 면에서 그리스 작가들과 유사성을 지닌다.) 같은 경우도 대체로 동시대에 활동했다고 볼 수 있겠다.

8.9.2 초창기의 그리스

서남아시아 문화의 그리스 침투는 두 군데 주요 지역을 경유해 이루어졌다. 첫 번째는 알-미나 항구로, 오론테스강 하구 근방의 시리아 연안에 위치해 있었다. 이곳은 기원전 800년 이후 500년간 크게 번성했으며, 고전주의 학자들이 이곳을 그리스의 식민지로 보고 싶어 하는 바람과는 달리 그리스와 무역하던 페니키아인의 항구였을 가능성이 더 높다. 이곳에는 일부 그리스 무역업자의 거주지도 마련되어 있었던 것으로 보인다. 두 번째는 도시 코린토스인데, 기원전 725년 이후(고전주의 역사가들은 이때를 '동방화(東方化)'의 진행기로 부른다.) 특히 두각을 나타낸 지역이다. 이곳의(얼마 뒤 아테네의) 토기 장식은 서남아시아의 구상에서 막대한 영향을 받아 연꽃, 야자수 이파리, 그리고 이른바 '생명의 나무' 등이 이용되었다. 그리스의 일부 종교 사상도 바로 이 길을 따라서 전파된 것이었다. 예를 들어 아도니스 숭배 의식은 페니키아의 아스타르테 풍요제에서 나온 것으로, 아스테르테는 이후 그리스 신화의 아프로디테와 그의 연인 아도니스로 화한다. 그리스 신들의 전반적인 계보 역시 당시 좀 더 발달해 있던 서남아시아의 신화에 많은 부분을 의지하고 있었다.

미케네가 자취를 감추고 기원전 900년 무렵에 새로운 세계가 출현하는 동안에도 그리스 인구는 꾸준히 유지되었던 것이 확실하나,(일례로 아티카가 그랬다.) 제도와 관습은 거의 남은 것이 없었다.(애초에 그런 것들이 있었는지도 알 수 없지만.) 당시의 소규모 공동체들은 신전 주변에서 무리 지어 살던 사람들에 불과했고 거기에 공통된 틀이라고 할 만한 것은 거의 없었다. 더구나 그리스는 비옥한 토양이 드문드문 떨어져 있었기 때문에 사람들은 일정 부분 서로 고립된 채 지내야 했다. 그러다가 인구가 늘자 기원전 800년 이후 곧바로 농지 부족 현상이 매우 급속히 불거졌다. 이 때문에 일부 집단이 떠밀리듯 다른 곳으로 이주해 식민지를 건설할 수밖에 없었는데, 페니키아인의 식민지가 그랬듯 단순히 교역 중심지만이 아니라 농경 정착촌으로서의 성격도 갖고 있었다. 그리스인이 에게해 바깥에 처음 식민지를 건설한 것은 기원전 750년 무렵에 이탈리아 서쪽 연안 이스키아섬의 피테쿠사에서였다. 그 뒤를 이어 시칠리아의 시라쿠사(기원전 733년)에도 식민지가 건설되었으며, 이탈리아 본토(타란토), 트라키아, 비잔티온(기원전 660년), 그리고 북아프리카의 곳곳(기원전 630년 무렵의 키레네)에도 정착촌이 들어섰다. 지중해 서부에도 마살리아(마르세유), 니카이아(니스), 안티폴리스(앙티브), 엠포리온(스페인 북부의 암푸리아스) 같은 곳들에 식민지가 세워졌다. 이런 식민지 건설의 열기는 기원전 600년 직후에 바로 가라앉았는데, 이때 최상의 입지 대부분은 이미 페니키아인이나 그리스인 자신들이 차지한 뒤였기 때문이다.

그리스에 생겨난 소규모 정착촌은 서서히 소국가들로 발달하기 시작했고, 그렇게 해서 처음 생겨난 국가가 코린토스였던 듯하다. 이들 국가들도 기원전 1200년 무렵의 군사 혁명, 즉 방패, 창, 검으로 무장한 보병이 무엇보다 큰 전력이 된 데에 영향을 받지 않을 수 없었다. 그리스에서는 이들을 '호플리테스(hoplites)'라고 했으며, 이런 무기 및 무구를 갖출 수 있던 엘리트들이 후일 새로운 국가의 시민을 구성했다. 사람들은 '고전 시대' 그리스를 곧잘 '민주주의'의 본산으로 그리지만, 사실 당시 민주주의는 주류와는 매우 거리가 먼 정치 형태로써 매우 단명했던 몇몇 국가에서만 나타났을 뿐이었고, 이후의 정치 발전에도 거의 영향을 끼치지 못했다. 오히려 기원전 650년 이후의 한 세기 동안 다양한 국가들 안에 형성된 통치의 주된 형태는 '참주(tyranny)' 정치였다. 참주는 그리스어에 연원을 둔 말로써, 유라시아 상당 지역에서 전형적으로 찾아볼 수 있던 소규모 군주 정치를 가리켰다. 이들 통치자들은 애초에 그리스 상당 부분을 장악한 호족을 전복시킬 때만 해도 얼마간은 민간의 평판에 의지했으나, 이내 이들의 통치도 세습의 성격을 띠어 갔다.

8.9.3 스파르타

─────

그리스 국가들을 통틀어 가장 강력했던 나라는 스파르타였고, 기원전 4세기 중반에 마케도니아가 흥기하기 전까지 그리스의 역사를 지배했다. 스파르타가 발달할 수 있었던 것은 기원전 800년 무렵에 아기아다이 가문과 에우리폰티다이 가문의 두 '왕들'이 촌락 네 개를 하나로 묶어 다스리게 되면서였다. 스파르타는 수차례의 정복 활동을 통해 영토를 확장해 나갔고, 그중에서도 메시나와 (기원전 735년~715년 무렵에) 전쟁을 벌여 그곳의 비옥한 지대를 정복한 것이 주효했다. 이 과정에서 형성된 스파르타 국가만의 고유함은 이후 3세기 내내 변치 않고 유지되었다. 그리스의 다른 국가와 달리 왕이 존재했다는 점만 빼면, 스파르타는 여러 가지 면에서 전형적인 '호플리테스 국가'였고 남자 시민들에게는 빠짐없이 민회의 투표권이 주어졌다. 물론 실질적인 권력은 60세 이상의 원로 28명으로 구성된 게루시아(Gerousia)가 쥐고 있었지만 말이다. 스파르타라는 국가의 특징은 군사적인 면을 최우선의 요소로 강조한 것이었다. 여기에 결정적으로 스파르타는 자신이 정복한 메시나 땅의 농부들을 나라의 노예(헬롯)로 부렸으니, 메시나 농부들은 머리에 반드시 개가죽 모자를 써야 했고 스파르타 인이라면 이들을 마음 놓고 죽일 권리가 있었다. 스파르타에서는 사내아이들이 허약하게 태어나면 곧바로 버렸고, 일곱 살이 되면 엄격한 군사훈련을 시켰다. 또한 성인 남자들은 한 사람도 예외 없이 공동 식사를 위한 조(組)를 배정받았다. 스파르타가 이 같은 정책들을 고안한 것은 모두 국가 유지를 위해 무엇이 최우선이 되어야 하는지를 강조하기 위해서였다. 개인보다 국가가 상위였던 사람들에게는 스파르타의 이런 체제가 매력적으로 비쳤다. 플라톤과 아리스토텔레스 모두 스파르타의 이런 방식을 동경했고,(다만 이들은 교육의 목표를 군사적 용맹보다는 좀 더 폭넓은 데 두기를 바랐다.) 플라톤의 『국가(Republic)』 같은 경우 스파르타 체제에 대한 비판적 지지와 다름없었다. 그러나 스파르타가 강력한 군사 국가이기는 했어도, 그리스의 정세에 좀 더 광범위하게 관여하기에는 능력에 한계가 있었다. 헬롯들을 무력으로 억누르기 위해서는, 또 외부 침공을 빌미로 헬롯들이 순식간에 폭동을 일으킬 사태에 대비하기 위해서는 병력의 상당 부분을 본국에 주둔시켜야 했기 때문이다.(기원전 370~369년에 외부 세력이 처음으로 스파르타 침공에 성공했는데, 이때 실제로 순식간에 폭동이 일어나는 바람에 스파르타는 메시나를 잃고 사실상 체제가 무너졌다.)

8.9.4 아테네

스파르타의 이런 체제와 종종 정반대에 놓이는 곳이 아테네다. 그렇다고 아테네를 '민주주의'와 동일시했다가는 지나친 단순화를 피하지 못하는 셈이 된다. 기원전 590년 말 솔론(Solon)이 시행한 여러 가지 '개혁' 조치들은 귀족의 관직 독점을 종식시키는 결과를 가져왔으나, 그 대신 등장한 계급 기반 체제에서는 최하위 계급은 철저히 배제하고 주요 관직은 오로지 최상위 계층만 차지할 수 있었다. 개혁은 대체로 유명무실해, 기원전 546~510년에는 페이시스트라토스(Peisistratos) 가문 출신의 '참주'들이 아테네를 통치했다. 아테네인들은 스파르타의 지원을 받아 참주를 아테네에서 추방시키면서 그들의 통치를 종식시켰다. 이후에는 다양한 귀족 당파 사이에 싸움이 벌어졌고, 여기서 클레이스테네스(Cleisthenes) 무리가 승세를 잡아 일련의 개혁 조치를 시행했으나 그 역시 결국 자신들 당파의 이익을 위한 것이었다. 이들은 오래된 '부족' 체제를 없애고 아티카 전역에 열 개 단위를 인위적으로 조직해, 이를 기본으로 군대를 편성하는 한편 아테네의 효과적 통치 수단이던 불레(Boule)의 자문위원단을 선출했다. 그리하여 기원전 510년 이후 100년 동안 아테네는 크게 일신하니, 스파르타에 굴종하던 상태에서 벗어나 짧은 수명이나마 제국 탄생의 단계까지 갔다. 아테네인들은 기원전 490년 벌어진 '페르시아인'과의 일전, 그리고 그로부터 10년 후 벌어진 살라미스 해전을 자신들이 이룩한 승리인 것처럼 신화를 만들었으나, 기원전 480~479년 아케메네스 제국 침공 당시, 그리스를 이끌어 저항에 나서게 한 것은 분명 스파르타였다. 그리스 국가들은 이내 '델로스 동맹'이라는 해상 동맹을 (아마도 기원전 477년에) 맺었지만, 기원전 454년에 동맹의 금고가 델로스에서 아테네로 옮겨지면서 25년도 채 지나지 않아 이 동맹은 아테네 제국으로 변모하게 된다. 아테네는 이 금고와 로리움의 은광에서 얻어지는 부를 도시 재건 작업에, 특히 파르테논 및 프로필라이아 건설 작업에 썼다. 기원전 462년에 아테네가 스파르타와의 동맹을 깨고 패권에 도전장을 던지면서 펠로폰네소스 전쟁이 벌어졌으나, 기원전 5세기 말에 이 전쟁은 아테네의 압도적 패배로 끝났다.

아테네는 이론상으로는 남자 시민들로 구성된 민주주의 체제였다. 아테네의 최고 권력은 일명 에클레시아(ekklesia)라는 민회에 있었고, 도편추방과 같은 몇몇 결정이 내려지기 위해서는 반드시 정족수 6000명이 채워져야 했다. 기원전 390년대에는 민회 참가비가 도입되기도 했다. 그러나 당시 아테네 시민 중 민회에 참가했던 사람은 별로 없었다. 민회가 열렸던 언덕(프닉스)은 전체 시민의 5분의 1가량밖에 수용하지 못했으며, 따라서 대부분의 결정은 민회에 참석할 수 있던 소수 시민이 내리는 셈이었다. 아테네 도시 바깥에 거주했던 사람들은 민회에 정기적으로 참석하지 못했을 가능성이 매우 높다. 한편 일상적인 결정은 500명의 위원들로 구성된 불레(Boule)의 소관이었는데, 민회의 논의 사항을 결정하고 결정을 실행에 옮겼던 만큼 민회에서도 지배적 입지를 점했다. 불레의 위원은 30세 이상의 성인 중 제

비뽑기를 통해 선출했으며, 한 사람당 최대 2회까지만 위원직을 맡을 수 있었다. 아테네의 이런 제도가 일견 민주적으로 비칠 수 있으나,(스파르타의 게루시아에 비해 훨씬 민주적인 것은 사실이다.) 아테네 시민 중 위원직에 나서는 이는 실질적으로 얼마 없었고, 따라서 위원직을 둘러싼 논쟁은 주로 소규모 정치 엘리트층의 일이었다. 엘리트층은 재물과 시간에 여유가 있고 수사학과 대중 연설을 공부해, 정치 문제 참여는 물론 정치 이력에 따르는 갖가지 위험부담을 얼마간 감당할 수 있었다. 아테네의 이 제도는 기원전 411~410년과 기원전 404~403년에 잠시 이어진 과두정치 시기를 제외하곤 아테네에서 꽤 오랜 기간 명맥을 이었다. 그러다가 기원전 322년 이후에 맥이 끊겼는데, 마케도니아인들이 재산 정도에 따라 투표권을 부여하면서 아테네 시민 3분의 2가 민회에서 배제당했기 때문이다.

그러나 아테네는 겉보기만큼 그렇게 민주적이지 않았다. 아테네에서 어떤 식이든 정치적 권리를 가졌던 인구는 전체 성인 중에서 6분의 1 정도에 불과했다. 여자들은 전적으로 정치에서 배제되었을 뿐 아니라, 남자 시민들이 누리는 특권에도 점차 엄격한 단서가 붙기 시작했다. 처음에는 기원전 510년 클레이스테네스가 세운 '부족'의 후손(데모스)이기만 하면 누구나 정치적 권리를 가질 수 있었다. 그러던 것이 기원전 451~450년에 페리클레스(Pericles)가 자격 요건을 강화해 부계와 모계 모두가 이들 부족에 속해야만 권리를 얻을 수 있었고, 이런 계통을 끝까지 유지시켜 간 집단에만 폐쇄적으로 시민권이 주어졌다. 메틱(metic: 아테네의 외국인 거주자들)의 경우 최소한 아테네 성인 남자들에 미칠 만큼 규모가 컸음에도 불구하고, 결국에는 체제 바깥으로 밀려나야 했다. 메틱이 아테네에서 특정 명목의 세금을 내고,(보통 아테네 시민들은 이를 면제받았다.) 군역을 짊어졌지만,(군대의 4분의 1을 이들이 구성했다.) 정작 이들은 집을 비롯해 그 어떤 정치적 권리도 가지지 못했다. 그러나 아테네 민주주의와 관련해 근본적으로 중요한 점은 그것이 노예제에 의지해 운영되었다는 사실이다. 물론 스파르타에서 헬롯을 다루듯 아테네에서 노예제가 운영된 것은 아니었다. 사실 아테네는 세계사의 몇 안 되는 노예제사회의 시초였다. 메소포타미아에 문명이 출현한 이래 서남아시아의 다른 사회에도 대부분 노예가 존재했지만, 이들 사회의 노예는 그 총수가 얼마 되지 않았을 뿐더러 경제 및 사회의 작동에도 핵심적이지 않았다. 그러나 아테네에서는 노예가 약 1만 명에 이르러 전체 인구의 3분의 1을 차지했다. 이 정도 수치면 매우 높은 것으로써, 1860년대 미국 남부 주(州)들의 상황이 이와 비슷했다. 아테네에는 사회 구석구석에 노예들이 있었다. 기원전 477년 이후 한 세기 동안은 흑해 출신의 국가 노예들이 군단을 이루어 아테네의 치안을 담당했고, 로리움에 있던 국영 광산(아테네의 부 상당 부분이 여기서 나왔다.)도 노예노동으로 운영되었다. 아테네는 토지가 부족하고, 자유농민들이 넘쳐 나고, 노예노동이 필요한 대규모 사유지가 별로 없었음에도 불구하고 노예제가 대규모로 운용되었다는 점에서 매우 유별난 사회였다. 당시 아테네 시민 대다수는 소규모의 용지를 보유했지만 그것을 자기 손으로 직접 농사를 짓지는 않았을 것이므로, 아테네의 노예들은 대부분 이런 농지에서 일했을 것이 틀림없다. 만일 아테네 시민들이 정말로 준(準)민주주의 정치에 참여했을 만큼 시간 여유가 있었다면, 그것은 그들이 생활의 모든 면면에서 노예를 부린 덕분이었다. 아테네는 전쟁에서 이겨 노예를 얻기보다는, 잘 짜인 노예무역망을 통해 대부분의 노예를 구했다. 그리스인들은 외적보다도 자기들끼리 싸우느라 바쁜 사람들이었기 때문이다. 더구나 그리스인들은 자신들이 다른 민족보다 우월하다는 생각이 확고해서 노예제에 대해서도 아주 만족스럽게 여겼다. 아리스토텔레스의 경우 노예제는 '자연적' 산물이라며, 노예제 유지가 주인과 노예 모두에게 이롭다는 생각을 강력하게 신봉했다. 그는 자신의 『정치학(Politics)』에서 이렇게 썼다. "누군가는 자유민이 되고 다른 누군가는 노예가 되는 것이 자연의 이치다. (······) 그러므로 그런 이들은 노예가 되어 봉사하는 것이 그들의 올바른 도리이거니와 그들 자신에게도 편한 일이다."

[이후 로마 시대의 노예제 ☞ 9.6]

8.10 마케도니아 제국

그리스 도시국가들과 아케메네스 제국을 모두 멸망시킨 것은 마케도니아 제국으로, 이 나라는 기원전 350년 무렵에 한순간에 일어났다가 역시 한순간에 분열되었다. 마케도니아의 역사는 200년 전에 출현했던 키루스 대왕 치세의 아케메네스 제국과 여러 가지 면에서 닮아 있었다. 마케도니아도 한때 서남아시아의 '문명' 세계 주변에 머물다 일련의 재빠른 정복 활동을 통해 단숨에 제국으로 성장했는데, 다만 마케도니아인들은 제국이 하나의 통일된 형태로 계속 이어질 수 있게 효율적인 제도나 구조를 만들어 내지는 못했다.

8.10.1 알렉산드로스

그리스 세계 북단의 마케도니아는 애초에 출현했을 때만 해도 아케메네스 왕조의 권위를 순순히 인정하던 하급 왕국이었다. 그러던 마케도니아가 주요 강대국으로 부상한 것은 필리포스 2세(Philip II)의 치세인 기원전 340년대였다. 필리포스는 기원전 338년에 벌어진 카이로네아 전투에서 (아테네, 보이오티아, 코린토를 포함해) 그리스 국가 대부분을 물리치는 데 성공했다. 이듬해에는 그리스 본토 국가들로 (마케도니아가 주축이 된) 연맹을 조직해 아케메네스 왕조를 상대로 전쟁을 선포했다. 스파르타를 제외하면 그리스에서 제법 비중 있는 국가는 모두 이 연맹에 가담했다. 그러다가 기원전 336년에 필리포스가 갖가지 의문에 싸인 채 암살을 당했고, 그렇게 해서 아버지의 권력을 넘겨받은 아들 알렉산드로스는 테베에서 일어난 반란을 일망타진한 뒤 그리스 땅과 군사력을 모조리 손에 넣었다. 처음에는 알렉산드로스의 이 싸움이 그리스의 상황을 150년 전으로 되돌려 놓은 것처럼 비쳤다. 이로써 아나톨리아의 그리스 도시들이 아케메네스의 지배에서 비로소 '해방되었기' 때문이다.(그러나 실질적으로 이들 도시는 진작부터 자치를 해 오고 있었고, 아케메네스에 바치던 공물도 알렉산드로스의 정복 이후로는 고스란히 그에게 바쳐야 했다.) 이수스 전투 이후로는, 알렉산드로스가 바다 건너 아케메네스 제국의 중앙 속주까지 진입하면서 본격적으로 정복이 진행되었다. 기원전 332년에는 티레가 점령당하고, 이듬해에는 이집트까지 정복당했다.(이 대목에서 이집트는 아케메네스의 정권 몰락을 아쉬워했을 것이다.) 이집트에는 새 수도로 알렉산드리아가 건설되었다. 아케메네스 왕 다리우스 3세(Darius III)는 알렉산드로스를 맞아 훌륭한 일전을 벌였지만, 알렉산드로스는 출중한 실력에다 운까지 따르는 장수였다. 결국 마케도니아인들은 기원전 331년에 벌어진 가우가멜라 전투에서 승리함으로써 아케메네스 제국의 수도 페르세폴리스에 입성했다. 이듬해 다리우스는 세상을 떠났고 그와 함께 아케메네스 제국도 막을 내렸다.

알렉산드로스의 과대망상에 가까운 권력욕이 점차 강해지기 시작한 것이 이때부터였다. 그는 부하들에게 절대 충성을 요구했고, 자신을 신성한 존재로 받드는 정치 선전을 곧이곧대로 믿었으며, 어디선가 벌어지고 있을지 모를 음모를 끔찍이 두려워했다. 그는 정복 사업과 일신의 영광 외에는 거의 관심이 없었다. 다리우스가 세상을 떠나고 3년 동안 알렉산드로스는 아케메네스 제국의 동쪽 언저리에서 주로 군사작전을 벌였다. 그는 힌두쿠시산맥을 넘어 야크사르테스강에 이르렀고, 소그디아나와 박트리아의 반란을 평정한 뒤 인더스 계곡까지 진격했다. 혹자는 이때 알렉산드로스가 '세상의 끝'에 이르렀다고 하는데, 이는 그리스인들의 관점에 불과하다. 그리스인들에게는 인더스 계곡이 새로웠을지 몰라도, 이 지역은 이미 200년 동안 아케메네스 제국에 포함되어 있었다. 당시 알렉산드로스는 인도에 대해서는 거의, 중국에 대해서는 전혀 아는 바가 없었다. 더구나 기원전 326년에 그가 말을 돌려 서쪽으로 회군하자마자 인도 땅에 대한 그의 지배력은 금세 힘을 잃었다. 알렉산드로스는 걷잡을 수 없이 뻗은 자신의 광대한 제국(그때까지 세계사에 등장한 제국 중 가장 큰 규모였다.)을 어떻게든 지켜 내는 데 자기 인생의 마지막 3년을 할애했다. 그러나 그의 제국은 행정 구조라고 할 것을 거의 갖추지 못한 상태였다. 재정 방면과 군사 방면의 일은 마케도니아인(이들은 그리스인이 아니었다.)이 맡아 처리했지만, 알렉산드로스의 정복 이후에도 각 지방에는 여전히 예전 통치자 및 행정관들이 그대로 남아 있었다. 제국은 여러 전략적·재정적 이유에 따라 메소포타미아를 중심으로 삼았으며, 이때는 메소포타미아가 서쪽의 그리스 속주들에 비해 훨씬 부유했다. 기원전 323년에 알렉산드로스는 이 메소포타미아 땅의 일부인 바빌론에서 숨을 거두었다.

8.10.2 헬레니즘 왕국들

이후 20년은 제국의 전리품을 어떻게 나눌지를 두고 알렉산드로스의 장수들 사이에 싸움이 벌어진 시기였다. 처음 2년 동안은 통일 제국을 이어 가리라던 알렉산드로스의 기병대장 페르디카스(Perdiccas)의 약속이 지켜지는 것처럼 보였으나, 기원전 320년에 그는 경쟁자들 손에 죽임을 당했다. 이후로는 쉴 새 없는 합종연횡 속에 복잡한 자리싸움이 전개되고, 그중에서도 프리기아 총독 안티고노스(Antigonus)가 가장 큰 세를 이루어 제국 전체를 장악하려는 움직임을 보였다. 하지만 그는 기원전 301년 무렵에 경쟁자들의 규합에 밀려 입소스 전투에서 패배했다. 이로써 제국은 이미 5년 전부터 왕을 자칭해 오던 장수들 사이에서 쪼개지는 것을 피할 길이 없었다. 제국에 출현한 새로운 왕국들은 알렉산드로스 이전부터 해당 지역에 존재하던 국가의 계승자들이었다. 그렇게 해서 이집트에 대한 통치권은 프톨레마이오스(Ptolemy: 그는 알렉산드로스의 시신도 함께 이집트로 가져갔다.)가, 이란과 메소포타미아, 시리아 북부는 셀레우코스(Seleucus)가, 아나톨리아와 트라키아 대부분은 리시마코스(Lysimachus)가 장악했다. 마케도니아 제국의 이 계승 국가들 사이에서는 마케도니아의 옛 심장부 및 그리스를 두고 기원전 301년 이후에도 거의 내내 싸움이 끊이지를 않았다. 애초에 이 지역은 안티고노스의 아들이 차지했으나, 이후 이집트 왕에게 점령당하고 다시 북쪽 유목민의 침략을 받았다가, 마침내는 안티고노스의 손자인 안티고노스 고나투스(Antigonus Gonatus)의 왕국이 되었다.

이들 후계 왕국 중 가장 강성했던 곳은 아마 이집트였을 텐데, 그곳에 오랫동안 확립되어 있던 각종 제도들에 의지할 수 있었기 때문이다. 이제 이집트는 옛날처럼 레반트와 시리아 남부에 다시금 영향력을 미쳤고, 기원전 290년대에는 키프로스를 점령했으며, 로도스와 연합해 에게해 무역에도 지배력을 행사했다. 이제 이집트 왕국 군대에서는 용병들과 이집트 군단이 주축을 이루었으니, 이들 모두에게 급료를 지급해 주려면 무역에서의 수익이 필수적이었다. 왕국의 중심지는 새로 탄생한 국제 수도 알렉산드리아였다. 그러나 재정적 압박과 쉴 새 없는 전쟁으로 왕국이 그 어느 때보다 많은 세금을 거두어들이면서 그에 따르는 내부 분란과 농민 봉기가 점차 심각해져 갔다. 그리하여 기원전 207년에서 186년의 누비아인 치세 때 상이집트가 한 차례 내전을 겪은 뒤 분리되었고, 하이집트에서는 실질적 통치마저 무너져 내렸다. 이집트는 이후 100년 동안 허울뿐인 상태로 지내야 했다. 한편 셀레우코스 왕국은 기원전 300년의 절정기 이후 줄곧 쇠락하는 모습이었다. 그러다가 기원전 250년 무렵에 총독 디오도토스(Diodotus)의 반란을 계기로 동쪽에서 박트리아가 갈라져 나왔다. 물론 이때에도 박트리아는 이미 수십 년간 사실상 독립 상태였다. 박트리아인들은 힌두쿠시산맥을 넘어 인도 북서부의 간다라까지 진출한 후 그곳에 자기네들만의 왕국을 세웠다. 더불어 이란 전역의 권력도 차츰 파르티아인들에게 넘어갔고, 결국 기원전 188년에 셀레우코스 왕국은 아나톨리아 지방 대부분에 대한 지배권을 잃었다. 그리고 이후 더 많은 땅을 상실한 뒤에는 시리아 북부의 소규모 지역만 겨우 통치해 나갔을 뿐이었다.

고전주의 역사가들은 알렉산드로스 및 그의 후계자들이 헬레니즘 왕국에서 이룬 훌륭한 성취를 늘 우월한 그리스 문화의 동진(東進)으로 여겨 왔다. 실제로 오늘날 옥수스강의 알리 카눔(현재 아프가니스탄의 북부 국경 지대다.)을 찾으면 그리스식 경기장을 비롯해 델피

신전을 본 따 세운 140개의 도덕 경구가 새겨진 돌기둥들을 볼 수 있다. 또한 당시에는 통치 체제의 언어로서 그리스어가 널리 확산되기도 했다.(이 때문에 아케메네스 제국에서 한때 만국어(lingua franca)로 통하던 아람어가 그 입지를 잃을 정도였다.) 물론 그리스어의 확산 속에서도 이집트 행정에서는 늘 두 가지 언어가 함께 이용되었지만 말이다. 아울러 기원전 250년까지는 다양한 헬레니즘 국가들 전역에 그리스인의 이주 물결이 밀려들면서 새로운 그리스인 도시들도 속속 건설되었다. 그러나 이런 식의 그리스 문화 보급은 제국의 주된 목표에 비하면 부차적인 것에 불과했다.(더구나 그리스 문화는 오래전 이집트, 메소포타미아, 이란, 인도 북서부에 확립된 기존 문화와 성격이 달랐던 것뿐이지, 결코 '우월'하지는 않았다.) 즉 마케도니아로서는 정복한 지역에서의 착취 및 약탈, 군사 통치, 세금, 지역 주민에 대한 과중한 노역 등으로 어떻게든 마케도니아 통치 엘리트층의 부를 쌓는 것이 일차적 목표였다. 헬레니즘 세계의 동질성은 결국 소수의 마케도니아 및 그리스 엘리트층에나 국한된 것이었다는 이야기다. 그리스인들은 자신들의 우월성을 확신한 사람들이었고, 따라서 자기의 모습은 예술과 문학으로 이상화하되 그 외의 다른 모든 전통에는 거침없이 적의를 내비쳤다. 경기장, 신전, 극장 등의 그리스식 문화양식도 일종의 '식민지' 문화로서 그리스인의 집단 거주지에나 건설되어 있었으며, 토착 주민은 이용할 수 없었다. 아울러 식민지의 상황이 대부분 그랬듯, 통치 엘리트층의 문화는 새로운 체제 내에서의 상승을 원하는 사람들이 주로 받아들이게 되어 있었다. 이와 함께 인도와 이란에서 출발해 지중해 서쪽으로 전파된 사상들도 있었음을 생각해야 한다. 그러한 사상 전파는 알렉산드로스 생전에도 이미 이루어졌던 듯한데, 인도 정복 당시 알렉산드로스 자신이 탁실라라는 거대 교역 도시(중앙아시아와 인도의 무역로가 만나는 교차점이다.)에서 자이나교와 불교의 고행자들을 만난 적이 있기 때문이다.

8.11 이탈리아의 통합

8.11.1 에트루리아인

기원전 1000년 전까지 이탈리아는 서남아시아 및 에게해의 발전에 별달리 영향을 받지 않았다. 그러다가 처음에는 페니키아인 무역업자에 의해, 이후에는 그리스인 무역업자에 의해 서서히 그들 세계 안으로 통합되었다. 이들 무역업자와 로마의 북쪽, 즉 이탈리아반도 서부 연안의 에트루리아 지역 주민이 어떤 식으로 교류했는지에 대해서는 대부분 역사가 밝혀져 있다. 그에 따르면 당시 에트루리아는 외부 무역의 영향을 받아 지방의 집단들이 여러 개의 소규모 국가로 성장한 사례였던 것으로 보인다. 즉 각지의 엘리트층이 좀 더 발전된 지방의 무역업자들과 주도적으로 교역하고 교류하면서 자신의 권력을 공고히 발달시켰고, 그 과정에서 최종적으로 국가가 형성된 것이다. 기원전 1000년 무렵에는 일명 '빌라노반' 문화가 널리 퍼졌는데, 남단의 살레르노에 이르기까지 이탈리아 전역의 철기 사용 농경 촌락들이 이 문화권 안에 포함되었다. 기원전 800~700년 무렵 이후의 기간에는 이 지역의 교역이 늘고 촌락들이 소규모 성읍으로 발전하면서 좀 더 수준 높은 에트루리아 문화가 발전했으니, 이런 경향은 연안 지대를 비롯해 불키, 볼테라, 베이이, 타르퀴니아, 루셀라이 같은 곳에서 특히 두드러졌다. 이 지역에서는 부의 상당 부분이 금속 자원을 통

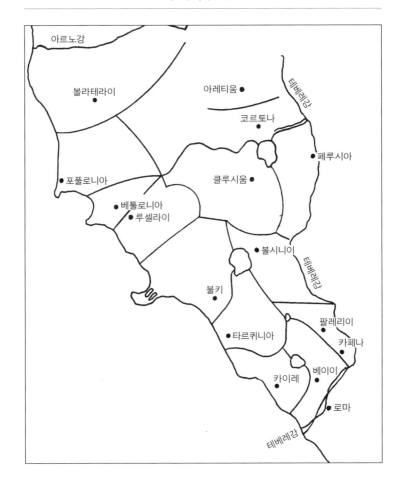

해 얻어졌다. 이탈리아반도에서는 금속 매장지를 거의 찾아볼 수 없
는데 그 일부가 여기 자리했던 것이다. 이 지역 거주민들은 스스로를
'라스나인'이라 칭했으며, 에트루리아인이라는 말은 후대에 들어 붙
여진 이름이다. 이들의 기원은 불명확한 상태이며, 이들이 쓰던 문자

도 완전히 해독되지 못했다. 언어는 비(非)인도·유럽어족이었던 것으로 보이며, 일부 전문가는 그 기원을 아나톨리아에서 찾기도 한다. 그러나 에트루리아 문화는 전적으로 자생했다고 여겨지며, 중간의 과도기를 거친 후에는 빌라노반 문화와도 강력한 연속성을 보였다.

페니키아인 및 그리스인이 그랬듯 에트루리아인들은 여러 개의 도시국가를 이루고 있었고, 페니키아의 경우와 마찬가지로 왕(라우크메(lauchme))의 통치를 받았다. 에트루리아에서는 통치자의 주권을 나타내는 상징으로 도끼와 나무 묶음(파스케스(fasces))을 이용했는데, 이는 후대 로마도 마찬가지였다. 그러다가 기원전 600년부터 왕이 물러나고 호족들이 대신 나라를 통치하게 된 것으로 보인다. 타르퀴니우스(Tarquinius)가 나라 밖으로 추방당했다는 로마 전승의 한 대목도 (만일 그런 일이 실제로 있었다면) 이 과정의 일부였던 것으로 보인다. 에트루리아는 열두 개의 도시 연맹으로 구성되었던 듯하며,(개별 도시의 이름은 알려져 있지 않다.) 연맹 안에는 공동의 사원과 함께 '라스나인 행정 체계(zilath mechl rasnal)' 같은 공공의 제도가 일부 마련되어 있었다. 연맹은 주로 종교적인 면에서 기능했던 것으로 보이며, 도시가 힘을 합쳐 공동의 군사작전을 벌이는 일은 거의 없었다. 에트루리아 문화에 대해서는 대체로 그들이 남겨 놓은 무덤과, 에트루리아의 적국들이(특히 로마가) 이따금 남긴 글을 통해 그 모습을 알 수 있다. 당시 에트루리아의 영향력은 이탈리아 전역에 이르도록 널리 퍼져 나갔다. 기원전 500년 무렵에는 북쪽의 포(Po) 계곡에서 남부의 캄파니아까지 에트루리아의 영향권에 들었으나, 이 공통된 문화가 정확히 어떤 성격을 지녔었는지, 나아가 그 문화가 모종의 '제국'을 대표했는지는 현재로서는 알 수 없다.

8.11.2 초기 로마

로마는 이 에트루리아 세계의 일부로서 발달했다. 로마의 커다란 언덕들(팔라티노, 에스퀼리노, 퀴리날레)에 자리했던 소규모 농경 촌락은 기원전 700년 무렵으로 연대가 거슬러 올라가며, 이로부터 약 1세기 뒤에는 정착민들이 언덕들 사이의 계곡 안까지 진입해 후일 포룸이 되는 지대에서 물을 빼내기 시작했다. 애초에 로마는 에트루리아 왕들의 통치를 받았는데, 이때 로마는 급속히 성장하며 최초의 공공건물들을 짓기 시작했다. 사실 초기 로마의 상당 부분은 에트루리아적인 특징을 지니고 있었다. 카피톨리노 언덕의 세 신(유피테르, 유노, 미네르바)도 애초에 기원은 에트루리아에 있다. 그러다가 기원전 500년 무렵의 어느 시점엔가 에트루리아 통치자들이 로마에서 축출당하면서 지방의 호족들이 대신 권력을 잡았다.

로마의 정치 체제가 그리스의 도시국가와 얼마간 유사하기는 했지만, '민주주의' 면에서는 아테네보다 훨씬 제약이 심했고 권력도 통치 엘리트층이 단단히 쥐고 있었다. 그리스 국가 중 로마와 가장 흡사했던 곳도 아테네가 아닌 군국주의 성향의 스파르타였다. 초창기 로마에서는 아시두우스(assiduus)라는 자유 토지 보유민이 국가의 기반이었는데, 이들은 땅을 가지지 못한 채 일해야 했던 프롤레타리우스(proletarius)와 뚜렷이 구별되었다. 기원전 107년까지 이 아시두우스에게 군단 복무는 권리이자 의무였다. 일명 코미타 켄투리아타(commita centuriata: 켄투리아 민회)라 일컬어진 민회에서 군부대 단위로 투표가 진행되었기 때문인데, 더 많은 재산과 더 훌륭한 군장(軍裝)을 갖춘 이들이 먼저 투표할 수 있었다. 민회에서 논쟁은 전혀 불가능했다. 그저 원로원이 내놓은 제안을 가결 혹은 부결하는 일만 맡아 할 뿐이었다. 원로원은 로마의 엘리트층 귀족으로 구성되었고, 원로원 의원들은 반드시 엄격한 재산 심사를 통과해야 했다. 1년 임기의 로마 행정관(집정관) 두 명과 기타 하급직 관리들도 이 원로원에서 선출되어 나왔다. 로마의 엘리트층은 그 수가 매우 제한되어 있었는데, 부유한 지주로 성장한 평민계급이 늘자 그로 인해 상당한 갈등이 빚어졌다. 귀족과 평민 사이의 이 갈등은 기원전 342년에 행정 엘리트층이 약간 폭넓어지는 조치를 통해 일단락되었다. 이제 평민들은 그들만의 민회를 구성해 두 명의 행정관(호민관)을 선출할 수 있었고, 이들 호민관은 집정관의 조치를 거부할 권리를 가졌다. 로마의 행정 엘리트층 내에서는 정치 마찰이 격하게 일어 이따금 보통 규모의 민회로는 수습이 안 될 때도 있었지만, 로마라는 국가의 궁극적인 존립 근거와 목표에 대해서만큼은 강력한 합의가 존재했다. 즉 로마는 군사적 기반에 따라 조직된 나라로써, 영토 확장과 전리품 획득을 주목표로 한다는 것이었다.

기원전 500년 이후 로마는 도시 주변부에 대한 지배권을 확립하기 위해 한 해도 거르지 않고 인접 도시들과 잇따라 자잘한 싸움을 벌여야 했고, 기원전 396년에 베이이를 점령함으로써 이 과정이 마무리되었다. 그 뒤 60년 동안 로마는 내내 남쪽으로 밀고 내려갔으나, 포강 이남의 이탈리아에 대한 패권을 완전히 손에 넣은 것은 기원전 295년에 센티눔 전투에서 승리하고 나서였다. 로마에 인접한 몇몇 공동체는 이즈음에 시민의 자격으로 로마 안에 통합되었으나, 기원전 295년 이후에 이탈리아에서 찾아볼 수 있던 가장 대규모의 집단은 다름 아닌 '동맹'이었다. 이들 동맹에 속한 국가들은 로마에 군사적 패배를 당하고 예속을 당한 것이라 로마에 얼마간의 병력을 제공해 주어야 했는데, 비록 로마시민은 아니었지만 로마가 추가 정복에 성공할 시 어느 정도 이익을 기대할 수 있었다. 그러나 기원전 290년대에도 로마는 여전히 매우 소규모의 국가에 불과했고, 인구의 압도적 대다수도 최저 생활 계층의 농민들로 구성되어 있었다. 또한 전문 군대도 마련되어 있지 않은 데다, 매우 제한된 규모의 통치 상부구조를 반(半)아마추어의 엘리트층이 다스렸으며, 상설 관료 체제는 전혀 찾아볼 수 없었다. 이 시절 로마에서는 화폐가 거의 혹은 전혀 사용되지 않았으며, 교역도 여전히 낮은 수준이었다. 당시의 로마는 하나의 지방정권으로서 여전히 에트루리아 세계 언저리를 벗어나지 못하고 있었다.

[이후의 로마 ☞ 9.5]

8.12 에트루리아의 주변부: 중앙유럽 및 서유럽

[이전의 유럽 ☞ 3.3.1]

유럽의 나머지 지역은 이런 이탈리아보다도 사회적·경제적·정치적 조직이 훨씬 낮은 수준에 머물러 있었다. 이전까지 이 지역의 농경 촌락과 몇 군데의 금속 생산 중심지는 서서히 사회조직이 좀 더 거대해지고 위계질서가 심화되는 추세였는데, 기원전 750년 무렵의 철기 및 철제 무기 도입은 이 추세를 대폭 강화했을 뿐이었다. 그렇게 해서 형성된 엘리트층은 전사와 군장들로 이루어져 있었으며, 사후 이들은 그들이 쓰던 무기 및 원시 수준의 마차 몇 대와 함께 고분에 매장되었다. 그들은 또한 유럽에서 찾아볼 수 있던 언덕 위 성채 일부를 자신들의 거주지로 삼기도 했다. 점점 늘어 가던 지중해와의 교역을 장악한 덕분에 엘리트층의 권력은 기원전 600년 무렵이 지나서도 계속 증대되는 추세를 보였다. 무역은 주로 이탈리아 북부와 마르세유의 그리스인 교역 식민지를 통해 이루어졌으며, 후자는 론강까지 올라가는 무역로를 지배한 것이 특징이었다. 그러나 그중에서도 핵심 중심지는 도나우강 상류에 자리한 호이네부르크였다. 이곳은 기부만 세로 600야드에 가로 200야드에 달하는 삼각형 곳으로, 석재 기단 위로 불에 굽지 않은 벽돌을 쌓아 올린 형태의 방어용 성곽이 둘레를 에워싸고 있었다. 이 요새는 지방 군장과 그 휘하에 있는 전사 엘리트 층의 거주지였음이 분명하며, 이들은 남쪽으로 통하는 무역로를 장악하고 동시에 지중해의 고급 제품을 들여옴으로써 점차 부와 힘을 쌓아 갔다.

그런데 기원전 500~450년 무렵, 명확치 않은 여러 이유로 인해, 유럽 중앙 및 서부 전역에 걸쳐 있던 이들 사회에 뭔가 중대한 변화가 찾아와 기존 중심지들이 쇠락하고 남쪽과의 무역도 차단당하는 상황이 발생했다. 이 시기는 새로운 라텐(La tène)문화의 출현으로 주로 특징지어지는데, 이 문화는 곧잘 '켈트족'과 연관되곤 한다. 그런데 이 '켈트족'의 정체가 무엇이고, 나아가 문화와 언어가 서로 어떤 관련성을 갖느냐 하는 문제 때문에 이제껏 학계에 많은 혼란이 빚어져 왔다. 그리고 이 혼란을 해결하기 위해 '켈트'라는 말을 특정 문화, 심지어는 특정 기독교 교회(기원후 500년 이후 형성되어 해당 지역에서 1000년 이상 번성했다.)에 적용하려는 노력이 있었으나, 어떤 식으로든 혼란을 해소하는 데는 별 도움이 되지 못했다. 그도 그럴 것이 이상의 특징들은 어떤 한 가지 말로 묶어질 수 없기 때문이다. 그뿐만 아니라 당시 유럽 서부와 중앙에 거주했던 이들이 켈트족으로 불렸다는 증거도 찾아볼 수 없다. 켈트족은 마르세유의 그리스인 식민지에서 처음 생겨난 것으로 보이는 말로, 마르세유의 그리스인들이 식민지의 토박이 부족 하나를 켈토이(Keltoi)라고 부르다 나중에는 그리스인 특유의 거만함과 우월감을 섞어 내륙의 '야만인'을 통틀어 그렇게 불렀던 것 같다. 그런데 이 같은 설명도 혼란스럽기는 마찬가지다. 율리우스 카이사르(Julius Caesar)는 자신의 글에서 갈리아 사람 중 3분의 1 정도만 켈트족이었다고 하고, 로마인들의 경우에는 영국과 아일랜드를 '켈트족의 땅'으로 여기지 않았으니 말이다. 켈트족 언어군이 인도·유럽어족 안에 포함되어 있었던 것은 분명하지만, 켈트어는 (아일랜드 언어의 경우에서처럼) 로망어의 영향이 전혀 없는 곳에서 명맥을 이어 갔거나, 아니면 영국에서의 경우처럼 로망어의 영향을 크게 받지 않았던 것 같다. 그렇다고 켈트어 사용 지역과 라텐 예술 양식 출현지 사이에 단순한 등식이 성립한다고 볼 수는 없다. 이베리아반도에서는(심지어 켈트어가 이용된 지역에서조차) 라텐 양식이 거의 나타나지 않으며, 라텐 양식의 가장 훌륭한 사례들은 오히려 게르만어 사용 지역인 덴마크에서 발견되기 때문이다. 인도·유럽어족이 그러하듯, 이 켈트족의 개념 역시 그간 동쪽에서의 민족이동과 불가분의 관련을 갖는 것으로 여겨져 왔다. 그러나 이 이론도 내용을 뒷받침해 줄 만한 증거가 없기는 마찬가지다. 이 시기 이전에는 유럽 전역에서 사용된 언어들에 대한 증거가 잘 발견되지 않는 만큼, 아마도 '켈트족' 집단은 애초에는 단순한 농경 공동체에 불과했을 것으로 보이며 그들의 언어도 오랜 시간을 거치면서 다른 언어들과 서서히 차별성을 갖게 된 것으로 보인다. 또한 기원전 400년 무렵에 소규모 집단이 이탈리아 북부에 진입한 것을 제외하곤, 민족이동 역시 이들 역사에 별다른 영향을 끼치지 않았다.

그러다 매우 다양한 모습의 사회들이 잇따라 유럽 전역에 생겨나기 시작한 것이 기원전 450년 무렵이었다. 그중에서도 지중해와 가장 인접한 지역들이 급속한 발전을 보였는데, 지중해의 무역 및 로마의 확장이 발전의 압력으로 작용했기 때문이다. 기원전 1세기에 들어서자 갈리아에는 일명 '오피둠(oppidum: 카이사르가 쓴 말이다.)'이라고 해서 언덕 꼭대기에 요새화된 성읍이 등장했고, 엘리트층은 이곳을 거주지 삼아 국가 탄생을 목전에 둔 사회들을 다스려 나갔다. 체코슬로바키아에는 므셰츠케 제흐로비체라는 꽤 커다란 규모의 '산업' 촌락이 발달하기도 했다. 아울러 유럽 곳곳에 대규모 교역 중심지도 출현했는데, 바이에른의 만칭에는 총 400톤이 넘는 철못으로 목재를 수없이 연결해 길이만 4마일이 넘는 방어용 성곽이 지어졌다. 이 모든 특징이 나타나기 위해서는 이전보다 훨씬 대규모의 사회조직이 요구되었는데, 그렇게까지 발전한 사회는 알프스 북부 유럽에서는 이전까지는 단 한 번도 찾아볼 수 없었다. 반면에 고지대 상당 지역은(영국의 페나인산맥 같은 경우에는) 가난에 찌든 농경 촌락이 드문드문 자리 잡고 있는 수준에 불과했으며, 이들 세계는 중국, 인도, 서남아시아와 같은 유라시아의 발달한 사회와도 동떨어져 있었다.

개관 4

기원전 500년의 세계

인구 1억 명

권역별 중국: 3000만, 인도 2500만, 그리스: 300만

주요 도시 바빌론(25만), 엑바타나(20만), 낙양(15만), 아테네(15만), 스라바스티(15만), 멤피스(10만), 카르타고(5만)

사건

- 폴리네시아인들이 피지, 사모아, 통가에 정착함.
- 중국이 수많은 나라로 분열되어 '춘추전국시대'에 접어듦.
- 인도 북부가 수많은 소규모 왕국으로 분열됨.
- 아케메네스 제국이 보스포루스에서 이집트, 메소포타미아, 이란, 인도 북서부, 중앙아시아에 이르는 지역을 통치함.
- 카르타고 제국이 지중해 중부 및 서부에서 지배적 위세를 떨침.
- 그리스 및 지중해의 그리스인 식민지에 소규모 국가들이 생겨남.
- 이탈리아 중부에 에트루리아인의 도시가 출현하고, 로마가 독립함.
- 메소아메리카 멕시코만의 올맥 문명이 전성기를 누림. 오악사카에 몬테 알반이 생겨남.
- 페루의 연안 계곡들에 의례 중심지가 생겨남.
- 유럽의 중부와 서부에 라텐 문화가 출현함.
- 인도 북부에 불교와 자이나교가 출현함.
- 중국에서 최초로 주철이 생산됨.
- 페루에서 철제 물품이 (금과 구리로) 제작됨.
- 아프리카 서부에서 철이 가공됨.

유라시아 세계의 연결

기원전 200~기원후 200년

9

기원전 200년 전까지는 유라시아 대륙의 정반대 끝자락, 즉 중국과 서남아시아의 제국 및 국가들은 서로 거의 고립된 상태에서 제각각 발전해 오던 중이었다. 메소포타미아는 인더스 계곡과 교역 경험만 있었고, 이란에서 일어난 제국들은 인도 북서부와 교류가 있던 정도였다. 지중해 세계는 알렉산드로스의 시대를 거친 후에야 인도 마우리아 제국의 존재를 어렴풋하게나마 인식할 수 있었다. 중국의 경우 서쪽의 변방을 제외하곤 인도와의 교류가 전혀 없었던 듯하다. 그외에 유일하게 이루어졌을 법한 교류로는, 그마저도 매우 제한적이고 간접적이었을 테지만, 아마 중앙아시아에 뿔뿔이 흩어져 있던 유목민들을 경유하는 방법이었을 것이다. 이렇듯 유라시아 대륙 양 끝자락이 멀찍이 떨어져 있던 만큼 그 사이에서는 제법 비중 있는 기술,

교역, 사상의 교류가 전혀 이루어지지 못했다. 그러다가 기원전 200년 무렵 이후 이러한 상황에 변화가 오기 시작했다. 발전의 중대 요인은 무엇보다 중국이 진과 한이라는 통일국가를 이룬 데 있었다. 통일과 함께 중국은 서쪽으로 영토를 확장해 중앙아시아까지 진입하니, 이 것이 종국에는 이란의 파르티아 제국, 그보다 소규모였던 박트리아의 쿠샨 왕조, 그리고 인도 북서부와 교류할 수 있는 길을 터 준 것이다. 아울러 로마도 이즈음 동쪽을 향해 영토 확장에 들어가면서 지중해 에서 파르티아 제국과 만났고, 이로써 중국에서 지중해까지 뻗은 기 다란 사슬의 마지막 연결 고리가 채워졌다. 이렇듯 유라시아의 다양 한 국가들이 하나로 연결된 것은 세계 역사상 처음 있는 일이었다. 처 음에는 이런 연결이 임시에 그쳤으나, 기원전 200년 무렵 이후 400년 이 흐르자 제법 탄탄한 교역망이 건설되었다. 물론 이때에도 유라시 아의 다양한 사회들은 서로 독립된 부분이 많았지만, 이후로 이 연결 이 완전히 끊어진 적은 단 한 번도 없었다.

9.1 중국: 통일국가의 탄생

[이전의 중국 ☞ 8.2~8.4]

8장에서 이미 살펴봤지만, 기원전 221년 중국에 통일국가가 탄생 한 것은 진이 숱한 전쟁을 통해 자신의 경쟁국들을 모두 물리치는 데 성공한 덕분이었다. 중국이 통일되자 진의 제후 정은 황제라는 칭호 를 취하고,(이후로 '황제'는 중국 통치자의 통상적 칭호로 자리 잡게 된다.) 자 신을 새로이 '시황제'라고 했다. 그리고 앞서의 100년 동안 진나라를 부쩍 강성하게 만들었던 각종 정책을 중국 전역에 그대로 적용했다.

그리하여 황제의 주된 고문으로 활약하던 법가 이사(李斯)의 지휘 아래, 중국은 각 지방을 서른여섯 개 군(郡: 나중에는 마흔여덟 개가 되었다.)으로 나누고, 군 아래에는 좀 더 작은 단위인 현(縣)을 두었다. 또한 진은 중국 문자를 하나로 표준화하는 한편 단일한 화폐를 도입했으며,(중국에서는 한가운데 정사각형 구멍이 뚫린 구리 동전이 20세기까지 통용되었다.) 도량형을 통일하고, 심지어는 수레바퀴 크기도 표준을 정했다. 이와 함께 중국의 옛 왕국들 안에 건설되어 있던 성곽을 헐어 버리고 그물망처럼 짜인 도로와 운하를 건설하기 시작하는 한편, 중국 북쪽 및 북서쪽 변방에 건설되어 있던 방어용 성곽을 흉노족에 대비해 확장하는 작업에 들어갔다. 그리고 지방의 옛 귀족에 대해서는 그들의 가족 12만 명을 강제로 수도에 머물게 함으로써 세력 억제를 꾀했다. 이 같은 조치들은 실로 혁명적인 변화였는데, 기원전 213년에 의학, 농업, 점복 외의 모든 서적을 불태우도록 지시한 것을 보면 당시에 새로 생긴 국가에 대한 비판이 세간에 얼마나 거셌는지 알 수 있다. 이 조치로 중국 초기 역사에 대한 우리의 지식은 훨씬 빈약해질 뻔 했으나, 다행스럽게도 이 조치는 그렇게 철두철미하게 실행되지는 않았다. 그러다가 나라의 재건 작업이 한창 진행 중이던 기원전 210년에 진의 황제가 세상을 떠났다.(1970년대에 중국에서 발견된 지하의 '테라코타 병사' 군단은 다름 아닌 진시황제의 무덤을 지키는 호위병들이었다.) 황제가 죽자 아들이 대를 이어 왕위에 올랐지만 중국은 급속히 분열되어 내전 상태에 접어들었다. 이 대혼란의 시기에 중국에 등장해 경쟁자들을 일소하고 기원전 202년에 중국을 평정한 것이 유방(劉邦)으로, 그는 옛 귀족 세력이 아닌 하급 관리 출신이었다. 그를 통해 중국에는 한 왕조가 창건되었고, 단 한 차례 찬탈당한 것을 제외하면 한은 이후 거의 400년간 왕조의 명맥을 이어 갔다. 왕조가 이룩한 이

기나긴 안정 속에서 중국은 중국 국가만이 가지는 여러 독특한 요소를 발전시켰고, 이는 당시의 유라시아에 발달해 있던 그 어떤 특징보다도 중앙집권적인 것들이어서 나라의 권력을 유지하는 데 아주 효과적이었다.

중국이 한 왕조의 지배를 받으면서 진나라는 그 명성에 금이 갔지만, 사실 한나라는 건설 기반에서 진과 조금도 다를 바가 없었다. 한은 진의 군현제를 그대로 유지한 것은 물론, 중앙의 통치도 진과 똑같이 군사, 민정, 감찰의 세 분야로 나누었다. 그간 중국이 다양한 나라로 나뉘어 제각각 독립을 유지한 시간이 길었던 만큼, 중국이 하나의 통일국가로 완전히 발전하기까지 몇십 년의 세월이 걸린 것은 그렇게 놀랄 일이 아니다.(진은 통일국가로서는 여전히 초창기 단계였다.) 유방도 처음에는 유라시아의 초창기 통치자들이 썼던 방식을 채택하는 것 외에는 달리 방법이 없었다. 즉 자신과 가까운 친인척들을 옛 왕국 몇몇의 통치자로 삼고 그들이 한에 계속 충성해 주기만 바란 것이다. 한 왕조는 이내 황제 자문단을 구성해 이들을 감독했지만, 중국에서 마침내 완전한 중앙집권이 실현된 것은 오(吳)와 초(楚)의 제후를 중심으로 일곱 왕국이 일으킨 반란(오초칠국의 난)을 (기원전 154년에) 완전히 평정한 뒤의 일이었다. 여기에 기원전 127년, 한은 법령 개정을 통해 중앙집권화에 힘을 더하니, 한에 예속된 제후들의 장자상속을 종식시키고 모든 적자에게 땅과 작위를 골고루 나누어 주게 한 것이었다. 그렇게 해서 30년 남짓 시간이 흐르자 마지막까지 남아 있던 옛 왕국의 잔재도 말끔히 자취를 감추었다.

기원전 200년 이후로 몇십 년 동안 내부 평화와 안정이 이어지자, 중국은 차츰 인구가 늘고 경작지도 추가로 늘어났다. 이와 함께 국가가 주민들을 상대로 점차 강력한 힘을 행사했다. 이를테면 중국에 새 수도 장안이 건설될 때 그 성벽을 쌓는 데 동원된 농민의 수만 기원전 192년에서 190년 사이에 15만 명이 넘었다. 또한 국가는 철저한 인구 조사를 기반으로 유라시아 대륙에서 가장 정교한 조세제도를 시행했다. 이에 따라 중국의 모든 농민 가정은 국가에 총 네 가지 세금을 납부해야 했다. 첫째는 토지세로 가상 수확량의 30분의 1에 해당하는 매우 낮은 수준이었다. 이 토지세를 가상 수확량으로 산정할 수밖에 없었던 것은, 토지 측량이라면 몰라도 그 넓은 중국 땅의 작물 수확량을 관료들이 일일이 다 산정할 수는 없었기 때문이다. 두 번째는 인두세로써 남녀 모두에게 부과되었으며 7세 이상 아동의 세율은 따로 정해져 있었다. 세 번째는 재산세로 기원전 142년에 도입되었으며, 모든 재산(농민에게만 해당하는 것은 아니었다.)과 모든 교역 수익에 대해 1.2퍼센트의 세율이 적용되었다. 마지막으로 농민들은 정해진 양의 세금을 내면 자신에게 부과된 군역 및 부역을 면제받을 수 있었다. 중국에서는 이 모든 세금을 현금으로 납부해야 했던 것으로 보아,(토지세는 예외였다.) 당시 중국의 화폐경제가 엄청난 규모였고 아울러 중국 농민들은 유라시아 나머지 지역의 대부분의 농민과는 달리 최저 생계유지에만 연연하지도 않았음을 알 수 있다.

9.2 한의 확장과 흉노

한의 흥기와 궤를 같이해 스텝 지대에서는 흉노 제국이 발달하는데, 이를 시초로 이후 유라시아 역사에서는 이 같은 현상이 수없이 되풀이된다. 흉노족(알타이어를 사용한 집단이었다.)이 중앙아시아의 스텝 지대를 장악하고 변경 지대에서부터 중국을 괴롭힌 것은 이미 두 세기 전부터였다. 하지만 유목민은 정착 국가에 대한 착취 없이는 제국을 창건할 수가 없어서, 흉노족도 중국에 한나라가 들어서고 그곳을 대규모로 착취하게 된 뒤에야 제국 창립의 발판을 마련할 수 있었다. 연맹체의 지도자에게는 흉노족이 중국으로부터 입수하는 물품들이 무엇보다 요긴했는데, 활용할 수 있는 물품들을 고위층이나 주변의 추종자들에게 하사함으로써 자신의 권력을 과시하고 유지할 수 있었기 때문이다. 흉노 제국을 창건한 것은 묵돌(冒頓: 기원전 209년 무렵~174년)이었으며, 그의 아들 노상(老上: 중국식 이름이다.) 대에 제국의 영토는 중앙아시아의 오아시스 지대까지 확대되었다. 이에 중앙아시아의 또 다른 유목 집단인 월지(月支)는 서쪽으로 밀려나 인도 및 파르티아 제국 근방까지 이동해야 했다. 새로이 제국으로 성립된 한(당시 한 제국의 인구는 흉노족 유목민의 쉰 배에 달했던 것으로 보인다.)은 이 기회에 흉노족을 완전히 제압하려고 시도하지만, 기원전 201~200년에 벌어진 둘 사이의 전투에서 패배했다. 유목민들은 기마 궁수들을 전력으로 갖춘 데다 여차하면 스텝 지대로 퇴각해 버릴 수 있었기 때문에, 군사적인 면에서는 그들이 항상 정착 국가들보다 한 수 위였다. 결국 중국인들은 미완성된 만리장성 이남으로 퇴각한 뒤, 혼인 동맹 및 조공 등의 유화 정책을 통해 그들에게서 평화를 사들이는 수밖에 없었다. 후대의 중국 왕조들이 모두 그랬듯, 한 왕조는 문화적인 면에서는 자신들의 우월성을 확신해서 흉노를 '오랑캐'라 칭하며 둘 사이의 관계에서도 속국인 그들이 중국에 '공물'을 바치는 것이라 여겼다. 그러나 둘 사이에 오간 물품들을 보면, 둘 사이의 '교역'이 거의 일방적이었고 거기서 유리한 쪽은 오히려 '오랑캐'였음을 알 수 있다. 기원전 2세기 초반에 한이 흉노족에 지원해 준 물자는, 흉노족의 궁정이 먹을 곡식을 비롯해, 곡주 20만 리터, 비단 10만 야드에 이르렀다. 그

한 초기의 중앙유라시아와 동유라시아

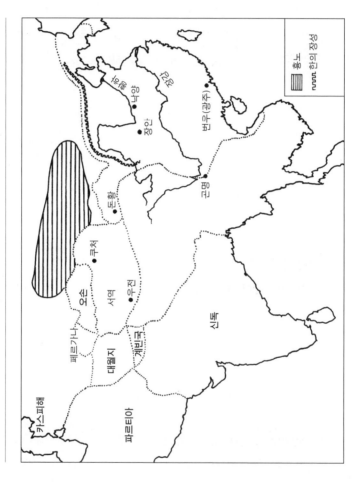

카스피해

파르티아

페르가나

대월지

계빈국

오손

쿠처

서역

우전

돈황

신독

흉노

안식

낙양

장안

변우(광주)

군명

한의 장성

흉노

대가로 중국이 받은 것은 낙타 두 마리 정도의 지극히 형식적인 답례가 고작이었다. 한 제국이 이들 오랑캐에 매년 지원해 주어야 했던 물자는 중국이 거두어들이는 전체 조세의 약 10분의 1에 달했다.

건국되고 처음 60년 동안 한나라는 유라시아를 통틀어 가장 큰 나라를 어떻게 다스릴지에 역점을 두었다. 이 목표가 어느 정도 달성되고 나자, 특히 기원전 154년에 '일곱 왕국'의 난을 무사히 평정하고 나자, 무제(武帝: 기원전 141~87년)의 대에 이르러 비로소 팽창 정책을 택할 여유가 생겼다. 그리하여 기원전 133년에 중국에서는 매년 행해지던 흉노와의 조공 정책을 더는 실시하지 않기로 결정이 내려졌다. 이어 기원전 127년에서 119년 사이에는 흉노를 염두에 두고 대규모 공격 계획이 세워지니, 이 전투에 참여하는 병사만 10만 명이 넘었다.(그때까지 세계에서 유례가 없던 대규모 병력이었다.) 하지만 전쟁은 결국 재앙으로 끝났다. 중국은 병력의 80퍼센트를 잃어야 했고, 흉노족의 발을 잠시 묶을 수는 있었으나 평화를 유지하려면 흉노족에 (말 10만 필을 포함해) 엄청난 양의 물자를 계속 대 주는 수밖에 없었으니 이제 그 양은 국가의 1년 조세수입의 거의 절반에 달했다. 전쟁이라는 정책이 중국을 거의 파산으로까지 몰아넣은 만큼, 결국에는 또다시 견제 및 지원 정책을 택하는 수밖에 다른 도리가 없었다. 한편 흉노족은 자신들의 힘을 내내 강하게 유지해 갔는데, 거의 150년 동안 왕위를 무사히 계승해 나간 것이 그 비결이었다. 그러다가 기원전 59년에 형제(호한야와 질지)가 내란을 벌여 제국이 둘로 쪼개지면서 이 상황도 종식되었다.(흉노족은 현재 역사에 중국식 이름으로밖에 알려져 있지 않다.) 중국인들은 이 분란을 활용해 더 많은 공작을 시도하는 한편, 흉노 제국 내의 유목민 일부를 중국에 통합시켰다. 그러나 조공을 통해 흉노에게 물자를 대 주어야 하는 상황은 여전히 마찬가지였으며, 그 물량도 내란 당시에 잠시 감소했다가 이내 예전 수준으로 늘어났다.

홍노족에 대한 공격은 당시 중국이 채택한 확장 정책의 일부에 불과했다. 북부와 북동부에서는 기원전 128년에 만주 지방에 처음으로 한의 군현이 설치되었으며, 기원전 109년 이후 3년 만에 한이 한반도의 대부분을 점령해 그 후 400년간 한반도 북부를 비롯한 서쪽 연안을 장악했다. 북서부 변경에서도 마찬가지로 외부 팽창이 진행되었다. 중국은 새로 생긴 이들 지역을 정착지로 만들고자 국가가 지원하는 이주 계획을 마련해 운영했다. 그리하여 기원전 127년에는 몽골 지방에 10만 명이 넘는 농민이 정착했다. 그로부터 7년 후에 엄청난 홍수 사태가 일어나자 산동성 서부에 발생한 70만 명의 이재민이 섬서성으로 이주했다. 기원전 102년에는 18만 명의 병사와 농민이 북서부의 여러 주로 이주해 갔다. 이들 변경 지대는 정착 세계와 유목 세계를 구분 짓는 어떤 단순한 경계가 있는 것이 아니어서 중국이 통치에 늘 애를 먹던 곳이었다. 만리장성이 있었지만 그것이 반드시 고정된 변경 지대를 표시하는 것은 아니었고, 따라서 광범한 지역에 걸친 두 세계 사이에서는 늘 힘의 균형이 뒤바뀌곤 했다. 따라서 유목민에 대한 방어가 군사적 선에 절대 그쳐서는 안 되었기에 외교, 상업, 이주 정책, 동화정책, 군사력 모두가 복잡하게 혼용되었다. 기원전 166년에 중국인은 깃발과 연기를 이용한 복잡한 신호 체계를 확립해 변경 지역의 사태를 내지까지 신속하게 전달할 수 있게 되었다. 변경의 제일선을 군사 수비대가 주둔하며 지켜 주면,(통행증 제도를 통해 이동을 제한했다.) 후방은 군사-농경 정착촌의 농민병들이 맡았다. 당시로서는 이것이 변경 지대에 대규모 군대를 주둔시키는 유일한 방법이었다.

이에 비하면 남쪽으로의 영토 확장은 훨씬 손쉬웠는데, 남하하는 과정에서는 오합지졸의 부족민들과 힘없는 왕국을 몇 개 만난 것이

전부였고, 이들은 유목민과 같은 군사적 우위도 갖고 있지 않았다. 이즈음 이루어진 중국인의 창장강 이남으로의 이동(한나라 때 한창 대규모로 진행되었다.)은 중국 역사를 만든 가장 근본적인 동력의 하나다. 이 이동은 군사적 정복의 면에서도 중요했지만, 주민들의 점진적 이동으로 변경의 경작지를 따라 새로운 토지가 개척되었다는 면에서도 중요했다. 아울러 이 시절의 남하로 지금은 원류를 따질 수 없는 다양한 부족들이 중국 안에 동화되었고, 아울러 중국의 가장 부유하고 비옥한 땅이 그때까지와는 전혀 다른 방식의 농경(습식 벼농사)과 통합되면서 중국의 전체 판도가 급속히 뒤바뀌었다. 물론 이 과정에서 중국은 여러 왕국을 군사적으로 정벌해야 하기도 했다. 기원전 110년의 민월국(오늘날의 푸젠성) 멸망이 그 시초였다. 한의 군대는 그 뒤에 곧바로 광동성(광둥성)과 베트남의 홍강(紅江) 삼각주까지 진격해 이 지역에 대한 지배권을 확립했다.(홍강 훨씬 아래쪽에 있는 베트남의 다낭에는 이미 수 세기 전부터 중국 무역업자들이 도달해 있었다.) 그런데 점령하고 보니 베트남 북부는 중국인들이 통치하기가 매우 곤란한 것으로 드러났는데, 중원에서 너무 먼 데다 통신마저 매우 열악해 걸핏하면 반란이 일어났기 때문이다. 기원전 109년에는 이보다 훨씬 서쪽의 뎬국이 한에 점령당했다.(이 나라는 강의 도하 지점이라는 입지가 장강 상류와 버마 사이의 무역로와 연결된 덕에 엄청난 부를 축적했다.) 정복 후에도 이 나라 왕은 한의 인가를 받아 기원전 87~74년의 반란이 일기 전까지 계속 나라를 다스렸다. 반란이 일자 한나라는 운남(윈난) 서부에 있는 곤명(쿤밍)의 부족을 상대로 원정을 감행해 자국의 지배권을 오늘날의 버마 국경 근방까지 확대했다. 버마 북부의 샨 왕국은 그로부터 몇십 년 뒤까지 계속해서 한나라에 조공을 바쳤다.

[이후의 중국 ☞ 9.7.1 및 중앙아시아의 교역 ☞ 9.8]

9.3 인도

[이전의 인도 ☞ 8.5]

마우리아 왕조의 몰락 이후, 기원전 200년에서 기원후 200년까지 인도는 내내 정치적으로 분열되어 있었다. 따라서 이 시기의 인도 정치사는 가장 일반적인 수준의 정리만 가능하며, 다양한 왕국과 관련한 각종 연대들도 최대 200년까지 차이가 난다. 그나마 서쪽의 이란 및 동쪽의 중국과도 접촉이 있던 인도 북서부의 왕국들에 대해서는 대부분의 지식이 전해지고 있다. 박트리아 왕국의 경우, 최소한 기원전 250년 무렵에는 셀레우코스 제국에서 완전히 독립한 듯 보이며, 이후로는 마케도니아 출신의 소규모 엘리트층에게서 통치를 받았다. 박트리아 왕국의 이들 엘리트층은 고립된 상태에서도 자신들의 그리스식 문화를 이후 한 세기 동안 더 지켜 나갔다. 그러다가 기원전 2세기 초반에 이들의 지배력이 남부의 펀자브에까지 미쳐, 주로 수도 사갈라(오늘날의 시알코트)를 중심으로 통치가 이루어졌다. 이 왕조의 왕 중 한 명을 그리스인들은 메난드로스(Menander)로 알았지만, 인도인들 사이에서는 밀린다(Milinda)로 통했다. 이 왕이 기원전 150년 무렵에 그리스식 문화에서 완전히 손을 떼고 불교에 귀의하니, 일명 『밀린다왕문경(彌蘭陀王問經)』은 오늘날에도 불교의 표준 입문서로 통한다. 하지만 어느 순간 이 왕국은 중앙아시아 출신의 유목민들에게 파괴당했다. 이때 박트리아 왕국에서 집단이 하나 떨어져 나와 카불 계곡에서 탁실라에 이른 뒤 소규모의 간다라 왕국을 세웠다. 이 왕국은 갠지스강 유역 및 인도에서 중앙아시아로 들어가는 핵심 무역로를 장악하면서 꽤 부를 쌓을 수 있었다. '고전주의' 역사가들은 종종 이곳을 '그리스' 왕국으로 보지만, 사실 간다라 왕국은 불교예술의 주된 중심지이자 불교 안의 핵심 전통인 대승 사상이 발달한 곳이었다. 불교의 이런 가르침들이 서쪽으로 퍼져 서남아시아에까지 이른 것도 이 간다라 왕국의 영향력에 힘입은 것이었다. 그러다가 간다라 왕국은 북쪽의 스키타이 유목민과 서쪽의 파르티아 제국으로부터 동시에 공격을 받으면서 박트리아계의 최후 통치자(헤르마이오스(Hermaeus))를 기원전 50년에 잃었다.

인도 북서부의 여러 왕국 중 제일 중요했던 곳은 쿠샨이었다. 그러나 이 나라에 대해서는 애초에 기원은 물론 관련 연대조차 불분명하다. 아마도 흉노족이 한의 압박을 받아 밀려났을 때 월지족이 덩달아 서쪽으로 밀리면서 생겨난 나라로 짐작된다. 이들 쿠샨족은(혹은 월지족은) 인도·유럽어를 사용하는 민족 중 가장 동쪽에 자리 잡은 사람들이었던 것 같다. 이들이 쓰던 언어를 오늘날에는 '토하라어'라고 한다.(현대의 인도어로는 투카라(Tukhara)로 불린다.) 쿠샨 왕조의 통치자 중에서 핵심 인물로는 카니슈카(Kanishka)가 꼽히나, 그의 연대에 대해서는 기원전 58년, 기원후 78년, 기원후 128년 등 설이 다양하다. 서로 상충하는 이들 연대 중에서 어느 하나를 정설로 확정 짓기란 불가능하지만, 약 200년의 차이를 보이는 이들 추정치에서도 말엽의 설이 좀 더 신빙성이 있어 보인다. 왕국은 프루샤프라(오늘날의 페샤와르)에 수도를 두었으며, 그 지배력은 먼 데까지 뻗쳐 박트리아, 카슈미르, 신드, 펀자브는 물론 저 멀리 동쪽의 델리까지 아울렀다.

당시에 이 왕국이 어떻게 구성되어 있었는지는, 이곳의 역사가 그렇듯, 현재로서는 알려진 바가 없다. 이 왕국이 부를 쌓을 수 있었던 비결은 간다라 왕국과 마찬가지로 핵심 무역로를 하나도 빼놓지 않고 장악한 데 있었는데, 그 길들은 인도 북부를(특히 갠지스강 유역을) 출발해 탁실라와 박트리아를 거쳐 중앙아시아 및 중국 동부에 이르렀다. 쿠샨 왕국의 통치 지역은 유라시아 전역에 확립된 무역망 중에서도 가장 핵심적인 부분에 해당했다. 그뿐만 아니라 이곳은 유라시아에서 생겨난 다양한 문화와 사상이 한데 만나 뒤섞이는 곳이기도 했다. 아울러 쿠샨 왕국 통치자들은 금과 은으로 고품질의 표준화된 통화를 발행해 사용했다. 이들 동전 상당수에는 그리스 문자가 새겨져 있으나, 부처를 비롯해 이란, 수메르, 인도의 여러 신도 찾아볼 수 있었다. 쿠샨 왕조 내에서는 불교가 지배적 사상이었던 데다 현재까지 살아남은 각종 문헌들도 대부분 불교와 관련된 것들이지만, 모두 산스크리트어로 쓰여 있다. 쿠샨 왕국은 불교의 제4차 대결집이 개최된 곳이기도 하며, 이후에도 불교가 중앙아시아의 무역로를 따라 중국까지 전파되는 데 핵심 역할을 담당했다. 쿠샨 왕국은 300년 동안 명맥을 이어 가다 기원후 240년 무렵에 이란의 사산 제국에 정복당했다.

9.4 파르티아 제국

파르티아 제국은 기원전 247년부터 기원후 226년까지 근 500년 동안 이란과 메소포타미아의 상당 부분을 다스렸지만, 당대의 공문서가 거의 남아 있지 않아 이 제국의 성격에 대해서는 거의 알려진 것이 없다. 서양의 사료에서는 이 제국을 파르티아라 부르지만, 동양의 사료에서는 제국의 창건자인 아르사케스(Arsaces)의 이름을 따서 아르사케스 왕조라 부르기도 한다. 이 제국 사람들이 스스로를 어떻게 칭했는지는 현재 알려져 있지 않다. 그러나 이곳이 유라시아 역사에서 핵심적이었던 것만은 분명하다. 당시 파르티아는 로마와 한 제국 사이에 낀 대규모 국가였을 뿐 아니라, 두 국가의 핵심 교역 상대로서 둘을 연결해 주는 역할도 했다.(물론 두 나라가 직접 접촉하는 것은 꺼렸다.) '파르티아인'이 처음 알려진 것은 아케메네스 제국의 통치 시절에 이란의 호라산 동부에 거주하면서부터였다. 마케도니아인들이 셀레우코스 왕조를 열었을 때 파르티아인들도 그 일부를 구성했던 듯하나, 셀레우코스 왕조가 서쪽 지방의 통치에 주력하면서 파르티아인에 대한 지배권을 잃고 만 것 같다. 이에 셀레우코스 제국과 박트리아 왕국 사이에서 파르티아인 국가가 출현하니, 기원전 247년에 아르사케스가 창건한 듯하다.(설령 창건 연대가 아니라고 해도 파르티아인들은 최소한 이때부터 자신들의 역사가 시작되었다고 보았다.) 파르티아 제국은 50년 넘게 소규모 왕국에서 벗어나지 못했으나, 셀레우코스와 거의 끊임없이 싸움을 벌이며 서서히 서쪽으로 영토를 확장했고 기원전 209년에는 셀레우코스 제국으로부터 독립국임을 인정받았다. 하지만 파르티아 제국에 진정한 토대가 쌓인 것은 기원전 170년에 미트리다테스 1세(Mithridates I)가 왕위에 오르면서였다. 그는 남서부 방향으로 영토를 확장해 이란의 심장부까지 이르렀고, 수도를 니사에서 헤카톰필로스로 옮겼으며, 메디아는 물론 기원전 141년에는 메소포타미아 중앙을 차지하고 있던 셀레우코스의 수도 셀레우키아까지 차지했다. 기원전 138년에 미트리다테스 1세가 세상을 떠날 무렵, 파르티아 제국의 영토는 멀리까지 뻗어 서쪽으로는 티그리스강에서 유프라테스강까지, 동쪽으로는 박트리아 국경에까지 이르렀다. 제국은 이후 20년이 더 걸려서야 말기에 이른 셀레우코스 왕조의 서쪽에서의 침략과 월지족의 동쪽에서의 침략을 막아 내고 마침내 안정기에 접어들었다. 파르티아는 메소포타미아에서 아르메니아로 진입하는 북서쪽 땅을 점유함으로써 영토 확장의 최종 단계를 마무리 지었다.

파르티아 제국

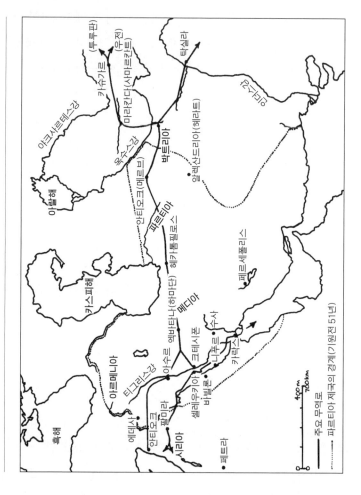

파르티아 제국

아랄해

아크사르테스강

카슈가르 (투루판)

마라칸다(사마르칸트) (우전)

타슈쿠라

소그디아나

옥수스강

안티오크(메르브)

박트리아

알렉산드리아(헤라트)

파르티아

아리아

카스피해

헤카톰필로스

아르메니아

메디아

페르세폴리스

티그리스강

아수르

에바타나(하마단)

크테시폰

셀레우키아

니푸르 · 수사

에데사

바빌론

안티오크

카락스

팔미라

페트라

페르시아

흑해

수사

게리아

주요 무역로
파르티아 제국의 경계(기원전 51년)

400 m
700 km

파르티아인들이 로마인과 처음 접촉한 것은 기원전 92년으로, 당시 로마인들은 메소미타미아를 향해 동쪽으로 영토를 확장 중이었다. 이를 계기로 이후 파르티아는, 그리고 파르티아가 멸망한 뒤에는 사산인들이 그 대를 이어 로마와 600년 넘게 싸움을 벌였다. 하지만 둘 사이에서는 단 한 번도 승부를 가를 결정적 일전은 없었다. 그나마 기원전 53년에 로마가 카르하이 전투에서 혹독한 패배를 당한 것이 결정적 일전에 가장 가까웠다. 이 시절에는 파르티아나 로마 모두 상대방에게 결정적인 전략적 패배를 안길 만큼 막강한 힘을 가지지 못했던 것이다. 심지어 로마는 파르티아 제국의 새 수도 크테시폰을 (기원후 116년, 164년, 198년에) 세 차례나 점령했지만, 이마저도 종국에는 일시적 성과에 그쳤다. 수백 년 동안 양국은 간헐적으로 수차례의 군사작전을 벌였고,(보통은 메소포타미아가 전장으로 이용되었지만, 이따금 아르메니아가 이용되기도 했다.) 그때마다 상당한 노력이 동원되었음에도 불구하고 양측의 팽팽한 힘겨루기 상황은 변하지 않았다. 로마인들은 파르티아와 면하고 있던 쿠샨 왕국과도 동맹 체결을 시도했지만, 이때에도 두 나라 사이에서는 좀처럼 결정적 승부가 나지 않았다.

시간이 흐르자 파르티아 제국의 관심은 급속히 서쪽으로 바뀌어 메소포타미아의 부유한 땅을 노리게 되는데, 이곳을 근거지로 동서 무역로의 지배권을 손에 넣을 수 있기 때문이었다. 파르티아 제국이 크테시폰에 새 수도를 건설한 것도 바로 이런 까닭에서였다. 파르티아 제국의 국내 통치에 대해서는 명확히 밝혀진 바가 없으나, 강한 힘을 가진 중앙정부는 존재하지 않았던 것 같다. 아르사케스 가문이 줄곧 왕위에 올랐던 것은 분명하지만, 제국 내에서는 왕위 계승을 둘러싸고 수없이 분쟁이 일었다. 제국은 아르메니아와 대(大)메디아 같은 몇 개 '왕국'으로 나뉘어, 귀족 계급의 구성원들이 이들 왕국을 하나씩 맡아 다스렸던 것으로 보인다. 그중에서도 속주 파르스는 아케메네스 가문의 통치를 받았을 가능성이 높다. 그 외에도 파르티아의 유력 귀족 가문으로는 수렌, 카렌, 게우(Gew), 미흐란 등이 꼽혔고, 이들이 제각각 속주를 하나씩 차지하고서 그 안에서 광대하고 돈이 많이 드는 궁정을 유지해 나갔다. 군 병력은 대부분 귀족들이 조달하되, 군 통솔은 아르사케스 가문 출신의 왕이 맡았다. 파르티아 제국은 애초에 나라가 형성될 때 셀레우코스 왕조의 관료를 그대로 넘겨받았기 때문에 초창기에 나라의 공식 언어는 그리스어였다. (아케메네스 제국의 언어였던) 아람어는 서부에서 여전히 비중이 컸으며, 파르티아어는 제국 몰락을 불과 수십 년 앞둔 기원후 200년에야 비로소 나라의 공용어가 되었다. 파르티아 제국의 종교는 여러 가지가 매우 복잡하게 뒤섞여 있었다. 조로아스터교는 중요한 종교였음에도 불구하고 사산 왕조에나 들어서서야 비로소 국교로 인정받았다. 그리스의 신앙은 대체로 그리스인 공동체에서나 찾아볼 수 있었다. 이와 함께 쿠샨 왕국에서 서쪽으로 불교가 전파되면서 파르티아 제국에서도 불교의 중요성이 매우 커졌다.

[이후의 이란 ☞ 10.13]

9.5 로마의 확장

[이전의 로마 ☞ 8.11.2, 카르타고 ☞ 8.7.2 그리스 ☞ 8.10]

로마는 기원전 295년의 센티눔 전투 이후 이탈리아반도 대부분에 지배권을 확립할 수 있었는데, 그러고 나자 여러 가지로 상황이 어려워졌다. 지난 2세기 동안 로마는, 지극히 이례적인 상황만 아니면,

매년 어김없이 전쟁을 벌여 오던 나라였다. 따라서 이때쯤에는 군사적 정복과 확장이 필수 불가결한 국사의 일부로 굳어져 있었다.(로마의 이런 군사 활동이 '방어'였으며 '타의에 의해' 불가피하게 이루어졌다는 생각은 당대의 로마 변증법자들의 주장에 불과한데도, 거의 모든 고전주의 역사가가 이런 주장을 극히 최근까지 똑같이 되풀이해 왔다.) 로마에서는 원로원직에 머무는 동안 전쟁에서 성과를 올려야만 정치적 이력을 쌓을 수 있었다. 여기서 각종 특권이 부여되었고, 모든 일이 원활히 돌아가기만 하면 출중한 장군들에게 돌아가는 '승리'의 영예까지 안을 수 있었다. 따라서 로마에서 공직자는 누구나 전쟁을 선호했다. 로마에 군국주의는 곧 나라 전체의 강령과도 같았고, 산업화 이전의 그 어느 국가도 상시 무장한 인구 비율이 로마만큼 높지 않았다. 로마 청년층만 해도 평균 군 복무기간이 약 7년에 달했다. 로마인들은 전장에서도 동시대 그 누구보다도 폭력적이었고, 관용 또한 베풀지 않았던 것으로 보인다. 로마인들은 마을이 항복을 거부하면 전체 주민을 보란 듯 학살하곤 했다. 로마가 이탈리아의 지배권을 손에 넣은 뒤에도 계속 정복 및 확장 정책을 밀고 나간 것은 어쩌면 당연한 일이었다.

이탈리아의 바깥세상에서 온 로마의 첫 대결 상대는, 로마와 항쟁 관계이던 도시 타렌툼에 지원을 감행한 에페이로스의 통치자 피로스 (Pyrrhus)였다. 피로스는 기원전 275년에 벌어진 베네벤툼 전쟁에서 로마에 패배했다. 이로써 이탈리아 남부를 온전히 장악하게 되자, 로마는 이제 시칠리아를 지배하던 카르타고에 도전장을 던졌다. 시칠리아를 둘러싼 둘 사이의 전쟁은 기원전 241년까지 계속되다가, 카르타고가 로마에 시칠리아를 내주고 배상금을 지급하면서 마무리되었다. 3년 뒤에 로마인들은 사르데냐와 코르시카까지 추가로 정복했다. 당시 사르데냐와 코르시카의 위세는 제한되어 있었지만 그래도 인근에서는 카르타고를 제치고 점차 강자로 부상하는 중이었다. 하지만 북 아프리카와 지중해 서부, 스페인 상당 부분은 여전히 카르타고의 차 지였다. 로마와 카르타고의 두 강국 사이에는 강력한 무역 관계가 형 성되어 있었지만, 로마가 계속 확장해 오자 두 번째 전쟁이 터졌다. 기 원전 218년에 카르타고의 장군 한니발(Hannibal)은 이탈리아를 침공 해, 이탈리아반도의 로마 동맹으로부터 일부 지원을 얻는 데 성공했 다. 이탈리아에서 벌어진 수차례의 전투에서 승리는 연이어 한니발에 게 돌아갔고, 기원전 216년의 칸나이 전투에서 결국 로마가 카르타고 에 대패를 당했다. 그러나 이탈리아 동맹 대부분이 시종일관 로마 편 에 섰기에, 한니발은 로마를 완전히 굴복시킬 일격은 끝내 가하지 못 했다. 로마는 전보다 훨씬 많은 수의 자국 시민을 군에 동원하며 이내 힘을 회복했다. 그리하여 기원전 207년에 이탈리아 북동부의 메타우 루스강에서 벌어진 전투에서 카르타고가 로마에 대패를 당했다. 로 마인은 그길로 북아프리카까지 원정을 감행해, 기원전 202년의 자마 전투에서 카르타고에 돌이킬 수 없는 최후의 패배를 안겼다.

로마가 동부 깊숙이까지 진입하기로 결정한 것은, 그리스의 몇몇 왕국이(특히 마케도니아의 필리포스 5세(Philip V)가) 카르타고에 대한 지 원을 끊지 않았기 때문이었다. 로마는 기원전 197년에 키노스케팔라 이 전투에서 필리포스를 대파한 후, 자신들이 그리스인을 해방시켰 다는 식의 일방적 선언을 발표했다. 마케도니아는 그리스 내에서의 영향력을 두고 기원전 171년부터 다시 로마와 싸움에 돌입했으나, 필 리포스 5세의 아들 페르세우스(Perseus)가 기원전 168년에 피드나 전 투에서 로마에 대패를 당했다. 마케도니아 왕국은 완전히 무너지며 넷으로 분열되었고, 그간 마케도니아를 지원해 온 로도스 등의 그리 스 도시들에 대해서도 강력한 조치가 취해졌다. 이제 로마는 지중해 일대에서는 필적할 데가 없을 만큼 막강한 나라가 되어 있었다. 그리스도 실질적으로 로마의 지배하에 있었으며, 아나톨리아와 지중해 동부까지 그 영향력이 확대되기 시작했다. 서부에서는 로마가 일단 스페인 장악에는 성공했으나, 통치에는 여러 어려움이 뒤따랐다. 기원전 197년과 154년에만 반란이 두 차례 일었다. 그중 첫 번째는 종국에 20년간의 전쟁으로 번졌고, 두 번째는 기원전 137년에 로마인들이 누만티아 전쟁에서 대패하는 결과로 이어졌다. 하지만 로마인들은 4년 뒤에 이곳을 다시 침공해 도시를 짓밟아 놓았다. 로마인들에게 남겨진 마지막 큰 문제는 카르타고를 어떻게 처리할 것인지였다. 기원전 201년부터 50년간으로 약정된 카르타고의 전쟁 배상금 지급이 곧 완료되는 시점이었다. 기원전 146년에 로마는 카르타고를 손쉽게 격파하고 도시를 철저히 파괴한 후, 북아프리카까지 로마의 영토로 병합했다. 이로써 로마의 지배권은 지중해 거의 전역을 아우르게 되었다.

9.6 로마의 사회

끊임없이 이어지는 전쟁과 정복 활동은 로마 자신에게도 큰 영향을 미쳤다. 이제 로마는 사회와 국가의 양면에서 전쟁과 정복 활동에서 생겨나는 돈과 약탈품, 땅과 노예에 점점 의지했다. 더구나 기원전 240년 무렵에 일어난 시칠리아, 사르데냐, 코르시카의 정복은 이탈리아 본토 정복과는 전혀 다른 기반에서 이루어졌다. 이 새로운 정복지들은 로마와 동맹을 맺지 않는 대신, 로마에 일정량의 공물을 현금으로 납입했다. 기원전 200년에 접어들자 외국에서 들어오는 이런 돈이 로마의 국가 세입 전체의 4분의 3을 차지했고, 이후에도 150년 넘게 로마는 동부 지중해의 부유한 지역을 정복함으로써 국가의 주 세입을 조달했다. 여기서 거둬지는 수익은 최종적으로 여섯 배까지 불어났다. 로마가 얻게 된 이 추가적인 부는, 전리품 및 약탈품 같은 전쟁 중의 좀 더 직접적인 수입과 함께, 로마 사회에 일련의 근본적 변화를 불러왔다. 그러나 로마의 각종 제도는 예전의 소규모 농경 국가 시절에 발달한 것이라 매우 취약했던 만큼 그런 변화에 매우 큰 압박을 느낄 수밖에 없었다.

로마가 전쟁에서 획득한 전리품은 일부 병사에게 분배되기도 했지만, 그 압도적 대다수는 역시 부유한 통치 엘리트층에 돌아갔다. 이러한 전리품을 통해 통치층은 부를 엄청나게 늘리는 한편 광대한 사유지까지 손에 넣었다. 여기에 기원전 167년에 이탈리아 본토에 대한 토지세가 전면 철폐되면서 토지의 가치가 한층 높아졌다. 토지세의 전면 철폐로 국가 수입은 줄어들었지만, 외국에서 들어오는 공물이 그 손실분을 충분히 메워 주고 남았다. 토지의 가치가 높아지자 땅을 빼앗기는 소규모 자작농이 더욱 늘었고, 엘리트층은 공유지까지 전용하기에 이르렀다. 이로써 로마는 초창기를 떠받쳐 주던 든든한 중추를 잃고 마니, 자기 땅에서 농사짓던 농민층인 아시우두스가 종국에 몰락해 버린 것이다. 그러자 로마의 시민층은 물론 군 복무자 수가 함께 줄어들었다. 여기에 땅을 지킨 사람들은 더욱 장기간 군에 복무해야 했으므로 엘리트층이 그 부재를 틈타 이들의 땅을 차지하기가 훨씬 손쉬워졌다. 기원전 107년에 로마는 병력 부족을 주된 근거로 들어 무산자들까지 병부에 등록시켰다. 물론 예전에도 그런 선례가 전혀 없는 것은 아니었으나 로마에 이는 분명 중대한 전환이었고, 새로 군 복무를 하는 사람에게는 군대를 최종적으로 해산할 때 토지를 지급해 주기로 했다. 기원전 87년에 술라(Sulla)가 자신의 스물세 개 군단을 해산했을 때 재정착시켜야 하는 병사 수만 거의 10만 명에 달했다. 기원전 25년 무렵에는 이런 식으로 토지를 지급받은 병사들이 총 25만 명가량에 이르렀다. 병사들에게 토지를 지급하려면 그때까지 농민들이 지켜 온 땅을 빼앗아 오는 수밖에 없었다. 그러나 이런 분배 정책은 사실상 장기적 면에서는 별 효과가 없었다. 대부분 병사가 돈을 받고 팔거나 무력행사에 강탈당하는 식으로, 자기들이 지급받은 땅을 엘리트층에 내주었기 때문이다. 이탈리아에서는 농민 가정의 거의 절반이 자신이 가진 땅에서 강제로 쫓겨났다.(이 인원만 해도 150만 명이 넘었다.) 그중 상당수는 하루가 다르게 팽창하던 도시 로마로 흘러들어 갔으며, 그렇게 해서 로마의 인구는 약 50만 명을 헤아렸던 것으로 보인다. 도시로 들어간 이들 농민은 스스로 끼니를 해결할 능력이 없었고, 나라에서는 기원전 57년부터 싼값으로(이후에는 무상으로) 사람들에게 음식을 배급해 주는 식으로 돈을 들여 내부의 안정을 꾀했다. 로마는 음식 배급에만 국가 세입의 6분의 1을 써야 했지만, 엘리트층은 분명히 그 정도 금액이면 안정의 대가로는 충분히 싸다고 여겼던 것 같다. 당시 엘리트층의 고민은 오히려 어디서 새로운 부를 얻느냐였다. 로마의 원로원은 여전히 1년에 단 둘만 선출되었고, 오로지 이들만이 가장 막대한 양의 전리품과 약탈품에 접근할 수 있었다. 거기다 지중해의 패권이 일단 로마로 넘어오자, 정복 및 군사작전의 횟수는 점차 줄어드는 모양새였다. 따라서 로마에서는 공직에 (특히 속주의 장관직에) 오른 후 부패, 조세 징수권 매매, 강탈의 방법으로 부를 얻는 것이 주된 수입원이 되어 갔다. 정치 이력에서 얻는 보상이 늘자, 정치권의 경쟁 및 당파 싸움도 훨씬 격화되어 탐욕, 야망, 경쟁자 숙청이 '정치'의 핵심 특징으로 자리를 잡아 갔다. 로마의 제도는 이런 상황을 극복할 힘을 갖지 못했고, 결국 나라는 내전에 빠져들었다.

정복과 확장의 근본적 영향은 이탈리아가 아테네와 비슷하게 [8.9.4] 노예제사회가 된 데서 찾아볼 수 있었고, 로마의 경우 그 규모가 훨씬 컸다. 로마에는 애초에 탄생 때부터 노예가 존재했지만,(로마는 일찍이 기원전 357년부터 노예해방에 세금을 부과했다.) 본격적으로 노예제사회가 된 것은 기원전 250년 무렵부터였다. 이때부터 전쟁에서 꾸준히 노예가 공급되어 엘리트층의 대규모 사유지에서 일했다. 이내 로마에서는 가정에 거느린 방대한 수의 노예가 부의 상징이자 엘리트만의 독특한 특징으로 자리 잡았다. 노예는 로마에 몇 안 되는, 이용 가능한 부의 형태 중 하나였다. 기원후 1세기 초반에 이탈리아의 노예는 약 200만 명에 이르러 전체 인구의 3분의 1을 차지했다. 이 정도 규모의 노예제를 유지하기 위해서는 반드시 엄청난 수의 노예가 지속적으로 공급되어야 했고, 이를 위해 특히 전쟁이 많이 이용되었다. 군대의 사령관은 도시를 점령하면 주민을 노예무역업자에게 팔거나 병사들에게 나누어 주었는데, 병사들은 받은 노예를 대부분 타인에게 팔았던 것 같다. 대를 이은 노예 생산도 중요시되어, 기원전 146년에 카르타고가 멸망할 당시에는 2만 5000명의 여자가 노예로 팔려 갔다. 기원후 67년에 향후 로마 황제가 되는 베스파시아누스(Vespasian)가 갈릴리의 티베리아스를 점령했을 때, 병약자 및 노약자 1200명을 즉살하고, 남자 6000명은 추방해 코린토스의 운하에서 강제 노역을 시켰으며, 나머지 주민 3만 명은 그대로 노예로 팔아넘겼다. 셉티미우스 세베루스(Septimius Severus)의 경우 기원후 198년에 파르티아의 수도 크테시폰을 점령했을 때, 약 10만 명의 주민을 한꺼번에 노예로 팔아넘겼다.(이 같은 일은 비일비재했다. 일례로 기원전 22년에 스페인의 칸타브리아 마을 주민들이 집단으로 자살했는데, 무자비한 로마인들 손에 가족들이 생이별하며 노예로 팔려 가느니 죽는 것이 낫겠다는 판단에서였다.) 당시 노예제는 현상 유지를 하는 데만 1년에 최소 25만 명 이상의 새로운 노예가 필요했으므로,(이 수치를 아메리카와 비교해 보면, 아메리카의 경우 19세기 말의 절정기 때 유럽에서 아메리카로 팔려 간 노예의 수가 약 8만 명이었다.) 전쟁으로는 이탈리아의 노예 인구가 충분히 충당되지 않았다.(노예의 기대 수명이 짧은 탓이었다.) 그래서 이탈리아는 지중해 변경 지대(북유럽, 흑해, 아프리카 등)에 발달해 있던 노예무역을 통해 노예 대부분을 통해 충당해야 했다.

노예들이 어떤 삶을 사느냐는 개별적으로 크게 차이가 났다. 대부분은 대규모 조를 이루어 사유지에서 농사를 지었다. 탄광에 투입된 이들은(특히 노예 인력만 4만 명이 넘었던 스페인에서는) 노동에 시달리다가 금세 목숨을 잃을 확률이 컸던 반면, 엘리트층 가정에 들어간 이들은 훨씬 편한 삶을 기대할 수 있었다. 물론 개중에는 비교적 인도적인 주인들도 있어 노예 신분에서 해방시켜 주기도 하고 노예 출신으로 더러 부자가 된 이들도 있었으나, 궁극적으로 노예제에는 폭력과 무력이 동반되었으며 노예를 소유한 주인이 노예에 대한 전권을 가졌다. 당시에 노예는 매매할 수 있는 대상이었으며, 주인이 노예를 팔기 위해 (법적으로 인정되지 않는 일임에도) 가족을 생이별시키는 수도 있었다. 노예들은 종종 목덜미에 철로 된 조각을 찼는데, 거기에는 노예가 도주했을 시에 이들의 귀환 방법에 대한 지침이 새겨져 있었다. 프테올리의 한 비문에는 노예의 고문 및 처형을 대행한다는 장의사 협회의 제안이 담겨 있었는데, 주인들이 정해진 금액을 치르면 태형이나 십자가형 같은 다양한 형벌 중 하나를 고를 수 있었다. 국가는 당연히 노예 소유주의 편에 섰다. 기원후 61년에 노예 하나가 개인적인 원한 때문에 속주 장관 페다니우스 세쿤두스(Pedanius Secundus)를 살해했다. 로마에서는 이런 상황이 발생하면 그와 동일한 거주지에 사는 노예는 모두 처형한다는 관습이 있었고, 그에 따른다면 이번에는 여자와 아이들을 비롯해 총 400명이 넘는 노예가 함께 처형당할 판이었다. 원로원은 이 일을 논의에 부친 끝에 법을 종전대로 유지하기로 결정했고, 군대가 몇 차례 봉기를 진압한 후 법대로 처형했다. 노예들이 공권력을 피해 더러 오지로 달아나 버릴 수는 있었으나, 노예들의 집단 봉기는 지방에서만 제한적으로 일었던 데다 얼마 안 가 제풀에 가라앉았다. 기원전 140년에서 170년 사이에 이탈리아와 시칠리아에서는 세 차례 봉기가 일었는데, 스파르타쿠스(Spartacus)가 필두에 선 마지막 봉기가 제일 중요했다. 로마는 이 반란을 장기간의 군사 작전을 벌여 끝내 진압했고, 막바지에 가서는 6000명의 노예를 십자가에 매달아 카푸아에서 로마로 이어지는 도로에 세워 두었다. 로마 세계에서 이런 형벌은 그렇게 이례적인 일도 아니었고, 유독 노예들만 당하지도 않았다. 아우구스투스(Augustus)는 정적이던 섹스투스 폼페이우스(Sextus Pompeius)에게 자신의 병사들이 대패를 당하자, 그에 못지않게 많은 수의 병사를 십자가에 매달아 죽였다. 의미심장한 것은 이런 상황에서도 로마 엘리트층의 주요 인사 어느 누구도 노예제 철폐를 주장하지는 않았다는 점이다. 물론 노예제가 자연의 법칙 및 인간의 영적 평등성에 위배된다고 생각하는 사람들은 있었지만, 그들의 논의는 현실적인 면보다는 주로 철학적인 차원에 그쳤다.

9.7 내부 위기: 한 제국 및 로마 제국

기원전 90년 이후의 약 한 세기는 한과 로마 제국 모두 내부 위기를 겪은 시기였다. 그러나 두 곳 모두 나라의 영토가 크게 줄지는 않았으며, 위기를 겪고 난 뒤에는 새로운 통치 체제를 출현시켜 기원후 2세기 말까지 오래도록 번영과 안정을 누렸다. 한과 로마처럼 멀리 떨어진 두 나라가 어떻게 이 단계에 들어 대략 비슷한 정치 노정을 걸었는지 그 이유는 확실치 않다. 아마도 우연의 일치였을 가능성이 크지만, 유라시아 대륙 각지의 상호 연결성이 깊어진 결과 한 지역에서 빚어진 분란이 다른 지역들에까지 영향을 미친 것일 수도 있다.

9.7.1 중국

중국이 여러 문제를 겪기 시작한 것은 기원전 87년에 무제가 50년이 넘는 긴 치세를 끝내고 마침내 세상을 떠나면서였다. 당시 한에는 성인 후계자가 없었기에 장군 곽광(霍光)이 섭정이 되었다. 하지만 기원전 68년에 세상을 떠나기까지 20년 동안 곽광의 권력 행사는 사실상 그 자신과 그의 가문에 의한 독재였다. 그래서 곽광이 죽고 2년 뒤에는 한 왕조가 실질적 지배력을 다시금 회복하면서 곽광의 인척들을 모조리 처형했다. 그러나 이후에도 한 왕조에는 각종 분란과 궁정 음모, 황후 및 힘없는 어린 통치자에 의한 실정이 끊이지 않았다. 따라서 중앙정부의 권력 약화가 불가피했다. 이뿐만이 아니었다. 인구 증가로 각종 사회적 문제(토지 부족 및 엘리트층의 거대 사유지로의 토지 집중)가 불거졌고, 경제에서 비농업 분야의 비중이 커지면서 상인 및 제조업자의 부가 점차 증대된 것도 나라의 상황을 더욱 어렵게 만들었다. 그러다가 기원후 9년에 왕망(王莽)이 한 왕조를 전복하고 신(新) 왕조를 창건했다. 하지만 정부의 힘이 이미 쇠약해져 버린 데다 사회적 혼란마저 억제하기 어려웠기에 어떻게 해야 안정적으로 통치권을 손에 쥘 수 있을지가 문제였다. 왕망은 사회적 불안의 원인이 되는 요소들을 일부 제거해 보고자, 대규모의 사유지를 국유화한 뒤 평등성의 원칙에 좀 더 입각해 토지 재분배를 시도했다. 그러나 이 구상을 시행할 만한 힘이 정부에는 없었다. 거기다 화폐 위조로 인한 많은 문제 때문에 상황이 더욱 악화된 데다, 황하 유역에 대규모 홍수가 발생하면서 농민반란이 잦아졌다. 기원전 22년 이후 중국 전역에서는 대규모로 손꼽히는 농민반란만 총 스무 차례가 넘게 일어났다. 그중에서도 마지막 반란이 제일 규모가 컸는데, 눈썹을 붉게 칠한 사람들이 일으켰다고 해서 일명 '적미의 난'으로도 불렸다. 이들은 여러 요구를 내걸었고 그중 하나가 한 왕조로의 복귀였다. 기원후 25년에 이를 실현한 것이 광무제(光武帝)로, 원래는 남양 일대에서 꽤 세력이 있는 지주였으나, 한 왕조의 후손이라는 점 외에 달리 명분은 없었다. 그는 자신의 사유지에 창설해 둔 민병대를 기반으로 고향에서 점차 지배권을 장악하고 군대를 키워 나갔다. 나아가 주변 일대의 반란을 진압하고 농민 봉기를 억누르더니 결국 한 왕조를 복구하고 스스로 황제 자리에 올랐다.

9.7.2 로마

로마 제국에 위기가 시작된 것은 엘리트층 내부에서 여러 가지 논란이 벌어지면서였다. 기원전 133년에 호민관 티베리우스 그라쿠스(Tiberius Gracchus)는 차후 로마의 국유지 점유에는 여러 제한이 따라야 한다고 주장했다.(당시에 국유지는 엘리트층이 장악하고 있었다.) 아울러 그즈음 페르가몬의 아탈루스 3세(Attalus III)가 로마시민에게 물려준 땅을 비롯해, 로마에 존재하는 잉여분의 땅을 토지가 없는 농민들에게 재분배하자고 제안했다. 이들 주장의 골자는 결국 제국 및 정복 활동의 전리품을 올바로 분배하자는 것이었다. 하지만 그라쿠스는 반대파의 엘리트층 정적들에게 살해당했다. 10년 뒤에는 그의 동생 가이우스 그라쿠스(Gaius Gracchus)가 이탈리아인들이 로마 군대에서 차지하는 비중이 점차 커지므로 그들을 로마시민으로 만들자고 제안했다. 그러나 그가 이끈 반란이 수포로 돌아가면서 그도 죽임을 당했다. 하지만 훨씬 큰 문제가 터진 것은 기원전 91~88년에 이탈리아 각지의 동맹들이 봉기를 일으키고 시민권을 요구하는 내전이 시작되면서였다. 로마인들은 이 원칙을 재빨리 수용하는 수밖에 없었다. 엎친 데 덮친 격으로 아나톨리아에서는 폰토스의 왕 미트리다테스 6세(Mithridates VI)가 로마의 아시아 속주를 침략해 들어왔다. 엘리트층의 일원으로서 야심에 차 있던 술라는 이를 빌미로 제국 동부에 대한 군사 지휘권을 계속 요청했고, 결국에는 로마까지 진격해 정적들을 권좌에서 끌어내려 일부는 죽이고 나머지 일부는 추방했다. 로마에서 일개 장군이 자신의 군대를 이용해 로마 정부에 반기를 든 것은 이때가 처음이었다. 그리고 그 후 수십 년간 로마 역사에서는 이런 일이 수차례 반복되었다.

술라가 전쟁을 치르고 로마로 돌아온 기원전 83년에는 단기간의 내전이 급기야 대량 학살로 번지며 술라가 독재자로 자리 잡았다. 하지만 그의 권력은 정당한 것이 아니었고, 그 기반이라고 해야 잔혹한 군사력이 전부였다. 이번에도 또다시 반대파는 숙청이나 추방을 당해야 했지만, 이제 원로원은 술라의 지지자들로 꽉 들어차 있었다. 그는 호민관의 권리를 제한하는 한편, 그에게 반대했던 이탈리아 도시들로부터 시민권을 빼앗고 그들의 토지를 몰수해 자기 군대의 백전노장들에게 나누어 주었다. 그런데 기원전 78년에 술라가 죽자 상황은 도리어 악화되었다. 호족들의 힘만으로는 이제 광대하게 커져 버린 제국을 통치해 나갈 방도가 없었다. 로마는 중국처럼 효율적인 관료제가 발달해 있지도 않았고, 따라서 통치도 특정직을 차지한 이들이 벌이는 순전히 사적인 활동에 불과했다. 결국 로마는 특정 지역의 사령관에게 폭넓은 권한을 부여하는 수밖에 없었고, 그리하여 초기에는 스페인 사령관이, 나중에는 제국 동부의 사령관이 그런 권한을 부여받았다. 당시에 제국 동부는 사실상 폼페이우스(Pompeius)가 독립적으로 다스리는 것이나 다름없었다. 그는 미트리다테스 왕이 남긴 땅을 로마에 병합할 때나, 이후 셀레우코스 왕조의 땅을 병합할 때 따로 원로원의 의견을 구하지 않았다. 이와 비슷하게 카이사르도 기원전 58~50년 사이에 알프스산맥 너머의 갈리아 땅을 로마에 병합할 때 역시 원로원의 의견을 구하지 않았다. 기원전 57년에는 폼페이우스가 곡물 공급권마저 지휘하게 되는데, 민정과 관련된 일까지 이토록 개인적 권력에 따라 결정되기는 로마 역사상 처음이었다. 이즈음 로마의 옛 제도들은 전쟁과 제국의 압박을 견디지 못하고 이미 무너져 버린 뒤였다. 이제 정치적 성공은 권력, 부, 전리품의 면에서 더 많은 보상을 가져다주었지만, 그만큼 정치적 실패에 뒤따르는 형벌도 가혹해져 죽음, 추방, 전 재산 몰수 등을 당하기 일쑤였다. 정치 게임에 거는 판돈이 커지자 거기 뛰어든 사람들의 행보도 좀 더 극단적이 되어 갔다. 군대 사령관과 지방 행정관들은 반대파가 후일 무슨 짓을 벌일지 몰라서라도 지금 당장 쥐고 있는 권력 기반을 손에서 놓을 수 없었다.

그러다가 기원전 49년에 결정적 사건이 벌어지는데, 자신의 임기가 종료되고 난 뒤 정적들이 무슨 일을 벌일지가 무엇보다 두려웠던 카이사르가 좀 더 확실히 권력을 손에 쥐고자 자기가 관할하는 경계를 넘어(즉 루비콘강을 건너) 로마로 진군한 것이다. 카이사르가 시작한 이 내전은 거의 20년이나 이어졌다. 이 당시의 정황을 보면 그간 군대 사령관의 권한이 로마에서 얼마나 커졌는지를 알 수 있다. 술라가 기원전 88년에 로마로 진군할 때 그를 뒤따랐던 장교는 단 한 명뿐이었던 데 반해, 카이사르의 로마 진군에는 단 한 명을 제외한 모든 장교가 그의 뒤를 따랐다.(그 한 명의 장교는 이미 폼페이우스의 편에 서 있었다.) 기원전 44년에 카이사르는 자신의 정적들을 물리치고 로마의 실질적인 왕으로 군림하게 되었다. 하지만 기원전 43년에 카이사르는 암살당했고, 이내 그의 추종자들인 레피두스(Lepidus), 마르쿠스 안토니우스(Marcus Antonius), 옥타비아누스(Octavianus: 카이사르의 사후 그의 유서를 통해 양자로 입적되면서 방대한 유산을 물려받았다.)에 의해 삼두정치가 성립되었다. 하지만 이 삼두정치 시기는 통치가 그야말로 유명무실했던 시대로, 세 인물이 로마 제국을 각자 나누어 가진 데 불과했다. 이들은 기원전 42년에 벌어진 필리피 전투에서 카이사르를 암살한 브루투스(Brutus)와 카시우스(Cassius)를 물리쳤으나, 그 후에는 이들 사이의 내전이 계속되었다. 그러다가 기원전 31년에 안토니우스가 이집트 여왕이던 자신의 연인 클레오파트라(Cleopatra)와 함께 악티움 전투에서 패배하면서 내전이 종식되었고, 이로써 옥타비아누스가 홀로 통치자 자리에 남았다. 옥타비아누스의 승리는 로마 옛 체제의 종식과 함께 새로운 폭정 시대의 개막을 알렸다. 로마는 외형상 계속 공화정의 모습을 유지했지만, 실질적 권력은 모두 새로운 통치자 한 사람에게 돌아가 이내 그가 사실상의 황제로 군림했다. 상당수 부유층은 이 새로운 체제가 안정만 가져다준다면 얼마든지 만족하고 살수 있었다. 그리고 실제로도 로마는 한 차례의 짧막한 내전을 제외하면 이후 두 세기 내내 그런 안정을 유지했다.

9.8 유라시아의 연결: 비단길

기원전 1세기에 한 제국과 로마 제국 모두 여러 내부 문제에 시달렸지만, 유라시아의 다양한 국가와 제국 사이의 각종 연결망은 그런 문제들에도 별 타격 없이 점차 확장되었다. 이런 식의 연결에서 무엇보다 중대했던 것은 중국의 영향력이 서쪽으로 더욱 확대된 점이었다. 중국의 지배 영역이 서쪽으로 이동하기 시작한 것은 기원전 4세기 말로, 이 무렵에 진나라의 영토가 사천성 안쪽으로 확대된 것과 함께 중앙아시아의 유목민을 상대로 한 교역 및 교류가 발달했다. 하지만 유라시아를 연결한 핵심 사건들은 기원전 2세기 말엽에 일어났는데, 한 무제 치세에 시행된 흉노 토벌이라는 새로운 방침의 일환이었다. 중국은 흉노에 맞설 동맹을 구하고자 사절로 장건(張騫)을 파견했고, 그는 기원전 139년에서 126년에 걸쳐 서역 탐방이라는 사명을 지고 길을 떠났다. 여정에 오른 지 얼마 안 되어 장건은 흉노족에 붙잡혀 10년을 포로로 지냈지만, 끝내 탈출에 성공해 페르가나와 박트리아에 이르렀고, 그곳에서 과거 흉노족에 밀려 서진해야 했던 월지족을 만났다. 하지만 월지족은 흉노족에 복수하겠다는 생각은 이미 버린 뒤였다. 기원전 115년에 장건은 다시 한번 사명을 띠고 여정을 떠나 이번에는 페르가나, 소그디아나, 중앙아시아의 오아시스 지대(중국인들이 오손(烏孫)으로 알던 지역)에 이르렀다. 무제는 이 지역의 장악이 흉노 토벌에 필수라고 결정을 내렸다. 그리하여 파미르고원 근방의 타클라마칸 사막 가장자리까지 뻗은 이른바 '서역' 지대가 중국의 지배권으로 들어오니, 중국은 페르가나를 점령하는 한편 오손 지역과는 조공 관계를 맺었다. 사실 오손의 오아시스 국가들로서는 흉노에 공물을 바치는 것보다는 중국에 세금을 내는 편이 더 나았는데, 후자의 상황에서는 교역이 활성화되어 상당량의 부를 얻을 수 있었기 때문이었다. 기원전 59년 이후로는 흉노족이 분열하면서 중국이 이 지역의 유일한 강자가 되어 지배권을 유지해 나갔다. 이 지배권은 왕망의 정권 찬탈 때 잠시 흔들렸으나, 후한의 제2대 황제 치세에 손쉽게 회복되었다. 이들 지역에 난 길을 통해 중국은 파르티아 제국, 나아가 훨씬 더 서쪽에 자리한 지중해와 역사상 처음으로 직접 연결되었다. 이런 길들이 모여 연결된 것이 바로 '비단길'로, 비단길은 이후 유라시아의 1500년 역사에서 무엇보다 중대한 요소로 자리 잡는다. 비단길은 단순히 무역로만이 아니어서, 유라시아 전역의 다양한 사회들 사이에서 갖가지 사상과 기술을 실어 나르는 도관 역할도 했다. 비단길은 무역업자들만이 아니라, 선교사, 종교 순례자, 직인 등 여타의 수많은 사람이 함께 이용한 길이었다.

페르가나에 당도했을 당시 장건을 놀라게 한 것은 각양각색의 중국 물품이(특히 오로지 중국에서만 제조되고 있던 비단이) 그곳에서 이미 판매되고 있다는 사실이었다. 그간 이들 물품은 기원전 4세기부터 닦여 있던 길을 통해 이동하고 있었는데, 중원을 출발해 사천성과 운남성을 거쳐 버마에 이른 뒤 동인도로 들어가는 식이었다. 동인도에서부터는 다시 인도의 '장대한 길(Grand Road: 마우리아 제국 시절에 건설되었다.)'을 따라 갠지스강 유역까지 올라갔다가 대규모 무역도시인 탁실라를 비롯해 더 멀리의 중앙아시아까지 이르렀다. 그러다가 비단길

로마 제국과 한 제국 시기 유라시아의 연결

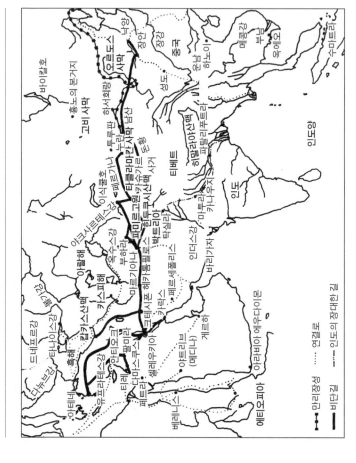

이 열리면서 이제 중국이 이란 및 지중해, 그리고 인도 북서부의 부유한 국가들과 직접 접촉할 길이 열린 셈이었다. 비단길은 천혜의 자연을 따라 나 있지 않았다. 비단길을 이용하려면 5000마일 이상의 황량한 불모지를 지나야 했는데, 상당 지역이 사막임에도 오아시스는 단 몇 군데뿐이었다. 많은 이가 이 길을 따라 인도와 중국을 오간 것은 사실이지만, 상인들이 이 길을 처음부터 끝까지 오간 경우는 극히 드물었다. 비단길이 복잡한 망의 형태를 이루었기 때문에 구간마다 여정의 일부만을 담당하는 중간무역업자들이 따로 있었다. 바로 이런 면 때문에 비단길에서는 상인들이 중간에서 무역을 통제하거나 저지하는 일이 가능했고, 파르티아인이 중간에 끼어 로마 및 지중해 상인들이 중국 및 중앙아시아의 무역업자와 직접 교류하지 못하게 막은 것도 이러한 맥락에서였다. 비단길의 이용에는 갖가지 위험이 따랐지만, 그 위험을 얼마든지 감수할 만큼 이곳의 무역이 가져다주는 부는 엄청났다.

비단길은 장안(기원후 1세기까지 중국의 수도였다.)에서 출발해 위수와 황하 유역으로 올라가 남산(남부의 산악 지대) 언저리에 이르는 초기의 500마일까지는 비교적 순조롭다. 그 뒤 하서주랑을 거쳐 변경 지대의 돈황(둔황)에 이르는데, 여기서부터 비단길의 가장 황량하고 위험한 여정인 타림 분지의 거대한 사막이 펼쳐진다. 이 사막에서부터 비단길은 두 갈래로 나뉜다. 둘 중 좀 더 험난한 길은 남로인데, 오아시스들 사이의 거리가 먼 데다 한낮엔 기온이 매우 높게 올라간다. 하지만 이 길에서는 도적 떼를 만나지 않는다는 장점이 있었다. 남로를 이용하는 상인들은 하늘의 별을 길잡이 삼아 보통은 밤에 이동했다. 남로의 첫 번째 주요 기착지는 선선(鄯善: 오늘날의 체모현)이었고, 이곳을 지나면 대도시 우전(허톈)이 나왔다. 그리고 우전에서 출발해 카라코람산맥을 넘으면 카슈미르와 인도에 도착할 수 있었다. 하지만 수많은 무역업자는 카라코람산맥을 넘는 대신에 우전에서 사차(오늘날의 사처현)과 카슈가르까지 직행한 뒤, 파미르고원의 여러 갈래 길을 지나 힌두쿠시를 통과해 탁실라와 인도 북서부로 들어가는 길을 더 선호했다. 두 번째 길인 북로는 타림 분지를 지나 로프노르의 소금 사막을 건넌 후, 오아시스 도시 누란에 이르렀다가 모래사막을 지나 코를라를 경유해야 했다. 그런데 기원후 3세기에 들어 이 코를라의 물이 말라 버리면서 북로는 큰 원을 그리며 투루판(이곳은 유목민들이 스텝 지대에서 남하할 때 이용하는 주요 기지이기도 했다.)을 지나는 형태로 바뀌었다. 북로는 이 투루판에서 쿠처와 아커쑤를 거쳐 카슈가르에 이르니, 이곳에 와서야 남로와 북로가 하나로 합쳐졌다. 카슈가르에서는 서쪽의 매우 급격한 경사를 지나야만 비로소 파미르고원을 넘게 되어 있었지만, 고원의 끝자락에만 이르면 이내 풍요로운 농경지가 눈앞에 펼쳐졌다. 그리고 이 지점부터는 교역의 목적지 및 해당 지역의 정치적 여건에 따라 길이 달라졌다. 인도로 가는 이들은 박트리아까지 여정을 계속하다가 거기서 인도의 길을 따라 갠지스강에 이르렀으니, 박트리아는 각종 길이 얽힌 요지로 유라시아 역사에서 그 비중이 참으로 막대했던 셈이다. 서쪽을 목적지로 삼은 이들은 고원을 넘은 후 계속 북진해 메르브(마르기아나)에 이르렀다. 아니면 북진하는 대신에 마라칸다(사마르칸트)와 부하라를 경유하며 크게 우회해 메르브에 이르기도 했다. 이 메르브에서 서쪽으로 가기 위해서는 엘부르즈산맥을 따라 이란고원을 지나야만 규칙적으로 물을 공급받을 수 있었다. 이후 이 길은 띠처럼 늘어선 일련의 성읍도시(헤카톰필로스, 라가이, 엑바타나)를 따라가다가 메소포타미아의 중심지(이 중심지는 시대에 따라 셀레우키아, 크테시폰 혹은 바그다드일 수 있었다.)에 이르렀다.

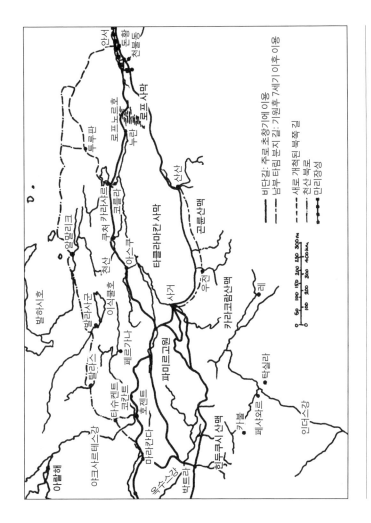

중앙아시아의 '비단길'

여기서부터는 잘 닦여진 번듯한 길들이 알레포, 안티오크, 지중해까지 이어졌고, 개중 몇몇 길은 팔미라와 페트라까지 이어지기도 했다.

이렇듯 험난한 여정에도 불구하고 비단길 무역의 수익성이 좋았던 것은 비단에 대한 서남아시아 및 지중해의 수요가 엄청나 비단이 매우 높은 가격에 거래되었기 때문이다. 당시 비단은 엘리트층이면 누구나 원하는 사치품이었지만, 비단의 생산 기법은 중국인들 사이에서 철저히 비밀에 부쳐졌다. 심지어 비단은 비단길을 오가는 중 화폐로 이용되기도 했다. 하지만 로마인들이 유독 구하려 애쓰던 물품이 비단 하나만은 아니었다. 로마에서는 주철도 중국의 핵심 물품으로 통해서, 플리니우스(Plinius)는 로마인들이 보아 온 주철 중 중국 제품이 최상이라고 했다. 중국의 주철 생산 기법은 분명 서쪽으로 전파되어, 기원전 75년 무렵에는 흉노족이 전수받고 그로부터 40년 뒤에는 오손의 오아시스 국가들에 알려지고 기원후 1세기에는 페르가나까지 이르렀으나, 그 이후로는 더는 서쪽으로 전파되지 않았다.(그래서 유라시아 대륙 서부는 이후에도 1000년 이상 내내 주철 생산 기법에 무지했다.) 유라시아 양 끝을 오간 모든 무역이 그랬듯, 이 비단길 무역에서도 문제는 중국과 인도가 원하는 물품을 서쪽에서는 거의 혹은 전혀 생산해 내지 못했다는 점이었다. 비단길에서의 수익은 동쪽에서 서쪽 방향으로 가는 교역에서만 났다.

9.9 유라시아의 연결: 바닷길

이집트와 홍해 남단을 오가는 길들은 기원전 1000년대 초반에 생겨난 것으로 보인다. 배를 타고 홍해를 거슬러 올라가려면 탁월풍을 맞받아야 했기에 항해가 무척 어려웠고, 따라서 이 길들은 바다의 선박들을 사막의 대상(隊商)과 연결시키는 데 그 목적이 있었다. 통상적으로는 이집트의 무역업자들이 바브엘만데브 해협까지 물건을 날라다 주면, 토착 상인이나 인도 무역업자들이 배를 타고 아라비아해를 건너 인도 북서부까지 물건을 싣고 갔다. 이 일대에서는 이런 방식으로 오랫동안 무역이 지속되다가, 기원전 100년 무렵에 지중해의 무역업자들이 인도 서부와 직접 접촉할 길을 열었다. 이를 두고 고전주의 역사가들은 이 지역의 계절풍이 로마 무역업자들에 의해 처음 '발견되었다'고 곧잘 주장한다. 그러나 지중해의 무역업자들이 이 바람을 능숙하게 이용하기 훨씬 전부터 해당 지역 무역업자들은 이미 수천년 넘게 이 계절풍을 타고 항해하고 있었다. 이 바닷길 무역이 돈벌이가 된 것은 다름 아닌 동방의 물품(후추, 인도 및 중국의 직물, 비단)에 대해 지중해 엘리트층의 수요가 발생했기 때문이었다.

바닷길을 이용하려면 통상 지중해를 건너 이집트에 이른 뒤, 나일강을 타고 남하한 후 대상들을 통해 베레니스 같은 홍해의 최북단 무역항까지 가야 했다. 그런 다음에는 선단을 이룬 배를 타고 아라비아해까지 간 후,(대규모일 때는 최대 120척의 배가 한 철에 함께 항해했다.) 여름 계절풍을 타고 바다를 건너 인도 서부 해안에 이르렀다. 애초에 지중해의 무역업자들은 인더스강 하구 근방의 바리가자를 주요 항구로 이용했으나, 나중에는 홍해에서 거의 곧바로 동진하듯 인도양을 건너 훨씬 남부의 항구들에 도착했다. 이 남쪽 연안에는 대규모 항구만 열여섯 개가 넘었으며, 다양한 출신지의 상인들이 항구에 모여 자신들이 가져온 물건을 흥정해 팔았다. 바로 이들이 동서 바닷길 무역의 핵심 연결을 이룬 장본인인 셈이었다. 지중해의 상인들은 인도 남부에 다다른 후에는 보통 더는 동진하지 않았고, 벵골만을 건너 동

남아시아로 들어가는 무역은 주로 인도 상인들이 맡았다. 제법 오래 전에 닦여진 이 행로를 이용하려면 배를 타고 끄라 지협 북부를 지나 타쿠아파 같은 항구에 이르러야 했다. 기원전 3세기에 타쿠아파를 찾은 중국 상인들의 보고에 의하면, 당시 이곳에는 상주하는 이란 및 소그디아나의 상인과 가족들만 500명 이상이었던 데다, 인도인과 힌 두교 사제도 다수였다고 한다. 인도의 무역업자들은(지중해 출신의 몇 몇 무역업자도) 말레이반도를 지나 수바르나드비파, 즉 '황금의 섬'으로

통하는 동남아시아의 섬들까지 항해해 가기도 했다. 기원후 200년 무렵에 이르자 인도 동부로 항해하는 선박은 점차 커져 길이만 200피트 이상에 약 300톤의 화물과 200명의 승객을 실어 나를 정도였으며, 만일의 사고에 대비해 동체가 작은 선박이 선미에 매달려 있었다.

끄라 지협에서 상인들은 물품들을 육로로 단거리 수송을 해 온 뒤, 배를 타고 베트남 남부와 당시에 한참 발달 중이던 부남(扶南)의 옥에오항으로 갔다. 이 무렵에 부남이 발달한 것은, 이곳이 끄라 지협에서 주로 활동하던 말레이 상인들, 먼 동쪽까지 장사하러 나선 인도 무역업자들, 배를 타고 남쪽으로 내려와 장사하던 중국인 사이에서 핵심 분기점 역할을 했기 때문이다. 거기다 고도로 생산적인 습식 벼 농사에 힘입어 부남의 영향력은 더 커졌는데, 부남 사람들은 옥에오항 배후지에서 쌀을 생산해 그곳을 찾은 상인들에게 내다 팔곤 했다. 애초에 이 지역은 강력한 힘을 가진 지방 군장들이 다스렸으며, 이들은 근방의 무역을 장악하고, 아울러 힌두교와 같은 외래 관습과 종교를 받아들이면서 각종 특전과 권력을 손에 넣었다. 기원후 100년 무렵, 무역에서 얻는 부가 점차 늘어나자 혼반황(混盤況)이라는 중국어 이름의 통치자가 이 일대에 소왕국을 건설했다. 그로부터 한 세기 후에 혼반황의 아들이 세상을 떠나자 장수 범만(范蔓)이 지도자로 선출되어 일대를 다스렸다. 그는 치세 동안 동쪽의 메콩강 삼각주를 장악하고 잉여 식량을 증가시켜 중국에는 소규모 제국까지 탄생시켰다. 제국은 수차례의 원정군 파견으로 말레이반도 동부 연안을 점령함으로써 동서 무역로에 대한 지배권을 더욱 확장시켰다. 이때가 제국 번영의 절정기였다. 이후 부남은 쇠락하는데, 무역로가 급변해 배들이 끄라 지협을 들르는 대신, 믈라카 해협을 거쳐 자와를 경유해 중국에 이르는 바닷길로만 다녔기 때문이다. 기원후 3세기 이후 중국은 부남에 단 두 차례 사절을 파견했을 뿐이었고, 이후 부남은 인도 문화의 영향을 강하게 받은 말레이반도 출신 통치자들의 지배를 받았던 것 같다. 부남의 무역은 중국인들이 장악했고, 이어 이들의 영향력은 베트남 연안을 따라 진주 무역의 중심지인 치아오치(현재의 통킹)를 경유해, 한창 발달 중이던 중국 남부의 항구들까지(특히 광동까지) 미쳤다.

비단길도 그랬지만, 동서 바닷길도 상인들이 처음부터 끝까지 노정을 다 밟는 경우는 드물었다. 중국의 선박들은 기원전 4세기에 이르러 벵골만에 도달한 것으로 보이며, 기원전 1세기에는 확실히 인도에 도달했던 것 같다. 중국인들은 여기서 멈추지 않고 홍해 및 아프리카의 뿔(소말리아반도라고도 하는, 아라비아해로 돌출된 동아프리카의 반도다. ── 옮긴이)까지 항해한 듯하며, 기원후 360년에는 일단의 중국 상인이 확실히 메소포타미아의 여러 항구에 도착했다. 인도의 무역업자들도 이따금 중국까지의 원거리 항해를 감행했으며, 인도의 소왕국 일부는 기원후 159~161년에 이 길을 따라 한나라의 궁정까지 특사를 파견했다. 인도는 기원전 1세기 말에 로마의 옥타비아누스에게도 대표단을 파견한 일이 있었다. 로마와 한 제국도 서로의 존재를 모르지 않았다. 한은 로마 제국의 성격을 대략은 파악하고 있었지만, 시종일관 로마가 해상국가라고만 믿었다.(중국인들은 로마를 '바다 서쪽의 나라'라는 뜻에서 해서국(海西國)이라 불렀다.) 로마인들은 중국이 육지 제국인 줄은 잘 알았지만, 둘 사이의 거리가 얼마나 먼지는 몰랐다. 일례로 아우구스투스 치세에 만들어진 세계지도에는 중국(아우구스투스가 정복을 염원하던 땅이었다.)이 라인강 동쪽에 자리한 갈리아의 고작 세 배 크기인 나라로 그려져 있다. 한과 로마가 직접 접촉한 사례도 드물게나마 몇 번 있었다. 기원전 36년에 한나라 장수 진탕(陳湯)이 중앙아시아의 어디쯤인가에서 로마 군단병을 150명 정도 생포한 경우가 그랬다. 이들은 로마군의 탈영병이었던 것으로 보이는데, 파르티아에서는 로마를 버리고 적국 파르티아로 넘어온 이들 병사들을 제국의 동단으로 보냈다. 하지만 그들은 파르티아의 동단을 지나쳐 훨씬 동쪽에 도착했고, 그렇게 해서 한 제국 북서부 끝단의 청해성(칭하이성)에 정착해 살고 있던 것이었다. 그리 대단한 일은 아니지만, 이것만으로도 유라시아 사회들의 관계가 좀 더 밀접해져 대륙 전반의 교류 범위가 좀 더 넓어졌음을 알 수 있다. 기원후 166년에는 로마 상인 일부가 바닷길을 따라 한나라의 궁정에 도착했다. 중국인들은 이들을 로마의 황제 '안돈'(안토니누스 피우스(Antoninus Pius))의 사절로 여겼으나,(아니면 로마 상인들이 그렇게 행세했을 수 있다.) 안토니누스는 이미 5년 전에 세상을 떠난 뒤였다. 하지만 한의 궁정에 도착하고서도 로마 상인들은 황제 앞에 딱히 내놓을 것이 없었다. 기껏해야 로마 특산품도 아닌, 자신들이 여행 도중 손에 넣은 코뿔소 뿔과 거북이 등껍질을 진상한 것이 전부였다.

이 상인들의 일화만 봐도 당시 동서 무역이 가졌던 문제점의 징후가 여실히 드러난다. 이때는 지중해보다 인도와 중국의 사회들이 훨씬 부유해서, 지중해의 무역업자들은 그들 앞에 내놓을 물품이 마땅히 없었다. 고작해야 산호와 유리 정도가 그들이 제공해 줄 수 있는 최상품이었다. 하지만 유라시아 서부 사회에서는 향신료, 비단, 철, 직물, 상아, 인디고, 마노, 외래 동물 모피 등 이른바 '동방'의 물품들에 대한 수요가 매우 강했다. 이렇듯 '서방'은 교역에 내놓을 물품이 너무 없었기 때문에, 금이나 은 같은 경화(硬貨)를 주고 이들 물품을 사들이는 것이 거래를 유지하는 유일한 방법이었다. 고전주의 역사가들을 비롯한 후기 역사가들은 이 같은 현상을 두고 지중해와 유럽이 동방으로 금괴와 은괴를 '수출'한 것처럼 묘사하곤 한다. 하지만 사실상이 무역은 유라시아의 좀 더 빈곤한 지역이 엘리트층이 갈구하는 갖가지 물품을 얻기 위해 자신의 유일한 자산인 귀금속을 가지고 부유한 사회로부터 그것들을 사들인 것에 지나지 않았다. 이렇듯 심한 불균형을 보였던 이 '무역'은 기원후 19세기가 지나서까지 동일한 패턴으로 이어졌다. 이 무역을 유지시키기 위해 플리니우스는 기원후 1세기 동안 로마 제국이 5500만 개의 금화를 중국에 보내야 한다고 주장하기도 했다. 인도 연안의 무역도시들은 이들 금화를 모아 일련의 가공 과정을 거쳐 금괴로 만들었고, 그 과정에서 불순물이 섞인 것들은 거래에서 받아들여지지 않았다.

[이후의 동남아시아 ☞ 11.7.2 이후의 인도양 무역 ☞ 12.2.1]

9.10 중국의 한(漢): 번영과 안정

기원후 25년에 한 왕조가 복원된 이래 중국은 오랜 기간, 특히 후한의 초대 세 황제의 치세였던 기원후 1세기 말엽까지, 안정과 번영을 이어 갔다. 새 정권의 주축은 중부 평원 일대의(특히 하남성의) 대규모 지주 가문들로, 광무제가 농민반란군 및 신의 황제 왕망과 싸울 때 그의 편에서 지원해 준 이들이었다. 중국은 후한 대에 들어서며 나라의 수도를 좀 더 동쪽인 황하 유역의 낙양으로 옮겼다. 이제 중국 내부에는 평화가 찾아들었고, 이 같은 상황은 제조업 및 상인 공동체가 점차 많은 부와 비중을 갖게 된 데서도 잘 드러났다. 동남아시아와의 무역 및 유라시아 서부와의 해외무역도 이 무렵에 절정에 달했다. 중원을 비롯해 사천성 및 호남성 같은 남부 몇몇 지역에서는 인구가 급속히 증가했다. 그에 따라 토지를 보유하지 못한 일꾼들이 거대 사유지의 인력으로 동원되는 경우도 전에 비해 늘어났다. 그럼에도 후한 대에는 농민 봉기가 잘 억제되어, 기원후 108년까지는 대규모 반란이 한 번도 일어나지 않았다.

유목민을 상대해야 했던 북방 및 북서 변경 지대의 상황도 대체로 조용하기는 마찬가지였다. 흉노족의 남북 분열 이래 중국인들은 그들을 상대로 손쓰기가 수월해졌는데, 그럼에도 한의 조정에서는 여전히 신중론이 우세했다. 광무제의 경우 북흉노에 대한 공격은 그 비용이 너무 막대하고 위험성도 너무 크다며 반대했다. 이 무렵의 갖가지 정책 변화 중에서도 가장 중요한 것은 남흉노를 서서히 한 제국 내부로 이주시킨 일이었는데, 이 계책이 성공하면 제국의 변두리를 통제하는 데 노력을 덜 기울여도 될 것이었다. 이 정책은 과연 여러 가지 면에서 한의 국력을 증대하는 효과를 가져왔다. 기원후 1세기 말엽 중국에 편입된 흉노족은 약 25만 명에 달했고, 대규모 사유지에 정착해 일꾼으로 일하거나 중국 군대에 들어가 여전히 한 제국 바깥을 배회하는 '오랑캐'들을 통제했다.(이 같은 정책은 후일 로마도 똑같이 채택해 활용했다.) 그러나 조공 제도는 예전과 별반 달라지지 않아서, 중국은 여전히 흉노족에 해마다 자금을 지급해야 했던 것은 물론, 500명에 달하는 흉노의 귀족들을 한의 궁정으로 초대해 막대한 비용을 들여 가며 연회를 베풀어 주어야 했다. 기원후 89~90년에 흉노족이 잠시 중국을 침공했으나, 후한 시절 내내 '서역'은 안정을 유지했고,(이 무렵에 서역은 페르가나 및 옛 오손 왕국을 아우를 정도로 넓어졌다.) 비단길 무역도 계속 성황을 이루었다.

일각에서는 기원후 105년에 화제(和帝)가 사망한 이후 한나라에 불안이 가중되었다고 주장한다. 물론 화제 이래로 나이 어린 황자들이 연달아 황제로 즉위한 결과, 황실 가문과 결탁한 대규모 지주 가

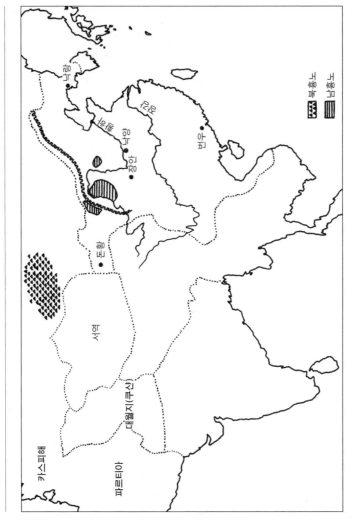

한 말기의 중앙유라시아와 동유라시아

문과 궁궐의 환관 집단이 유달리 세가 커진 면이 있었다. 더구나 환관들도 기원후 135년 이후로는 양자를 입양해 사업과 무역 활동에서 쌓은 엄청난 부를 그들에게 물려줄 수 있게 되었다. 그러나 이런 발전들은 궁궐 내부라면 몰라도 궁궐 밖에까지는 그렇게 대단한 영향을 미치지 않았던 것으로 보이며, 한의 통치는 예전과 다름없이 효과적으로 제 기능을 발휘했다. 궁궐에서는 환관들이 지배적 세력으로 자리 잡았고, 지방에서는 대규모 지주 가문들이 지배적 위치를 점했다. 무역과 제조업도 계속 번성해 나가니, 중국은 여전히 유라시아 대륙에서 가장 큰 국가였을 뿐 아니라 이제는 가장 부유한 나라였다. 물론 그와 함께 각종 문제가 쌓여 갔지만,(특히 인구 증가로 가용 토지의 양이 줄었고, 그 결과 착취가 늘면서 농민층의 불만이 높아졌다.) 아직까지는 그런 문제들도 잘 억제가 되는 편이었다. 한 제국이 어떤 식으로든 큰 문제들에 시달리게 되는 것은 기원후 170년 무렵에 주요 위기들이 닥치기 시작하면서였다.

9.11 로마 제국: 번영과 안정

기원전 31년의 내란에서 승리한 뒤 옥타비아누스(후일 아우구스투스로 명칭이 바뀌었다.)는 군사력에 토대를 둔 새로운 체제를 로마에 도입하기에 이른다. 즉 아우구스투스 치세 때부터 로마는 상비군을 유지하게 되는데,(기원후 9년 이후로는 스물다섯 개 군단이 로마 상비군의 표준으로 자리 잡았다.) 내치를 강화하고 정적들의 권력 장악을 일절 배제하는 것이 주된 목적이었다. 이 군대를 유지하는 데에만 국가 전체 세입의 절반이 들어갔지만, 그러고도 국외에서의 군사작전은 몇 차례

없었으며 그 목적도 대체로 로마군 주둔을 유지하는 데 그쳤다. 아우구스투스는 따로 황제 근위대를 창설해 자기의 신변을 보호하기도 했다. 이때까지 로마에는 단 한 번도 진정한 의미의 관료제가 들어선 적이 없었다. 원로원을 비롯한 기타 공직자들은 주로 개인적 인맥에 의존해 국정을 꾸려 나갔고, 따라서 국가의 자금이 개인의 수중으로 흘러들기가 그만큼 쉬웠다. 이 같은 상황은 아우구스투스 치세에도 거의 변한 것이 없었다. 그가 가진 부에 힘입어 방대하기만 했던 그의 왕궁은, 로마 제국 역사에서 가장 최소한의 통치가 행해지는 곳이 되어 갔다. 궁정에서는 황제의 사유지와 노예를 관리했고, 황제보다는 원로원이 다스렸다고 해야 할 속주에서 조세를 거두어들였으며, 필요하면 세금을 신설하고 모자라면 동전을 주조했다. 예전에도 그랬지만, 당시에는 개인 자금과 국가 자금 사이에 구별이 없었다. 속주 내부에서 로마의 통치권은 그렇게 강하지 못했다. 이탈리아 외부 속주의 경우, 토지세와 인두세가 결합된 형태로 로마에 공물을 납입해야 했고, 무역세도 내야 했다. 하지만 이 세금만 내고 나면 로마 총독 및 그의 극소수 부하의 전반적인 감독하에 통치는 대체로 지역민들의 자치에 맡겨졌다. 이 시절에 로마는 외세의 침략을 별로 받지 않았고, 로마 자신도 제국을 추가로 넓히려는 노력을 거의 기울이지 않았다. 제국의 가장 언저리 지역들은 빈곤이 심해서, 제국의 부담스러운 수비대 주둔 비용을 상쇄하는 데 거의 보탬이 되지 못했다. 영국은 클라우디우스(Claudius)의 치세인 기원후 43년에 로마에 점령당했으며,(로마 제국의 북서 변경 지대는 대체로 오늘날 잉글랜드와 스코틀랜드 사이의 국경을 따라 자리했다. 로마는 한때 이 변경 지대의 북쪽까지 영토를 넓혔으나 이 지역은 이내 제국에서 떨어져 나갔다.) 다키아는 기원후 106년에 로마에 편입되었다. 유다와 아르메니아에는 제후왕이 따로 있었지만, 실질적으로는 로마 제국의 일부나 다름없었다. 로마인들이 파르티아인을 상대로 싸움을 벌여야 했던 메소포타미아에서는 간헐적이나마 전쟁이 계속되었다. 트라야누스(Trajan) 황제의 치세인 기원후 115~117년에는 메소포타미아까지 로마의 속주로 편입되었으나, 하드리아누스(Hadrian)의 치세에 다시 제국에서 떨어져 나갔다.

이 시절 로마에서는 황위 계승으로 인한 문제는 거의 없었는데, 초기에는 아우구스투스의 가문에서 황위를 이어 나갔기 때문이다. 티베리우스와 네로가 로마 제국에 별 보탬이 못 된 것은 사실이지만, 이들의 실정은 로마의 엘리트층이나 궁정에나 중요했지 로마 주민 태반에게는 별 상관없는 일이었다. 네로가 죽자 기원후 68~69년(이른바 '삼황제의 해')에 로마는 잠시 내란에 휩싸이지만, 군사령관 베스파시아누스가 권력을 잡아 질서를 회복했다. 그가 세운 플라비우스 왕조는 기원후 96년에 도미티아누스(Domitian)가 세상을 떠날 때까지 명맥을 이어 갔다. 그 뒤의 한 세기 동안에는 보통은 황제가 후계자를 공식적으로 지명해 황위를 계승하게 했으나, 이는 형식적 눈가림이었을 뿐 실질적으로는 권력 찬탈이 이어졌다. 그럼에도 기원후 2세기 내내 로마에는 안정과 번영이 계속되었다. 에드워드 기번(Edward Gibbon)은 이 시기를 염두에 두고 이렇게 썼다.

만일 어떤 사람에게 세계 역사를 통틀어 인류가 가장 행복하고 풍요로운 여건 속에서 살아간 때를 꼽으라고 한다면, 아마도 그는 일말의 주저 없이 도미티아누스가 사망한 뒤(96년)부터 콤모두스(Commodus)가 즉위하기 이전(180년)까지의 시기라고 답할 것이다.

이와 같은 기번의 견해는 유라시아 역사에 편중된 데다, 로마 엘리트층의 입장만 지나치게 반영하고 있다는 점에서 한계를 면하기 어렵다. 그렇지만 이 시절에 영국부터 레반트에 걸친 로마 제국 전역이 진정으로 내부의 평화와 외부의 안정을 누렸다는 사실을, 그리고 이때가 유라시아 다른 지역들의 안정으로 장거리 무역이 번성한 시기와 겹친다는 사실을 우리는 이 같은 서술 속에서 확인해 볼 수 있다.

기원후의 첫 두 세기 동안 로마 제국은 성격이 차차 변화하기 시작했고, 로마와 이탈리아는 예전의 특별한 지위를 잃었다. 아우구스투스의 치세 때만 해도 제국이 지배하는 땅에 거주하는 사람 대부분이 로마시민권을 가지지 못했다. 그런데 이 특권이 서서히 확대되더니, 카라칼라(Caracalla)의 치세인 212년에는 로마 제국에 사는 사람 거의 모두가 로마시민권을 부여받았다. 1세기 말엽 이후로는 황제들도 로마 엘리트층보다는 속주 출신에서 많이 배출되었다. 트라야누스(98~117년), 하드리아누스(117~138년), 마르쿠스 아우렐리우스(Marcus Aurellius: 161~180년)는 스페인 출신이었고, 안토니누스 피우스는 갈리아 출신이었다. 속주민들은 서서히 이탈리아 안으로도 몰려들어, 원로원과 에퀴테스(equites: 로마의 기사 계급을 이르는 말로, 로마 역사 후반부에 정치집단으로 부상해 막강한 권력을 행사했다. — 옮긴이) 양측에서 차츰차츰 입지를 넓혀 갔다. 기원후 1세기에는 라틴어권의 서부 속주 출신이 원로원에 입성했고, 그리스어권의 동부 속주 출신들도 뒤를 따랐다. 기원후 200년에 이르자 애초에 '로마인' 위주였던 두 조직체의 구성원 태반이 속주민이었다. 물론 이런 상황에서조차 2세기 말엽까지는 보통 이탈리아인들에게만 군단의 지휘를 맡겼다. 로마 제국은 이제 그 전체적 성격까지 서서히 변화해, '로마' 제국보다는 지중해 제국에 더 가까워져 갔다. 이제는 지중해 동부에 제국의 부가 몰리고 있었고, 유라시아 무역에 접근하기도 이곳이 더 쉬웠다. 그때까지도 알프스 이북의 유럽은 부족 수준 사회에 머물러 매우 빈곤했으며, 자잘한 성읍 몇 개뿐인 미개발지여서 같은 로마 문명권이라는 말이 무색했다. 이들 지역은 제국에 거의 아무런 기여도 하지 못해서 엘리트층 역시 이곳과 어떤 문화적 동질성도 느끼지 못했다. 그러한 문화적 동질성은 그리스어를 사용하던 제국 동부에나 한정되는 이야기였다.

9.12 유라시아 위기의 시작

2세기가 종반을 향해 가자 유라시아 전역에서 오래도록 유지되던 안정기도 어느 새 끝나 가고 있다는 징후들이 나타나기 시작했다. 가장 먼저 문제가 생기기 시작한 곳은 중국이었다. 중국에서는 그간 인구가 농경지의 부양 한계 이상으로 늘면서 곳곳에서 농민 봉기의 조짐이 엿보이던 중이었는데, 170년대에 황하 유역을 따라 (주로 강 상류의 삼림을 대규모로 벌채한 데 뒤따른 결과로) 엄청난 규모의 홍수들이 겹치자 드디어 위기가 닥쳤다. 땅이 유실되고, 통치가 붕괴하고, 질병까지 퍼지자 농민 봉기가 전역으로 퍼져 나갔다. 그중에서도 제일 중요했던 것이 장각(張角)을 위시한 형제 세 명이 이끈 일명 '황건적'의 난이다. 장씨 형제는 도가 전통과 당시의 중국에 만연한 질병의 치유와도 일부 연관이 있던 이른바 '태평도'를 기반으로 현세 구제의 교리를 창안해 냈다. 이들은 대체로 종교의식에 국한해 활동을 벌였지만, 무장을 갖춘 추종자도 36만 명이 넘었다. 사천성에서도 장릉(張陵)의 주도하에 비슷한 성격의 별개 세력이 봉기를 일으켰다. '황건적'이 조직되고 얼마 안 가 장씨 형제는 세상을 떠났지만, 그들이 일으킨 봉기는 순식간에 중국 전역으로 퍼졌다. 188년에는 섬서성, 하북성, 요동성

(랴오둥성), 산서성까지 농민 봉기로 들썩였다. 이들 '황건적'의 난을 진압하기 위해 군이 점점 더 많은 권력을 손에 쥐면서 황제의 권위는 유명무실해졌다. 189년에 한의 마지막 황제인 헌제(獻帝)를 황위에 올린 것도 군사령관 동탁(董卓)이었다. 이듬해에 동탁은 손수 자신의 군대를 이끌고 수도 낙양을 급습해 황실 도서관과 사서 편찬소를 파괴했다. 한 왕조가 공식적으로 막을 내린 것은 220년이지만, 190년 이후로 한은 사실상 실질적인 힘을 갖지 못했다. 군사령관들이 농민 봉기 진압에 경쟁적으로 나서고, 자신들끼리도 제각각 왕국 건설을 위해 싸움을 벌이면서 중국은 무정부 상태의 혼란에 빠져들었다. 통일되었던 중국은 다시 여러 개로 분열되었다. 이후 중국에는 거의 400년은 더 지난 뒤에야 다시 통일 왕조가 성립될 수 있었다.

한 제국 내부의 문제와 불안정은 유라시아의 무역로를 타고 서쪽으로 뻗어 나가 파르티아 제국에까지 이르렀던 것 같다. 3세기 초반부터 중앙아시아와 가장 인접한 파르티아 동부의 속주들에서도 꽤 넓은 지역에 걸쳐 반란이 일어나기 시작했다. 이들 반란을 이끈 것은 아르다시르(Ardashir)였는데, 후일 이곳에 새로이 사산 제국을 세우게 되는 인물이다. 224년 혹은 226년에 이 사산인들과 싸움을 벌이던 중 파르티아의 마지막 왕 아르타바누스 5세(Artabanus V)가 목숨을 잃었다. 파르티아인들은 이란고원으로 숨어들어 끝까지 저항했지만, 10년 만에 모두 소탕되었다. 쿠샨 왕국도 3세기 중엽에는 이미 여러 나라로 분열된 뒤였다. 그보다 훨씬 서쪽의 로마 제국에서도 점차 각종 문제가 뚜렷이 불거지고 있었다. 기번은 마르쿠스 아우렐리우스의 친자인 콤모두스가 황제로 즉위한 190년을 로마의 쇠락 시점으로 보지만, 이는 너무 이른 감이 있다. 비록 콤모두스도 티베리우스나 네로 같은 선대 황제들처럼 온갖 실정을 저질렀지만, 그의 재위는 단

3년에 그쳤다. 그를 대신해 황제 자리에 오른 셉티미우스 세베루스는 시리아의 군 지휘관들을 주축으로 삼아,(도나우강의 강성한 열 개 군단과 보조병 군단을 기반으로 하고 있었다.) 새로 왕조를 열었다. 이 세베루스 왕조의 초기 황제 두 명, 즉 셉티미우스 세베루스와 카라칼라의 치세까지는 로마가 전반적으로 안정기를 이어 갔다. 하지만 이보다 힘이 약한 엘라가발루스(Elagabalus: 218~222년)와 세베루스 알렉산데르(Severus Alexander: 222~235년)가 황제로 즉위하자 로마에도 심각한 문제들이 나타나기 시작했다. 이는 220년대에 파르티아가 겪은 여러 문제와 무역상의 혼란이 서쪽으로 확산된 여파였을 수도 있다. 이후 10년 동안 로마도 190년대 이후의 중국과 매우 흡사한 무정부 상태의 혼란에 빠져들었다. 이로써 (중간에 몇 차례 소요가 있기는 했지만) 유라시아 전역에 걸쳐 근 400년간 이어지던 오랜 안정기는 끝이 났다.

[이후의 중국 ☞ 10.2, 이후의 로마 제국 ☞ 10.3]

개관 5

기원후 150년의 세계

인구 1억 8000만 명 **권역별** 중국: 6000만, 로마 제국: 4500만, 인도: 4000만, 아프리카: 1600만, 남북 아메리카: 1500만	**주요 도시** 낙양(50만), 로마(50만), 알렉산드리아(40만), 셀레우키아(15만), 장안(25만), 안티오크(15만), 테오티우아칸(5만)

사건

- 한의 번영이 절정에 달함. 중국이 서단의 중앙아시아 주요 도시들까지 지배함.
- 인도 북서부에서 쿠샨 제국이 번성함.
- 메소포타미아와 이란에 파르티아 제국이 생겨남.
- 로마 제국이 절정에 이르러, 영국에서부터 라인강 및 지중해 전역과 레반트에까지 영역을 확대함.
- 테오티우아칸이 특유의 장대하고 정교한 양식으로 건설됨.
- 페루에 모체, 나스카, 티아우아나코 문화가 생겨남.
- 인도와 중국을 잇는 무역로에 위치한 부남에 혼반황의 왕국이 생겨남.
- 비단길이 번성함.
- 불교가 인도에서 중앙아시아와 중국으로 전파됨.
- 유라시아 전역에서 최초로 물레방아가 사용됨.
- 중국에서 최초로 종이가 사용됨.
- 중국에서 나침반이 사용됨.
- 페루에서 철제 물품이 (금과 구리로) 만들어짐.

위기

10

기원후 200년 이후의 400년은 유라시아 세계에 전반적인 위기의 시기였다. 중국은 여러 나라로 분열된 데다, 중앙아시아로부터는 북쪽의 '오랑캐'가 차츰 중국의 국경까지 밀고 내려와 하나둘 자기들 나라를 세웠다. 그러나 중국 자신은 이렇게 분열되었어도 그 문화의 영향력은 이 시기에 더욱 널리 확산되어, 한반도와 특히 일본이 좀 더 넓어진 유라시아 세계 안으로 통합되었다. 유라시아 세계의 먼 서쪽에 자리 잡은 로마 제국은 서서히 서부 속주들에 대한 지배권을 잃어갔다. 중국이 그랬듯 로마에서도 '야만인'들이 하나둘 자기들 왕국을 세운 것이었는데, 그럼에도 이들은 (저마다 정도의 차이는 있었겠지만) 여전히 로마 제국의 전통에 영향을 받았다. 한 제국은 그러지 못했지만, 로마는 좀 더 풍요로웠던 제국 동부의 절반 땅에 초점을 맞추고 나라의 제도를 재정비하면서 명맥을 이을 수 있었다. 그리고 그 과정에서 로마는 서서히 '로마' 제국만의 고유한 속성을 대부분 잃고 전혀 새로운 나라가 되어 갔다. 이 시절에 로마와 주로 맞붙었던 상대는 이란의 사산 제국으로, 파르티아 제국을 계승한 이 나라는 이후 메소포타미아 지역을 둘러싸고 로마와 끊임없이 분쟁을 벌인다. 사산 제국은 중국과 로마 제국이 겪은 수많은 문제에서 벗어나 있었기 때문에, 비교적 안정적으로 나라가 유지되었다. 물론 이러한 사산 제국도 4세기와 5세기에는 나라의 힘이 크게 취약해져 어려운 시절을 보내야 했다. 이보다 훨씬 동쪽인 인도 북동부에서는 쿠샨 왕조가 아무리 늦어도 기원후 250년에는 소멸한 것으로 보인다. 그 대신 인도의 북부와 중앙에서 기원후 320년 이후에 굽타 제국이 출현해 200년 동안 흥망성쇠를 거쳤다. 이렇듯 여러 가지 큰 혼란을 겪었음에도 불구하고 유라시아의 이 시기는 장기적인 세계사의 측면에서 큰 의미를 지니는데, 이 시기에 세계의 위대한 종교 둘이(즉 불교와 기독교가) 널리 전파되었기 때문이다.

10.1 질병

[이전의 질병 패턴 ☞ 3.6]

기원전 200년에서 기원후 200년 사이에 유라시아 세계는 교역과 문화의 면에서 하나의 연결을 이루었고, 이 연결은 유라시아가 기원후 200~600년에 한참 위기를 겪는 동안에도 끊어지지 않았다.(오히려 여러 가지로 더욱 강화되었다.) 하지만 유라시아 세계의 연결은 질병의 확산이라는 또 하나의 극적인 결과를 낳았다. 이 질병이라는 요소를 대입해 보면 이 기간에 유라시아가 왜 기반부터 흔들리며 내부 붕괴를 맞았는지 그 이유를 일부 설명해 낼 수 있다. 앞서 살펴본 것처럼, 농경 채택, 정착 사회의 증가, 성읍 및 후일 도시의 성장은 인류가 겪는 질병의 양상에 현격한 변화를 가져왔다. 이때부터 인류는 자신들이 길들인 동물들에게서 퍼져 나온 새로운 질병들에 노출되었을 뿐아니라, 인류 자신이 부족한 식수 및 불결한 위생 상태 속에서 가까이 붙어살면서 각종 질병에 걸리기가 더 쉬워졌다. 그러나 처음에는 유라시아 각지가 여전히 서로 고립되어 있었던 만큼, 인류가 겪는 질병도 지역에 따라 종류가 달랐다. 유라시아 어디든 질병은 발병했지만, 지역 주민들은 한번 노출이 된 질병에는 서서히 면역성을 갖춰 나갔다. 그런데 무역업자 및 순례자들이 비단길과 바닷길을 통해 유라시아 대륙을 연결시켰다는 것은 곧 이들이 아직 한 번도 노출된 적 없던 질병까지 사람들에게 전파했다는 뜻이었다. 그 결과는 처참했다.

당시 유라시아 전역에 퍼졌던 질병이 무엇인지는 지금까지도 질병의 역사에서 많은 궁금증을 자아내는 문제다. 이와 관련한 몇몇 설명은 대체로 일반적이어서 당시 질병의 증세를 파악하는 데 별 도움이 되지 않는다. 더구나 새로운 질병들은 면역성이 생기기 이전에 그 영향력이나 증상이 훨씬 강한 경향이 있는데, 이 때문에 유라시아에 퍼졌던 질병이 무엇인지 밝혀내기가 더 어려운 실정이다. 한 가지 확실한 것은 서남아시아 및 지중해 주민들은 애초에 천연두나 홍역 같은 질병은 앓지 않았다는 사실이다.(펠로폰네소스 전쟁이 중대한 고비를 맞은 기원전 430년에 아테네에서 그랬던 것처럼, 서남아시아와 지중해에서도 몇 차례 대규모로 질병이 발병한 적은 있다.) 그러다가 천연두와 홍역이 각기 다른 상황에서 발병해 서남아시아와 지중해에 전해지는데, 그중 어느 것이 천연두였고 어느 것이 홍역이었는지는 알 수 없다. 우선 기원후 165년에서 180년 사이에 처참한 전염병이 로마 제국 전역을 휩쓸었다. 로마 병사들이 중앙아시아와 중국으로 가는 무역로의 집결지이던 메소포타미아에 나가 싸우다가 병이 옮아 온 것이었다. 두 번째 발병 사태는 251~266년의 기간에 있었다. 중국의 경우 161~162년부터 북서부 성(省)의 군부대 안에서 병이 돌기 시작했는데, 해당 시기에 로마 제국을 괴롭혔던 질병과 동일한 종류였던 듯하며, 이 병 역시 유라시아의 무역로를 따라서 전파된 것 같다. 시간이 약간 흘러서 310년에서 322년 사이에는 대규모의 전염병이 두 차례 발생해 중국 거의 전역을 휩쓸어 수많은 지역에서 사람들이 세 명에 한 명꼴로 목숨을 잃었다.

이 시절에 유행했음을 어느 정도 확신할 수 있는 질병도 하나 있다. 바로 림프절 페스트인데, 유라시아 전역의 사람들이 한꺼번에 전염병에 걸린 것은 이때가 처음이었다. 이 질병으로 인한 영향은 사람들이 좀 더 잘 알고 있는 후대의 대전염병 사태(이로부터 약 800년 뒤에 발병한 흑사병을 이른다. 15.1 참조)의 결과와 놀라울 정도로 유사했다. 두 질병 모두 전체 인구의 약 3분의 1에 달하는 사람이 목숨을 앗아갔다. 림프절 페스트는 인도 북동부의 어디쯤에서 맨 처음 생겨난 것이 거의 확실한데, 여기 말고는 이 질병의 매개체인 곰쥐가 감염될 만한 중심지가 달리 없기 때문이다. 인도 북동부에서 발생한 림프절 페스트는 배를 타고 지중해에 도착한 후, 542년에 콘스탄티노폴리스에 이르렀다. 그 결과는 처참했다. 병이 한참 유행할 때는 콘스탄티노폴리스 한 곳에서만 하루에 1만 명이 넘는 사람이 목숨을 잃었다. 이 병은 지중해 주변까지 확산되었지만, 그때까지만 해도 지중해와 별로 연결되어 있지 않던 유럽 북서부까지는 이르지 못했던 것 같다.(이즈음 유럽 북서부에 들어온 새로운 질병은 나병이었다.) 림프절 페스트는 동쪽으로도 전파되어 610년에는 동남아시아 및 인도에서 출발한 배를 타고 중국의 광동성에까지 이르렀다. 이 병은 762~806년에 중국을 다시 찾아오는데, 이번에도 인도에서 출발한 배들이 연안 지역에 도착하면서 병이 전파되었다. 이때에는 해당 지역 주민의 약 3분의 1에서 절반이 목숨을 잃었다. 림프절 페스트는 808년에는 일본까지 도달해, 보고에 따르면 당시 일본에서도 인구 절반에 달하는 사람이 죽어 갔다고 한다. 이 모든 질병이 유라시아 전역에 퍼지면서 생겨난 영향은 근본적인 차원의 것이었다. 기원후 200년에서 1000년의 기간에 세계 인구는 2억 2000만 명에서 2억 6500만 명으로 고작 4500만 명이 증가했으니, 이 같은 더딘 인구 증가 속도는 지구상에 농경이 발달한 이래 유례가 없었다. 이 같은 사실만 봐도 유라시아가 하나로 연결되면서 발생한 새로운 질병 역학에 당시 사회들이 얼마나 적응하기 어려워했는지를 알 수 있다.

10.2 중국: 분열(200년 무렵~430년 무렵)

[이전의 중국 ☞ 9.10, 9.12]

한 왕조가 공식적으로 막을 내린 것은 220년이지만, 그 훨씬 전부터 한은 실질적인 힘을 잃은 상태였고, 경쟁 관계의 여러 장수와 유력 귀족 가문이 통치권을 두고 싸움을 벌이면서 중국도 여러 개의 소왕국으로 분열되고 있었다. 그러다가 3세기 초반에 귀족 가문의 하나이던 조(曹)씨 일족이 통일된 왕조를 수립할 수 있었던 것으로 보인다. 219년에는 이들이 중국 북부를 통일한 후, 장강 유역을 점령하기 위해 군대를 이끌고 남쪽으로 밀고 내려갔다. 하지만 호북성의 장강에서 벌어진 적벽대전에서 조씨 가문이 패하면서 중국은 세 개 왕국으로 분열되었다. 남쪽에서는 조씨 가문에 맞서 싸운 두 동맹군을 주축으로 왕국이 하나씩 성립되었다. 유비(劉備)가 사천 지방에 세운 한(漢) 왕조는 263년까지 명맥을 이어 갔고, 손권(孫權)의 오(吳) 왕조는 229년에 수도를 남경(난징)으로 옮긴 뒤 280년까지 명맥을 이었다. 북쪽에서는 조씨 가문이 후한의 옛 수도 낙양에 위(魏) 왕조를 세운 뒤 265년까지 그곳에서 나라를 다스렸다. 위나라는 군사적 성격이 강한 곳이었다. 그 군대의 병력은 대체로 '오랑캐'의 보조병들로 구성되었지만, 군 지도층 가문은 점차 배타성이 심해져 자신과 같은 통치 엘리트층이 아니면 혼인을 하지 않았다. 종국에는 이들 가문이 위나라를 패망시키게 된다. 263년에 장군 사마염(司馬炎)은 사천 지방의 한을 쓰러뜨린 뒤 낙양으로 돌아와 스스로 황제를 자칭했다.

사마염은 진(晉) 왕조를 새로 창건하고 수도는 예전과 다름없이 낙양에 두었다. 이 진(서진)이 남경의 오나라를 정복한 것이 280년의 일이므로, 그 이후 중국이 하나로 재통일되었다고 주장할 만도 하다. 그러나 이 시기에는 중앙 권력이 거의 혹은 전혀 행사되지 못했으며, 서진이 점령한 남부 땅 상당 부분에는 국가의 힘조차 잘 미치지 못했다. 그러나 총체적인 붕괴가 먼저 일어난 것은 남부가 아닌, 서진의 핵심 근거지이자 예로부터 중국 문명의 핵심부였던 북부였다. 북부의 몰락 원인으로는, 새로운 황제 가문 내부의 내란, 기근과 질병, 그리고 100만 명이 넘는 피난민의 강남 이주를 꼽는다. 이렇듯 중국 인구가 이동하자 스텝 지대의 유목 집단들이 중국 안으로 물밀듯 내려갈 수 있는 길이 열렸다. 316년에 이르자 오래된 수도 낙양은 사람들이 버리고 떠나 더는 옛 모습을 찾아볼 수 없었다. 진 왕조는 근거지를 남쪽으로 옮겨 남경을 수도로 삼아 후세에 동진(東晉)이라는 국호로 불리게 되었다. 하지만 이때까지도 진은 중국 남부를 완전히 장악하지 못한 상태였다. 사천 지방의 성도에 성한(成漢) 왕조가 창건되어 있었기 때문인데, 성한은 347년에 이르러서야 비로소 진에 병합되었다. 성한의 정복으로 중국 남부의 교역 도시들이 중앙아시아로 통하는 무역로와 연결되었고, 이에 힘입어 무역과 경제가 어느 정도 회복세를 보였다. 중국의 북부가 304년에서 439년까지 맞은 시기는 일명 '5호 16국' 시대로 일컬어지는데, 이 지역의 정치적 분열이 얼마나 심했는지 단적으로 말해 준다. 당시에는 소규모 왕국들이 엄청난 혼란에 휩싸여, 걸핏하면 수도가 뒤바뀌고 '오랑캐'(일부는 한 제국 외부 출신이었고, 일부는 내부 출신이었다.) 군대 사이의 경쟁도 끊이지 않았다. 이 시절에 중국에 난립했던 수많은 왕국은 모두 중국 전통의 계승자임을 자처했고, 그래서 600년 전의 '전국시대' 때 존재했던 나라들에서 국호를 따오기도 했다. 북쪽에 남은 중국인 엘리트층은 자신들의 사유지로 물러나, 그 안에서 방비를 강화하고 개인 군대를 양성하는 방책을 택했다.

한 왕조가 멸망하고 기원후 430년까지 2세기가 넘는 기간에 중국은 전반적인 분열로 상당한 사회적·정치적 혼란을 겪었으나 그 와중에도 몇 가지 뚜렷한 특징이 나타났다. 북쪽에서는 옛 한 제국의 경계 안으로 유목민들이 대거 유입되어 소작농으로 전환하게 되는데, 기원후 25년에 한 왕조가 복원된 이래 중국이 흉노족에 취한 정책과 연속선상에 있었다. 북부에 출현한 다양한 국가들도 모두 여러 가지 정책을 통해 중앙아시아에서 한반도에 이르는 국경 지대의 지배를 유지하고자 애썼다. 중앙아시아를 관리하기 위해 이들 나라는 여전히 서쪽으로 원정군 및 사절을 파견했고, 비록 지역마다 정도의 차이는 있었지만, '중국'의 권위는 멀리 타림 분지까지 확대되었으며 비단길을 통한 무역도 계속되었다. 한반도에도 4세기 초반까지는 중국의 영향력이 미쳤다. 중국 남부로는 북부 사람들이 (특히 4세기 초반 무렵부터) 대규모로 이주해 왔는데, 이 역시 오래전에 확립된 과정의 일부였다. 중국인 이주민들이 특히 광동성 일대를 중심으로 장강 이남에 서서히 정착하게 되면서, 그곳의 토착 주민들은 죽임을 당하거나, 중국인에 동화되어 살거나, 아니면 궁벽한 산골로 쫓겨났다. 동남아시아 및 인도와의 무역도 계속 이어졌다. 중국은 이들 지역에 사절을 파견하는 한편, 베트남 남동부 연안에서 발달 중이던 신흥 왕국들과 관계를 맺었고, 원정군을 파견해 대만을 제압했다. 이때까지도 사천 지방은 비교적 고립되어 있었는데, 토지가 비옥하고 광물이 풍부한 데다 운남성과 중앙아시아로 통하는 무역로까지 장악하고 있어 자치를 하면서도 부유했다. 사천의 통치자들에게 큰 문제는, 사천에서 중국 동부로 가려면 장강을 타고 하류로 내려가야만 했는데, 그 때문에 항상 장강 유역의 국가들과 끝없이 분쟁을 겪어야 했다는 점이었다.

10.3 로마 제국: 분열과 재건(235~337년)

[이전의 로마 제국 ☞ 9.11, 9.12]

235년에 세베루스 왕조의 마지막 황제 알렉산데르 세베루스의 살해를 기점으로, 로마 제국은 대내적인 무정부 상태의 혼란과 대외적인 국력 약화를 이후 50년 동안 지속적으로 겪게 된다. 그러나 한 제국과 달리 로마 제국은 명맥을 계속 이어 3세기 말엽에 재건에 성공했고, 이후 4세기 중엽까지 비교적 안정된 시기를 또 한 번 이어 갔다. 235년부터 디오클레티아누스(Dicoletian)의 즉위 이전까지는 로마에 사실상 황제 계보가 존재하지 않았으며, 통치자 대부분이 단 몇 달씩 재위하는 데 그쳤다. 각지의 속주 군대에서는 군대 내부 인물을 황제 후보로 천거했다가,(사령관이 곧잘 추대되었다.) 몇 달도 안 되어 죽여 버리기 일쑤였다. 원로원의 역할과 위세는 급격히 쇠락해 다시는 회복되지 못했다. 도시 로마도 황제의 주 거처이자 제국 중심지로서의 위치를 잃고 다시는 예전의 위상을 회복하지 못했다. 경쟁자들은 황제 자리를 노리고 각자 휘하 부대의 규모를 늘려 갔지만, 중앙의 통치 기능이 허울에 그치면서 병사들의 급료 체제가 급속히 무너졌다. 이렇게 된 데는 금과 은의 부족도 일조했는데, 엘리트층에서 원하는 물품을 얻겠다고 지나치게 많은 양의 금과 은을 인도와 중국에 보냈던 것이 문제였다. 은화는 변조가 너무 심해 거의 무용지물이나 다름 없었다. 각지의 군대에서는 더는 병사들에게 현금으로 급료를 지급하지 못했으며, 병사들을 먹일 군량을 확보하기 위해 식량을 세금으로 거둬들였다. 대외적으로도 로마 제국의 힘은 약해져 있었다. 251년에 데키우스(Decius)가 고트족에 대패를 당했고, 알프스 이북과 발칸반도에서 유목민 부족 집단의 급습이 수차례 이어졌다. 동쪽에서는 파르티아인을 계승한 사산 제국과 거의 쉴 새 없이 전쟁을 치러야 했다. 사산 제국은 샤푸르 1세(Shapur I)의 치세인 256년에 안티오크를 비롯한 레반트의 여타 도시들을 점령했고, 4년 뒤에 로마인들은 이들을 맞아 지난 수 세기를 통틀어 가장 치욕적인 패배를 맛봐야 했다. 로마 군대는 사산 제국에 대패를 당했을 뿐 아니라, 황제 발레리아누스 (Valerian)가 생포당해 포로로 잡혀갔다.

284년 이후 로마 제국은 디오클레티아누스와 콘스탄티누스 (Constantine)의 치세 속에 50년간 대대적인 재건 작업을 거쳤다. 이때 쌓인 토대로 로마는 사실상 새로운 국가(후기 로마 제국)로 재탄생해서, 지난 3세기 동안 로마에서 발달한 기존 체제와의 공통점은 거의 찾아볼 수 없을 정도였다. 제국은 4세기 말엽에 이르러 서부 속주들에 대한 지배권은 서서히 잃어 갔지만, 제국 동부에서만큼은 이슬람이 흥기하기 이전의 근 400년 동안 새로운 체제가 명맥을 이었다. 하지만 이는 장기적 안목이 밑바탕이 된 결과였다기보다, 미봉책에 불과한 일련의 결정이 우연히 잘 맞아떨어져 얼마간은 성공적인 황제 제도를 탄생시킨 것에 지나지 않았다. 초창기 제국은 어디나 그랬듯, 이 제도에서도 핵심 문제는 어떤 식으로 황위 계승을 해 나갈 것인지였다. 디오클레티아누스가 시도한 해법은, 황제를 (명목상으로는 제국의 동부와 서부에 한 사람씩 두는) 2인 체제로 만들고 각자의 후계자 두 명을 미리 지명해 두는 것이었다. 이 체제는 주로 디오클레티아누스가 지난 50년간의 혼란을 종식한 장본인으로서 황제 지명의 특권을 손에 넣은 결과, 20년간은 별 탈 없이 운영되었다. 305년에 디오클레티아누스가 황제에서 물러나자 로마는 5년간 내란에 접어들었고, 최종적으로 콘스탄티누스가 밀비우스 다리 전투에서 승리해 로마에 입성했다. 하지만 리키니우스(Licinius)가 여전히 동로마의 공동 황제 자리에 있었기 때문에, 콘스탄티누스는 324년에 그를 패퇴시킨 뒤에야 비로소 단독 황제가 될 수 있었다. 337년에 콘스탄티누스가 죽자 제국의 영토는 삼분되어 세 아들들에게 돌아갔고, 로마에는 또 한 차례 내란이 일었다. 로마는 막바지까지도 끝내 황위 계승 문제를 해결하지 못했다. 284년 이후에 찾아왔던 잠깐의 안정기는 일련의 우연이 겹친 결과였다.

이제 황제 권력을 지켜 줄 최후의 보루는 군대뿐이었다. 디오클레티아누스는 로마를 다스리며 군대 제도를 개편했고, 이 작업에 맞추어 수많은 다른 정책이 채택되었다. 군단은 그 수는 불어난 반면 각

부대의 규모는 줄어들었다. 군대 편제에도 변화가 일어나, 야전군과 국경 지대 병력이 따로 나뉘었다. 이 시절 군대의 총규모는 짐작하기 어렵지만, 병력만 약 40만 명에 달해 사회적·경제적 면에서 큰 부담이었던 것으로 보인다. 디오클레티아누스로서는 화폐경제의 붕괴를 인정하고 현물로라도 계속 군대를 지원하는 수밖에 없었다. 그리하여 토지세를 거둬들였는데, 농산물 생산량에 따라 세금은 산정되었지만 결국에는 군대가 필요한 물품이 곧 세금이었다. 이렇게 거두어들인 세금은, 거리가 어느 정도 떨어지면 이송 자체가 불가능했기 때문에, 인근의 군대로 곧바로 지급되었다. 이런 토지세를 엘리트층은 실질적으로 상당 부분 면제받았고, 따라서 세금 부담은 고스란히 농민층의 몫이었다. 통치의 최우선 목표는 세금을 식량의 형태로 끊임없이 유입시켜 군대를 유지해 가는 것이었다. 로마는 이를 위한 한 방책으로 농민들을 기존의 사유지에 묶어 두려고 애를 썼고, 이런 정책은 당시 점차 두드러지던 사회의 한 추세를 반영했다. 이즈음 지주들이 자신의 소작농에게 한층 막강한 힘을 행사한 것인데, 소작인들은 콜로누스(coloni)라는 사회집단으로 재탄생해 농노처럼 토지에 구속된 채지주의 사유지에서 일해야 했다. 디오클레티아누스는 농사를 비롯한 모든 직종을 세습시키고자 했지만, 후기 로마 제국처럼 쇠약한 나라는 물론 그 어떤 정부도 그 같은 정책을 실행시키기는 불가능했으므로 결국 탁상공론에 그쳤다. 황제는 칙령으로 301개의 물품 가격을 칙령으로 고정해 심화되는 인플레이션을 해결하고자 했지만, 이 역시 탁상공론에 그치기는 마찬가지였다.

　　그래도 각 속주마다 군사 부문과 민정 부문의 총독을 따로 둔 것은 정부의 조치가 실효를 거두었다. 이와 함께 속주도 몇 군데 더 생겨났으나 모두 예전 속주들에 비해 규모가 훨씬 작았다. 일례로 이 시절에 영국은 하나가 아닌 네 개의 속주로 나뉘어 있었고, 이베리아반도는 다섯 개로 나뉘었다. 이 같은 사실만 봐도 후기 로마 시절에는 효과적 통치가 매우 제한된 지역에만 미쳤음을 알 수 있다. 이탈리아는 특별한 지위를 완전히 잃어, 이탈리아의 열한 개 속주에도 토지세가 부과되었다. 이 같은 사실만 봐도 제국의 옛 중심지들, 그중에서 특히 로마의 위상이 얼마나 떨어졌는지를 알 수 있었다. 그 대신 새로운 중심지들이 부상했는데, 보스포루스 해협 근방의 니코메디아(디오클레티아누스가 황제 자리에서 물러나 주로 머물렀던 곳이다.)와 테살로니카, 밀라노, 아퀼레이아 등이 그러했다. 콘스탄티누스는 여기서 한 단계 더 나아가, 330년 이후로는 비잔티온을 콘스탄티노폴리스로 재건하는 데 온 힘을 쏟았다. 천혜의 항구에, 핵심적 전략 요충지에, 흑해로 통하는 무역로를 접했던 이 도시는, 후일 콘스탄티누스가 자신의 마지막 여생 7년을 주로 보낸 곳이 되었다. 애초만 해도 콘스탄티노폴리스의 재건은 초창기 황제들이 흔히 하는 작업, 즉 새로운 도시의 창건이나 종래 도시를 새 제국의 행정 중심지로 재편하는 것과 별반 다름없어 보였다. 그러나 콘스탄티누스의 경우에는 한 가지 중대한 차이가 있었다. 이즈음 그는 제국 전역의 사람들에게 원로원의 문을 열었을 뿐 아니라, 콘스탄티노폴리스에 제2의 원로원을 설립했던 것이다. 이는 로마와 이탈리아의 위상이 그만큼 격하되었음을 보여 주는 또 하나의 상징이자, '로마' 제국은 이제 이름과 이데올로기밖에 남지 않았음을 말해 주는 것이었다. 콘스탄티노폴리스는 기원후 4세기 말까지 별 비중을 못 갖다가, 이후 1500년 동안 내내 제국의 대규모 수도로서 위치를 지켜 갔다.

10.4 불교의 확산

기원후 200년 이후로 대규모의 혼란이 유럽 전역을 휩쓸었지만, 그것이 세계의 두 위대한 종교의(즉 불교와 기독교의) 확산을 막지는 못했다.(오히려 확산을 부추겼는지도 모른다.) 불교는 처음으로 창설되고 나서 약 500년 동안은 대체로 인도 지역에만 국한되어 있었다. 그러다가 기원후의 초반 몇 세기를 거치면서 인도에서 퍼져 나와 티베트, 중앙아시아, 중국으로 들어가 새로운 모습으로 탈바꿈했다. 불교가 중국의 전통에 적응해 가는 모습은 기독교가 로마 제국에 적응하던 모습과 상당 부분 동일했다. 기원후 400년 무렵 이후 600년 동안 중국은 사실상 불교 국가가 되어, 불교가 한반도와 일본에까지 유포되는 데 핵심 역할을 했다. 불교의 확산은 동시대의 로마 제국 내에서 일어난 기독교의 확산보다 훨씬 광범위했으며, 이제까지 유라시아 내부의 그 어떤 문화적 교류보다도 훨씬 복잡한 양상을 띠었다.

기원전의 마지막 2세기 동안, 인도의 불교는 승가 및 수도원의 발달로 좀 더 체계적인 틀을 갖추었고, 제법 많은 수의 불교 사찰이 상당한 규모의 재산을 갖게 되었다. 부유한 평신도들이 불교를 찾는 경우가 차차 늘어났고, 특히 상인들이 무역로를 오가며 불교 사상의 확산에 일조했다. 이에 발맞추어 불교 사상 내에서도 새로운 요소들이 등장했다. 초창기의 불교 교리(소승(Theravada)의 전통)는 승가의 금욕 생활과 명상을 통한 개개인의 깨달음을 강조하는 측면이 있었다. 이를 보완해 발달한 것이 대승(Mahayana) 사상이었다. 대승 사상에서는 보살(Bodhisattva), 즉 모든 존재가 깨달음을 얻을 때까지 열반에 들지 않고 세상에 계속 윤회하기로 원을 세운 깨달은 존재의 중요성을 강조했다. 대승 사상의 발전은 인도 불교의 철학이 점차 복잡해진 것과도 연관이 있었는데, 특히 반야바라밀다(Prajnaparamita: '최상의 지혜')를 비롯해 모든 것이 공(空)하며 모든 현상이 비어 있다는 교리가 주효했다. 아울러 다른 학파들도 후일 티베트에서 큰 비중을 갖게 되는 전통을 발달시켰고, 이는 불교의 신비주의와 열성적인 신앙심을 비롯해 부처의 반(半)신성성을 강조하는 경향이 있었다. 이렇듯 다양한 불교 전통들이 더욱 다양성을 갖게 된 결과, 불교는 훨씬 폭넓은 사람들에게 호소할 수 있었다.

새로운 사상 발달에서 가장 중요한 역할을 한 곳은 인도 북서부와 쿠샨 제국이었다. 불교는 이들 지역을 시작으로 각종 무역로, 특히 비단길을 따라 전파되었다. 서쪽으로는 확실히 파르티아 제국까지는 불교가 전파되었으며, 불교에 대한 일부 지식은 지중해를 향해 그보다 훨씬 서쪽까지 전파되었을 가능성이 있다. 불교가 기독교 사상 발달에 얼마나 영향을 미쳤는지는 단정 지어 말하기 어렵지만, 고차원의 수도원 제도를 발달시킨 종교로는 당시 불교가 유일했던 만큼, 그것이 후일 기독교의 수도원 제도에 근본적인 영향을 미쳤을 것은 분명하다. 하지만 훨씬 중요했던 부분은 불교가 동쪽으로 전파되어 중국에까지 들어갔다는 점이다. 이 시절 불교 경전을 최초로 번역해 낸 이들은 파르티아인, 소그디아나인, 그리고 중앙아시아의 오아시스 국가 민족들이었지 인도인들은 아니었다. 중국이 불교를 최초로 접한 것은 기원전 65년에 강소성(장쑤성) 북부에서였다고 알려져 있다. 처음에는 비단길을 따라 중국 북부까지 갔던 무역상 및 이후 그들과 교류하게 된 이들만 불교를 알았던 것 같다. 기원후 300년이 지나고 얼마 후 이번에는 바닷길로 불교가 전파되어 중국 남부에 이르렀다. 애초에 불교 전파의 영향은 소승불교의 명상 수련법이 전해지는 정도였으나, 이내 대승 사상이 담긴 철학적 내용의 경전 상당수가 번역되었다.

　중국인들 사이에 불교가 크게 확산된 것은 4세기 말엽부터의 일로, 중국에 확실히 기반을 잡아 더는 외래 종교로 여겨지지 않게 된 후부터는 그야말로 순식간에 경이적으로 성장했다. 불교는 중국의 전통(그중에서도 특히 도교) 안에 손쉽게 적응했는데, 도교가 불교와 공통된 특성으로 여겨질 만한 요소를 여럿 갖고 있었기 때문이다. 도교의 숙명론은 불교의 업보(karma) 사상과 동일선상에서 이해될 수 있었다. 그 외에 불교의 수많은 도덕적 가르침이나 명상 같은 수련법 역시 기존의 중국 사상과 충분히 양립할 수 있었다. 중국에 불교를 들여와, 인도의 저작들을 번역하고 발전시킨 주된 인물로는 장강 유역 출신의 혜원(慧遠: 334~417년)과 중국 북부 출신의 쿠마라지바(鳩摩羅什)를 꼽는다. 중국에는 승가 조직이 급속히 자리 잡았고, 불교의 내용이 매우 복잡 미묘하고 다양했던 만큼 불교의 원류인 인도를 찾아 원전을 직접 접해야 할 필요성 때문에 육지와 바다의 무역로를 따라 인도에 직접 다녀오는 순례자들도 생겨났다. 이런 순례자의 이야기는 현재 상당수가 전하는데, 법현(法顯)의 순례기가 가장 유명한 듯하다. 법현은 399년에 장안을 떠나 비단길을 따라 인도 북서부까지 다다른 후, 다시 갠지스강 유역까지 내려가 많은 불교 성지를 답사했다. 이후에는 배를 타고 스리랑카, 수마트라, 자와섬을 거친 후 414년에야 중국으로 돌아왔다. 그가 쓴 『불국기(佛國記)』는 오늘날까지 그 내용이 온전히 전한다. 현재는 이 『불국기』를 비롯, 이후 수 세기 동안 비슷한 순례를 한 이들의 여행기가 당대 인도의 역사를 알려 주는 유일한 증거로 활용되고 있다. 이 시기에 중국이 엄청난 규모의 인력을 동원해 번역한 불경의 수는 총 1700권이 넘었고, 이들 번역자들의 노력에 의해 지극히 복잡한 인도의 철학적 개념들이 표준화된 한자

용어로 정립될 수 있었다. 기원후 515년 이후의 4세기 동안, 중국에는 번역용 서지 목록만 책으로 열다섯 권이 만들어졌다. 이들 저작을 비롯해 스리랑카의 팔리어로 된 소승불교 경전이 현재 수많은 불교 경전을 풀이하는 주된 자료다. 이들 경전은 중국인의 세계관에 근본적이고도 지속적인 영향을 미쳤으니, 당시 인도에서 중국으로 전해진 것은 단순히 불교 경전만이 아니었기 때문이다. 수학, 천문학, 의학에 관련된 인도 저술들도 거의 그만큼 중요했고, 이것들 역시 여타 분야의 중국 사상 및 지식에 비슷한 영향을 끼쳤다.

불교의 인기가 급속히 높아지자 중국 사회는 커다란 타격을 받았다. 기원후 477년에 중국 북부에서 실시된 호구조사에 따르면, 사찰로 등록된 건물만 6478곳, 승려는 7만 7000명을 넘어섰다. 534년에 접어들자 사찰은 3만 곳이 넘고 승려는 약 200만 명에 이르렀다. 왕실 사찰은 기원후 476년에 탁발(拓跋) 부족의 북위(北魏) 왕조가 평성에 세운 것이 최초였다. 이후에는 북위 왕조의 수도 낙양이 아시아에서 가장 중요한 불교 중심지로 자리 잡았다. 534년에 접어들자 낙양에 들어선 사찰만 1300개가 넘었고, 9층짜리 사리탑이 자리한 최대 규모 사찰(영녕사)은 도시 안에서 가장 높은 건물로도 손꼽혔다. 이 절에는 기거하는 승려만 3000명이 넘었으며, 해외 순례자들을 위해 1000개 이상의 방이 마련되어 있었다. 아울러 새로운 양식의 불교예술도 발달해, 특히 천불동(千佛洞) 석굴 예술이 주목을 받았다. 기원후 366년에 비단길의 한 지점인 돈황 근방에 1000기의 부처상으로 석굴이 조성된 것이 천불동의 최초 사례였으며, 이를 필두로 중국 북부 및 사천 지방 전역에 석굴 양식이 급속도로 퍼져 나갔다. 석굴과 함께 벽화도 불교예술로 크게 유행했으나, 벽화는 현재까지 남아 전하는 것이 거의 없다. 사찰은 이렇듯 중국의 문화 및 예술 생활의 중심지로 자리를 잡아 갔지만, 국가는 사찰이 사회와 경제에 미치는 영향 때문에 곤란한 입장이었다. 불교에서는 승가가 국가로부터 완전히 독립해야 한다는 원칙을 고집했다. 승가 집단은 세속의 법에 지배받지 않은 것은 물론, 군역 등 국가가 부과하는 의무에서도 면제되었다. 거기다 사찰의 재산은 양도가 불가능했는데, 불교 신자들이 경이적으로 늘어나면서 사찰의 보유 재산도 무서운 속도로 불어났다. 이로써 중국은 두 가지의 커다란 문제를 떠안게 된 셈이었다. 하나는 부족한 군대의 병력을 어떻게 충원할 것인지였고, 다른 하나는 사찰의 사유지 증가로 줄어든 조세수입을 어떻게 메울 것인지였다. 북위에서는 감복조(監福曹)라는 행정 부처를 신설해 불교 승려들에게 해당 관청의 직을 주고 수장에게 승려 집단 전체의 감독을 맡겼다. 이 기제를 통해 일반 백성에서 승려가 되려는 자의 수를 제한하려는 것이었는데, 심지어는 각 지역마다 승려가 될 수 있는 인원을 정해 주기도 했다. 그러나 전반적으로 이런 통제의 효과가 매우 지지부진할 정도로 불교에 대한 열성은 대단했고, 그것은 일반 민중 사이에서만이 아니라 귀족층 및 왕실 가문에서도 마찬가지였다.

10.5 이교 신앙

로마 제국 안에서 기독교가 만난 세상은 이와 사뭇 달랐고, 기독교가 확산된 방식 역시 중국의 불교와는 확연히 차이가 났다. 이 당시의 사태에 대해서는 분석하기가 여간 어렵지 않은데, 관련 사료들이 거의 모두 기독교에 출처를 두면서 매우 편향된 서술을 피하고 있지 못하기 때문이다. 예를 들어 기독교 역사가들은 기원후 초반 몇 세기에 이교 신앙이 쇠했다고, 그래서 거기서 생겨난 '영혼의 공백'을 기독교가 시급히 채워 줘야 했다고 곧잘 주장하지만, 이를 실증할 만한 증거는 그 어디에도 없다. 당시 사람들이 무엇을 믿었는지, 특정 신앙이 어떤 식으로 성하고 쇠했는지도 상세히 논하기가 불가능하다. 이와 관련해 이용할 수 있는 자료가 턱없이 제한된 데다, 이 문제에서 가장 중요한 부분인 개개인의 신앙에 대해서도 현재로서는 파악할 방도가 없다. 다만 기독교가 승승장구해 로마 제국에 오랫동안 확립되어 있던 신앙을 대체하기까지의 과정이 그렇게 자연스럽게 진행되지는 않았을 것이 분명하다. 이는 인도에서 힌두교가 계속 살아남은 사실이나,(힌두교는 서남아시아 및 지중해의 이교 신앙과 여러 가지 면에서 매우 흡사하다.) 중국의 오랜 전통 사상들이 명맥을 이어 간 것만 봐도 알 수 있다. 거기다 기독교 신앙 자체도 뿌리가 그렇게 견고하지는 않아서, 오랜 기간 기독교가 가장 강성한 세를 보였던 로마에서조차 7세기에 일어난 이슬람 세력에 맥없이 휩쓸렸다. 기원후 800년 무렵에 기독교 신앙은 주변부에 해당하는 유럽의 서부까지 밀려나 있었다.

기원후의 초반 몇 세기 동안 이교 신앙은 스스로 매우 강한 내적 정당성을 확보했고, 로마 제국의 사회생활에서도 핵심적인 부분을 차지했다. 이교 신앙은 오랜 세월 통용된 관습과 신앙의 결정체였기에, 사람들은 그것이 옳고 복된 것이라 믿으며 지지하고 지켜 나갔다. 대규모의 공공 행사부터 시작해, 잔치와 술판은 물론 건강과 성공, 임신과 같은 가장 기본적인 문제에 이르기까지의 무수한 사회생활에서 핵심은 항상 종교였다. 당시 사람들은 누구건 삶의 해당 부분을 관장한다고 믿어지는 신에게 공물을 바쳤는데, 후일 기독교에서 각종 성인을 모시는 모습과 상당히 동일했다. 이교 신앙이라고 해서 여러 신이 마구잡이로 뒤섞여 있는 것은 아니었다. 일부 신이 여타 신들에 비해 좀 더 중요시되었고, 특정 지방에서 유난히 세가 강했던 신들이 있었는가 하면, 중요한 사회적 기능을 맡은 신들도 있었다. 하지만 발견되는 비문의 수로 보건대, 그 중요성이 단연 컸던 것은 제국 동쪽에서는 제우스로, 제국 서쪽에서는 유피테르로 일컬어지던 신이었다. 이교 신앙의 신들은 여러 개의 형상을 한꺼번에 지닌다고도 곧잘 여겨졌다. 이를테면 수많은 신을 낳은 모신(母神)의 경우가 그러한데, 키벨레(Cybele), 벨로나(Bellona), 아스타르테(Astarte), 마(Ma)가 대표적이었다.(이들이 어떤 명칭을 갖느냐는 지역 및 그곳의 신앙에 따라 달라졌다.) 특정 신앙의 숭배지에서 둘 이상의 신을 모신다고 해서 문제될 것은 전혀 없었다. 신앙 숭배지의 기능도 지역에 따라 천차만별이어서, 에피다우로스의 아스클레피온은 (오늘날의 루르드와 다소 비슷하게) 위대한 치유의 성지 역할을 했고, 어떤 곳은 키벨레 같은 신의 추종자 및 비밀 입회자 혹은 엘레우시스 신비 의식의 참가자처럼 특정인들만 출입할 수 있었다. 로마인들은 알프스 북부를 정복하면서 이베리아인, 켈트족, 게르만족의 수많은 신을 만났지만, 이들 신은 지중해 세계에는 전반적으로 별 영향을 미치지 못했다. 물론 전차를 끄는 마부들이나 로마 곡예사들 사이에서는 갈리아인의 신 에포나(Epona)가 큰 인기를 끌었다. 황제들에게는 저마다 특별히 숭배하는 신이나 제식이 있었다. 그래서 하드리아누스는 아테네에 제우스의 신전을 완공했으며, 엘라가발루스는 3세기 초반에 자신이 숭배하던 시리아 신을 위해 신전을 건립했다. 그러나 사람들에게 특정 신앙을 강제하는 시도는 전혀 없었고, 따라서 세간의 인기가 특정 신앙의 흥망을 갈랐다. 엘리트층에서는 일부 극소수 철학(스토아학파, 에피쿠로스학파, 마르쿠스 아우렐리우스 황제의 『명상록』에 담긴 철학)을 신봉하기도 했지만, 이런 철학은 일반 대중의 신앙과는 아무 관련도 없었다.

일부 신앙 및 제식은 단순히 복을 빌며 특정 신을 섬기는 선에서
벗어나, 영혼, 내세, 윤회 같은 관념을 통해 우주 안에서의 개인의 위
치를 복잡하게 설명하고자 했다. 당시 사람들은 이런 종교들을 곧잘
'동방의 컬트(oriental cult)'라 일컬었는데, 어떤 면에서 '동방'이라는 말
을 썼는지는 정확히 알 수 없다. 이런 용어에는 비합리적이고 신비주
의적인 '동방'의 특성이 '합리적'이고 '과학적'인 그리스인 및 로마인의
정신에(나아가 유럽인의 정신에) 영향을 미쳐 왔다는 식의, 오랜 유럽 중
심주의 세계관이 밑바탕에 깔려 있다. 그리스와 이탈리아를 통해 지
중해의 동부에서 서부로 신앙이 전파되는 일은 이보다 훨씬 오래전
부터 있었다. 예를 들어 피타고라스(Pythagoras)와 그 제자들이 영혼
의 환생과 윤회를 주장한 것은 비슷한 종류의 인도 사상에서 영향을
받지 않은 것이라 보기 어렵다. 기원후의 초반 몇 세기에 나타난 이
모든 신앙 중에서도 가장 중요한 것은 미트라교였다. 미트라교는 종
종 '페르시아'에서 기원했다고 여겨지지만, 이를 뒷받침할 증거는 어
디에도 없다. 미트라교의 발생 기원을 추적하는 것은 현재로서는 불
가능하며, 미트라교가 역사에 처음 등장하는 기원후 100년 직후에
이미 그 교세는 로마 제국 서부 및 로마에(특히 오스티아 지방에) 널리
확산된 상태였다. 미트라교는 새로운 개종자를 확보하는 데는 매우
유능했지만, 관련 저술을 전혀 남기지 않아 어떤 식의 교의와 구조를
갖추었는지 거의 알 수 없으며, 따라서 미트라교에 관해서는 당시 만
들어진 예배당이나 조각품을 보고 해석하는 수밖에 없다. 미트라교
에는 공동의 제례가 따로 없었고, 신도 쉰 명가량이 소규모의 예배당
이나 지하실에 모여 예배를 드렸다. 미트라교의 미트라(Mithras)는 구
세주 신이 분명해 보이며, 황소 도살 의식으로 이 세상을 구제한 후
솔 인빅투스(Sol Invictus: '무적의 태양')와 동격의 위치에 올랐다는 것

이 특징이다. 미트라교의 예배당 벽면에는 명문의 일부로 이런 글귀가 새겨져 있다. "영원의 피를 흩뿌려 이제 우리와 너희는 구원받았노라." 미트라 곁에는 카우테스(Cautes)와 카우토프라테스(Cautoprates)가 따르며 그를 도왔는데, 이들의 모습은 보통 예배당 입구의 양쪽 측면에 조각되어 있다. 이 둘이 각각 떠오르는 해와 지는 해를 상징했다면 미트라는 중천의 해를 상징했다. 신자들은 예배당에 발을 들이기 전에 몸을 깨끗이 씻어 스스로를 정화해야 했고, 그런 다음에는 일정 시간 설교와 가르침을 들은 후 미트라를 기리며 성별(聖別)한 빵과 물로 성찬을 들었다. 미트라교에 입문하기 위해 신자들은 총 일곱 단계로 이루어진 입회식을 거쳐야 했고, 발심, 향상, 정화로 이어지는 각 과정은 하늘의 여러 행성과 달, 해와 연관이 있었다. 실제로 미트라교 예배당의 천장 상당수에 새겨진 별들을 보면 기원후 2~3세기의 밤하늘이 어떤 모습이었는지 정확하게 그릴 수 있다.

미트라교가 출현하고 2세기 뒤에 로마 제국에는 종교가 하나 더 등장했는데, 바로 마니교였다. 창시자 마니(Mani: 216~276년)는 메소포타미아의 조로아스터교도 가문 출신이었다. 마니는 기존의 모든 신앙은 한계를 가지며 특정 사람들에게만 봉사하지만, 강력한 이분법의 틀에서 세상을 선과 악의 싸움으로 본 자신의 신앙(필시 조로아스터교에서 그 내용을 끌어왔을 것이다.)은 모든 이에게 이롭다고 여겼다. 실제로 마니교는 폭넓은 계층의 사람들에게 호소했는데, 세상에 존재하는 악의 문제를 지적으로 일관성 있게 설명하면서 각자에게 구원의 희망을 심어 주었기 때문이다. 마니교는 각종 도덕규범을 명확히 정해 놓고 금욕주의를 지향했으며, 교단 추종자들 간에 강력한 공동체 의식을 형성시켰다. 3세기 말에 마니교의 교세는 주로 상인들을 통해 지중해 전역에 퍼지더니, 사산 제국을 거쳐 인도 북부까지 들어

갔다. 마니교는 조로아스터교(조로아스터교는 마니교를 이단으로 여겼다.)
와 후일의 기독교 양측으로부터 항상 모진 박해를 당했다. 이슬람교
가 확산되면서 마니교는 서남아시아에서는 거의 뿌리 뽑혔으나, 중앙
아시아에서는 잔존 세력이 중국으로 확산되어 들어가 도교 및 불교
의 여러 요소와 융합하면서 전혀 다른 모습의 종교로 탈바꿈했다.

10.6 초기의 기독교

'이교 신앙'은 대단히 관용적이어서 모든 믿음을 가리지 않고 수
용했다. 일신론은 기원후 초반 몇 세기까지만 해도 유대인들에게나
찾아볼 수 있는 특이한 현상에 불과했다. 이런 일신론 신앙이(즉 유대
교, 거기서 파생한 기독교, 그리고 기독교와 밀접한 관련이 있는 이슬람교가)
어떻게 발전했는지 고찰하기는 쉽지 않은데, 오늘날 세계인 상당수가
기독교와 이슬람교를 믿다 보니 인간의 이해력이 '발달'한 결과 이 두
종교가 탄생했다고 보는 것이 보통이다. 그러나 좀 더 폭넓은 관점에
서 보면 기독교와 이슬람교는 불교와 도교 같은 철학적 미묘함은 갖
추지 못한 것으로도 볼 수 있다. 게다가 일신론은 다른 종교들에는 제
기되지 않는, 아울러 이제껏 단 한 번도 속 시원히 해결된 적 없는, 몇
가지 예리한 문제를 피하지 못한다. 특히 '만일 신이 전능하다면 왜
이 세상에는 악과 고통이 존재하는가?'라는 문제가 그렇다. 거기다가
기독교의 역사는 하느님과 그의 아들 간의 관계를 둘러싼 끝없는 논
쟁으로 점철되어 왔고, 여기에 제3요소인 성령이 도입되면서 문제 해
결의 실마리는 더욱 찾기 어려워졌다. 대체로 이제까지의 세계사에서
가장 악독하고 가장 오래된 논쟁과 전쟁, 박해는 모두 이 계통의 종교

안에서 일어났다고 해도 과언이 아니다.

　기독교의 기원과 관련해 어느 정도 신빙성 있는 설은, 기원후 1세기 말에 유대인의 한 지파에서 출발한 세력이 유대인 공동체를 넘어 좀 더 멀리까지 확산되기 시작했다는 것이 전부다. 이때 이들 세력에 주로 영향을 미친 것은 바울로의 가르침이었는데, 기독교 문헌에 명확히 드러난 대로, 바울로는 예수 및 예수의 지위, 그리고 그의 가르침에 대해 사람들이 지닌 종전의 믿음을 철저히 바꿔 놓았다. 그러나 2세기 초반까지만 해도 기독교는 로마 제국 내에서 거의 아무런 비중도 차지하지 못하고 있었다. 사람들은 기독교를 비주류 신앙의 하나로 여기고 무시했다. 그런데 이후 3세기 만에 기독교는 로마 제국의 공식적인 국교로 자리 잡고 이후 역사에 심대한 영향을 미치게 된다. 어떻게 이런 일이 일어날 수 있었을까? 4세기 초반까지도 기독교의 상황은 별 변화가 없었을 가능성이 크다. 기독교 신자가 모여 있던 공동체는 규모가 작았던 데다 내향적이어서, 집단 외부와의 혼인이 드물었고 남들의 이목도 가급적 피했다. 251년에 로마의 주교가 쓴 서한에 따르면, 당시 로마에서 활동하던 기독교 사제는 약 150명이었으며,(그중에서 3분의 1이 퇴마사였다.) 신도는 총 1500명 남짓이었던 것으로 보인다. 당시에 로마의 거주민이 약 50만 명에 달했던 것에 비하면 지극히 미미한 수치가 아닐 수 없었다. 기독교 신앙의 핵심 근거지인 로마에서 이러했으니, 다른 지역에서는 그 세가 훨씬 미약했고 대부분 지역에서는 아예 기독교를 찾아볼 수 없었을 수도 있다. 3세기에 나온 주요 역사서 두 권도 기독교도들에 대해서는 언급조차 없으니, 당시 상황을 알려 주는 자료로는 현재 기독교 교회의 사료가 전부다. 아마 이 시절의 로마 제국 사람 대부분은 기독교도가 믿는 것이 무엇인지 그 내용조차 몰랐을 가능성이 크다.

기독교의 역사를 다룰 때의 문제는, 관련 사료가 전부 기독교 교회에 출처를 두어 그 내용이 최대한 윤색된 데다 기독교에 불리한 내용은 모조리 누락되어 있다는 점이다. 기독교의 이들 자료는 일관되고 매우 강력한 논증으로 짜인 채로 고도로 복잡한 기독교의 거대한 신학 체계를 떠받치고 있으며, 당시의 개종자들 역시 이런 사상을 금방 받아들여 순식간에 자신의 삶을 바꾸고 영적인 공동체의 독실한 일원이 되어 살아간 것으로 나타나 있다. 그러나 이 시절에 실제로 신학을 접한 사람들은 엘리트층에 해당하는 매우 소수에 불과했고, 실제로 설교가 행해진 증거도 거의 찾아볼 수 없으며, 기독교의 문학도 대부분은 이미 개종한 이들을 위해 쓰였던 것으로 보인다. 아주 소수인 몇몇 신도의 경우를 제외하곤, 교리가 사람들을 개종시키는 주된 요소였을 가능성도 별로 없다. 대부분 개종자들에게 가장 중요한 요소는, 몸에서 '정령'이나 '악마'를 몰아내는 퇴마술을 비롯해 기적, 치료, 예언 같은 것들이었다. 이 모든 것은 예수와 그의 추종자들이 지닌 권능이, 나아가 자신 외의 모든 신앙을 적대시하는 하느님의 권능이 얼마나 강한지를 직접 드러내 주는 방편으로 여겨질 수 있었다. 이 시절에 교회가 국가로부터 상당 부분 박해를 당했던 것은 맞으나, 이런 박해 및 거기서 발생한 순교자들에게서 어떻게 기독교 개종자들이 생겨났다는 것인지는 선뜻 이해하기 어려운 대목이다. 당시 교회에 대한 박해는 매우 드물고, 제한적이고, 별 효과도 없었기 때문이다. 기독교의 교회와 성경을 없애라며 303년에 디오클레티아누스가 내렸던 칙령도 비록 이론상으로는 311년까지 지속되었지만, 그 영향은 매우 제한적이었다. 훗날 기독교도들이 이 일을 과장한 것은 콘스탄티누스가 마치 기독교에 더 큰 영향을 미친 것처럼 보이게 하려는 목적에서였다.

10.7 콘스탄티누스와 교회의 확립

기독교 신앙에 핵심 전기(轉機)를 마련해 준 사건은, 312년에 콘스탄티누스가 황제 자리를 확실히 거머쥐게 되는 결정적 일전인 밀비우스 다리 전투를 앞두고 전날 밤에 갑자기 기독교로 '개종'한 것이었다. 이 사건과 관련한 일부 기술에 따르면,(이와 엇갈리는 기술들도 있다.) 당시에 콘스탄티누스는 기독교에 의지하면 자신이 승리할 수 있다는 꿈을 꾸었던 것 같다.(꿈은 이교도들이 계시를 얻는 핵심 수단이었다.) 콘스탄티누스 치세의 사건들을 다룰 때의 난제는, 기독교의 궁극적 성공에 콘스탄티누스가 한 역할이 막중하다 보니 관련 사료들이(특히 교회사를 다룬 에우세비우스(Eusebius)의 주요 저작이) 편향된 시각에서 노골적으로 그를 옹호한다는 점이다. 물론 실제로 콘스탄티누스와 이후 황제들의 지원이 없었다면 기독교가 궁극적 승리를 거두기는 무척 어려웠을 것이다. 하지만 황제들의 지원을 받던 상황에서조차 기독교의 발전은 매우 더뎠다. 4세기 초반에도 기독교는 여전히 매우 적은 규모의 비주류 종교였다. 군대도 종교에 줄곧 관용적 태도를 보이다가 4세기 말엽에나 기독교를 표방했으며, 콘스탄티누스의 행정 관료들 역시 당대에는 기독교를 믿지 않았다. 5세기 초에도 로마 제국 안에서 기독교가 가장 많이 퍼진 동부에서조차 공직자의 약 절반이 기독교도가 아니었다. 로마 사회가 본격적으로 기독교를 표방하게 된 것은 5세기가 한참 지나서였다. 이제는 로마의 옛 엘리트층만이 이교 신앙의 최후 보루로 남은 상태였다.(이들은 매우 이따금 이루어지던 동로마 황제의 이탈리아 순방 때조차 밀라노 황궁으로부터 소외당할 만큼 권세가 쇠해 있었다.) 로마 제국의 도시들은 5세기에야 비로소 이교 신앙보다 기독교를 더 믿게 되었지만, 시골에서는(특히 후미진 곳이나 사르데냐와 영국 같은 제국의 후방 지역들에서는) 여전히 이교의 위세가 압도적이었다. 심지어는 콘스탄티누스조차 이교 신앙의 특징들을 털어 내지 못했다. 321년까지 그는 로마 제국의 동전에 아폴론과 태양의 상징을 새겨 넣었다. 324년 이후로는 확실히 동전에 그리스도의 표상이 사용되었으나, 이 표상은 별 뜻이 없어 실질적으로는 황제를 뜻하게 되었다. 심지어는 황위 요구자 막센티우스(Maxentius)까지도 기독교도가 아니면서 자신의 동전에 기독교 표상을 사용할 정도였다. 콘스탄티누스는 이탈리아의 히스펠룸 등지에 이교 신전의 건축을 계속 허가했으며, 330년대가 지나서까지 그것들을 황실 가문에 봉헌했다.

콘스탄티누스는 과거 로마의 황제들이 그랬듯, 자신이 믿는 종교에 유리한 정책을 폈다. 그 시초로 313년에 밀라노 칙령을 내려 모든 종교에 관용을 베푸는데, 당시의 기독교에 이 정책은 오히려 득이었다. 그러나 콘스탄티누스는 단 한 번도 로마시민을 (시민들의 자의에 의해서든 혹은 무력에 의해서든) 집단으로 개종시키려는 시도는 하지 않았다.(이때까지만 해도 집단 개종이라는 개념 자체가 아예 없었다.) 그 대신에 그는 스스로 모범적 신도가 되어 교회를 건설해 기독교에 헌납했고, 땅을 기부했으며, 신도들의 세금을 면제해 주고, 여타 신전에서 얻은 약탈품을 교회에 대 주었다. 그가 황제의 위치에 있었기 때문에 그의 행동은 누구보다 큰 영향을 미쳤고, 따라서 수많은 사람이(특히 엘리트층의 구성원이) 기독교로 개종해 교회를 돕는 것이 성공의 길이라는 확신을 가졌다. 이런 콘스탄티누스가 로마의 전승에서는 줄곧 잔인하고 포악한 군주로 그려졌다. 콘스탄티누스가 독신주의에 부과되던 형벌을 없앤 것 등은 일부 기독교의 영향을 받은 것이었으나, 그 외에 분야에서는 변한 것이 별로 없었다. 교회에서도 노예 사역이 허용되어 실제로 교회 사유지에서는 노예들이 일을 했다. 유일하게 변한 것이 있다면 노예들 이마에 찍는 낙인을 금지한 정도였다.(하지만 신체의 여타 부위에는 여전히 낙인을 찍을 수 있었다.) 한번은 노예로 보모 일을 하던 여자가 결혼을 위해 아이를 유괴한 일이 있었는데, 그 죄가 발각되자 로마에서는 납을 녹인 물을 목구멍에 부어 여자를 죽였다. 유부녀에게는 이제야 이혼의 권리가 생겼을 뿐이었고,(그전에도 로마 사회에서 이혼은 쉬웠다.) 남편이 살인자나 주술사여야 지참금을 도로 가져올 수 있었다.

콘스탄티누스의 정책에서 무엇보다 핵심적이었던 요소는 콘스탄티누스가 자기를 교회의 수호자만이 아니라 교회의 경영자로까지 여겼다는 점이다.(이 부분은 이후 전개된 교회의 역사에 내내 심대한 영향을 미쳤다.) 더욱 중요한 사실은, 황제의 이런 역할을 교회 지도자들이 순순히 인정하고, 나아가 황제가 그들에게 부여해 주는 특권계층의 지위도 아주 감사하게 받아들였다는 점이었다. 기독교는 동시대에 중국에 존재했던 불교 및 여타 대부분의 종교와는 달리, 국가의 후원에 의지하는 국가의 교회가 되어 갔다. 교회가 새로운 지위를 가지자 신앙에도 근본적 변화가 찾아왔다. 대부분의 종교가 그랬지만, 기독교 안에도 4세기 초반까지는 다양한 믿음이 내부에 공존했고 교회 사람들도 반드시 그중 어느 하나만 '옳다'고 생각하지 않았다. 그러다가 콘스탄티누스의 치세에 들어 이런 상황에 변화가 오는데, 수많은 교회 지도자들과 마찬가지로, 콘스탄티누스는 기독교 안에서 받아들여질 수 있는 교리는 단 하나뿐이라고 고집했다. 그 결과 기독교는 다양한 교리로 분열되어 서로에게 뿌리 깊은 적개심을 갖게 되었다. 이런 분열의 중심에는 대부분 삼위일체론, 자유의지 및 원죄의 성격 같은 매우 난해한 신학적 문제들이 자리했다. 그중에서도 그리스도의 본성과 관련한 것들이 특히 문제여서, 그리스도는 오로지 신성만을 가진다(단성론), 신성을 가지지 않는다(아리우스파), 별개의 두 본성을 한꺼번에 가진다(네스토리우스파), 두 가지 본성이 복잡하게 뒤섞여 있다(이 설이 최종 선택되었다.)의 네 가지 설로 파가 나뉘었다. 아울러 '올바른' 믿음과 '교리'를 정의하려다 보면 당연히 '이단'이 생겨나게 마련이었다. 결국에는 황제가 소집한 교회 공의회(325년에 니케아(니카이아)에서 처음 열렸다.)에서 다수의 논적에게 패한 소수 무리가 이단의 신봉자가 되었다. 이와 동시에 교회 자신도 각종 분파주의로 사분오열되어, 북아프리카에서는 도나투스주의가 득세하는 한편, 로마와 안티오크, 예루살렘, 알렉산드리아, 콘스탄티노폴리스 같은 로마 제국의 주요 도시들에서는 주교들이 점차 막강한 권력을 쥐고 서로 간에 분쟁을 벌였다. 아울러 더 많은 사람에게 받아들여져 영향을 끼치고자 하는 교회의 열망이 강해지면서, 기독교 신앙 안에 수많은 이교 신앙의 요소들이 통합되었다.(부활절과 크리스마스 같은 축제가 도입되고, 교회 안에서 성인(聖人)의 역할이 좀 더 막중해진 것이 그 일례다.)

기독교의 성공에는 콘스탄티누스의 재위 기간이 길었던 점, 나아가 그의 가족을 비롯한 이후 황제들이 모두 기독교를 택했다는 점이 주효했다. 율리아누스(Iulianus) 황제만은 기독교를 택하지 않았지만, 그는 360년대에 잠시 재위했기 때문이 비중 있는 사건이 발생할 시간이 없었고, 교회의 세금 면제권을 철회한 것 외에는 별달리 시행한 일도 없었다. 로마 황실의 기독교 후원 정책이 이어진 4세기 동안 교회는 점점 더 많은 특권과 권력, 부를 손에 넣을 수 있었다. 각종 기부금과 세금 면제 정책, 신전 약탈품이 교회로 돈이 흘러들어 가는 통로가 되어 주었다. 사회에서 수행되는 각종 기능 및 행사에서도 교회의 비중이 점차 커져 갔다. 이와 함께 주교들이 해당 지역의 지도자로서 점차 큰 힘을 갖게 되었는데, 황제의 행정조직이 차차 약해져 가던 제국 서부에서 특히 이런 현상이 두드러졌다. 기독교 신봉자의 수도 꾸준히 늘어 갔다. 더러 아우구스티누스(Augustinus)처럼 지적 논증을 통해 기독교로 개종하는 이들도 있었지만, 그렇지 않은 이가 대부분이었다. 그중에는 개종에 진정 뜻을 두기보다, 기독교 신앙이 성공의 길이 되는 추세를 좀 더 중요하게 여긴 이들도 있었다. 예전과 마찬가지로 이때에도 기독교에서는 교리의 미묘한 부분을 정치하게 따지는 논의는 거의 없었으며, 그보다는 기적과 치유, 퇴마 같은 활동들에 좀 더 무게가 실렸다. 마지못해 기독교로 억지로 개종해야 했던 이들도 있었다. 당시에 노예는 주인의 신앙을 똑같이 따르게 되어 있었고, 그 뜻을 거스를 때는 태형에 처해서라도 따르게 했다.(교회도 이를 반대하지 않았다.) 지주들의 경우에는 금기된 신앙(기독교 이외의 신앙)의 예배를 그들 땅에서 허락하게 되면 (설령 모르고 한 일이라도) 소유한 땅을 빼앗길 위험이 있었다. 아울러 이교도와 이단자를 상대로는 군대의 힘을 얼마간 빌려 폭력과 물리적 강압을 행사할 수 있었다. 마르켈루스(Marcellus)는 386년에 시리아 아파메아의 거대한 제우스 신전을 군대를 동원해 파괴했다. 그로부터 6년 뒤에는 지방의 한 주교가 알렉산드리아에서 군중을 선동해 세라파에움(세라피스의 신전)을 파괴했는데, 한때 암미아누스(Ammianus)가 "로마의 유피테르 신전 다음으로 (……) 세상에서 가장 장엄한 건축물"이라 평했던 곳이다. 407년에는 로마 제국에 이런 내용의 황제 칙령이 반포되었다. "아직까지도 신전이나 사원에 버젓이 서 있는 성상은 (……) 모조리 기단에서 끌어내릴 것이며 (……) 제단은 장소를 불문하고 모두 부수라." 기독교도의 위세가 커져 가면서 나라의 반(反)유대교 정책도 강도를 더해 갔다. 기독교도는 유대교로 개종했다가는 가진 재산을 모두 빼앗겼다. 유대인들은 황제의 행정 관료는 물론 변호사로도 일할 수 없었으며,

438년에는 모든 종류의 국가 관직에서 완전히 배제되었다.

기독교가 흥기하자 그 일환으로 고행자와 수도원들이 속속 생겨났다. 이 같은 현상은 4세기 중반에 이집트에서 처음 시작되어 이내 레반트까지 퍼졌고, 5세기 초반에 이르자 레반트에만 예순 개가 넘는 수도원이 생겨났다. 개인 신도 중에서도 개종 후 독신 생활을 하는 이가 많아졌다. 수도원 형성의 배경은 로마 제국의 훨씬 동쪽에서 유래한 것이 거의 틀림없는데, 동쪽의 이들 제도들은 생겨난 지 근 1000년이 되어 하나부터 열까지 기독교 실정에 다 들어맞지는 않았다. 당시에 수도원들은 몇 세기 뒤의 유럽에서 흔히 보게 되는 그런 대규모의 종교 결사로까지는 발전하지 못한 상태였다. 수도자들은 부유하게 살며 특권을 누렸고, 따라서 엘리트층 구성원에만 국한될 때가 많았다. 그러나 엄청난 양의 부가 교회에 넘어간 상황에서도 교회가 빈자에게 넉넉히 베풀었다는 증거는 거의 발견되지 않는다. 5세기에 이르렀을 때 이미 교회는 후기 로마 제국의 토대 깊숙이 자리를 잡고 상당량의 부와 권력을 손에 넣은 상태였다. 이제는 로마 제국민 대다수가 기독교를 믿게 되었다고 해도 과언이 아니었다. 이때에도 여전히 교회는 여타 신앙에 지극히 비관용적인 태도를 보이며 권력을 도구 삼아 믿음을 강제하고 사회 활동을 통제하니, 불과 수 세기 전만 해도 교회가 이러리라고는 상상할 수 없었다.

10.8 중국의 부흥

기원후 5세기 무렵, 로마 제국이 대체로 기독교를 신봉하게 되고 중국에 불교가 널리 확산된 바로 그 시점부터, 중국이 지난 250년간의 혼란에서 벗어나 확실히 회복되고 있다는 징후가 하나둘 나타나기 시작했다. 우선 남부에서 중앙아시아와의 무역 및 동남아시아와의 해상무역이 다시 활기를 띠며 점차 부가 늘었다. 이때 남부의 권력은 크게 둘로 나뉘었는데, 지배층에서는 귀족 엘리트들(기원후 300년 이후의 시기에 대규모로 남쪽으로 이주했던 이들의 후손)이, 장강 유역 및 항주만(항저우만) 연안에서는 부유한 토착 지주들이 세를 떨쳤다. 이들은 각종 세금과 나라에서 부과하는 노역 및 군역을 면제받았던 동시에, 병력을 다 합치면 국가의 군대도 넘어설 만큼 막강한 군사력을 보유하고 있었다. 이들은 5세기 말에 귀족과 그들 기준에서의 이른바 '평민' 사이의 혼인을 법으로 금지했다. 6세기가 지나서까지 중국 남부의 유약한 왕조에서 실권을 쥔 것이 바로 이들이었다. 그러던 중에 북부 왕조들을 상대로 수차례 싸움을 벌여 온 장수 유유(劉裕)가 송(宋: 유송) 왕조(420~479년)를 열었다. 유유는 중국인이 대규모로 남방으로 이주한 이래 내내 중국 남부를 다스려 왔던 동진을 끝내 전복했다. 이후 송은 450년대에 접어들기까지 꽤 안정을 유지했으나, 결국에는 송 자신도 군사 반란으로 무너지고 이로써 제(齊) 왕조(479~502년)가 창건되었다. 하지만 귀족층의 권력을 억제하려는 노력이 또 한 번의 군사 반란으로 이어졌고, 여기서 다시 양(梁) 왕조(502~557년)가 창건되었다. 양 왕조는 창건자 무제(武帝)의 장기간에 걸친 치세(거의 50년에 달했다.) 덕에 얼마간 안정을 누렸으나, 자유 용병 집단들이 거의 산적 패와 다름없이 농민층의 등골을 빼서 먹는 통에 애를 먹어야 했다. 그러다가 553년에 양 왕조가 사천 지방에 대한 지배력을 잃으면서 중국 남부는 잔혹한 내란에 휘말렸고 이때 귀족층 상당수가 목숨을 잃었다. 이러한 분쟁이 휩쓸고 가는 와중에서도 진(陳) 왕조(557~589년)가 창건되었으나, 이 왕조는 내내 힘이 없고 무능해 제법 규모 있는 병력 배치조차 한 번 제대로 해내지 못했다.

하지만 중국의 향후 역사를 결정짓는 가장 중요한 사건들은 북부 지방에서 일어났다. '5호 16국'의 혼란이 지난 뒤 중국 북부를 재통일한 것은 북위 왕조였다. 애초에 이 북위를 세운 것은 한때 유목민으로 생활하던 탁발씨 부족이었다. 이들은 일찍이 315년에 중국 왕조로부터 중국 북부의 산서성 일대를 하사받았는데, 대동(다퉁)을 수도로 세워진 이들의 왕국이 4세기 말엽에는 하북성과 하남성의 안쪽까지 영토를 넓히더니, 439년에는 중국 북부 대부분을 통일했다. 북위는 탁발씨 부족의 지배를 받아 이들이 유목민 귀족층을 형성하고는 토지 대부분을 차지했으나, 나라의 행정적인 일들은 여전히 중국인들이 맡아 처리했다. 농민층 태반은 중국인이었고, 이들은 강력한 조직체에 예속되어 있었다. 북위에서는 다섯 개 가구를 하나로 묶어 린(隣: '이웃'이라는 뜻이었다.)을 만들었고, 이 린을 다시 다섯 개 묶어 리(里: '촌락')를 만들었으며, 리를 다섯 개 묶어 당(黨: 공동생활체)을 만들었다. 이 조직들이 곧 군대의 기본단위가 되었고, 각 단계의 지도자들은 해당 조직을 중앙집권적으로 통치할 책임이 있었다. 한편 새로운 지역들이 지배권 안으로 편입되자 북위에서는 농민들을 근방으로 이주시켜 토지를 경작시키고 조세수입을 창출하기 시작했다. 그리하여 386년에서 409년 사이에 대동 근방으로 이주한 사람이 45만 명을 넘었다. 북위가 북서부의 유목민을 상대로 공격을 가하면서 탁발씨 부족의 행동 양상은 이내 중국의 통상적인 정권과 별다를 바가 없어졌다. 429년에는 유연(柔然: '꿈틀대는 벌레들'이라는 뜻으로 경멸적 어조가 담겨 있다.)을 상대로도 대규모 군사작전을 펼쳤는데, 이 유연족이 약 2세기 후에 유럽을 침공한 아바르인이었을 가능성도 있다.

탁발씨 부족이 정착해 나라를 수립하는 과정에서 부족의 옛 귀족층 일부는 떠밀리듯 스텝 지대로 되돌아가 예전의 유목 생활을 이어 갔다. 중원에 남은 이들은 차츰 중국의 문화를 취하기 시작했다. 그렇게 해서 중국의 형법을 가져다 쓴 것이 5세기 초반부터였지만, 본격적인 변화가 일어나기 시작한 것은 효문제(孝文帝: 471~499년)가 탁발이라는 성씨 대신에 중국식 성씨인 '원(元)'을 사용하기 시작하면서였다. 480년에는 황실 의례도 유목민 방식 대신 중국식을 따랐고, 그로부터 3년 뒤에는 탁발씨 부족과 중국인 사이에 혼인을 허용한 것은 물론 적극적으로 장려까지 했다. 494년에 북위는 수도였던 대동을 버리고 (315년에 사람들이 버리고 떠난) 중국의 옛 수도 낙양으로 황궁을 옮긴 후 도시를 재건하는 작업에 들어갔다. 494년에는 조정에서 탁발씨의 언어 대신에 중국어가 장려되었으며, 495년에는 탁발씨 부족 엘리트층에 중국식 성씨를 채택해 쓰라는 명령이 내려졌다. 탁발씨 부족은 6세기 초반까지만 해도 국가로써 막강한 힘을 자랑했으나, 이후 순식간에 완전히 붕괴했다. 523년에 변경의 스텝 지대를 지키던 '오랑캐' 집단이 반란을 일으켰고, 이를 계기로 극심한 내란이 터져 534년까지 이어졌다. 종국에는 낙양이 함락당하면서, 황실 가문의 구성원이 모조리 그들을 모시던 조신들과 함께 죽임을 당했다. 제국은 여러 개로 분열되어 내란에서 최종 승리를 거둔 군부가 서로 나누어 가졌다.

그리하여 하북성 남부의 업(鄴)을 근거지로 장수 고환(高歡)이 동위(東魏)의 실권을 잡았다. 그는 전통주의자로서 중국의 영향력에 반감을 가지고 있어서 집권 내내 나라의 지배층이던 탁발씨 출신의 전사 엘리트층을 상대로만 돈독한 관계를 유지해 갔다. 한편 옛 중국의 황실 터인 장안에서는 장수 우문태(宇文泰)가 서위(西魏)의 권력을 장악했는데, 서위는 앞서 북위 왕조를 구성했던 다수의 중국화한 엘리트층을 기반으로 삼았다. 이후 300년이 넘도록 이 서위는 중앙아시아 지역 국가들에 중국의 그 어떤 왕조들보다도 강력한 위세와 영향력을 미쳤다. 이란의 사산인들만 해도 553년, 558년, 578년의 세 차례에 걸쳐 서위에 사절을 파견했으며, 중앙아시아의 다양한 왕국들(소그디아나, 부하라, 우전)도 560년, 564년, 567년, 574년의 네 차례에 걸쳐 장안으로 사절단을 보내왔다. 서위는 주로 550년에 창설된 농민 민병대를 기반으로 경쟁국들에 대한 결정적인 군사적 우위를 확보했고, 그래서 6세기 말엽의 중국 재통일 당시에 그 근거지가 된 곳도 장안이었다. 556년에 우문태가 세상을 떠나자 그 뒤를 이은 아들(그는 탁발씨의 황제 자리를 찬탈해 새로 주(周) 왕조를 세웠지만, 명목상의 창건에 불과했다.)이 577년에 동위(당시에는 제(齊)나라로 불렸다.)를 무너뜨렸다. 이로써 중국 북부는 다시 하나의 왕조 아래 통일된 셈이었는데, 그로부터 얼마 안 지난 581년에 황실의 외척이던 양견(楊堅)이 난을 일으켰다. 그렇게 해서 양견이 권력을 찬탈하고 세운 것이 수(隋) 왕조였다. 수 왕조는 중국 남부의 남경을 수도로 삼아 힘없이 서 있던 진을 589년에 쉽사리 정복했고, 이로써 근 400년 만에 처음으로 중국 전역이 재통일되었다.

중국 역사가들 사이에서는 중국 왕조사를 일정한 틀과 패턴에 맞추어 세심하게 기술하는 것이 일종의 전통인데,(중국을 연구하는 수많은 서양 역사가 역시 이런 전통을 상당 부분 그대로 따른다.) 그간 이러한 전통에서는 중국 역사가 가진 연속성, 중국 문화가 가진 강력한 힘, 그리고 중국 문화에 가급적 빨리 동화되고자 했던 '오랑캐'들의 소망을 강조해 왔다. 그러나 분명한 사실은 한 왕조 이후 400년이라는 장기간에 걸쳐 이어진 중국의 분열은 중국의 문화, 사회, 국가에도 여러 가지의 큰 변화를 일으켰다는 것이다. 불교는 이런 변화가 일어나는

데 근본적 영향을 미쳤고, 그러한 경향은 특히 탁발씨의 치세에 두드러졌다. 5세기 초반 이후로 최소 500년 동안 중국은 확실히 불교 문화가 우세를 보인 불교 국가였으니, 예전 한 왕조 시절의 중국 제국과는 그 모습이 판이하게 달랐다. 심지어 불교의 위세가 쇠락한 뒤에도 불교의 영향력은 상당 부분 그대로 남아 있었고, 따라서 중국이 옛 문화로 되돌아가는 일은 일어나지 않았으며 그러기도 불가능했다. 이와 비슷한 맥락에서, 옛날 한나라의 국경 안에 정착한 '오랑캐'들이 종국에 중국의 문화 및 행정적인 요소를 여럿 채택해 쓰기는 했지만, 그 역시 일방적인 과정만은 아니었다. 과거 유목민이었던 이들이 농민으로 정착하고 또 유목민 엘리트층이 사회 안으로 통합되어 들어오면서 중국 자신도 심대한 변화를 겪기는 마찬가지였다. 그리고 그 결과 새로운 차원의 문화적·사회적·정치적 통합이 이루어졌다. 중국의 수나라와 당나라에서는 기원후 10세기 초반까지 대규모 문벌가들(유연씨, 모용씨, 영호씨, 울지씨 등)이 지배 세력으로 군림했는데, 그중에는 돌궐족이나 선비족같이 스텝 지대 유목민에게서 갈라져 나온 가문이 많았다. 당 왕조의 경우는 심지어 통치자들까지도 (이(李)씨라는 중국식 성을 채택해 썼음에도 불구하고) 그 기원은 사실상 절반은 돌궐족이었다.

[이후의 중국 ☞ 11.5]

10.9 유라시아 동부 주변부의 통합

기원후 200년 무렵에 한나라가 몰락하고 589년에 수나라가 창건되기까지가 중국에는 분열의 시기인 동시에 중국의 영향력이 크게 확대된 시기였으니, 이런 현상은 주로 불교의 확산과 관련이 있었다. 그 결과 4세기 무렵에 한반도에 최초의 원시 국가들이 출현하기 시작했고, 6세기에 이르자 일본에서도 동일한 방향의 움직임이 진행되고 있다는 징후들이 처음 나타났다.

10.9.1 한반도

한반도는 이 시기에 접어들기 전까지 오랫동안 한나라를 비롯한 중국 북부 여타 국가들의 변경 지대에 해당했다. 중국의 한반도에 대한 지배력은 시기별로 강도가 달라지다가, 한이 설치한 군현 내부에서 서서히 한반도의 지방 통치자들의 세력이 부상하기 시작했다. 이들은 중국인들에게 의지해 자신의 지위를 유지해 나갔고, 대체로 혈연관계를 기반으로 통치했으며,(이 당시에 한반도의 사회들은 전반적으로 혈연을 기반으로 했다.) 통치 씨족의 권력은 먼저 형제간에 이양된 뒤 계승자가 더는 남아 있지 않을 때 다음 세대로 넘어갔다. 한나라가 멸망하고 중국 북부의 혼란이 (특히 265년에 위나라가 멸망한 이후에) 가중되자, 중국이 서서히 한반도 북부에 대한 지배력을 잃음으로서 한반도의 지방 통치자들이 각자 자기들 나라를 세울 만한 여건이 조성되었다. 그리하여 한반도에는 4세기 초반부터 남쪽에는 신라와 백제, 북쪽에는 고구려라는 구도로 세 나라가 자리 잡게 된다. 이들 삼국 중에서도 고구려가 가장 막강했는데, 단지 중국의 영향력이 가장 가까이서 미쳤기 때문만이 아니라 북부의 만주 지방으로까지 영토를 확장할 수 있는 여지가 있었기 때문이었다. 고구려는 371년에 백제에 패배를 당했으나 재빨리 이 타격에서 회복해, 광개토왕(廣開土王: 391~412년) 및 장수왕(長壽王: 412~491년)의 오랜 치세를 거치며 급속히 영토를 늘려 나갔다. 산악 지대에 있던 수도를 평양으로 옮긴 고구려는 5세기 내내 만주 북부에서 한반도 남부까지를 아우르는 커다란 제국으로 남아 있었다. 6세기에 들어 한반도 동쪽을 따라 신라의 세가 확장되기는 했지만,(신라는 한반도의 삼국 중 항상 가장 뒤처진 나라였다.) 이 시기에도 고구려는 상당 기간 제국의 위치를 지켜 내는 데 성공했다. 이때까지도 삼국은 모두 상당히 원시적인 수준에 머물러 있었다. 토지를 소유한 몇몇 귀족 가문이 군대 대부분을 통솔하며 나라를 지배했고, 중앙집권적 통치의 수준도 낮았다. 문화적 면에서는 중국으로부터 전래된 불교가 가장 중요했다. 그리하여 고구려는 366년에, 백제는 384년에, 그리고 이 둘보다 다소 외진 데 위치했던 신라는 5세기 중반에 공식적으로 불교 국가가 되었다. 글의 경우에는 애초에 불교 승려들이 (한자의 형태로) 한반도에 들여온 것으로 보이나, 한국어가 중국어와 판이하게 달랐기 때문에 사용하기에는 지극히 부적당했다. 불교는 한반도에 확실히 자리 잡자, 이곳을 중심지로 삼아 이후 더 멀리에 있는 일본까지 유포되었다.

[이후의 한반도 ☞ 13.6.1]

10.9.2 일본

일본이 독특한 역사를 갖게 된 근본 배경을 설명하는 데는 주변의 지리를 살펴보는 것이 얼마간 도움이 된다. 일본 땅은 유라시아 본토에서 100마일도 넘게 떨어진 일군의 섬으로 이루어져 있었고, 따라서 중국에서 일어나는 복잡한 변화는 모두 일본에는 먼 세상의 일에 불과했다. 심지어 중국 문화가 몇 세기 동안 압도적인 영향력을 미치게 되는 기원후 4세기 이후에도 일본 역사는 내내 내부적 요소들에만 지배를 받았다. 섬나라였던 일본은 외부의 침략을 단 한 번도 받지 않았고, 1945년 이전에는 단 한 차례(13세기 초반 몽골족의 침입)를 제외하고는 침략의 위협조차 받아 본 일이 없었다. 하지만 규모가 제법 큰 나라임에도 불구하고,(일본은 오늘날의 독일보다 크다.) 농경에 적합한 땅이 전체 토지의 5분의 1에 불과한 데다 주요 광물마저 부족한 것이 문제였다. 그나마 농경에 적합한 땅들에서 집약적인 습식 벼농사가 가능했고 거기서 대규모의 잉여 식량이 생산되었다는 점이 그런 문제점들을 크게 상쇄해 주었다. 일본의 경제적·사회적·정치적 발전은 줄곧 집약적 농경이 가능한 극소수 지역, 즉 혼슈섬 남서부(오사카, 교토, 고베 일대)를 비롯해 거기서 동쪽으로 뻗어 나간 오늘날의 도쿄(과거에는 에도로 불렸다.) 근방에 한정되었다.

일본에서는 기원전 300년 무렵에 농경이 처음 발달했는데, 토기를 사용하는 정착 사회는 그 1만 년 전부터 이미 자리를 잘 잡고 있었다. 이들 '조몬'인들은 다수의 다양한 민족들로 구성되어 있었던 것으로 보이나,(심지어 서로 다른 말을 썼을 가능성도 있다.) 채집, 사냥, 낚시를 (특히 참치 낚시를) 기반으로 하는 문화만큼은 서로 공유했던 것 같다. 일본에서는 기원전 1000년 무렵부터 몇 가지 작물이 재배되었을 가능성이 있다. 습식 벼농사 방식은 '야요이' 문화(도쿄 근방의 표준 유적지 이름을 따라 지어졌다.)의 침범과 함께 일본에 도래한 것이 거의 확실하다. 이들 야요이인은 해부학적 면에서 '조몬'인과 뚜렷이 구별되지만, 그 정확한 기원은 현재 알 길이 없다. 철기를 사용했던 이들은 기원전 100년 무렵에 일본 남서부를 지배하게 되었고, 이후 서서히 동쪽과 북쪽으로 진출하며 변화하는 환경에 자신들의 농경법을 적응시키는 한편, 기장과 보리, 밀 등 혼슈섬 북동부의 좀 더 건조한 지대에서 자라는 작물들까지도 함께 재배해 내기에 이르렀다. 이렇듯 남서부에

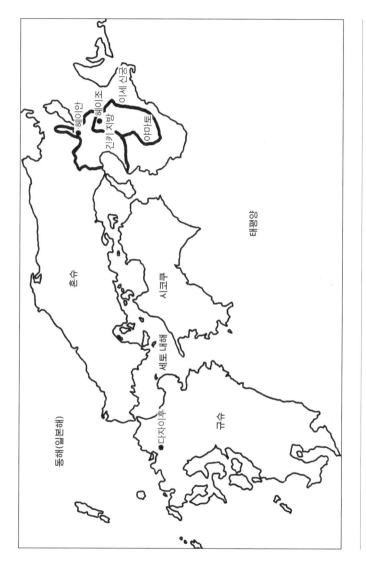

초창기 일본

서 잉여 식량이 발달하자, 일본에서도 처음으로 군장 사회를 비롯해 소규모 국가들이 생겨나기 시작했다. 지도자들(이들이 지도자였음은 몸에 새겨진 문신을 통해 확인할 수 있다.)은 세상을 떠나면 길이 약 500야드에 높이 120피트의 거대한 석재 묘실 및 능에 안치되었으며, 현재 혼슈섬 남부의 긴키 지방 전역에서 이런 고분들을 찾아볼 수 있다. 해당 문화는 한반도 남동부에 자리 잡아 지리적으로 일본과 가장 가까웠던 신라와 얼마간 유사성을 지녔던 것으로 보인다. 일본의 이 소규모 군장 사회 및 국가들(약 100개 정도가 존재했던 것으로 여겨진다.)은 간헐적이나마 중국과도 교류해 나갔다. 그 일환으로 기원후 57년과 107년에는 한의 조정에 특사까지 파견했던 것으로 보인다. 당시에 중국인들은 이들 일본인들을 '난쟁이'를 뜻하는 왜(倭)로 칭했다.

일본의 국가 및 문화 출현에서 핵심은 습식 벼농사 지대의 한가운데 자리한 야마토라는 지역이었다. 일본의 시코쿠섬과 규슈섬의 점령도 바로 이 야마토를 근거지로 이루어진 일이었다. 이 당시에 야마토 인근에는 일명 우지(氏)라고 해서 일본의 부족 단위 또는 씨족 단위의 사회가 존재했는데, 야마토의 통치자들은 이들 우지의 군장보다 자신들이 한 차원 더 높은 힘을 가졌다고 주장했다. 그들도 이런 우지를 이끌기는 마찬가지였으나, 자신들이 핵심 의례 중심지(이세 지방에 지어진 일련의 태양신 사당)와 맺고 있던 관계를 내세워 다른 군장들에 비해 좀 더 우월한 힘을 가졌다고 주장했던 것 같다. 일본의 이 전통 신앙은 훨씬 후대에 가서야 불교와의 구별을 위해 이른바 '신토(神道: 한자 원어를 풀면 '신들의 길'이라는 뜻이다.)'로 불리게 되었다. 당시 일본에서는 야마토의 태양 숭배 의식이 최고의 신앙이었고, 그리하여 다른 제식들도 이내 그 급만 해도 3000개가 넘는 이 정교한 체제 속으로 통합되었다. 이들 제식은 주로 자연 신앙의 성격이 강했다. 물론 시간이 지나서는 역대 군주들까지 이 신앙 체제에 편입되었으나, 유라시아 서부의 이해와는 달리 일본의 군주들은 이 신앙 안에서 그렇게까지 신성한 존재는 아니었다. 오늘날의 일본 황실은 세계에서 혈통이 가장 오래된 통치자 가문으로 손꼽히는데, 이를 처음 세운 것이 바로 야마토의 통치자들이었다. 물론 일본 황실은 수 세기간이나 권력을 제대로 혹은 아예 쥐지 못한 바 있고, 황실 후손의 혈통 역시 매우 복잡하다는 사실을 여기서 무시할 수는 없을 것이다. 일본은 발전 속도가 더딘 편이어서 6세기에 접어들어서도 실질적 힘을 가진 중앙집권 국가는 찾아볼 수 없었다. 거기다 야마토의 군주들이 최고권을 주장하는 것도 갈수록 힘을 잃었으니, 황실 가문 안에서 황위 계승을 둘러싼 분쟁이 수차례 일어나면서 군부대 사령관들(오토모(大伴) 가문과 모노노베(物部) 가문이 대표적이었다.)의 권력이 점차 막강해졌다. 이로써 일본 황실 '통치자'들은 차차 일본 역사 대부분에서 보인 바로 그런 모습으로 변모했다. 즉 황실 가문은 권력이 승계되는 상징적 혈통에 불과했고, 실질적인 권력은 황실이 아닌 다른 데서 행사되었다.

[이후의 일본 ☞ 11.7.1]

10.10 인도: 굽타 제국

앞서의 마우리아 제국이 그랬듯, 320년부터 550년 사이에 인도 북부를 지배한 굽타인들은 원래 갠지스 평원 동부의 마가다라는 나라에 기반을 두고 있었다. 이 나라는 늘 강성한 힘을 자랑했는데, 중요한 광물자원들을(그중에서도 특히 철을) 여럿 차지하고 있었던 데다 갠지스강 유역의 핵심 무역로까지(그중에서도 특히 인도 북서부를 거쳐 중앙아시아로 들어가는 무역로를) 장악한 덕분이었다. 굽타 왕조를 창시한 것은 찬드라굽타(Chandra Gupta)라는 인물이었다.(마우리아 제국의 창건자인 찬드라굽타와는 아무 상관이 없으며, 아울러 굽타 왕조에서는 불교가 아닌 힌두교를 믿었다.) 찬드라굽타는 320년에 파탈리푸트라에서 권력을 잡은 뒤, 당시 갠지스강 북부에서 바이샬리라는 나라를 다스리던 리차비 가문과 혼인 동맹을 맺어 자신의 지배권을 좀 더 넓혔다. 하지만 영토가 크게 확장되어 제국까지 성립하게 된 것은 찬드라굽타의 아들 사무드라(Samudra: 330년~375년 무렵)의 치세에 들어서였다. 그는 서쪽의 펀자브 지방과 동쪽의 벵골 지역을 모두 점령하고, 북쪽의 카슈미르와 남쪽에 자리한 데칸고원 상당 지역까지 자신의 지배권으로 편입시켰다. 또한 인도 남부의 왕국들에도 모종의 간접 통치를 행해 공물을 납입받았던 것으로 보이며, 이러한 지배는 심지어 스리랑카 한가운데의 불교 국가에까지 미쳤던 것 같다. 그러다가 사무드라의 뒤를 이어 찬드라굽타 2세(Chandra Gupta II)가 왕위에 올라 415년까지 재위하며 굽타 제국은 절정기를 구가하니, 409년에 제국이 인도 서부 항구들에 대한 지배권을(이로써 페르시아만과 홍해의 무역에 대한 지배권까지도) 손에 넣은 이후 특히 그러했다.

굽타 왕조의 내부 구조에 대해서는 거의 알려진 바가 없지만, 어떤 식으로든 강력한 중앙집권 통치가 이루어졌을 가능성은 매우 낮다. 실질적인 지배권은 지방 통치자들에게 있었고, 이들은 굽타 황제의 권위를 대체로 인정해 자신들이 거둔 세금 일부를 공물로 바치기도 했다. 굽타 왕조에서 세세한 중앙집권 통치가 이루어지기란 불가능했으며, 왕조의 수도에서도 강력한 힘을 가진 관료제는 찾아볼 수 없었다. 굽타 왕조는 한동안 번영을 누리며 내부 평화를 유지해 가다가 5세기 중반에 점차 외부 압박에 시달리기 시작했는데, 중앙아시아 출신의 남부 유목민 집단의 움직임이 특히나 큰 골칫거리였다. 이에 스칸다 굽타(Skanda Gupta: 455~467년)는 치세 내내 인도 북서부에서 토벌 작전을 벌이느라 바빴는데, 이들 유목민은 다름 아닌 훈족이었던 것 같다.(바로 이즈음 서유럽을 여러 가지 면에서 힘들게 만들었던 바로 그 훈족 말이다.) 전쟁 비용은 날로 증대하며 황실 자원을 압박했고, 이로써 각종 세금 및 공물에 대한 부담이 늘자 급기야 굽타 왕조 내부에서까지 반란이 터져 결국 걷잡을 수 없는 지경이 되었다. 467년 이후에 굽타 제국은 급속히 멸망의 길로 들어섰으나, 당시 사태가 정확히 어떻게 진행되었는지는 현재로서는 알 길이 없다. 490년대에 이르자 훈족의 지배력은 펀자브 지방에까지 미쳤고, 515년에 접어들자 카슈미르 지역을 비롯한 갠지스강 평원(굽타 제국의 심장부였다.)의 상당 부분이 그들 차지가 되었다.

6세기 이후 인도 북부는 잘게 쪼개져 이곳에 존재하는 나라만 쉰 개가 넘었다. 카티아와르반도 근방의 인도 서부에서는 마우카리 왕조가 일어나 발라비라는 나라를 다스렸고, 라자스탄에서는 수도 조드푸르를 중심으로 구르자라스 왕국이 자리했다. 인도 동부에서는 벵골, 아삼, 오리사, 네팔을 근거지로 나라가 하나씩 세워졌다. 그러다가 7세기 초반에 접어들면서 델리 북부에서 타네사르를 다스리던 하르샤 바르다나(Harsha Vardhana)가 종국에 인도를 얼마간 통일하게 된다. 그는 자신의 영토를 갠지스강 유역을 따라 인도 북부 전역으로 넓힘과 동시에 카나우지에 새로 수도를 세우니, 후일 이곳은 유라시아 동부에서 가장 번성한 도시의 하나로 자리매김한다. 하지만 인도 남부에는 이런 상황이 거의 다른 세상의 일이나 다름없었다. 이 무렵에 인도 남부는 정치 지배 체제가 훨씬 산만했을 뿐 아니라, 인도 북부에서 찾아볼 수 있던 비교적 약소한 국가들마저 전혀 발달해 있지 않았던 것이다. 농민층 대다수는 큰 강의 물이 빠지는 하구 근처의 촌락에서 생활했는데, 공동의 힘으로 물 저장고와 저수지들을 건설한 덕분에 그래도 이곳에서 이루어진 관개 농경은 매우 높은 수준의 생산성을 보였다. 이들 농민보다 더 고립되어 있던 인도 남부의 고지와 삼림 지대에 사는 사람들은 여전히 채집과 사냥에 의지해 살아가야 했다. 하구 유역의 농민이나 이들 삼림 지대 사람들은 모두 다양한 종류의 전사 집단(칸치푸람 지방의 팔라바 왕조와 탄조르 지방의 판디야 왕조 및 콜라 왕조가 대표적이었다.)으로부터 통치를 받았으며, 그 방식은 집단에 따라 천차만별이었다. 물론 전사 집단이 벌인 일들은 사실상 약탈과 분탕질에 지나지 않았다. 그러나 이들은 인도 서쪽과 동쪽의 양안에 있는 항구에서 활동하던 대다수의 상인에게는 상당한 자유를 보장해 주었다. 이들 상인은 유라시아 대륙을 연결하는 바닷길의 중심에서 활동했고, 그것이 전사들에게 얼마간의 부를 제공해 주었기 때문이다. 비교적 황량한 지역인 데칸고원에서도 이와 비슷한 유의 전사 집단들이 세를 떨쳤다.(이들은 안드라 연안까지 내려와 마을을 약탈하곤 했다.) 550년 무렵에는 찰루키아 왕조가 일어나 데칸고원 남서부를 장악했고, 7세기 초의 플라케신 2세(Pulakeshin II) 치세에는 멀리 봄베이 앞바다의 엘레판타섬에 이를 정도로 통치권이 크게 확대되었다. 찰루키아 왕조는 여기서 나아가 북쪽의 하르샤 바르다나와 남쪽의 팔라바 왕조까지 제압하는 데 성공했다. 그러다가 752년에 들면서 신하 하나가 찰루키아 왕조를 전복해 버리고는, 아우랑가바드 근방의 엘로라를 기반으로 라슈트라쿠타 왕조를 세웠다. 인도에 바위산을 깎아 시바 신의 낙원을 묘사한 대규모 사원(파르테온 신전보다 규모가 크다.)이 지어진 것이 바로 이 라슈트라쿠타 왕조의 제2대 왕크리슈나 1세(Krishna I) 때의 일이었다.

[인도의 이후 역사 ☞ 13.9]

10.11 후기 로마 제국의 위기

한 왕조의 몰락 이후 중국이 차차 최악의 혼란에서 벗어나기 시작했을 무렵, 그리고 인도에서 굽타 왕조가 대륙 상당 지역을 지배하고 있을 무렵, 로마 제국은 한 발 한 발 대위기의 시기에 발을 들이고 있었다. 디오클레티아누스와 콘스탄티누스의 치세에 안정이 이루어지면서 제국 내부 문제들은 얼마간 해결되었지만, 몇 가지 근본적인 결점은 여전히 남아 있었다. 그 첫 번째는 황위 계승의 문제가 내내 해결될 기미가 없었다는 점이다. 337년에 콘스탄티누스가 세상을 떠나자 그의 세 아들은 제국을 셋으로 나누어 각자 하나씩 차지한 뒤 오랜 기간 서로 내전을 벌였다. 그러다가 350년에 이르러 콘스탄티우스 2세(Constantius II)만이 이 내전에서 유일하게 살아남으면서 단독 황제의 자리에 오를 수 있었다. 하지만 콘스탄티우스가 황위 계승자를 따로 정해 두지 않은 와중에, 콘스탄티누스의 이복형제 슬하의 율리아누스가 반란을 일으켰고, 361년에 콘스탄티우스가 죽자 그가 권좌에 올랐다. 율리아누스는 로마 제국을 단 2년밖에 다스리지 못하고 의문에 싸인 채 죽음을 맞았는데,(생전에 그가 이교 신앙을 후원한 데 대한 기독교의 음모였을 가능성이 있다.) 이로써 콘스탄티누스 황가의 명맥도 끊어졌다. 요비아누스(Jovian)와 발렌티니아누스(Valentinian)는 군대의 천거로 황제 자리에 오른 인물들이었다. 발렌티니아누스는 자신의 치세 때 예전의 공동 황제 제도를 부활시켰으나,(동생 발렌스(Valens)를 공동 황제로 삼았다.) 로마 제국은 아직 공식적으로 갈라지지는 않은 상태였다. 로마 제국이 공식적으로 분열된 것은 테오도시우스(Theodosius) 황제가 395년에 제국을 둘로 나누어 서쪽은 작은아들 호노리우스(Honorius)에게, 동쪽은 큰아들 아르카디우스(Arcadius)에게 물려주면서였다. 그리고 이러한 분열 상태는 476년에 서로마에서 마지막 황제가 폐위당할 때까지 지속되었다. 이 기간 내내 로마에서는 황제 계승의 원칙이 따로 정해지지 않은 채, 혈통, 결혼, 조정의 당파 싸움, 그리고 가장 중요한 요소로 군대의 지지 등이 복잡하게 뒤얽혀 황제가 결정되었다.

두 번째 주요 문제는 어떻게 해야 군부대의 병력을 충분히 유지해 나갈 수 있을까 하는 점이었다. 당시 로마 경제는 대체로 자급자족 상태여서 군대의 식량도 인근의 자원으로 조달해야 했고, 변경 지역의 경우에는 (중국의 변경 지대와 마찬가지로) 병사 대부분이 농민군으로 이루어져 자기 힘으로 군대를 유지시켜 나가고 있었다. 그런데 세금의 기반이 줄고 거기다 조세를 거두어들이는 중앙 통치력까지 약화되자 용병을 고용해 그들에게 보수를 지급할 여력이 부족해졌다. 로마 군대는 규모가 대폭 줄어, 제국 초창기만 해도 약 15만 명에 이르던 것이 4세기 말에는 그 절반에도 못 미치는 수준이 되었다. 더구나 당시의 로마인들은 병력 규모 외에는 적군에 대해 그 어떤 기술적·군사적 우위도 확보하지 못했던 만큼, 병력이라도 많지 않으면 안 되는 상황이었다. 아울러 중국인들이 그랬듯, 군대에서 '야만인' 용병이 차지하는 비중이 점점 높아진다는 것도 중요한 문제였다. 중앙집권 통치가 강력한 힘을 발휘하기만 하면 용병이 증가해도 별 문제가 없었겠지만, 중앙 권력이 약화되다 보니 '야만인' 부대의 장수들이 점차 독립적인 세력이 되어 갔다.

세 번째 문제는 황위 계승을 둘러싼 논란, 중앙 통치력의 약화, 군대의 유명무실화 등 여러 가지 문제가 하나로 겹치면서 발생했다. 바로 로마가 제국의 변경 지대들을 방어해 내기가 점차 힘에 부치게 된 것이다. 로마는 4세기 말까지만 해도 제국의 모든 속주에 대한 지배권을 별 무리 없이 유지해 나갔다. 단 다키아만은 예외였는데, 로마 제국이 뒤늦게 손에 넣은 이 땅은 방어가 용이치 않아 3세기 중반에 지배권을 잃어야 했다. 변경 지대에서 큰 문제들이 생기리라는 조짐이 처음 엿보이기 시작한 것은 370년대로, 363년에 율리아누스가 메소포타미아에서 사산인들에게 대패를 당한 것이 화근이었다. 거기다 게르만족의 일파인 고트족이 훈족에 쫓겨 서쪽으로 밀려나던 상황에서, 로마의 황실 각료들은 그 외에는 달리 뾰족한 수가 없다고 보고 발칸반도와 트라키아의 넓은 지역에 그들이 정착할 수 있게 해 주었다. 2년 후 이 고트족이 반란을 일으켰고 아드리아노폴리스 전투에서 발렌스 황제를 죽였다. 고트족의 마지막 정착민이 로마에 들어온 것은 382년이었고, 이제 고트족은 로마 군대의 보조병으로 일하며 황실로부터 매년 일정량의 보조금을 지급받았다.

　　이로써 고트족의 문제는 억제가 되었지만, 그런 방식이 채택된 것만으로도 당시 제국이 직면한 마지막 문제가 무엇인지 여실히 알 수 있었다. 그나마 제국 동부는 형편이 나아, 각종 체제가 충분히 잘 자리 잡힌 것은 물론 국력도 충분히 강하고 (그리고 이보다 훨씬 중요한 요소로) 부도 넉넉했다. 그래서 '야만족'을 제어하고 나아가 여차하면 그들을 돈으로 구슬릴 여력이 있었다. 심각한 곤란에 빠진 쪽은 국력이 약한 데다, 심하게 빈곤해 '야만족'의 압박 속에서도 돈으로 평화를 살 여력이 없던 제국의 서쪽이었다. 로마 제국의 본격적인 붕괴가 시작된 것도 5세기 초반의 제국의 서부에서부터였다. 제국 붕괴의 표시는, 이른바 '문명화된' 국가들의 지배력이 점차 (지난 1000년 동안 문명화된 지역에 함께 통합되어 있었던) 유라시아 서부의 주변부를 떠나 옛 지중해 동부의 핵심 지역에만 몰리는 것에서 찾아볼 수 있었다. 본격적으로 문제들이 불거진 것은 406년에 다양한 지파의 게르만족 부족이 라인강을 건너오면서였으나, 이때까지만 해도 이들의 영향력은 제한적이었다. 그 이듬해에는 콘스탄티누스 3세(Constantine III)가 황제를 참칭하며 영국에서 반란을 일으켰다. 그가 자신이 통솔하던 군단을 이끌고 대륙으로 건너가 실제로 황위에 오르려고 시도하는 와중에도 이를 막기 위해 돌아온 로마인 군대는 없었다. 당시 서로마의 '로마인' 부대들은 이미 '야만족' 장수의 통솔을 받던 중이었고, 야만족 장수 스틸리코(Stilicho)의 권력은 황제보다도 막강했다.(동로마에도 비슷한 유의 '야만족' 장수들이 있었지만, 이들 세력은 통제가 잘 되는 편이었다.) 발칸반도에 정착했던 고트족은 둘로 분열되어, 서고트족이 알라리크(Alaric)의 지휘 아래 서쪽으로 이동해 갔다. 410년에는 이들이 도시 로마를 약탈했고, 그 이듬해에는 마지막 남아 있던 '로마인' 군단이 이베리아반도에서 철수했다. 418년에는 서고트족이 갈리아 남부에 정착하기 시작해 후일 스페인의 내지까지 진입했다. '로마인' 부대의 군사작전은 428년에 라인강변에서 벌인 것이 마지막이었다. 서부 속주들에 대한 통제력이 약화될수록, 황실(애초에 밀라노에 근거했던 서로마 황실은 이 무렵에 방어가 좀 더 용이한 라벤나로 옮긴 뒤였다.)에서 할 수 있는 일이라곤 '야만족' 집단들을 이간질해 싸움을 붙이는 것뿐이었다. 432년에는 이탈리아 전역을 휩쓴 내전에 참전하느라 북아프리카에 주둔하던 군대까지 모두 철수했다.

하지만 이때에도 '야만족' 침입자의 수는 여전히 소규모에 불과했다. 429년 무렵에 반달족이 북아프리카 전역을 점령했지만, 그 수는 8만 명이 채 되지 않았다. 455년에 이르자 이들은 가이세리크 (Gaiseric)의 지휘 아래 코르시카, 사르데냐, 발레아레스 제도를 점령하고 도시 로마를 약탈했다. 사실 제국의 옛 수도는 2년 전에도 아틸라(Attila)의 훈족에 약탈당할 뻔한 일이 있었다. 동로마는 440년대 초반에 훈족이 침입해 왔을 때 매년 6000리브라의 금화를 지급하겠다고 약조하고 군대를 되돌려 보냈는데, 동로마의 새 황제 마르키아누스(Marcian)가 이 정책을 폐지하면서 훈족이 다시 서쪽을 침공했던 것이었다. 때마침 아틸라가 사망해 훈족 내부에 왕위 계승 다툼이 일지 않았다면, 서로마 제국은 아마 이때 더욱 참담한 파괴를 당했을 것이었다. 457년 이후로는 서로마 제국의 실권이 황제 근위대를 통솔했던 게르만족 사령관 리키메르(Ricimer)에게 넘어갔다. 472년에 그가 세상을 떠난 뒤로는 마지막 '군사령관' 오도아케르(Odoacer)가 실권을 넘겨받았다. 476년에 오도아케르는 그의 이름 뜻만큼이나 존재 가치가 미미했던 서로마 제국의 마지막 황제 로물루스 아우구스툴루스(Romulus Augustulus: '아우구스툴루스'는 '어린 아우구스투스'라는 뜻이다. ─ 옮긴이)를 폐위하고 그 자신은 왕이 되어 명목상으로는 동로마 황제의 권위를 받들었다. 476년에 일어난 이 일련의 사건을 흔히 '로마 제국 몰락'의 표시로 여기지만, 사실 그 중요성은 상징적 차원에 그쳐, 이로써 로마 전통의 유일한 계승자가 된 동로마에는 뜻깊은 일이었다.

476년 이후에도 서로마에는 로마의 옛 전통이 상당 부분 남아 있었다. 490년에는 동고트족의 수장 테오도리크(Theodoric)가 이탈리아에서 권력을 잡았는데, 그는 동로마에 볼모로 잡혀 460년대를 콘스탄티노폴리스에서 지낸 데다 '군사령관'도 두 차례 역임한 적이 있는 인물이었다. 493년에 테오도리크는 라벤나를 함락시켰고 이때 오

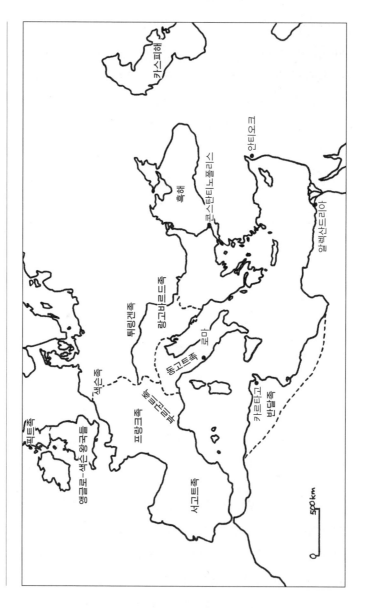

기원후 525년 무렵 서로마 제국의 '야만족들'

카스피해

안티오크

흑해

콘스탄티노폴리스

알렉산드리아

랑고바르드족

튀링겐족

로마

동고트족

색슨족

부르군트족

프랑크족

카르타고

반달족

피크트족

앵글로-색슨 왕국들

서고트족

500 km

도아케르가 목숨을 잃었다. 이 시절에 테오도리크는 로마의 전통에 푹 빠져 지냈다. 그리하여 곡물 무상 배급 및 서커스 공연이 로마에서 재개되는가 하면, 로마 엘리트층도 대체로 명맥을 유지해 갔다. 원로원의 기능도 계속 유지되었고, 서로마의 집정관 제도도 계속 이어지다가 541년에야 동로마 황제에 의해 폐지되었다. 505년에 테오도리크는 판노니아를 장악하고는 북동 지역에 대비해 방벽을 건설했고, 그로부터 3년 뒤에는 프로방스를 차지했다. 갈리아 지방에서는 일련의 상황이 좀 더 복잡하게 전개되는 중이었다. 갈리아 남부에서는 서고트족이, 론강 유역에서는 부르군트족이,(한때 로마의 군사령관을 지낸 군도바트(Gundobad)가 이끌었다.) 그리고 프랑크족이 각자 나름의 패권을 확립하고자 노력했다. 마지막의 프랑크족은 이른바 '야만족의 침입'으로 갈리아로 밀고 들어온 것이 아니라, 군도바트와 마찬가지로 한때 로마 황실 부대의 사령관을 지낸 바 있는 킬데리크 1세(Childerich I)의 지휘하에 갈리아 북부를 차지한 것이었다. 프랑크족은 킬데리크의 아들 클로비스(Clovis)의 치세인 507년에 툴루즈에 근거한 서고트족 왕국을 부예(푸아티에 근방이다.) 전투에서 물리친 이후 갈리아에서의 패권을 확립했다.

6세기 중반에 들어서자 이들 '야만인'이 세운 새로운 왕국이 다수 출현했음에도 불구하고, 옛 로마 제국의 영역 안에서는 여전히 상당한 연속성이 나타났다. 서유럽 역사에서 기원후 400년에서 550년까지의 시기는 야만족 침입자의 물결이 거세게 밀려든 시기라기보다는, 황제의 권력이 차츰 침식당한 시기라고 보는 것이 가장 바람직하다. 게르만족의 로마 제국 내부 진입은 수 세기에 걸쳐 진행된 일이었고, 그 과정에서 게르만족은 로마 문화를 상당 부분 받아들이며 자기 삶의 방식을 바꾸었다. 그러다가 로마인 군대가 약해지고 제국의 통치력이 쇠하면서 더 많은 수의 게르만족이 제국의 경계 안으로 들어왔고, 이들 무리의 지도자들이 로마의 '황실' 군대를 장악했다. 종국에 이들이 독자적으로 자신들의 왕국을 세운 것은 사실이지만, 이들 나라는 여전히 로마의 전통에 기대는 바가 많았으며, 동로마에도 최소한 명목상의 충성을 표하곤 했다. 엘리트층도 여전히 건재했고,(상당수가 교회 안에서 세력을 보전했다.) 게르만족의 법전과 나란히 로마 법전도 힘을 발휘했다. 이와 관련해 동로마의 황제들은 실용적인 정책을 취했다. 그들은 서로마의 황제를 직접 지목하지는 못했지만, 이 새로운 왕국들의 수명이 그리 길지는 않을 것이라고 여기고 그들이 원하는 선에서 가급적 원만하게 합의해 주었다.

농민층 대다수도 여전히 건재했지만, 서로마가 끝내 무너지기 한참 전부터 그들의 지위는 이미 제국 전역에서 변화하는 중이었다. 말엽에 접어들수록 노예제가 제국에서 차지하는 비중이 점차 줄어들었던 대신, 예전의 노예들과 자유농민층이 하나로 묶여 전혀 새로운 계층, 즉 토지에 예속되어 살아가는 부자유농민층이 생겨났다.(중국은 이 같은 과정을 겪지 않아 농촌 집단에서 여전히 자유농민층이 주를 이루었다.) 로마 제국의 절정기 당시에는 대규모의 노예제는 이탈리아에나 존재했다. 그 외 지역에서는 자유 소작인들이 여전히 살아남아 있었으며, 임차 기간(로마법에서는 보통 5년으로 정해져 있었다.)이 만료되면 이들은 해당 토지를 떠나거나, 아니면 해마다 계약을 갱신할 수 있었다. 이른바 콜로누스(coloni)라 불린, 토지에 예속당한 농노가 존재하기는 했지만, 그 규모는 비교적 작았다. 그러다가 디오클레티아누스의 치세에 큰 변화가 일어났는데, 군대 유지를 위한 자금 모집이 절실한 상황에서 특정 세금 체제를 도입한 것이 발단이었다. 이 제도에 따라 농민들은 세금 명부에 등록되는 동시에 대대로 세습되는 토지에 예속당했다. 땅을 보유한 자유농민은 자신의 촌락에 예속되었지만, 임차인의 경우에는 자신이 빌려 쓰는 특정 토지에 예속이 되었다. 전자의 경우는 촌락의 강제력이 대단치는 않았을 것이므로 지위 변화를 뚜렷하게 느끼지는 못했을 것이다. 하지만 후자의 경우는 지위 변화가 심했고, 이런 현상은 그들에 대한 법적 통제가 더욱 강화되면서 특히 심해졌다. 332년에 콘스탄티누스는 콜로누스들이 토지를 떠나고 싶어 하는 것으로 의심될 경우 지주가 그들을 사슬로 결박해도 좋다는 인가를 내렸다. 이런 사회집단의 최하층이 이른바 아드스크립티키(adscripticii)였고, 이들은 자신들이 예속되어 있던 땅과 함께 매매될 수 있었기 때문에 실질적으로 노예와 다름이 없었다. 4세기 말엽에는 로마가 토지에 딸린 경우가 아니면 노예를 매매할 수 없도록 법령을 제정하면서 노예들이 대거 이 집단으로 '승격'되기도 했다. 5세기 말엽에 이르자 제국에서는 이들 노예와 아드스크립티키를 더는 자유민으로 간주하지 않아 군역을 부과하지 않았다. 콜로누스도 개인적으로는 자유의 몸이라고 해도 실질적으로는 토지에 예속되어 있었다. 이들 각 집단에서 농민이 차지한 비율은 지역에 따라 달랐다. 일부 지역에서는(특히 이집트에서는) 땅을 단기로 임대해 일하는 자유농민들을 찾아볼 수 있었지만, 이탈리아처럼 대체로 대규모 사유지가 발달한 지역에서는 자유롭지 못한 농노가 대다수였다. 이러한 발전 양상은 이후의 유럽 역사에 매우 중대한 의미를 가지는 것이었다. 앞으로 1000년 동안 유럽 역사에서는 이들 부자유농민층, 즉 농노들이 농촌인구의 태반을 구성하게 되기 때문이다.

10.12 동로마 제국의 부흥

동로마 제국의 경우, 디오클레티아누스와 콘스탄티누스의 시절에 확립된 통치 구조가 7세기 중반까지는 대체로 온전히 남아 있었다. 제국은 변함없이 강성하며 부유했기에, 이곳 통치자들은 늘 동로마 제국의 권위가 마땅히 서부 속주들까지 확대되어야 한다고 여겼다. 하지만 그러려면 속주들을 제압할 만큼 충분히 병력을 배치해야 했는데 그것이 쉽지가 않았다. 일례로 동로마 제국은 486년에도 북아프리카 지역을 반달족으로부터 수복하겠다고 원정을 벌였지만 계획은 보기 좋게 실패로 돌아갔다. 이 시기의 핵심 인물은 유스티니아누스(Iustinianus)로, 그의 사례만 봐도 초창기 제국들이 병력을 배치할 만큼 안정을 이루는 데는 통치자의 장기 치세가 얼마나 중요한지 다시 한번 확인할 수 있다. 유스티니아누스가 황제 자리에 올라 동로마를 다스린 것은 527~565년이었지만, 삼촌인 유스티누스 1세(Iustinus I)의 치세인 518년부터 그는 이미 옥좌 뒤에서 실질적 권력을 행사하고 있었다. 그의 치세는 대대로 이어져 온 로마의 전통이 기독교 신앙이라는 후기 제국의 좀 더 새로운 요소와 어떻게 하나의 틀 안에서 벼려질 수 있는지를 보여 준 실례이기도 했다. 그는『학설휘찬(Digest)』(533년)과『유스티니아누스 법전(Codex Iustinianus)』(534년) 같은 로마 법 법전을 편찬해 이후 수많은 유럽 국가의 법 체제 정립의 토대를 마련했다. 이와 함께 법을 제정해 이교도의 강설을 금지하는 한편, 아테네의 아카데메이아도 사실상 폐교시켰다. 유스티니아누스의 로마 영토 재정복은 무엇보다 황제의 권위를 재천명하는 데 의의가 있었지만, 이단에게(특히 야만족의 왕국에서 득세하던 아리우스주의에 대해) 정통의 권위가 얼마나 대단한 것인지를 알게 하는 데도 그 목적이 있었다.

다른 통치자들과 마찬가지로 유스티니아누스가 남긴 유산에도 심히 모호한 점이 많다. 이를테면 그는 북아프리카 수복에는 성공했지만, 그 결과 옛 로마 제국 시절만 해도 늘 라틴어가 사용되던 이곳에 (동로마 나머지 지역의 방식에 따라) 그리스어 위주의 행정이 강제로 시행되었다. 이탈리아를 수복하기 위한 노력 역시 결국에는 23년간의 처참한 전쟁으로 이어져, 로마의 옛 엘리트층과 제도들이 이룩한 대부분의 성취가 물거품처럼 사라졌다. 이에 상당수의 원로원 가문들은 이탈리아를 떠나 동로마로 가서 콘스탄티노폴리스 곳곳에 라틴어 식민지를 세우게 된다. 이들 전쟁에는 엄청난 비용이 들 수밖에 없었고, 거기다 540년대에 들어 림프절 페스트까지 돌면서 결국 제국의 힘은 크게 약화되어 버렸다.

유스티니아누스가 재위 초반부터 이미 대규모의 수복 계획을 머릿속에 품고 있었는가 하는 점은 분명치 않다. 533년에 동로마가 반달족이 점유하던 북아프리카 땅을 손쉽게 수복해 낸 것은 맞지만, 북아프리카가 곡창지대였던 만큼 이곳을 수복하는 일은 사실 동로마가 장기간 견지해 온 정책이기도 했다. 536년에 접어들어서는 유스티니아누스의 사령관 벨리사리우스(Belisarius)가 시칠리아를 동로마의 영토로 수복하며 로마까지 진입하는 데 성공했다. 하지만 동로마로서는 동쪽의 사산인들에 대비한 병력도 필요했던 만큼, 이곳 로마에 남겨 놓을 수 있는 병사는 단 5000명에 불과했던 데 반해 이에 맞서는 동고트족의 병사는 2만 명에 달했다는 것이 문제였다. 그리하여 이후 로마는 두 차례나 동고트족의 손에 떨어지게 되나, 550년대에 나르세스(Narses)가 좀 더 대규모의 병력을 이끌고 진군해 오면서 위기를 모면할 수 있었다. 나르세스는 552년에 치러진 부스타 갈로룸 전투에서 고트족의 왕 토틸라(Totila)를 무찌름으로써, 전쟁 통에 쑥대밭이 된

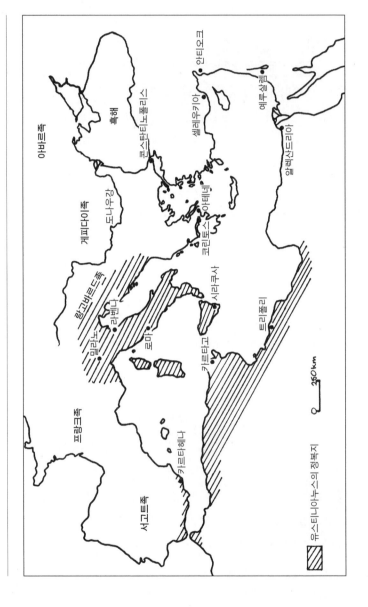

유스티니아누스의 '재정복'

아바르족

흑해

콘스탄티노폴리스

안티오크

셀레우키아

예루살렘

알렉산드리아

게피다이족

도나우강

코린토스   아테네

랑고바르드족

밀라노

라베나

로마

시라쿠사

카르타고

트리폴리

프랑크족

카르티헤나

서고트족

유스티니아누스의 정복지

350km

이탈리아 땅을 잠시나마 동로마 제국의 땅으로 만들어 주었다. 여기 더해 스페인의 남부 연안의 가장자리까지도 동로마의 힘이 미칠 수 있게 되었다. 그러나 동로마 제국은 이미 너무 쇠약해져 버려, 이탈리아나 발칸반도에 충분한 병력을 배치해 그곳을 장악해 가기에는 역부족이었다. 결국 568년에 랑고바르드족이 침략해 들어오면서 제국의 지배력은 라벤나 총독령과 이탈리아반도 남부 일대의 소규모 땅에만 미치게 되었다. 580년대에는 발칸반도의 상당 부분마저 아바르족과 슬라브족의 수중으로 넘어갔다. 이로써 이제 로마 제국은 더는 옛날 모습으로는 복원 불가능하다는 사실이 마침내 확실해졌다.

[이후의 로마 제국 ☞ 11.4]

10.13 로마인과 사산인의 대결

[이전의 이란 ☞ 9.4]

동로마 제국이 겪었던 주된 문제는 (유스티니아누스와 그 후대 황제들 치세에 특히) 동서에서 양편에서 양면전을 치러야 했다는 것이었다. 동로마가 싸워야 했던 가장 막강한 적군은 이란의 사산 제국이었고, 따라서 동로마가 서쪽과의 싸움에 대비해 떼어 놓을 수 있는 병력은 보통 매우 제한되어 있었다. 나아가 양자 간의 대결로 서로 국력만 심각하게 약화되었을 뿐, 두 제국은 어느 쪽도 결정적인 성과를 얻지 못했다.

이란의 거대한 세 제국 중 마지막인 사산 제국을 창건한 것은 아르다시르(Ardashir)로, 그는 기원후 224년에 파르티아인들을 무너뜨리고 나라를 세웠으나 이후에도 파르티아 잔존 세력과 10년 넘게 싸움을 벌여야 했다. 결국 사산인들은 아르메니아를 제외한 옛 파르티아 제국의 대부분을 손에 넣었고, 3세기 중반에 들어 샤푸르(로마인들을 패퇴시킨 뒤 발레리아누스 황제를 포로로 잡았던 것도 이 샤푸르였다.)의 치세에는 쿠샨 제국이 분열된 틈을 타 박트리아를 포함한 중앙아시아의 일부 지역에까지 지배권을 확대했다. 샤푸르가 세상을 떠난 이후,(272년의 일로 보인다.) 3세기 중반부터는 사산 제국이 장기간의 안정기에 접어들었던 것으로 보인다. 363년에 율리아누스의 로마인 군대를 물리친 이후로는 메소포타미아 북부 지방까지 확실히 손에 넣었다. 이 싸움 이후 사산인들과 로마인의 접경지대는 대체로 안정되어, 몇 군데 요새 도시를 중심으로 이따금 공성전이나 적군에 대한 매수가 이루어지는 정도였다. 이 당시 사산인의 군대는 귀족층에서는 기병을, 농민층에서는 보병을 징발하는 체제로 운영되었던 듯하다.

사산 제국은 호스로 1세(Khusro I: 서양에서는 '코스로에스(Chosroes)'라 부르기도 한다.)가 나라를 다스린 531년에서 579년 사이에 절정기를 맞았다. 그가 나름의 권력 기반을 쌓을 수 있었던 것은 사상 최초로 효과적인 토지세를 부과한 덕분이었는데, 여기서 충분한 자금이 확보된 결과 황제 자신이 직접 통솔하는 상비군이 창설될 수 있었다. 이는 지방 귀족의 권력을 붕괴시키는 한편 중앙의 권력을 강화하는 결과를 가져왔고, 이로써 과거 군대를 장악하고 있던 소규모의 귀족 세력을 누르고 왕이 지방의 지주층을 상대로 좀 더 폭넓게 권력을 행사할 수 있었다. 540년에는 로마인들이 서부 속주들과의 싸움에 돌입한 틈을 타, 사산인들이 동로마 제국 제2의 도시인 안티오크를 점령하는 데 성공했다. 이후 사신인과 로마인들 사이에는 전쟁이 그치지 않다가, 561년에 로마가 사산 제국에 거액의 보조금을 지급하기로 약속하면서 비로소 평화가 찾아왔다. 사산인들은 이렇듯 서쪽의 로마와 대결을 펼치는 와중에도 동쪽에까지 병력을 배치할 만큼 힘이 막강했으니 558년에는 이들의 위세가 저 멀리 옥수스강에까지 미칠 정도였다.

호스로 1세가 사망한 이후 사산 제국은 왕위 계승 분쟁에 휩싸였고, 호스로 2세(Khusro II)는 로마 제국의 황제 마우리키우스(Maurice)의 힘을 빌려 왕위 주창자 바흐람 코빈(Vahram Chobin)을 억누른 후에야 겨우 왕위에 올랐다. 그 대가로 호스로 2세는 로마인들에게 변경 지대의 도시를 몇 개 내어 주었다. 그러다가 사산인들에게도 로마를 제압할 절호의 기회가 찾아오는데, 마우리키우스 황제가 참칭자 포카스(Phocas)에게 처형을 당하면서 동로마 제국이 혼란에 빠져든 것이었다. 이 틈을 타 사산인들은 안티오크와 알렉산드리아는 물론, 이제는 성지가 된 도시 예루살렘까지 점령했다. 그러다가 610년에 이라클리오스(Heraclius) 황제가 권력을 손에 쥐면서 이번에는 로마의 기세가 되살아났다. 그는 동로마 제국의 주요 도시들을 수복한 뒤 622년부터는 메소포타미아에서 사산인들과 전쟁을 치렀고, 이 때문에 콘스탄티노폴리스는 연합작전으로 포위해 들어오는 사산인들과 아바르족을 황제도 없이 자기 힘으로 지켜 내야 했다. 로마군이 크테시폰을 점령하고 나자, 사산 제국에서는 군사 반란이 일더니 628년에는 호스로 2세마저 세상을 떠났다. 그리고 이후 4년 사이에 사산 제국에서는 황제만 다섯 번이 바뀌었다. 그러나 승리를 차지했음에도 불구하고 동로마 제국도 사정이 어렵기는 마찬가지였는데, 30년 가까이 사산 제국과 숙적이 되어 싸우다가 국력이 크게 쇠약해져 버린 까닭이었다. 따라서 630년대부터 아라비아에서 무섭게 늘어나기 시작한 이슬람교의 아랍인 군대는 이제 동로마 제국도, 사산 제국도 막아 낼 처지가 못 되었다. 이후 아랍인 부대가 순식간에 전쟁을 승리로 이끌면서 유라시아 세계는 이전과는 전혀 다른 모습으로 탈바꿈하게 된다.

개관 6

기원후 600년의 세계

인구 2억 명 **권역별** 중국: 5000만, 인도: 5000만, 아시아 나머지 지역: 4000만, 유럽: 2500만	**주요 도시** 콘스탄티노폴리스(50만), 장안(50만), 낙양(40만), 크테시폰(30만), 알렉산드리아(20만), 테오티우아칸(10만), 카나우지(10만), 티칼(5만), 로마(5만)

사건

- 마다가스카르에 최초로 정착이 이루어짐.
- 폴리네시아인들이 하와이와 이스터 제도에 정착함.
- 수가 중국을 재통일함.
- 사산 제국이 메소포타미아, 이란, 동단의 옥수스강까지 통치함.
- 동로마 제국이 아나톨리아, 레반트, 이집트, 북아프리카, 그리스, 발칸 반도 일부를 통치함.
- 서유럽 전역에 '야만족 왕국'이 생겨남.
- 메소아메리카 전역에서 테오티우아칸의 영향력이 쇠하기 시작함.
- 마야의 주요 도시국가들이 출현함.
- 일본 남부 전역에 쌀농사가 시작되면서 초창기 국가들이 출현함.
- 사하라 사막을 횡단하는 대상 무역로가 열림.
- 중국에 1200마일의 대운하가 건설됨.
- 중국에 주철 밧줄로 현수교가 건설됨.

- 중국에서 말의 목사리가 이용됨.

- 중국과 중앙아시아, 인도에서 등자가 널리 이용됨.

- 한반도와 일본에서 종이가 사용됨.

- 북아프리카와 이집트, 레반트, 메소포타미아, 이란에서 바퀴 달린 수레 대신에 낙타가 이용됨.

- 비단을 제조하는 비결이 중국에서 레반트로 전해짐.

- 유럽에서 중량의 쟁기가 이용됨.

- 중국에서 불교의 위세가 절정에 달함.

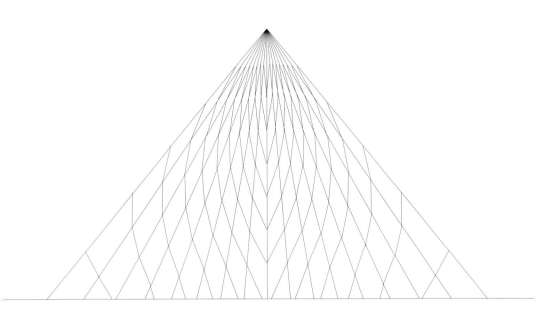

거대 제국

600～1500년

이슬람의 발흥

11

이슬람의 발흥으로 세계사는 한차례의 근본적 과도기를 맞는다. 이슬람이 탄생한 지 불과 100년 남짓한 시간에 이룩한 세계와 그들의 사회적·문화적 단위는 그때껏 세계에서 유례를 찾아볼 수 없을 만큼 방대한 규모의 것이었다. 나아가 세계사의 그 어떤 종교도 이슬람교만큼 멀리, 그리고 단숨에 교세를 확산시키지는 못했다. 이슬람의 영역은 스페인에서 시작해 지중해 남부 전역을 거쳐, 서남아시아와 이란, 더 나아가 중앙아시아 및 인도에까지 이르렀다. 이슬람 제국은 광대한 지역에 걸친 별개의 상이한 문화들을 통일시킨 최초의 거대 제국이었을 뿐 아니라, 지중해와 인도양에 각각 발달해 있던 세계들을 하나의 체계 안에서 연결한 최초의 제국이기도 했다. 종국에 이슬람 세계는 동남아시아, 아프리카 동부 연안, 서아프리카의 상당수 지역들까지 자신의 체계 안에 통합시켰다. 당시에 이슬람은 중국 문명과 함께 1000년이 넘도록 세계 일류 문명의 자리를 지켜 갔고, 이 이슬람 세계 안에는 세계의 대규모 도시 상당수는 물론 가장 생산성이 높은 농경 지대 일부가 자리 잡고 있었다.

이슬람의 확장은 곧 디나르가 동일한 화폐단위로 통용되고, 아라비아어가 국제어로 쓰이는 광대한 세상을 탄생시켰다. 이 새로운 종교는 이후 1000년이 넘게 세계의 일신교 중 가장 큰 규모와 위세를 자랑하게 되는데, 그 신도들을 위해 마련된 사회 체제는 비교적 개방적인 편이었다. 당시 이슬람 세계는 지극히 국제적 성격을 띤 교역 제국들 및 대도시에서 독립적으로 활동하는 상인 엘리트층으로 이루어졌으며, 대도시들의 경우 바닷길 및 대상 무역로를 통해 코르도바와 사마르칸트 같은 제국 끄트머리는 물론 다마스쿠스, 바그다드, 그리고 후일에는 카이로와 같은 제국의 핵심부와 연결되었다. 아랍인의 주도 아래 이루어진 이러한 이슬람의 확장은, 여러 가지 면에서 주변부에 자리 잡고 있던 유목 집단들의 힘이 '문명화된' 국가의 정착 공동체에 미친 또 하나의 사례라고 할 수 있었다. 이슬람의 급속한 확장 이후에는, 아랍 엘리트층이 정복지의 기존 문화에 흡수당하는 양상이 나타났다. 물론 정착 사회들 역시 새로운 종교의 영향을 받아 예전과는 판이하게 다른 모습으로 변화했지만 말이다. 그 결과 서남아시아와 이란에서는 새로운 양식의 혼합 문명이 출현했다. 서남아시아에서는 이슬람이 헬레니즘 문화의 충실한 계승자가 되어, 특히 플라톤과 아리스토텔레스를 위시해 에우클레이데스(유클리드(Euclid)), 아르키메데스(Archimedes), 프톨레마이오스(Ptolemy), 갈레노스(Galenus)의 사상을 후대에 전파시켰다. 이슬람은 후일 이들 사상이 서유럽에 흘러들어 가는 데도 주된 기제가 되었다. 이란에서는 이란-아라비아 문화의 새로운 종합이 일어남과 동시에, 이슬람의 성취가 (특히 수학 분야에서) 주로 인도와의 교류를 통해 서편의 이슬람 세계로 건너가 종국에는 서유럽까지 확산되었다.

7세기 초반 이슬람의 흥기에 발맞추어, 중국도 수와 당(唐)을 거치며 본격적인 부흥기를 맞았다. 이 시기에 들어 내부적으로 경제가 꽤나 신장되었고 군사적으로도 대규모 확장을 이루었으니, 특히 중앙아시아에 대해서는 한대보다 그 범위나 수준에서 더 넓고 심대한 지배력을 행사했다. 유라시아에서 팽창을 지향하던 두 거대 세력은(즉 이슬람과 중국은) 8세기 중반 들어 결국 중앙아시아를 무대로 충돌한다. 서남아시아와 지중해에 근거한 제국이 이렇듯 유라시아 대륙 동단의 거대 국가와 직접 접촉하게 된 것은(나아가 충돌한 것은) 그때까지의 세계사에서 유례가 없던 일이었다. 이들 두 강국은 서로 간에 힘 대결을 벌이는 중에도 중앙아시아의 제법 비중 있는 두 제국들까지 상대해야 했으니 바로 돌궐과 토번(티베트)이었다. 이런 발전들이 진행되는 가운데 유라시아 가장자리의 일본과 서유럽에서는 차차 초창기 국가들이 출현했다.

기원후 600년 이후의 4세기 사이에 유라시아 전역에서 벌어진 사건들 속에서 우리는 하나의 큰 흐름을 감지할 수 있다. 우선 기원후 600년 이후 약 150년 동안 유라시아의 거대 제국과 국가들이 대폭의 국력 신장과 함께 내부 안정을 경험했다. 그러다가 750년대에 들어 사회가 크게 불안해지기 시작했다.(751년에 이슬람과 중국 사이에서 벌어진 탈라스 전투가 대략 그 기점이었다.) 그리하여 이슬람과 중국 세계 모두에서 내부 문제가 급증하면서, 이슬람은 결국 아바스 왕조로 이행했고 중국에서는 당이 쇠락했다. 쇠락의 속도는 점차 빨라져 10세기 무렵에 중국은 다시 여러 나라로 분열되었고, 아바스 왕조도 더는 통일된 이슬람 세계를 다스리지 못했다. 중앙아시아에서는 돌궐 및 토번 제국이 무너져 내렸으며, 800년 무렵에 서유럽에서는 그나마 제한적으로 이루어지던 회복이 주변부 집단의 추가 침공 속에 이내 끝나 버렸다.

11.1 초기 이슬람

630년대에 들어 아라비아반도에 돌연 아랍인들이 격증한 것은 전혀 예상치 못한 일이었다. 이전까지만 해도 아라비아반도는 매우 건조한 기후 탓에 늘 한계지의 상황을 면치 못했기 때문이다. 아라비아반도 남부, 오만, 그리고 뿔뿔이 흩어진 오아시스 지대에서 일부 농경이 이루어지기는 했지만, 이 당시 반도 대부분을 차지하고 있던 것은 내지의 사막에서는 낙타를, 사막 가장자리에서는 양과 염소를 치던 유목민 집단이었다. 물론 예멘을 비롯해 북쪽의 교역 도시 페트라(Petra: 나바테아 왕국의 수도였으나 기원후 106년에 로마인에게 정복당했다.)와 팔미라 근방에는 전부터 소규모 왕국이 몇 개 자리 잡고 있기는 했다. 로마 제국과 사산 제국도 저마다 시기를 달리해서 이들 지역에 미약하게나마 권위를 행사했었지만, 반도 내륙은 여전히 부족사회 단계에 머물러 있었다. 이곳 아라비아반도의 유목민들은 빈곤했던 데다, 중앙아시아의 유목민과는 그 성격이 매우 달랐다. 그도 그럴 것이, 아라비아는 각종 문화가 만나는 교차로가 아닌 다소 후미진 데 위치해 있었기 때문이다. 그러던 중 6세기에 들어 무엇보다 중대한 발전이 일어나는데, 메카가 대상 무역 및 교역 도시로 발돋움해 남북 방향의 무역로를 장악하게 된 것이었다. 이런 일이 가능했던 것은 좀 더 북쪽의 도시가(특히 팔미라가) 쇠락하고, 홍해에서는 해적질이 늘면서 무역이 내륙 쪽으로 방향을 튼 결과였다. 더욱이 메카는 카바 신전이 자리한 순례 도시이기도 했다. 이 도시를 비롯해 일대의 인접 지역을 다스린 것이 6세기 초반에 들어 형성된 쿠라이시 부족이었다. 이 부족에는 추장이 따로 없이 각 씨족의 지도자가 모여 집단을 다스렸고, 서로 다른 씨족들끼리는 피의 복수라고 불리는 방법으로 상대방을 위협했다.(이 방식은 실제로도 활용되었다.) 7세기 초반에 무함마드(Muhammad)가 종교적 예언자로 모습을 드러낸 것은 바로 이 세상 속에서였다.

이슬람의 초기 역사를 비롯해 무함마드의 생애에 관해서는 그 내용을 제대로 가늠하기 쉽지 않은데, 우마이야 왕조의 칼리파 압드 알-말리크(Abd al-Malik)가 690년대에 확립한 정사(正史) 외에는 이 시대 역사를 알 수 있는 사료가 거의 없기 때문이다. 대규모의 가감이 이루어진 끝에 강력한 하나의 전승만 만들어졌을 뿐이다.(이슬람 세계에서 800년 이전 문헌으로는 꾸란(Quran)이 유일한데, 여기에 무함마드에 관한 이야기는 거의 실려 있지 않다. 그의 전기와 관련해서는 767년에 사망한 이븐 이샤크(Ibn Ishaq)의 전기를 9세기의 이븐 히샴(Ibn Hisham)이 편집한 것이 정본(定本)으로 통한다.) 무함마드는 메카에서 570년 무렵에 태어나, 종교적 계시를 처음 경험한 직후인 40대 초반에 설교에 들어갔다. 당시에 그를 따르던 추종자는 100명 남짓에 불과했던 것으로 보이며, 쿠라이시 부족과는 대척했다. 622년에 그는 고향 메카를 떠나 야트리브(후일 메디나로 알려지는 곳이다.)로 터를 옮기는데, 그 지역 사람들이 종교 지도자인 그에게 인근의 공동체를 이끌면서 씨족 사이의 분쟁을 중재해 달라고 부탁해 왔기 때문이라고 이슬람의 오랜 전승에서는 전한다. 짐작컨대 이 지역에서 무함마드를 불러들인 것은, 당시 야트리브에 자리하던 대규모의 유대인 공동체가 그의 엄격한 일신론에 얼마간 공감했기 때문인 것으로 보인다. 무함마드는 새로운 터전에 도착한 직후 메디나를 다스릴 법안을 마련했고, 이에 따라 종교 공동체는(즉 움마(umma)는) 물론 그때껏 한 번도 나라가 세워진 적이 없던 땅에 국가까지 건설되었다. 그러나 이보다 중요했던 작업은 그가 꾸란에 모인 자신의 종교적 메시지를(즉 무함마드가 천사 가브리엘에게서 받은 계시의 내용을) 메디나에 와서 확실히 표명한 것이었다. 꾸란은 칼리파 우스만(Uthman: 644~656년) 치세에 최종본이 확정되었으며, 몇몇 이본(異本)이 전하기는 하나 이것이 무함마드의 진정한 가르침이라는 사실에는 거의 의심의 여지가 없다. 따라서 꾸란의 경우 신약성경과 달리 원문이 그대로 보존되었는가 하는 문제 때문에 논란을 겪는 일이 없다.(그뿐만 아니라 이슬람교에는 거룩한 경전인 꾸란과는 별개로, 무함마드 개인의 언행을 따로 기록한 하디스(hadith)가 존재한다.) 메디나에 머물면서 무함마드는 이슬람의 다섯 기둥을 설파하는데, 살라트(salat: 기도), 자카트(zakat: 자선), 하지(hajj: 순례), 샤하다(shahada: 신앙고백의 의무) 및 라마단 단식일의 준수가 그것이다. 오늘날 이슬람교는 상당 부분에서 유대-기독교의 유산을 공유하고 있다. 꾸란도 모든 인류가 아담(Adam)이라는 한 조상에게서 갈라져 나왔음을 인정하며, 아울러 아브라함(Abraham)과 모세(Moses) 심지어는 예수와 같은 여타 예언자들의 존재까지 인정하고 있다. 물론 꾸란에서는 예수가 예언자이되 한 사람의 인간에 불과했으며 십자가에서 죽지도 않았다고 보지만 말이다. 또한 초창기 이슬람교는 그것이 주창하는 일신론이나 도덕규범, 종교적 의무의 내용에서도 유대교와 매우 흡사했으며, 이슬람교 역시 신이 선민들에게 보낸 예언자의 중요성을 강조했다. 또한 세상이 종말을 맞을 때 사람들이 각자 최후의 심판을 받는다는 점을 강조했다는 점에서는 기독교와 유사했다. 이슬람교도들도 애초에 메카가 아닌 예루살렘을 바라보고 기도를 드렸던 만큼, 이슬람은 오늘날 이슬람 전승이 인정하는 것보다 더 오랜 기간 예루살렘을 주요 성지로 인식했을(나아가 이 지역을 정복했을) 가능성이 있다. 만일 이것이 사실이라면, 초창기 아랍인들이 왜 이스라엘에서 수차례 군사작전을 벌였는지가 얼마간 설명된다.

초창기만 해도 이슬람과 유대교의 관계는 돈독했으나, 624년에 무함마드가 메디나의 유대인들과 절연하면서 그들은 메디나에서 추방을 당하거나 노예로 전락해야 했다. 이와 때를 같이해 메카의 쿠라이시족도 무함마드에게 압박을 가해 오니, 625년부터 무함마드는 쿠라이시족을 상대로 자잘한 싸움을 벌이는 한편 인근의 대상 무역 행렬을 상대로 노략질을 개시했다. 630년에 무함마드는 메카 정복에 성공했고, 그길로 카바를 정화해 일신론의 성소로 만들었다. 그로부터 2년 뒤 무함마드가 사망할 때쯤에는, 아라비아반도의 아랍 부족 대부분(이들은 하나의 정체성을 공유하기는 했지만 따로 나라를 세우지는 않았다.)이 이슬람의 이 새로운 움마 안에 하나로 통합되었다. 그리고 이후의 단 몇십 년 만에 이들이 경험한 변모는 세계사에서 가장 획기적이고 철저한 것이었다. 이들은 조상 대대로 믿어오던 이교 신앙에서 벗어나 일신론자로 탈바꿈했고, 그로써 새로이 부상한 세계 주요 종교의 주역으로 떠올랐다. 아울러 이들의 삶도 사막의 유목 생활에서 벗어나 오래전부터 확립되어 있던 문명 지대에 정착하게 되었다. 나라가 새로이 발달하자 종래부터 내려오던 부족적 틀은 사라져 갔다. 또한 예전의 빈곤에서 탈피해 막대한 부를 누릴 수 있게 되었다. 터전 역시 외진 데를 벗어나 유라시아 세계의 중심부로 옮아갔다. 그랬으니 이 모든 변화가 아랍인들에게 엄청난 압박으로 작용한 것은 어쩌면 당연한 일이었다. 그중에서도 근본적인 문제점은, 무함마드가 이룩한 공동체가 종교적 성격만이 아니라 정치적 성격까지 띠었다는 점이었다. 그의 후계자들은 정복지에 새로 세워진 이슬람 국가의 존재를 어떻게든 정당화해야만 했는데, 이때 그들이 기반으로 삼은 무함마드 생전의 지침은 그 내용이 매우 제한적이었다. 여기에 아랍인 정복자 엘리트층이 제국 내에서 가지는 역할이 무엇이고, 그들이 새로운 제국 내의 압도적 대다수를 차지하는 주민과 어떤 관계를 맺어야 하는지도 반드시 규정해야 할 문제였다. 결국 100년이 채 지나지 않아 이런 문제들을 둘러싸고 세 차례 내란이 이어졌고, 이로써 이슬람 세계는 사분오열되어 돌이킬 수 없는 지경까지 갔다.

11.2 이슬람교의 확장

632년에 무함마드가 사망한 이후 이슬람 초기 역사를 지배한 주된 요소는 일련의 정복 활동으로서, 그 규모는 세계사에 유례가 없을 정도로 방대했다. 우선 아랍인들은 가장 초창기의 몇 년 동안 동로마 제국 및 사산인을 상대로 시리아 지역과 메소포타미아 지역의 공략에 들어갔다. 하지만 아랍인들의 초창기 공격은 수포로 돌아갔고, 동로마와 사산 제국이 수십 년간 서로 싸움을 벌여 쌍방의 힘을 빼놓지 않는 한 아랍인이 이들 지역을 정복하기는 어려울 것으로 보였다. 그러나 아랍인들은 630년 말에 공격을 재개해 기어이 성공을 거두었다. 그리하여 636년에 다마스쿠스를 점령했고, 이듬해에는 야르무크 전투에서 완승하면서 동로마 제국을 완전히 수세에 몰아넣었다. 동로마 제국은 638년에 예루살렘을 내주어야 했고, 641년 무렵에는 시리아의 나머지 지역마저 내주었다. 바로 그해에 아랍인들은 야르무크 전

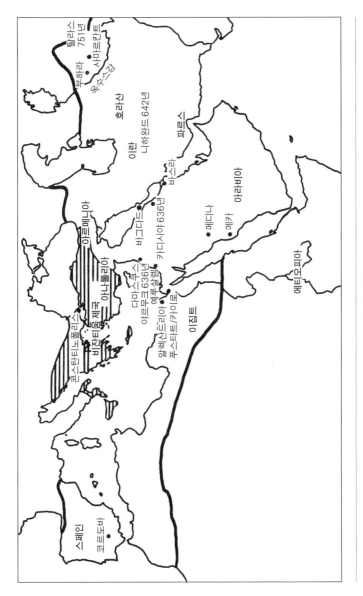

투(637년) 때와 마찬가지로, 사산인을 상대로 카디사야 전투에서 대승을 거두었고 이로써 수도 크테시폰을 비롯한 메소포타미아 대부분 지역을 점령했다. 그로부터 5년 뒤에는 자그로스산맥 일대에서 벌어진 니하완드 전투에서 사산인들이 또 패배함으로써, 이제 이란으로 밀고 들어오는 아랍인 세력을 막아 낼 방도가 더는 없게 되었다. 이후 아랍인들이 이 자그로스산맥 일대에 남아 있던 사산인 저항 세력을 끝내 궤멸시키기까지는 오랜 시간이 걸렸지만,(아랍인들은 649년에야 파르스를 정복했고, 그보다 외진 호라산은 654년에야 점령할 수 있었다.) 사산 제국은 640년대 중반부터 이미 더는 비중 있는 정치 세력을 이루지 못하고 있었다. 아랍인들은 서쪽으로도 진격해 643년에 이집트를 정복하고 그길로 알렉산드리아를 함락시켰다. 아랍인들이 트리폴리에 입성한 것도 같은 해였다. 무함마드가 세상을 떠난 지 불과 10년 남짓한 시간에 이슬람 세계의 지배권은 서남아시아 전역을 비롯해 이란과 이집트까지 넓어졌고, 이후에도 이들 지역을 핵심 근거지로 삼아 확장이 계속되었다. 그리하여 643년에서 711년 사이에 북아프리카의 나머지 지역이 아랍인에게 점령당했으며, 759년에 이르자 이베리아 반도 거의 전역이 아랍인의 수중에 들어갔다. 동쪽에서는 이란에서 출발한 아랍인 병력이 인도 북서부의 신드를 장악하더니, 713년에는 중앙아시아의 핵심 교역 도시인 부하라와 사마르칸트까지 지배했다. 그렇게 해서 8세기 초반에 이르자 이슬람 세계는 세상에 유례없던 최대 규모의 제국을 아우르게 되었다.

11.3 이슬람 세계의 구성

11.3.1 초창기 칼리파 체제

팽창주의 제국은 어디나 그랬지만, 아랍인들도 광대하게 뻗어 있어 문화만도 천차만별인 이 제국을 무슨 수로 다스리느냐 하는 것이 문제였다. 거기다가 아랍인들은 국가의 틀은 물론 나라를 건설한 독자적 정치조직도 거의 갖추지 못한 상태였다. 무함마드는 세상을 떠나면서 슬하에 권력을 계승할 아들을 남기지 않은 데다 후계자도 지명하지 않았고, 후일 통치 조직을 어떤 식으로 조직해야 하는지에 대해서도 아무런 지침을 남기지 않았다. 이에 무함마드의 추종자들은 쿠라이시족의 일원으로서 622년에 무함마드의 메디나 이주에 동참한 아부 바크르(Abu Bakr)를 공동체의 지도자인 이맘(imam)으로 추대하고 그에게 신의 사절 혹은 신의 대리인을 계승하는 자라는 뜻의 칼리파(khalifa: 칼리프) 칭호를 붙였다. 아부 바크르가 칼리파의 자리에 오르자 자기들 나름대로 지도자를 뽑아 두었던 다른 아랍 부족으로부터 반란이 일었으나, 이것이 진압되면서 633년에 아부 바크르가 아라비아를 다스리게 되었다. 하지만 이듬해인 634년에 그는 세상을 떠났다. 그 뒤를 이어서는 우마르(Umar: 634~644년)가 칼리파 자리에 오르는데, 그는 무함마드와 가장 돈독했던 이들, 그중에서도 특히 메디나 체제 시절을 함께한 인물들을 선호했다. 이 우마르 칼리파 시절에 아랍인의 정복이 가장 급속도로 이루어졌고, 초창기 이슬람 세계에서 아랍인들이 자리 잡을 수 있게 통치의 틀을 확립한 것도 그였다. 아울러 그는 정복지의 땅을 개인이 아닌 국가 혹은 공동체에 돌아가게 한 결정도 실제로 실행에 옮겼다. 이때에도 여전히 아랍인들은 군부의 엘리트층으로 남아 요새 안에서 거주하며 정복지에서 들어오는 소득으로 생활을 유지해 갔다. 이들 군부 엘리트층은 이슬람 세계의 금칙에 따라 농사를 지을 수 없게 되어 있었다. 아랍인들이 주변의 피정복민들에게 재빨리 흡수당하지 않은 것도 이 같은 조치들 덕분이었다. 그러나 피정복민들보다도 아랍인들 자신을 어떻게 제어하고 통치할지를 두고 몇 가지 방책을 강구하지 않으면 안 되었다. 이를 위해 아랍인들은 638년부터 인위적으로 부족을 구성해 전쟁에서는 병졸을 지휘하고 평시에는 민정을 책임지는 족장을 따로 두니, 칼리파의 임명을 받아 선출되는 이들 족장이 아쉬라프(ashraf)라는 아랍인 통치 귀족층을 형성하게 된다. 초창기 제국을 다스린 다른 통치자들도 마찬가지였지만, 이 당시의 칼리파들은 그들이 의지할 만한 제도적 틀을 가지고 있지 못했다. 상황이 여의치 않을 때 그들이 기댈 데라곤 가족이 전부였고, 그래서 이슬람 제국의 총독 자리 네 개도 모두 칼리파의 일가친척들이 맡았다. 그 결과 행정, 재무 혹은 권력 행사에서 공과 사의 구분은 거의 찾아볼 수 없었다.

아랍인들은 타지를 정복하는 과정에서 그다지 파괴를 일삼지 않았으며, 기존의 주민들에게 가급적 혼란을 주지 않는다는 것을 기본 방침으로 삼았다. 주민 대부분, 즉 농민들은 아랍인의 정복 후에도 이렇다 할 삶의 변화를 거의 느끼지 못했을 텐데, 통치층만 달라졌을 뿐이지 세금을 내는 것도 똑같았기 때문이다. 아랍인들은 정복지의 도시 및 속주들과는 일련의 협정을 맺어, 보통 공물을 받는 대가로 토착 엘리트층에게 상당한 폭의 자치권을 부여해 주고 그들에게 갖가지 민정을 맡겼다. 기존의 정책들도 전과 다름없이 시행되었다. 예를 들어 과거에 로마인들이 이집트에서 징발해 가던 곡물이 이제는 콘스탄티노폴리스 대신에 메카와 메디나, 나중에는 바그다드로 들어갔다. 종교적인 면에서의 협의도 중대했다. 애초에 이슬람교는 여타 종교들에 관용적이었다. 무함마드도 세금을 내면 유대교도와 기독교도 모두 자신들의 신앙을 지켜 갈 수 있게 했다. 이런 정책은 아랍인의 정복 이후에도 마찬가지로 시행되었다. 비신자들을 이슬람교로 개종시키려는 노력은 전혀 없었다. 이슬람 신앙은 새로운 통치층을 나타내는 표식이자, 아랍인의 우월성을 드러내는 징표로 여겨졌기 때문이다. 이슬람교로의 개종은 오히려 사회적 지위와 관련해 골치 아픈 문제를 야기할 뿐 아니라, 정부의 조세수입을 감소시키는 결과만 가져올 뿐이었다.

11.3.2 우마이야 왕조와 제1, 2차 내란

이슬람의 제3대 칼리파인 우스만(Uthman)은 메카의 귀족이었는데, 그가 이슬람 세계를 다스리는 동안에는 우마이야 가문 및 애초에 무함마드의 동반자가 아니었던 메카 출신 인사들이 중용되었다. 이는 아랍인 세계에서 이슬람 이전의 옛 권력 체제가 다시 힘을 쓰기 시작했다는 첫 징후였다. 이와 함께 점차 아라비아의 바깥에서도 이슬람의 부와 권력이 모습을 드러내면서, 메디나가 더는 수도로서 제구실을 못하게 되었다. 656년에는 우스만이 일군의 아랍인 병사에게 살해를 당하면서 그간 아랍인 세계를 짓눌러 오던 긴장이 절정에 달했다. 그 결과 5년간 내란과 권력 다툼이 이어지는데, 이 사태는 단순히 이슬람 세계의 통치자를 정하는 데 그치지 않고 아랍인들 사이에 근본적 분열을 일으켜 후일 이슬람 세계 역사에 심대한 영향을 미치게 된다. 656년에 자기가 이슬람 세계의 칼리파임을 주창한 아랍인은 여럿이었다. 무함마드의 사촌이자 그의 사위이기도 한 알리(Ali)는 주로 무함마드 생전에 자기가 보였던 종교적 헌신을 내세워 칼리파 자격을 주장했다. 탈라(Talha)와 알-주바이르(al-Zubayr)도 무함마드의 미망인 중 가장 나이 어린 아이샤(Aisha)의 지원에 힘입어 칼리파 자리를 주장했는데, 이 둘은 알리가 단숨에 제거해 버렸다. 또 다른 한편에서 칼리파직 계승을 주장한 무아위야(Muawiya)는 시리아 총독으로서 비록 뒤늦게 이슬람교로 개종했지만, 살해당한 우스만과 같은 우마이야 가문 출신이었다. 657년에 알리와 무아위야의 군대가 맞붙은 시핀 전투는 결국 무승부로 끝났다. 이 싸움이 종결되자 알리의 지지파 사이에서 내분이 일어, 일명 하와리즈(Khariji: 분리주의자)로 일컬어지는 무리가 알리의 집단에서 이탈했다. 661년에 알리가 이 하와리즈파 세력 일부에 의해 살해당하면서, 이슬람 세계는 대체로 무아위야를 칼리파로 인정하게 되었다. 무함마드와 아무런 개인적 연고도 없는 인물이 칼리파가 되기는 무아위야가 처음이었다.

656~661년에 걸친 이 첫 번째 내전으로 이슬람 세계 내부는 근본적 차원의 분열을 피할 수 없었다. 시아파('당파'라는 뜻의 시아(shia)에서 그 명칭이 유래했다.)는 생전에 무함마드가 알리를 그의 후계자로 지명해 두었다는 입장을 견지했다. 이들의 견해에 따르면, 초기의 칼리파 셋은 명실상부한 칼리파로 볼 수 없는 사람들로, 종교적 기능이 무엇보다 중요한 칼리파의 자리에는 오로지 알리와 그의 후손들만 오를 수 있다고 보았다. 하와리즈파는 초대 칼리파 둘의 정당성은 인정하되, 우스만과 알리를 비롯한 후대 칼리파들의 재위는 모조리 잘못되었다고 보았다. 그들 주장에 따르면 칼리파의 자리는 우마이야 가문이나 알리의 후손들이 아니라, 누구라도 훌륭한 자질을 밑바탕으로 선출된 사람이 이어 나가야 마땅했다. 한편 이슬람 세계 태반은 이들 이외의 나머지 집단(훗날 수니파로 알려지는 이들이다.)으로 구성되

었으며, 종국에 이들은 제1차 내전의 그 어느 쪽도 편들지 않는 것을 공통된 입장으로 택했다. 그 대신에 이들은 칼리파란 이슬람 공동체를 지켜 가는 정치적 수호자에 불과하며, 영혼의 지도자는 이슬람 세계의 학자들 내에서 언제든 찾을 수 있다고 보았다.

제1차 내전에서 무아위야가 승리를 거둠으로써 메카의 귀족들, 그중에서도 특히 우마이야 가문이 공식적으로 칼리파직의 계승자로 승인받았다. 우마이야 가문이 권력을 행사하는 핵심지가 다마스쿠스였던 만큼, 메디나에서 다마스쿠스로의 천도도 이 새로운 체제의 지탱에 힘을 실어 주었다. 무야위야로서는 점차 심해지는 종교적 분열을 봉합하는 것도 문제였지만, 아랍인 엘리트층, 특히 메디나파와 메카파 사이에 툭하면 벌어지는 당파 싸움을 극복하는 것도 문제였다. 이런 와중에도 무아위야가 명맥을 유지한 것은 시리아에 기반을 둔 아랍인 엘리트층이 그를 지지해 주고, 그의 친척들이 그에게 충성을 바치며 각지의 속주에서 제국의 통치를 효율적으로 해 나간 덕분이었다. 무아위야가 자신의 뒤를 이을 칼리파로 아들 야지드(Yazid)를 지명하면서 우마이야 가문은 본격적으로 황실 가문으로 부상했다. 그러나 이 같은 결정은 이슬람 사회에 심각한 분열을 초래하고 마는데, 원칙적으로 칼리파는 선출직이었던 데다 당시 수많은 아랍 엘리트층이 볼 때 우마이야 가문은 출세를 위해 뒤늦게 개종한 기회주의자 집단으로 비쳤기 때문이다. 그 결과 680년에서 692년 사이에 두 번째 내전이 터졌다. 알리의 아들 알-후사인(al-Husayn)이 일으킨 반란이 내전의 도화선이 되었다. 후사인과 그의 가족이 카르발라에서 몰살당하면서, 시아파에서는 탄생 이래 가장 많은 순교자가 발생했다. 당시 반(反)우마이야 왕조의 주축 세력은 이븐 알-주바이르(Ibn al-Zubayr)가 이끌었는데, 아버지가 1차 내전의 주역이기도 했던 그는 메카가 이슬람 세계 통치의 중심이 되어야 한다고 주장했다. 우마이야 왕가에서는 야지드가 683년에 때 이른 죽음을 맞았고, (우마이야 왕조를 지지한 주요 세력인) 쿠다 부족이 마르완 1세(Marwan I)를 칼리파로 선출했다. 마르완 1세의 지배력이 미친 곳은 시리아와 이집트 정도였다. 그러다가 692년에 들어서야 그의 아들인 압드 알-말리크(Abd al-Malik)가 (당시에 메소포타미아 대부분 지역을 다스리던) 알-주바이르를 죽이고 이슬람 세계 전역에 대한 지배권을 손에 넣었다. 이 와중에도 우마이야 가문은 협의보다는 무력에 의지해,(우마이야 왕조는 신성한 도시 메카까지도 처참하게 파괴했다.) 계속해서 칼리파직을 이어 나갔다. 우마이야 가문의 이슬람 세계 통치는 740년대까지 이어졌다.

11.3.3 우마이야 왕조 시대의 사회

우마이야 왕조 시절, 이슬람 세계는 정복 당시의 옛 제도들이 무너져 내리면서 급속히 변화했다. 아랍인들이 무관으로써 통치 엘리트층(이들 통치 엘리트층은 이슬람교를 믿는 사람들로서, 대다수의 일반 백성과 엄연히 구별되었다.)을 구성한다는 관념은 더는 유효하지 않았다. 대내적으로, 대외적으로 평화기가 찾아오자 이제는 아랍인들이 군대를 떠나 문관으로 자리를 잡는 상황이었다. 메소포타미아와 이란 같은 지역들에서는 아랍인들이 대지주로 탈바꿈하는 사례가 많아졌다. 이와 함께 아랍의 씨족 체제도 점차 무너지기 시작했는데, 사회는 좀 더 복잡해지고 아랍인과 비아랍인 사이에는 차츰 통합이 이루어졌다. 변화의 핵심은 무엇보다 군대를 징병하는 방식이 바뀐 데 있었다. 아랍인 부족들의 충성심은 예전과 다름없이 강력했지만, 한참 연대 체제로 발달해 가던 군대에서는 더는 부족이 기본단위가 될 수 없었다. 이제 주력부대의 병사들은 점차 시리아에서 충원되고 있었고, (아랍인과 비아랍인이 모두 포함된) 지방 민병대가 따로 조직되어 해당 지역의 방어를 맡았다. 그러자 군대가 서서히 내치의 주된 방편이 되기 시작한 것은 물론, 칼리파의 친인척이기만 하면 누구나 손쉽게 오를 수 있던 속주 총독직도 점차 군대에서 배출되었다. 이는 결국 이슬람 정국을 불안하게 만드는데, 군대를 통솔한 적이 없는 문관 출신 칼리파가 군대를 장악해야 하는 것은 물론, 군대를 기반으로 제국을 통치해 나가야 했기 때문이다. 이슬람 세계의 중심축이 시리아에서 메소포타미아로 급격히 이동하자 이런 식의 불안정은 악화되었고, 여기에 이슬람 세계의 가장 중대한 사회적 변화까지 뒤따랐다. 이슬람교로 개종하는 속도가 점차 빨라진 것이다. 애초에 이 현상은 아랍인 가정의 노예 및 아랍인 공동체의 지인들 사이에서 주로 일어났으나, 시간이 지나자 새로운 집단들도(특히 옛날 사산 제국의 통치 엘리트층도) 하나둘 이슬람교도로 개종하기 시작했다. 이는 아랍 제국의 근간을 뿌리째 흔드는 일이었으므로, 아랍인들로서는 이 같은 과정을 어떻게든 억제해야만 했다.(당시에 제국의 세금 부담은 비신자들의 몫이었다.) 아랍인들과 이슬람교도들이 지주로 탈바꿈하자 제국은 더는 이들의 세금을 면제해 줄 수 없게 되었으나, 이들에 대한 세금 부과는 정복 시절에 확립된 정권의 힘을 실추시키는 결과를 가져왔다. 690년대 이후의 몇십 년간 진행된 이 모든 변화는 제국이 차차 아랍의 성격에서 벗어나 이슬람의 기반을 더 넓혀 가는 과정으로 볼 수 있었다.

이즈음 아랍인 엘리트층의 지위가 급격히 변화했음에도 불구하고, 아랍어는 행정, 문학, 종교에 두루 사용되며 이슬람 세계 전역으로 급속히 퍼져 나갔다. 이집트, 시리아, 메소포타미아에서는 아랍어가 제1언어로 자리 잡아, 사람들이 이슬람교로 개종하는 속도보다 아랍어가 퍼져 나가는 속도가 더 빠를 정도였다. 이집트의 콥트어, 시리아와 메소포타미아의 아람어처럼 아랍어 곁에 여전히 살아남은 언어들도 있었으나, 그 중요성은 갈수록 줄어드는 추세였다. 하지만 이집트와 시리아는 동로마 제국 시절에 확립된 행정체계가 상당 부분 그대로 남아 있었던 만큼 이슬람교에 기반을 둔 통치 체계의 확립이 매우 더뎠다. 이란에서의 상황은 또 달랐다. 서부에서는 아랍인 정착민들이 아랍어와 페르시아어를 모두 사용했지만, 이란 동단에서는 아랍인들이 아예 아랍어를 버리고 페르시아어를 채택해 쓰기 시작했다. 아랍인은 좀 더 동쪽의 트란스옥시아나까지 정복했고, 이내 이곳에서도 소그드어 대신 페르시아아를 채택해 쓰게 되었다. 이로써 매우 중대한 하나의 과정이 시작된 셈이었다. 이란과 아랍, 이슬람의 종합이 새로이 일어나 예부터 이란에 전해져 오던 수많은 전통이 한데 통합된 것이다.

11.4 비잔티움 국가의 탄생

[이전의 로마 제국 ☞ 10.12]

순식간에 진행된 이슬람 세력의 흥기는 동로마 제국에도 근본적 영향을 미치니, 이 시절 동로마 제국은 사산 제국과 달리 명맥을 유지하는 데는 성공했으나 예전과는 판이하게 다른 모습이 되어 있었다. 불과 수십 년 만에 제국은 시리아, 레반트, 이집트, 북아프리카 지역에 대해 더는 지배권을 행사하지 못했다. 이로써 제국의 구성원은 대폭 감소했고, 제국에서 가장 부유했던 도시와 무역로를 몇 군데 빼앗겨야 했으며, 한때 콘스탄티노폴리스 주민을 먹여 살리던 이집트의 대규모 곡물 공급도 이즈음 끊어졌다. 한때 서남아시아의 핵심부를 차지했던 제국은 점차 주변부로 밀려났고, 제국의 위세 역시 급속히 쇠락해 대제국보다는 해당 권역의 주요 국가 중 하나로 여겨질 뿐이었다. 더구나 동로마 제국의 역사는 이제 거대해진 이슬람 제국의 역사에 따라 그 리듬이 결정되고 있었다.(이슬람 제국이 강성할 때는 쇠약해지고 이슬람 제국이 쇠약할 때 강성해졌다.) 이 이슬람에 대항하기 위해서라도 제국은 자신들의 병력을 동쪽에 집중할 수밖에 없었는데, 그 때문에 발칸반도 주변 지대, 즉 아테네와 파트라, 코린토스, 테살로니카, 아드리아노폴리스 같은 트라키아의 성채들이 추가로 슬라브족과 아바르족에 넘어가 버리고 말았다. 이들 점령지는 콘스탄티노폴리스와 바로 인접한 데다, 트라키아가 당시 콘스탄티노폴리스에 필요한 식량 상당 부분을 대 주었던 만큼 동로마는 어떻게 해서든 이 지역을 되찾아야 했다. 보스포루스 해협에서 흑해에 이르는 무역로에서의 패권이 동로마 제국에는 커다란 자산이나 다름없었다.

이렇듯 제국이 엄청난 양의 영토를 상실한 때가 바로 동로마 제국이 비잔티움 국가로 전환한 시점이었다. 그러나 그리스어와 그리스 문화가 동로마 제국에 지배적 영향을 끼쳤음에도 불구하고, 이 당시 제국 주민들은 스스로를 비잔티움인이라 칭한 일이 없다.(비잔티움은 콘스탄티노폴리스가 그리스인 식민지 시절에 불렸던 명칭에서 유래한 말이다.) 제국 주민들은 그보다는 로마이오이(Romaioi: 로마인)나 기독교도 같은 이름을 더 바람직하게 여겼다.(당시 로마인과 기독교도는 실질적으로 동의어나 다름없었다.) 자신들이 로마의 후손으로써 로마의 역사를 계승한다는 의식, 특히 콘스탄티노폴리스가 제2의 로마와 다름없다는 인식이 그들에게는 꽤나 강했던 것이다. 그러나 디오클레티아누스 및 콘스탄티누스가 건설했던 제국은 7세기 중반까지만 그 면모를 유지했을 뿐, 이슬람의 흥기 이후 이어진 내부 변화로 동로마에는 전혀 다른 성격의 국가가 만들어졌다. 사람들은 비잔티움 국가의 역사를 곧잘 쇠망의 역사로 인식하지만, 사실 이 나라는 재건되고 나서 무려 800년이나 명맥을 이어 갔다. 그뿐만 아니라 해당 권역에서도 수 세기 동안 강대국으로써 큰 비중을 유지해 갔다.(물론 1204년에 서유럽의 기독교도들에게 점령당한 이후로는 나라의 힘이 크게 쇠약해지지만 말이다.) 아울러 비잔티움의 정치적 지배력이 미친 곳은 얼마 되지 않았어도 문화적 영향력은 훨씬 넓은 데 미쳐, 발칸반도의 상당 지역은 물론 동유럽과 러시아까지 비잔티움 국가의 문화가 확산되었다.

무함마드가 사망하고 20년 만에 동로마 제국의 지배력은 아나톨리아에만 미치는 정도였고, 이제는 아나톨리아가 새로운 비잔티움 국가의 핵심부였다. 그간 엄청난 수의 주민, 토지, 조세수입을 상실하고 거기에 수십 년간 전쟁이 끊이지 않으면서 비잔티움 사회는 전에 비해 훨씬 단순해져 갔다. 사회의 주요 하부구조를 떠받칠 만큼 충분한 잉여농산물이 더는 생산되지 못했고, 그 결과 수많은 도시가 쇠락해 비잔티움 국가에서 명실상부한 도시는 단 하나 콘스탄티노폴리스뿐이었다. 비잔티움은 이제 군사 국가와 다름없어져, 군대 편성을 주목적으로 나라가 조직되었을 뿐 아니라 나라의 통치도 군부에서 도맡았다.(황제 선출도 군대에서 결정될 때가 많았다.) 7세기의 격변으로 옛날 동로마 제국 사회의 지주 계층은 소멸했고, 원로원은 고위 공직자의 집합소가 되어 갔다. 과거 존재하던 문관과 무관 사이의 권력분립(디오클레티아누스가 건설한 후기 로마 제국의 존립 기반이었다.)도 이즈음 폐기되고, 중앙으로 권력이 집중되었다. 이런 식의 사회구조는 560년대 이후에 반도 대부분을 랑고바르드족이 차지한 이탈리아에서 가장 먼저 나타났으며, 이라클리오스가 사산인을 물리치고 수복한 레반트에도 이내 이 새로운 체제가 확장된 것으로 보인다. 650년대 이후로는 비잔티움 국가의 나머지 땅에 군사적 구획이 이루어졌고,(이를 테마(theme)라고 했다.) 스트라테고스(strategos)라는 무관이 일괄적으로 이들 구획의 통치를 맡았다.(문관 출신의 속주 총독은 스트라테고스와 동급이 아닌, 그의 부관으로 일했다.) 이제 비잔티움 국가 정부는 과거와 달리 군대에 용병을 고용할 만큼 충분한 세입을 거둬들이지 못했기에 예전과는 다른 체제로 변화하지 않으면 안 되었다. 이를 위해 나라에서는 각 테마에 속한 병사들에게 양도 불가능한 일정량의 토지를 지급해 주는 한편 나라에서 부과하는 대부분의 세금도 면제해 주었다. 그 대신 군대 병력 대부분을 이들로 충원했는데, 이 군역의 의무는 후대 자손에게까지 이어졌다. 따라서 이제는 아나톨리아의 농민병들이 국력의 기반이 된 셈이었다. 과거 대지주들의 권력은 무너졌고, 후기 로마 제국에서 찾아볼 수 있던 콜로누스(농노)들도 국가로부터 군역을 짊어진 이들 자유농민에게 밀려 자취를 감추었다. 과거의 지주층이 대거 사라지기는 했지만, 대신 군부 행정관과 속주 엘리트층의 권력이 점차 막강해지면서 농민병들에 대한 이들의 지배가 강화되는 것을 피할 수 없었다. 비잔티움 국가는 이후 몇 세기간은 제법 강력한 힘을 유지하며 이 같은 상황이 악화되는 것을 막아냈다. 사유지에서 나오는 조세수입 일부는 더러 해당 지역의 토착 지주에게 양보해야 했지만, 이즈음 비잔티움은 프라크티콘(Praktikon)이라는 농민 대장을 만들고 그 내용을 지속적으로 갱신해 활용할 만큼 충분히 강한 국력을 보여 주었다. 비잔티움 국가의 지주들은 온전히 독립된 세력을 이루지 못했다. 비잔티움 국가에 파로이코이(paroikoi)라는 새로운 농민층(지주에게 얼마간 예속당한 상태에서 지주의 토지를 보유한 이들이다.) 이 형성된 것은 9세기가 한참 지나고 나서의 일이었다.

630년대와 640년대에 이슬람에게 연거푸 패배당한 비잔티움 국가는 656~661년 이슬람의 내란으로 어느 정도 숨통이 트이는가 싶었지만, 이 시기가 지나자 남은 7세기 후반 동안 커다란 위기들이 닥쳐왔다. 그중에서도 660년, 668년, 674~678년의 세 차례에 걸쳐 콘스탄티노폴리스가 포위 공격을 당한 것이 제일 중요했고, 그 뒤를 이어 681년 이후로는 도나우강 하류 전역의 땅이 불가르족에 넘어갔다. 그로부터 10년 뒤에는 아르메니아에 대한 지배권마저 이슬람 군대가 가져갔다. 오로지 아랍인들과 맺은 협정만이 유일한 위안이었는데, 이로써 키프로스섬에는 이슬람도 비잔티움도 병력을 주둔시키지 않되 그곳에서 얻어지는 조세수입은 서로 나누어 갖기로 한 것이다.(이 협정은 이후 300년 동안 깨지지 않고 지켜졌다.) 695년 이후로도 비잔티움 국가는 내전과 함께, 유약하거나 혹은 실권 없는 통치자들이 황위에 오름으로 인해 계속 어려운 시기를 겪어야 했다. 705년에는 불구자 유스티니아노스 2세(Iustinianus II: 695년의 반란에서 코가 잘려 나가 불구가 되었다.)가 콘스탄티노폴리스 재입성에 성공했지만, 불가르족의 지원으로 성공한 일이었기 때문에 그들에게 일정량의 공물을 지급해주지 않으면 안 되었다. 그러다가 717년에 아나톨리아의 스트라테고스가 레오 3세(Leo III)라는 이름으로 권력을 탈취한 후에야 비로소 비잔티움 국가는 안정된 왕조를 세울 수 있었다.

하지만 이러한 안정도 잠시, 비잔티움 국가는 이내 격심해진 종교 논쟁으로 더욱 심한 분열에 빠져들었다. 이슬람교는 신과 인간을 (무함마드도 포함해) 어떤 식으로든 형상화하는 작업에 철저히 반대했다. 이슬람의 이러한 철칙은 동로마의 기독교 신앙에도 엄청난 영향을 미치는데, 그 일환으로 일어난 것이 바오로파(Paulicians)와 성상 파괴 운동이었다. 바오로파는 네스토리우스파와 유사한 믿음을 가졌던 종파로서, 원래 예수는 인간이었으며 나중에 가서야 하느님에게서 신성성의 일부를 부여받았다고 보았다. 이들은 예수의 몸은 성체이므로 그가 받은 십자가 처형은 실제가 아닌 환상이라는 아프타르토 가현설도 지지했다. 그러나 동로마 교회에 좀 더 핵심적 영향을 미쳤던 사상은 바로 아나톨리아의 농민군 및 재속사제들 사이에 깊이 뿌리내리던 성상 파괴주의였다.(수도원의 사제들이 이 운동의 주된 반대파를 형성했다.) 성상 파괴 운동은 726년에 레오 3세의 공식 인가를 받았고, 콘스탄티노폴리스 대중의 반대에도 불구하고 730년에는 종교적인 형상을 모조리 파괴하라는 칙령이 도시에 내려졌다. 741년에 레오 3세가 세상을 떠난 뒤에는 군대 내부에서 잠시 내란이 이는가 싶더니 이내 레오 3세의 아들로 급진적인 성상 파괴주의자였던 콘스탄티누스 5세(Constantine V)가 황위에 올랐다. 740년대 말에 콘스탄티누스 5세는 잠시나마 이슬람을 상대로 승세를 잡았고, 이 때문에 그의 종교적 견해가 옳다는 쪽으로 힘이 실리게 되었다. 결국 754년에 교회는 공의회를 열어 성상 숭배는 기독교 교리에 어긋나며, 따라서 성상 숭배는 곧 파문에 이르는 길임을 선포했다.(교회가 후일에 들어서야 이 공의회를 정당치 못하다고 인정했다.)

775년에 콘스탄티누스 5세가 사망하자 비잔티움 국가에는 대규모의 불안정기가 찾아와 근 1세기가량 이어졌다. 이 혼란의 와중에 가장 먼저 권력을 손에 쥔 것은 남편을 떠나보낸 황후 이리니(Irene)였고, 그녀는 787년의 니케아 공의회를 통해 더는 성상 파괴를 지원하지 않기로 결정했다.(황후의 이 결정으로 바오로파는 교회를 등지고 떠나 세계를 이분법의 틀로 바라보는 마니교의 입장으로 완전히 돌아섰다. 이후 이들은 이슬람 칼리파의 지원을 받아 유프라테스강 상류에 따로 자신들만의 나라를 세웠다.) 하지만 그 후로도 반란이 그치지 않으면서 이리니의 아들 콘스탄티노스 6세(Constantine VI)가 두 눈이 뽑힌 채 폐위당했고, 802년에는 결국 이리니 자신도 폐위를 당했다. 아울러 아랍인과 불가르족의 공격이 재개되자 그 와중에 황제 니케포루스(Nicephorous)도 목숨을 잃었다.(불가르족의 통치자 크룸(Krum) 왕은 니케포루스의 두개골을 가져다 술잔 대용으로 썼다.) 여기에 온건한 노선의 성상 파괴주의자였던 레오 5세(Leo V)마저 820년에 성상 옹호자에게 목숨을 잃으니, 이듬해 아나톨리아에서 일어난 농민반란을 비잔티움은 불가르족의 지원을 받아서야 가까스로 진압할 수 있었다. 그 후로도 비잔티움은 860년에 이르기까지, 이슬람으로부터 연이어 패배당하고,(시칠리아에서 벌어진 싸움들이 특히 중요했다.) 궁정 모의와 힘없는 황제 및 섭정들의 실정에 시달리면서 수십 년 동안 혼란을 겪어야 했다.

11.5 중국: 수와 당의 부흥과 확장

[이전의 중국 ☞ 10.8]

6세기 말엽에 이루어진 수의 재통일로, 중국 북부에 다양하게 존재했던 왕국들이 차례로 사라지고 오로지 단 하나의 국가만 남게 되면서 중국은 이른바 '오랑캐' 탁발 부족 때 시작된 과정을 마무리할 수 있었다. 이는 1세기가 넘게 진행된 과정이었기 때문에, 589년에 남경에서 진(陳)이 최종 함락되었어도 거기서 과거와의 뚜렷한 구별을 찾을 수 있는 것은 아니었다. 수와 그 뒤를 계승한 당은 각종 제도에 있어서나 통치 엘리트층 및 문화에 있어서나 중국의 한 문화와 북방의 '오랑캐'가 가진 요소가 종합된 면이 있었고, 이러한 과정은 이미 과거 수 세기 동안에 (특히 중국 북부에서) 이미 진행된 바 있었다. 그러나 7세기의 재통일로 중국은 확실히 대외적으로 급속한 확장에 접어들과 동시에 내부적으로도 제법 큰 규모의 경제 부흥을 경험할 수 있었다.

중국을 통일시키기는 했지만, 기원전 3세기에 중국을 통일한 진(秦)이 그랬듯, 수나라는 중국을 다스리다가 얼마 안가 무너졌다. 수나라의 초대 황제 양견이 죽고 605년에 양제(煬帝)가 그 뒤를 이었으나, 전쟁으로 인해(특히 한반도의 국가와 벌인 싸움으로 인해) 국내 불안이 높아지면서 수차례의 농민반란이 이어지더니 급기야 귀족들의 봉기까지 일어났다. 이에 617년에 산서성 국경 지대에서 유목민을 방어하던 장수 이연(李淵)이 돌궐족과 연합해 수도 장안을 함락시키고 당 왕조를 열었다. 그는 626년에야 비로소 주변의 수많은 경쟁자를 모조리 물리치고 평화롭게 나라를 다스릴 수 있었다. 그러고서 이연은 본격적인 영토 확장 정책에 착수했다.

11.5.1 확장

626년에서 683년은 중국 역사에서 가장 거대한 군사적 확장이 이루어진 시기였다. 630년, 중국은 시베리아의 바이칼호 남부의 대규모 전투에서 튀르크계 위구르족과의 연합하에 동돌궐을 격파했다. 이로써 서쪽으로 통하는 길이 뚫리면서 중국의 중앙아시아로의 진출이 가능해졌다. 그러자 타림 분지로 통하는 무역로를 차지하고 있던 왕국 고창(수 세기 전에 중국인 이주자들이 건설한 곳이다.)이 이내 중국 안으로 편입되었다. 이렇듯 서쪽으로 밀고 들어간 당나라 군대의 과업은 단순히 비단길에 대한 지배권을 재확립하는 선에 그치지 않았으니, 600년 전에 한의 지배권을 매우 일반적으로만 인정하던 지역들

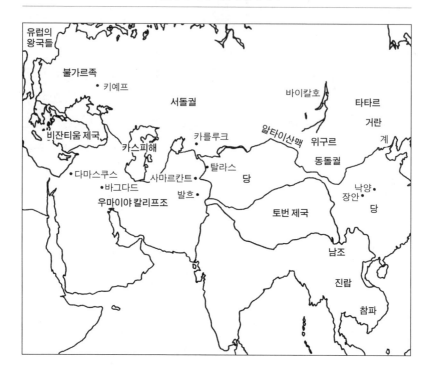

유럽의
왕국들

불가르족
• 키예프

서돌궐

바이칼호

타타르

거란

비잔티움 제국
카스피해

카를루크

알타이산맥

위구르

계

다마스쿠스
• 바그다드
우마이야 칼리프조

사마르칸트•
발흐

탈라스

당

동돌궐

낙양
장안•

당

토번 제국

남조

진랍

참파

까지 중국의 영토로 점령하게 되었다. 그리하여 옛날의 이른바 '서역'
과 함께 중앙아시아의 오아시스 국가들이 중국의 일부가 되었다. 트
란스옥시아나 지방을 비롯해, 부하라(안(安)), 타슈켄트(서(西)), 사마르
칸트(강(康)) 같은 이란의 국경 지역에는 당의 도호부(都護府)가 설치되
었다. 648년에는 중국의 막강한 힘이 인도에까지 미쳐, 인도 북부 마
가다 왕국에서는 왕위 계승자가 중국의 의사에 따라 결정될 정도였
다. 하지만 중국이라는 나라가 워낙 방대했던 까닭에, 이들 지역을 제
대로 통제하기란 내내 쉽지 않은 문제였다. 일례로, 카슈가르(소륵국)

수비대만 해도 수도 장안에서 무려 3000마일 이상 떨어져 있었다. 북동쪽에서는 한때 수나라가 한반도의 고구려를 치려다가 실패로 돌아가기도 했으니, 612년 살수에서의 대패는 종국에 수나라를 멸망시킨 배경 원인 중 하나이기도 했다. 하지만 645년의 한반도 침공에서는 대체로 당이 승리했고, 한반도 남부의 소국 신라와 연합한 당은 기어이 고구려를 점령해 660년에 중국 안으로 편입시켰다. 이제 한반도 북부는 중국의 지배하에 들어가, 중국에 예속되어 있던 한반도 북부는 물론 신라에도 당의 도호부가 설치되었다. 중국의 영향력은 아시아 남단까지 확대되어 베트남 남부에 자리한 임읍과 진랍 같은 왕국들까지 중국의 지배권을 인정하게 되었다. 이렇듯 불과 50년도 지나지 않아 중국의 힘은 역사상 전례가 없을 만큼 멀리까지 확대되어, 동쪽의 이란에서 시작해 한반도와 만주, 몽골은 물론 멀리 남쪽의 베트남 메콩강 삼각주에 이르는 지역을 중국이 아우르게 되었다.

11.5.2 경제와 사회

중국이 이렇듯 유례없는 확장을 이룰 수 있었던 것은, 특히 수대의 두 황제가 강력한 경제적·행정적 기반을 건설한 덕분이었다. 아울러 중국 내 인구 이동의 균형추가 여전히 강남으로 급격히 쏠려 있었던 점도 중대했다. 606년에는 강남 거주민이 중국 전체 가정의 약 5분의 1 정도였다. 그러나 불과 150년도 지나지 않아 그 비율은 두 배로 훌쩍 불어났다. 중국의 강남 지역은 농경지의 생산성이 중국의 그 어느 지역보다도 월등히 높았을 뿐 아니라, 습식 벼농사에 기반을 둔 일부 지역에서는 더러 이모작도 가능했다. 이렇듯 잉여농산물은 대체로 강남에서 났으나, 정작 중국의 행정 중심지는 수도 장안과 옛 도읍지 낙양 주변의 북부에 몰려 있었다. 거기다 중국은 북부 및 북서부 변경 지대의 이적들에게서 주로 위협을 받았던 만큼, 이곳에는 반드시 군대를 배치해야 하는 형편이었다. 그러나 당시의 원시적인 교통 체계로는 그토록 엄청난 양의 식량을 한꺼번에 육로로 수송한다는 것이 불가능했다. 수나라는 (산업화 시대 이전 사회라면 어디나 근본적으로 겪어야 했던) 이 같은 문제를 깨끗이 해결했으니, 당시에 이루어진 건설 작업은 그때까지의 세계사를 통틀어 인류 공학의 최고 성과라고 할 만 했다. 587년에서 608년에 걸쳐 중국에 일련의 운하망과 수로가 건설되어, 황화와 위수를 장강 이남은 물론 북쪽의 낙양, 더 나아가 북경까지 연결한 것이다.(이 운하망에서는 황하에서 수도 장안으로 가려면 강의 물살을 거슬러야만 한다는 것이 유일하게 문제였는데, 그래서 이 구간의 수송에는 상당 부분 도로가 이용되었다.) 이 운하에서도 가장 핵심적인 부분은 항주에서 낙양 근방으로 이어졌다가 다시 북쪽의 천산(톈산)산맥까지 이어지는 대운하 구간이었다. 대운하의 건설에는 노역에 동원된 농민만 총 500만 명이 넘었으며, 이들 곁을 5만 명의 병사가 지키며 작업을 감시했다. 짐작컨대 이들 농민 중 절반은 운하를 건설하던 도중에 목숨을 잃었던 것 같다. 대운하는 길이만 1200마일이 이상이었던 데다 폭도 40야드가 넘었다. 운하 옆으로는 황제가 다니는 어로(御路)가 깔렸고, 이 길을 따라 숙박 시설과 역참이 마련되어 있었다. 수송된 곡물을 보관하기 위해 엄청난 규모의 곡창도 지어졌는데, 가장 대규모 시설에는 최대 3300만 부셸(1부셸은 약 36.37리터다.—옮긴이)까지 곡식을 저장할 수 있었다. 그리하여 8세기 초에 이르자 강남에서 수도로 수송되는 쌀의 양은 1년에 12만 톤 이상에 이르게 된다.

이토록 엄청난 양의 식량이 필요했던 것은 700년에 이르자 장안

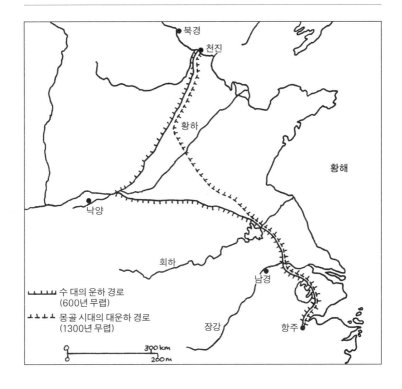

이 세계 최대의 도시로 발돋움해 인구만 무려 100만 명에 육박했기 때문이었다.(이 당시 기독교 유럽의 최대 도시였던 로마는 인구가 5만 명에 달하는 데 그쳤다.) 장안은 수 왕조를 거치며 도시에 대대적인 재건 작업이 이루어졌다. 수도를 둘러싸고 뻗은 성곽은 그 길이만 동서 6마일, 남북 5마일에 이르렀다. 도시는 반듯한 직사각형 틀 위에 배치되었으며, 남북으로 열네 개, 동서로 열한 개의 대로가 도시 안을 가로질렀다. 이들 대로는 그 폭이 더러 150야드에 이를 만큼 넓었으며, 길들을 따라 늘어선 담들이 도시를 총 110개 구획으로 나누어 주었다. 그뿐

만 아니라 수도에는 여러 개 운하를 한데 연결할 만큼 엄청난 규모의 장도 두 군데 섰는데, 시장 하나가 중세 시대의 런던 전체보다도 넓은 면적을 차지했다. 도시 한가운데에는 성벽으로 둘러싸인 황궁 터가 자리 잡았다.(이 황궁의 면적만 약 3제곱마일에 달했다.) 바로 이곳이 사방으로 드넓게 뻗은 중국 땅을 다스리기 위해 유라시아에서 가장 복잡하고 효율적인 통치가 이루어지던 곳이었다. 이곳에서 운영되던 삼성(三省) 체제 중 이른바 상서성(尚書省)은 '일반 행정을 다루는 중앙 관청'으로써, 이(吏), 호(戶), 예(禮), 병(兵), 형(刑), 공(工)의 6부(部)가 속해 있었다. 문하성(門下省)은 황궁의 관료들이 황명을 심사해 반포하던 곳이었다. 중서성(中書省)은 대규모의 황실 사무국으로서 모든 공식 문서의 기초를 맡았다. 이들 정부 기관에서 하는 일은 모두 모두 황제, 6부의 수장, 황궁의 핵심 관료들로 구성된 국가 회의(Council of State)의 통제를 받았다. 어사대(御史臺)라는 감찰 기관도 만들어져 통치에 대한 일반 백성들의 불만 사항을 접수하고, 정부의 모든 행정제도를 감찰하는 역할을 했다. 대리시(大理寺)는 당나라의 고등법원으로써 복잡한 법적 소송 문제는 모두 여기서 결정이 내려졌으며, 사형 언도도 오로지 이곳에서만 내릴 수 있었다. 624년에는 당 왕조가 중국 역사상 최초로 500조목이 넘는 완벽한 법전을 편찬해 내기에 이른다. 물론 그 내용은 268년의 서진 법률 및 564년의 북주 법률에 일부 기초하고 있었지만 말이다. 지방의 속주들에서는 옛날 주대부터 내려오던 중국의 주현(州縣) 제도가 변함없이 유지되었다. 이들 정부 기관에서 봉직하는 관료들은 모두 과거 시험을 통해 선발된 자들이었다. 중국의 이 과거제는 한대부터 이미 존재했으나, 669년에나 들어서야 공식적으로 자리 잡았다.

당나라의 농업 기반은 중국에 자유농민 계층을 유지시키는 획기적인 체제로 기능했다. 당의 이 체제는 486년에 북위에서 처음 만들어진 것으로, 사람들에게 일정량의 토지를 지급해 주고 수혜자에게 평생 그 토지에 대한 보유권을 보장해 주었다. 북위 때만 해도 이 제도는 개간된 토지에 한해서만 시행되었으나, 624년을 기점으로 당은 이 제도를 모든 토지에 두루 적용하고 5년에 전 만들어진 조세제도와도 연계했다. 이에 따라 대규모 사유지가 개별 농지로 쪼개졌고, 그렇게 해서 농민에게 돌아간 토지는 그가 사망하거나 혹은 60세가 될 때까지 보유할 수 있었다. 이 제도를 통해 성인 남자 농민이 받을 수 있는 토지는 평균적으로 3에이커에 약간 못 미쳤다. 그러나 이 제도가 만인에게 평등하게 적용되었던 것은 아니어서, 노인, 병자, 과부, 승려에게는 좀 더 적은 땅이 주어진 반면, 행정 관료들에게는 품계에 따라 최소 8에이커에서 최대 80에이커까지 땅이 돌아갔고 황실의 제후들이 받는 땅은 이보다 훨씬 많았다. 이런 대규모 토지의 보유자들은 땅을 다시 농민들에게 나누어 주고 거기에 농사를 짓게 했다. 농민 한 사람이 받는 정확한 토지의 양은 그곳에서 행해지는 농사의 강도에 따라서도 달라졌다. 예를 들어 누에를 치기 위해 뽕나무를 재배하거나 밭에서 마(麻)를 키울 때는 대개 좀 더 적은 양의 토지를 받았다. 중국이 이런 식의 제도를 운영해 나가는 데는 고도로 효율적인 관료제가 필수였는데, 전국의 인구를 정확히 조사하는 것은 물론 토지의 생산성까지 측량해 내야 했기 때문이다. 나아가 실제로 토지 재분배를 실행하기 위해서는 정부 역시도 충분한 힘을 갖고 있어야 했다. 한때는 당의 이 제도가 탁상공론에 그쳤다고 여겨졌으나, 최근 중앙아시아에서 발견된 문서들을 통해 이 제도가 실질적으로 기능을 발휘했고 아울러 세대가 뒤바뀔 때마다 토지가 재할당되었다는 사실이 드러났다. 물론 고도로 생산적인 벼농사 지대에서까지 이와 유사한 수준의 토지 분배가 이루어졌는지는 그다지 명확하지 않다. 이런 식의 토지제도를 나라에서 실행할 수 있었다는 것은 곧 유럽에서와 달리 중국 지주는 농노층이 형성되어 봤자 아무런 이득이 없었다는 뜻이 된다. 따라서 중국 지주들은 농노를 만들기보다 자신들이 받은 토지를 농민들에게 임대해 주면 그만이었다. 이 농경 체제와 연계된 조세제도에서는 세금이 토지나 지주가 아닌 개별 농민을 기준으로 산정되었고, 이 점 역시 자유농민의 기반을 강화한 한 요인이었다. 당나라에서 농민이 내야 했던 세금은 총 세 가지로, 곡물로 내야 했던 세금을 조(組), 국가에 대해 짊어진 노역의 의무를 용(庸), 비단과 마와 같은 토산물로 내야 했던 세금을 조(調)라고 했다. 하지만 이 조세제도에는 문제점이 없지 않았으니, 귀족, 관료, 종교 기관은 이들 세금을 면제받아 세금 부담은 고스란히 농민들 몫이었다는 점이다.

당이 이렇듯 자유농민층을 유지하는 데에 공을 들인 까닭은, 그들이 군대를 떠받치는 중추였기 때문이다. 당나라의 군사제도는 북주 시대에 탄생한 체제에 기반을 두어서, 민병대를 따로 구성해 변경의 수비를 맡겼던 것이 특징이었다. 당은 이런 식의 군사 조직 형태를 제국 전역으로 확대하는 동시에, 군대 편성이 필요할 때마다 농민층에서 병사를 징발해 썼다. 그러나 군대에서 병사를 이끈 장수들은 과거의 유목민 귀족 출신들이었고, 기병대를 구성한 것도 이들이었다. 당 제국의 실질적인 통치 엘리트층은 민정 업무를 맡은 관료들이 아니라 바로 이 무관들이었다. 기병대는 당대에 들어서며 그 중요성이 현저히 커졌는데, 이 부대의 궁수들은 대규모 유목민 제국의 병사들을 흉내 내어 석궁을 무기로 활용했다. 말은 처음에는 돌궐족의 것을 포획해 썼으나, 650년부터는 국영 종마 사육장이 설치되어 70만 필 이상의 말이 군대에 공급되었고 이것이 당나라의 지배력을 확장하는 기반이 되었다. 애초에 이들 말은 스텝 지대의 몽골 품종으로 체구가 작았으나, 나중에는 중앙아시아 및 티베트의 말과 품종 교배가 이루어졌다. 703년에는 황제에게 올리는 진상품으로 아랍 품종의 말들이 들어오기도 했다. 당나라에서는 어떻게 하면 이들 말의 공급량을 잘 유지해 군대의 효율성을 확보하는지가 곧(특히 7세기 말부터) 국정 운영의 중대 과제였다.

7세기 말에서 8세기 초까지 당나라는 얼마간 내부 혼란을 겪어야 했다. 이 시절 당을 실질적으로 지배한 것은 무후(武后)라는 여인으로, 당나라 태종(太宗: 626~649년)과 고종(高宗: 649~683년)의 치세에 후궁을 지냈다. 이들 두 황제가 죽자 무후는 중국 역사상 최초로 여황제의 자리에 올라 주(周) 왕조를 열었으나, 주는 그녀가 실각하면서 곧바로 막을 내렸다. 무후는 황제에 즉위하자 수도를 낙양으로 천도하고 엘리트층을 대거 숙청하며 수많은 사람의 목숨을 앗았지만, 무후의 지원을 받는 불교 단체는 그녀의 이런 조치에 대폭 지지를 보냈다. 무후는 생전에 끝까지 권력을 지켜 나갔고, 그녀가 세상을 떠난 705년에야 중국은 당 왕조로 복귀했다. 현종(玄宗: 712~756년)의 치세에 들어서도 당은 1세기 전에 탄생한 국가 체제를 별 탈 없이 유지해 갔지만, 시간이 갈수록 체제가 받는 압박이 심해져 가는 것은 어쩔 수 없었다. 721~724년에는 제국의 기반이 되는 조세 및 토지 보유 상태를 본래의 취지에 맞추고자 호적을 재정리하는 작업이 이루어졌다. 그러나 민병대 체제 유지와 관련해서는 점차 갖가지 문제가 불거졌고, 각지의 군대들이 장수들의 통솔을 받으며 점차 큰 권력을 손에 쥐는 양상이 나타났다. 그러나 중국이 본격적으로 위기를 맞은 것은 그보다 한참 뒤인 8세기 중엽으로,(조정이 황위 다툼에 휘말리며 중앙아시아의 외세로부터 오는 압박이 엄청나게 커졌다.) 이때까지는 당나라의 체제가 잘 유지되어 중국도 강력하고 부유하며, 통일된, 내부적으로 평화로운 나라의 모습을 계속 이어 갔다.

11.5.3 신앙

[중국의 초창기 불교 ☞ 10.4]

수와 당의 시대를 거치는 동안 중국은 내내 불교 국가의 모습을 이어 갔다. 동유라시아의 불교 발전에서는 이 점이 무엇보다 핵심적 역할을 했다고 보아야 하는데, 이 시절에 발달한 중국의 불교 종파들이 종국에 일본 불교의 주류를 형성하기 때문이다. 불교는 중국의 사회와 문명을 이룬 중심 요소였을 뿐 아니라, 중국의 영향력이 한반도와 일본에 미치는 기반이었다. 7세기 중엽에 접어들자 중국에서는 번역자들이 185개의 조를 이루어 인도 불교의 위대한 경전들을 번역하는 작업에 매달렸고, 이와 함께 인도 답사를 위해 길을 떠나는 순례자도 상당수 찾아볼 수 있었다. 그중에서도 특히 산스크리트어에 능했던 현장(玄奘)은 육로를 통해 인도로 건너가, 그곳에서 정교하고 복잡하기 짝이 없는 불교 유식학파의 철학 경전들을 들여오니, 이것들이 후일 일본에 주된 영향을 미쳤다. 이렇게 인도를 답사한 이들 중 신라인 승려 혜초(慧超)는, 바다를 건너 인도에 도착한 후 729년에 중앙아시아를 통해 귀환했으며, 오공(悟空)도 751년에 장안을 떠나 마찬가지의 여로로 인도를 답사한 후 790년에 본국으로 귀환했다. 중국에는 7세기에 인도에서 발달한 밀교의 영향력도 전해지는데, 밀교는 애초에 바닷길을 통해 스리랑카와 동남아시아로 전파되었다. 이후 중앙아시아와 티베트까지 들어왔다. 인도의 밀교 수행자들이 중국에 처음으로 발을 들인 것은 716년이었으며, 750년대에 들어서는 밀교의 주요 경전들이 번역되었다. 중국은 불교에 두 가지 새로운 전통이 발달하는 데도 중요한 역할을 했다. 그중 하나인 정토종(淨土宗)은 불교 사상을 대폭 단순화한 형태로, 정토종의 신자들은 아미타 부처에게 귀의해 다음 생에는 아미타 부처가 사는 정토에 환생할 것을 항상 서원으로 삼았다. 그러나 그 중요성이 좀 더 컸던 것은 8세기에 발달한 선종(禪宗: 선은 '순수한 빛'을 뜻한다.)으로서, 일본에는 이른바 '젠 (Zen)'으로도 잘 알려져 있다. 선종은 우상 타파를 지향한 것은 물론 갖가지 전통에도 적대적이었으며, 오랜 기간 수련을 쌓기보다는 역설적인 문답을 통해 갑작스레 깨달음을 얻는 방식을 선호했다.

중국은 광범위한 종류의 외부 영향력에도 개방적이었는데, 그런 식의 영향은 주로 중앙아시아의 주요 무역로를 따라 전해졌다. 당시 중국의 대도시에는 어디나 대규모의 외국인 거주지가 자리했고, 그 중에서도 특히 장안은 국제도시로서의 면모를 십분 갖추고 있었다. 중국의 이 수도에 631년에는 조로아스터교 신전이 세워졌고, 이어 중국의 주요 도시들에도 빠짐없이 조로아스터교 신전이 들어서게 되었다. 마니교의 경우 694년부터 당국의 승인을 받아 중국에서 교리 강설을 시작했다. 이런 식으로 중국에 들어온 외래 사상 중에는 기독교의 네스토리우스파도 있었다. 물론 네스토리우스파 사상은 중국에는 불교의 막강한 위세에 눌려 기독교 본연의 내용은 거의 상실하고 말았으니, 이 같은 사실만 봐도 당시 유라시아의 문화 전파가 얼마나 복잡한 양상을 띠었는지 알 수 있다. 네스토리우스(Nestorius)는 5세기 초반에 활동했던 콘스탄티노폴리스의 대주교로, 그리스도의 본성이 둘이라고 주장했다. 이 때문에 그는 결국 이단으로 선포되어 교회에서 파문당했다. 이 네스토리우스파 교회는 이후 사산 제국에서 강력한 세력으로 발달하는데, (자신들을 박해를 했다는 이유로) 그들이 누구보다 적대시했던 동로마 제국의 숙적이 사산 제국이었기 때문이다. 이슬람교에서는 네스토리우스파에 관용적이었고, 덕분에 그들의 사상이 곳곳의 무역로를 따라 동쪽으로 전파될 수 있었다. 그리하여 알로펜(Alopen)이 이끄는 네스토리우스파 선교단이 당나라 황제 태종을 접견한 것이 635년이었고, 그로부터 3년 뒤에 황제는 네스토리우스파의 교리 강설을 허가하며 다음과 같이 선언했다. "이 가르침은 만물에 유익하며 만인에게 이롭도다. 그러니 온 제국에 걸쳐 마음껏 펴게 하라." 네스토리우스파의 사상은 중국에서 '파사경교(波斯景教: 이란의 신성한 경전을 믿는 종교)'로 알려지지만, 중국인들에게 이 종파는 내내 낯선 외래 공동체로 여겨졌을 뿐이며 소그디아나 상인 외에는 네스토리우스파 개종자도 별로 찾아볼 수 없었다. 그나마 781년에 장안의 네스토리우스파 교회에 세워진 한 기념 석주만이 네스토리우스파가 여전히 기독교임을 말해 주었다. 이 석주에는 비문 내용이 시리아어와 중국 상형문자의 두 개 언어로 기록되어 있다.(그래서 17세기에 예수회 선교사들이 장안에 도착해 이 석주를 발견했을 때 사제들은 그 뜻을 헤아리지 못했다.) 그러나 네스토리우스파 교회에서 불교 용어를 채택하고, 그들의 교리 내용을 불교식으로 경(經: sutra)이라 일컫고, 아울러 기독교 성인들까지 부처라고 칭했음에도 불구하고, 불교와 도교를 배경으로 하는 중국인들에게는 기독교 신앙의 기본 개념들이 잘 이해되지 않았다. 그 결과 네스토리우스파는 기독교로서의 기반을 상실하기에 이르는데, 8세기 초엽 장안에서 네스토리우스파 교회를 이끈 키리아쿠스(Cyriacus) 주교의 일화가 이를 잘 말해 준다. 그가 쓴 『지현안락경(志玄安樂經)』에서는 기독교의 교리를 전혀 찾아볼 수 없었으며, 예수 역시 애써 무엇을 가지려는 욕망을 피하고 무위의 중요성을 강조하는 등 불교의 사상들을 설파하는 것으로 나타나 있다.

중국 남부에는 인도 및 동남아시아 출신의 상인들을 통해 이슬람교가 발을 들이기도 했다. 그중에서도 수니파와 시아파의 사원을 모두 찾아볼 수 있던 광동(아랍인들에게는 칸푸(Khanfu)로 통했다.)이 이슬람교의 위세가 가장 강했다.

11.6 중앙아시아에서 벌어진 제국 간 경쟁

11.6.1 튀르크족

수와 당이 흥기해 중국이 재통일되자, 과거에 한 제국과 스텝 지대의 흉노 제국이 나란히 세를 떨쳤던 과정이 중국에서 유사하게 되풀이되었다. 즉 중국의 부흥과 때를 같이해 중국인 사이에서 이른바 돌궐로 통하던 튀르크족(튀르크(Türk)는 '힘이 넘치다' 혹은 '강하다'의 뜻이다.)이 유목민 제국을 세운 것이다. 이 돌궐 제국은 스텝 지대 제국 최초로 나름의 독자적인 역사기록을 갖고 있어서, (비록 현재는 지극히 단편만 남아 있지만) 덕분에 순전히 중국인의 관점에만 머물지 않은 사건 서술이 가능해졌다. 이들 돌궐족은 부민(土門) 치세인 552년에 서위와 손을 잡고 유연을 멸망시키면서 유목 집단으로서 독립적인 세를 형성했다. 부민이 세상이 떠나자 돌궐 제국은 거의 곧바로 분열되었지만, 그 후에도 제국 동부에서는 무한(木杆)의 영도하에 급속히 영토를 확장했다. 그는 스텝 지대의 다른 민족들을 정복한 후 나라를 세웠고 그 세력은 수가 재통일한 지 얼마 안 된 중국의 국경 지대에까지 이르렀다. 이후 돌궐 제국은 동서로 양분된 상태를 한 세기 동안 유지해 갔다. 중국인들은 당연히 분열을 계속 부추겼고, 이를 발판으로 630년에 당나라가 동돌궐을 무찔렀다. 한편 서돌궐은 내내 평화를 유지해 갔는데, 이곳 지도자들은 주로 불교를 전파하는 데에만 관심이 있었던 것 같다. 돌궐족의 사회는 '천막'(확대가족 한 가정), 씨족, 그리고 부족의 단위로 조직되었다. 그중에서도 정치권력의 성립 기반은 부족이었으나, 이 부족 안에 얼마나 많은 씨족이 포함되느냐는 지도자의 자질에 따라 결정되었다. 마찬가지로 국가 안에 포함되는 부족의 수 역시 지도자가 가진 역량에 따라 좌우되었다. 과거에 존재했던 스텝 지대 제국, 이를테면 흉노와는 달리, 당시 돌궐 제국은 얼마간 발달한 정치 구조를 보였다. 돌궐족을 수장은 카간(可汗)으로 반드시 제국을 성립 혹은 복원시킨 부족 출신 인물이어야 했고, 이 카간이 서열 2위인 야브구(Yabgu: 葉護: 주로 카간의 형제가 맡았던 것으로 보인다.)와 힘을 합쳐 나라를 다스렸다. 스텝 지대 제국은 어디나 다 마찬가지였지만, 이 카간의 직위 계승에 어떤 일정한 원칙이 존재하는 것이 아니었다.(즉 통치 가문 출신 인물 중 가장 적합하다고 여겨지는 이에게 권력이 돌아갔다.) 한편 돌궐족은 비단길 무역에 세금을 부과할 만한 입지를 이용해 부를 쌓아 나갔다. 애초에 제국 성립 당시만 해도 돌궐족은 중간에 사산인을 끼지 않고 동로마 제국과 직접 거래할 심산이었다.(이를 염두에 두고 567~568년에 콘스탄티노폴리스로 사절을 파견했다.) 그러나 이 정책은 결국, 특히 이슬람 세력이 흥기한 이후로는 더더욱, 장기간 지속이 어려운 것으로 밝혀졌다. 돌궐족이 중국을 침략했던 것도 중국에서 약탈품을 얻기보다는 중국으로부터 '보조금'이 끊이지 않게 하려는 데 목적이 있었다. 중국이 비단의 형태로 지급해 주던 이 보조금이 있어야 서방과 무역할 수 있었기 때문이다. 당시에 중국이 돌궐족에 지급하던 이 보조금은 1년에 비단 10만 필에 달했다.

11.6.2 토번 제국

토번 제국(이곳 주민들은 스스로를 보드파(Bod-pa)라 불렀다.)이 부족민들의 엉성한 결합에서 벗어나 체계 잡힌 국가로 부상한 것은 7세기 초반의 일이었다. 애초에 얄룽(Yarlung) 왕조를 개창한 것은 남리뢴쩬(囊日倫贊: 570~620년)이었지만, 국가 건설 작업이 완전히 마무리된 것은 그의 아들 송쩬감뽀(松贊干布) 대에 이르러서였다. 토번은 세계 주변부의 국가 형성 과정을 아주 전형적으로 보여 준바, 동쪽으로부터 줄곧 중국의 압박이 이어지는 가운데 중앙아시아 무역로에 대한 지배권을 일부 확립한 것이 국가 성립의 기반이 되었다. 토번인들은 카슈미르의 굽타 문자를 가져와 자신들 실정에 맞게 변용해 썼다. 이때 불교도 함께 인도에서 들여왔으나, 토번의 토착 종교인 뵌교(Bon religion: 애니미즘의 성격이 강한 종교였다.)와의 치열한 경쟁 때문에 불교는 779년에 이르러서야 비로소 토번의 공식 국교가 될 수 있었다. 이 시절 토번 제국은 '루(如: '깃발'이라는 뜻이다.)'라 불린 세 개(나중에는 네 개가 되었다.)의 행정구역으로 나뉘었고, 각 구역에는 군사 총독이 한 사람씩 머물렀다. 토번 제국에서는 점령지라도 핵심부를 벗어난 곳은 통치하기가 매우 어려웠다. 이들 지역도 황제의 이름 아래 국가의 재산으로 복속되어 있었지만, 그토록 광대하고 궁벽한 지역에 대해서는 황제도 군사 총독을 임명해 그들을 통해 지방 통치자 세력을 억누를 수밖에 없었고, 지방의 이 호족들은 명목상으로나 토번의 지배권을 인정할 뿐이었다. 토번의 통치자들은, 특히 7세기 말에 접어들면서, 별 힘을 가지지 못할 때가 많았고, 걸핏하면 궁정 및 군사 귀족 내부의 당파 싸움에 휘둘렸다. 따라서 토번 제국은 유라시아의 초창기 제국들의 기준에 비춰 보아도 그 구조가 취약한 편이었다.

11.6.3 제국 간 경쟁

중국, 돌궐, 토번, 아랍의 네 거대 제국 사이에 경쟁이 시작된 것은 8세기 초반이었다. 이 무렵에 중국은 서쪽 멀리의 카슈가르에까지 군사 수비대를 주둔시키고 있었는데, 이 지역의 남부는 토번이 지배했다. 북쪽의 돌궐 제국의 경우, 쿠틀루크 일테리시(Qutluq Elterish)의 난, 중국 격퇴, 제국의 재통일이 차례로 이어지며 683년 이후 원래 모습을 복원한 상태였다. 서쪽에서는 712~713년에 아랍인들이 트란스옥시아나, 부하라, 사마르칸트를 정복하며 중앙아시아에 도달했다. 여기에 715년에 중국의 장수 여휴경(呂休璟)이 페르가나를 재정복하면서, 세계 역사상 처음으로 유라시아 대륙 정반대 끝의 제국들 사이에 군사 접촉이 이루어졌다. 8세기의 남은 기간에 이 네 제국은 중앙아시아의 광대한 지역을 두고 경쟁을 벌이게 된다. 유라시아 양 끝의 제국(아랍과 중국)이나 그다지 체계가 잡히지 않았던 중앙아시아의 돌궐과 토번이나 중앙아시아에 배치할 수 있는 군사력에서는 대체로 대등한 편이었고, 따라서 이들 사이에서는 동맹 관계가 순식간에 맺고 끊어지기를 반복했다. 720년대에는 토번인과 돌궐족이 동맹을 맺어 720년대 말에 아랍인들을 공격하는 한편, (이란의 마지막 사산인 통치자 후예이던) 호스로가 아랍인에 대항해 반란을 일으키자 그를 지원하기도 했다. 중국인과 토번인 사이에서는 국경 전쟁이 끊이지 않았지만, 그럼에도 토번은 파미르고원에 대한 지배권을 계속 지켜 갔고 그렇게 해서 인도로 통하는 무역로도 내내 장악했다. 돌궐족은 서쪽의 아랍인뿐 아니라, 정령(철륵) 및 투르가시 등의 스텝 지대 다른 부족 집단으로부터 압박을 받다가 730년대에 멸망했다. 이 돌궐을 밀어내고 새로이 부상한 것이 (철륵족의 일파인) 위구르족으로, 이들은 동돌궐족의 수도 카라발가순을 차지하고 스텝 지대에 제국을 세운 뒤 알타이산맥에서부터 바이칼호에 이르는 지역을 다스렸다.

아랍인들은 중국을 견제하고자 토번과 동맹을 시도했고, 732년과 744년에는 토번의 수도 라싸로 사절이 파견되었다. 하지만 이 시기는 타림 분지 및 페르가나에 대한 중국의 지배력이 절정에 달하면서 토번이 별 힘을 쓰지 못하던 때였다. 740년대부터는 서쪽의 사마르칸트 및 옥수스강을 향해 밀고 나가는 중국과 이를 저지하는 아랍인 사이에 주로 경쟁이 벌어졌다. 이 경쟁을 일단락 지은 것이 바로 유라시아 역사에서 가장 중요한 전쟁으로 손꼽히는 751년의 탈라스 전투다. 이 싸움은 아랍인 군대가 고구려 출신의 장수 고선지(高仙芝)가 이끄는 중국 군대를 대파하며 마무리되었다. 이때의 패배를 기점으로 당나라는 대내적인 문제들과 함께 대외적인 국력 약화를 경험해 심각한 위기를 맞았다. 하지만 이렇듯 중국의 힘이 약해진 상황에서도 아랍인들은 토번과 맺고 있던 명목상의 동맹 관계 때문에 더는 동쪽으로 밀고 나가지 못했다. 토번의 국력은 치쏭데짼(赤松德贊)의 대에 절정에 이르러 중국이 아랍인들과 직접 교류하지 못하도록 중간에서 차단했다. 756년에 이르러 토번은 투루판의 핵심 오아시스 도시를 장악하는 한편, 동쪽으로도 진군해 762년에는 중국의 수도 장안을 점령했다. 토번과 중국 사이의 이 전쟁은 이후 20년 더 지속되다가, 783년에 평화협정이 맺어지며 끝이 났다. 이 협정으로 토번은 하서주랑에 이르는 중국의 예전 '서역' 땅 동부 및 남동부와 함께, 사천성 일대 상당 부분을 장악하게 되었다. 토번의 위세는 히말라야산맥 남부에서도 실감할 정도로 대단했다. 인도에서는 마가다와 벵골 지역을 다스리던, 불교의 후원자인 다르마팔라(Dharmapala: 760~815년) 왕이 토번의 지배권을 인정했고, 무슬림 작가들은 벵골만을 '토번해'

라 불렀다. 하지만 토번인은 언제 있을지 모를 아랍인의 공격에 대비해 늘 서쪽에 병력을 배치해야 했고, 이 때문에 중국을 견제할 병력은 제한될 수밖에 없었다. 789년에는 토번의 중국 침공이 격퇴당했지만, 2년 후의 북정(北庭) 전투에서는 토번이 중국과 위구르족의 연합 공격을 성공적으로 막아 내 타림 분지에 대한 지배권을 지키면서 이후 동서 무역로의 핵심 거점을 50년간 장악했다. 비록 아랍 군대가 탈라스 전투에서 승리하고도 유라시아 동쪽으로 더 진입하는 데는 실패했지만, 아랍의 승리는 장기적인 면에서 매우 중대한 결과 두 가지를 내포하고 있었다. 첫째, 이 전쟁으로 아랍인의 우위가 확실해져 중앙아시아 상당 부분을 이슬람 세계가 장악하게 되었다는 것이다. 즉 사마르칸트와 부하라 같은 거대 교역 도시들이 중국보다는 이슬람 세계의 일부가 되면서 이곳의 무역로를 따라 차차 이슬람 세계의 영향력이 동쪽으로 흘러들었다. 둘째, 이후의 9세기가 흐르는 동안 스텝 지대의 튀르크족 부족들이 대거 이슬람교로 개종했고, 그리하여 이들 역시 점차 동쪽의 중국이 아닌 서쪽의 이슬람 세계로 빨려 들어갔다는 점이다. 이후 200년 사이에 이들 튀르크족의 서진은 계속되어, 이후 20세기까지 이슬람 세계에 근본적인 영향을 미쳤다.[13.7.2]

11.7 유라시아 주변부: 일본과 동남아시아

11.7.1 일본

[이전의 일본 ☞ 10.9.2, 중국 문자 ☞ 7.8.2]

6세기를 거치는 동안 일본에서는 초창기 군주들의 치세 속에서 최초의 명실상부한 국가가 출현하기 시작했다. 하지만 세계 주변부에 자리한 수많은 국가가 그랬듯, 일본의 초창기 국가 형성에서 무엇보다 중대했던 것은 해당 지역의 문화 및 정치를 지배했던 힘, 즉 중국의 영향력이었다. 일본에서도 지방의 엘리트층이 자신들만의 특권과 권력을 증대시키고자 중국의 제도와 사상을 받아들인 것이다. 사실 중국이 수에 의해 재통일되기 전부터 일본에는 중국의 영향력이 광범위하게 나타나고 있었다. 물론 그 상당 부분은(특히 불교는) 한반도를 경유해 전해졌지만 말이다. 일례로 일본이 처음 불교예술품과 경전들을 받아들인 것은 538년에 한반도의 백제를 통해서였다. 이후로도 불교는 일본에서 공식 종교로 인정받지 못하다가 587년에 일본의 군주를 비롯해 일본의 핵심 씨족 수장까지 불교로 개종했고, 이 소가(蘇我) 가문이 이후 7세기 중반까지 일본의 조정을 지배했다.

7세기 초반과 중반에 일본에는 중국의 영향력이 대규모로 파급되었다. 이 기간에만 일본의 공식 사절이 중국에 열여섯 차례 파견되었고, 불교 순례자들은 성지를 찾아 양국을 자유롭게 오갈 수 있었으며, 나중에 일본 불교의 주류가 되는 종파들도 모두 이 시기에 당나라의 중국 종파들에서 갈라져 나왔다. 중국 측에서도 일본인들을 멸시하는 듯한 왜라는 용어를 차차 버리고, '일본'(해가 떠오르는 곳) 혹은 중국식 발음의 지펜(Jih-pen)을 국명으로 사용했다. 일본은 604년에 역법 분야를 시작으로 중국 양식을 본격적으로 채택해 썼다. 그 뒤로는 중국의 체제를 활용해 나라를 66개 도(주)와 592개 성(현)으로 나누고, 그 아래로 세 개 촌락을 한 단위로 하고 각 단위의 농민들을 다섯 가구씩 묶어 그들이 저지른 일이나 세금에 대해 연대 책임을 지게했다. 일본의 주는 해당 지역을 가로지르는 '가도(街道)'에 따라 구획이 나뉘었는데, 이 길은 중앙 관리들이 지방 정부를 시찰할 때 지나

다니는 곳이기도 했다. 일본열도를 이루는 각 섬의 명칭도 바로 초창기의 행정 구분에서 비롯된 것이었다. 일례로 규슈는 '9주'라는 뜻이고, 시코쿠는 '4국(國)'이라는 뜻이다. 중앙에서는 군주의 명칭을 중국식에 매우 가깝게 '덴노('천황(天皇)')'로 바꾸었고, 중국으로부터 새로이 왕실 의례를 들여와 썼다. 이 시절 일본의 행정은 태정관(太政官) 아래 8성을 둔 체제였다.(당(唐)나라의 6부에 왕실 행정 담당 기관 두 곳을 추가한 것이다.) 그러나 일본에서는 과거제를 통해 선발된 관료는 없었다. 행정 관직은 귀족층 엘리트층이 차지하기 마련이었고, 시간이 가자 급속히 세습직으로 바뀌었다. 아울러 중앙정부의 힘이 서서히 확대되면서 종전의 우지(씨족) 체제가 차츰 소멸되었다. 중앙정부에서는 농업 생산물과 직물에 세금을 물리는 한편, 주민들에게 부역(공물 납입으로 대신할 수 있었다.)과 군역의 의무도 지웠다. 701년에는 일본 역사상 최초로 중국과 매우 유사한 양식의 다이호 율령이 반포되었다. 646년에는 황제가 칙령을 내려 기존의 토지 보유 상황을 전면 무효화한 후, 국가에서 실시한 호구조사를 바탕으로 당의 균전제를 도입해 시행했다. 그러나 당시 일본 정부가 균전제처럼 복잡한 제도를 어느 정도 강제하고 통제할 수 있었는지는 명확치 않다. 정부의 양식은 당나라를 본뜬 것이었지만, 아직 일본에 효율적인 경제 및 사회 인프라가 마련되어 있지 않았던 만큼 정부의 힘은 중국보다 훨씬 약했다. 이때까지도 일본에는 화폐가 없었고, 대도시도 한 곳뿐이었다. 그 대도시가 바로 야마토에 위치한 나라(奈良)였고, 710년 이후로는 이곳이 일본의 수도로 자리 잡았다. 황실 통치자들은 이렇게 수도가 있기 전까지는 각자의 영지에 머물며 생활해 온 터였다. 나라는 중국의 수도 장안을 본으로 삼아 격자식 설계로 조성되었지만, 도시를 침략할 외적이 없었기 때문에 주변을 둘러싼 성곽은 찾아볼 수 없었다. 게다가 도시의 서쪽 절반은 건설이 끝내 마무리되지 못한 데도 많았으나, 그 대신에 불교 사원이 대거 생겨나 도시 주변을 둘러쌌다. 794년까지는 나라가 일본의 수도로 기능하다가 이후 헤이안이 새로 건설되는데, 이곳 역시 장안을 본 떠 격자식으로 설계되었으나 성곽은 찾아볼 수 없었다. 헤이안은 약간의 부지 변경을 거쳐 교토로 태어나니, 이곳은 1868년까지 일본의 수도였을 뿐 아니라 일본 역사에서 내내 핵심 도시의 자리를 지켰다.(현재 교토의 도로 수는 8세기에 처음 조성되었을 당시 그대로다.) 이후 교토는 인구가 약 20만 명에 이르는 거대 도시로 성장하게 된다.(이는 유럽의 그 어떤 도시보다 훨씬 큰 규모로, 이 당시 파리의 인구는 약 2만 5000명에 그쳤다.)

일본이 고립되어 있었다는 것은 곧 외적의 침략을 받지 않았다는 뜻이자, 그 덕분에 한동안 국내 평화를 유지할 수 있었다는 뜻이었다. 실제로 764년에 한 차례 반란이 일어난 이후로 일본에서는 5세기가 넘도록 더는 반란이 일어나지 않았다. 인구는 꾸준히 증가하는 추세였지만 농경지로 쓸 수 있는 땅이 여전히 넉넉했기 때문에 농민들은 별 불만이 없었다. 8세기에는 규슈 남부가 일본에 통합되었고, 혼슈 북부에서는 아이누족(일본 최초로 수렵·채집을 하던 '조몬'인들의 후손인 것으로 보인다.)의 세력이 꺾이면서 점차 정착촌이 확대되었다. 그러나 우지라 불린 씨족 세력이 이렇게 무너졌어도, 중앙정부의 힘은 오히려 나날이 약화되었다. 일본의 중앙정부는 지방의 토착 지주들을 통제할 힘을 가지지 못했고, 대규모 사유지가 발달하면서 균전제도 붕괴했다. 여기에 지방의 과세 대장을 차차 토착 지주들이 관리하게 되면서, 점차 많은 종류의 세금을 면제받을 수 있는 권리가 이들에게 주어졌다. 농민들은 자진해서 지주 밑으로 들어가는 경향을 보였는데, 그렇게 되면 비록 반(反)농노로 살더라도 정부가 강제하는 세금 납입만은 피할 수 있었기 때문이었다. 정부의 세입이 감소하자 정부의 힘도 그만큼 약해졌다. 10세기에 이르자 대부분의 농민과 농경지가 대규모의 농경지에 딸린 형국이 되면서, 정부의 세입은 그야말로 미미한 수준까지 떨어졌다. 일본에서는 원래 천황의 권력이 제한적이었지만, 9세기 동안에는 그 제한된 권력마저 더욱 약화되었다. 이와 함께 황위 계승에서는 여자들이 배제되었다. 592년에서 770년 사이에는 보위에 오른 이의 절반이 여자였지만, 이후로는 여자 천황이 단 두 명 나오는 데 그쳤다. 당시의 천황의 외척 자리는 후지와라(藤原) 가문이 독차지했고, 이 가문이 엄청난 규모의 영지와 함께 857년과 1160년 사이의 거의 모든 정부 관직을 장악했다.(후지와라 가문은 일본 황실을 19세기까지 지배했으며, 이 가문의 주요 지파 다섯 개 가운데 하나가 섭정이 되었다.)

일본에 국가가 출현하고 약 4세기에 걸쳐서는 중국 문자를 일본어에 변용하는 작업이 이루어졌다. 하지만 그 결과로 탄생한 문자는 세상의 그 어느 문자보다도 효율성이 떨어졌던 것 같다. 초창기에는 일본의 엘리트층에서 중국 한자를 그대로 이용하면서 핵심 불교 경전을 읽거나 쓸 때에도 중국 한자를 이용했다. 그러다가 8세기에 들어 중국과의 교류가 차츰 뜸해지면서 일본의 고유한 언어를 표현할 문자가 필요해졌다. 사실 중국의 한자는 일본어에는 전혀 맞지 않았는데, 일본어는 중국어와는 전적으로 달라 다음절에 굴절도 심하기 때문이다. 즉 중국의 한자로는 동사와 형용사에 필연적으로 나타나는 일본어의 어형변화를 표시할 수 없었고, 심지어 일대일의 상관관계가 성립하지 않는 말들도 있다. 하지만 일본인들은 고립된 상태에서 중국 문화의 영향을 지배적으로 받은 상황이었기 때문에 중국의 한자를 채택하는 것 말고는 별다른 대안이 없었다. 아마도 일본어의 표현에는 음절문자나 알파벳 문자 형식이 더 나았을 테지만,(만일 알파벳이었다면 열네 개 문자로 10세기의 일본어를 충분히 표현해 냈을 것이다.) 당시 일본인들은 그 어느 것도 접할 기회가 없었다. 10세기에 이르자 일본에는 세 가지의 상이한 글쓰기 체제가 발달하게 되었다. 우선 일본어 안으로 통합된 상당수의 중국어 및 중국어로 쓰인 문헌들에는 여전히 중국의 한자가 사용되었다.(중국인들은 이 문자를 읽지 못하므로, 엄밀히 말해 이는 일본식 한자라고 해야 옳다.) 두 번째 방식은 시와 몇 가지 산문을 짓는 데 이용된 일명 가나 문자(반(半)음소 문자)였다. 세 번째는 중국의 한자와 일본의 가나를 병용하는 방식이었다.(명사와 동사, 형용사의 어근에는 한자를 사용하고, 굴절과 후치사의 표현에는 가나를 이용했다.) 그러나 이렇게 복잡한 체계로도 일본 문자는 그 발음이나 심지어 뜻조차 불분명했고, 그럴 때면 문맥을 따져 음이나 뜻을 결정하는 수밖에 없었다. 결국에는 이 세 번째 방식이 진화를 거친 끝에 현대 일본어로 자리 잡았다.

[이후의 일본 ☞ 13.6.2]

11.7.2 동남아시아

[이전의 동남아시아 ☞ 9.9]

　동남아시아는 일본처럼 고립되어 있지 않았다. 이 지역은 오히려 유라시아 무역로의 한가운데에 자리 잡고서, 인도양 일대의 세계를 중국과 연결해 주었다. 그랬던 만큼 동남아시아는 인도와 중국 양편 모두에서 파급되는 영향력에 매우 개방적이었다. 이 지역의 엘리트층은 무역을 통한 수입 창출이 가능했고 한층 발전한 문화들과의 교류로 각종 특권을 손에 넣을 수 있었으니, 이를 밑바탕으로 권력을 증대해 소규모 국가들을 세울 수 있었다. 앞에서 살펴봤듯, 이 같은 과정은 동서 무역로가 이 지역을 통과하던 기원후 초창기 시절 이미 끄라 지협과 베트남 남부에서 진행된 바 있었다. 그러다가 5세기 이후 이 무역로가 믈라카 해협 쪽으로 방향을 틀면서 수마트라와 자와섬 일대 국가들이 흥기했다. 이들 국가들은 인도와 중국의 무역업자들이 만나는 주요 기착지 역할을 한 항구들을 중심으로 창건되었다. 물론 개중에는 이런 중간 기착지에서 멈추지 않고 끝내 중국까지 가는 이들도 있었지만,(특히 아랍인 상인들이 그랬다.) 그런 이들도 순풍이 불기를 기다리려면 중간에 머물 데가 필요하기는 마찬가지였다. 그러나 비록 '국가'로 출현하기는 했어도 이들은 내내 국력이 쇠약했고 통치자들의 지배권도 항구도시 일대에만 겨우 미쳤을 뿐이었다. 통치자는 무역에 세금을 부과해 부를 쌓은 뒤 그 돈으로 내륙의 군장들을 매수해 지지를 얻어 냈으며, 군장들은 그 대가로 식량을 대 주면서 자신이 연안 통치자와 일반적인 군신 관계에 있음을 어느 정도 인정했다.

이 지역에 출현한 최초의, 그리고 가장 중요한 국가는 스리위자야로, 수마트라 남동 연안의 팔렘방 일대를 중심으로 삼았다. 스리위자야는 7세기 말부터 11세기 초반까지 해당 지역의 무역로들에 지배력을 행사했다. 스리위자야의 통치자가 근방의 해적 세력을 억누르는데 성공하면서, 그가 장악한 열세 개 남짓한 항구로 무역이 몰렸다. 스리위자야 왕실에서는 시장 감독, 도량형 통일, 화폐 변조 방지 등의 행정 업무를 주로 담당했다. 애초에 스리위자야의 통치자들은 사회적 질서를 강조하는 힌두교의 교리에 매력을 느껴 힌두교를 적극 수용했다.(특히 시바 신과 비슈누 신의 제식을 선호했다.) 그러나 7세기 말부터는 동남아시아의 본토 및 섬들에 대승불교가 대거 확산되는 양상이 나타났다. 중국 출신의 한 순례객은 인도를 답사하고 돌아오던

670년대에 스리위자야에서 머물게 되었는데, 그곳에서만 1000명이 넘는 불교 승려를 만났다고 한다. 자와섬의 경우 서부 대부분에는 스리위자야의 영향력이 미쳤지만, 좀 더 동쪽의 자와 중부에서는 살리엔드라 왕조 통치자들이 마타람 일대에 독자적으로 자잘한 소국들을 세워 다스렸고, 스스로 '대왕(maharaja)'이라 일컬으며 자신들의 특권을 증대하고자 했다. 이 지역 전역에는 이내 보로부두르 같은 대규모 사찰들이 연이어 건설되어 지역 주민들을 통합하는 구심점 역할을 했다. 스리위자야의 체제는 한동안 지속되다가, 1025년에 인도 남부의 촐라 왕국 출신 뱃사람들이 스리위자야를 약탈하면서 종식되었다. 이후 수마트라 남동부는 다시는 예전의 위세를 회복하지 못했고, 동서 해상무역로에 대한 지배권도 자와섬 중부 및 동부의 국가들로 넘어갔다.

[이후의 동남아시아 ☞ 12.2.1]

11.8 유라시아의 주변부: 서유럽

5세기에 로마 제국이 몰락한 이후 3세기 동안 서유럽은 규모도 작고 힘도 매우 약한 일련의 왕국으로 잘게 분열되었다. 이곳의 인구는 낮은 수준에 머물렀으며, 주민들이 드문드문 흩어져 살던 촌락들은 대체로 나무가 우거진 숲 사이에 고립된 채 거의 모든 생활을 자급자족으로 영위해 나갔다. 몇 군데에 성읍도 자리하고는 있었지만, 성읍이라고 해야 그 규모는 촌락과 거의 차이가 없었다. 지역 내의 아주 근거리가 아닌 곳으로는 교역도 거의 이루어지지 않았다. 통신 상황은 열악했고 군주들이 이용할 수 있는 자원도 최소한이었으며, 국력은 대체로 존재하지 않았다고 보아야 했다. 전반적으로 당시 서유럽의 경제 및 정치는 일본만큼이나 발달 수준이 낮았다. 라인강 동쪽의 경우, 기원전 1세기에 로마인들이 이곳에 발을 들였을 때 그대로 여전히 부족 단계에 머물러 있었다.

11.8.1 이베리아와 영국

470년대 무렵에 이베리아반도는 서고트족에 점령을 당하지만, 서고트족 국가는 힘없이 분열된 상태였고 따라서 550년대에서 620년 사이에 동로마의 영토 수복 때 남동부 연안 땅을 그대로 빼앗겼다. 교회 연대기 작가들은 서고트족의 왕들 중에서도 레카르드(Reccared: 586~601)를 가장 중요하게 꼽는데, 그가 아리우스파에서 정통파로 개종한 데다 그 영향으로 수도 톨레도 일대에 몰려 있던 기독교 교회가 그와 그의 후계자들을 지지했기 때문이다. 7세기에 들면서 서고트 왕국은 왕실 가문의 내분이 끊이지 않아 결국 왕위 계승 체제가 완전히 붕괴했다. 그러지 않아도 무너지고 있던 왕국을 8세기 초에 아랍인들이 들어와 손쉽게 파괴했다.(711년에 톨레도를 점령한 아랍인들은 10년 만에 이베리아반도 거의 전역을 장악했다.) 북부와 서부의 산악 지대에서 가장 후미진 곳에나 기독교 공동체 몇몇이 살아남았을 뿐이었다.(하지만 이들은 국가라고 하기 어려웠다.)

이 시절에 영국은 로마 제국 내에서도 늘 빈곤을 면치 못한 변경 지대 속주에 불과했다. 407년에 로마 군단이 철수한 이후 영국의 연대기는 정확한 파악이 어려운 실정이다. 영국은 서로 반목하는 수많은 소왕국으로 나뉘어, 로마-브리튼인(Romano-British)과 앵글로·색슨족을 비롯한 여러 혼혈 가문의 통치를 받았다. 물론 이때만 해도 영국에는 아직 로마 시대와의 영속성이 얼마간 나타나는 중이었고, 사이런세스터 같은 몇몇 성읍에도 한동안 사람들이 계속 정주했다. 앵글로·색슨족의 경우 애초에 로마 제국의 용병으로 고용되어 영국에 들어온 후 이곳에 터를 잡고 독자적으로 자기들 왕국까지 세우지만, 이 시절에 서쪽 방면으로 '켈트족'의 대이동이 있었다는 설은 그 어떤 고고학적 증거도 뒷받침되지 않는 만큼 신빙성이 없다. 6세기 말에는 영국에도 노섬브리아나 켄트 같은 좀 더 대규모의 단합된 왕국들이 출현했지만, 잡다한 소규모 왕국과 군장 사회들 틈에서 머시아가 흥기해 영국 한가운데에 자리를 잡은 것이 가장 중요했다. 머시아는 갖가지 형태의 패권 다툼 및 연맹 결성 끝에 영국 남부를 지배하게 되었고, 특히 오파(Offa: 757~796년) 치세에 이러한 경향이 두드러졌다.

11.8.2 이탈리아

동로마는 유스티니아누스의 치세에 영토를 수복하는 작업을 펼쳐 이탈리아를 손에 넣었지만, 그 때문에 이탈리아의 국토를 황폐화해 놓고도 정작 이 곳을 그리 오래 지켜 내지는 못했다. 애초에 랑고바르드족이 이탈리아 북부에 진입하게 된 것은, 이탈리아에 남은 옛 로마 시대의 당국자들이 변방 지대의 병력으로 영입하면서였던 것 같다. 그런데 568년을 기점으로 4년 만에 이들 랑고바르드족은 이탈리아 북부 상당 부분을 점유하며 밀라노에 자기들 수도를 세우게 되었고, 이로써 동로마 제국의 엔클라베(enclave: 어떤 나라 안에 존재하는 일정 영역의 타국 영토를 이르는 말이다. — 옮긴이)는 라벤나 등지의 단 몇 군데에만 남았다. 교회의 연대기 작가들의 서술 속에 랑고바르드족은 유독 야만스럽게 묘사되어 있는데, 다름 아니라 랑고바르드족이 아리우스주의를 포용하고 융성시키기까지 했기 때문이다.(심지어는 로마에도 아리우스파 교회들이 자리 잡고 있었다.) 랑고바르드족은 이탈리아의 엘리트층을 구성하면서 로마 시대와 동고트족 시절에 마련된 세제를 통해 농민들에게서 세금을 거둬들여 생활을 영위했다. 이 당시에 이탈리아반도는 대체로 독립성이 보장되는 여러 공작령으로 나뉘어 있었고, 비잔티움 제국의 힘이 날로 쇠약해지면서 랑고바르드족의 영역이 차츰차츰 확대되어 가는 상태였다. 랑고바르드족 왕국은 나라를 비교적 성공적으로 다스리며 150년 이상 명맥을 이어 갔다. 한편 비잔티움 제국이 이탈리아에 미치는 힘이 서서히 약해지자 로마 교회의 힘이 점차 증대되었다. 이때까지는 기독교 교회가 아직 하나의 실체로 인식되고 있었고, 따라서 동방의 공의회가 서방에서 동일한 정당성을 지닌다고 여겨졌다. 또한 아직까지는 황제의 권력이 막강해서 653년에는 교황 마르티노 1세(Martin I)를 콘스탄티노폴리스로 소환해 재판정에 세울 정도였다. 그러나 이윽고 동방과 서방의 교회 사이에서 차차 차이가 심해지기 시작했다. 언어의 장벽이 점차 높아져 갔고, 교리 논쟁이(특히 성상 파괴 운동을 둘러싼 논쟁이) 여전히 끊이지 않았으며, 비잔티움의 힘이 이울면서 교황이 세속에서 갖는 힘이 커져 갔다. 이와 동시에 (그 힘이 아무리 미약했다고는 해도) 서유럽의 별개 왕국들에 두루 권위를 행사할 수 있는 기관은 교회가 유일했고, 사회 안에서 유일하게 문자 해독이 가능한 곳도 거의 교회뿐이었다. 각지에서 수도원이 발달하자 교회의 힘은 좀 더 커져 갔다. 6세기 이후에 수도원은 일련의 규칙을 제정해 좀 더 엄격한 틀을 갖추어 나갔고,(그중에서 베네딕도회가 정해 놓은 규칙이 가장 유명했다.) 이로써 수도원장의 통제를 받는 절대주의적이고 전체주의적인 사회들이 세워졌다. 그런 수도

사 출신으로 처음 교황이 된 인물이 그레고리오 1세(Gregory I)였다. 교회의 이들 제도는 기독교를 로마 제국 외부는 물론 제국의 가장자리까지 전파하는 역할을 했고, 아일랜드와 스코틀랜드 서부에서 시작된 이러한 움직임은 이후 저지대 국가들과 프리슬란트(Frisia: 네덜란드와 독일의 북해 연안을 이르는 말이다. — 옮긴이)까지 이어졌다. 그리하여 597년에는 영국에도 로마 교회가 직접 선교사를 파견할 정도였으나, 그전까지 영국에서는 한동안 아일랜드 교회가 위세를 떨쳤다.

11.8.3 프랑크 왕국 및 제국

로마 제국의 몰락 뒤에도 이탈리아에는 몇 세기간 제국의 전통과 영향력이 그대로 유지되었던 반면에, 영국에서는 허울뿐이던 로마화의 흔적이 제법 빠른 속도로 사라져 갔는데, 이 두 지역 사이에 끼어 있던 것이 바로 옛 로마의 속주 갈리아였다. 갈리아에서 프랑크족 정착지는 주로 북동쪽에 한정되어 있었다. 지중해 세계와 좀 더 긴밀히 연결된 갈리아 남쪽은, 로마 제국과의 연속성이 좀 더 뚜렷했고 옛 로마 제국의 엘리트층 및 농민층이 아직도 상당수 건재했다. 갈리아 지방은 로마인들의 진출이 있기 전부터 이미 수많은 부족 집단이 들어와 살았는데, 로마 제국 이후에도 거의 1000년이 지나도록 통일을 이루지 못한 채 분열되어 있었다. 따라서 이 시절에 프랑스의 시초가 형성되었다고 보는 것은 커다란 오해다. 프랑크족은 클로비스의 치세에 갈리아를 상당 부분을 장악했지만, 그가 511년에 세상을 떠나면서 왕국 하나를 아들 넷이 나눠 갖게 되었다. 그러나 영토가 명확히 구획되어 있던 것은 아니었고, 갈리아 전역에 흩어져 있던 땅을 네 명이 각기 차지하는 식이었다. 이들 프랑크족이 534년에 부르군트 왕국을 정복했고, 그로부터 2년 후에는 프로방스의 지배권까지 확보했다. 클로비스의 아들들이 하나둘 세상을 떠나면서 왕국은 서서히 통일되는 듯싶었으나, 마지막 남은 클로타르 1세(Chlotar I)가 561년에 세상을 떠나자 곧바로 다시 분열되었다. 그러다가 613년에 클로타르 2세(Chlotar II)의 치세에 다시 통일되었으나, 638년에 다고베르트 1세(Dagobert I)가 사망하자 또다시 분열되었다. 이때 성립된 다양한 프랑크족 왕국은 서유럽의 다른 왕국들만큼이나 강력한 정부 권력을 보유했던 것으로 보인다. 즉 갖가지 헌장들을 작성해 반포하는가 하면, 둑스(dux: 공작)와 코메스(comes: 백작)를 임명하는 식으로 지방 정부에 대해서도 얼마간 지배력을 행사한 것이다.(이들 직위에 붙어 있던 라틴어 명칭을 프랑크족이 바꾸지 않고 그대로 사용했다는 것은 흥미로운 대목이다.)

660년대 이후로는 (메로빙거 왕조의) 프랑크족 왕들이 권력을 잃으며 다양한 귀족들의 당파 세력에 점차 휩쓸리게 된다. 아우스트라시아(Austrasia: 프랑크 왕국의 동쪽)에서는 일명 아르눌핑(후일 카롤링거 왕조로 알려지는 세력)이라는 세습직 궁재(宮宰: 궁정 내에서 왕실 행정을 관리하던 직책이다. ─ 옮긴이)들이 군주를 누르고 정국을 장악하는 상황이 벌어졌다. 8세기 초반부터는 이들 궁재가 실권을 쥐더니 훗날 카롤루스 마르텔루스('망치'라는 뜻이다.)로 알려지는 인물의 대에 이르러 네우스트리아(Neustria: 아키텐에서 영국해협에 이르는 지역을 부르는 중세의 지명으로, 대체로 오늘날의 프랑스 북부 지역을 말한다. ─ 옮긴이)인과 색슨족을 비롯해 푸아티에 근방의 소규모 아랍인 공격군들까지 격퇴해 냈다. 이 같은 성과가 유럽을 아랍의 지배로부터 '구했다'고는 할 수 없었지만,(사실 이슬람은 피레네산맥 이북으로는 지배권 확장을 시도한 적이 단 한 번도 없었다.) 그 덕분에 아키텐 지방이 아우스트라시아의 수중에 들어왔고, 730년대 말 무렵에는 부르군트와 프로방스까지 함께 지배하게 되었다. 743년에는 역시 메로빙거 왕조 출신인 힐데리히 3세(Childeric III)가 왕위에 오르나, 이쯤 되자 카롤링거 가문에서 프랑크족 귀족들의 동의를 구해 스스로 왕위에 오르겠다는 결심을 하게 된다. 그리하여 750~751년에 카롤링거 가문에서는 로마에 사절을 파견해 교황의 암묵적 동의를 확인받았고, 피핀 3세(Pipin III: 카롤루스 마르텔루스의 아들)가 이윽고 751년에 왕위에 올랐다. 피핀 3세는 754년에 교황 스테파노 2세(Stephen II)의 방문 당시에 기독교 교회의 성별식을 통해 정식으로 프랑크 왕국의 군주로 인정받았다. 이때부터 카롤링거 왕조와 교황 사이에는 서로 맞아떨어지는 이해관계를 밑바탕으로 장기간의 동맹 관계가 맺어진다. 즉 왕은 자신의 미심쩍은 왕위 계승권을 교회를 통해 정당화할 수 있었고, 교황은 카롤링거 왕조의 지원에 힘입어 이탈리아의 랑고바르드족과 콘스탄티노폴리스의 황제 모두를 견제할 수 있었던 것이다.

768년에 피핀 3세가 죽자 왕국은 그의 두 아들 사이에서 또 한 번 분열되어, 아우스트라시아를 비롯해 네우스트리아 일부 지방은 카롤루스(후일 카롤루스 '대제' 혹은 샤를마뉴로 알려지는 인물이다.)가 차지한 반면, 프랑크 왕국의 새로운 정복지는 대부분 카를로만(Carloman)이 다스리게 되었다. 왕국은 771년에 카를로만이 세상을 떠나면서 비로소 재통일되었다. 카롤루스는 치세의 상당 기간을 동부에서 색슨족과 전쟁을 벌이는 데 보냈는데, 색슨족은 족장 단계 이상으로는 중앙 조직이 전혀 발달해 있지 않은 데다 군대가 정복할 만한 성읍도 마땅히 없어 격퇴하기가 쉽지 않았다. 그럼에도 785년에 이르자 프랑크 왕국의 지배권은 동쪽 멀리 엘베강 유역까지 확대되었고, 왕국에서는 해당 지역 주민들을 강압적으로 기독교로 개종시켰다.(794년에 이르자 프랑크 왕국은 어렵사리 바이에른 지방의 지배권까지 손에 넣었다.) 774년에는 랑고바르드족이 격퇴당하면서 그들의 왕국도 프랑크 왕국에 병합되었다. 카롤루스는 랑고바르드족 출신도 아니고 랑고바르드어를 쓰지도 않았음에도 불구하고, 이때 자기에게 '랑고바르드족의 왕'이라는 칭호를 붙였다.(당대인들에게는 이 같은 칭호가 매우 생경할 뿐이었다.) 카롤루스 대제의 치세에서 가장 중요한 사건들은 795년에 레오 3세(Leo III)가 교황으로 선출된 이후 벌어졌다. 당시만 해도 교황 자리는 로마의 엘리트 가문들이 부와 권력을 두고 싸움을 벌인 끝에야 차지할 수 있는 매우 소중한 전리품이나 다름없었다. 그런데 799년 봄에 레오가 정적들의 공격에 위협을 느껴 프랑크 왕국으로 피신하는 사건이 일어났고, 800년 여름에야 프랑크족 군대의 호위를 받아 로마의 교황직에 복귀할 수 있었다. 그해 12월에 카롤루스는 교황의 행실을 둘러싼 공방을 해결하고자 로마에 가서 청문회를 열었다. 12월 23일에 열린 이 회의에서는 교황이 순결 서약을 한바, 그것만으로도 교황을 재판할 힘이 없다는 편리한 결정이 내려졌다. 그로부터 이틀 뒤 교황은 대관식을 거행해 카롤루스를 황제로 임명해 주었다.

이렇게 해서 서방에도 황제가 탄생하지만 이는 카롤루스 자신이 이룬 영토 정복의 결과가 아니라, 로마를 휩쓴 일련의 정쟁에서 빚어진 결과였을 뿐이다. 그러나 이 사건은 이후 수백 년의 서유럽 정치사에 장기간 지대한 영향을 끼치며 상당 부분 그 틀을 형성하게 된다. 물론 당시에는 이 사건의 실질적 의미와 그 영향력을 제대로 아는 사람이 전혀 없었지만 말이다. 카롤루스의 대관식에서 왕관이 사용된 것은 새로웠지만,(당시 비잔티움에서는 1세기 넘게 왕관을 사용하지 않던 상태였다.) 사실 의례 대부분은 사람들이 어렴풋하게 알고 있던 과거 로마 시대의 대관식에서 빌려 온 것들이었다. 그전에도 스테파노 2세가 피핀 3세에게 '로마인 원로원(Patrician of the Romans)'의 직을 부여한 일은 있었으나, 799~800년의 사건들이 있었던 만큼 레오로서는 그것이 미흡하게 느껴졌으므로 교황과 프랑크 왕국의 동맹 관계를 더욱 굳건히 다지는 것 외에는 별다른 대안이 없었다. 당시 이 안을 지지했던 사람들은 아마 797년에 콘스탄티노스 6세가 사망한 이후 콘스탄티노폴리스의 황위를 여자인 이리니가 차지한 사실을 들어, 교황의 이런 조치가 부득이했다고 주장했을 것이다. 그러나 동방의 황제들은 당시 로마에서 벌어진 이런 사건들을 수용할 수 없다는 입장이었다. 물론 그러면서도 동방은 미카엘 1세(Michael I: 811~813년) 대에나 들어서야 이에 대응하는 실질적인 조치를 취할 수 있었다. 동방은 카롤루스와 맺은 협정에서도 그를 단지 '프랑크 제국 황제(Imperator Francorum)'로만 인정해 줄 뿐이었다. 대관식을 치른 뒤 801년에 로마를 떠난 카롤루스는 그 뒤로는 단 한 번도 로마를 다시 찾지 않았지만, 바로 이 해부터 카롤루스는 자기에게 '로마 제국 통치 황제'라는 지극히 부정확한 명칭을 붙이게 된다.

카롤루스가 탄생시킨 제국은 초창기 제국이라면 어디나 나타나는 특징을 매우 전형적으로 보였다. 카롤루스의 제국은 창건자 한 사람에게 거의 전적으로 의지했으며 제도적 기반 역시 매우 취약했는데, 이는 당시의 경제적·사회적 하부구조가 어떤 식이든 복잡한 체제는 지탱해 낼 수 없었기 때문이다. 내부적으로도 효율적인 행정은 찾아볼 수 없었다. 제국에서는 지방에 대한 지배권을 백작들에게 위임했고, 이들 백작은 이따금 지방의 실태 시찰을 위해 황실에서 파견하는 특정인의 '감독'을 받았다. 백작들은 카롤루스를 따르겠다는 내용의 충성 서약을 했는데, 정복 활동에서 얻는 약탈품을 빼면, 이 충성 서약이 프랑크 제국의 통일을 유지시켜 주는 거의 유일한 기제나 다

백작들의 경우 정부에 제출해야 하는 몇 가지 공식 문서를
처리하는 데는 각자 서기관 한 사람만 있으면 충분했고, 이들 문서의
초안은 제국의 '행정관'이나 다름없던 황실 예배당 소속의 사제들이
기초했다. 유럽의 초창기 통치자들이 대부분 그랬듯 카롤루스 역시
문맹이었으며, 말년에 들어 읽고 쓰는 법을 배우고자 했지만 그마저
도 결국 실패했다. 카롤루스의 주요 업적으로는 아마도 '살리카 법전
(Lex Salica)', 즉 프랑크족에 적용되는 법전을 개정한 것과, 제국의 신
민들을 위해 유사한 내용의 법전을 편찬한 것을 들 수 있다. 물론 후
자의 경우에는 신민을 통치층인 프랑크족과 구별하는 데 주목적이

있었지만 말이다. 그러다가 814년에 카롤루스가 사망하자 제국이 본래부터 안고 있던 문제들이 급속히 드러나기 시작하니, 무엇보다 정복 활동을 통해 얻은 창건자의 특권에 제국이 의지하고 있었던 점, 제국의 영토가 지극히 넓고 다양해 다스리기 어려웠던 점, 황위 계승의 문제가 해결될 기미가 없었던 점이 문제였다.

11.9 유라시아 지역의 문제들

600년에서 750년 사이의 유라시아 역사는 각지 세력들의 전반적 약진을 주된 특징으로 꼽는데, 4세기 전에 한나라가 몰락하고, 파르티아 제국이 멸망하고, 로마 제국 내부에 각종 문제가 심화된 이래 뚜렷해졌던 각종 문제들이 이 시기에 들어 현저히 회복되는 양상을 보였다. 이 같은 회복과 관련한 핵심 요인은 크게 두 가지인데, 이슬람이 흥기해 급속도로 확장하며 세계사에 전례 없는 거대 제국을 세운 것, 아울러 중국이 수와 당을 거치며 재통일되어 확장과 번영을 이룬 것이다. 이와 함께 중앙아시아에서는 돌궐족과 토번이 크게 위세를 떨쳤다. 심지어 예전에 비해 국력이 크게 쇠진한 비잔티움조자도 스스로 재건을 이루며 계속 명맥을 이어 가는 데 성공했다. 유라시아의 가장자리에서는 일본에서 최초의 국가가 출현했으며, 서유럽에서는 카롤루스 대제의 치세에 잠시나마 프랑크 제국이 연명함으로써 다른 데에 비해 얼마간 거대한 정치조직체가 존립하는 양상이 연출되었다.

그러나 750년 무렵부터는 유라시아 전역에 걸쳐 여러 가지 문제가 점차 심화되는 징후가 나타나기 시작했다. 그리하여 이후 대부분의 국가가 2세기가 넘도록 갖가지 국내 문제에 시달리는 한편, 그들의 광대한 영토를 계속 지배해 나갈 만한 여력도 차츰 잃게 되었다. 이슬람 제국은 사분오열된 채 원거리의 속주들이 하나둘 독립해 나 갔고, 당 왕조도 국력이 기울기 시작하더니 900년 무렵부터는 또다 시 수많은 열국으로 나뉘어 서로 간에 경쟁하기 시작했다. 토번 제국 도 결국 와해되었으며, 미발달 상태의 일본 국가의 경우 내부 통치를 유지하기가 점차 힘에 벅차게 되었다. 서유럽에서는 프랑크 제국이 무 너지면서 불안정과 함께 새로이 침략의 물결이 밀려들었다.

유라시아 전역이 뚜렷이 하강 국면에 접어들기 시작한 것은 744년 에 우마이야 왕조의 칼리파 알-왈리드 2세(al-Walid II)가 시리아의 병사들에게 살해당하면서였다. 이후 이슬람 세계는 100년도 채 지나 지 않아 세 번째의 내란을 겪게 된다. 시리아인이 일으킨 반란을 우마 이야 가문 출신의 자지라(아르메니아-아제르바이잔) 지방 총독 마르완 (Marwan)이 진압했지만, 이후 호라산의 이란 속주에서 시아파의 반 란이 일어나면서 마르완도 격퇴당하고 만다. 그렇게 해서 740년대 말 이슬람이 사분오열된 상태에서도 (751년의) 탈라스 전투에서 승리한 것은 당이 아니라 이슬람의 군대였으니, 이 전투를 계기로 중국은 점 차 불안이 가중되는 시기에 접어든다. 이 전투가 끝나고 곧 안녹산(安 祿山)이 난을 일으켜 수도 장안까지 점령하기에 이른 것이다. 안녹산 의 난은 종국에는 진압되었지만, 이후 중국은 국력이 쇠약해짐과 동 시에 제국 바깥에 뻗은 변경 지대에 대한 통제력도 차츰 상실해 갔다.

개관 7

기원후 750년의 세계

인구 2억 2000만 명 **권역별** 인도: 6000만, 중국: 5000만, 아시아 나머지: 4000만, 유럽: 2500만	**주요 도시** 장안(100만), 바그다드(50만), 콘스탄티노폴리스(30만), 낙양(25만), 교토(20만), 알렉산드리아(20만), 코르도바(16만), 티칼(7만 5000), 로마(5만), 파리(2만)

사건

- 스페인에서 시작해 북아프리카, 이집트, 레반트, 메소포타미아, 이란, 인도 북서부에 이르는 지역을 이슬람 제국이 지배함. 우마이야 칼리파조가 전복당하고, 아바스 왕조가 뒤를 이음.
- 당나라 치세에 중국의 확장이 절정에 달함.
- 이슬람과 중국 제국이 중앙아시아에서 격돌하고, 여기에 위구르와 토번 제국이 가세함. 탈라스 전투(751년)가 벌어짐.
- 일본에서 국가가 출현함.
- 서유럽에 다수의 소왕국 형성. 프랑크 왕국에서 카롤링거 왕조가 권력을 잡음.
- 국내 반란으로 테오티우아칸의 국가 체제가 붕괴, 제국이 끝내 몰락함.
- 마야 문명이 절정에 달함.
- 오악사카의 몬테 알반이 버려짐.

- 페루에 와리 '제국'이 형성됨.

- 서아프리카에 초창기 국가들(카넴, 가나, 가오)이 출현함.

- 이슬람 세력이 동아프리카 연안에 침투함.

- 왈로에 에티오피아 왕국이 성립함.

- 한국, 중국, 일본에서 목판 인쇄술이 최초로 등장함.

- 이슬람 세계에 제지술이 확립됨.

- 서유럽에서 최초로 등자를 사용함.

11.10 이슬람: 아바스 제국

아바스 왕조의 근본적 문제는, 이슬람 세계의 핵심 지역들을 확실히 장악한 뒤 반드시 자신들의 통치를 정당화할 일관적인 근거를 마련해야 했다는 것이었다. 그러나 아바스 왕조는 단 한 번도 그런 원칙을 정립하는 데 성공하지 못했다. 비록 겉으로는 자신들이 칼리파 제도를 따른다고 주장했지만, 실질적으로 그들의 통치는 왕조 기반의 제국이 우연히 이슬람 세계를 통치하게 된 것에 불과했다. 아울러 아바스 왕조는 통치를 확립해 가는 과정에서 반드시 아랍인(이슬람 세계를 최초의 100년 동안 지배했던 세력이다.)이 아니어도 통치 엘리트층에 포함될 수 있게 했다. 우마이야 왕조 때 시리아인들로 구성되어 있던 황실 근위대는 이제 반란의 장본인인 호라산인들로 채워졌고, 이들 호라산인들이 핵심 거점의 수비대 병력을 충원해 주는 동시에 대부분의 군사 총독직을 차지했다. 아바스 왕조는 이란을 주된 지역적 기반으로 삼았으며,(아바스 왕조에서는 페르시아어를 썼다.) 통치자들은 사산 왕조의 수많은 관습을 이슬람의 행정에 도입해 썼다. 이들은 수많은 네스토리우스파 기독교도들을 행정관 자리에 앉혔지만, 황실 정무의 최고 책임자는(즉 와지르는) 대대로 중앙아시아 발흐 출신의 불교도 가문인 바르마크 가문에서 배출되었다. 아바스 왕조에 이르자 칼리파의 수도도 다마스쿠스에서 메소포타미아로 옮겨지는데, 알-만수르(al-Mansur: 754~775년)의 치세에 이곳에 도시 바그다드가 새로 세워졌다.(옛 도시 터로 남은 셀레우키아 및 크테시폰과 가까운 위치였다.) 이후 바그다드는 순식간에 중국 바깥에서 세계 최대의 도시로 성장하니, 창건되고 불과 100년도 지나지 않아 이슬람 세계 전역에서 거의 90만 명이 모여들며 수많은 인종이 모인 국제도시로서의 면모를 십분 보여 주었다.

아바스 왕조는 대부분의 이슬람 율법학자들이 아바스의 칼리파 직 승계권을 인정하지 않는 상황에서 이슬람 제국을 다스려 나가야만 했다. 그 결과 이슬람 내에서는 종교 분쟁이 거의 끊이지 않았다. 상황이 이렇게 된 데는 이슬람 율법학자(울라마(ulama))들에게도 일부 원인이 있었으니, 이들이 이슬람 율법(샤리아(shari'a))을 옛날 아랍 부족민 시절의 법률에 맞추려는(즉 무함마드에서 제2대 칼리파까지 존재했던 틀에 따르려는) 경향을 보였기 때문이다. 하지만 그런 기반을 가지고는 광대한 제국을 다스리기가 불가능했고, 우마이야 왕조 역시 무함마드가 죽고 30년 만에 그 같은 사실을 실감한 바 있었다. 그러자 수니파에서조차도 칼리파직을 인정하지 않는 추세가 점차 강해지니,(아바스 가문이 명실상부한 칼리파 승계권을 갖지 못한 이래로 특히 그러했다.) 그들이 보기에 칼리파란 그저 이슬람 세계를 다스리기 위한 필요악 정도에 불과했다. 이슬람 세계를 잘 지탱시켜 나가기만 하면 칼리파도 모종의 이득을 얻을 수 있었지만, 그런 칼리파를 정의해 주는 것은 결국 울라마들이었다. 더욱이 시아파는 애초에 우마이야 가문과 원한이 있어 반란을 일으킨 장본인이었고, 아바스 가문이 이따금 원조해 주었음에도 불구하고, 그들 역시 곧 아바스에 반기를 들었다. 시아파는 사제의 혈통을 좁은 범위에 한정해, 무함마드 가계에서 칼리파에 오를 수 있는 것은 오로지 알리의 두 아들(하산(Hasan)과 후사인) 뿐이라고 주장했다. 이에 아바스 왕조에서는 슈비야(shuubiyya)의 개념을 내세우며 이슬람의 관점을 좀 더 넓히려고 시도했다. 즉 이슬람은 이란과 같은 비아랍권 세계를 비롯해 그 어떤 문화와도 양립할 수 있다는 것이었다. 하지만 울라마들이 이를 무함마드의 사상에 어긋난다며 받아들이지 않았다. 9세기 초에 알-마문(al-Mamun)은 시아파의 지지를 어떻게든 손에 넣고자 그들의 제8대 이맘인 알리 알-리다(Ali al-Rida)를 후계자로 지명했지만, 이를 두고 메소포타미아에서 대규모 항거가 일어 알-마문은 결국 지명을 철회할 수밖에 없었고, 그 대신에 자기가 시아파 이맘의 권위를 가진다고 주장했다. 그는 833년에 이슬람식 종교재판(미흐나(mihna))을 열어 울라마들의 처단에 나섰고, 이 같은 정국이 알-무타와킬(al-Mutawakkil: 847~861년)의 치세까지 이어졌다. 하지만 아바스 왕조의 이 공격은 수포로 돌아갔는데, 기독교 신앙과 달리 울라마들은 조직화된 교회를 형성하지 않았던 데다 그들의 지도력은 그들의 종교적 권위를 받들어 주는 신도들에게서 개인적으로 나왔기 때문이다. 아바스 왕조는 표류를 거듭하다 종국에 수니파로 기우는데, 적어도 수니파는 아바스 왕조가 칼리파 직에 있음을 인정해 줄 용의는 있었기 때문이다.

11.10.1 이베리아

아바스 왕조는 옛날 우마이야 제국이 보유했던 영토를 전부 다스렸던 적이 단 한 번도 없었다. 일례로 아바스 왕조가 정권을 잡자 우마이야 가문의 남은 일족이 대거 숙청을 당했는데, 여기서 목숨을 건진 아브드 알-라흐만 이븐 무아위야(Abd al-Rahman ibn Muawiya)가 756년에 이슬람의 속주 알-안달루스(al-Andalus: 이베리아)를 차지한 후 왕조를 세워 1031년까지 다스렸다. 이베리아반도는 예전부터 좀 더 광범위한 이슬람 세계에 통합되어 있으면서 오랫동안 그에 따른 경제적 혜택을 누려 오던 터였다. 이곳에서 산출되는 부 정도면 용병부대를 상비군으로 주둔시키기에 충분했다.(이들 용병을 구성했던 것은 주로 북아프리카 출신의 베르베르인들이었다.) 옛날 서고트 왕국 시절에는 곳곳에 조성된 영지를 노예들이 경작하던 형태였으나, 이제는 영지가 해체되고 주민 대부분이 소작농으로 일했으며, 여기서 산출된 잉여 농산물은 이슬람 세계 전역에 팔려 나갔다. 우마미야 왕조의 시대에 들면서 이 지역은 점차로 번영을 구가했고, 900년에 이르자 수도 코르도바의 인구가 16만 명에 이르며 서유럽에서 단연 가장 큰 도시로 자리 잡았다. 코르도바가 가장 번성했던 때는 아브드 알 라흐만 3세(Abd al-Rahman III: 912~961년)의 치세였던 것으로 보이는데, 그는 스스로 칼리파 자리에 올라 장서만 40만 권이 넘는 도서관을 코르도바에 건립했다. 아울러 알-하캄(al-Hakam: 961~976년)의 치세에는 대규모의 모스크가 코르도바에 건설되기도 했다.(이 모스크는 후일 성당의 일부로 개조되었다.) 이슬람의 지배를 받던 당시 이베리아반도는 관용이 통하던 세계였고, 따라서 유대인 공동체는 기독교 교회와 서고트족의 박해를 받던 때에 비하면 처우가 크게 개선된 셈이었다. 한편 이베리아반도 주민 대다수는 일명 모사라베(Mozarabs)로 전환했는데, 모사라베란 의복과 식단 같은 생활 방식에서는 무슬림의 문화를 대거 채용하되 신앙만큼은 계속 기독교를 지켜 간 이들을 일컬었다. 하지만 이베리아 외의 다른 곳에서는 수도 및 궁정 내부의 당파 싸움과 종교 분쟁이 격화되면서 아바스 왕조가 서서히 지배권을 잃어 가는 모습이었다. 789년에는 모로코 지방이 이드리시드 가문이 세운 알리드 왕조의 통치하에 이슬람 제국에서 떨어져 나갔다. 800년에는 북아프리카 나머지 지방의 총독들이 아글라브 왕조를 세우면서 아바스 왕조의 칼리파 하룬 알-라시드(Harun al-Rashid)에게서 자치권과 실질적 독립을 보장받았다. 821년에는 알-마문이 호라산을 새로이 지배하게 된 타히르 왕조를 인정해 주었다.

11.10.2 군대 노예

아바스 왕조는 그들이 직접 통치한 지역들에 한정해 한 가지 제도를 만들어 내는데, 이슬람 세계에서만 찾아볼 수 있는 이 독특한 제도는 후일 이슬람 역사에도 심대한 영향을 미친다. 그것은 다름 아닌 군대 노예다. 노예들로 군대를 만든다는 구상은 얼핏 생각하면 매우 이상하게 비칠 수 있다. 그도 그럴 것이, 아테네도 로마도, 그리고 후일 유럽의 노예 제국들도 노예로 군대를 만드는 일만큼은 어떻게든 피하고자 했기 때문이다. 노예 부대는 (그 기원을 최대한 거슬러 올라가자면) 아랍인의 정예부대가 정복지 사회와 엄연히 분리된다는 무슬림의 초기 이상이 깨지면서 처음 생겨났다. 아랍인 군대가 정복지 사회에 정착해 융화할수록 정복지에서는 이슬람교로 개종하는 사람이 점차 늘어 갔다. 그러자 이슬람은 세계의 더 많은 곳을 정복하면서 심각한 문제에 직면할 수밖에 없었으니, 이슬람 율법에서는 같은 이슬람 공동체의 성원끼리는 싸움을 금했기 때문이다. 그러던 차에 이슬람 세계 변경의 가장자리에서 노예 병사들을 모집해 쓰게 되자 이런 문제들이 얼마간 해결되었고, 아울러 용병을 쓰는 것보다 그것이 몇 가지 면에서 이점도 있었다. 이들 노예는 일반인보다 어린 나이에 군에 입대했던 데다 가족이 따로 없었기 때문에, 교육을 통해 어느 정도 올바른 가치관을 주입할 수 있었다. 노예 군대는 국가 혹은 통치자의 소유가 되어 이내 이슬람 군대의 최정예부대로 자리 잡았다. 하지만 이들로 인한 문제도 없지 않아서, 이들의 충성심은 그들을 모집한 통치자 대에만 한정될 때가 많았다. 노예 병사는 아바스 왕조의 알-무타심(al-Mutasim: 833~842년)이 중앙아시아의 튀르크족을 모집해 쓴 것이 최초였다. 이후로 이슬람 왕조는 거의 모두 노예 병사에 의존했고, 그런 경향은 1250년에서 1517년까지 이집트를 다스린 맘루크 왕조 시절 절정에 달했다. 맘루크 왕조는 사실상 노예 병사들이 세운 '왕조'로, 노예 병사들이 통치자 자리에 올라 그들 자신이 더 많은 수의 군대 노예를 모집해 썼으며, 종국에는 그 노예 병사들이 다시 정국을 뒤엎고 새로운 통치층으로 자리 잡았다.

11.10.3 파티마 왕조와 분열

아바스 제국이 마침내 분열되기 시작한 것은 861년에 칼리파 알-무타와킬이 튀르크족 노예 병사들에게 살해당하면서였다. 이후 이슬람 세계는 한동안 점차 격심해지는 무정부 상태의 혼란을 겪어야 했다. 그러다가 제2세대 노예 병사에 속하는 이븐 툴룬(Ibn Tulun)이 이집트에서 권력을 탈취했고, 아바스 왕조는 한참이 지난 905년에야 이지역의 지배권을 회복할 수 있었다. 당시 아바스 왕조에서는 설탕 농지의 경작을 비롯해 좀 더 많은 땅을 농경지로 되돌리고자 황폐화된 땅에서 소금을 걷어 내는 작업을 하고 있었는데, 869년에서 883년 사이에는 이 일을 위해 메소포타미아 남부로 끌려온 아프리카인들 사이에서 연이어 대규모의 노예 반란이 일어났다. 하지만 이슬람 세계에서 아바스 왕조에 맞섰던 가장 강력한 세력은 따로 있었으니, 바로 급진주의 시아파로 날로 세력을 키워 가던 이스마일파였다. 이들은 시아파의 전통 전체와 결별하는 것은 물론 그 정의까지 다시 쓰고자 해서, 꾸란에 담긴 함축적 의미를 바탕으로 새로운 형태의 이슬람교를 믿으며 구세주 신앙을 지향했다. 이들은 율법이나 의례를 따로 정해 두지 않았으며, 그보다는 위계가 있는 입문 의식을 통해 영적인 깨달음을 얻는 것을 중시했다. 이스마일파는 분명 이슬람교 이전의 신앙들을 수용하는 측면이 있었고, 따라서 수니파 율법학자들은 이스마일파를 이슬람으로 간주하지 않았다. 하지만 이스마일파는 곧 정치 세력으로 성장해 909년부터 북아프리카 일대를 장악했고, 969년에는 이집트를 정복해 푸스타트(카이로)에 새로 수도까지 세웠다. 이스마일파가 알리를 추모하는 대규모 성지를 구상해 곳곳에 묘지와 순례지들을 조성한 곳도 푸스타트였다. 하지만 세속의 관점에서 볼 때 이스마일파가 세운 것은 나라라기보다 베르베르인의 부족민 병력 및 튀르크족과 수단족으로 구성된 노예 병사를 기반으로 한 정복지 정권(conquest regime)에 지나지 않았다. 행정적인 면에서는 아바스 정권 때와 변함없이 유대인 및 기독교도 관리들이 계속해서 많은 일을 맡아 처리했으며, 의례의 면에서는 통치자가 비잔티움 양식을 채택해 훨씬 정교하게 발달시켰다. 978년 이후로는 이들 파티마 왕조가 시리아 남부와 다마스쿠스까지 한 세기 동안 장악하게 되지만, 이집트의 경우 1021년 이후 내란과 종교적 분열이 일어나며 정권이 붕괴했다.

960년대에 접어들어 파티마 왕조가 이집트를 정복하기 전에도 아바스 왕 조의 칼리파는 이미 실질적인 힘을 잃은 것이나 다름없었다. 10세기 초반 이후로 아바스 왕조는 메소포타미아에 자리한 제국 핵심부를 간신히 장악하고 있었는데, 945년에 들자 이 지역마저 이란인 용병 출신의 부이 가문에 정복당하게 된다. 이들이 이내 독자적인 정권을 세우면서 아바스조의 칼리파는 꼭두각시로 전락했다. 일각에서는 아바스 제국의 쇠락을 지방 세력이 점차 대두한 일련의 과정으로 보기도 한다. 즉 지방의 토착 지주와 군사 통치자, 총독 세력이 권력을 쥐어 나름의 소국들을 세우고 바그다드의 중앙 정권에 대항해 나갔다는 것이다. 하지만 이슬람 세계가 광대한 규모의 단일한 제국을 더는 지탱하기가 불가능했던 만큼, 아바스 제국의 이 '쇠락'은 다양성 발달을 향한 거의 피치 못한 과정이었을 수도 있다. 그러나 그런 다양성은 줄곧 거의 정치적인 면에서만 찾아볼 수 있었으니, 아바스 제국이 무너지고 나서도 이슬람 세계 전역의 광대한 교역망은 거의 변함없이 유지되었으며, 문화적·종교적 면에서도 이슬람 세계가 가진 본질적 통일성은 손상되지 않은 채 그대로 남았다.

[이후의 이슬람 세계 ☞ 13.7]

11.10.4 비잔티움 세계

860년대 이후 아바스 왕조의 쇠락과 거의 궤를 같이해서 비잔티움에서는 국력이 부쩍 신장되는 양상이 나타났다. 사실 그전에도 비잔티움의 역사는 이슬람 세계 역사와 정반대 리듬을 타는 경향을 보였지만 말이다. 비잔티움의 흥기로 불가르족이 패퇴를 당해 억지로 개종을 강요당한 것이 864년의 일이었다. 이때를 시작으로 발칸반도는 장기간에 걸쳐 기독교 문화권에 편입됨은 물론 비잔티움 문화의 영향력도 두루 받게 된다. 그로부터 3년 뒤에는 마케도니아 농부의 아들이 황실 쿠데타를 일으켜 바실리우스 1세(Basil I)의 이름으로 마케도니아 왕조의 초대 황제가 되었고, 이후 비잔티움 세계는 2세기 동안 마케도니아 왕조의 통치를 받았다. 이 왕조의 치세는 마침 비잔티움의 힘이 절정에 달해 있던 시기와 맞아떨어졌으나, 그럼에도 그 힘은 여전히 제한적인 수준에 그쳤다. 870년에 비잔티움은 몰타를 빼앗겼고, 비록 3년 뒤에는 바리 재점령과 아나톨리아 진격에 성공했지만, 902년에는 시칠리아에 남아 있던 최후의 보루마저 잃고 말았다. 그러다가 930년대와 940년대에 들면서 아바스 왕조의 힘이 쇠약해진 틈을 타 아나톨리아 동부와 시리아 북부에서 소기의 성과를 올릴 수 있었다. 아울러 960년대에는 알레포와 크레타를 점령하기에 이르니, 특히 비잔티움의 크레타 점령은 이후 무슬림의 공격을 에게해에만 한정시켰다는 데 큰 의의가 있었다. 이어 아르메니아의 네 개 왕국도 차례로 비잔티움에 통합되는데, 968년에는 타론, 1000년에는 타이크, 1021년에는 바스푸라칸, 1045년에는 아니가 각각 병합되었다.(아니는 얼마 안 가 비잔티움에서 다시 떨어져 나갔다.) 하지만 이슬람이 갖가지 내부 문제를 겪었는데도 이 당시에 이슬람과의 힘겨루기에서 비잔티움이 끌어온 우세는 매우 미미한 수준에 불과했다. 오히려 이 시절에 비잔티움의 힘이 좀 더 성공적으로 미친 데는 발칸반도와 동유럽이었다. 989년에는 키예프의 블라디미르(Vladimir of Kiev)가 개종을 하게 되고, 그가 세운 소규모 제후국도 영적인 면이나 문화적인 면에서 비잔티움에 의존하게 되었다. 하지만 좀 더 중요했던 것은 1014년의 스트루마강 전투에서 비잔티움이 승리한 것이었으니, 이 전투에서 불가리아는 주력군이 패퇴하면서 1만 5000명 이상의 포로가 실명을 당해야 했다. 그로부터 4년 후에는 불가리아 국가 자체가 파괴되어 비잔티움에 통합되었다. 이 당시 비잔티움의 통치자들이 주로 고심했던 문제는 아르메니아에 터를 잡고 있던 군사 귀족들이었다. 이들은 해당 지역에서 입지를 점차 강화하고 영지도 점차 늘리는 추세였던 데다, 자신들의 좀 더 커진 힘을 이용해 농민병을 농노로 만드는 일이 잦았기 때문이다. 이는 국가의 조세수입을 감소시킬 뿐 아니라 7세기 중반에 건설된 비잔티움 국가의 근간을 뿌리부터 뒤흔드는 일이었으니, 그것은 앞으로 전개될 비잔티움의 장래에도 심각한 함의를 지니고 있었다.

11.11 유라시아 동부의 문제점들: 중국, 토번, 위구르족

당 제국은 751년의 탈라스 전투에서 아랍인에게 패배한 것을 시작으로 연달아 심각한 문제들을 맞았다. 전투가 끝나자마자 거의 곧바로 장군 안녹산이 반란을 일으켰다. 그는 소그드인과 돌궐족의 혼혈 가문 태생으로, 북경, 산서, 산동 지방의 군대를 지휘하던 장수였다. 755년에는 당나라의 수도 장안이 안녹산에게 점령당했고, 757년에 안녹산이 세상을 떠났는데도 반란군의 또 다른 장수인 사사명(史思明)의 주도하에 반란이 계속 이어지다가 토번과 위구르의 원군이 도착하고서야 비로소 진압되었다. 750년대 이후로는 중국이 장악한 지 수백 년에 이르는 지역들까지 하나둘 중국에서 떨어져 나가기 시작했다. 그로부터 40년도 채 지나지 않아 중국 세력은 중앙아시아 거의 전역에서 물러났고, 대신 이슬람과 토번, 그리고 위구르족이 지배적 위세를 떨치게 되었다. 한반도에서는 신라가 역사상 가장 강력한 군주인 경덕왕(景德王: 742~765년)을 맞아 실질적 독립을 이루었다. 하지만 8세기 후반에 귀족과 농민의 반란이 광범위하게 확산되면서 한 세기 만에 왕국이 무너졌다. 아시아 남부에서는 750년대 이후 남조(南詔)가 세를 확대해 가기 시작했는데, 중국, 인도, 토번의 영향력이 매우 혼재해 있던 곳이었다. 827년에 이르러 남조는 홍강 일대를 장악하더니 860년대에는 중국을 격퇴하고 사천 지방을 차지했다. 남조는 902년부터 대리국(大理國)이라는 이름으로 13세기까지 명맥을 이어 갔다. 939년에 베트남이 중국 남부의 지배권에서 완전히 떨어져 나온 이후로는, 이 지역은 중국으로부터 거의 내내 독립 상태를 유지했다.

위구르족은 자신들의 수도 카라발가순을 근거지로 스텝 지대 동쪽 중앙을 지배하고 있었다. 이들은 일반적으로 중국에 도움을 주는 편이었으므로 안녹산의 난 때에도 반란군을 진압하는 데 힘을 보탰다. 위구르족이 이렇듯 중국을 도왔던 것은 다름 아닌 중국이 제공해 주는 공물 때문이었다. 중국은 위구르족이 보내는 말 한 필에 40필의 비단을 지불해야만 했는데,(이는 중국이 돌궐족에 쳐주던 값의 여덟 배에 해당했다.) 이에 대해 위구르족은 중국에 시종일관 최하급의 말만 보냈다. 765년에는 수도를 점거한 위구르족을 돌려보내기 위해 당이 10만 필의 비단을 특별히 더 내어 주기도 했다. 그로부터 10년도 채 지나지 않아 중국은 말 1필당 50필의 비단, 그리고 한 해에 50만 필의 비단을 위구르족에 보내는 처지가 되었다. 중앙아시아의 다른 제국들도 그랬지만, 위구르족도 비단길 무역에서 수익을 창출하기 위해서는 어느 정도의 안정이 필요했다. 그들은 서쪽의 소그드인 무역업자들과 밀접해, 760년대에는 이들에게서 마니교를 받아들이는 한편 소그드 문자도 채용했다. 이후 위구르족은 급속히 정착민으로 전환해 중앙아시아의 광범위한 교역망을 통해 많은 이익을 거둬들였다. 아울러 이들은 법 제도도 정교하게 발달시켰는데, 그 안에는 손해가 발생하거나 계약을 파기할 때 상대방을 고소할 수 있는 권리를 비롯해 위구르족 무역업자들에게 긴요한 여러 장치가 마련되어 있었다.

정주성이 증가한 결과 위구르족이 가진 군사적 힘은 아무래도 약화되었던 것 같다. 왕위 계승을 둘러싸고 불거진 내분은 결국 832년 이후 내란으로까지 이어졌다. 그로부터 20년도 지나지 않아 위구르 제국은 키르기스인(외튀켄 지역에서 유래한 튀르크 부족이다.)에게 패퇴당해 감주, 사주, 고창의 세 왕국으로 분열되니, 그중 제일 중요했던 곳은 오아시스 교역 도시인 투루판 일대를 중심으로 한 고창이었다. 이들 위구르족은 9세기 중반에 대승불교로 개종하게 된다. 이후에도 세 왕국은 얼마간 명맥을 이어 갔는데, 당시는 토번인이나 중국인이나 이들을 격퇴할 만큼 충분히 강성하지 못했기 때문이다. 9세기 초반에는 당과 위구르족의 힘이 약화되고 대신 토번인들의 힘이 확대되는 양상이 나타나, 심지어 토번에서 한참 떨어진 사마르칸트까지 포위 공격을 당했다. 822년에 토번인들은 중국인들과 평화조약을 맺었고, 여기서 중국은 토번이 독립국임을 인정했다. 그 내용을 새긴 첨탑은 줄곧 라싸에 세워져 있다가 1959년에 철거되었다. 하지만 토번인의 위세는 얼마 못 가 꺾여 840년대에 붕괴하고 마니, 귀족층에서 반란이 일어나고,(귀족층의 반란은 일부 불교 사찰에 대한 반발에서 비롯되었다.) 왕 랑다르마(朗達瑪)가 후계자를 남기지 못한 채 살해를 당한 후의 일이었다. 이때부터 토번은 무정부 상태의 혼란에 접어들었다. 그러다가 10세기 초반에 린첸장포(仁欽桑布)가 암도의 사찰을 기반으로 토번에 다시 불교를 들여오게 된다. 이 암도의 사찰을 중심으로 토번에서 가장 오래된 불교 종파인 닝마파가 창시되었다. 하지만 정치적인 면에서 토번은 여전히 일련의 소규모 왕국으로 분열된 상태였다.

830년대에 들어 위구르족이 몰락함으로써 당 왕조는 커다란 지원 세력을 하나 잃은 셈이었다. 하지만 그전부터 당은 이미 산업화 이전의 제국들이 쇠락 과정에서 흔히 만나는 문제들을 겪고 있었다. 당파 싸움의 격화로 중앙의 힘이 약화되었고, 점증하는 외세의 위협을 격퇴하기가 어려워졌으며, 내치를 안정되게 유지해 나갈 역량은 점차 줄어들고 있었다.(특히 속주의 행정관을 비롯해 지방의 군사령관(절도사)들을 통제하기가 더욱 어려워졌다.) 870년대에 이르러서는 당의 이른바 '균전제'마저 붕괴해 농민들의 불만이 쌓여 갔는데, 이는 지방의 엘리트층이 토지를 강제로 탈취한 데서 빚어진 일이었다. 시골에는 도적 떼와 산적 떼가 대규모로 일어나 촌락들을 떠도니, 일부 무리는 10년도 안 되어 그 규모가 60만 명을 넘어섰다. 881~883년 사이에 수도 장안은 이들에게 점령당했다가 정부군에게 수복되었으나, 오히려 정부군에 의해 또 한 번 약탈당한 뒤 다시 농민 유적(流賊) 떼의 손에 넘어갔다. 황제들은 폐허가 된 수도를 버리고 떠나야 했고, 낙양에서도 수많은 사람이 살던 곳을 뒤로 한 채 도시를 떠났다. 당나라의 황제들은 880년대 중반부터 이미 실질적 힘이 거의 없었으나, 당 왕조가 공식적으로 막을 내린 것은 907년에 들어서의 일이었다. 제국은 잘게 쪼개져 절도사들이 각자 독자적으로 왕국을 세우기에 이르니, 이들은 9세기 말부터 공공연히 후계 구도를 정해 놓아도 중앙정부로부터 아무런 간섭을 받지 않고 있던 터였다. 10세기를 거치며 당은 이른바 '5대(代)' 국가들로 나뉘어 각 왕국이 중국의 주요 지역들을 하나씩 장악했고, 그렇게 해서 사천 북부는 촉(蜀), 광동 일대는 남한(南漢), 복건(푸젠)은 민(閩), 하남은 초(楚), 절강은 오월(吳越)이 차지했다.

9세기 말부터 10세기까지의 이 분열은 비록 단기간에 그쳤으나(중국은 979년에 재통일된다.) 이후 역사에 여러 가지 중대한 영향을 미쳤다. 우선은 중국 북부를 장악했던 옛 귀족층 상당수가(즉 한나라의 몰락 이후 중원에 정착해 독자적으로 자기들 왕조를 세웠던 유목민 집단의 후손들이) 이 시기의 세력 다툼으로 말미암아 중국에서 자취를 감추었다. 아울러 절도사 휘하의 부대들이 정규 징집군으로 편성되는 일이 많아지면서, 옛 귀족층이 군사 엘리트층으로서 쥐고 있던 권력도 갈수록 줄어들었다. 정치적으로 분열되어 있던 이 시기가 중국으로서는 급속한 내부 번영을 이룬 시기이기도 해서, 이때 쌓인 부를 기반으로 송나라는 이후 3세기 동안 중국의 그 어느 왕조도 이루지 못한 대단한 위업을 이룰 수 있었다. 장강 유역에서는 관개 기술 개선 및 좀 더 생산성 높은 새로운 벼 품종의 개발로 농업 생산성이 증가했고,

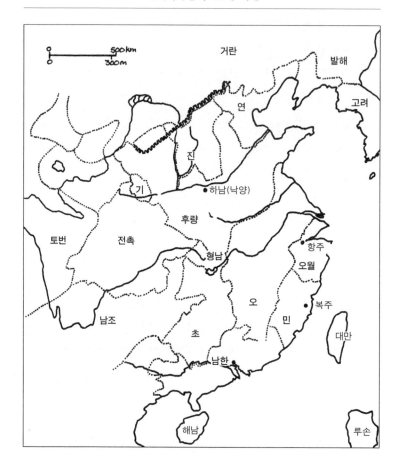

그 덕에 부가 급속히 증가하고 교역이 늘어났다. 하지만 이제 중앙아
시아로 통하는 길들을 더는 중국인들이 장악하지 못했고, 따라서 상
인들과 무역업자들도 육로 대신 바닷길과 남부 연안의 도시들로 눈
을 돌릴 수밖에 없었다. 이후 수 세기에 걸쳐 진행된 상업혁명의 최초
징후가 나타난 것이 바로 이때부터였으며, 정부도 전반적으로 이즈음

부터 농경과 토지보다는 상업과 교역을 세금의 기반으로 삼을 수 있었다.

　9세기 초반 이후에 중국은 문화적으로 커다란 변화를 맞게 되는데, 중국인들이 점차 외세의 영향력에 반감을 가지면서 불교를 도입하기 이전의 이른바 중국의 원래 전통으로 회귀하려는 압박이 생겨났다. 이런 추세가 나타난 데는 일부 정치적 원인도 있었지만, 무엇보다 안녹산의 난으로 중국이 처참히 파괴당하고,(중국인들은 안녹산과 그의 부대를 비(非)중국인으로 여기는 경향이 있었으며, 이런 시각은 대체로 옳기도 했다.) 아울러 중앙아시아로부터는 토번인과 위구르족으로부터(특히 말 무역의 지배권을 둘러싸고) 날로 심한 압박을 받았던 것이 주된 원인이었다. 중국에서는 일찍이 760년부터 양주(양저우)의 외국 상인들이 공격당하는 일이 있었다. 이와 동시에 중앙아시아의 통로가 차단되어 불교의 위세가 약화되자, 당시 불교 사찰들이 보유한 권력과 부를 겨냥해 사람들의 적의가 점차 커지기 시작했다. 중국 남부에 터를 잡은 중국인들, 그중에서도 특히 문화 엘리트층은, 비중국인 출신 엘리트층이 중국 북부에서 권력을 잡고 있는 것이 무엇보다도 못마땅했고, 이에 중국의 본래 전통을 부흥시킨다는 취지 아래 그에 부합하는 내용들을 적극 보급하니 이것이 이른바 '신유교주의'로 불리는 운동이다. 하지만 실제적으로 신유교주의 내용은 1000년 전에 한나라에서 발달했던 사상과는 매우 동떨어져 있었다. 840년대에는 '이란' 지방에서 탄생한 종교들, 즉 조로아스터교, 마니교, 네스토리우스파 기독교가 중국에서 금지당했다. 842년에서 845년 사이에는 갖가지 억불 정책이 시행되었다. 이른바 '자격 미달'의 승려들이 사찰에서 퇴출당했고, 승려들은 소유하던 개인 물품을 몰수당했다.(후자의 조치는 불교 사상을 근거로 정당화되었다.) 이와 함께 4600곳의 사찰이 폐쇄되거나 철거당했고, 26만 명의 남녀가 '승가'를 떠나 강제로 환속해야 했으며, 세금이 부과되는 사찰 영지도 더 증가했다. 하지만 이런 식의 억불 정책은 수도를 제외하고는 그렇게 철저하게 시행되지 않았으며, 840년대 이후로는 다소 완화되었다. 이후로도 불교는(특히 선종은) 중국의 수많은 지방에서 계속 융성했으나, 840년에 반포된 일련의 정책이 중국에서 이미 진행 중이던 한 과정을(즉 중국 사회와 국가 내에서 불교의 중요성이 차츰 퇴색해 가는 국면을) 한층 가속화한 것만은 분명했다.

[이후의 중국 ☞ 13.1]

11.12 유라시아 서부의 문제점들: 분열과 침략

애초에 카롤루스 대제는 프랑크족의 전통에 따라 자신의 제국을 슬하의 세 아들에게 나누어 물려줄 생각이었다. 하지만 왕자 둘은 일찍 세상을 떠났고 그래서 별 수 없이 마지막 남은 루도비쿠스 1세(Ludovicus I: 경건왕 루이)가 단독 후계자가 되었다. 그는 아버지가 세상을 떠나기 직전에 스스로 대관식을 열어 황제 자리에 올랐으나, 역사에 핵심적인 순간이 찾아온 것은 그로부터 2년 뒤에 교황 스테파노 4세(Stephen IV)가 랭스에서 다시 한번 그의 대관식을 열어 주었을 때였다. 이것이 선례가 되어 황제는 반드시 교황이 대관식을 열어 주어야만 정통성을 가진다는 전통이 확립되었고, 여기서 이후 수 세기 동안 여러 가지 문제가 빚어졌다. 루도비쿠스 1세는 아버지가 제한적으로나마 제국에 행사하던 지배력을 830년 무렵까지는 유지해 갔으나, 그 이후 급속히 문제들이 불거지기 시작했다. 정복 활동에서 얻어지는 약탈품이 없다 보니 엘리트층의 충성을 다질 기반이 거의 없었고, 왕실 가문 내에서 쿠데타와 음모가 끊이지 않는 동시에 왕위 계승을 둘러싼 세 아들 사이의 반목이 계속되면서 나라 안에는 날이 갈수록 반란이 늘었다. 루이는 840년에 세상을 떠났고, 그로부터 3년 뒤에는 그의 아들들이 베르됭에서 마침내 제국의 분할에 합의했다. 이에 823년 이후 교황으로부터 황제 후계자로 지명을 받았던 로타리우스 1세(Lothar: 로타르)가 이탈리아반도를 포함해 제국의 중앙부를 차지했다. 제국의 동부는 카롤루스 2세(Carolus II: 대머리왕 샤를), 서부는 루도비쿠스 2세(Ludovicus II: 독일왕 루트비히)가 각각 차지했다. 사실 카롤루스 2세와 루도비쿠스 2세는 영토 분할이 있기 전부터 서로 합심해 로타르를 견제해 오고 있었으며, 842년에 스트라스부르에서 맺어진 둘 사이의 서약은 프랑스 로망어(French Romance)와 고대 고지 독일어(Old High German)가 사용된 최초의 문서로 알려져 있다. 하지만 이 둘이 다스리던 영토는 국가 및 언어와는 전혀 상관없이, 당시 왕가의 사정에 따라 합의된 매우 개인적 차원의 통치 영역일 뿐이었다. 9세기가 마저 흐르는 동안 세 왕국 사이에는 영토와 황제직을 둘러싸고 싸움이 거의 끊이질 않았다. 880년대에 접어들자 왕실 가계는 점차 그 맥이 끊겨 갔다. 884년에는 카롤루스 3세(Carolus III: 비만왕 샤를)가 이론상으로는 제국의 유일한 통치자로 군림했으나, 그는 실질적 권력을 더는 쥐지 못한 데다 약간 실성하기까지 했다. 그로부터 4년 뒤 카를은 세상을 떠났고, 이때 분열된 제국은 이후 다시 통일되지 못했다.

이렇듯 중앙의 권력이 무너지자 국가권력이 그대로 지방 백작들에게 넘어갔고, 이들이 얼마 안가 통치자직을 대대로 세습해 나갔다. 911년에 프랑크 왕국 동부에서 카롤링거 왕조의 대가 완전히 끊겼고, 프랑크 서부의 경우 10세기까지는 카롤링거 가문에서 통치자가 몇몇 배출되었으나, 그것도 987년에 사망한 루도비쿠스 5세(Ludovicus V: 루이 5세)가 마지막이었다. 왕실의 주화도 9세기를 마지막으로 더는 주조되지 못했으며, 10세기에 주조된 일부 주화는 주교들 및 지방 통치자들이 발행한 것들이었다. 사실 프랑크 제국은 10세기부터 이미 일련의 지방정권으로 나뉜 상태였다. 즉 플랑드르, 노르망디, 부르고뉴, 아키텐, 바이에른, 가스코뉴를 비롯해 좀 더 작은 규모의 수많은 분국이 프랑크 제국에 할거하고 있었던 것이다. 10세기의 역사는 대체로 이들 지방 가문들의 분쟁, 결혼 동맹, 그리고 왕실 가문 잔존 세력과의 결탁이 주를 이룬다. 이 분열을 특징짓는 말로 사람들은 종종 '봉건제'라는 말을 쓰나, 이런 현상은 산업화 이전의 제국과 국가 모두가 공통적으로 겪은 것으로서, '봉건제'는 이런 현상 중 서유럽에서 나타난 특정 형태를 지칭하는 말에 불과하다. 당시에는 어디서나 토지가 부의 주된 원천이었고, 통치자가 전사들에게 토지를 하사해 주는 방법 외에는 달리 군대를 유지할 길이 없었다. 그런데 중앙 권력이 약화되자 통치자들이 나눠 주는 이 땅들이 대대로 세습될 위험에 처했다. 이 때문에 지방의 군사 엘리트층이 훨씬 막대한 권력과 토지를 쌓아 가는 것을 막을 길이 없게 된 것이다. 이 시기에 들어 유럽의 '봉건제'에서만 나타난 독특한 특징은 단 세 가지로, 9세기와 10세기에 들어 중앙 권력이 심하게 몰락했다는 점, 지방의 토착 지주들이 (특히 법적으로) 많은 권력을 쥐게 되었다는 점, 농노층 대다수가 토지 및 지주에게 예속당하는 경향이 발생했다는 점이었다.

이렇듯 서유럽 전역에 걸쳐 중앙 권력이 약화되자 해당 지역을 겨냥한 침략도 더욱 늘어났는데, 이민족 침략에 관한 대응은 주로 지방 정부에서 맡았기 때문에 이는 중앙 권력의 붕괴를 한층 더 부채질하는 결과를 불러왔다. 그 결과 권력 체계가 무너지고 명령이 제 힘을 갖지 못하는 악순환이 이어졌다. 서유럽에 맨 처음 큰 위협을 가해 온 곳은 스칸디나비아였는데, 예전만 해도 이곳은 주변부에서도 매우 후미진 지역에 해당하는 곳이었다. 그러다가 프랑크 왕국이 프리슬란트로 밀고 들어가 무역을 (특히 덴마크의 헤데비와 스웨덴 동부 연안의 비르카를 중심으로) 발달시키면서, 스칸디나비아와 유럽의 나머지 지방 사이에 교류가 빈번해졌다. 스칸디나비아에서 일어난 발전은 주변부의 특성을 매우 전형적으로 보여 주는 것이었다. 즉 8세기에 들어 덴마크에 힘없는 왕국 하나가 출현하기는 했지만, 스칸디나비아 대부분 지역은 여전히 아무런 정치조직체도 갖추지 못하고 있었다. 이런 지역의 주민들이 왜 광범위한 지역을 약탈하고 다녔는지 그 정확한 이유는 밝혀져 있지 않다. 역사에는 793년에 섬에 자리한 린디스판 수도원을 약탈한 것이 이들의 첫 침략으로 기록되어 있다. 이 당시의 연대기 편찬은 수도원의 사제들이 맡았는데, 이들의 연대기에 바이킹족이 유난히 잔혹하게 묘사된 것은 그들이 이교도인 데다 수도원을 주로 공격했기 때문이다.(당시는 수도원이 부의 주된 원천이었다.) 잔혹하기로 따지면 지방의 기독교 통치자들도 바이킹족 못지않았지만, 기독교 통치자들은 가급적 교회는 건드리지 않았다. 바이킹족의 약탈은 840년대에 들어 일부에서 극에 달했는데, 프랑스 북부의 상당 지역은 물론,(프랑스는 파리의 약탈을 막기 위해 바이킹족을 돈으로 매수했다.) 스페인 북부와 프랑스 남부, 그리고 말엽에 들어서는 더블린까지 약탈을 당했다. 850년대에 접어들면서는 키예프 지방까지 바이킹족의 수중에 들어가는데, 바이킹족은 이곳에 소국을 건설한 뒤 이를 근거지로 860년에 콘스탄티노폴리스에 대한 공격을 감행했다. 860년대 이후로는 잉글랜드가 약탈로 가장 막심한 피해를 당하면서 노섬브리아, 머시아, 이스트 앵글리아의 왕국들이 하나둘 사라져 갔다. 그

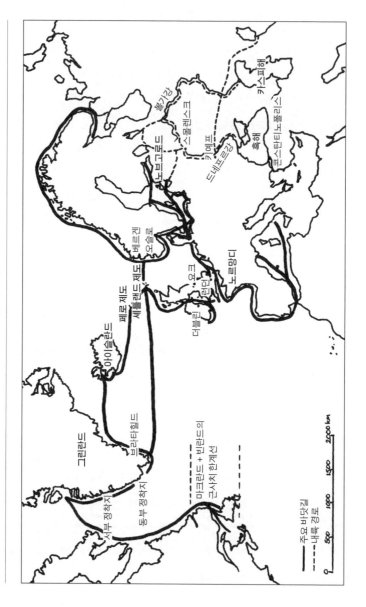

바이킹의 세계

그린란드

서부 정착지
동부 정착지

브라티홀드

아이슬란드

페로제도
셰틀랜드제도

베르겐
오슬로

더블린
잉글랜드
요크

노르망디

노브고로드
스몰렌스크
키예프
드네프르강

볼가강

불가리아

흑해
콘스탄티노플리스

카스피해

마크란드 + 빈란드의
군사적 한계선

주요 바닷길
내륙 경로

0 500 1000 1500 2000 km

래도 알프레드 왕이 다스리던 웨식스만은 존폐의 위기를 면할 수 있었는데, 바이킹족이 이 나라의 동쪽 일대를 택해 정착을 시작한 데다.(물론 실제 정착민은 얼마 안 되었을 것으로 보인다.) 이제는 바이킹족 병사의 수가 점차 줄고 있었기 때문이다. 바이킹족은 프랑스 북부에도 정착하기 시작했고, 911년에는 서프랑크의 통치자인 카롤루스 3세(Charles III: 단순왕 샤를)가 새로운 영토 '노르망디'를 바이킹족의 우두머리 중 하나인 롤로(Rollo)에게 주어 다스리게 하면서 그들의 정착을 기정사실화했다. 이런 체제는 이들 정착지의 바이킹족이 본국에서 추가로 바이킹족이 침공해 오는 것을 막아 주면서 서유럽에 득이 된 면도 있었는데, 이들 정착지의 바이킹족이 본국에서 더는 바이킹족이 쳐들어오지 못하게 저지했기 때문이다.

서유럽 전역에 걸쳐서는 분열이 훨씬 광범위해지는 양상을 띠었다. 남부의 경우 이슬람 부대의 공습이 점차 잦아졌다. 9세기 중반에는 발레아레스 제도가 이슬람에게 점령당했고, 이와 동시에 아랍인 집단들이 노예 포획을 위해 론강 유역까지 치고 올라갔다. 840년대에는 이탈리아 남부를 비롯해 그 이북의 교황령까지 이슬람 군대로부터 공습을 받았다. 교황은 이들의 공격에 시달리다 못해 심지어 적대 관계의 동로마 제국 황제에게까지 원군을 요청해야 했다. 하지만 이들 이슬람보다 더 위협적인 세력은 동쪽의 헝가리인들이었다. 이들 민족은 문헌 속에 다양한 명칭으로 등장하는 까닭에 그 기원이 정확히 밝혀져 있지 않다. 다만 이들 스스로는 문헌에는 단 한 번도 등장한 적 없는 마자르족이라는 명칭을 주로 썼다. 이들이 사용한 헝가리어는 핀우그리아어(Finno-Ugrian) 계열로, 오늘날 유럽에 지배적으로 나타나는 인도·유럽어족과는 별 관련이 없다. 이들 마자르족은 애초에 볼가강 중류에 살았으나.(이 지역에서는 '오노구르족(Onogurs)'로 알려저 있었다.) 그 일대의 또 다른 유목 민족인 페체네그족의 압박에 밀려 서유럽까지 이동하게 된 것으로 보인다. 그리하여 880년대에 카르파티아산맥을 넘었고, 890년대에는 알프스산맥을 넘어 이탈리아까지 진입했다. 그런 후 10세기의 초반 20년 동안 프랑크 동부 일대를 광범위하게 약탈하고 다녔는데, 특히 튀링겐, 작센, 알레마니아의 피해가 가장 막심했다. 이들 마자르족의 기세는 955년에 들어서야 결정적으로 꺾여, 그 후 헝가리 평원 일대에 정착했다. 이렇듯 내부의 힘이 약화되고 외세의 침략이 거세진 결과, 10세기 내내 서유럽은 유라시아 세계의 주변부에 자리한 채 매우 빈곤하고 후진적이며 조직도 매우 엉성한 수준에 머물렀다.

[이후의 유럽 ☞ 13.12]

개관 8

기원후 1000년의 세계

인구 2억 6500만

권역별 인도: 8000만, 중국: 6500만, 아시아 나머지: 4000만, 아프리카: 3500만

유럽: 3500만(프랑스: 600만, 독일: 300만, 이탈리아: 500만)

주요 도시 개봉(45만), 항주(45만), 콘스탄티노폴리스(30만), 장안(30만), 카이로(20만), 교토(20만), 바그다드(15만), 광동(15만), 세비야(12만 5000), 이스파한(11만), 사마르칸트(7만), 베네치아(3만 5000), 밀라노(4만 5000), 런던(3만)

사건

- 폴리네시아인들이 뉴질랜드에 정착함.
- 중국이 송 왕조에 의해 재통일됨.
- 중국 북부에서 거란 제국, 만주에서 몽골족이 세를 형성함.
- 한국에 고려 왕국이 성립됨.
- 가즈나 왕조가 이란, 아프가니스탄, 인더스강 유역을 통치함.
- 스리위자야가 동남아시아 무역을 지배함.
- 스페인에 우마이야 칼리파조가 성립됨.
- 10세기의 침략으로부터 서유럽의 정치가 매우 서서히 회복됨. 잉글랜드와 스페인 북부에 소규모 왕국들이 성립되고, 파리 근방에 카페 왕조와 오토 제국이 쇠약한 상태로 성립됨.

- 10세기의 침략으로부터 서유럽의 정치가 매우 서서히 회복됨. 잉글랜드와 스페인 북부에 소규모 왕국들이 성립되고, 파리 근방에 카페 왕조와 오토 제국이 쇠약한 상태로 성립됨.
- 피아스트 왕조 치세에 폴란드 가톨릭교회가 성립됨. 헝가리 왕국이 확립됨. 스칸디나비아에서 기독교로의 개종이 진행됨. 루스족을 다스리던 바이킹족 통치자들이 동방 교회로 개종함.
- 이슬람 세력이 서아프리카에 도달함.
- 서아프리카의 삼림 지대에 이페 왕국이 출현함.
- 동아프리카 연안에서 중국의 교역 활동이 이루어짐.
- 짐바브웨에 마푼구베가 형성됨.
- 멕시코 중부에 톨텍 제국이 성립됨.
- 페루 북부에 치무 국가가 성립됨.
- 통가에 대규모 의례 중심지가 건설됨.
- 그린란드에서 출발한 바이킹족이 북아메리카에 도달함.
- 중국에서 최초로 화약 무기가 제작됨.
- 중국에서 지폐가 사용됨.
- 이슬람령 스페인에서 최초로 종이가 사용됨.
- 바스라에서 최초로 조력(潮力) 방아가 사용되고, 서유럽에서는 물레방아, 이슬람 세계에서는 풍차 사용이 점차 증대됨.
- 유럽에서 말 목사리가 이용됨.
- 옥수수 재배법이 북동아메리카에 도달함.

후기 유라시아 세계

12

기원후 1000년에 접어들자 유라시아 세계는 과거 3000년간 존재해 온 초창기의 농경 제국들과는 여러 가지 점에서 확연히 다른 조건들을 갖춰 나가기 시작했다. 과거 역사를 보면 비록 변화 속도는 매우 더뎠지만, 기원전 2000년에 3000만 명가량이던 세계 인구는 1000년 후 5000만 명가량으로 증가했다. 여기에 철기 도입으로 좀 더 많은 토지를 경작할 수 있게 되면서 인구 붐이 일어나, 기원전 500년에는 인구가 두 배로 불어났고 기원후 1세기에는 또다시 두 배가 늘어 세계 인구는 약 2억 명을 헤아렸다. 하지만 이때를 기점으로 돌연 상대적인 정체가 시작되어 장기간 그 추세가 이어졌다. 이제는 추가로 경작할 만한 땅이 거의 없었던 데다, 기술 발전도 전반적으로 정체를 보였고, 아울러 유라시아 대륙이 하나로 연결된 결과 질병이 널리 확산되면서 인구 증가에 심각한 제약이 찾아왔던 것이다. 그리하여 기원 후 1000년 무렵에 세계 인구는 약 2억 5000만 명 수준으로 증가하는 데 그쳤다.

이즈음의 유라시아 사회는 농경 생활을 영위하는 데가 압도적으로 많았으며, 주민 중 열에 아홉은 자유농민, 무산 노동자, 혹은 농노의 신분으로 자기 손으로 직접 농사를 지으며 생활했다. 나머지 인구 상당수도 간접적으로는 농경에 의존하는 셈이었는데, 이들 대부분도 제분, 건조, 양조, 직물 생산과 같은 농산물 가공직에 종사했기 때문이다. 이 시절의 경제성장은 기본적으로 광범위한 지역에 걸쳐 진행되었지만,(사람들이 늘었다는 것은 경작할 수 있는 토지가 그만큼 늘었다는 뜻이었다.) 사회 내부의 근본적인 제약에는 거의 변화가 없었다. 즉 교역을 통해 얼마간 부가 창출되기는 했지만, 농민층이 기본적으로 최저 생활 생산자에 머물러 있는 한 물품에 대한 수요는 계속 낮은 수준일 수밖에 없었다. 그러다가 매우 서서히, 그리고 수차례의 단절을 거쳐 교역 물품이 확대되는 한편, 교역 물품의 수 및 그 수송 거리가 증가하기 시작했다. 이로써 사회 안에 새로운 부의 원천이 생겨났고, 이것들이 수요를 구축하고 교역을 전에 비해 크게 늘림으로써 서서히 승수효과(multiplier effect)가 나타나기 시작했다. 그 결과 수 세기를 거치며 곳곳의 사회가 전보다 약간 부유해짐과 동시에, 부의 원천도 좀 더 광범위해졌다. 이러한 변화들이 좀 더 심층적이고 빠르게 진행되었던 곳은 유라시아에서도 농업 생산성이 가장 높아 교역 및 생산 인프라가 좀 더 대규모로 유지될 수 있던 곳들이었다. 그중에서도 변화가 유난히 두드러졌던 데는 세 곳이었다. 우선 첫 번째는 화폐경제가 존재했던 데다, 기원전 2세기 무렵부터 교역 체계가 고도로 발달해 있던 중국을 들 수 있다. 두 번째는 고도의 농업 생산성을 보였으며 곳곳에(특히 남부에) 교역 도시들이 자리했던 인도였다. 세 번째로는 이슬람 세계 상당 지역을 꼽을 수 있다. 이런 변화들과 병행해 기원후 1000년에 가까워지자 기술 발전도 점차 속도를 더해 사회에 좀 더 폭넓은 가능성들을 열어 주었다.

1000년 무렵에 이르자 유라시아 최초로 중국이 예전 사회들을 옭아매고 있던 주된 제약들을 하나둘 벗기 시작했다. 농경과 얽혀 있던 경제를 비롯해 산업 생산, 교역 면과 재무 면에서 근본적인 변화가 일어났으며, 그 여파는 국가, 국가의 조세제도, 그리고 국가가 통제 가능한 부(富)의 양에까지 영향을 미쳤다. 이들 내용에 대해서는 13장으로 넘어가 자세히 살펴보기로 한다. 이번 12장에서는 유라시아 세계를 좀 더 광범위하게, 즉 600~1500년 사이에 존재했던 대제국들의 시대를 무척 대략적으로만 다루는 데 그칠 것이다. 이를 통해 우리는 당시의 경제 및 사회가 커다란 변화를 맞는 데 여전히 걸림돌이 된 몇 가지 제약을 살펴볼 것이며, 아울러 유라시아 전역에 점차 교역망이 늘어나는 모습, 그리고 이즈음 그 수가 더 늘어난 도시들이 교역과 기술 변화의 가속화를 통해 어떻게 부를 끌어들이는지도 살펴볼 것이다. 이 같은 변화들은 대체로 중국에서 처음 시작되었다.

12.1 농경과 삶의 방식

유라시아는 소수의 몇몇 지역(생산성 높은 벼 품종으로 관개 농사를 행했던 장강 유역, 인도 일부 지역, 메소포타미아, 이집트)을 제외하고는 농업 생산성이 몹시 떨어졌다. 수확량도 저조해서, 특히 유럽은 평균적으로 뿌린 씨앗의 약 두 배 정도를 수확하는 것이 고작이었다.(오늘날 농업에서는 뿌린 종자의 약 서른 배를 수확한다.) 포도주 수확량도 오늘날의 7분의 1 정도에 그쳤다. 유럽은 겨울철이면 먹이를 구해 주기가 어려워 가축들이 늘 딸렸고,(봄에 접어들었을 때쯤에는 가축들의 상태가 너무 쇠약해, 어쩔 수 없이 동물들을 밭에 데리고 나가 갓 자란 농작물을 뜯게 했다.) 그 말은 곧 밭에 쓸 거름이 매우 딸렸다는 뜻이었다. 이런 상황에서도 파리 지역에서 발간된 13세기의 한 문헌에서는 밭에 거름을 최소한 10년에 한 번씩은 주라는 권고를 한 것이 전부였다. 동물들의 먹이가 형편없다보니, 동물들의 생산성도 매우 낮았다. 14세기에 잉글랜드의 젖소가 생산한 우유는 오늘날 가축의 6분의 1, 고기는 3분의 1 정도에 그쳤다.

인구의 압도적 대다수는 악천후로 흉작이 들거나, 역병과 전쟁이 한 번 휩쓸고 지나가면 속수무책으로 고통을 당해야 했다. 거기다 이런 문제들을 훨씬 극심하게 만드는 요소가 있었으니, 농부가 생산해 낸 농작물들을 국가나 지주들이 세금 명목으로 거둬 갔다는 것이었다. 일본의 경우 농부들이 쌀농사를 지어 놔도 대부분은 국가나 지주들에게 들어가 농부 자신은 기장과 야생의 풀로 연명해 나가야 했다. 유럽에서도 농민 대부분이 전체 농업 생산량의 3분의 1가량을 세금으로 납입해야 했고, 따라서 농민들이 내다 팔 잉여분이 있을 수 없었다. 러시아의 경우 겨울철이 200일 넘게 지속되는 수도 있었기에 몇 마리의 가축이라도 죽이지 않고 돌보려면 어마어마한 양의 먹잇감을 구해 놓아야 했고, 그래서 과거 수렵·채집인들이 그랬듯 숲에서 먹을거리를 구하는 것이 여전히 매우 중대했다. 그래도 성읍이나 도시에는 시장이 섰기 때문에 그 근처의 소수 몇몇 지역에서는 좀 더 상업적인 성격의 농경이 가능했다. 이런 환경에서는 농부가 소규모 밭만 소유하고 있어도 어느 정도 수익을 얻을 수 있었다. 사람들 곁에는 늘 기근의 위험이 도사렸다. 프랑스의 경우 11세기에만 온 나라를 덮친 대기근이 26회 발생했다. 그럴 때면 식량이 모자라 단순히 가난한 사람만 먹을 것을 못 사는 것이 아니었다. 이 시절의 기근은 그야말로 식량의 절대 부족을 뜻했다. 일례로 1315~1317년 사이에 서유럽 전역이 연이은 흉작으로 고생을 했으며, 1316년 8월에는 국왕인 에드워드 2세(Edward II)조차도 먹을거리를 구하지 못할 정도였다. 당시 그는 세인트올번스를 순행 중이었는데, 남은 먹을거리가 하나도 없어 돈이 있어도 식량을 살 수가 없었다.

농민들은 대부분 가진 것이 거의 없는 빈곤한 처지의 사람들이었다. 일본의 경우 그 외의 직물들은 이용할 형편이 안 되었기 때문에 농민들이 마(麻)로 옷을 지어 입었다. 유럽에서는 17세기 전까지만 해도 성읍들이 거의 전부 목재로 건설되어 있었다. 농민들은 목재도 모자라 진흙과 맨흙으로 지은 오두막에서 창문도 없이 살았고, 온기를 유지하려고 집안에 동물들을 들여 함께 생활하기도 했다. 페스카라 같은 지역은 1560년대에도 인구의 4분의 1이 맨땅에 구덩이를 판 형태의 빈민촌에 모여 살았다. 이 시절에는 중국같이 부유한 사회가 아니면 주거용 가구는 흔히 볼 수 없었다. 공공 목욕장은 이슬람 국가들에서나 주로 볼 수 있었으며, 인간과 동물의 오물이 도시에서 배출될 수 있게 효율적인 체계를 갖춰놓은 곳도 중국이 유일했다. 시에나의 경우 13세기 말에 캄포 광장에 쌓인 쓰레기를 청소하기 위해 암퇘지 한 마리와 새끼 돼지 네 마리를 시의회의 일꾼으로 고용했다. 유럽에서는 대부분 사람이 매일같이 빵, 귀리죽, 값싼 술, 수프의 매우 단조로운 식단으로 끼니를 때우기 일쑤였으며, 중국과 동남아시아, 그리고 인도의 일부 지역에서는 쌀 외의 다른 식단은 거의 찾아볼 수 없었다. 고기와 생선은 1년에 몇 번 있는 축제나 기념일을 제외하면,

오로지 부자들만 먹을 수 있는 진귀한 식재료였다. 그랬던 만큼 이 시절에 사람들의 건강 상태가 나쁘고 기대 수명도 낮았던 것은 어쩌면 당연한 일이었다. 초창기 이슬람 시대에 레반트 지역의 평균 사망 연령은 기원전 9000년 무렵에서 전혀 달라지지 않은 상태였다. 기원후 1200년 무렵에 스칸디나비아의 평균 수명은 약 18세였으며, 아동기에 사망하는 사람이 전체 인구의 절반에 달했다. 15세까지에는 도달해야 34세까지는 살 것이라고 기대할 수 있었다. 기원후 1000년에서 1200년 사이에 조성된 알프스 북부의 묘지 100곳을 상세히 연구한 결과에 따르면, 당시에는 유아사망률이 매우 높았을 뿐 아니라 남성의 3분의 1과 여성의 4분의 1이 14세에서 20세 사이에 사망한 것으로 나타난다.(주된 사인은 말라리아, 천연두, 이질, 결핵이었다.) 전반적으로 봤을 때 40세 넘어서까지 생존한 사람은 전체 인구의 4분의 1에도 못 미쳤다. 물론 개중에는(특히 더 질 좋은 음식을 섭취하며 육체노동을 거의 하지 않은 엘리트층 중에는) 장수하는 사람들도 있어서, 교황 루치오 3세(Lucius III)와 첼레스티노 3세(Celestine III) 모두 12세기 말의 인물들이었음에도 90대의 나이에 세상을 떠났다. 상황이 이랬기 때문에 당시 유라시아 사회의 인구구조는 오늘날과는 판이하게 달랐다. 전체 인구에서 65세 이상이 차지하는 비율은 5퍼센트 정도에 불과했고 아동들이 대부분의 피부양자층을 구성했다. 하지만 이런 상황임에도 너무도 많은 수의 아이가 제대로 양육받지 못했으며 영아 살해도 다반사였다. 유럽에서는 유기되거나 업둥이로 버려지는 신생아가 열 명 중 약 한 명꼴에 달했다.

12.1.1 새로운 작물의 보급

이슬람 세력이 흥기하고 지중해 서부, 동남아시아, 아프리카 내륙에 걸쳐 공통된 문화를 가진 세계가 탄생하면서 세계의 농업도 최초로 커다란 변모를 맞았다. 이는 그간 사상 전파를 저해했던 수많은 문화적 장벽을 허물어뜨렸을 뿐 아니라, 오랜 기간 지중해 세계와 인도양 세계 사이를 갈라놓았던 여러 장벽마저 사라지게 했다. 그 결과 약 1만 년 전쯤에 농경이 발달한 이래 처음으로, 제법 많은 수의 작물이 넓은 지역으로 두루 확산되었다. 새로운 작물들은 사람들의 최저 생활 기반을 넓혀 주는 동시에, 작황 실패에 뒤따르는 곤란을 약간이나마 덜어 주었고, 식단에도 훨씬 다양성을 부여해 주었다. 이들 새로운 작물 보급의 핵심 근거지는 인도였는데, 예전부터 무역업자들이 동남아시아로부터 수많은 작물을 들여와 수 세기 동안 경작해 오고 있었기 때문이다. 이후에는 이슬람 무역업자들이 인도에 도달해 다수의 식물을 이란과 메소포타미아로 들여오게 되고, 이곳에서 새로운 조건들에 적응한 작물 상당수가 다시 훨씬 서쪽의 지중해 지역에까지 들어갔다.

당시 보급된 작물들은 주로 곡물이었다. 수수는 애초에 아프리카에서부터 인도로 들어왔으나, 서남아시아에는 10세기, 스페인에는 그보다 1세기가 더 지나서 도달했다. 쌀의 경우 이슬람의 흥기 전만 해도 서남아시아에 거의 알려져 있지 않다가, 인도로부터 일단 도입이 되자 기후가 맞는 곳에서는 어디서나 급속한 전파가 이루어졌다. 경질밀 품종은 에티오피아에서 처음 자생한 것으로 여겨지나, 이후 아랍인들을 통해 홍해를 빠져나와 지중해 전역으로 퍼졌다. 하지만 이 둘보다 중요했던 작물은 사탕수수였다. 사탕수수는 애초에 동남아시아에서 자생하다가 기원후 1세기쯤에 중국으로 전파된 것으로 보이며, 이후 서진을 계속해 인도, 종국에는 이란까지 이르렀다. 그러다가 이슬람의 시대가 찾아오면서 사탕수수 경작이 대규모로 확장되는데, 처음에는 메소포타미아에 사탕수수가 도입되어 재배되다가 10세기에는 레반트와 지중해 동부의 섬들에까지(특히 키프로스에까지) 전파되었다. 사탕수수는 (잔지바르에 이를 만큼) 아프리카 동부 연안 전역에 걸쳐 재배되었다. 설탕은 사람들이 두루 좋아하는 맛이었지만, 사탕수수를 가공해 설탕을 만드는 데는 대규모의 고된 노동이 들어가야 했다. 그랬기에 설탕에 대한 유럽의 수요는 이후 세계사를 움직이는 결정적 동력의 하나로 작용하게 된다.(사탕수수 재배는 유럽의 지배하에 처음에는 지중해, 이후에는 대서양의 여러 섬, 종국에는 아메리카 대륙에서 대규모로 확산되는데, 이를 기반으로 세계 역사상 최대의 노예 제국이 건설되었다.) 구세계 목화의 보급도 거의 사탕수수만큼이나 중요했다. 구세계 목화를 처음 재배해 쓴 것은 인도 북서부의 인더스강 문명이었으나, 목화는 매우 까다로운 조건의 기후에서만 생장하기 때문에 전파에 매우 오랜 시간이 걸렸다. 그래서 기원전 1세기 말에 이르러서도 구세계 목화의 재배지는 페르시아만과 누비아, 그리고 동남아시아 일부 지역에만 한정되어 있었을 뿐이었다. 그러다가 8세기에 들어 그 무엇보다 중요한 변화가 찾아오는데, 중앙아시아의 오아시스를 비롯해 교역 도시 투루판 일대에서 훨씬 강건한 목화 품종이 개발된 것이다. 그로부터 200년도 채 지나지 않아 목화는 이슬람 세계 전역에서 자라게 되었고, 여기에 목화 잣는 방법까지 급속히 전파되면서 새로이 직물 산업이 탄생했다.

여기에 덜 핵심적이지만 중요하기는 했던 다른 작물들도 함께 전파가 되었다. 그중에서도 귤속 나무들이 비중이 가장 컸다고 꼽히는

데, 이것들은 접붙이기를 해 주어야만 열매가 잘 맺히는 까닭에 재배에 어려운 면이 있었다. 귤속 나무들은 애초에 아삼과 버마 북부의 매우 소규모 지역에만 한정해 자랐으나, 이후 다른 품종들이 개발되어 나오면서 중국과 인도, 말레이반도까지 전파되었다. 이 중 이슬람 시대가 도래하기 전에 서남아시아에까지 도달한 품종은 (시트론) 단 하나뿐이었으나, 10세기에 접어들자 쓴귤(sour orange), 레몬, 라임 모두가 인도 북서부에서 지중해로 전해졌다. 바나나는 버마와 동남아시아에서 처음 자생하기 시작해, 기원전 4세기 무렵에 인도와 중국에 이르렀다. 그러다가 이슬람 시대에 들어 사람들을 따라 서쪽으로 이동해, 10세기 무렵에는 아프리카 북부 연안에 전파되어 스페인에까지 이른 것은 물론, 아프리카 동부 연안을 따라서는 멀리 남부의 잔지바르에까지 이르렀다. 시금치와 가지는 모두 인도에서 처음 재배되기 시작해, 중국과 인도에 이른 것이 7세기 무렵이다. 그러다가 이슬람 시대에 급속히 서쪽으로 전파되어 아무리 늦어도 10세기 무렵에는 스페인에 도달한 것으로 보인다. 그 외에 지중해의 환경에 잘 적응하지 못하면서 이슬람 세계 일부 지역에 전파되는 것으로 끝난 작물들도 있었다. 코코넛 야자의 경우 기원전 6세기 무렵에 말레이반도에서 인도로 전해졌으나, 이 작물은 기후 여건이 조금만 척박해도 적응에 어려움을 보였기 때문에 이후 오랜 시간이 걸려서야 좀 더 서쪽까지 이동할 수 있었다. 그래서 10세기 무렵에는 동아프리카에서도 재배되었던 것으로 보이나, 14세기에나 이르러서야 페르시아만(오만과 도파르)에서 재배되었다. 망고 역시 인도에서 처음 전파된 것으로 9세기 무렵에 오만에서 재배되었고, 그보다 약간 시간이 흘러 동아프리카에서도 재배되었다.

이들 새로운 작물이 이슬람 세계에서 다시 기독교 유럽으로 확산되는 과정은 훨씬 더딘 속도로 진행되었다. 확산은 주로 두 군데의 주된 근거지를 경유해 이루어졌는데, 바로 이슬람의 지식 및 기술 전파의 기지이기도 했던 스페인과 시칠리아였다. 그리하여 13세기에는 수수와 경질밀이 이탈리아에 도달했고,(경질밀의 전파로 이탈리아 일품요리의 고전인 파스타가 탄생했다.) 그 뒤를 이어 14세기에는 오렌지와 레몬, 1세기 뒤에는 쌀(포강 유역의 엄청난 규모의 영지에서 재배되었다.)이 차례로 이탈리아에 들어왔다. 이렇듯 북쪽으로의 작물 전파가 훨씬 뒤늦었던 까닭은 기후가 부적합해서도 아니고 관개 기술이 부족하기 때문도 아니었으며, 단순히 유럽 남부의 농경 혁신이 아직 미흡했기 때문이었다. 이슬람 세계의 경우 새로운 작물의 도입으로 좀 더 집약적인 작물 수확이 가능해짐과 동시에, 윤작법이 좀 더 발달하고, 농경지까지 확대되면서 농업에 일대 혁신이 일어났다. 그래서 토양이 가장 비옥한 일부 지역에서는 심지어 1년에 세 가지의 작물을 한꺼번에 재배하기도 했다. 일례로 키프로스에서는 1년에 두 번 밀을 수확하면서 그 중간에 목화까지 재배했으며, 최고의 관개시설을 갖춘 메소포타미아의 일부 지역 및 중국의 장강 유역에서는 1년에 두 차례 벼농사를 지을 수 있었다. 재배 작물의 범위가 늘어나자 농경을 하며 떠안는 위험이 줄어들었고, 아울러 농경에서 산출되는 소득이 늘면서 전반적으로 경제 발전이 더욱 고조되었다. 당시 이슬람 세계가 세계 양대 부유지(나머지 한 곳은 중국이었다.)의 위치를 고수할 수 있었던 데는 확실히 이러한 농업적 기반이 도움이 되었다.

[이후의 작물 및 동물 전파 ☞ 16.3]

12.2 유라시아 교역의 중심, 이슬람

이슬람의 흥기는 유라시아의 구조를 정치적인 면만이 아니라 경제적 면에서도 완전히 뒤바꾸어 놓았다. 물론 중국과 지중해는 기원전의 막바지 세기에 이미 비단길 및 바닷길을 통해 서로 연결된 상태였지만, 둘 사이의 연결은 주로 간접적인 선에 그쳤다. 이란에 차례로 세워진 파르티아 제국과 사산 제국이 중앙아시아의 무역로들을 장악하며 레반트와 지중해의 상인들이 중국과 직접 교류하는 것을 중간에서 성공적으로 차단했기 때문이었다. 인도양을 경유하는 바닷길도 그간 각지로 분할된 채 무역업자들이 번갈아 가며 이권을 차지해 왔었다. 그러다가 이슬람에 의해 역사상 유례가 없을 만큼 대규모의 경제권과 세력권이 편성되면서, 이런 상황에도 근본적 변화가 오게 된다. 물론 이슬람의 이 경제권은 레반트 및 메소포타미아의 핵심 지역에만(그리고 가장 부유한 지역에만) 집중되었지만, 그것이 하나의 개방적인 교역 체계를 이루어 유라시아의 거의 모든 곳을 하나로 연결해 주었던 것만은 분명하다. 그리하여 동쪽으로는 인도양(여기에는 아프리카 동부 연안도 포함된다.)을 거쳐 동남아시아로 나아가 중국에 이르는 지역이 이 세력권에 포함되었으며, 중국의 경우 중앙아시아의 육로를 통해서도 왕래할 수 있었다. 남쪽으로는 나일강 이남의 수단뿐 아니라, 사하라 사막을 횡단하는 대상 무역로를 따라 서아프리카 및 중앙아프리카가 이 세력권에 포함되었다. 서쪽으로는 북서유럽은 물론, 대서양 연안을 따라 난 무역로들이 포함되었으며, 북쪽으로는 러시아의 대규모 강들을 따라 난 무역로들이 이 세력권 안에 편입되었다.

이러한 교역 체제에 기반이 된 것은 이슬람 세계 중심부에 자리한 부유한 도시들, 즉 다마스쿠스, 카이로, 바그다드 등이었다. 그중에서

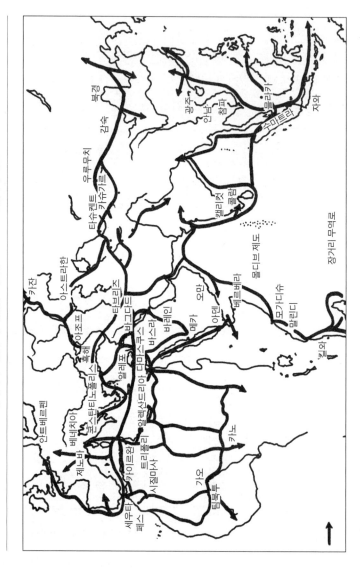

유라시아 해상무역 이슬람: 기원후 600~1500년의 무역로

베이징
광저우
안남
참파
말라카
자와
수마트라
간쑤
위구르지
타슈켄트
카슈가르
캘리컷
콜람
몰디브 제도
장거리 무역로
오만
베르베라
모가디슈
말린디
킬와
아레
메카
바레인
바스라
바그다드
다마스쿠스
알렉산드리아
아스트라한
카잔
카파
아조프
흑해
트레비존드
홀리스
콘스탄티노폴리스
베네치아
안트베르펜
제노바
카이로완
트리폴리
시칠리아
가오
팀북투
세우타
페스

도 바그다드의 중요성이 점차 커져, 아바스 왕조에 의해 건립된 지 불과 몇십 년이 지나지 않아 중국 바깥에서 가장 큰 도시로까지 성장했다. 애초에 바그다드는 왕궁과 모스크를 중심으로 한 원형 성읍 형태였으며, 일련의 성벽이 동심원으로 중심을 에워싼 사이사이에 가옥들이 자리 잡고 있었다. 바그다드는 도시가 가진 부에 힘입어,(왕궁의 존재가 바그다드의 부에 한몫했다.) 인구가 부쩍 팽창함과 동시에 교외도 외곽을 향해 크게 뻗어 나갔다. 가장 전성기 때 바그다드는 그 크기가 콘스탄티노폴리스의 다섯 배에 달했으며, 인구는 약 90만 명가량을 헤아릴 정도였다. 이에 반해 같은 시기 잉글랜드에서는 레스터 같은 일반적 크기의 '성읍'도 인구가 1300명 정도에 불과했다. 당시 이슬람이 세상의 중심이었음은 유라시아의 무역에 이슬람의 통화가 지배적으로 사용되었다는 사실에서도 잘 드러난다. 물론 7세기까지는 비잔티움과 사산 제국의 옛날 통화들이 계속 유통되던 상태였다. 그러다가 서아프리카에서 대량의 금이 생산되어 사하라 사막 전역으로 수송되고, 이것을 이슬람이 손에 넣게 되면서 그들만의 독자적인 주화가 만들어져 나왔다. 그렇게 해서 만들어진 금화가 디나르(dinar)였고, 은화는 디르헴(dirhem)이라 불렸다. 유라시아의 동쪽 지방에서는 디르헴이 지배적으로 쓰이는 경향이 있었지만, 무역에서 주된 가치를 지녔던 것은 역시 디나르였다. 비잔티움도 이른바 노미스마(nomisma)라는 금화를 독자적으로 주조해 냈으나, 이 주화의 유통은 제한적인 수준에 그쳤다.

이슬람 세계에는 러시아, 북서유럽, 아프리카 등의 주변부 지역 물품들도 모여들었다. 이들 물품들은 주변부의 특징을 전형적으로 보여 주었다. 그중 가장 중요했던 하나가 노예였는데, 주로 메소포타미아 남부의 대규모 설탕 농장, 광산, 가정집의 일꾼으로 활용되었다. 노예의 공급지는 크게 세 군데였다. 첫 번째는 중부 및 동부 유럽으로, 베르됭,(노예 거세가 주로 이루어졌다.) 아를, 베네치아 혹은 흑해를 경유해 노예 수송이 이루어졌다. 중앙아시아의 경우에는 사마르칸트(이곳도 노예 거세의 핵심 기지였다.)와 부하라를 거쳐 노예들이 이동했다. 아프리카에서는 전역에 걸쳐 노예가 양산되었다. 사하라 사막을 가로질러 북아프리카와 이집트에 이르는 지역을 비롯해, 에티오피아와 수단에서 출발해 이집트에 이르기까지의 지역에서 노예가 났고, 아프리카 동부 연안에서 출발해 아덴과 소코트라섬, 나아가 페르시아만에 이르는 지역에서도 노예가 공급되었다. 이와 함께 유럽 주변부 무역에서는 호박, 모피, 목재도 중요한 산물로 통했는데, 특히 목재의 경우 이슬람 세계에서 늘 공급이 딸렸다. 목재는 선박 건조와 설탕 생산은 물론 숯의 제조에도 꼭 필요했기 때문이다. 그러나 당시 이슬람 무역의 초점은 주로 유라시아에서 발전과 번영을 이룬 또 다른 지역, 즉 인도와 중국에 맞춰져 있었다. 이들 지역과의 교역은 애초에 사치품 한 가지만 주로 오가는 양상을 띠다, 점차 어디든 최대의 수요가 존재하는 곳으로 주요 산물들이 대량으로 수송되는 양상으로 급변하기 시작했다. 이로써 한 종류의 사치품만을 사고파는 교역은 점차 퇴조하니, 이를테면 중국의 생견(raw silk)이 그랬다. 거기에다가 6세기 말 혹은 7세기 초의 어느 시점엔가 네스토리우스파의 수도자 하나가 중국에서 누에를 몇 마리 몰래 들여오는 데 성공했다. 그는 누에뿐 아니라, 누에를 치는 방법 및 비단 잣는 방법의 비결까지 몰래 자국으로 들여올 수 있었다. 그리하여 다마스쿠스와 알레포 전역이 이슬람 제조업자들에 의해 생견 공급지로 변모해, 비잔티움을 포함한 유라시아 각지에 생견을 공급했다. 서남아시아에서도 결국 생견 제조가 이루어지게 되었지만, 중국에서 생산된 고품질의 비단(지금도 유라시아에서 최고로 통한다.)은 이때에도 여전히 유라시아 각지의 주된 교역 물품으로 통했다.

이 시절 이슬람 세계의 교역은 대규모 성격을 띠어, 선박이나 혹은 대상(隊商) 마차를 이용해 아프리카 북부 연안을 오가는 상인만 한 해에 8000명에 달했다. 이들 상인 중에서 제일 중요시된 이들은 유대인 집단으로, 특히 '라다니트(Radhanites: 이 말이 어디서 유래했는지는 명확하지 않다.)'라 불린 상인들의 활동이 두드러졌다. 이들 세력은 예전부터 존재했던 듯하나, 이슬람의 흥기로 기독교 왕국의 반(反)유대인 정책이 사라지면서 훨씬 폭넓은 자유를 누리게 되었던 것 같다. 이른바 '시리(Syri)'파 상인들(시리파 상인들은 주로 네스토리우스파와 야코부스파의 기독교도 및 일단의 아르메니아인으로 구성되어 있었으며, 이들이 대체로 이슬람과 비잔티움 사이의 무역을 장악했다.)을 몰아낸 것도 이들 유대인 상인들이었다. 유대인 상인들은 장거리 무역의 지배권을 점차 확대해 갔고, 11세기까지 자신들의 지배적 입지를 유지했다. 이들이 핵심 근거지로 삼았던 곳은 이집트, 그중에서도 특히 카이로였는데, 당시에는 카이로가 홍해에서 인도로 가는 무역은 물론,(이슬람 시대에는 페르시아만보다는 홍해가 인도로 통하는 길목으로 더 중요시되었을 가능성이 있다.) 남부 유럽, 특히 이탈리아와의 교역 상당 부분을 장악하고 있었기 때문이다. 유대인 상인들은 인도로 가서 구리, 납, 직물 등을 판 뒤, 거기서 향신료, 염료, 식재료 같은 물품들을 사서 돌아오곤 했다. 이들 무역업자들의 11, 12세기 활동상은 19세기 말에 발견된 문서 기록들을 통해 드러나기도 했는데, 기록물의 안전한 보관을 위해 이른바 게니자(Geniza: 카이로의 유대교 회당 성물 창고) 한쪽 구석에 쳐 박혀 있던 내용들이 최근에 세상의 빛을 보게 된 것이다. 이를 보면 이슬람의 시대에 무역이 어떤 식으로 조직되어 있었는지와 관련해 상세한 통찰을 얻을 수 있다. 대부분의 무역을 담당했던 것은 소규모의 무역업자들이었고, 이들은 자기들끼리 구체적인 사업별로 제휴 관계를 맺곤 했다. 사업 운영은 대체로 신용을 담보로 해서 거래 시 2개월 동안은 대금을 지급하지 않았다. 무역에서 사용되는 화폐도 보통 개인이 가진 주화보다는, 정부와 상인, 은행에서 진부(眞否)를 확인한 봉인된 상자가 이용되었다. 외국 화폐를 바꿔주는 환전상들도 카이로 전역에서 찾아볼 수 있었다. 하지만 당시의 교역에는 현금이 수반되지 않는 경우가 많았다. 그 대신 은행에서 약속어음, 거래 신용장, '지불 명령서'(수표), 환어음을 발행했으며, 따라서 이 같은 거래 내역을 추적하기 위해 갖가지 회계 기법이 함께 발달했다.(이슬람교는 고리대금업을 금했지만 이 금기는 쉽게 피할 수 있었고, 따라서 당시 무슬림 은행가들은 고리대금업의 모든 분야에 손을 댔다.) 유대인 상인들 외에도 당시의 교역에서 주된 세력으로 부상한 이들이 또 있었는데, 바로 750년대 말부터 아바스 칼리파조로부터 실질적 독립을 이루었던 하와리즈파였다. 이들은 이내 시질라마라는 대규모의 대상 무역도시를 건설하는데, 사하라 사막에서 사헬 그리고 수단으로 통하는 각종 무역로의 중심지가 되어 타지로 빠져 나간 금과 노예를 다시 이슬람 세계로 끌어들이는 역할을 했다.

12.2.1 인도양 세계

인도양 세계는 국제적 면모가 훨씬 강해, 이 복잡한 무역 체계 속에서는 이슬람 무역업자도 그저 하나의 구성 요소에 불과할 뿐이었다. 인도양 세계에서는 그 누구도 지배적 세력이 되지 못했을 뿐아니라, 그 누구도 무역에서 이득을 얻고자, 혹은 무역로를 장악하고자 강제적 힘을 행사하려고 하지 않았다. 인도양을 건너는 선단들은 광범위한 집단 및 출신지의 사람들이 한데 모여 구성될 때가 많았는데, 장거리 항해에 뒤따르는 위험이 그만큼 컸기 때문이었다. 하지만 이슬람 상인들은 중국을 온전히 왕복하려면 최소 18개월 이상이 걸렸는데도 확실히 선대(先代) 상인들에 비해 훨씬 먼 거리를 오고갔다. 중국을 다녀오려면 일단 9월에 페르시아만과 홍해 하구에서 배들이 집합해 북동풍을 안고 인도 남부의 항구에 이르러야 했다. 그런 다음에는 12월의 남서 계절풍을 타고 벵골만을 건너야 했는데, 그래야만 남중국해에서 남쪽으로 부는 계절풍을 만나 4월이나 5월에 광동에 이를 수 있었기 때문이다. 귀환 시에는 가을에 광동을 떠나야 북쪽으로 부는 계절풍을 탈 수 있었고, 이어 인도양에서 연초에 부는 북동 계절풍을 타면 5월 무렵에 페르시아만과 홍해로 되돌아올 수 있었다. 이슬람 세계가 직접 파견한 사절이 중국에 처음 이른 것은 660년으로, 이후 몇십 년 만에 중국 남부의 대부분 항구에는 이슬람 무역업자의 대규모 공동체가 자리 잡았다. 하지만 이슬람과의 이 무역은 단순히 일방향에 그치지 않았다. 당시 중국 상인들은 자와와 수마트라 일대를 지배했던 것은 물론, 거기서 좀 더 서쪽으로 나아가 종종 인도양에까지 이르렀기 때문이다. 페르시아만과 아덴에서는 일찍이 5세기부터 중국의 선박을 흔히 찾아볼 수 있었으며, 8세기 무렵에는 아프리카 동부 연안을 따라 제법 대규모의 교역이 이루어지기도 했다. 751년의 탈라스 전투에서 이슬람 군대에 중국인 포로들이 생포되었을 때에도 이들은 일단 메소포타미아로 이송되었다가 762년에 본국으로 귀환할 수 있었으니, 그 당시에 페르시아만에서 출발하는 중국 범선이 있었기 때문이다. 실제로 아랍의 위대한 지리학자 알-무카다시(Al-Maqdisi)는 10세기 말에 글을 쓰면서 아랍 세계 전체가 이른바 '중국

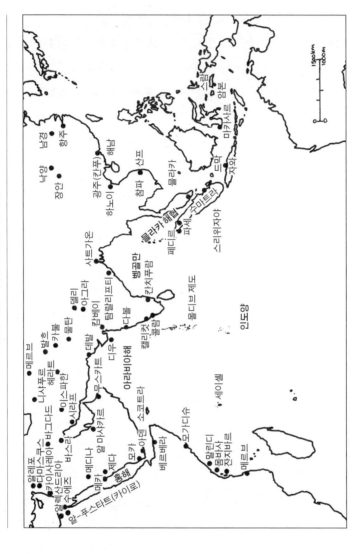

기원후 600~1500년의 인도양 세계

낙양
남경
장안
항주

광주(칸푸)
하노이
참파
말라카
해남
산포
마카사르
일몬

물라카 해협
페디르
파세 수마트라
스리위자야

메르브
나사푸르
발흐
헤라트
카불
물탄
델리
아그라
사트가온
시라프
이스파한
바스라
캘리컷
콜람
콜람비
다불
캄베이
람발리프트
메카탄
무스카트
소코트라
디우
몰디브 제도

인도양

벵골만

간치푸람

해릴포
다마스쿠스
카이사레아 바그다드
알렉산드리아 수에즈
메디나
메카
알-푸스타트(카이로)
홍해
젯다
모가
할마사카르
아덴
베르베라
모가디슈
말린디
몸바사
잔지바르
세이셸
베르브

아라비아해

1500km
1000mi

해' 일대를 그 기반으로 삼고 있다는 견해를 피력하기도 했다.

당시의 무역이 효과적으로 제 기능을 발휘하는 데는, 과거에도 그랬지만, 동서 무역로 사이에 낀 중간 도시들의 역할이 무엇보다 중요했다. 이런 도시들을 배들이 기항지 삼아 항해 도중에 필요한 보급품을 조달할 수 있었을 뿐 아니라, 시장에서처럼 가진 물품을 서로 교환할 수도 있었기 때문이다. 수많은 중간 기착지 중에서도 중요했던 곳은 인도 연안, 스리랑카, 몰디브, 그리고 동남아시아(수마트라, 자와, 베트남 남부)의 도시들이었다. 하지만 이 중에서도 제일 중요했던 곳은 역시 인도의 도시들이었다. 당시 인도의 큰 나라들은 대체로 육지를 기반으로 삼았고, 따라서 이들에게 무역 수익을 얼마간 납입하기만 하면 연안의 교역 도시들은 자신들 재량에 따라 독립적으로 부를 쌓을 수 있었다. 더구나 이 시기의 인도는 농업 기반이 튼튼하고 자국 산업만으로도 국내 수요를 거의 충족시킬 수 있던 터라 전반적으로 매우 부유했다. 일부 특산품의 경우 타지에 수요가 있으면 수출까지 했고, 특히 목화 제조품 및 비단을 비롯해 염료와 금속세공품이 그러했다. 하지만 그에 비해 수입은 훨씬 저조한 편이었고, 로마 제국 시절에 그랬듯, 많은 양의 금과 은이 동부로 유출되는 상황은 오래전부터 계속되었다. 인도의 구자라트 지방은 페르시아만과 장기간 교류해 온 상태였는데, 이 두 지역은 굳이 계절풍을 기다리지 않아도 거의 1년 내내 배가 오갈 수 있기 때문이었다. 구자라트의 제1항구 캄베이에는 페르시아만 출신의 아랍인 무역자들이 상당한 규모로 공동체를 이루고 있었다. 하지만 꼭 이들이 아니라도 캄베이항 자체가 광범위한 교역망을 구축하고 있었고, 그중에서도 특히 남쪽 방향으로 아프리카 동부 연안과의 무역이 활발했다. 12세기 무렵에 이르자 구자라트 지방의 무역 양상은 판이하게 달라져, 이제는 사치품 대신 직물과(특히 목화와) 무기, 반(半)가공 원료를 비롯해 비단과 말, 곡식, 설탕, 소금, 건조식품 같은 기본 생필품들이 주로 교역되었다. 좀 더 남쪽에 있는 말라바르 연안에 자리한 캘리컷은, 도시 퀼론(콜람)이 쇠락한 이후 가장 중요한 항구로 부상한 곳이었다. 캘리컷은 홍해에서 시작되는 무역로의 주된 연결 고리이자, 중국 범선들이 인도양으로 항해해 올 때 주로 들르는 기항지이기도 했다. 이 지역의 토착 상인들은 수마트라 및 자와와도 교역했으며, 15세기 말에 이르자 캘리컷에서 활동하는 무슬림 상인의 수만 1만 5000명 이상을 헤아렸다. 인도 남동부에 자리한 국가 촐라 역시 이러한 동서 무역에 중요한 역할을 했으며, 타밀 지방의 토착 상인 및 그들의 다양한 회사 조직을 강력하게 지원해 주었다. 촐라는 다양한 시기에 스리랑카와 몰디브도 지배했으며, 심지어는 동쪽 멀리에 있는 수마트라에까지 공습을 감행해 스리위자야가 상업 면에서 누리던 지배적 위세를 무너뜨렸다. 촐라에서 행해지던 무역 상당 부분에서 핵심은 이 지역에서 생산되던 고품질의 직물로, 이는 칸치푸람 상인계급이 이룬 부의 기반이기도 했다.

12.2.2 유럽의 무역

유라시아의 무역 세계에서 유럽은 멀리 대륙 서쪽의 가장자리를 차지하고 있었는데, 유럽이 수 세기 동안 줄곧 주변부의 위치에 머물렀음은 이 당시 유럽에서 행해진 무역의 종류와 수준, 그리고 재무 체계의 정교함만(다시 말하면 그 미비함의 정도만) 봐도 잘 알 수 있다. 전반적으로 이 시기의 유럽에서는 줄곧 와인, 울, 목재, 생선, 모피 같은 원자재들이 생산되어 나왔고, 뒤늦게야 서서히 제조품들이 좀 더 많이 만들어지기 시작했다. 하지만 좀 더 많은 제조품을 만들게 되었을 때조차도 유럽은 이슬람 세계에 필요한 물건은 거의 만들지 못했던 데다, 엄청난 규모의 무역 불균형으로 말미암아 자신들이 동쪽에서 들여오는 물품에 대해서는 계속 대금 지급에 어려움을 겪었다. 유럽이 유라시아의 무역 체계에 편입된 것은 11세기로, 아말피와 바리 같은 유럽 남부의 항구도시들이 하나둘 무역에 동참하기 시작하면서였다. 하지만 유럽의 무역에서 가장 중요했던 부분은 유럽의 무역이 서서히 북부의 새로운 지역들, 즉 플랑드르(이곳의 직물 산업은 수 세기 동안 잉글랜드의 울을 공급받아 이루어졌다.)와 스칸디나비아, 발트해, 그리고 러시아까지 차츰 확대된 점이었다. 유럽 지역 내에서 이루어지던 남북 방향의 무역은 규모가 작아서, 속도가 느리고 비용도 비싼 육로 수송으로도 충분했을 뿐 아니라, 트루아나 프로뱅 같은 도시에서 열리던 샹파뉴 지방 박람회만으로도 교류가 충분했다. 이들 박람회들도 12세기 말에 이탈리아 상인들이 찾아오기 전까지는 국가 차원이 아닌 지방 차원의 교류에 머물렀다. 지중해에서 북부 유럽으로 가는 무역 항해도 13세기 말에나 들어서야 어느 정도 규모를 갖추게 되는데, 이슬람, 인도, 중국의 배들이 정기적으로 장기간의 항해에 나설 수 있었던 데 반해 유럽의 배들은 대서양 항해에 뒤따르는 갖가지 위험을 극복할 역량이 없었다.

11세기부터 14세기 동안 유럽의 무역을 지배한 것은 이탈리아 북부의 도시들이었다. 그중에서도 제일 중요했던 도시는 베네치아로, 처음에는 비잔티움과의 연계를 십분 활용해 아드리아해의 제해권을 확보하더니 나중에는 서유럽의 이른바 '십자군' 연합이 1204년 콘스탄티노폴리스를 약탈하도록 뒤에서 재정을 지원했다. 이 베네치아의 주된 경쟁 상대로는 피사와 제노바가 꼽혔으며, 13세기 중반에 이르자 흑해로 통하는 무역로를 이 두 도시가 장악했다. 이들 도시의 무역은 대부분 내륙을 대상으로 롬바르디아 지방의 제조업 도시들과(특히 밀라노와) 주로 교역했다. 유럽 북부에서도 게르만족 정착지가 점차 동쪽으로 확대되면서 발트해에 무역 체계가 하나 출현했고, 이에 따라 여름 한 철 동안 뤼베크, 로스토크, 슈테틴, 리가 같은 도시들 사이로 선박들이 오가곤 했다. 북유럽 무역에서는 동부의 삼림 지대에서 나는 1차 생산물(모피와 목재)을 위주로 교역했으며, 소수의 몇몇 대도시(대도시라고 해도 거주민은 대부분 1000명에 못 미쳤다.)가 한자 동맹의 지배적 위치를 점하고 해당 지역의 무역을 조직해 나갔다. 이들 독일 도시들은 15세기에 들어서면서 플랑드르 및 홀란트의 도시들과 점차 치열한 경쟁 관계에 들어섰는데, 처음에는 곡물(주로 호밀) 공급에만 그쳤던 북유럽의 무역이 이즈음 플랑드르 및 홀란트 도시 시민들의 식량 문제 전반을 좌우하는 양상으로 급변했기 때문이었다.

15세기에 접어들자 유럽의 무역은 500년 전에 비해 확실히 훨씬 높은 수준에 올라 있었으나, 유라시아 전체의 기준에 비춰 봤을 때는 여전히 매우 작은 규모였다. 심지어 1400년에 이르러서도 베네치아가 보유한 갤리 상선은 고작 스무 척에 불과했으며, 그중 여름철에 레반트까지 항해해 간 선박은 다섯 척밖에 되지 않았다. 이 정도의 상선밖에 보유하지 못하기는 제노바 역시 마찬가지였으며, 카탈루냐의 교역 도시 바르셀로나는 이에도 약간 못 미쳤다. 이들 선박이 본국으로 싣고 돌아오는 화물의 총량은 약 4000톤이었는데, 오늘날 소규모 화물선 한 대의 선적량이 이 정도다. 이 당시에는 상업 기술도 그리 정교하지 못했다. 일례로 샹파뉴 지방의 박람회는 모든 거래가 물물교환으로 이루어지도록 계획되었는데, 화폐로 쓸 금과 은이 유럽에 부족했던 데 따른 불가피한 조치였다. 이 시절 유럽에서는 이슬람의 디나르나 비잔티움의 노미스마가 주로 화폐로 사용되었다. 무역이 날로 성장해 감에도 불구하고 유럽에는 새로운 금화가 주조될 기미가 보이지 않다, 1252년에야 마침내 제노바에서 제노비보(genovivo)를 내놓았고, 뒤이어 피렌체와 베네치아에서도 각각 플로린(florin)과 두카트(ducat)를 새로운 주화로 내놓았다. 하지만 전반적으로 이때 발행된 화폐의 양은 극히 적었으며, 은화 역시 주조 지역과 인접한 곳이 아니면 거의 통용되지 않았다. 이와 관련해서는 유럽에서는 금이나 은이 극히 소량밖에 생산되지 않았다는 점이 근본적 문제였는데, 15세기에 말에 중부 유럽에서 금광이 발견되기는 했으나 여기서 채굴된 금마저도 대부분 이슬람 세계에서 들여온 물건 값을 치르기 위해 동부로 흘러들어 갔다. 프랑스의 경우 14세기 중반에 접어들자 동전 주조에 들어가는 은을 더는 조달하지 못해 동전 생산을 중단할 수밖에 없었다. 그러자 당연히 화폐의 질이 하락했다. 프랑스에서는 1250년에서 1500년 사이에 240개의 페니를 주조하는 데 들어가는 은이 80그램에서 22그램으로 줄었으며, 밀라노에서는 70그램에서 9그램으로 줄었다. 한편 이슬람 세계의 상인들과 교류한 결과, 이탈리아에서도 서서히 이슬람에서 사용되는 좀 더 정교한 상업 관행들이 채택되기 시작했다. 환어음은 1300년 무렵에 이탈리아에서 처음 사용되기 시작해 이후 50년 만에 장거리 무역의 흔한 거래 방식이 되었다. 하지만 한자 동맹이 장악한 북부 지방 무역은 여전히 물물교환 위주였으며, 신용을 활용하는 경우는 극히 드물었다. 복식부기는 이탈리아에나 흔했지 그 외 지역에서는 찾아보기 어려웠으며, 북부의 경우에는 16세기에 들어서서야 비로소 어느 정도 비중을 가지게 되었다. 아울러 (이슬람에서 그랬듯) 교회 권위자들이 여러 면에서 반대했음에도 유럽에서도 대출이 잦았는데, 거기에는 큰 위험들이 뒤따르곤 했다. 일례로 잉글랜드의 에드워드 3세(Edward III)는 1341년에 대출금 상환을 막무가내로 거부했고, 그 결과 5년도 안 되어 피렌체의 페루치(Peruzzi) 가문과 바르디(Bardi) 가문이 차례로 파산당했다.

12.2.3 무역으로 연결된 세계

15세기에 접어들어서도 유럽은 유라시아 세계 내에서 여전히 변방과 다름없었다. 하지만 이즈음에는 유럽도 점차 무역으로 통합되어 가는 세계의 특성을 일부 공유하게 되었고, 그 세계 역시 무역의 다양성과 양의 확대로 확실히 1000년 전에 비해 훨씬 발달된 수준에서 운영되었다. 중국 남부 연안, 벵골만, 나일강, 이탈리아 북부, 플랑드르 같은 곳의 주요 도시 일대에서는 농경이 도시의 시장 수요에 맞추어 대폭 상업화했으며, 농부들도 현물보다는 현금으로 지대를 납입하는 경우가 많아졌다. 물론 도시에서 떨어진 좀 더 외진 지역들에서는 최저 생계 수준의 농경이 여전히 주를 이루었다. 상업과 산업은 수많은 지역에서 비슷한 모습으로 발달해 갔다. 플랑드르 지방과 인도 남부의 칸치푸람이 동일한 시기에 직물 생산을 전문화한 것이 그 실례다. 그렇다고 해도 산업화 및 상업화 수준에서는 확실히 유럽보다 중국과 인도가 훨씬 우위에 있었다. 이 시절 중국에서는 전체 인구의 10분의 1이 도시민이었는데, 영국에서는 1800년에나 이르러서야 도시민 비율이 이 정도에 달할 수 있었다. 베네치아, 아덴, 캘리컷, 플라카 같은 반(半)독립적인(혹은 온전히 독립적인) 교역 도시들은 교역망의 집결지였다. 이런 도시에서는(특히 유럽 바깥의 도시들에서는) 다양한 집단 출신의 상인들이 모여 사업을 벌였기 때문에 국제도시의 면모가 매우 강하게 나타났다. 믈라카의 경우 15세기에 이미 지중해, 아시아 내륙, 동아프리카, 인도, 중국, 일본을 비롯해 동남아시아 전역

과 교역 중이었고, 그래서 이 도시에서 통용되던 다양한 언어만도 여
든네 가지에 이르렀다. 일반적으로 통치자들은 교역이 창출해 주는
부가 세입의 주된 원천이었던 까닭에, 이들 교역 도시의 활동을 관대
하게 용인하며 적극 장려하는 편이었다. 이 당시 국가는 다양한 역할
을 맡아 일을 시행했다. 이를테면 베네치아 공화국에서는 국가가 선
박을 건조해 상인들에게 대여해 주었으며, 중국에서도 더러 그런 정
책이 시행되었으나 항해에 뒤따르는 위험을 전반적으로 상인들이 직
접 지게 했다는 점에서 차이가 있었다. 시간이 흐르자 유라시아 각지
는 저마다 정치적 리스크들이 변화하고, 무역 패턴이 급작스레 뒤바
뀌고, 새로운 길이 개척되며 옛 길들이 퇴조하는 양상을 겪었고, 이에
따라 다양한 도시들도 나름의 흥망성쇠를 겪었다. 그럼에도 불구하
고 유라시아 전역은 무역 수준이 점차 증대했으며, 무역망 역시 매우
더딘 속도로나마 점차 긴밀히 통합되어 갔다. 그 결과 이제 한 지역에
서 발생한 사건 및 그로 인한 혼란이 무역 체제 전반으로 전파되면서
유라시아의 모든 지역이 그 영향을 받기에 이르렀다.

12.3 과학과 기술: 중국

이렇듯 유라시아가 복잡한 교역 관계망을 통해 점차 하나로 연결
되어 가던 만큼, 과학과 기술의 변화도 더는 어느 한 지역이 독점하기
가 불가능했다. 중국이 그렇게 철저히 비밀에 부쳤던 비단 생산 기법
이 결국에는 중국 밖으로 빠져나갔듯, 과학과 기술의 변화도 유라시
아 전역으로 확산해 나갔다. 그랬다고는 해도 17세기까지는 분명 중
국과 (중국보다 약간 미흡한 감은 있으나) 이슬람이 유라시아에서 가장

위대한 지식, 창의성, 기술 발전을 보유하고 있었다는 데는 의심의 여지가 없었다. 이 같은 주장은 일반적인 '서양 문명' 중심의 관점, 그러니까 '과학적 방법론'과 '합리주의'를 오로지 고전 시대 그리스의(종국에는 '서양'의) 전유물로만 보는 관점과 일견 어긋나는 것처럼 보인다. 그 같은 관점에서는 '동양'은 본질적으로 비과학적이며 정체된 곳으로 본다. 하지만 이는 고대 그리스의 문화는 과대평가하고 그 외의 다른 모든 전통은 과소평가하는 일반적 경향에서 비롯된 불합리한 관점이다. 물론 몇 가지 측면에서는 그리스의 중요성을 부인할 수는 없다. 예를 들어 유클리드 기하학은 유라시아의 다른 모든 곳을 월등히 앞선 수준이었다.(중국은 이슬람의 상당 지역과 함께 대수학 방면에서 훨씬 강한 면모를 보였다.) 그러나 프톨레마이오스의 천문학에서 수정 구슬 천구가 제시된 것이나,(유럽에서는 프톨레마이오스의 천문학이 16세기 말까지 정설로 통했다.) 광학에서 빛의 광선이 사물보다 눈 자체에서 나온다고 믿은 것에서 볼 수 있듯, 그리스인들은 인식상의 근본적 오해를 가지고 있을 소지도 그만큼 많았다. 기계적 환원주의가 주류를 이룬 유럽과는 달리, 확실히 중국은 유기적인 유물론을 좀 더 선호한 편이었다. 좀 더 총체적인 시각에서 사물을 바라보는 이런 관점에 따르면, 외부의 현상들은 하나의 우주적인 패턴을 통해 서로 관련을 맺고 있으며 우주의 패턴 역시 인간의 인식으로 파악할 수 있다. 따라서 중국에서는 원자론이나 기계적 상호작용보다는 장(場) 이론(field theory)이나 원격작용(action at a distance) 같은 원리를 더 선호하는 경향을 보였다. 그렇다고 해서 중국인의 이 같은 경향이 측량이나 분류법의 발달을 저해한 것은 아니었으니, 중국인들도 (기원후 130년 무렵에 사용된) 지진계는 물론이고 그와 동일한 시기에 십진법 눈금이 매겨진 슬라이드식 캘리퍼스(두 다리가 달린 컴퍼스와 매우 비슷한 도구로, 작은 치수를 잴 때 쓰인다. ─ 옮긴이) 같은 정교한 기구들을 만들어 쓸 줄 알았다.

이 시절에 중국은 천문학에서만큼은 유라시아의 다른 모든 지역을 월등히 앞서 있었다. 중국에서 최초로 일식이 관측된 것은 기원전 1361년이었고, 혜성 목격의 최초 기록은 이보다도 약 300년을 앞섰으며,(일명 '핼리 혜성'의 존재를 확인한 것이 기원전 467년이었다.) 기원후 635년 무렵에는 혜성의 꼬리가 태양 위치의 반대 방향으로 생겨난다는 사실을 중국 관측자들이 알아냈다. 아울러 중국에서는 태양 흑점에 대한 체계적인 기록이 기원전 28년부터 이루어졌는데, 유럽은 그로부터 1500년이 흐른 르네상스 시대에도 태양의 흑점 현상을 누가 '발견했는가'를 두고 논쟁을 벌이기에 바빴다. 하지만 천문학에서 훨씬 의미 깊은 관측은 신성 및 초신성을 발견한 내용으로,(오늘날까지도 천문학자들의 자료로 활용되고 있다.) 기원전 1400년에 최초의 사례가 관측된 것을 비롯해 게성운을 탄생시킨 기원후 1054년의 초신성 폭발 사례가 기록되어 있다.(이 같은 폭발이 있었다는 사실은 오로지 중국과 일본의 기록 덕분이 확인할 수 있었다.) 또한 기원후 8세기에 중국 과학자들은 이미 남반구의 별자리를 조사하러 자와를 비롯한 여타 섬들로 원정을 다녔다. 중국인 과학자들은 일찍이 기원전 350년부터 각도를 활용해 별자리 위치를 정했다. 현대 천문학의 기법들도 이슬람의 경위(經緯) 체제나 그리스인의 황도좌표계보다는, 중국인들의 열차(列次: 천문학에서 천구를 적도를 따라 12차로 나눈 곳에 차례대로 배열한 것이다. ─ 옮긴이) 및 좌표계에 좀 더 가까운 형태를 하고 있다. 현대 천문학의 기반을 닦은 것은 16세기 말의 천문학자 튀코 브라헤(Tycho Brae)인데, 그의 천문학 지식에 토대가 된 아랍 문헌들도 알고 보면 천문학자 자말 알-딘(Jamal al-Din)이 13세기 과학자 사절단을 이끌고 중국을 다녀온 끝에 만들어진 것들이었다. 중국의 시간 측량 기법 역시 무척이나 중요한 발전이었다. 중국인들은 이집트와 메소포타미아에서 일명 물시계를 도입한 후, 여기에 오늘날 각종 시계의 핵심 부품이라고 할 수 있는 탈진 장치(escapement mechanism)를 달아 시계를 한 단계 더 발전시켰다. 이 같은 발전은 기원후 725년 불교 승려였던 일행(一行)에 의해 처음 이루어졌으며, 유럽은 이로부터 6세기는 지나서야 이와 유사한 장치들을 사용할 수 있었다. 하지만 이후에도 중국의 시계는 내내 유체역학을 이용한 단계에서 벗어나지 못했고, 따라서 좀 더 발달한 온전한 기계식의 시계는 14세기에 들어 유럽에서 발달하게 된다.

중국의 과학과 기술은 현실의 문제들에 실질적인 해결책을 내놓고, 그것들을 통해 경제 및 사회를 상당 수준 변화시켜 나갔다는 데에 강점이 있었다. 그 최초 사례가 바로 말로 짐을 끌 수 있게 효과적인 마구(馬具) 이용법을 개발한 것이다. 처음에는 말에게도 황소, 암소, 물소를 부릴 때 하듯 목과 배 둘레에 마구를 거는 방식이 이용되었다. 기본적 원리가 멍에와 동일한 이 장치는 소 같은 동물들을 이용할 경우 목에서 몸통으로 이어지는 척추에 힘이 걸리기 때문에 확실히 효과가 있었다. 하지만 말은 이런 식의 마구를 차게 되면 주로 목의 힘으로 짐을 끌어야 하기 때문에, 힘을 쓰려고 하면 그만큼 멍에가 기도를 압박했다. 이렇듯 숨통을 조이는 마구의 구조 때문에 말은 쟁기질처럼 무거운 물건을 끌어야 하는 작업에는 이용되지 못했고, 대신 전차 몰이와 같은 가벼운 노동에만 이용되었다. 따라서 말의 힘을 효과적으로 이용하기 위해서는 힘점을 낮추되 그 힘이 말의 양 측면에서 작용하도록 만들어야만 했다. 하지만 그렇게 되려면 이제까지와는 다른 양식의 수레 설계가 필수적이었다. 즉 수레의 가운데에

마구의 종류

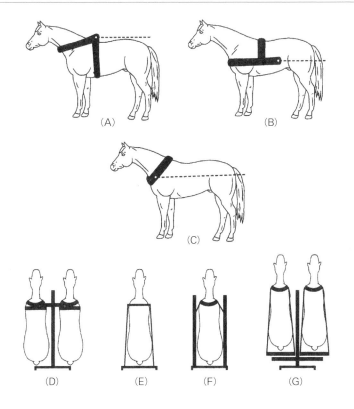

1 (A) 고대의 목과 허리 마구
2 (B) 오늘날의 가슴 끈 마구
3 (C) 오늘날의 목사리 마구
4 (D) 목 마구 부감도
5 (E) 가슴 끈 마구 부감도
6 (F) 목사리 마구 부감도
7 (G) 물추리막대로 말 두 마리를 마차에 연결했을 경우의 목사리 마구 부감도

서 뻗어 나온 하나의 막대 아래 동물 몸통을 두는 대신 동물의 양 측면으로 수레의 자루가 뻗어 나와야 했는데, 이런 구조로도 수레가 잘 굴러가기 위해서는 이른바 '몰추리 막대(whipple-tree)'도 설계되어 나와야 했다. 마구와 관련한 이들 문제를 처음 해결해 낸 것이 바로 중국인들이었고, 그 해법은 가슴 끈이 달린 마구와 양 자루 수레를 함께 이용하는 것이었다. 즉 가슴에 거는 마구에 등 뒤로 끈을 단 후 그것을 수레의 양 자루에 매서 말이 가슴의 힘을 수평으로 이용해 수레를 끌 수 있게 한 것이다. 이러한 체제가 도입되자 말도 얼마든지 무거운 짐을 끌 수 있게 되었고, 특히 점성이 큰 토양을 쟁기로 갈아엎는 작업이 가능해졌다. 중국에서 이 방식이 개발된 것은 기원전 3세기였지만, 유럽에서는 최소한 기원후 600년은 들어서서야 알려졌다. 마구와 관련된 두 번째 발전은 오늘날 형태의 목사리가 만들어진 것이다. 이는 말의 목둘레에 보호대를 댄 틀을 씌우고 수레 자루의 높이를 말의 어깨 위치까지 올려 말이 가슴이 아닌 어깨로 수레를 끌수 있게 한 것으로, 매우 무거운 짐을 날라야 하는 상황에서는 이 방식이 월등히 나았다. 중국에서는 기원후 500년 무렵에 이 방식이 처음 사용되었으나, 유럽은 그로부터 500년이 더 흐른 뒤에야 이 방식을 이용할 수 있었다.

　이 외에도 중국에서는 광범위한 종류의 발명이 수없이 이루어졌는데, 일례로 중국은 기원후 3세기부터 손수레를 만들어 썼지만 유럽에 이 발명품은 1000년은 지난 뒤에야 도입되었다. 중국은 주철 생산이 가능할 만큼 철강 산업이 고도로 발달해 있었고,(유럽에서 처음 주철이 생산된 것은 아무리 빨라야 14세기다.) 그 덕에 기원후 6세기부터 쇠사슬을 이용한 현수교가 만들어지는가 하면,(유럽에서는 1740년대에 최초로 현수교가 건설되었다.) 610년에는 분절형 아치 교각이 건설되었다.(유럽에서는 1345년에 피렌체에 건설된 베키오 다리가 최초의 분절형 아치 교각으로 꼽힌다.) 러시아의 경우에는 최근인 1675년까지도 교량 건설에 중국인 전문가들을 초빙해 자문을 받았다. 소금 및 천연가스 확보를 위해 심해 시추 기술을 처음 선보인 것도 중국의 사천 지방으로, 고품질의 철강을 시추 날로 활용해 지표면을 2000피트 이상 뚫고 내려가곤 했다. 또한 염수(鹽水)를 퍼 올리는 데는 밸브가 달린 기다란 대나무 관이 이용되었는데, 19세기 초 미국이 유정에서 석유를 처음 채취할 때에도 동일한 원리의 기구가 이용되었다. 수력의 발전은 중국도 유라시아 나머지 지역과 거의 동일한 시기에(즉 기원후 초반 몇 세기 동안에) 이루어졌으나, 중국의 수력은 제분의 용도보다는 주로 철강 산업에서 복동식 피스톤 풀무를 작동시키기 위한 용도로 이용되었다. 중국에서 크랭크는 기원후의 초반 세기에 회전식 팬이 달린 키질 기계를 만들면서 처음 사용되었는데, 유럽에서는 이후 700년은 더 흐른 뒤에야 크랭크가 선을 보였다. 또한 중국은 1200년 무렵에 이미 크랭크, 연접봉, 피스톤-봉을 수력과 결합해 용광로 및 대장간에서 쓸 수 있는 이른바 '송풍 기관(blowing engine)'을 만들어 냈다.(이 기관은 증기기관 운동에 필요한 구성 요소를 다 갖추고 있되, 작동하는 순서가 증기기관과 정반대였다.) 중국에서 수력은 직물 산업, 그중에서도 특히 비단을 생산하는 과정에도 널리 이용되었다. 비단을 이루는 명주실이 길이가 매우 긴 데다 신장성(伸長性)도 높아 기계 사용에 아주 적합했기 때문이다. 1090년에 중국에서 사용된 비단 감는 기계의 경우 기계 하나가 두 가지 일을 동시에 진행했다. 이 기계 하나면 누에고치를 뜨거운 물에 담그는 작업과, 고치에서 나온 실을 고리에 통과시켜 거대한 얼레에 감는 작업을 한꺼번에 할 수 있었다. 이 기계에는 초창기 형태이기는 하나 플라이어(flyer)와 램핑 암(ramping arm)도 달려 있어 비단을 평평하게 펴 놓을 수 있었다. 이와 동시에 중국에서는 물레의 기계화가 이루어졌을 뿐 아니라, 물레 가락 세 개를 한꺼번에 움직일 수 있는 구동 벨트(driving belt)도 개발되어 나왔다.

항해 및 항로 탐색 분야에서 이루어진 발명들도 중국이 이룩한 가장 의미 있는 발전의 일부로 손꼽힌다. 이 당시 중국의 선박들은 유라시아 나머지 지역 선박들과는 완전히 다르게 설계되어 있었다. 이 시절에 이른바 '추안(船)'이라 일컬어진 중국의 범선들은 선사시대의 대나무 뗏목에서 유래한 것으로, 기본적으로는 장방형의 상자 형태였다. 짐칸에는 가로로 격벽을 설치하는 분절 공법을 통해 배 안에 방수 공간을 확보한 것이 특징이었다. 유럽의 선박들은 19세기에 들어 조선업자들이 중국의 선박 건조 공법에 대한 지식을 갖춘 후에야 이런 방식이 채택되었다. 이 방식에서는 다른 기법보다 훨씬 대규모의 선박을 건조하는 것이 가능했고, 선미 말단도 정방형의 가로대 형태여서 중국은 일찍이 기원전 1세기부터 선미재 키를 이용할 수 있었다.(유럽에는 이보다 1000년도 더 지난 기원후 1180년에야 선미재 키의 활용법이 알려졌다.) 기원후 3세기에는 중국에서 최초로 세로돛이 개발되면서, 바람을 맞받는 항해도 충분히 가능해졌다.(유럽의 선박들처럼 가로돛을 단 배로는 불가능하다.) 이렇듯 중국의 선박들은 항해에 효율성을 갖추었던 만큼, 지중해에서처럼 대규모의 노예를 승선시켜 갤리선의 노를 젓게 할 일이 없었다.(지중해에서는 16세기까지 이런 방식으로 항해했다.) 그 대신에 중국에서는 디딜방아로 움직이는 외륜선을 개발해 강이나 호수에서의 수상 전투에 이용했다. 12세기에 이르러서는 이들 선박에 달린 외륜이 최대 스물세 개까지 늘어났다.(배의 양 측면에 열한 개씩이 달리고, 선미에 나머지 한 개가 달렸다.) 아울러 중국은 자기장에 대한 이해와 매우 정확한 도표 작성을 통해 항해술도 발달시켰다. 자기장 연구가 (점괘에 대한 도교의 관심을 계기로) 애초에 중국에서 시작되었다는 데는 이론의 여지가 없다. 세계 최초로 제작된 나침반은 철제 모형 물고기가 머리와 꼬리로 남북 방향을 가리키는 형태였다.(그래서 무슬림은 나침반을 '떠다니는 물고기'라 부르기도 했다.) 당시에는 바늘에 자성이 생기게 할 때 자철석에 문지르기보다는, 바늘을 남북으로 놓은 채 벌겋게 달구는 방식을 썼다. 자성이 생긴 바늘을 이용했다는 언급이 역사에 처음 등장하는 것은 기원후 83년이나, 실제로는 그전부터 사용했던 듯하다. 유럽에서는 나침반을 12세기 말에 처음 사용한 것으로 알려져 있으며, 유럽이 중국으로부터 선미재 키를 채택해 쓰기 시작한 것도 이때였다. 중국은 그로부터 2세기 전에 이미 자북극(磁北極)이 이동한다는 사실, 나아가 자북극과 진북(眞北)이 서로 일치하지 않는다는 사실을 알았지만, 유럽인들은 자북극과 진북을 어떻게든 일치시키려고 한동안 나침반에 갖가지 조작을 하곤 했다. 자기장에 대한 이러한 지식 덕분에 중국인들은 정확한 좌표계가 들어간 지도를 기원전 4세기부터 만들어 낼 수 있었다. 15세기 무렵에 만들어진 중국 지도에는 항로와 나침반의 방위를 비롯해, 배의 방향을 전환하는 시점 및 지점에 대한 정보까지 담고 있었다.

12.4 과학과 기술: 이슬람과 유럽

과학 및 과학적 사고의 발달과 관련한 그리스의 전통은 주로 이슬람이 계승하는데, 이 점은 후일 이슬람 문화의 형성에 막중한 역할을 했다. 이런 계승이 가능했던 것은 그리스 시대의 수많은 필사본이 아랍어로 번역된 덕분이기도 했고, 813년에 바그다드에 설립된 '지혜의 집(Bayt al-Hikma)'을 비롯해 파티마 왕조 시절에 이집트에 설립된 수많은 기관에 방대한 양의 지식이 누적된 덕분이기도 했다. 하지만 훨씬 중요했던 부분은, 이슬람교가 점차 동쪽으로 확산되면서 이슬람 세계가 그때껏 인도에 쌓인 지식을 새로이 접하게 되었다는 점이었다. 이를 통해 수학 분야에서는 이슬람 학자들이 (비록 거기에 아랍 숫자를 붙이기는 했지만) 인도의 셈법을 채택해 쓰게 되었는가 하면, 인도에서 만들어진 0의 개념을 도입하기에 이른다.(중국에는 그 이전에 0의 개념이 확산되었다.) 875년 무렵에는 알-흐와리즈미(al-Khuwarizmi)의 대수학 토대 정리 작업이 완료되었고,(그의 이름에서 알고리즘(algorithm)이라는 말이 나왔다.) 12세기 초반에는 우마르 하이얌(Umar Khayyam: 오늘날 서양인들에게는 시인 오마르 하이얌(Omar Khayyam)으로 더 잘 알려져 있다.)이 삼차방정식을 스물다섯 개 범주로 분류하는 작업을 마무리 지었다. 천문학에서는 인도의 논문『싯단타(Siddhanta)』가 이슬람 세계에 주로 지적 자극을 일으키며 771년에 바그다드에서 번역되었고, 9세기에 접어들면서는 여타 저작들도 차차 이슬람 세계에 알려졌다. 하지만 이슬람 천문학은, 그리스에서 발달한 프톨레마이오스의 사상이 여전히 지배적 위치에 있었던 까닭에, 여전히 답보 상태에 머물러 있었다. 따라서 이보다는 이븐 알하이삼(Ibn al-Haytham)의 광학 분야의 저작이 훨씬 큰 중요성을 갖는데, 이 책을 통해 광선의 이동 방향에 대한 그리스인들의 그릇된 인식이 수정될 수 있었다.

　이슬람 세계는 기술 방면에서도 몇 가지 중대한 발전을 이루었다. 이슬람 세계 선박들은 비록 중국의 '범선'만큼 정교하지는 못했지만, 유럽의 선박들에는 월등히 앞서 있었다. 북유럽 선박들의 경우 배를 건조할 때 선체의 널들을 서로 포개어 붙이는 일명 '클링커(clinker)'

공법을 썼던 데 반해, 이슬람 선박은 널을 가장자리끼리 빈틈없이 이어 붙이는 이른바 '캐러벨(caravel)' 방식을 썼다. 삭구에서는 대형 삼각돛을 사용했는데, 주 돛대 쪽으로 활대를 하나 기울어지게 매단 후 거기에 이 삼각돛을 달면 바람을 맞받는 방향의 항해가 유럽의 가로돛 선박보다 훨씬 용이했다. 후일 유럽에서는 선박 건조자 및 항해사들이 이 두 가지 공법을 모두 들여와 쓰게 된다. 이 시절에 이슬람 세계 전역에는 대규모의 조선소와 항구가 곳곳에 건설되어 있었으며,(10세기 무렵에 튀니스에 조성된 정박지는 200척 이상의 선박을 수용할 만큼 규모가 컸다.) 인도 및 그 이상의 원거리 항해 시에 따져야 할 위험 및 조류의 정보를 정확하게 실은 도표도 만들어졌다. 9세기에는 세 종류의 수차(아랫 걸이 수차(비트루비우스 식 수차), 윗 걸이 수차, 수평식 수차) 모두가 이슬람 세계에서 사용되었으며, 11세기에는 최초의 조력(潮力) 수차가 바스라에서 작동되었다.(유럽 최초의 조력 수차보다는 약 100년 정도 앞섰다.) 군사 방면과 전쟁 방면에서도 방화전에 쓸 특별한 화공법이 개발되어 나왔는데, 처음에는 석유와 역청을 섞어 방화 물질을 만든 후 특수 방화복으로 보호 장비를 한 병사들에게 나눠 주어 투척하게 했다. 그런데 673년에 칼리니쿠스 바알베크 출신의 한 시리아 건축가가 이슬람에서 변절해 비잔티움으로 들어가면서 이 화공법의 비결까지 들여갔다. 그리하여 이후 이 기술은 일명 '그리스의 불'로 불리게 되는데, 이 명칭은 사실 서유럽인들이 나중에야 붙인 것으로, 이 기술의 연원을 잘 알고 있었던 비잔티움인들 자신은 그 같은 말을 쓴 적이 없었다. 이슬람 군대에서는 이 방면의 기술을 계속 발전시켜, 나중에는 초석과 증류한 석유(당시 이슬람 세계에는 증류 기술이 매우 발달되어 있었다.)를 좀 더 진일보한 배합으로 섞어 쓰는가 하면, 청동제 피스톤 펌프를 통해 불이 붙은 액체를 노즐로 발사시키는 일종의 '화염방사기'('자라야(zarraya)')를 발명하기도 했다.

하지만 이슬람 세계 거의 전역을 통틀어 가장 눈에 띄는 발전은 바로 바퀴 달린 수레 대신에 낙타가 주된 이동 수단으로 자리 잡은 것이었다. 인류가 단봉낙타를 처음 길들인 것은 기원전 1500년 무렵, 아라비아반도의 어딘가였던 것으로 보인다. 물론 그 후로 약 500년 이 지나기까지 낙타는 그리 흔한 동물이 아니었다. 초반 몇 세기 동안만 해도 인류는 젖을 짜기 위해 낙타를 길렀으나, 기원전 100년 직후에 아라비아 북부에서 안장이 개발되면서 일대 변화가 찾아왔다. 이 안장은 V자 형태의 틀을 낙타의 혹 사이에 뒤집어 얹는 형태였는데, 이를 이용하면 낙타 등에 실리는 무게가 혹에 쏠리는 대신 늑골에 고루 분배되는 효과가 있었다. 이 틀을 짐 안장으로 사용할 때는 안장의 양 측면에 짐을 묶을 수도 있었다. 이 낙타 안장에서 볼 수 있듯, 유목민들의 손에서 나온 발명품은 이따금 정착 사회에까지 심대한 영향을 미친다. 기원후 3세기 무렵까지는 북아프리카에서 이란에 이르는 전 지역에서 일반적으로 바퀴 달린 수레와 포장도로가 사용되었으나, 낙타를 이용하게 되면 몇 가지 큰 이점이 있었다. 낙타는 황소, 노새 또는 말에 비해 유지 비용이 훨씬 적게 들었고, 노새나 말과 달리 기존의 마구를 그대로 착용해도 그렇게 고통스러워하지 않았다. 더구나 소, 노새, 말이 끌 수 있는 짐에 한계가 있었던 데다, 낙타 몰이에는 별 장비가 필요 없었던 반면 소나 말이 끄는 수레는 비용도 훨씬 비싸고 유지와 관리도 훨씬 어려웠다. 여기에 낙타의 하루 이동 거리는 다른 동물의 족히 두 배는 되었고, 도로가 나지 않은 곳으로도 다닐 수 있었으며, 끈으로 한데 엮기만 하면 한 사람이 한꺼번에 여섯 마리까지도 몰 수 있었다. 따라서 바퀴가 달린 원시 수준의 이동 수단, 그리고 열악하기 짝이 없는 '도로'(19세 전까지는 도로라고 해야 온통 바퀴자국이 패여 생겨난 길이 대부분이었다.)를 버리고 낙타를 이용하게 된 것은 장족의 발전이 아닐 수 없었다. 이 때문에 이슬람 세계에서는 인프라 건설을 위한 투자 비용도 대부분 도로의 유지와 보수보다는 교량 및 여행객 숙소를 건설하는 데에 집중되었다. 물론 아나톨리아처럼 좀 더 높은 효율성 때문에 바퀴 달린 수레를 계속 이용하는 곳들도 있었다. 하지만 낙타 수송이 가져다주는 이점이 워낙 많았던 까닭에 낙타는 곧 이슬람 세계의 핵심 근거지 전역으로 널리 그리고 급속히 확산되었다. 낙타는 서쪽으로도 확산되어 북아프리카에까지 이르렀고, 이곳에서 개발된 독특한 형태의 안장을 이용하면 사람이 낙타의 혹 앞에 걸터앉을 수 있었다. 이는 짐을 나를 때만 아니면 탑승자에게 훨씬 효율적이었고, 따라서 사하라 사막을 가로지르는 대상 무역의 발달에도 근본적 역할을 했다. 좀 더 동쪽 지방에서는 이란 혹은 아프리카에서 쌍봉낙타를 길들여 쓰기 시작했는데, 그 시기는 아마 단봉낙타보다 약간 빨랐던 것 같다. 쌍봉낙타는 서쪽으로 확산되어 멀리 메소포타미아와 동쪽으로 인도까지 전파되었고, 덕분에 파르티아 제국 및 사산 제국 시절에는 비단길의 대상 무역이 이 낙타를 근간으로 이루어졌다. 더구나 단봉낙타와 쌍봉낙타를 교배하자 효율성이 훨씬 좋은 종이 탄생해 더 무거운 짐도 실어 나를 수 있게 되었지만, 이종(異種)교배 작업이 쉽지만은 않았다. 그러다가 이슬람의 흥기와 함께 단봉낙타가 점차 동쪽으로 확산되었고, 이내 옥수스강 서편에서는 더는 쌍봉낙타(박트리아 낙타)를 찾아보기 어렵게 되었다.

이슬람은 기독교 유럽에 지식과 기술을 전파한 주된 통로이기도 했다. 유럽이 그리스의 과학, 아리스토텔레스, 수많은 중대 기술들을 비롯해 (사실은 인도 숫자지만) '아라비아 숫자', 0의 개념, 복식부기, 그리고 다양한 형태의 상업 신용에 익숙해질 수 있었던 것은 다 이슬람을 통해서였다. 당시 이슬람의 영향이 얼마나 컸는지는 영어의 수많은 핵심 단어가 아라비아에서 파생되었다는 사실을 통해서도 알 수 있으니, muslin(모슬린: 속이 거의 다 비치는 고운 면직물이다. — 옮긴이) mohair(모헤어: 앙고라 염소의 털, 혹은 그 털로 짠 천이다. — 옮긴이), damask(다마스크 천), arsenal(무기고), admiral(제독), alcohol(알코올), alkali(알칼리), sugar(설탕), syrup(시럽), sherbet(셔벗), saffron(사프란: 붓꽃과의 여러해살이풀이다. — 옮긴이), ream(림: 종이를 세는 단위로, 리스마(rismah)에서 파생되었다.) 같은 단어들이 그 실례다. 스페인어도 tahona(제분소), acena(물레방아), acequia(관개수로) 같은 말들에서 볼 수 있듯, 주요 기술을 나타내는 말들은 아라비아어에서 파생된 경우가 많다. 스페인과(특히 톨레도와) 시칠리아는 이슬람과 북유럽의 문화가 가장 긴밀히 뒤섞여 있던 만큼 이런 지식 전파에 핵심 역할을 했다. 유럽인들이 아리스토텔레스의 사상에 정통해진 것도 이븐 시나(Ibn Sina: 유럽에는 아비센나(Avicenna)라는 이름으로 알려져 있다.)의 저작과 이븐 루시드(Ibn Rushd: 아베로에스(Averröes)로 알려져 있다.)의 주석서가 없다면 불가능했다. 아리스토텔레스의 사상은 유럽 사상 전체의 발전에 중추적 역할을 했으며, 특히 토마스 아퀴나스(Thomas Aquinas) 같은 인물들에게는 그 의미가 자못 컸다. 유럽에서는 이슬람의 학습 기관을 모델로 곳곳에 대학들이 발전했고, 교과과정의 분배나 교수법도 대체로 이슬람과 동일한 방식을 취했다.

이 당시에 유럽이 후진적 수준을 면치 못했음은, 유럽은 400년에서 1000년 사이에 금속을 이용한 사례가 거의 전무하며, 심지어 그 뒤에도 금속 이용도가 매우 낮았다는 사실로 잘 입증된다. 그래도 유럽에서 중량(重量)의 쟁기가 사용된 것은 하나의 커다란 발전이었는데, 수직의 쟁기 날(이랑의 골 사이에 난 풀들을 베어 내는 용도로 썼다.)을 수평의 보습 날 및 쟁기 볏(무른 땅을 갈아엎는 용도로 썼다.)과 결합한 것이 특징이었다. 하지만 이 쟁기는 보통의 쟁기보다 훨씬 무거워 논밭 경작에 이용하기가 무척 어려웠던 데다, 쟁기 하나를 끄는 데에만 황소 여덟 마리가 필요했다. 이 시절에는 농부들이 그렇게 많은 수의 가축을 한꺼번에 기를 여건이 되지 않았고, 따라서 보통은 서로 조를 이루어 가축을 관리하면서 필요한 집이 있을 때마다 소를 빌려주는 수밖에 없었다. 그러다가 말의 목사리가 개발되면서 1100년 이후로는 말 여러 마리가 쟁기를 끄는 방식으로 서서히 전환되었다. 하지만 중량의 쟁기는 점성이 큰 북서유럽의 토양을 갈기에 적합하다는 점을 제외하면, 사실 경량의 쟁기보다 이렇다 할 장점이 별로 없었다. 즉 북서유럽을 제외한 다른 지역들에서는 값이 훨씬 저렴하고 사용도 훨씬 간편한 천경(淺耕) 쟁기만으로도 농사짓기에 충분했고, 이 쟁기를 끄는 데는 황소 두 마리면 족했다. 말에 올라탈 때 발걸이 등자를 사용한 지역도 유라시아에서 유럽이 가장 늦었다. 발걸이 등자는 중앙아시아의 어딘가에서 생활하던 유목민 집단이 처음 개발한 것으로 보이며, 인도에 그 사용법이 알려진 것은 기원후 4세기 무렵이었다. 중국에는 477년에 실크로드를 따라 등자가 들어왔는데, 발 전체를 감싸는 형태로 발달한 뒤였다. 등자가 서쪽으로 전해지는 데는 이후 2세기가 더 걸려, 694년에야 이란에 이르렀다. 유럽에서는 730년 대에 프랑크족 군대에서 사용되며 첫선을 보였다. 등자의 사용으로 사람이 말의 등에서 굴러떨어지는 일은 훨씬 줄어들었지만, 그렇다고 등자가 유럽의 '봉건주의'를 탄생시켰다고 말하는 것은 기술 결정주의의 단순한 시각이 아닐 수 없다. 유라시아 나머지 지역에서는 등자가 도입되고 나서도 봉건제가 발달하지 않았고, '봉건주의' 역시 9세기 이후 유럽에 형성된 특수한 사회적·경제적 조건의 산물이기 때문이다. 쇠 말굽은 애초에 중앙아시아에서 생겨나 중국으로 확산되었다가, 이슬람과 비잔티움을 거쳐 10세기 무렵에 마침내 서유럽에 도달했다.

유럽에서도 서서히 새로운 기술들이 채택되기 시작했다. 그중 가장 중요했던 하나가 수차로, 잉글랜드의 경우 1086년에 5624개가 만들어져 있었으나 당시는 조금만 원거리여도 곡물 수송이 곤란했기 때문에 거의 무용지물과 다름없는 수차도 많았다. 하지만 수차의 이용 분야만큼은 서서히 확대되어 갔다. 9세기 중엽에는 프랑스에서 맥주 원료를 빻는 데 수차가 이용되었으며, 11세기와 12세기 무렵에는 마 가공과 직물 축융에 쇄광기가 이용되었다. 하지만 용광로의 기계화는 이에 비해 훨씬 속도가 더뎠다. 이슬람 세계에서도 10세기 무렵부터 수차가 개발되는데, 수직 굴대를 갖춘 좀 더 발달된 형태였다. 유럽에서는 독특하게도 수평 굴대가 발달했는데, 12세기에 잉글랜드에서 사용된 것이 시초인 듯하다. 13세기 무렵에는 이프르 일대에서만 수평 굴대 수차를 120개 이상 찾아볼 수 있었다. 하지만 이 가운데서도 가장 중요했던 현상은 유럽이 유라시아 나머지 지역의 기술을 채택해 쓰기 시작한 일이었으며, 지금으로부터 1000년 전을 기점으로 그런 일이 자주 일어났다. 기술 상당수는 이슬람으로부터 들어왔다. 일례로 첨두아치(고딕 양식의 핵심을 이루는 부분이다.)는 원래 이슬람 양식으로 아말피를 경유해 유럽으로 들어올 수 있었다. 유럽의 유리 제조 기술(특히 베네치아의 기술) 역시 원래 레반트에서 발달한 것으로 13세기 말에 유럽에 들어왔다. 이와 유사한 맥락에서 1277년에는 시간 기록을 다룬 아라비아어 문헌 하나가 톨레도에서 번역되었는데, 수은 탈진 장치가 달린 추시계(아랍인이 다스린 스페인에서는 일찍이

11세기부터 이런 시계가 이용되고 있었다.)에 대한 구상이 담겨 있어 유럽의 시간 기록 장치 발달에 긴요한 역할을 했다. 그 외 기술들은 중국에서 연원했다. 유럽에서 자석 나침반 및 선미재 키를 사용하기 시작한 것은 12세기 말이지만, 가장 중대했던 시기는 14세기 말로서, 이때부터 주철에서 분절형 아치 교각에 이르기까지 중국의 여러 기법이 유럽에 줄줄이 도입되었다. 따라서 유럽이 유라시아 나머지 지역의 기술 발전을 본격적으로 따라잡기 시작한 것은 15세기에 이르러서의 일이라고 하겠다.

12.5 종이, 인쇄술, 화약

중국의 기술 발전 중 그 중요성이 무엇보다 커서 세계사에도 큰 파급력을 미친 것을 꼽자면, 종이와 인쇄술, 화약이다. 이와 관련된 기술들은 중국에서 1세기에서 9세기 사이에 발달했으나, 그 후 한참 시간이 흘러서야 서쪽으로 전파될 수 있었으니 우선은 이슬람 세계에 먼저 발을 들였다가 마지막에 이른 곳이 유럽이었다.

12.5.1 종이

종이가 발명되기 전 곳곳의 사회에서는 글을 적어 둘 재료가 단 몇 가지에 불과했던 데다, 돌에 새기기,(이동이 거의 불가능하다.) 나무껍질,(손상되기 매우 쉽다.) 진흙 석판,(무겁다.) 파피루스,(손상되기 쉽다.) 피지나 양피지의 경우에서 보듯 모두 저마다 커다란 단점들을 안고 있었다. 물론 양피지나 피지의 경우에는 내구성이나 표면의 감촉 등이 종이보다 훌륭했지만, 고작 책 한 권을 만드는 데 200마리 이상의 동물 가죽이 들어가는 수가 있었다. 그래서 유럽의 수도원에서도 적합한 동물의 가죽이 다 떨어졌다는 이유로 도중에 책 생산이 중단될 때가 많았다.

중국에서 종이가 발명된 것은 기원후 105년 무렵으로, 한 왕실에서는 관료를 따로 두어 종이 발명과 관련된 일들을 감독했다. 가장 초창기의 종이는 야생의 섬유질에(특히 뽕나무 껍질, 월계수, 풀의 섬유질에) 헝겊 누더기를 혼합한 형태였다. 종이를 제작하려면 첫 단계로 섬유질을 100일 동안 물에 담가 단단한 외피가 모두 떨어져 나가게 한 뒤, 이 펄프에 석회를 섞어 8일 동안 끓여 여러 차례 물로 씻어 내기를 반복했다. 그런 다음에는 펄프를 짓이기고 두드려 무른 반죽 덩어리로 만든 뒤, 표백하고, 씻어 내고, 풀을 먹였다. 여기서 종이가 만들어져 나오기 위해서는 이 혼합물을 커다란 통에 집어넣고 틀을 하나 담근 뒤, 통에서 물을 빼낸 후 열이 나는 바닥 위에 올려 말려야 했다. 그러다가 제지술이 서서히 개선되면서 100년도 지나지 않아 종이는 중국의 광범한 지역에서 사용되기에 이른다. 비단의 경우와 달리, 중국은 종이 제작 기술을 비밀에 부치려는 시도를 하지 않았고, 덕분에 제지술은 급속히 중앙아시아 내지까지 퍼져 나갔다. 7세기 무렵에는 한반도와 일본에 이르렀으며, 그보다 약간 뒤에는 인도에도 종이가 전해졌다. 사마르칸트에서 종이가 만들어지기 시작한 것은 650년 무렵으로, 서역에 대한 당 왕조의 영향력이 절정에 달한 데에 뒤따른 것이었다. 이후(특히 751년의 탈라스 전투 이후) 이 지역을 이슬람 군대가 정복함으로써 제지술은 결국 서쪽까지 전파되었다. 이슬람 병사들이 전쟁에서 생포한 중국 기술자들을 바그다드로 데려가 793년에 제지소를 하나 세운 것이다. 이로써 이슬람 세계 전역에서는 양피지 대신 종

중국으로부터 확산된 종이

지도 위의 지명:

일본
교토 610년 무렵
한국
한국 600년 무렵
중국
돈황150년 이전
투루판 399년
누란 200년 무렵
니야 250~300년
티베트
사마르칸트 751년
바그다드 793년(?)
다마스쿠스
카이로 900년 무렵 또는 그 이전
파스 1100년
1100년 무렵
이븐 1189년
몬테파노 1276년
베네치아
뉘른베르크 1390년
쾰른 1338년(?)
티롤 1494년

이를 사용하는 곳이 급속히 늘어났고, 이집트에서도 전문가용 파피루스 대신 종이가 사용되기에 이르렀다. 종이는 북아프리카 전역으로도 확산되어 10세기에는 이슬람령 스페인까지 이르렀다. 이슬람의 제지업자들로서는 종이를 만들 마땅한 나무껍질이 없다는 것이 큰 문제였는데, 이 때문에 헝겊 누더기의 비율이 높아져 자연히 종이의 질이 떨어졌다. 유럽의 경우에는 종이를 채택해 쓰기까지의 과정이 더디게 진행되었다. 일례로 1145년에 시칠리아의 루지에로 2세(Roger II)나 1221년에 독일의 프리드리히 2세(Frederick II)는 모두 공식 문서에는 종이를 사용하지 못하게 했다. 기독교 유럽에는 1276년에 들어서서야 이탈리아에 최초의 제지소가 세워졌다. 하지만 이슬람으로부터 제지술이 들어온 터라, 당시 유럽인들은 실제로 종이를 발명한 것은 중국이며 아울러 종이가 만들어진 지도 이미 1000년도 넘었다고는 미처 생각지 못했다. 프랑스, 이탈리아, 독일에서는 14세기에 들어서면서 종이가 만들어지기 시작했으나, 잉글랜드는 1495년, 네덜란드는 그보다 더 뒤늦은 1586년에나 이르러서야 제지소가 생겨났다. 하지만 유럽 종이는 여러 가지로 문제가 있었으니, 그중 하나는 헝겊 누더기의 함량이 이슬람보다도 훨씬 높아 종이의 질이 매우 떨어진다는 점이었다. 더구나 이러한 유럽의 종이 생산과정은 이후에도 거의 변하지 않다가, 19세기에 들어 종이 수요가 증가하면서 헝겊 누더기 대신 목재 펄프를 혼합하게 되었는데 이것이 종이의 질을 훨씬 더 떨어뜨리는 결과를 가져왔다.

12.5.2 인쇄술

종이의 발달이 없었다면, 아마 인쇄술은 존재 자체가 불가능했을 것이다. 최초의 인쇄는 목판을 이용한 형태였으며 700년 무렵에 중국에서 만들어져 나온 것이 시초로 보인다. 한반도와 일본에서도 매우 초창기부터 인쇄술이 사용된 사례를 둘 찾을 수 있다. 한반도에서는 불국사의 불교 진언집의 연대가 751년으로 거슬러 올라가며, 일본에서는 764년에서 770년 사이에 100만 구절 이상의 불교 다라니('말씀')가 종이에 인쇄되어 곳곳의 영험한 사찰 및 사리탑 안에 안치되었다. 애초에 형태가 완전히 보존된 최초의 인쇄본은 868년에 제작된『금강경(金剛經: 대승불교 사상을 담은 고전)』으로, 중앙아시아 비단길의 돈황석굴에서 발견되었다. 중국에서 대규모의 목판인쇄가 발달한 것은 10세기 말엽부터였다. 불교 신자들이 (9세기 중반의 억불 정책에도 불구하고) 불교의 핵심 경전인『삼장(三藏)』을 여섯 가지 상이한 판본으로 펴낸 것인데, 이때 각 판본에 들어간 목판만 8만 장을 헤아렸다. 국립 교육기관인 국자감에서도 '유교주의'의 고전 문헌들을 책으로 인쇄해 내는 한편, 도가 사상가들도 완성본의 도교 경전을 인쇄해 내기에 이른다. 그러자 역사, 지리, 의학, 철학, 시와 산문 분야에서도 매우 빠른 속도로 책들이 인쇄되어 나왔다. 그리하여 중국에서는 어느 도시를 가든 서점을 찾아볼 수 있었으니, 매우 소규모의 엘리트층만 보유하고 있던 문자 해독 능력이 좀 더 넓은 계층까지 확대된 최초의 사회가 중국이었다는 데는 의심의 여지가 없다고 하겠다. 인쇄되어 나오는 책의 수가 늘자 종이에 대한 수요도 기하급수적으로 늘어났다. 1100년 무렵에는 중국의 현(신안현) 한 곳에서만 총 일곱 종류의 종이가 매년 150만 장 이상씩 수도로 보내졌다. 제지소에서 일하는 직공도 한 곳당 약 1000명에 이르렀으며, 두루마리로 제작되던 종이는 길게 펴면 그 길이가 최대 50피트에 이르렀다.

목판인쇄는 조각이나 준비에 오랜 과정을 요했지만, 매우 효과적인 면도 있었다. 일단 목판만 준비되면 인쇄공들이 매일 책을 양면으로 2000장가량 찍어 낼 수 있었고, 목판은 장당 최대 1만 5000회까지 인쇄가 가능했던 데다, 그 정도로 사용한 목판도 활자 보정을 거치면 1만 회가량 또 찍어 낼 수 있었다. 목판은 한자 인쇄에 특히 적합했던 것은 물론, 한번 제작된 목판은 오래도록 보관이 가능했고, 정기적으로 매우 소량의 인쇄물을 발행하는 데는 목판만큼 좋은 방법이 없었다. 이에 중국의 인쇄공들은 한번 스며들면 지워지지 않는 흑색 먹물을 개발해 내기에 이르는데, 유럽은 이를 '인도 잉크'라고 잘못 알고 있다. 12세기 무렵에는 색상을 다양하게 넣은 인쇄도 흔히 찾아볼 수 있게 되었다. 1040년대에는 필승(畢昇)이라는 인물이 찰흙을 이용해 가동 활자를 발명해 냈다. 목재 가동 활자는 이에 비해 활용이 좀 더 어려웠지만, 1300년 무렵에 왕정(王禎)이 관련 문제들을 상당 부분 해결해 직경이 7피트가 넘는 회전 판 위에 활자를 구획별로 나누어 정리하는 단계까지 나아갔다. 그리하여 1322년에는 사용하는 가동 활자가 총 10만 개를 넘어섰다. 실로 어마어마한 수이지만, 중국에서는 가동 활자의 사용을 가급적 줄여 목판 인쇄를 훨씬 수월히 하는 데 최소한으로 필요한 글자 수만 이 정도였다.

중국에서 생겨난 인쇄술이 서쪽으로 전파되는 과정은 종이의 전파를 추적하는 일보다 훨씬 어렵다. 9세기에 위구르족이 책을 인쇄해 냈던 것은 확실한데, 소그드어에서 파생된 자신들의 알파벳으로 쓴 글(제목과 쪽 번호는 중국어로 달려 있었다.)을 중국식 목판을 가지고 인쇄해 내는 형태였다. 바로 이 위구르족으로부터 몽골족이 인쇄술을 전수받은 듯하며, 몽골 제국 시대에 이르러서야 비로소 유라시아 서쪽으로 인쇄술이 확산되었다. 1294년에는 이란에서 인쇄술이 사용되기에 이르고, 독일에서도 이즈음 인쇄술이 활용되었다. 14세기 초반에 이르러서는 유럽의 매우 광범위한 지역에서 종교 관련 인쇄물을 비롯해 목판본 서적들이 널리 알려지는데, 유라시아 동부에 비해 약 600년가량 뒤늦었다. 당시 사용된 인쇄 기법은 중국에서 사용되던 것과 동일했다. 그러다가 금속 가동 활자가 발명되면서 인쇄술은 무엇보다 중대한 발전을 맞는다. 금속활자를 처음 만들어 사용한 곳은 한반도로, 1403년에 주자소(鑄字所)가 설립되면서 본격적으로 활자 주조가 이루어졌다. 금속활자는 서적에 대한 수요가 급증하고 인쇄 부수가 많아진 데서 그 필요성이 대두했으며, 그 제작에 필요한 기술은 주로 동전 주조 기술에서 차용해 왔다. 이 금속활자의 전파는 유라시아 전역에 걸친 기술 보급 속도가 이즈음 확연히 빨라졌음을 보여 주는데, 1440년대 말에 이르자 스트라스부르와 마인츠에서도 요하네스 구텐베르크(Johannes Gutenberg: 유럽인들은 구텐베르크가 인쇄술을 '발명'했다고 여겼지만 잘못된 믿음이었다.)가 유사한 가동 활자를 가지고 실험을 하기에 이르기 때문이다. 그리하여 1455년에 그는 성경 편집본 한 권을 출간해 내니, 이것이 가동 활자로 인쇄된 유럽 최초의 책이었다.

12.5.3 화약

600년 전의 중국에서도 그랬듯, 16세기에 이르자 유럽은 인쇄술의 발달로부터 실로 큰 영향을 받았다. 그런데 바로 이 무렵에 인쇄술만큼이나 중요한 중국의 발명품이 또 유럽에 영향을 미치게 된다. 다름 아닌 화약이 도입된 것이다. 화약의 발명 시기는 목판인쇄술 발달 시기와 거의 일치해, 9세기에 도가 연금술사들이 화약(gunpower)에 들어가는 구성 성분들(숯, 초석(질산칼륨), 황)을 한데 섞으면 어떤 위험이 뒤따르는지 알게 되면서였다. 919년의 말 그대로 '화약(fire drug)'은 화염방사기 안에서 점화를 시키는 용도로 쓰였다. 그러다가 950년에 중국인들이 '화창'이라는 것을 완성하기에 이르는데, 일종의 휴대용 화염방사기로 창끝에서 불이 뿜어져 나오기는 했지만 화전(火箭)이 따로 분리되어 날아가지는 않았다. 그러다가 화약 안에 들어가는 초석의 양을 계속 증가시키면 어떤 일이 벌어지는지 실험되면서 명실상부한 폭약들이 만들어져 나오기 시작했다. 1000년 무렵에는 외피를 점차 두껍게 만드는 방식을 통해 원시적 형태의 폭탄 및 수류탄이 제작되었으며, 1044년에는 화약을 제조하는 정확한 공식이 처음으로 명문화되었다.(유럽은 1327년에야 화약의 정확한 제조법을 알 수 있었다.) 12세기 말에는 다연장 화전 발사 장치(multiple rocket launcher)가 만들어졌는데, 여기서 2단 분리식 화전이 발사되면 목표물 위를 지날 때 수많은 화살이 자동적으로 비 뿌리듯 떨어졌다. 그러나 화약의 발명과 관련해 제일 중요했던 부분은 좀 더 튼튼한 관(딱딱하게 굳은 종이, 청동, 마지막으로 주철이 이용되었다.)을 만들어 그 구멍을 통해 탄환을 발사한 점이었다. 그리하여 1120년 무렵에는 총신이 달린 무기가 화염방사기로 활용되더니, 1280년 무렵에 처음으로 총신에 탄환을 채울 수 있는 명실상부한 총기가 개발되어 몽골족과의 싸움에 이용되었다.

이 모든 발전은 전적으로 중국 내부에서 진행되었을 뿐 아니라, 이때 유라시아의 여타 지역들은 아직 화약 무기에 대한 지식을 일절 접하지 못한 상태였다. 화약 기술은 13세기 말엽에 급속도로 서쪽으로 확산되었는데, 아마도 몽골족을 경유해 이슬람 세계에 들어갔다가 한참 뒤에 기독교 유럽에 전해진 듯하다. 1291년에는 아크레 공성전에서 이슬람 병사들이 원시적 형태의 폭발성 수류탄을 만들어 적진을 향해 던진 것으로 보인다. 원시 형태의 대포를 처음 만들어 쓴 것은 이집트의 맘루크 왕조였으며, 14세기 초반 무렵에 이것이 북아프리카 및 스페인으로 전해졌다. 그리고 바로 여기에서 화약 무기에 대한 지식이 서유럽까지 전해졌다. 기록에 따르면 서유럽에서 최초로 화약 무기가 사용된 것은 1346년의 크레시 전투라고 하나, 효과적인 무기의 발달은 유럽보다는 이슬람 세계에서 훨씬 빠르게 진행되었다. 오스만 제국의 병사들은 1453년의 콘스탄티노폴리스 포위전에서 두 대의 대포를 전투에 활용했는데, 예순 마리의 황소와 1000명 이상의 인력을 동원해 이동시켜야 할 정도로 크기가 어마어마했다.(그래서 애써 이동시키지 않고 전투 현장에서 바로 주물을 뜨는 것이 더 편할 때가 많았다.) 청동으로 만들어진 이 무기는 총구의 구경만 거의 3피트에 달했고, 탄환도 무게만 300파운드가 넘었다. 이 새로운 무기들은 이후 수많은 소국으로 분열되어 거의 쉴 새 없이 전쟁을 치러야 했던 불안정한 유럽에 그 무엇보다 극적인 영향을 미치게 된다. 그에 비해 이들 무기가 중국 사회에 미친 영향은 그렇게까지 치명적이지 않았다.

[이후 화약이 유라시아에 미친 영향 ☞ 18.1]

중국의 시대

1000~1250년 무렵

13

10세기 무렵에 유라시아를 통틀어 단연 가장 발달한 지역은 중국이었다. 그리고 자유농민층과 고도의 생산성을 보인 (특히 남쪽 지방의) 농업이 이 시절 중국의 경제와 사회를 떠받친 기반이었다. 중국에서는 산출량 높은 벼 품종이 개발되고, 중력 및 기계식 관개시설을 비롯해 파종기 같은 기계들이 개발되면서 1년에 두 차례의 농사가 가능해졌고, 덕분에 잉여 식량이 제법 많이 산출될 수 있었다. 농민 대다수도 이제는 최저 생활 생산자에서 벗어나, 자신들이 거둬들인 농산물을 내다 파는 방식으로 화폐경제에 적극적으로 참여하게 되었다. 농경에서 산출된 이런 잉여 생산량의 상당 부분은 대운하를 타고 세계 최대 규모를 자랑하던 중국 곳곳의 대도시로 이송되었다. 거기다가 이즈음 세계에서 도시화가 가장 많이 진행된 나라도 중국이었다. 기술적인 면에서 중국은 유라시아 그 어느 곳보다 선구적인 위치에 있었을 뿐 아니라, 주철 생산, 피스톤 풀무, 현수교 건설, 나침반 및 인쇄술의 수많은 분야에서 독점적 위치를 지켰다. 그중에서도 특히 인쇄술의 영향이 아주 극적이었는데, 이즈음 사회 전반에 걸쳐 지식이 널리 보급되는 양상과 맞물린 결과였다. 당시 중국의 부는 이슬람 세계조차 따라잡지 못할 정도였으며, 국내외 교역 수준도 유라시아의 그 어느 지역보다 높았다. 이 모든 발전이 누적되어 생겨난 힘은 그야말로 막대했으니, 여기서 한발만 더 나아갔다면 중국은 훨씬 더 근본적인 차원의 변화들을 이루어 낼 수도 있었다. 이윽고 중국은 초창기 농경 사회가 짊어진 수많은 제약을 벗어던진 유라시아 최초의 사회가 된다.

중국이 10세기의 상당 기간에 걸쳐 분열되어 있었지만, 이 당시의 정치적 혼란으로 인한 여파는 200년 무렵의 한나라의 멸망 이후에 비하면 그 정도가 훨씬 약했으며, 경제에서는 그로 인한 영향을 거의 찾아볼 수 없었다. 더구나 당나라가 몰락한 이후 중국은 아주 단기간의 분열기만 거쳤을 뿐이었다. 951년에 장군 곽위(郭威)가 개봉에 주(周: 후주)를 세운 후 중국 북부 전역을 통일하는 데 거의 성공했기 때문이다. 하지만 후주의 통치는 단기간에 그치고 마니, 960년에 군사 쿠데타가 일어나 장군 조광윤(趙匡胤)이 통치자로 옹립되었다. 그가 바로 송(宋) 왕조의 시조로, 이후 13세기 말까지 중국은 이 송 왕조가 통치하게 된다. 조광윤은 통치자 자리에 오르고 불과 20년 만에 유라시아 역사에서 가장 괄목할 만한 일련의 군사작전을 펼치며 오늘날 프랑스의 거의 일곱 배에 해당하는 지역을 통일했다. 이 당시의 변화 속도가 얼마나 거세었는지는 조광윤이 10세기에 경쟁 왕조들을 어떻게 무너뜨렸는지만 보아도 알 수 있다. 963년에 장강 중류에 자리한 초가 송에 정복당하더니, 이윽고 2년 뒤 사천의 촉이 멸망당했다. 971년에는 광동의 남한이 송에 밀려 사라졌으며, 4년 뒤에는 안휘(안후이), 강서(장시), 호남을 거점으로 하던 형남(荊南)이 소멸했다. 978년에는 강소와 저장 지방의 오월이 정복당했고, 979년에는 산서의 북한(北漢: 돌궐족 왕국이었다.)마저 송에 패퇴당했다. 하지만 한나라나 당나라와는 달리 송은 외부로 힘을 뻗쳐 중앙아시아 및 북부의 스텝 지대를 장악하는 데는 실패했다. 북쪽에서는 거란 제국(요나라를 가리킨다. ─옮긴이)이 송을 가로막고 있던 데다, 서쪽에는 토번 제국의 잔존 세력이 남아 있었고, 남서쪽에는 대리국(남조의 뒤를 이은 나라다.)이 버티고 있었기 때문이다. 968년에는 베트남까지 통일되어 버젓이 독립하더니, 1009년 이후로는 이곳에 세워진 리(李) 왕조(1225년까지 베트남을 다스리게 된다.)가 중국 남부를 공격할 만큼 막강한 힘을 보여 주었다.

송 왕조는 건국되고 1세기도 지나지 않아 만주의 중국화한 유목 민족인 여진족과의 싸움에서 패퇴하고 만다. 그리하여 1127년에는 수도 개봉을 비롯한 중원 북부가 여진족에 넘어갔다. 그 뒤의 송나라는 후세에 남송(南宋)이라는 이름으로 불리는데, 항주를 근거로 삼아 통치를 이어 갔으나, 1279년에 몽골족에 끝내 정복당했다. 중국의 공식 역사가들은 모든 역사를 하나의 일관된 왕조 순환 패턴에 억지로 끼워 맞추려는 경향이 있는 데다, 특히 중국이 이적과 맺고 있던 이른바 '화이 관계'의 규명에 강박적으로 매달리다 보니, 그들에게 송 왕조는 항상 중국의 전통을 지켜 내지 못한 유약한 왕조로 분류될 뿐이었다. 그러나 현대 역사가들의 연구를 통해(특히 최근 30년간의 연구를 통해), 송에 대한 이 같은 관점이 완전히 뒤바뀌었다. 오늘날 송나라는 어마어마한 부를 쌓았던 나라이자, 역동적이며 기술적으로도 창의적인 경제를 갖춘 나라로 여겨지고 있다. 유럽은 이로부터 600년 뒤 이른바 '상업혁명'과 '산업혁명'으로 이어지는 일련의 경제적·사회적 변화들을 겪는데, 이 시절의 송나라가 그 같은 변화를 거의 겪을 뻔했다는 것은 이제 분명한 사실이다. 다만 아직 풀리지 않고 남은 문제가 있다면, 무슨 이유로 송나라가 그 문턱을 넘는 데 실패했는가 하는 점일 것이다.

13.1 중국의 송나라와 그 주변국들

송나라의 법제가 확립된 것은 제2대 황제 태종(太宗: 976~997년)의 치세로, 송나라의 영토 수복 작업이 마무리된 뒤의 일이었다. 송대의 법제 확립으로 중국에는 강력한 관료제뿐 아니라, 그 이전의 중국에서는(혹은 세계 그 어디에서도) 한 번도 찾아볼 수 없던 대규모의 중앙집권 국가가 탄생할 수 있었다. 당시 정부 조직의 정점에는 5~9인 사이의 위원들로 구성된 국가 회의(Council of State)가 위치했다. 이 회의의 주재는 황제가 맡았지만, 황제라도 결정투표권(casting vote)을 가진 것 외에는 나머지 위원들과 다를 바가 없었다. 이 국가 회의에는 학사원(學士院)이 부속되어 있어 나라에서 만들어지는 각종 공식 문서의 기초를 담당했다. 정부의 전반적 행정 구조는 당나라 때보다 한층 간소해져 주요 부서는 단 세 곳, 즉 삼사(三司: 조세, 예산, 전매, 인구 조사를 담당했다.)와 추밀원(樞密院), 어사대(御史臺: 사법 및 인사 문제 담당)가 전부였다. 이와 함께 세 곳의 별개 관청이 설치되어 일반 백성들의 고충을 처리했는데, 이곳에서 일하는 관리들에게는 심지어 황제들도 함부로 손을 댈 수 없었다. 공무원을 뽑는 과거제 역시 송대에 이르면서 가장 발달한 양상을 보였다. 과거제의 인재 선발은 총 3차로 진행되어, 현(縣)의 시험에 합격하면 수도로 올라가 황실의 비서관들이 감독하는 시험을 보고, 여기서 합격하면 최종적으로 궁에 들어가 황제 앞에서 시험을 치렀다. 과거제는 답안 제출자의 이름을 적지 않게 해 나름의 객관성을 보장했지만, 시험 당락의 상당 부분은 여전히 후원자와 추천에 따라 결정되었다. 송대에 이런 식의 과거제 운용이 가능했던 것은 전적으로 교육받은 문인 엘리트층이 존재한 덕분이었으니,(이 과거 시험에서는 수학 및 천문학 공부도 핵심적인 부분을 차지했다.) 유럽에서는 불과 몇 세기 전만 해도 이런 대규모의 문인 엘리트층이 세상에 존재하리라고는 생각지 못했다. 이 당시 중국에는 공식적인 중앙정부 관료만 2만 5000명가량에 달해, 지방에서 일하는 공무원보다 약 스무 배가 많았다. 같은 시기에 유럽은 효율적인 행정이 이루어진다고 해야 왕궁의 서기관 몇 명이 행정을 처리해 나가는 정도가 고작이었다.

송나라가 정책에서 가장 주안점을 둔 부분은 군사 및 그 방면의 재정 문제, 그리고 문관의 지배력을 어떻게 유지해 나갈 것인가 하는 점이었다. 송의 군대는 그 규모가 급속히 확장되어 975년에 약 37만 5000명이던 것이 11세기 중반에 125만 명으로 크게 늘어났다. 이 전체 병력 중 수도 일대에 배치된 병력이 약 30만이었고, 거란 제국을 견제하기 위한 목적으로 역시 그만큼의 병력이 북부 변경 지대에 배치되었으며, 북서 변경 지대를 따라서는 40만 명 이상의 병력이 배치되었다. 예전에 당나라의 군대는 전국 각지에서 민병을 모으는 체제였으나, 송나라는 더는 민병에 의지하지 않고 주로 전문 용병으로 군대를 구성했다. 그런데 이 군대의 규모가 엄청나서 만일 한나라 시대였다면 이들 군대 중 하나를 유지하는 것만으로도 국가가 파산에 몰릴 정도였으니, 송나라가 이렇게 대규모 병력(당대 세계 최대 규모였던 것은 물론, 유럽의 경우 19세기까지는 그 어디도 이 정도의 병력을 보유하지 못했다.)을 유지할 수 있었던 것은 오로지 그만큼 막대했던 중국의 부와 효율적인 조세제도 덕분이었다. 그렇기는 했지만 중국 정부 내에서도 이런 체제의 유지 비용을 둘러싸고 갈등이 일었다. 왕안석(王安石)과 같은 개혁가들은 군대가 징집도 유지도 어렵다며 그 규모를 줄이기 위해 보수파였던 사마광(司馬光)과 대립하기도 했다. 송나라의 군대는 기술적 면에서도 한발 앞선 상태였는데, 이즈음 들어 화약 무기, 방화 장치, 화전 등이 좀 더 폭넓게 발달한 덕분이었다. 이처럼 송나라의 대가 매우 대규모인 데다 기술 수준도 높았던 것이 사실이라면, 그런 상황에서도 송이 군사적으로는 왜 그다지 성공하지 못했는가 하는 질문을 피할 수 없다. 그 주된 이유는 무엇보다 송이 기술적 우위를 지켜 내지 못했다는 데 있다. 송이 보유하고 있던 신무기에 대한 지식은 순식간에 국경 너머로 흘러나갔고, 중국 주변의 강대국들은 이를 바탕으로 자신들만의 독자적인 무기를 제작했다.

중국 주변의 이런 국가 중에서도 가장 중요했던 곳은, 당나라가 몰락해 가던 10세기 초반에 야율아보기(耶律阿保機: 요나라의 태조다. ─ 옮긴이)의 영도하에 출현한 거란 제국이었다. 거란 제국이 수도로 삼은 곳은 북경이었지만, 정작 거란 제국 사람들은 그곳을 '남쪽의 수도'라는 뜻의 '남경'이라고 부르곤 했다.(북경은 '북쪽의 수도'라는 뜻이다.) 거란 제국의 영토는 만주를 비롯해 몽골 동부, 산서 북부 및 북경의 대부분 지방을 아울렀다. 여기에 거란 제국은 스텝 지대에도 지배력을 미치는 한편, 점점 쇠락해 가던 바그다드의 아바스 왕조와도 교류하며 그들과 혼인 동맹을 맺기도 했다. 당시 거란 제국이 얼마나 강성했는가는 '키타이(Khitai)'라는 말이 페르시아어와 서튀르크어, 동슬라브어에서 점차 중국을 가리키는 명칭으로 자리 잡은 사실, 나아가 유럽인들도(예를 들면 마르코 폴로(Marco Polo)도) 북중국을 '케세이(Cathay)'로 칭한 사실을 통해 알 수 있다. 1004년에 거란이 송에 대패를 안기면서 이후 송은 매년 은 10만 온스와 비단 20만 필에 이르는 많은 양의 공물을 그들에게 바쳐야 했는데, 1042년에 들어서는 그 양이 더욱 늘어났다. 당시에 거란은 단순히 북쪽만이 아니라 중앙아시아와의 교역 관계에서도 핵심적 역할을 했다. 이들은 급속도로 유목민족의 모습에서 벗어나 농사, 요새화된 성읍, 주물 공장 및 직조 공장을 갖추어 나갔으니, 이상의 문물은 모두 중국을 통해 받아들인 것들이었다. 그러다가 11세기 말에 접어들면서 쇠락하기 시작한 거란은 1125년에 마침내 여진족과의 싸움에서 패퇴당한다. 이때 수많은 거란인이 서쪽으로 이주해 신장의 위구르족에 합류했고, 그렇게 해서 세워진 카라 키타이('검은 거란'이라는 뜻이다.) 왕국은 1133년에 발라사군을 수도로 삼아 중앙아시아의 오아시스 도시들을 상당수 장악하며 멀리 카슈가르와 사마르칸트에까지 지배력을 행사했다. 카라 키타이의 경우 통치 엘리트층에는 여전히 중국화의 흔적이 강했지만, 이와 함께 불교와 네스토리우스파의 영향도 매우 강했다. 카라 키타이는 이후 얼마간 명맥을 잇다가 1218년에 몽골족에 정복당했다.

한편 11세기 초에 접어들자 중국의 북서쪽 국경을 따라 거란 제국보다 훨씬 복잡한 국가가 생겨나는데, 1038년에 탕구트족이 무위와 장액이라는 핵심 무역도시 두 곳을 정복한 후 서하(西夏) 제국을 세운 것이다. 서하 제국의 통치 계층은 (유목민이던) 탕구트족이었지만, 제국 주민 중에는 탕구트족 외에도 토번인, 위구르족, 돌궐족, 중국인, 선비족(500년 전에 중국 북부를 통치했던 탁발 부족의 후손이다.)이 다양하게 뒤섞여 있었다. 제국 안에서는 유목민과 정착 집단이 함께 생활해 나갔으나, 제국은 주로 중국과 중앙아시아 사이의 무역로를 활용하는 것으로 부를 쌓아 나갔다. 그러다가 1044년에는 탕구트족이 송과 강제로 화친조약을 맺고 은 7만 2000온스, 비단 13만 5000필, 차 3만 파운드를 매년 공물로 바치게 했다. 1081년에 송은 서하에 공격을 감행했지만, 이것이 결국 수포로 돌아가면서 송은 계속 서하에 공물을 보내야 했다. 서하의 문화는 다양한 전통이 복잡하게 뒤섞인 형태였다. 그중에서도 탕구트어로 저술된 방대한 양의 불교 문헌이 유명한데, 토번보다는 중국의 전통에서 유래한 내용을 담고 있었다. 서하 제국도 이후 얼마간 명맥을 이어 가다가 1227년에 역시 몽골족의 공격을 받아 멸망하게 된다.

유목민의 제국 중 송나라에 가장 막대한 영향을 미친 것은 여진으로, 이들의 후손은 후일 '만주족' 제국을 세워 중국을 1640년대부터 1911년까지 통치했다. 여진족은 송이 건국되고 1세기 이상 지나서까지도 따로 민족으로 취급되지 못했으며, 처음에는 중원의 가장자리에서 말 사육을 주로 담당했던 것으로 보인다. 그러다가 1115년 무렵에 들면서 완안아골타(完顏阿骨打)가 창건한 여진 제국이 하얼빈 북동쪽의 수도를 중심으로 만주의 상당 부분을 통치하게 되었다. 1120년에는 송과 동맹을 맺게 되나, 1120년대 중반에 찾아온 거란의 멸망은 여진에는 급속한 확장의 기회나 다름없었다. 그리하여 여진은 1126년에 북중국 상당 부분을 (과거 거란 제국의 한계를 훨씬 넘어서는 영역까지) 자신들의 영토로 점유하기에 이르고, 이듬해에는 송나라의 수도 개봉을 점령하면서 송 왕조가 쫓기듯 남쪽으로 내려가야 했다. 하지만 이후에도 여진의 남쪽 지방 공격은 멈추지 않아 심지어 송의 황제 휘종(徽宗)까지 포로로 잡혀갔다. 1142년에 여진은 송과 화친조약을 맺어 회수(화이허강)를 기점으로 두 나라의 국경을 나누는 한편,

송에 강제적으로 매년 일정량의 공물을 보내게 했다. 두 나라 사이에서는 적대적인 공존과 국경분쟁이 20년 동안 이어지다가, 결국 여진족의 엘리트층 내부에서 왕위 계승 문제가 심하게 불거지면서 여진의 국력이 크게 쇠했다. 그러나 그 와중에도 여진은 중국 북부, 만주, 몽골 전역에 걸친 대제국을 계속 통치해 나갔다. 여진은 1153년 이후로는 북경으로 천도해, 과거 송나라 관료였다가 이제는 여진으로 합류한 이들에게 행정을 맡겼다. 여진은 애초부터 중국화의 경향이 강한 나라였다. 과거에도 이미 많은 전례가 있었듯, 여진 역시 이적이 세웠으면서도 중국의 상당 부분을 중국인 관료층이 다스린 제국이었던 것이다. 그리하여 12세기 말에 이르러 금(金)의 세종(世宗: 1161~1189년)은 이제는 여진족의 전통으로 돌아갈 수도, 여진족이 중국인과 통혼하는 것을 막을 수도, 만주어의 쇠락을 피할 수도 없음을 깨닫는다. 하지만 당시에도 나라의 공식 문헌들은 만주어로 초안을 잡고 나중에 중국어로 번역했다. 여진 제국도 몽골족의 흥기로 명운을 다했다. 1216년에 몽골족의 침략을 받아 영토의 상당 부분을 잃은 여진은, 1220년 말에 끝내 몽골족에 정복당했다.

13.2 송대의 농업

송나라의 농업경제가 지닌 힘은 과거 수 세기 동안 이어진 대규모의 중국인 이주에 힘입어 주로 중국의 남부에서 나왔다. 아울러 일련의 발전도 송나라의 농업경제를 떠받치는 기반이 되었는데, 개별적으로는 크게 중요하지 않았지만 한데 결합해 막강한 힘을 발휘했다. 우선 독립적인 농민들이 소작권을 안정적으로 확보하고, 토지를 비교적 자유롭게 사고팔 수 있는 시장이 형성된 점이 그 외에 다른 많은 발전을 일으킨 기반이 되었다. 중국 농민의 이 같은 위치는 한대 이전부터 이미 발달하기 시작해 당(唐)대에 점차 굳어졌는데, 1153년에 반포된 황제의 칙령이 이 같은 움직임에 더욱 힘을 실어 주었다. 황제의 칙령은 토지 매매 시 소작인을 함께 사고팔 수 없다는 점(바로 이 때문에는 중국에는 유럽과 같은 식의 농노제가 생겨날 수 없었다.)과 새로운 지주가 소작인의 경작권을 무효화할 수 없다는 점을 분명히 못 박았던 것이다. 따라서 소작인들은 토지에 대해 영구적인 권리를 가지는 것은 물론, 소작권을 매매할 수 있는 권리, 심지어는 자신이 판 소작권을 차후 되살 권리까지 가졌다. 그랬던 만큼 지주들의 입장에서는 자신의 토지에서 나오는 화폐지대 말고는 생활을 영위해 갈 수단이 거의 없는 셈이었다. 여기에 오랜 시간에 걸쳐 일련의 기술 변화가 집적된 것도 주효했다. 일례로 3세기 무렵에 중국 북부에서는 천경 쟁기의 변형이 이루어졌는데, 이 쟁기를 이용하면 풀밭을 갈아엎어 밭고랑을 만드는 작업이 가능했다. 8세기에 들면서 이 기구는 한 차원 더 개량되어, 조절이 가능한 쟁기 날 및 철로 만든 넓적한 판을 달아 필요에 따라 밭고랑의 깊이를 달리할 수 있게 했다. 중국 남부에서 실제로 그랬듯, 논에서 짓는 쌀농사의 경우 이런 쟁기를 끄는 데는 황소나 물소 단 한 마리면 충분했던 만큼 유럽에서처럼 소 여러 마리로 대형 조를 짤 필요가 없었다. 건조한 북쪽의 농경 지대에서는 이 쟁기를 개량해 밭고랑이 동시에 네 개씩 파이게 하는 한편, 한쪽에는 파종기를 결합해 종자들이 호퍼(hopper: 석탄, 모래, 자갈 따위를 저장하는 큰 통으로, 필요에 따라 밑에 달린 깔때기 모양의 출구를 열어 내용물을 내보내는 장치가 되어 있다. ─ 옮긴이) 안의 퇴비와 잘 뒤섞일 수 있게 했다. 남부에서는 이와 함께 치수 기술의 개선으로 생산성이 증대되고 경작지도 새로이 늘어 갔다. 경작에 활용된 농지만 해도 송대에 들어 전반적으로 두 배로 불어났던 것으로 보인다. 또한 이삭을 빨리 맺는 특수한 벼 품종이 베트남으로부터 도입되는 동시에, 12세기에는 쌀농사에 이용된 벼 품종만 마흔세 가지에 이르렀으니 이들 품종은 저마다 다양한 토질과 기후에서 잘 자라는 한편 수확 시기도 다 달랐다. 아울러 목판 인쇄술을 통해 여러 가지의 농법서들이 보급되면서 새로운 농경 기술에 관한 정보도 급속도로 확산되었다.

1127년에 송 황실이 중국 남부로 이주한 것은 이 같은 추세들을 한층 강화했을 뿐이었다. 중국이 남북으로 분열되자 더는 남부의 남아도는 쌀을 북쪽의 수도로 보낼 필요가 없어졌기 때문이다.(지난 500년 동안에는 이런 일이 거의 상례였다.) 거기다 남쪽에서 생산되는 잉여생산물이 더욱 늘어난 결과, 농사를 짓지 않고도 생활을 유지해 갈 수 있는 사람이 훨씬 늘어났다. 중국의 도시들에는 부쩍 부가 쌓여 갔고 인구도 늘면서 농업의 전문화와 상업화의 양상이 심화되었다. 이에 따라 중국에서는 다양한 지역들에서 저마다 특정 물품들을 집중적으로 생산해 내기에 이르니, 선박 건조 및 건설에 쓰이는 목재, 설탕, 종이, 마, 뽕나무, 비단 등이 그러했고, 도시민의 수요에 발맞추어 도시 주변에서는 시장 원예(market gardening: 시장에 내다 팔기 위한 목적으로 발달한 원예 농업이다. — 옮긴이)가 크게 번성했다. 시장에서 식량을 구매하는 사람들이 늘면서 전문화가 심화되었고, 그러자 농업 내의 상업화도 전에 비해 훨씬 높은 수준에 도달했다. 농업 생산품에 대한 교역도 급속도로 증가하는데, 중국에는 강과 운하를 이용한 내부 연결망이 잘 갖춰져 있었기 때문이다. 중국에는 운하를 비롯해 항해가 가능하도록 정비가 된 강의 길이만 3만 마일이 넘었다. 그랬던 만큼 11세기와 12세기에 이미 중국의 농업 수준이 세계의 다른 곳을 월등히 앞질러 있었음은 의심의 여지가 없는 사실이라고 하겠다.

13.3 송대의 산업

중국 국내의 기술이 전반적으로 정교해지고, 그에 맞물려 부가 증가하고, 도시화가 진행되고, 물품에 대한 수요까지(특히 군대에 필요한 무기의 수요까지) 크게 늘자, 중국에는 이른바 '산업혁명'의 단초가 여러 가지 마련되었다. 중국의 경우 806년에 철 생산량이 약 1만 3000톤이 었으나 1076년에 들어 12만 5000톤으로 부쩍 늘어났으니,(이 생산량 거의 전부가 유럽에서는 아직 그 존재조차도 잘 모르던 주철이었다.) 매년 3퍼센트 이상씩 생산량 증가가 이루어진 셈이었다.(이에 비해 유럽의 철 생산량은, 통상적으로 '산업혁명' 전야로 일컬어지는 1788년에 잉글랜드가 7만 6000톤 정도였다.) 거기다가 이런 철들을 생산해 내는 공장은 점차 대형화하는 추세를 보여 이제 철 생산은 대규모의 자본 투자를 요하는 사업이 되었다. 일례로 강소성 역구현의 한 제철소에는 일하는 일꾼만 3600명에 달했다. 중국 남부에서는 엄청난 규모의 탄광들이 새로 광석 채굴에 들어갔으나, 20세기에 중국에 있다고 알려진 모든 철광석 자원은 1100년에 이미 모조리 소진되어 버린 상태였다. 이런 철강 산업의 자본은 주로 부유한 엘리트층에서 나왔으며, 부자들은 자신들의 소득을 농경에서 확보할 때가 많았다. 철 생산량이 열 배 이상으로 증가하자 철의 가격이 급속도로 떨어져 11세기 한 세기 동안에만 원래 가격의 5분의 4가량이 하락했고,(이는 1600년에서 1825년 사이에 잉글랜드에서 있었던 철 가격의 하락 폭보다 컸다.) 이로써 철에 대한 수요가 전에 비해 훨씬 늘었다. 이렇듯 철의 생산과 수요가 큰 폭으로 늘었다는 것은, 11세기 말에 강소 북부 같은 주요 철 생산지에서는 목재가 떨어져 더는 용광로에 불을 지필 숯을 만들어 내지 못했다는 뜻이었다.(18세기의 잉글랜드도 이와 똑같은 일을 겪었다.) 그리하여 중국의 철 생산업자들은 7세기 후의 잉글랜드와 똑같은 노정을 밟아, 용광로에 코크스를 집어넣는 방법을 이용하게 된다. 중국에서는 확실히 1046년부터 코크스가 이용되었으며, 일찌감치 9세기부터 코크스를 이용했을 가능성도 있다. 그 외에도 여러 가지 새로운 기법이 도입되었는데, 이를테면 철의 일부분에서만 탄소를 제거하기 위해 차가운 강풍을 쐬어 주철을 주조하는 방식이 있었다. 이 공법은 사실상 19세기 중반 유럽에서 '발명된' 베세머 제강법(Bessemer process)과 동일한 효과를 냈다. 철 생산이 늘자 다른 금속들의 생산량도 덩달아 증가했다. 11세기 말에 접어들자 중국에서 생산되는 구리의 양은 1년에 9만 3000톤에 이르렀고, 납은 6만 5000톤, 주석은 5만 톤 가깝게 생산되었다. 금속 생산이 이렇게 늘어난 것은 그만큼 수요가 많아졌기 때문인데, 송나라의 대규모 군대 유지를 위해 무기를 확보해야 했던 것이 수요의 상당 부분을 구성했다. 11세기 말에는 무기 생산 공장 두 군데에만 총 8000명 이상의 일꾼이 고용되어 1년에 3만 2000개의 칼과 갑옷을 만들어 냈다. 활과 화살을 전문적으로 제작하는 또 다른 공장에서는 매년 1600만 개 이상의 활과 화살, 강철 화살촉이 만들어져 나왔다. 1160년 무렵에는 중앙에서 제작되는 무기만 매년 320만 개에 달했다.(지방 공장에서 만들어지는 무기는 이 수치와는 별도로 계산되었다.) 이런 식의 기술 변화는 금속 생산업에만 한정된 것도 아니었다. 직물 산업 역시 그만큼이나 중요한 변화를 맞았다. 일례로 중국에서는 발판으로 비단을 감는 기계가 1090년대 무렵에 사용되었는데, 좀 더 다루기 까다로운 마(麻)로 된 실에도 이 기계를 변용해 쓰게 되었다. 그로부터 약 1세기 뒤에는 수력을 동력으로 삼고 기계 하나에만 축이 서른두 개씩 달린 훨씬 복잡한 기계가 만들어져 마로 된 실을 잣는 데 쓰였으니, 그 모습은 18세기 말의 잉글랜드에 도입된 직물 기계와 매우 유사했다.

13.4 송대의 무역 및 재무

이즈음 농민층과 시골 지역 상당 부분이 상업화한 농업에 발을 들이게 된 것은 중국의 무역이 대내적으로나 대외적으로 엄청나게 성장했음을 보여 주는 현상의 일부에 불과했다. 초창기의 다른 농경 제국들과는 달리, 중국에는 농업 생산물을 사고팔 수 있는 시장이 전국적으로 발달해 있었다. 이는 단순히 남쪽에서 생산된 쌀을 대운하를 통해 북쪽의 도시들로 이동시켰다는 뜻이 아니라, 전국적 규모의 쌀 시장이 형성되어 매매의 단계마다 상인들 및 중개인들이 수익을 추구하고 주요 도시에는 어디나 쌀을 파는 상점들이 자리했다는 뜻이었다. 이 쌀 시장에는 이윽고 과일, 설탕, 목재, 종이, 비단을 비롯해 특화된 다른 생산품을 파는 상점들까지 생겨났다. 그리고 이들 시장 사이에 망이 형성되어 촌락을 도시와 연결하고, 각 지방을 중국 전역과 연결했다. 당시에는 전체 농지 생산물의 약 3분의 1 정도가 이렇듯 농민들이나 지주들 선에서 직접 소비되지 않고 매매나 교역에 나왔던 것으로 보인다. 이들 시장은 무역업자, 상인, 중개인, 수송 전담인, 상점 주인들로 구성된 대규모 공동체를 통해 하나로 연결되었으며, 효율적인 저장 및 수송 체제가 시장 운영의 기반이 되어 주었다. 물론 이때에도 수송 체계는 거의 전적으로 강과 운하 그리고 연안 무역에 의존했다. 하지만 이 내륙의 무역을 운용하는 데만도 엄청난 수의 선박이 필요했다. 일례로 당나라의 재상으로 소금과 철의 전매를 담당했던 유안(劉晏)은, 일찍이 8세기에 장강 하나의 물품 수송을 위해서만 선박을 2000대 이상 건조했을 정도였다. 이들 선박은 한 대당 화물을 1000톤씩 실을 수 있었으므로, 그 총량을 따지면 1000년 후 영국의 상선 전체의 화물량의 3분의 1가량을 실어 나른 셈이었다. 마르코 폴로도 13세기 말에 중국을 찾았을 때,(당시에 중국은 전쟁을 겪은 후여서 매우 황폐한 상태였다.) 장강에 떠 있는 배가 한 항구에만 5000척이 넘으며, 그 정도 배가 머물 수 있는 항구는 중국에 200개가 더 있다는 사실을 알 수 있었다. 장강을 두고 마르코 폴로는 이렇게 언급했다. "장강이 수용할 수 있는 선박 및 화물의 총량 그리고 교통량은, 기독교 국가의 강들을 모두 합쳐도, 심지어는 그들의 바다들까지 다 합쳐도 따라가지 못할 정도다." 마르코 폴로는 기독교 유럽권에서도 가장 거대하다는 항구 출신이었다.

하지만 좀 더 중요했던 것은 해상무역이었다. 당(唐)대에만 해도 중국의 무역은 주로 중앙아시아의 길들을 경유해 이루어졌으므로, 동남아시아나 인도양을 경유해 무역하는 경우는 그렇게 많지 않았다. 그러다가 송대에 들어 중앙아시아의 무역로가 (특히 여진족이 중국 북부를 점령한 이래로) 여기저기 막히면서 중국 무역업자들은 점차 바다로 눈을 돌리지 않을 수 없었고, 이로써 해상으로 난 무역로들에 과거 그 어느 때보다 막강한 영향력을 미쳤다. 이와 함께 10세기에 중국에서 대양 항해용 '범선'(훌륭한 성능의 키와 나침반, 그리고 정확한 항해표가 사용되었다.)이 개발된 것도 해상무역이 발달하는 한 원인이 되었다. 이들 범선은 크기도 엄청나서 주 돛대만 네 개에서 여섯 개에 대형 돛이 열두 장씩 달리고, 갑판은 네 군데에 갖춰져 있었다. 그 정도

규모면 승객을 한꺼번에 1000명씩 태우거나 무척 대량의 화물을 한 번에 실어 나를 수 있었다. 기원후의 초반 몇 세기에는 인도로 떠나는 불교 순례자들의 항해 말고는 달리 항해 기록이 나올 데가 없었으나, 이제는 상인들이 직접 항해를 떠나 보르네오, 자와, 인도, 홍해 등지를 돌고 온 내용을 기록으로 남겼다. 1225년에 조여괄(趙如适)이 저술한 『제번지(諸蕃誌)』 같은 일부 책에는 심지어 지중해 세계에 관한 이야기도 얼마간 상세히 실려 있을 정도였다. 또한 당시의 대형 무역 범선들은 단순히 배에 실을 물건을 가진 상인들의 소유만은 아니었다. 곳곳의 사찰들을 비롯해 문무관의 관료들, 지주들, 심지어는 농민 집단들도 범선의 소유권을 가지는 경우가 있었다. 해상무역과 관련해서는 상설 및 임시 제휴 관계를 비롯해 각종 중개인과 투자 관리자를 찾아볼 수 있었으며, 여차하면 배를 전세 내어 이용할 수도 있었다. 아울러 해상운송의 투자와 경영이 따로 분리된 것도 이상의 발전들만큼이나 중요했다. 투자의 경우, 광범위한 영역의 투자가들이 화물 일부나 전체, 혹은 선박에 대해 돈을 대는 방식으로 일이 진행되었다. 화물 운송은 성사된 계약 내용에 규제를 받았으며, 그러자 계약 서식이 급속도로 발달해, 표준화 및 인쇄를 거치기에 이르렀다. 이와 함께 해상운송을 전담하는 중개인 집단도 새로이 모습을 드러냈다.

이렇듯 중국 국내외에서 이루어진 무역의 발달은 점차 상업화해 가는 중국 사회의 면모를 일부 보여 주는 것일 뿐이었다. 상인들이 갖가지 기제를 만들어 장거리의 무역 항해 및 산업 생산에 필요한 투자금을 끌어 모은 것처럼, 무역의 규모가 전례 없는 수준으로 방대하게 성장하자 그와 관련된 업무를 처리하기 위한 여러 가지 새로운 방법이 출현했다. 사실 중국의 각종 제도에는 금융거래를 위한 다양한 기제들이 이슬람 세계보다도 먼저 발달해 있었다. 즉 상인들 간에 통용되는 신용 체계가 따로 있었고, 수표, 약속어음, 거래 신용장이 활용되었으며, 주요 도시 및 항구에는 환전소가 자리했다. 아울러 무역량이 증가하자 정부에서 주조해 내는 화폐의 양도 그만큼 늘어났다. 송에 표준 형태의 구리 동전이 도입된 것은 960년이었는데, 그로부터 불과 1세기 남짓 지나자 화폐 유통량은 열한 배로 훌쩍 늘어났다. 그러나 한창 발달 중이던 중국 경제로서는 이 정도 변화로는 충분치 않았다. 인쇄술의 발명이 지폐의 도입(유럽에서는 이후 800년은 더 지나서야 지폐가 널리 활용되기 시작했다.)과 함께 중국 역사에서 결정적 역할을 하게 되는 것이 바로 이 대목이다. 1024년에 사천 지방에서 세계 최초로 국가에서 인쇄한 지폐가 발행된 것이다. 그리고 이후 1세기도 지나지 않아 지폐는 중국 전역의 주된 통화 수단으로 자리 잡는다. 1161년 무렵에는 송에서 발행하는 지폐만 1년에 1000만 장을 헤아렸으며, 이후 반세기 만에 지폐는 동전을 밀어내고 주된 통화로 자리매김했다.

중국 경제의 성격이 변화하자 국가 역시 그 성격을 바꾸어 가지 않을 수 없었다. 중국에서는 1000년 무렵에 이미 상업 부문에서 들어오는 조세수입이 농업 부문 전체의 조세수입과 대강 맞먹었다. 그러다가 1세기도 채 지나지 않아 농업 부문의 조세는 국가 수입에서 미미한 비중밖에 차지하지 못하게 된다. 이제 국가의 조세수입에서 가장 중요한 것은 국내외 무역에 부과되는 관세였으니, 품목에 따라 10~40퍼센트의 세율이 다양하게 적용되었다. 1077년에 국내 무역에 관세를 징수하기 위해 중국에 설치된 세관은 총 2000곳이었으나, 1205년에는 이것이 약 1만 개까지 늘어났다. 중국의 관세 수입은 송 왕조가 정권을 잡은 지 2세기 만에 무려 130배로 늘어났는데, 이 사실만 봐도 당시 중국 국내 무역의(아울러 국외 무역의) 규모가 얼마나 어마어마했는지 실감할 수 있다. 그리고 12세기 말에 중국은 정부의 소금 전매 사업의 수입을 제외한 모든 조세수입을 지폐로 거둬들이게 된다. 그렇다면 이 당시에 중국 정부가 거둬들인 수입은 과연 얼마나 되었을까? 송대의 경제는 그 총규모를 예측하기가 무척 어려운데, 당시 세계에서 가장 크고 효율적인 관료제가 운영되었는데도 경제의 총규모 계산에 필요한 통계자료들이 거의 남아 있지 않기 때문이다. 그 빈약한 자료들을 근거로 한 최선의 추정치에 따르면, 송대의 정부는 국가의 전체 부에서 10~15퍼센트 사이의 얼마쯤을 국가의 조세수입으로 거둬들였던 것 같다. 터무니없이 높은 수치로 비칠 수 있지만, 송나라가 그토록 대규모의 군대를 유지해 나갈 수 있었던 것도, 나아가 주변국들에 돈을 주고 평화를 살 수 있었던 것도 조세수입이 그만큼 엄청났기 때문이었다. 물론 늘어난 국가 수입의 일부는 고아원과 요양원, 의무소, 공동묘지, 곡물 창고 등 다양한 공공복지 기관의 지원금으로 들어가기도 했다. 이에 비해 유럽은 19세기 말까지는 기껏해야 나라의 부 5퍼센트 정도를 세금으로 거둬들였을 뿐이었는데, 정부의 기능이 매우 제한적이었던 데다 국가의 하부구조마저 매우 취약했기 때문이다.

13.5 송대의 사회

송대에 들어 경제가 급속도로 성장하고 상업화하자 중국의 사회도 심대한 영향을 받지 않을 수 없었다. 우선 최상부에 자리한 귀족층의 위치부터 근본적으로 변화하는 양상이 나타났다. 예전만 해도 귀족층이라고 하면 기본적으로 군벌이었으나, 이제 귀족들이 자신들의 영지와 그곳의 농부들에게 의지해 군부대의 병사를 충원하다 보니 더는 귀족층에서 군벌의 성격을 찾기가 어려워졌다. 송대의 군 병력은 대체로 용병으로 구성되었고, 농부들이 화폐로 내는 소작료가 귀족층이 누리는 주된 부의 원천이었다. 귀족층은 군벌의 성격을 벗자 관리인을 고용해 영지 관리를 맡긴 후 그 자신은 도시로 들어가 생활할 수 있었다. 이와 동시에 농민들에게서 받는 이자를 비롯해, 다른 방면(해외무역, 해상운송, 제조업)에 투자함으로써 부를 쌓아 나갔다. 그리고 그렇게 벌어들인 돈은 순식간에 불어난 수많은 종류의 물품들을 도시에서 사들이는 데 썼다. 급속한 경제성장과 한 차원 증가한 부는, 경제성장에서 생겨난 대부분의 이득이 비교적 소수의 사람에게만 집중되면서, 중국 사회 내의 불평등을 심화할 수밖에 없었다. 물론 송대에는 세금에 대한 특전과 면제가 예전만큼 흔하지 않았지만, 인구의 압도적 대다수는 여전히 농민들이었고 그들이 일차적으로 세금 부담을 떠안았다. 물론 납세 방식의 전환으로 더는 농민이 직접 국가에 토지세를 납입하거나 부역을 질 필요는 없었다. 하지만 농민층은 화폐경제에 통합되어 점차 높아져 가는 물건 가격에 따라 물품을 구매해야 했고, 따라서 무역에 부과되는 세금은 대부분 농민들이 부담하는 셈이었다. 아울러 상업 농경의 규모가 거대해지자 농민층의 압박도 좀 더 심해졌는데, 안정성 면에서는 생계형 농경이 상업 농경보다 훨씬 나았던 데다 송 왕조 시절에는 시종일관 농민 봉기가 끊이지 않았기 때문이다. 하지만 경제의 확대 및 다각화가 가져다준 여러 가지 기회가 사회적 신분의 이동 폭을 좀 더 넓혀 준 것은 사실이었으며, 사람들이 부를 쌓을 수 있는 자원들도 새로이 개발되었다. 중국에서는 시간이 갈수록 상업으로 부를 쌓지 않고는 교육 기회나 사회적 지위를 보장받기가 어려워졌으며, 상인들이 결혼을 발판으로 귀족층으로 진입하는 일도 잦아졌다. 전반적으로 이 시기 중국 사회의 모습은 17, 18세기의 유럽 사회와 눈에 띄게 닮아 있었다.

송대 사회에 일어난 가장 중요한 발전은 아마도 도시들의 급속한 성장일 텐데, 세계 여타 지역에서는 19세기에나 이르러서야 송나라 수준의 도시들이 출현할 수 있었다. 12세기까지 중국에서 가장 중요시된 도시는 개봉으로, 10세기의 오대(五代) 시대에는 물론 (좀 더 중요하게는) 북송 시대에 나라의 수도 역할을 했다. 개봉에 최초로 성곽이 건설된 것은 781년이었으나, 도시가 급격히 성장하면서 954년에 재축조하지 않으면 안 되었다. 중국의 예전 수도들이 소수 엘리트층의 부와 영토 정복의 전리품들을 통해 몸집을 불려 나갔던 반면, 개봉은 상업 및 무역도시로서의 성격이 강했다. 애초에 개봉에서는 특별구역을 지정해 두고 그곳에만 무역을 한정했지만, 도시가 발달하자 이 규정은 재빨리 철폐되었고, 1063년에는 통행금지령이 해제되면서 환락가가 도시 전역에 우후죽순 들어섰다. 1100년에 개봉의 총인구는 약 50만 명을 헤아려, 아바스 왕조가 몰락해 바그다드가 쇠락한 이후로는 명실상부한 세계 최대의 도시였다. 기독교 유럽의 경우 도시 베네치아의 인구가 개봉의 10분의 1 정도에 그쳤던 것으로 보인다. 심지어는 송나라 수도의 자치구 단 하나(개봉 북동쪽 모서리에 자리 잡고 있던 '좌측 제2번' 구(區))의 인구가 파리의 전체 인구보다 많았다.

남쪽의 거대 도시 항주는 1100년의 인구가 개봉에 약간 못 미쳤고, 해상무역을 통해 부를 쌓아 나갔다. 그러다가 1127년에 송이 여진족에 개봉을 잃고 남쪽으로 천도하면서 항주의 인구가 급격히 늘어났다. 1200년 무렵에는 항주의 인구가 200만 명을 훌쩍 넘어선 듯한데, 이 정도면 세계 그 어느 도시보다도 열 배가량은 컸다.(런던의 인구는 많아야 4만 명이었다.) 200만 명이라니 터무니없다고 생각되겠지만, 항주가 쇠락을 거친 후에 이곳을 다녀간 해외 여행가들(마르코 폴로와 이븐 바투타(Ibn Batuta))의 여행담을 보면 그들의 이야기가 놀라울 만큼 일관됨을 알 수 있다. 즉 둘 모두 항주의 가도를 따라 4마일에 하나씩 총 열 개의 장이 섰으며, 이 가도를 걸어 종점에 이르는 데만 꼬박 하루가 걸렸다고 한다. 항주는 성곽 안의 거주민이 80만 명을 헤아렸던 듯하며, 성곽 너머로까지 교외 지역이 넓게 펼쳐져 도시 양끝을 가로지르는 길이만 25마일에 달했던 것 같다. 이 정도면 의심의 여지없이 19세기의 런던 이전에는 분명 항주가 세계 최대의 도시였다. 아울러 남송 시대에는 도시에 거주하는 사람들의 비율이 대략 다섯 명에 한 명꼴이었다. 광동과 남경 같은 도시들도 각각 인구가 약 20만 명에 이르러, 그 규모가 카이로나 콘스탄티노폴리스 같은 세계의 다른 거대 도시들에 전혀 뒤지지 않았다. 이와 함께 중국 남부 지역의 전역에 시장 도시(market town)가 들어선 것도 중요했는데, 지방의 교역이 확대되어 당시에 발달하던 중이던 국가 경제에 좀 더 긴밀하게 통합된 결과였다. 유럽이 19세기 초반에 들어서기 전까지는 세계 그 어디서도 이 정도까지 도시화를 이룬 곳은 찾아볼 수 없었다.

한편 6세기 넘게 중국 문화의 중심에 자리 잡았던 불교는 11세기에 이르자 급격히 쇠락을 맞았고, 엘리트층에도 더는 별다른 영향을 끼치지 못하게 되었다. 그 대신 중국에는 18세기의 유럽과 매우 흡사하게 자연주의에 입각한 폭넓은 합리주의와 함께 호기심, 탐구, 실험 정신이 자리 잡았다. 이 같은 분위기는 지식의 광범위한 확장으로 그 토대가 마련되었으며, 인쇄술 및 대규모의 서적 교역 발달과 함께, 불교 사찰이 쇠락하고 대신 사설 학교 및 도서관들이 지식의 주된 원천으로 자리 잡은 것이 주효했다. 그리하여 11세기에 이르러서는 이른바 송나라의 4대서(四大書)가 완성되어 인쇄되었다. 방대한 양의 시문집『문원영화(文苑英華)』, 1000장(章)으로 구성된 백과사전『태평어람

(太平御覽)』, 500장의 기담 모음집『태평광기(太平廣記)』, 1000장의 정
치 소론 및 수필집『책부원귀(册附元龜)』가 4대서로 꼽힌다. 이와 함
께 원예, 고고학(상(商)대의 청동 유물), 2000점 이상의 역사 비문 및 건
축물 기록, 1566장(章)에 걸쳐 송나라의 지리를 삽화로 설명한 책들
이 개인적으로 편찬되기도 했다. 그중에서도 가장 중요했던 것은 사
마광이 저술한『자치통감(資治通鑑)』('다스리는 일에 도움이 되는 폭넓은
거울'이라는 뜻이다.)으로, 기원전 403년에서 기원후 959년까지의 중국
역사를 다루되 저술에 사용된 사료를 30장에 걸쳐 비판적으로 검증
한 것이 특징이다.

송대의 중국은 전반적으로 사회 및 경제가 역동적으로 돌아갔는
데, 여러 가지 면에서 600~700년가량 뒤의 서유럽과 비슷한 데가 많
았다. 1200년에 이르자 송나라 인구는 약 1억 1500만 명(불과 400년 전
에 비해 두 배 이상으로 늘어난 것이었다.)에 달해 중국에만 전 세계 인구
의 3분의 1가량이 거주했다. 이 시절에 중국은 세계에서 가장 번창한
농경 및 혁신적인 기술을 보유하고 있던 데다, 산업 기반도 점차 성장
중이었고 상업 부문은 고도로 발달된 상태였다. 송대에 중국은 초창
기 농경 사회가 안고 있던 제약들을 이미 상당 부분 벗어던진 뒤였으
며, 아마도 18세기와 19세기 초반의 서유럽이 겪은 일련의 복잡한 변
화, 즉 산업화 이전 사회들이 각종 속박들을 마침내 벗어던진 그 단계
의 직전까지 갔던 것 같다. 그렇다면 중국은 왜 끝내 이 마지막 단계
는 밟지 못한 것일까? 그 답은 간단치 않겠지만, 무엇보다 외세의 침
략으로 인한 영향이 큰 관련이 있을 것이다. 여진족이 중국 북부를 점
령함으로써 남송은 철강 산업에 손댈 여지가 크게 사라졌다. 거기다
가 1127년 이후 남송에서 일어나던 기록적인 성장도, 몽골족의 침략
과 정복으로 나라가 유린당하면서 중간에 차단당했다. 당시 중국은

몽골족에 심하게 파괴당한 것은 물론 이민족의 제국에 완전히 통합당하는 역사상 유일무이한 일을 겪어야 했고, 그로 인한 처참한 여파가 중국의 경제성장 및 기술 발전을 가로막는 결과를 낳았다. 1300년 무렵에 중국의 인구는 1세기 전보다 4분의 1이상 줄어들어 있었고, 14세기에는 전염병과 질병까지 돌며 인구가 더 감소했다. 그리하여 명(明)나라가 정권을 잡아 1360년대에 몽골족을 몰아냈을 무렵에는, 중국이 지난 150년 동안 당한 유린 속에서 어떻게 국력을 회복하느냐가 나라의 주된 과제였다.

[이후의 중국 ☞ 14.5.1]

13.6 유라시아의 동쪽 주변부: 한반도, 일본, 크메르

13.6.1 한반도

[이전의 한반도 ☞ 10.9.1]

송대의 중국이 유라시아에서 가장 발달한 강국이기는 했지만, 중국 바깥에서 송나라의 영향력은 주로 동남아시아와의 교역 관계에만 한정되어 있을 뿐이었다. 한반도는 여전히 중국 문화의 영향을 강하게 받는 상태였지만, 중국에서 불교의 위세가 꺾인 뒤에도 계속 불교 국가로 남아 있었다. 하지만 한나라나 당나라 때와는 달리, 송대 내내 한반도는 정치적으로는 중국으로부터 독립되어 있었으니, 중국의 힘이 바깥으로 뻗는 데 거란 및 여진 제국이 큰 장애가 되었기 때문이다. 그 결과 920년 무렵에 한반도의 북동부에 고려라는 새로운 왕국이 출현해 서서히 한반도 대부분으로 그 지배권을 넓혀 갔다. 10세기 중반에 광종(光宗)의 치세에 접어들면서는 일부나마 중앙집권화를 이루기 위한 조치들을 시행해, 중국의 과거제를 도입해 관료를 선발하고 중앙에 전문 군대를 양성했다. 하지만 온전한 행정 체제는 11세기 중반에나 들어서, 지방 행정구역을 총 여덟 개로 나누는 한편, 5도에 군사 사령부를 설치하고,(여기에 양계(兩界)가 추가되었다.) 3경(서쪽의 평양, 남쪽의 서울, 동쪽의 경주)을 주요 도시로 삼아 나라를 다스렸다. 왕은 문무 관료들에게 토지를 하사해 지배권을 유지해 가고자 했지만, 과거 초창기 국가들이 흔히 그랬듯 토지는 급속히 귀족의 사유재산이 되어 갔다. 그러자 이들의 땅에서 일하며 노예로 전락하는 사람이 점차 늘어났다. 이 추세가 절정에 달했을 때는 인구의 3분의 1가량이 노예가 되어, 당시에는 한반도가 세계 최대의 노예제사회일 정도였다. 고려는 매우 제한된 수준의 중앙집권화밖에 이루지 못한 터라 중앙정부에서 권력이 빠져나가면서 정치 상황도 점차 불안정해졌다. 1014년에는 군부가 쿠데타를 일으켰고, 1170년에는 대규모의 반란이 일어나 명종(明宗)을 새로이 왕위에 앉히는 한편, 1170년대에는 내내 농민반란이 끊이지 않았다. 그러다가 장군 최충헌(崔忠獻)이 1196년에 정권을 잡고 명종을 폐위시키면서 이후 한동안 한반도는 무신들의 통치를 받게 된다.

[이후의 한반도 ☞ 15.5.1]

13.6.2 일본

[이전의 일본 ☞ 11.7.1]

일본은 이 당시에 정치적으로 고립되어 있었던 데다 문화적으로도 점차 중국으로부터 독립하는 상황이었는데, 10세기에서 13세기에는 특히 자기들만의 고유한 통치 체제를 출현시켜 1860년대까지 이 체제의 본질적 부분을 이어 가게 된다. 이 같은 변화들이 일어나는 데는 앞서의 수 세기 동안 이루어진 여러 가지의 경제적·사회적·정치적 발전들이 주효했다. 그중에서도 가장 중요했던 것은 농경 영지(장원)의 발달이었는데, 관개 벼농사가 주를 이룬 이들 영지에서 여러 종류의 사회집단이 탄생했기 때문이었다. 사회계층의 가장 하층부에는 소규모의 노예 및 농노들이 자리했고, 임금노동자 및 자유농민들이 그 상부를 차지했으며, 가장 상층부에는 토지 관리인 및 지주가 자리했다. 이들 계층이 영지의 생산물을 얼마만큼씩 가져가는지는 토지에 대한 법적 권리(시키(式))에 따라 천차만별로 달라졌으며, 그 내용은 보통 성문화되어 있거나 관습법으로 자리 잡고 있었다. 시키는 다른 사람에게도(남자는 물론 여자에게도) 상속이 가능했고, 여러 사람에게 분할해 주는 것도 가능했다.(일본에는 장자상속제가 존재하지 않았다.) 한 사람이 다양한 영지에 한 종류 이상의 시키를 보유할 수 있었다. 이 때문에 일본의 사회구조는 복잡해졌는데, 어떤 영지에서는 하위층의 토지 권리를 가진 사람이 다른 영지에서는 상위층의 권리를 가질 수 있었기 때문이다. 하지만 각종 사회계층에서 가장 중요했던 집단은 역시 영지에서 터를 잡고 살아가던 지주들이었다. 이들은 대체로 과거 황실에서 일하던 관료 출신이거나, 그간 자신들의 지배 영역을 나름대로 확립해 온 황실 가문의 후손들이었다. 여기에 군사 방면의 변화가 더해지면서 장원의 대두로 인한 영향은 한층 강해졌다. 교토의 황실 행정처에서 관할해 오던 징병제의 중앙 군대가 792년에 해산되면서, 군 병력 보유가 이제 지방 귀족만의 특권이 된 것이다. 그러자 주요 영지들을 보유한 지주들을 중심으로 하나둘 군사 집단이 형성되기에 이르렀고, 가장 막강한 실력을 가진 지도자들은 그들을 추종하는 무인(사무라이)들을 따로 모집할 수 있었다. 이들 사무라이에게는 토지가 보상으로 주어졌으나, 지도자와는 어떠한 계약이나 법적 구속도 아닌 충성심만으로 얽혀 있었다. 당시 일본의 상황은 카롤링거 왕조가 몰락할 당시의 서유럽과 여러 가지로 유사했다. 하지만 두 가지 점에서 중대한 차이도 있었다. 첫째, 일본은 외세의 침략을 받을 염려가 없었다는 점이다. 둘째, 비록 실질이 아닌 명목상에 그쳤으나, 일본에서는 천황의 권위가 계속 유지되었다는 점이다. 일본은 소규모의 지방 통치자들이 각지에 난립했어도 독자적으로 왕권이 발달하지는 않았고, 따라서 귀족 간의 알력 다툼에서도 대부분 누가 황실 가문을 장악해 황실의 이름으로 실권을 잡는지가 중요시되었다.

10세기 말에 이르자 일본에서는 다양한 지방 군벌들 간에 거의 끝없이 싸움이 벌어졌다. 그중에서도 간토 지방의 세이와 겐지(淸和源氏) 계열의 미나모토(源) 가문이 특히 세력 규합에 성공해 혼슈 북부까지 지배권을 확대했고, 이 지역을 마지막으로 일본 영토 통합이 최종적으로 마무리되었다. 지방의 군벌들은 황실 내부의 다양한 당파와 연합하는 한편, 자신들의 신변 안전을 위해 나름의 군사 조직을 정비한 다양한 불교 사찰들과도 손을 잡았다. 당시에 황실 자체를 비롯해 퇴위한 수많은 전임 천황들을(일본에서는 천황들이 사망 직전까지 재위한 경우가 드물었다.) 비호한 주된 세력은 일본의 내해(內海) 대부분을 장악하던 이세의 헤이케(平家), 즉 다이라(平) 가문이었다. 1156년에 일어난 호겐의 난과 1159~1160년에 일어난 헤이지의 난을 거치며 황실이 근거한 교토 전역의 군사 통제권을 다이라 가문이 쥐는데, 그 지배력도 교토를 벗어난 데에서는 거의 소용이 없었다. 그러다가 1180년에 한 차례 난이 일어나면서 다이라 가문은 천황을 대동한 채 황급히 교토를 떠났지만, 1185년에 단노우라에서 벌어진 대규모 해

전에서 패배했고,(이 와중에 천황은 바다에서 익사했다.) 그때는 이미 일본 전역이 한바탕 전란에 휩쓸린 뒤였다. 이 내전의 결과, 미나모토노 요리토모(源賴朝)와 휘하의 간토 출신 집단들이 일본의 상당 지역을 비롯해, 그의 패권을 인정하는 지방 영주들을 대거 장악했다. 요리토모는 자신이 패퇴시킨 경쟁자들에게서 토지를 빼앗아 추종자들에게 나누어 주었으나, 자신의 이름을 직접 내걸지는 않았다. 즉 명목상이나마 교토의 황실에서 땅을 하사하는 것으로 했는데, 그때껏 황실은 혼란 속에서도 자신들에게 따로 복속된 토지의 세입을 기반으로 제 기능을 유지해 갔다. 요리토모는 일명 '지토(地頭)'라는 영지 관리인을 임명해 지방 지주들에 대한 중앙의 권력을 얼마간 확보하는 데 성공했다. 지토는 자신들이 관리하는 영지에 나름의 '시키'를 보유해 이를 생활 기반으로 삼았다. 하지만 지토의 임명은 지주의 소관이 아니었기에, 결국에는 지토의 직위도 급속히 세습적 성격을 띠어 갔다. 지토의 역할은 지방 판사의 위치에서 시키를 올바로 배분함으로써 최소한의 지방 통치를 보장한 것이었고, 아울러 생산량의 2퍼센트로 정해진 히오로마이(쌀에 부과되는 세금)도 거둬들였다. 그리고 각 지방에서 지토 중 한 사람을 따로 슈고(守護: '수호자'라는 뜻이다.)로 임명해, 다른 지토들에 대한 통제와 관리를 맡겼다. 하지만 이 구조는 전반적으로 별 실효성이 없었으니 간토의 대규모 정착 지대나 교토 일대를 벗어난 곳에서는 탁상공론에 그쳤기 때문이다. 요리토모가 실질적으로 지배력을 행사할 수 있었던 곳은 교토 서부와 혼슈 북부에 불과했다.

요리토모는 개인적 권력의 기반을 간토 지방의 가마쿠라에 두었고, 그가 일본 전역에 행사할 수 있던 권력의 토대 역시 결국 그의 가문에 있었다. 간토 지방은 이내 몬추조(問注所)가 설치되며 사법행정

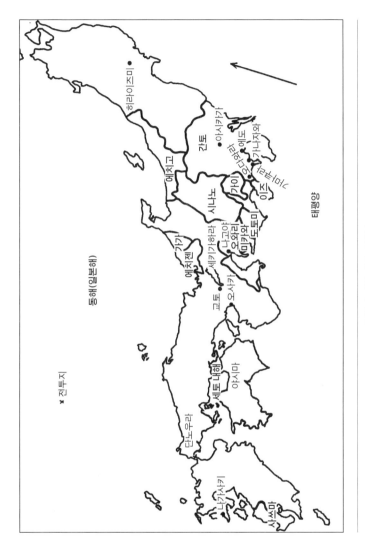

동해(일본해)

태평양

전투지

히라이즈미

간토

에치고

사시마

데와

가나자와

시나노

가이

나고야)

에치젠

세키가하라

미카와

미노

오와리

도토미

교토

오사카

아와지

세토 내해

단노우라

아키

나가사키

쓰시마

조창기 막부 시대의 일본

의 중심지로 자리 잡았으며, 1232년에는 조에이 법전(貞永式目)이라는 성문법을 반포했다.(이 법전의 내용은 후일 관습법으로 남아 일본에 두루 적용되었다.) 하지만 요리토모는 교토 황실의 권위를 형식적인 선에서나 인정했을 뿐이었고, 그의 사적인 통치에 의해 일본이 다스려지고 있었다. 그러다가 1192년 요리토모가 세이이다이 쇼군, 즉 정이대장군(征夷大將軍)에 임명되면서 그의 개인적 체제가 공식적으로 자리잡았다. 세이이다이 쇼군은 애초에 8세기에 존재했던 황실 대장군의 명칭으로, 혼슈 북부 지방의 아이누족 정벌을 주로 담당했었다. 이 관직의 부활은, 적어도 형식적으로는 황실 군부 통치로 여겨질 만한 상황을 일본에 성립시키기에 이른다. 이후 일본에서는 1868년까지 나라를 다스린 다양한 가문의 군벌 통치자들을 전통적으로 쇼군이라는 말로 불렀다. 한편 거의 아무런 힘을 가지지 못한 문관들의 통치는 교토의 황실을 근거지로 이루어졌다. 그러다가 12세기 말에 들어서면서 가마쿠라 막부(쇼군의 근거지에서 이름을 따왔다.)가 성립되었다. 이 막부의 통치 기반은 대체로 가문에 봉직하는 가신들의 개인적 충성심에서 비롯되었고, 이들이 지토로 일하며 지방 통치를 담당하는 한편 미곡세를 거두어들여 가마쿠라로 보내는 역할을 했다. 하지만 가마쿠라 막부의 문제는, 요리토모가 가문의 일족 안에서 경쟁자를 모조리 숙청해 버린 탓에 1199년에 그가 세상을 떠났을 때쯤에는 어린아이에 불과한 그의 두 아들 말고는 뒤를 이을 후계자가 마땅히 없었다는 것이었다. 그리하여 요리토모의 추종자들 사이에서는 오랜 기간 싸움이 벌어졌고, 결국에는 호조(北條) 가문에 승리가 돌아갔다. 호조 가문은 더 많은 영지에 자기 가문 출신의 지토를 진출시키는 데 성공했고, 이와 함께 다양한 부서를 신설해 그나마 황실에 남아 있던 통치 기능을 마저 장악했다. 호조 가문의 통치는 이후 14세기에 들어서까지 지속되었다.

[이후의 일본 ☞ 15.5.2]

13.6.3 크메르

이즈음 동남아시아 본토에서는 관개시설 및 습식 벼농사의 발달로 잉여농산물이 크게 증가하고 국가가 출현하는 양상이 전개되었다. 하지만 동남아시아의 국가들은 동서 무역로의 중간에 자리했던 까닭에, 일본과는 달리 중국은 물론 인도나 이슬람 등의 외세의 영향력에 훨씬 더 개방적이었다. 따라서 이들 나라에서는 나라의 수입에서 무역세가 차지하는 비중이 늘 큰 편이었다. 동남아시아의 여러 나라에서도 제일 중요했던 곳은 국가 크메르였다. 크메르의 관개시설은 비록 소규모였지만, 효율성이 아주 높아 1년에 2회 농사가 가능했고 여기서 다량의 잉여농산물이 생산되었다. 크메르에서 복잡한 사회가 출현한 양상은 주변부가 외세의 영향력 속에서 어떻게 발전하는지를 전형적으로 보여 주었다. 크메르에서는 6세기 무렵부터 사회의 잉여 식량을 이른바 군장(씨족의 우두머리)들이 전용하는데, 이들은 동남아시아 연안에서 엘리트층의 물품을 공급해 주던 인도 무역업자들과 손을 잡으면서 좀 더 많은 권력을 손에 넣을 수 있었다. 군장들은 서서히 인도에서 좀 더 많은 의례를 들여와 집전하기 시작했고, 스스로를 힌두교의 만신과 동일시하며 자신들의 지위와 권력을 키워 나감으로써 왕이 가지는 특성을 일부 보여 주었다. 크메르에 대규모의 공공건물 및 신전이 처음 세워진 것은 9세기 말 인드라바르만 1세(Indravarman I)의 치세였다. 이렇듯 점차 계층화와 착취의 성격을 띠어 간 사회의 맨 밑바닥에는 크눔(khnum: 전쟁 포로)이 자리했으며,

크눔들은 후손들까지 대대로 노예가 되어 밭에서 무리 지어 일해야 했다. 이론적으로만 보면 크메르 사회를 통합시킨 주된 동력은 신전이라고 할 수 있었다. 신전이 토지 소유뿐만이 아니라 잉여농산물 재분배의 주체였기 때문이다. 하지만 실질적인 면에서 권력은 엘리트층 및 통치자들의 차지였다. 곳곳의 신전들이 크메르의 토지를 넘겨받은 것은 사실이었지만, 그 후에도 토지 소유권은 여전히 엘리트층에 있었으며 신전은 토지의 생산물 및 인력에 대한 일부 사용권만 받았을 뿐이었다. 거기다 신전들 자체를 엘리트층이 장악하고 있었기 때문에 식량 분배 역시 얼마든지 엘리트층이 통제할 수 있었다. 통치자의 역할은 복잡한 토지 상여 체제를 통제하고 아울러 생산된 식량 중 얼마만큼을 엘리트층이 통제할 수 있는지 결정하는 것이었으니, 이로써 다양한 집단들이 가지는 권력의 상대적 양이 조절될 수 있다.

이들 엘리트층과 통치자들이 점점 더 많은 잉여농산물을 통제하고 더 많은 수의 농민 인력을 동원하게 되면서 이들이 가진 권력도 날이 갈수록 확대되었다. 그러나 크메르에서는 여전히 온전한 형태의 국가 구조는 찾아볼 수 없었다. 다만 엄청난 규모의 신전 단지, 댐, 해자, 도로들이 곳곳에 건설되었는데, 천상의 질서를 지상에 세운다는 상징적 의미에 따라 모두 남북 아니면 동서 방향으로 정렬해 있었다. 앙코르 와트의 대사원은 11세기 초반에 수리야바르만 2세 (Suryavarman II)의 치세에 비슈누 신과 왕의 상징적 합일을 기념해 건립되었다. 한편 자야바르만 7세(Jayavarman VII) 때 조성된 앙코르 톰 건축에서는 통치자들의 절충주의를 뚜렷이 찾아볼 수 있다. 원래 이곳은 관세음보살을 기려 지은 불교 사찰이었지만, 시바 신 및 비슈누 신을 기리는 신전도 한데 통합되어 있었던 것이다. 아울러 몇몇 신전에 대한 기록들을 보면 당시 신전들이 얼마나 큰 규모로 운영되었는지도 가늠해 볼 수 있다. 12세기 말의 타 프롬 신전의 경우 성곽 안에 거주하는 사람만 1만 2640명이었는데, 고위직의 사제 18명을 비롯해 제식 집행자 2740명, 보조 2632명이 포함되어 있었다고 한다.(이 중 무용수가 615명, 은거 수도승이 439명, 학생이 970명이었다.) 신전에는 영지가 따로 부속되어 있어 노예 및 신전 농노들이 땅을 일구었고, 이들이 매년 거두어들이는 2500톤 이상의 농산물이 신전 생활을 유지하는 기반이었다. 크메르의 총인구는 약 30만 명에 달했던 것으로 보이나, 인구 대부분은 여전히 1만 3000개가 넘는 촌락에 뿔뿔이 흩어져 살았다. 크메르 곳곳에는 단순히 신전 단지만 자리했을 뿐, 대도시는 전혀 찾아볼 수 없었다. 그래도 크메르가 '국가'로서 가진 영향력은 일찍이 11세기부터 널리 확대되어 태국 북부는 물론 끄라 지협에까지 미쳤으며, 단순히 베트남 연안의 무역 중심지만이 아니라 말레이 서부 연안의 이슬람 무역항 타쿠아파 및 인도 남부의 촐라 상인들과도 왕래가 이루어졌다. 버마의 불교 국가 파간 왕국은 수시로 크메르를 압박해 오곤 했는데, 크메르는 보통 폴론나루와의 스리랑카 통치자들과 연합해 파간을 견제하곤 했다. '국가' 크메르는 이후 줄곧 명맥을 이어 가다가 13세기에 들어 몽골족의 침략을 받게 된다. 몽골족이 물러가기가 무섭게 크메르는 농민 봉기 및 엘리트층의 내분이 주원인이 되어 이내 멸망했다.

13.7 이슬람 세계: 정치적 분열

[이전의 이슬람 ☞ 11.10]

9세기 동안 아바스 왕조가 몰락하고 부와이 왕조가 메소포타미아를 정복하면서 한동안 이슬람 세계가 이루었던 정치적 통일은 와해되었고, 이 같은 분열은 일찍이 750년대에 우마이야 통치자들이 아바스 왕조의 승리를 인정하지 않고 이베리아반도 상당 지역에 독자적으로 통치 체제를 수립했을 때 이미 시작되었다. 하지만 그 과정을 우리는 이슬람의 전반적 '쇠락'보다는 초창기 이슬람 제국의 종식으로 보아야 올바를 것이다. 이슬람 세계는 무척 광대해 단일한 정치 체제로 통치하기가 거의 불가능했지만, 초창기에는 어느 정도 통일된 지배력이 행사되었다. 기독교 유럽이 그랬듯, 이슬람도 정치적으로는 분열되었지만 문화적으로는 본연의 고유함을 유지해 갔다. 1000년 이후 2세기 동안 이슬람의 정치적 분열은 그 어느 때보다 심해지는 양상을 보였다. 그러나 십자군에 잠시 밀려 레반트에 그들의 국가들이 세워지고 이베리아반도 상당 부분을 상실했던 것을 제외하면, 이슬람은 기존 영토를 잘 지켜 냈을 뿐 아니라 정치적·문화적 면에서도 자신의 영향력을 계속 확대해 나갔다.

13.7.1 11세기의 이슬람 세계

이슬람 세계 서쪽에서는 우마이야 왕조가 차차 쇠락하기 시작해, 북아프리카 출신의 베르베르족 유목민들에게 코르도바를 약탈당한 후 1031년 소규모 '왕국들'로 자잘하게 쪼개졌다. 이렇게 이슬람의 세력이 쇠약해지자 그 틈을 타 스페인 북부의 소규모 기독교 왕국들이 세를 확장해 1086년 이슬람의 옛 수도 톨레도를 차지했다. 이에 우마이야 왕조는 중흥을 위해 규율이 매우 엄격한 알모라비드('성전의 자원병들'이라는 뜻이다.)라는 군사-종교 집단(후일 기독교의 종교기사단과 흡사한 면이 있었다.)을 불러들여 그들에게 통치를 맡겼다. 1150년에는 알모라비드와 대략 비슷한 성격을 가진 알모하드가 대신 통치를 맡아 모로코와 스페인 남부를 장악했다. 이집트의 경우 파티마 왕조가 아라비아 서부와 시리아, 그리고 멀리 북쪽의 다마스쿠스에 대한 지배권을 유지해 갔다. 명목상 파티마 왕조는 시아파 무슬림이었으므로 메소포타미아의 칼리파와는 원수지간이었지만, 당시에는 칼리파의 힘이 비교적 쇠약했던 데다 메소포타미아를 군사적으로 통치하던 부와이 왕조마저 쇠락해 가는 중이었다. 그리하여 10세기 말엽에는 과거 아바스 왕조의 핵심 거점인 이란 북부의 호라산이 일단의 노예 병사들에게 넘어갔고, 알프티긴(Alptigin)의 지휘 아래 가즈나 왕조가 창건되었다. 가즈나 왕조의 위세는 11세기 초반에 절정에 달해, 이란 대부분을 비롯해 호라산, 아프가니스탄, 인더스강 유역까지 영향력이 미쳤다. 그뿐만 아니라 원거리의 사마르칸트 및 야크사르테스강까지도 느슨하게나마 통치력을 행사했다. 이란을 통치하며 가즈나 왕조는 순수한 이슬람 전통을 지켜 가기보다 사산인의 전통을 부활하는 데 역점을 두었고, 이로써 끈질기게 이어져온 이란 전통의 회복 과정에 또 하나의 발자취가 남겨졌다. 1025년에 가즈나 왕조의 통치자 마흐무드(Mahmud)는 셀주크족을 용병으로 고용해 호라산의 방어를 맡겼다. 하지만 이들 용병이 1036년에 반란을 일으키면서, 이후 이슬람의 핵심 거점에서는 튀르크족의 지배가 강화되는 양상이 나타났다.(이 같은 과정이 1918년까지 이어졌다.)

13.7.2 튀르크족의 영향

[튀르크족의 이전 역사 ☞ 11.6.1]

751년에 카를루크 튀르크족은 탈라스 전투에서 무슬림 및 토번의 병사들과 연합했었고, 그 때문에 중국인 및 위구르족과 싸움을 벌여야 했다. 그 뒤 이어진 한 세기 동안에는 위구르족과 토번인의 압박을 받으며 서쪽으로 더 밀려나야 했다. 9세기 말에 무슬림 세계의 가장자리에 이르러 카를루크 튀르크족은 이슬람교로 개종했고, 10세기 중엽에는 트란스옥시아나에 카라한이라는 힘없는 왕조를 출현시켜 명목상 가즈나 왕조의 지배를 받았다. 트란스옥시아나 북쪽에서는 오구즈 튀르크 씨족 출신 중 셀주크족이 단연 두각을 나타내며 정권을 잡더니 1025년에 호라산으로 이주해 왔다. 셀주크족은 1038년에 반란을 일으켜 니샤푸르를 점령했고, 1040년에는 가즈나 왕조까지 격파했다.(가즈나 왕조는 셀주크족에 밀려 아프가니스탄과 인더스강 유역까지 들어가야 했다.) 이후 셀주크족은 서진을 계속해 이란 전역에 대한 지배권을 차지했다.(그 후 9세기 동안 이란 지방은 이 셀주크족 아니면 몽골족 엘리트층의 통치를 받게 된다.) 셀주크족은 수니파였던 만큼, 이들 세력의 대두는 이집트와 시리아에 근거한 시아파의 파티마 왕조를 견제하는 데 효과적이었다. 셀주크족은 1050년에 그들의 우두머리인 토그릴 베그(Tughril Beg)가 칼리파로부터 최초로 술탄의 칭호를 부여받아 사용하게 되면서 공식적으로 그 힘을 인정받았다. 1055년에 셀주크족은 바그다드에서 부와이 왕조를 몰아내고 칼리파 자리를 차지했으나, 바그다드를 점령한 후에도 이들의 통치는 주로 니샤푸르에서(나중에는 이스파한에서) 이루어졌다. 가즈나 왕조처럼 셀주크족도 전적으로 이슬람의 전통을 따르기보다는 이란의 관료제 및 통치 전통에 많은 부분을 의지했다. 셀주크 제국은 이론상으로는 1092년에 말리크 샤(Malik Shah)가 세상을 떠날 때까지 통일되어 있었으나, 제국 내부에서는 단 한 번도 명실상부한 중앙 권력이 실행되지 못했으며, 셀주크족의 군사 지도자들은 탈취만 할 수 있다면 비옥한 땅에는

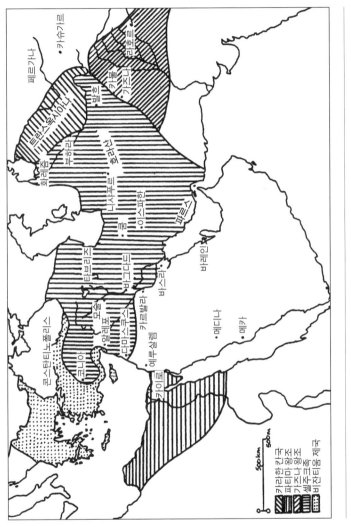

셀주크투르크족의 발흥

어디든 통치권을 확립했다. 1060년대에 이르자 파티마 왕조가 시리아와 다마스쿠스에 대한 지배권을 잃었고, 좀 더 중요하게는, 셀주크족이 비잔티움 제국과 분쟁을 벌였다.

11세기 중엽에 이르자 마케도니아 왕조 시절 비잔티움의 부흥은 막을 내린 지 오래였고, 오히려 아나톨리아 상당 부분을 장악한 군사 귀족층을 통제하지 못하며 비잔티움의 국력은 나날이 쇠해 갔다. 1054년에는 그간 성직자의 독신 생활, 성체성사에 발효된 빵을 쓸 것인지의 여부, 교회의 지상권 문제, '필리오케' 구절의 사도신경 삽입 문제(이는 성령의 위상과 관련되어 있었다.)를 둘러싸고 입장 차를 보여 오던 동방과 서방의 기독교 교회가 마침내 분열했다. 1056년에는 아나톨리아 군사 귀족의 수장격인 콤니노스 가문에서 난을 일으켰다. 황제 로마노스 디오게네스(Romanus Diogenes)는 셀주크족에 대한 반격을 시도하며 군사를 이끌고 반(Van) 호수 근방까지 진격했다. 하지만 1071년의 만지케르트 전투에서 비잔티움 병사들은 알프 아르슬란(Alp Arslan)의 셀주크족 병사들에게 완전히 대패를 당했고 황제는 포로로 잡혀갔다. 결국 비잔티움이 아나톨리아 거의 전역을 셀주크족에 내주면서 이곳에 셀주크족의 왕조 두 개(코니아의 셀주크 왕조와 아나톨리아 중동부의 다니슈멘드 왕조)가 세워졌다. 비잔티움으로서는 지난 400년 동안 제국의 핵심 거점이자 강한 군사력의 원천이었던 아나톨리아를 내주었으니, 거의 돌이킬 수 없는 치명타를 입은 셈이었다. 비록 나라의 명맥은 계속 이어졌지만, 이후로 비잔티움은 예전의 강성함은 다시 되찾지 못했다. 만지케르트 전투가 끝나자 비잔티움 제국에서는 내전과 함께 수많은 반란이 일었고, 뒤이어 1081년에는 콤니노스 가문에서 권력을 탈취하는 일까지 벌어졌다. 충분한 수의 병력을 배치할 능력이 없던 비잔티움은 협상을 벌여 그들을 돈으로 매수하는 수밖에 없었다. 1082년에는 베네치아가 제국 전역에서 자유롭게 교역할 권리를 비잔티움으로부터 부여받는데, 다름 아닌 이탈리아 남부 및 시칠리아에서 제국의 물품을 탈취해 가던 노르만족을 대신 막아 주는 대가였다.

11세기 말에 이르자 셀주크족 '제국'이 여러 소국으로 분열되면서,(정착 국가에 유목민의 상속 관습이 지속적으로 적용된 결과였다.) 서유럽 국가들에 기회가 찾아왔다. 비잔티움 제국을 지원해 주기 위해 소집된 제1차 십자군은 직접적인 면에서는 제국에 거의 도움이 되지 않았다.(오히려 많은 양의 물품을 약탈해 심각한 문제를 일으켰다.) 그러나 십자군이 안티오크(1097년에 빼앗았다.)와 예루살렘(1099년에 파티마 왕조로부터 빼앗았다.) 점령에 성공해 예루살렘에 왕국까지 건설했을 때는 비잔티움도 확실히 한숨 돌릴 수 있었다. 그렇기는 해도 십자군 자체가 이슬람 세계에 미친 영향은 지극히 제한된 수준이었다. 당시 시리아와 레반트 지역은 이미 심하게 분열된 데다, 새로 출현한 십자군 국가는 비교적 소규모여서 이슬람 세계의 판도에 거의 영향을 주지 못했다. 알레포 수복이 1128년에 이루어지기는 했지만, 1140년대에나 들어서야 이슬람은 서유럽 국가들을 상대로 본격적으로 대응에 나서기 시작했다. 이는 모술의 아타베그(총독)였던 장기(Zengi)가 이끌었으며, 대체로 쿠르드족의 군대가 그의 활동을 뒷받침해 주었다. 1144년에 이슬람은 에데사를 되찾아 왔고, 그로부터 3년 뒤에는 다마스쿠스 공성전에서 십자군을 무찔렀다. 이집트에서는 파티마 왕조가 무너지고, 그 대신에 장기의 아들 누르 앗딘(Nur al-Din)이 실권을 장악해 다마스쿠스를 근거로 통치해 나갔다. 1174년에 그가 세상을 떠난 뒤로는 아이유브 씨족 출신의 쿠르드인으로서 이집트의 지방 군사 통치자로 활동하던 살라딘(Saladin)이 다마스쿠스와 시리아를 점령하더니, 1187년에 하틴 전투에서 서방의 기독교도들을 격퇴한 후 예루살렘을 되찾았다. 여기서 아이유브 왕조가 탄생해, 이후 1250년까지 이집트와 시리아에서 통치를 이어 갔다. (1189~1192년에) 아이유브 왕조는 제3차 십자군의 예루살렘 수복 시도를 분쇄하는 한편으로, 1197, 1217, 1229, 1249년에도 기독교의 공격을 여러 차례 격퇴했다. 이제 1291년까지 이슬람 세계에서 소규모의 기독교 엔클라베로 남은 곳은 오로지 아크레 항구뿐이었다.

13.7.3 12세기 말의 이슬람 세계

메소포타미아에서 통치를 해 가던 셀주크족은 레반트에서 벌어지는 이 같은 사건들에는 거의 관심이 없었다. 그 대신 동방에 대한 지배권을 유지하는 데 총력을 기울였으나, 그 노력도 궁극적으로는 수포로 돌아갔다. 1148년에는 튀르크족의 장수 아트시즈(Atsiz)의 지휘 아래 화레즘의 샤(shah)들이 트란스옥시아나의 지배권을 차지하더니 1193년에는 호라산까지 점령하기에 이르렀다. 13세기 초반에 이들의 제국은 이란 서부에서 시작해 아프가니스탄 일부 및 인도 북서부까지 뻗어 나갔다. 1200년 무렵이 되자 이슬람 세계는 과거 200년 전보다도 훨씬 분열된 양상을 띠었다. 이슬람 세계를 구성하는 개별 국가 혹은 제국만도 최소한 아홉 개가 넘었다. 이집트와 시리아는 아이유브 왕조가 통치했고, 아나톨리아 대부분은 셀주크족이 장악했으며, 메소포타미아 북부 및 시리아 동부는 장기 왕조의 차지였고, 메소포타미아 남부는 아바스 왕조의 잔존 세력이 차지했다. 거기다 캅카스 일대에는 지방 통치자들이 난립한 상황이었고, 루리스탄 지방에서는 하자라스프 왕조가 실질적으로 독립적으로 나라를 다스려

갔으며, 파르스 지방에서는 살구르 왕조가 독립해 있었다. 멀리 옥수스강에 이르기까지의 이란 동부는 화레즘의 샤들이 상당 부분을 장악했으나, 이 지역 남부는 또 구르 왕조가 차지했다.

13.8 이슬람의 통일

1000년에서 13세기 초 사이에 이슬람 세계는 초창기 칼리파 시절, 즉 우마미야 및 아바스 왕조 시절과는 사뭇 다른 모습을 보여 주었다. 제1기는 이슬람 세계를 비롯해 그 속에서 탄생한 사회들이 나름의 큰 틀을 형성해 나간 시기였다. 그에 비해 제2기는 기존의 틀 안에서 점차 갖가지 차이점이 증대해 간 시기라고 할 수 있다. 아바스 칼리파조가 쇠락하자, 이제 이슬람 세계를 지배하는 도시는 바그다드 한 곳만이 아니게 되었다. 즉 사마르칸트, 부하라, 니샤푸르, 이스파한, 카이로, 페스 등의 여러 도시들이 이슬람 세계의 핵심 거점으로 자리 잡은 것이다. 하지만 좀 더 중요했던 사실은 종파 간 차이가 점차 발달하면서 종파에 따라 다양한 공동체가 대두하기 시작했다는 점이다.

시아파 공동체의 경우 10세기 중엽에 이르러 이맘이 더는 신성한 가르침의 직접적 전수자로 여겨지지 않으면서 변화를 맞았다. 시아파에서는 그 대신에 주로 알-쿨라이니(al-Kulayni)의 저술을 통해 자신들의 종교적·문화적 유산을 하디스(Hadith)로 성문화하기에 이른다. 이에 따라 이맘은 하느님의 현신인 반(半)영지주의적 존재이자, 최상의 종교적 진리에 대한 직접적 앎을 담지한 자로 재정의되었다. 아울러 시아파에서는 특정 패턴의 종교 의례도 등장해, 무야위야에 대한 저주, 카라발라에서 목숨을 잃은 후사인에 대한 추모, 알리가 무함마드의 후계자로 채택되었다는 가정하에 하루 동안 벌이는 축하, 그리고 시아파의 주요 묘소(나자프의 알리, 카르발라의 후사인, 마슈하드의 알리 알리다(Ali al-Rida)) 순례가 이루어졌다. 시아파의 공동체들은 이슬람에 세워진 거의 모든 정치 체제와 갈등을 빚었지만, 하디스를 실천하는 삶, 그리고 시아파 순교자 및 이맘의 신비적 힘에 몰두하는 삶을 통해 구원을 얻고자 했다.

수니파에서는 이 시기에 들어 칼리파의 힘이 쇠약해졌고,(아바스 왕조의 법제에 따라 칼리파가 오로지 정치적 기능만을 가지게 된 결과였다.) 이는 결국 칼리파와 별개로 독자적인 힘을 갖는 종교 지도자를 출현시켰다. 수니파의 종교적 지도자는 독립적인 학자 집단에 기반을 두었으며, 자신의 통찰력을 세간에서 인정받음으로써 권위를 얻었다. 11세기에 이르자 수니파에서는 다양한 스승을 중심으로 했던 학교들(학생들이 각지의 스승들을 찾아다니며 공부를 했다.)이 마드라사(madrasa)로 공식적으로 자리 잡기에 이르는데, 토지를 영구히 기부받거나 혹은 토지의 지대를 제공받아 이슬람의 율법을 공부할 수 있게 한 일종의 대학이었다. 이런 학교 설립의 움직임은 애초에 호라산 지방에서 처음 시작된 듯하나, 이후 종교적·법적 제도를 조직화하는 하나의 방법으로써 셀주크족 사이에 급속히 퍼져 나갔다. 이슬람에서 시아파의 힘이 강성해진 이후에(특히 파티마 왕조 시절에) 수니파의 전통을 되살린 것이 바로 강경 수니파이자 반(反)시아파로 통했던 이 셀주크족이었다. 셀주크족은 정치와 종교 양면에서 파티마 왕조에 맞섰다. 그리고 수니파의 활동 및 제도를 국가 차원에서 강력하게 지원함으로써 그런 노력들을 한층 강화했다.

이슬람교의 주요 전통은 애초에 수니파와 시아파의 둘이었지만,

10세기에 이르자 이들과 나란히 또 하나의 파가 형성되었다. 이 파는 시아파나 수니파에 비해서는 개인주의적 성향이 강하고 그렇게 체계적이지는 못했지만 장기적 면에서의 영향력이 자못 컸다. 수피파는 개인주의, 종교적 열성, 신비주의를 매우 강조하는 이슬람의 한 종파로, 인도의 여러 전통을(특히 힌두교와 불교 모두에 발달해 있던 명상 기법과 구루(guru) 개념을) 상당 부분 포괄하는 것이 특징이었다. 이후 수피파에서는 다양한 지도자들의 근거지(이를 카나카(khanaqa)라 한다.)를 중심으로 반(半)수도원 형태의 학교들을 발달시켰다. 11세기 말에는 수피파의 위대한 스승들의 묘소가 이런 카나카가 되어, 수피교도의 순례지로 자리 잡기도 했다. 수피교를 공부하는 학생들은 점차 스승을 한 사람 택하고 그의 문하생이 되어 전적으로 그의 말에 복종하는 삶을 살게 되었다. 시간이 흐를수록 수피파 입문 의식은 좀 더 정교해졌고, 수피파의 다양한 전통 사이에는 일명 타리카(tariqat)라는 종교적 형제애가 생겨났다. 수피파의 이런 형제애는 이슬람교도들이 가지(ghazi: 이슬람 전사를 가리킨다. ― 옮긴이)에 따라 이슬람교 수호의 성전(聖戰)에 나서야 했던 변경 지대에서 특히 중요시되었다.

아바스 왕조의 성립 이후에도 이슬람교는 엘리트층이나 믿는 종교였고, 따라서 이때까지는 강력한 세력의 기독교 및 조로아스터교 공동체가 여전히 이슬람 전역에 존재했다. 그러다가 10세기 이후 이슬람 내부가 전반적인 종교적 소요를 겪는 가운데 이슬람교로의 대규모 개종이 이루어졌다. 이후 100년 남짓의 시간이 흐르는 사이, 주로 메소포타미아 북부와 시리아의 소규모 기독교 공동체를 제외하고는, 이슬람 세계에서는 이제 비이슬람교 공동체를 몇 군데 찾아볼 수 없게 되었다. 정치적 상황이 변화하면서,(특히 과거 유목민 출신의 외부 엘리트층이 정부에 들어와 통치하게 되면서) 이슬람교 공동체가 (그들도 비록 무슬림이기는 했으나) 점차 정치 세계와 분리되는 현상이 특히 수니 파에서 두드러졌다. 사회의 기존 엘리트층은 정치에서 이탈해 종교적 지도자의 위치에서 사람들에게 지배력을 행사하는 한편, 종교계의 후원자로써 종교에 뜻을 둔 이들을 뒤에서 후원해 주는 역할을 했다. 상인과 같은 여타 공동체들도 정치 세계와 별개로 나름의 매우 강력한 사회적 기반을 구축했다. 따라서 이슬람의 종교적 전통은 실로 다양한 정치적 단위에 영향을 미치면서 좀 더 광범위한 공동체의 사람들, 즉 북아프리카에서 인도 너머에 이르는 유라시아 핵심 전역에 걸친 이슬람 세계 사람들을 하나로 묶어 주는 기제 역할을 했다. 이슬람교는 정치적 분열 속에서도 확장을 계속해, 인도 전역과 서아프리카에 진입하는 한편 아프리카 동부 연안을 따라서도 전파되었다. 앞으로 이어지는 세 개 절(節)에서는 이슬람교의 이러한 확장을 다루는바, 좀 더 일관된 흐름의 서사를 위해 몽골 제국의 영향을 실감하지 못한 지역들을 중심으로 좀 더 후대인 15세기의 내용까지 다루겠다.

13.9 이슬람의 확장: 인도

[이전의 인도 ☞ 10.10]

6세기의 굽타 왕조 멸망 이후 인도에는 한동안 정치적 분열이 지속되었다. 인도에 대한 이슬람교의 영향력은 이슬람 확장의 제1기, 즉 아랍인 병사들이 711~713년에 신드 지방에 도착했을 때부터 이미 시작된 상태였다. 그러나 신드 지방을 근거로 한 이슬람의 확장은 더뎠고, 인도 북부의 경우 왕조들 간의 경쟁으로 전쟁이 그칠 날이 없었다. 이 경쟁에 참여한 벵골만의 팔라 왕조, 데칸고원 서부의 라슈트라쿠타 왕조, 북서부의 프라티하라 왕조가 인도로 쳐들어오는 이슬람 군대를 대부분 막아 주는 역할을 했다. 인도에 이슬람의 힘이 미치기 시작한 것은 그보다 한참 뒤, 이란 동부와 아프가니스탄에 아바스 왕조 후기의 군사정권이 들어서고 나서였다. 1030년에 이 정권이 셀주크족에 영토의 핵심 거점을 뺏긴 바로 그 무렵부터는, 가즈나 왕조가 라호르를 점령하고 이후 인더스 계곡 북부와 아프가니스탄에 대한 통치를 이어 갔다. 12세기 이후로는 가즈나 왕조가 무너지고 대신 구르 왕조가 들어서 인도 북서부를 점령한 후 페샤와르, 라호르, 델리를 장악했다. 1206년에는 가즈나 왕조의 장수(쿠트브 알-딘 아이베그(Qutb al-Din Aybeg))가 스스로 독립을 선언하고 아이베그 왕조를 여니, 이를 시초로 이후 인도에는 이른바 '델리 술탄국'이 연이어 출현해 1526년까지 인도 상당 부분을 통치했다.

술탄들의 통치가 이어진 이 3세기가 인도 역사에서는 하나의 시기로 묶이기도 하는데, 비록 통치는 제각각 이루어졌지만 다섯 왕조 모두가 동일한 아프간-튀르크족 엘리트층에서 유래했기 때문이다. 이들 왕조는 저마다 중앙집권화를 시도했지만, 실질적 성과를 거두는 데는 하나같이 실패했다. 이들 왕조에서 술탄은 지방의 수많은 무슬림 및 힌두교 통치자 중 비중이 가장 큰 인물에 불과했다. 물론 술탄들이 다른 통치자들에 비해 폭넓은 지배권 및 공물 징발권을 가지기는 했다. 일부 지역에서는(특히 라자스탄에서는) 술탄의 통치가 매우 미미한 수준에 그쳤다. 아이베그 왕조는 1290년까지 인도 북부와 인더스강 유역 대부분을 다스렸다. 술탄의 통치권이 크게 확대된 것은 이후 알라 알-딘 할지(Ala al-Din Khalji: 1296~1316년)의 치세로, 구자라트, 데칸고원 상당 지역, 인도 남부의 일부 지방이 명목상 술탄의 통치권에 편입되어 그의 지배권을 인정했다. 할지 왕조는 창건자

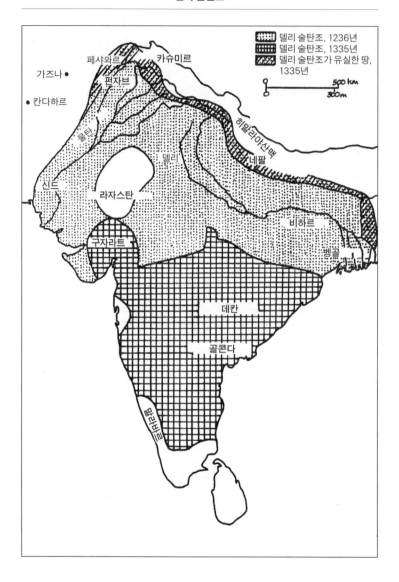

가 세상을 떠나자 거의 곧바로 붕괴했고, 대신 투글루크 왕조가 들어서 1320~1413년의 기간에 통치해 나갔다. 투글루크 왕조는 인도의 수많은 지역에서 실권을 장악한 다수의 무슬림 가문들과 대등한 위치에 서고자 노력했다. 이들 무슬림 가문은 벵골, 카슈미르, 구자라트, 얀푸르, 말와는 물론, 데칸 지방의 두 왕조에서도(바만 왕조와 파르키 왕조) 통치자로 군림하는 상태였다. 이에 투글루크 왕조에서는 튀르크족 전사들을 불러들여 새로 엘리트층을 구성하는 한편, 비이슬람교도들도 문무관의 구별 없이 관직에 임용했다. 술탄들의 치세에도 힌두교 사원의 건축은 허가되었지만, 술탄들이 하나같이 강건한 수니파였기에 관용책과 함께 비이슬람교도에게 인두세를 부과하는 한편 샤리아(이슬람교의 율법 및 규범체계를 가리키는 말이다. ─ 옮긴이)를 한층 강화하는 조치도 취해졌다. 델리 술탄들의 통치는 14세기 중반부터 쇠락기에 접어들었다. 지방 곳곳에서(특히 데칸 지방에서) 봉기가 늘고, 좀 더 자주성을 띤 온전한 형태의 독립 힌두교 왕국들이 인도 각지에 출현했다. 인도 남부에서는 비자야나가르라는 군사 국가가 타밀 북쪽 언저리에서 출현해 점차 확장해 나갔다. 이론상으로 비자야나가르는 힌두교의 수호자였지만, 실질적으로는 북부의 술탄국보다 남부의 여타 힌두교 국가들(카르나타카의 호이살라 및 콘다비두의 레디 왕국)을 상대로 싸움을 벌였다. 1350년대 이후 비자야나가르는 인도 남부에 제국을 세워 2세기간 지속시켰다. 막바지에 접어든 술탄 왕조들(1414~1451년의 사이드 왕조, 1526년까지 존속한 로디 왕조)도 델리를 근거로 통치를 계속했으나, 국력은 내내 매우 취약했다.

인도가 문화적·종교적·정치적 면에서 매우 복잡한 곳이었던 만큼, 델리에 세워진 왕조들은 인도의 방대한 지역을 다스리며 하나같이 매우 애를 먹어야 했다. 더구나 델리의 술탄들은 애초에 무슬림으로서 매우 공격적인 태도를 보여, 인도의 힌두교 통치자들을 새로이 엘리트층으로 통합하려는 노력을 거의 기울이지 않았다. 술탄 왕조가 가진 왕권 개념(대체로 이란의 전통에서 기원한 것이었다.)은 통치자에 대한 충성심과 위계 서열을 주로 강조했기 때문에 힌두교 통치자들에게 매력적으로 비쳤을 뿐 아니라, 힌두교 사회의 정당성을 확보하는 데도 도움이 되었는데 말이다. 당시 델리에 형성된 새로운 엘리트층은 이슬람 세계 초기의 아랍인들과 매우 흡사했다. 그들은 사람들의 이슬람교 개종을 극력 반대해, 자신들만이 특별하게 이슬람교를 믿으며 군사 엘리트층의 위치에서 통치해 나가는 것으로 만족했다. 이와 함께 매우 더딘 속도로나마 인도, 무슬림, 이란 문화의 고유한 요소들이 국제적 차원에서 새롭게 융합되었다. 그 결과 언어 및 문학 방면에서 새로운 종합이 일어나, 무슬림 시인들이 벵골어로 글을 쓰고 아랍어 및 페르시아어 같은 외래어로 힌두교의 신과 신화를 노래했다. 인도에서도 힌두교가 쇠약한 곳에서는 이슬람이 강세를 보였으며, 특히 수렵·채집에서 농경으로 전환한 일부 부족 집단이나 힌두교의 전통이 시골만큼 엄격하지 않은 일부 도시에서 이런 현상이 두드러졌다. 하지만 무슬림 교사들이 대거 인도로 유입되어 국가로부터 각종 지원과 후원을 받았는데도 인도인의 이슬람교로의 개종은 저조해 무슬림은 전체 인구의 5분의 1 혹은 4분의 1 정도에 불과했다. 그리고 대부분의 무슬림들이 인더스강 유역과 인도 북서부, 벵골, 아삼, 데칸고원 일부 지역에 집중적으로 몰려 있었다. 일반적으로 인도는 힌두교식의 정치 및 종교 체제가 각 지방에 온전히 남아 있는 상태였고, 따라서 불교의 쇠락 이후로는 힌두교의 특성이 지역마다 내내 압도적으로 강했다. 그럼에도 이슬람교가 인도에 꽤 큰 영향을 미친 부분도 하나 있었는데 바로 수피교였다. 이는 대체로 수피교가 그 내용 상당 부분을 인도의 전통에서(특히 인도의 형이상학적 교리, 힌두교 및 불교의 수련 기법 및 사제 관계 등에서) 들여온 데서 비롯되었다. 전반적으로 볼 때 인도의 술탄 통치기는 인도의 위대한 번영기에 해당했다. 이 시기에 인도는 동서의 유라시아 무역에서 핵심적인 역할을 하며 교역 도시들이 크게 번성했을 뿐 아니라, 농업은 고도의 생산성을 보였고, 국내무역도 대폭 증가했다. 당시에 인도는 중국의 뒤를 이어 유라시아에서 가장 부유한 지역이었다.

[이후의 인도 ☞ 18.5]

13.10 이슬람의 확장: 서아프리카

서아프리카에는 여러 가지의 환경 지대가 두루 자리 잡고 있었으나, 이들 환경은 하나같이 큰 문제들을 안고 있어 잉여농산물의 증가나 국가 형성을 지체시키곤 했다. 서아프리카 북부의 사하라 사막에는 남쪽 가장자리를 따라 건조한 사바나 지대가 펼쳐져 있어 기장과 포니오(낟알이 매우 작게 맺히는 곡물)가 주로 재배되었으며, 좀 더 남쪽으로 내려간 곳에서는 수수도 재배가 가능했다. 서아프리카 몇 군데에서는 쌀도 재배되었으며, 1년에 두 차례 큰 비가 내리는 아이보리코스트 동부에서는 생산성이 무척 높은 얌이 재배되기도 했다. 하지만 적도 근방의 삼림 지대는 먹을거리나 사냥감이 거의 없어 사람들이 침투하기가 어려웠고, 이곳의 삼림을 벌채해 땅을 개간하기는 더더욱 어려웠다. 그래서 이러한 삼림 지대는 대부분 아예 거주민이 살지 않거나 피그미족들만 이용하는 땅으로 남았다. 기원전 500년 무렵에 이르자 북쪽에서부터 철기 기술이 확산되어 들어오기는 했지만, 당시 서아프리카에서 사용되던 철기 기술 상당수는 매우 독창적인 것이었다. 이곳에서는 주철이나 연철 대신 탄소 함량이 높은 강철을 지방 각지에서 만들어 썼으며, 용광로의 갱도를 최대 25피트까지 높이고 거기에 풀무로 공기를 주입해서 용광로 안을 미리 예열하는 방식이 이용되었다. 서아프리카 역사에서는 내륙의 미개척지 이야기가 주를 이룬다. 즉 수많은 촌락 공동체가 삼림을 개간해 서서히 농경지를 조성해 가는 과정이 펼쳐진다. 그러다가 기원후 1000년대의 초반에 서아프리카는 다양한 촌락과 그 안의 영토들이 통합되며 좀 더 커다란 정치 단위를 형성하는 단계에 도달한다. 하지만 잉여농산물의 양이 여전히 미미하고 인구 수준도 낮았다. 거기가 농경지 개간이 용이해졌기 때문에 사람들은 얼마든지 새로운 곳으로 이주해 정치적 지배를 피할 수 있었다. 따라서 서아프리카의 삶에서는 내내 촌락이 핵심을 이루었고, 정치조직도 카푸(kafu: 일군의 촌락 집단 사이에서 최고권을 가졌다.) 이상으로는 거의 발달하지 않았다. 그나마 몇 개 '국가'가 출현하기는 했지만 국력이 매우 약했고, 매우 소규모의 핵심 지역에만 직접적인 지배력을 행사할 수 있을 뿐이었다. 핵심 지역이 주변의 촌락 및 카푸와 미약하게나마 얽혀 있기는 했지만, 그럼에도 불구하고 주민들은 도대체 누가 자신들을 지배할 권리를 지닌다는 것인지 알 수 없을 때가 많았다.

서아프리카의 수많은 발전에는 사하라 사막을 횡단하는 대상 무역의 출현이 핵심적 역할을 했으며, 이 대상 무역이 기반으로 삼은 재화는 크게 두 가지였다. 우선 서아프리카의 식생활에 반드시 필요했던 소금이 교역의 주요 물품이 되었다.(아프리카의 하우사어(語)에는 다양한 종류의 소금을 가리키는 말만 쉰 개가 넘는다.) 소금은 주로 노예들이 대규모로 무리 지어 사하라 사막의 말라붙은 호수 바닥을 긁어

내는 식으로 채취했으며, 이렇게 해서 얻은 소금을 남쪽으로 보내면 그 대가로 금과 노예가 돌아왔다. 대상 무역이 발달하는 데는 기원후 300~400년 무렵에 북아프리카에 도입된 낙타도 중요한 역할을 했다. 낙타를 이용할 수 있게 되자 사막의 오아시스들을 왕래하기가 비교적 쉬워졌고, 이로써 대추야자의 재배도 가능해졌다.(대추야자 재배에는 높은 기온과 관개용수가 필수적이다.) 종종 한꺼번에 1만 마리 이상의 동물을 몰며 15마일이 넘는 행렬을 이루어 사막을 건너곤 했던 이들 대상들은 약 두 달 간의 노정을 거쳐 아프리카의 북부와 서부 사이를 오가곤 했다. 대체로 9월에 아프리카 북부를 출발했다가 이듬해 봄철이 되면 돌아오는 식이었다. 하지만 기후가 너무 습해지는 까닭에 낙타로는 사막 지대를 멀리 벗어난 곳까지 이동할 수가 없었다. 그 결과 서아프리카에서는 사하라 사막의 가장자리를 따라 줄지어 교역 도시가 발달해, 대상들이 중간에 멈추어 쉬거나 아프리카 남부의 무역업자들이 물품을 이송해 오는 장소로 활용되었다. 사하라 사막 이남에서는 대체로 지방의 상인들이 교역을 장악했지만, 멀리 이슬람 세계에서부터 서아프리카 연안에 도착한 무슬림 상인들도 다수 찾아볼 수 있었다.

서아프리카에 생겨난 최초의 교역 도시는 올드 제네로, 5세기 무렵에 오늘날의 말리에 자리 잡고 있었다.(이 시기의 다른 유적지를 찾아내기 위한 발굴 작업은 현재 거의 이루어지지 못한 실정이다.) 이 도시는 규모가 제법 컸을 뿐 아니라,(도시를 둘러싼 성곽의 길이만 1마일이 넘었다.) 근방에 자리한 약 예순 개의 촌락에까지 지배력을 행사했다. 그러나 서아프리카에서 본격적인 발달이 이루어지기 시작한 것은 이슬람 무역업자들이 사하라 사막을 가로질러 침투해 이슬람 세계에 필요하던 노예와 금을 들여가기 시작하면서였다. 주변부에서의 통상적 과정이 그랬듯, 이로써 서아프리카에서도 사회적·정치적 발달에 속도가 붙어 700~900년 사이에 세 개의 왕국이 형성되었다. 그러나 차드 호수 근방에 자리 한 카넴 왕국은(그리고 그 뒤를 이은 보르누 왕국은) 금이 나지 않았고, 따라서 노예 공급에만 집중해야 했다. 두 왕국은 모두 대다수의 목축민을 소규모의 전사 엘리트층이 다스리는 느슨한 연맹체 형태였다. 서부에는 소닝케족으로 구성된 가나 왕국이 자리했는데, 이름만 동일할 뿐 오늘날 가나가 아닌 마우레타니아 동부에 근거하고 있었다. 가나 왕국은 타헤르트에서 시작해 시질마사를 경유하는 무역로의 끝에 위치했으며, 이 입지를 이용해 세네감비아의 밤북 평원에서 들어오는 금 수출 무역을 장악했지만, 가나에서도 금 자체는 생산되지 않았다. 이 왕국의 주요 도시가 어디였는지는 아직 확인되지 않고 있다. 가나의 주된 경쟁국은 송가이족이 세운 가오라는 왕국으로, 니제르강을 따라 동쪽으로 더 들어간 곳에 자리하고 있었다. 가오 역시 타헤르트에서 출발하는 무역로의 종착점에 위치했으며, 타헤르트에서 들여오는 소금이 화폐로 이용되기도 했다. 서아프리카에서는 하와리즈파 무역상들을 통해 이슬람교가 들어와, 일차적으로는 상인들에게 수용되었다가 맨 마지막에 농부들에게까지 전파되었다. 가오의 통치자가 이슬람교로 개종한 것은 1000년 무렵이었으며, 1세기 후에는 카넴의 지도자도 그 뒤를 따랐다. 가나는 1070년 북아프리카의 알모라비드 왕조를 통해 수니파 이슬람을 받아들였다.

이후 가나 왕국은 장기간의 쇠락기를 거친 후 1240년 무렵에 멸망당했다. 그 뒤를 이어 서아프리카에는 말리 '제국'이 성립되었다. 말리는 13세기에 들어 군사 방면의 여러 가지 변화로 세를 부쩍 키울 수 있었다. 이집트에서 들어온 말(馬)이 좀 더 넓은 지역으로 확산되면서, 보병의 중요성이 차차 줄고 기병의 역할이 중대해진 것이다. 하

초기의 아프리카

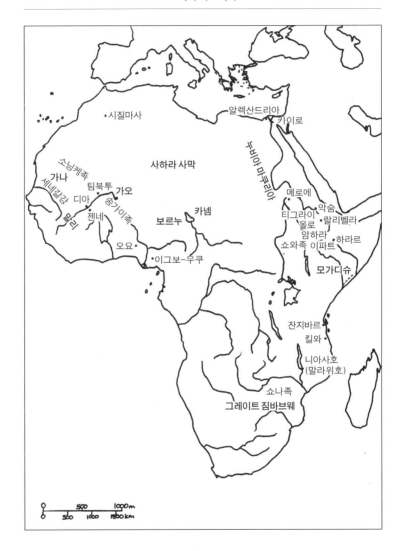

시질마사

알렉산드리아
카이로

누비아 마쿠리아

사하라 사막

소닝케족
가나
세네갈강
팀북투 가오
디아 송가이족
말리 젠네
오요
이그보-우쿠

보르누

카넴

메로에
악숨
티그라이
올로 랄리벨라
암하라
쇼와족 이파트 하라르

모가디슈

잔지바르
킬와

니아사호
(말라위호)

쇼나족
그레이트 짐바브웨

500   1000m
500   1000 1500km

지만 가격이 워낙 비쌌던 탓에(1450년대까지도 서아프리카에서는 말 한 마리의 가격이 노예 14명의 가격과 맞먹었다.) 말은 사바나 지역에 기반을 둔 소규모의 엘리트층이나 이용할 수 있을 뿐이었다. 말리는 주로 교역 방면에서 가오 왕국과 경쟁을 벌였는데, 1324년 말리의 통치자 만사 무사(Mansa Musa)가 메카를 순례하고 돌아온 직후 가오 왕국을 대파했다. 말리에는 거대한 교역 중심지로 팀북투가 자리하고 있었고, 14세기에 들면서는 이곳이 이슬람 세계의 주요 도시로까지 꼽혀 대학까지 생겨날 정도였다. 말리는 15세기 초반에 그 세가 절정에 올라, 서쪽의 세네감비아에서 동쪽의 가오, 북쪽의 사하라 사막 언저리에서 남쪽의 니제르에 이르는 넓은 지역을 '장악'했다. 심지어 그렇게 귀했다는 백인 노예들을 지중해 동부에서 수입해 쓰기도 했다. 하지만 1433년에 들어 말리는 투아레그의 유목민들에게 팀북투를 빼앗겼고, 그 직후 송가이족도 손니 알리 베르(Sonni Ali Ber)의 지휘 아래 말리에서 독립해 나갔다. 사바나 지역이 이런 발달을 거치고 나자 서아프리카 훨씬 남부의 삼림 지대도 이런 식의 발전을 거치지만 그 속도는 훨씬 더뎠다. 이곳에서는 15세기 말까지도 여전히 국가가 생겨나지 않은 지역이 상당수에 이르렀다. 1000년 무렵에 서아프리카의 삼림 지대에서도 소규모 금광을 장악을 계기로 최초로 '국가'(이페)가 출현했으나, 15세기에는 이마저도 소멸해 이제 제법 비중을 가진 국가는 베냉 한 곳뿐이었다.(이곳은 고품질의 청동을 전문적으로 생산해 낼 줄 알았다.)

[이후의 서아프리카 ☞ 17.8]

13.11 이슬람의 확장: 동아프리카

서아프리카에서는 동서로 뻗은 일련의 기후대가 유목민과 농경민의 생활 터전을 나누었던 데 반해, 동아프리카에서는 저마다 다양한 환경들이 복잡하게 혼재하고 있었다. 하지만 서아프리카가 그랬듯, 사람들이 농경지를 찾아 정착해 나간 이야기가 역사의 주된 내용을 이루기는 이곳도 마찬가지였다. 아프리카 동부와 남부에는 기원후 400년 무렵에 이미 반투어와 철제 연장을 사용하는 농경민들이 상당 지역에 퍼져 있었지만, 농사를 지을 땅이 드문드문 떨어져 있던 데다 인구 분포 역시 고르지 못하고 매우 낮았다. 거기다 동아프리카는 서아프리카와 한 가지 점에서 확연히 차이가 났는데, 아프리카의 동부 연안이 인도양의 일부를 구성한 까닭에 홍해 및 페르시아만의 무역업자들이 정기적으로 배를 타고 남하해 이곳을 찾았다는 점이었다. 기원후 400년 무렵에는 이란에서 만들어진 토기가 50마일의 거리를 이동해 탄자니아 내륙을 비롯한 멀리 모잠비크의 치부에네에까지 전해질 정도였다. 이슬람교가 동아프리카에 남긴 최초의 흔적은 8세기에 케냐 연안의 라무에 지어진 소규모의 목재 모스크를 통해 확인된다.(이들 모스크의 수용 인원은 열 명도 채 안 되었다.) 그로부터 1세기가 지나자 중국인 무역업자들도 동아프리카 연안에서 활발히 활동하게 된다. 그러다가 본격적으로 확장한 것이 9세기로, 페르시아만의 무역업자들이 고향에서 직접 벽돌과 토기를 공수해 와 정착촌을 건설한 것이다. 이로써 (모가디슈 남부의) 게지라를 비롯해 잔지바르의 운구자 우쿠, 그리고 치부에네가 무역항으로 성장해 나갔다. 동아프리카는 인도와 중국을 상대로는 상아를 수출하는 한편, 페르시아만을 상대로는 맹그로브 가지와 금, 그리고 1년에 1000명가량의 노예를 수출했다. 이들 노예 상당수는 메소포타미아 남부의 설탕 대농장에서 일했지만 일부는 군인이 되기도 했으며, 15세기에는 이런 노예 출신 군인이 벵골만의 왕국에서 왕위를 찬탈했다.

　이슬람의 무역이 대폭 증가하기 시작한 것은 1000년 무렵부터였다. 그 결과 여덟 군데의 무역항에 새로이 석재 모스크가 건립되는 한편, 송나라 초기의 중국도 과거의 열 배나 되는 물품들을 아프리카로 보내왔으며, 1070년에는 탄자니아 남부의 킬와에 무슬림 왕조가 창건되었다. 이 왕조는 2세기간 명맥을 이어 가다가, 차후 예멘에서 탄생한 것으로 보이는 마달리 왕조에 전복당했다. 이후 킬와는 대규모의 항구로 발달해 인구만 2만 명가량에 이르더니, 아프리카 내륙뿐 아니라 인도양 전역 및 인도와(특히 구자라트와) 교역해 나갔다. 이즈음에는 아프리카의 토착어인 스와힐리어도 발달하게 되는데, 이때까지만 해도 스와힐리어는 아랍어의 영향을 그다지 받지 않은 상태였다. 북아프리카의 무역업자들이 사하라 사막을 건넜던 것과 달리, 동아프리카에서 활동한 이슬람 무역업자들은 그렇게 내륙 깊숙이까지 진입하는 일은 거의 없었던 것으로 보인다. 그들은 지방의 토착 상인들이 항구로 가져오는 물품을 구매하는 것으로 족했다. 내륙에서도 금 세공품이 발달하고, 최초의 내륙 도시들이 림포포와 짐바브웨의 잠베지강 사이의 고원에 생겨나기는 했지만, 전반적으로 내륙 무역은 저조했다. 동아프리카에서는 1000년 무렵에 마푼구베를 중심으로 최초의 정착촌이 형성되기에 이르는데, 타 지역과의 사이에서 소규모 교역 기지 역할을 했던 이곳에서는 지방의 군장 및 엘리트층의 거주지가 농민들의 농경 촌락을 굽어보는 언덕 꼭대기에 자리 잡았다. 이 도시는 2세기 동안 존속하다가 쇠락에 접어들었고, 이후 림포포 북쪽의 풍요로운 초원 지대에 그레이트 짐바브웨가 생겨나 그 자리를 대신했다. 그레이트 짐바브웨는 아프리카의 철기 시대의 정착촌 중 그 중요성이 가장 크다고 손꼽히는데, 언덕 꼭대기에 자리한 궁전을 거대한 성곽을 에워싸고 있었다.(13세기 말부터는 이 성곽이 대규모의 석벽으로 지어졌다.) 이곳은 한 지방 왕조의 권력 소재지가 되어 연안에서 킬와로 통하는 금 무역을 통제했다. 아울러 페르시아만과 인도 일대의 화물에 대해서도 매년 1톤이 넘는 금을 보냈던 것으로 보인다. 그러다가 15세기에 들면서 이곳도 결국 쇠락하는데, 근방에서의 방목이 과도하게 진행된 데다 이 지역으로 공급되는 금의 물량이 완전히 바닥나 버린 데 뒤따른 결과였다.

13.11.1 기독교권 에티오피아

이슬람교의 영향에도 불구하고 나일강 남부의 내륙 및 산악 지대에서는 기독교 신앙이 명맥을 이어 갔다. 악숨 왕국(이곳은 홍해 무역로와 연결되어 있었으며 상아가 주요 수출 품목이었다.)이 기독교를 받아들인 것은 333년으로, 이자나(Ezanaa) 왕의 치세 때였다. 악숨의 기독교 신앙은 애초에 알렉산드리아에서 연원했기 때문에 신학적으로는 단성론파의 사상을 따랐으며, 20세기에 접어들 때까지도 에티오피아 교회는 주로 이집트 콥트교회 수도사들의 지배를 받았다. 국가의 신앙으로 채택되었음에도 주민들 사이에서 기독교는 매우 더딘 속도로 퍼져 나갔을 뿐이었는데, 아라비아 남부에서 발생한 문자를 가져다 성서의 내용을 그으즈어(악숨에서 널리 쓰이던 셈계 언어다.)로 번역한 것이 주효했다. 그러다가 로마와 사산인 사이에 전쟁이 터지고, 이슬람 세력이 발흥하자 악숨 왕국은 큰 타격을 입었다. 7세기 초반부터 에티오피아에서는 새로 창건되는 왕조들의 위치가 점차 남하하는 과정이 서서히 진행되어 20세기까지 지속되었다. 이즈음 악숨 문화와 지방의 쿠시트 문화가 통합되어 생겨난 새로운 에티오피아 왕국도 악숨과 티그라이가 아닌 올로를 중심지로 삼았다. 이렇게 왕국의 소재지가 남하하면서 에티오피아는 좀 더 나은 땅을 정복할 수 있었을 뿐 아니라, (특히 제일라를 거점으로 삼아) 홍해로 통하는 무역로들과도 접할 수 있었다. 에티오피아 왕국에서는 노예, 금, 상아를 연안의 이슬람교 무역업자들에게 보내 페르시아만과 인도로 수출했다. 서아프리카와 동아프리카에서도 그랬듯, 에티오피아도 이내 이들 무역로를 따라 이슬람교가 침투했다. 애초에 이슬람교는 소말리족에 이르렀다가 12세기 말에 훨씬 내륙까지 진입하더니 결국에는 이파트와 쇼와 동부에 소규모의 이슬람 왕국들이 세워졌다.

그렇기는 했지만 이 시절에 에티오피아는 대체로 모든 외부적 영향력에서 고립되어 있었다. 그리고 여기서 에티오피아만의 독자적인 기독교 신앙이 탄생되어 나왔다. 1137년에 에티오피아에서는 지방의 제후가 왕위를 찬탈한 후 자그웨 왕조를 개창해 1270년까지 통치를 이어 갔다. 이 왕조의 통치자들 치세에 대규모 교회들이 랄리벨라에 조성되었는데, 바위를 깎아 만든 이곳은 이후 강(요르단강)과 언덕(칼바리 언덕)을 낀 도시 시온의 모델이 되었다. 아울러 랄리벨라 교회는 성경과 유대인들의 관습을 중심으로 강력한 수도원 제도를 발달시켰다. 이들은 유대인들과 똑같은 내용으로 금식을 행했으며, 유대인들과 똑같이 성궤를 모시며 자신들을 선민이라고 믿었으니, 이는 성 조지(St. George)가 대천사들과 더불어 이슬람 세력과 전투를 벌이는 것으로 상징되었다. 에티오피아에서 재속사제는 보통 혼인한 농민들이 맡아 그 직을 후대에까지 물려주었지만, 수도사의 체제는 이와 달리 일반적인 기독교 양식에 좀 더 가까웠다.

에티오피아는 남쪽으로 세력 확장을 계속해 쇼와 지방에 이르렀고, 그러자 지방 세력들이 일어나 군주를 끌어내린 후 독자적으로 왕조를 세웠다. 그 초대 왕 이쿠노 암락(Yikunno Amlak)은 거창하게 자신이 솔로몬의 후손임을 내세웠지만, 그의 손자 암다 시온(Amda Syon: 1314~1344년)은 이파트를 공격해 이슬람 지역을 전부 정복한 것은 물론 북쪽으로는 옛날 악숨의 본거지까지 진입했다. 그때까지 에티오피아에 남아 있던 유대교 전통으로부터 독자적인 팔라샤(Falasha: 에티오피아계 유대인을 가리킨다. — 옮긴이) 전통이 갈라져 나온 것이 바로 그의 치세 때였다. 당시 에티오피아는 아프리카 왕국 중 최초로 문자 해독 능력을 갖추었고, 그래서 일부나마 기록이 남겨져 개략적인 역사가 서술될 수 있었다. 그에 따르면 에티오피아의 다른 이슬람 왕국들이 그랬듯, 이 왕국 역시 전반적으로 농민이 사회의 주류를 이루었으며 중앙 관제의 힘은 매우 미약했다. 왕 역시 일군의 수많은 지방 통치자 중 제1인자로 통하는 정도였다. 왕국에 수도가 들어선 것도 15세기 중반에나 들어서였으며, 그마저도 20년이 시간이 흐른 뒤 버려졌다. 그 후로 이곳에는 군주가 거의 존재하지 않은 것이나 다름없었다.

13.12 유라시아 서부의 주변부: 유럽의 회복과 확장, 성격 규정

[이전의 유럽 ☞ 11.12]

카롤링거 왕조의 붕괴, 그리고 바이킹족과 헝가리족의 침략은 서유럽의 분열이라는 결과를 불러왔다. 그에 따라 서유럽에서는 이내 조직화된 국가를 거의 찾아볼 수 없게 되었다. 통치는 주로 지방 차원에서 이루어져, 농노들이 생산해 낸 매우 미미한 양의 잉여생산물을 지주들이 기어코 손에 넣어 얼마간의 군사 자원을 장악한 뒤 한정된 수준이나마 질서를 유지해 가는 식이었다. 서유럽 전역의 인구도 낮은 수준이어서 3500만 명 정도에 그쳤으며,(800년 전 절정기의 로마 제국도 대략 이 정도의 인구를 보유하고 있었다.) 그 인구조차 광대한 삼림 및 미개간지에 막혀 서로 고립된 일련의 촌락에 뿔뿔이 흩어져 있었다. 간혹 몇 군데 성읍도 존재했지만 그 규모가 작아, 로마와 파리 같은 최대의 성읍들이나 거주민이 2만 5000~4만 명 정도였지, 대부분은 1000명가량에 불과했다. 교역 수준도 매우 낮았으며, 수출품은 노예를 비롯해 이슬람 세계로 들어가는 1차 생산물이 주를 이루었다.

13.12.1 회복과 확장

1000년 이후의 3세기는 유럽의 세력 확장이 어느 때보다 두드러지게 나타난 시기였다. 1300년에 이르자 유럽의 인구는 두 배 이상으로 불어나 8000만 명에 이르렀으며, 곳곳에 농경 정착촌들이 새롭게 자리 잡으면서 경작 지대도 엄청난 규모로 늘어났다. 처음에는 기존 촌락 주변의 땅들이 농경지로 편입되면서 대체로 서유럽의 정착 지대 내에서만 확장이 이루어졌다. 하지만 이는 무척 급속도로 대규모의 이주와 정착의 움직임으로 변모하는데, 특히 유럽의 중부와 동부에 정착민들이 새로 들어와 촌락과 성읍을 건설하면서 이런 양상이 두드러졌다. 그러나 당시의 확장은 집약적이기보다는 광범위한 지역에 걸쳐 두루 이루어졌다. 전에 비해 사람의 수가 늘어나기는 했지만, 거의 전부가 농민에다 생활수준도 그들의 선조들과 다를 것이 없었다. 물론 이 시기가 끝나 갈 무렵에는 유럽도 몇 세기 전에 이미 중국과 이슬람 세계에서 발달한 기술들을 몇 가지 채택해 쓰게 되지만 말이다. 이러한 성장에 발맞추어, 어느 정도 체계는 있지만 비교적 힘은 약한 일부 정치 단위들이 그간 이어진 수 세기의 혼란을 뚫고 유럽의 전역에 출현하기 시작했다. 아울러 세계 역사상 처음으로, 북유럽에서 일어난 사건들의 여파가 그보다 부유하고 발달한 지역인 지중해 일대에 미치기 시작한 것도 이즈음부터였다.

유럽의 경우 지역에 따라 회복의 시기가 다양하게 차이가 났다. 우선은 비교적 외진 데 있어 9세기와 10세기에 침략을 덜 받았던 부르고뉴 지방이 회복을 시작해, 1080년에 이르자 잉글랜드 남부 상당 지역과 함께 일드프랑스(Ile-de-France) 대부분에서 삼림이 정리되었다. 1200년 무렵에 이르러서는 서유럽에서 최상의 토질을 가진 땅은 대부분 개간된 터라, 이제는 모래나 진흙 땅, 고지와 황야 지대 같은 좀 더 척박한 한계 지대까지 정착촌이 밀고 들어가는 상황이 전개되었다. 땅이란 땅에는 모조리 사람이 들어찬 결과 일부 지역에서는(특히 독일에서는) 잉여 인구가 정치조직이 거의 갖춰지지 않은 동부 지역으로 밀려들어 갔으니, 이곳에서는 농민들이 여전히 화전농법을 이용해 산림을 일구던 상태라 새로운 정착지의 건설이 제법 용이했다. 게르만족이 엘베강과 살레강 사이의 지역에 정착한 것은 10세기 초반의 일이었다. 이러한 이주의 움직임은 헝가리인의 침략으로 인해 12세기까지 계속 이어졌으나, 그 와중에도 1018년에 빈이 건설되었다. 그 후로는 정착민들이 홀슈타인, 메클렌부르크, 브란덴부르크로 이주해 들어가는 양상이 나타났다. 그 과정은 꽤나 조직적으로 이루어졌는데, 토지 관리인이 따로 정해져 그들이 토지를 분배하고 정착에 필요한 장비들을 제공하는 동시에 종종 표준화된 설계에 따라 촌락과 성읍을 발달시켰다. 12세기 말에 이르자 이들 정착촌은 리보니아와 쿠를란트까지 이르게 되고, 이어 리가(1201년)와 동프로이센(1231년)에도 이내 정착촌이 생겨났다. 그러다가 13세기 중반에 접어들면서 가장 좋은 토질의 땅이 더는 남아 있지 않게 되면서, 동쪽으로의 이주 움직임도 약해지기 시작했다. 동부로 이주해 들어간 독일의 정착민과 토착 집단 사이에서는 경계가 뚜렷이 나뉘지 않아 전반적으로 정착지와 주민들이 복잡하게 뒤섞이는 결과가 나타났고, 이로 인해 유럽 역사는 20세기 말까지 골머리를 앓게 된다.

유럽의 정착촌이 대규모로 확대된 시기는 때마침 기후 조건도 꽤 좋았다. 900~1200년 수 세기 동안에는 기온이 오늘날보다 3도가량 높았다. 그래서 중부 유럽의 경우 수목한계선(수목의 생존이 가능한 경계를 가리킨다. ─ 옮긴이)의 고도가 현재보다 500피트가량 높았고, 잉글랜드에서는 북쪽으로 한참 올라간 세번강 유역에서도 포도나무가 자랐으며, 1300피트의 고지인 다트무어에서는 농사가 가능했다. 하지만 좀 더 온화한 기후가 가져온 가장 중요한 변화는 다름 아닌 바이킹족의 정착지가 북대서양의 전역에 확대되었다는 점이었다. 노르웨이 남서부에 근거하던 바이킹족이 아이슬란드에 들어와 정착한 것은 870년 무렵의 일이었다. 이후 이곳은 주로 목축 사회로 변모해 절정기인 1100년에는 인구가 약 6만 명가량에 이르렀으며, 명목상으로는 노르웨이 왕의 통치를 받았으나 그들 나름대로 알싱(Althing)이라는 의회를 구성해 독자적으로 운영해 나갔다. 그러다가 982년 붉은 에이리크(Erik the Red)가 이곳에서부터 서쪽으로 항해해 그린란드를 발견하게 된다. 4년 뒤 그는 일군의 정착민을 열네 척의 배에 나눠 싣고 다시 그린란드에 발을 들였다. 하지만 그린란드는 아이슬란드보다도 더 척박한 한계 지역으로서, 바이킹족의 인구도 절대 3000명을 넘은 적이 없었던 것으로 보인다. 1200년 무렵에는 바이킹족이 그린란드에서 우연히 이누이트족과 마주치기도 했는데,(바이킹족은 이들을 스크렐링기라고 불렀다.) 이들 이누이트족은 이미 1만 년도 전에 아메리카 대륙에 처음 정착해 새로운 땅을 찾아 계속 이주 중이었다. 1000년 무렵에는 에이리크의 아들 레이프(Leif)가 그린란드에서 서쪽으로 더 항해해 유럽인으로서는 최초로 아메리카 대륙 본토에 발을 들이니, 처음에는 래브라도 연안에 닿았다가,(그는 이곳을 마르클란드(Markland)라 불렀다.) 이후 남쪽으로 더 내려가 뉴펀들랜드에까지 이르렀다.(이곳은 빈란드(Vinland)라 불렀다.) 후일 바이킹족은 랑스 오 메도즈에 정착하게 되고, 벨섬에도 대규모 공동체가 자리 잡았다. 이들 정착촌은 오랜 시간 명맥을 유지했을 것 같지는 않은데, 아메리카의 토착 집단들이 어떻게든 이들 세력을 몰아내려고 했을 것이기 때문이다. 하지만 이런 상황에서도 바이킹족은 모피와 목재를 손에 넣고자 14세기에 접어들기까지 꾸준히 그린란드에서 마르클란드로 항해를 계속했다.

유럽의 확장은 단순히 농경 차원에만 그치지 않았다. 당시 유럽에서는 장자상속제가 점차 지배적 체제로 굳어 갔는데, 그러자 여기서 배제된 일부 귀족 엘리트층이(즉 차남 이하의 아들들 일부가) 자신만의 고유한 토지 및 통치 영역을 확보하려는 움직임을 보였다. 일례로 애초에 로베르 기스카르(Robert Guiscard)의 지휘 아래 프랑스 북부에서 용병으로 활동하던 바이킹족 정착민 출신 일부가 바리 일대를 자신들만의 고유한 영토로 점유하더니, 11세기 말에는 이탈리아 남부의 상당 지역을 차지하기에 이르렀다. 불과 수십 년 만에 이들은 시칠리아의 왕으로 군림하게 되는데, 당시 시칠리아는 지중해에서 가장 부유했을 뿐 아니라, 비잔티움, 이슬람, 북유럽의 전통이 뒤섞여 국제적 면모가 강했다. 잉글랜드의 경우 1066년의 점령 이후로 노르만족이 웨일스와 아일랜드에 진입해 미개척지를 활용하며 통치해 나갔다.

그로부터 몇십 년 후에는 이와 유사한 군사 집단이 레반트 일부를 일시 점령한 후 예루살렘 왕국을 세웠다. 하지만 전반적으로 이 시절에 기독교권 유럽은 아직 이렇다 할 힘을 가지지 못한 상태였다. 그들의 세력은 웨일스, 아일랜드, 유럽 중부 및 동부처럼 정치 체제가 빈약한 곳에나 진출할 수 있었고, 이탈리아, 시칠리아, 레반트 등지에는 비잔티움과 파티마 왕조의 힘이 잠시 약해진 틈을 타 겨우 발을 들인 정도였다. 더구나 레반트에서는 이슬람의 체제가 재정비되면서 십자군 국가들이 곧 궤멸당했다.

13.12.2 이베리아

[이전의 이베리아 ☞ 11.10.1]

기독교권 유럽이 가진 이런 한계들은 이베리아반도에서 특히 명확히 드러났다. 이베리아에 세워진 소규모의 준(準)기독교 국가들에 대한 언급은 8세기에 처음 등장하는데, 지방 통치자들이 다스리던 데다 궁벽하고 빈곤한 아스투리아스의 시골 산악 지대에 자리한 나라들이라 이슬람 쪽에서는 정복할 가치도 없다고 여겼다. 10세기 초반에 이들 국가가 모여 레온에 수도를 세웠지만, 통치자들이 본격적으로 통치를 주창한 것은 10세기 말엽이었다. 1077년에 알폰소 6세(Alfonso VI)가 '레온의 왕'으로 즉위했으나, 알폰소는 자기를 왕 대신 "토티우스 히스파니아에 임페라토르(totius hispaniae imperator: 스페인 전 영토의 황제)"라는 거창한 이름으로 칭했다. 하지만 그는 코르도바의 우마이야 칼리파조가 붕괴해 이슬람 세력이 약화되고 분열된 틈을 시기적절하게 활용했다. 그리하여 1064년에 기독교 군대가 훗날 포르투갈 땅이 되는 코임브라를 점령했고, 좀 더 중요하게는, 1085년에 과거 이슬람 세계의 수도였던 톨레도를 차지했다. 그러다가 북아프리카에서 출현한 알모라비드 왕조의 통치 아래 이슬람 세계가 부흥하면서 기독교 국가들은 리스본과 발렌시아를 다시 내주어야 했다. 톨레도는 기독교도들이 계속 점유한 상황이었지만, 12세기 초까지만 해도 이곳은 변경 지대의 일개 성읍에 지나지 않았다. 기독교 국가들은 여전히 규모가 작았고 분열도 심했다. 레온-카스티야가 그나마 규모가 가장 컸다. 그러다가 12세기 초반에 들자 포르투갈에 소규모 왕국 하나가 자리 잡았고, 나바라와 아라곤에도 왕국이 하나씩 생겨났다.(아라곤은 12세기 초반의 30년 동안에 카탈루냐의 다양한 지방 통치자들과 힘을 합치기 전까지는 산악 지대의 소규모 왕국에 불과했다.) 이들 왕국들은 이후 남쪽의 이슬람 영토로 세력을 확장해 1140년대에는 땅도 일부 차지했지만,(1147년에 리스본을 차지했다.) 일부 영토는 일시적 점령에 그치고 말았던 데다,(1157년에 알메리아를 다시 빼앗겼다.) 이슬람의 강성함에 따라 점령의 속도가 수시로 달라졌다. 기독교 왕국들은 1212년에 교황의 압박이 가해지자 그제야 이슬람에 대항해 연합하기로 결의했고, 그해에 곧바로 라스 나바스 데 톨로사 전투에서 결정적인 승리를 거뒀다. 이때 알모하드 왕조(1150년대부터 알모라비드 왕조 대신 들어섰다.)가 북아프리카로 물러나면서 이슬람의 저항은 와해되었다. 하지만 핵심 사건은 1248년의 카디스와 세비야 점령이었으니, 이 이후 이슬람의 지배력은 그라나다를 중심으로 한 이베리아반도 남동부에만 미쳤다. 하지만 이베리아 전역의 전체 인구에서 여전히 무슬림은 높은 비중을 차지했고, 발렌시아의 경우 75퍼센트가량이 무슬림이었다. 당시 기독교 왕국들은 공격적 태세로 북쪽에서부터 확장 중이었던 만큼 이 같은 상황은 크나큰 골칫거리였다.

13.12.3 기독교 신앙의 확장

정착지의 확장이 곧 기독교 신앙의 확산으로 통한 것은 단순히 이베리아반도에서만이 아니었다. 1000년 이후의 3세기 남짓은 서방의 라틴 기독교 세계가 지닌 별개의 성격을 규정짓는 과정에서도 특히 중요했다. 900년만 해도 라틴 기독교(라틴 기독교는 교회들이 로마와 교황권을 인정하며, 그들이 승인한 전례를 따른다는 것을 주된 특징으로 삼는다.) 권에 해당하는 곳은 이탈리아, 프랑크족의 통치 영역, 영국 일부 지역, 그리고 이베리아반도의 북쪽 언저리 정도였다. 그러다가 게르만족 정착지가 동부로 확장되자 라틴 기독교도 함께 확산되는 양상이 나타났다. 그 발단은 968년에 마그데부르크에 주교좌가 설치되어 유럽 동부의 사목을 주로 감독한 것이었다. 그 뒤를 이어 포즈난에도 주교좌가 설치되었고, 1000년에는 그니에즈노에도 대주교좌가 설치된 것과 함께 폴란드에 교회가 설립되었다. 그 이듬해에는 헝가리의 에스테르곰에 최초의 주교좌가 설치되었다. 스칸디나비아반도의 경우 10세기 중반부터 덴마크에서 개종 움직임이 일어났고, 11세기 초반에 노르웨이가 그 뒤를 따르기가 무섭게 스웨덴도 곧장 이 대열에 합류했다. 덴마크에는 일찍이 1103년부터 독자적으로 주교좌가 존재했으며, 스웨덴에는 1164년부터 (웁살라에) 설치되어 운영되었다. 이즈음에는 포메라니아의 상당 지역도 기독교로 개종한 상태였고, 13세기에 접어들면서는 브란덴부르크, 리보니아, 에스토니아가 그 뒤를 따랐다. 이와 동시에 발칸반도를 통한 비잔티움의 영향력이 점차 커지자 그 여파로 비잔티움 교회의 세도 함께 확장되었고, 860년대 중반에 불가리아인들이 강제로 개종한 이후에 특히 그런 양상이 두드러졌다. 그 뒤를 이어 곧바로 세르비아인들의 개종이 이어졌고, 988년에는 바이킹

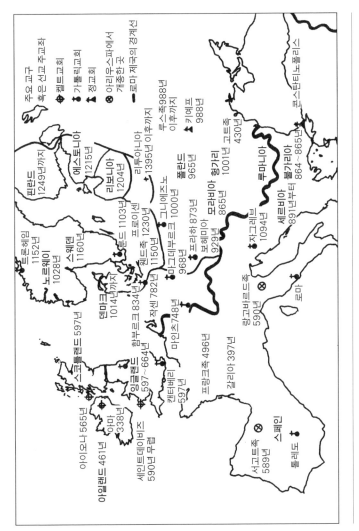

유럽의 개종

족 통치자들이 키예프 일대에 세운 여러 공국에서 그리스 교회를 받아들였다. 11세기에 이르자, 특히 발칸반도 북부 일대에서 라틴 교회와 그리스 교회가 영향력을 더 넓히고자 경쟁하면서 서로 간에 알력 다툼이 심해져 갔다. 이러한 갈등은 1054년에 동서 교회가 공식 양분된 이후 더욱 악화되기만 했다. 이 같은 분열은 중부 유럽을 갈라놓는 또 하나의 경계였으니,(하지만 게르만족 정착민들과 토착 주민들 사이의 경계와는 또 달랐다.) 유럽 역사는 이 문제 때문에도 20세기 말까지 내내 골치를 썩게 된다.

라틴 교회의 세가 커질수록 교회의 권력은 좀 더 막강해져 갔고, 이에 교회는 자기들의 권위를 강화하는 것은 물론 사회 전반의 정책 입안에 대해서도 좀 더 폭넓은 권리를 주창하는 모습이었다. 역사가들은 교회의 이 같은 모습을 '개혁'이라 여길 때가 많으며, 실제로도 이 시기에 부패나 성직매매 같은 초창기 교회의 가장 악독한 폐단 일부가 공격받은 것도 사실이다. 하지만 일명 '12세기 르네상스'라고도 불리는 당시의 상황은, 이슬람 세계로부터 새롭게 밀려들어 오던 지식을 교회가 새로운 정통성의 확립 및 좀 더 폭넓은 권위 주창을 통해 막아 내려고 했던 시도로 보는 것이 가장 합당할 것이다. 그리하여 기원후 1000년을 지나고서부터 수 세기 동안 교회는 (특히 속세의 통치자들을 상대로) 좀 더 많은 권력 행사를 주창함과 동시에, 기독교 신앙에 연이어 새로운 교리 내용(영아 세례, 연옥에 떨어진 자들을 위한 기원, 고해성사 및 성변화)을 집어넣고, 새로운 제도들을(특히 새로운 수도회 조직을) 발달시키고, 신앙이 무엇인지 정의했다. 아울러 새로이 '이단' 개념을 부활시켜 서서히 속세 통치자들의 힘을 동원해 서유럽에 박해와 불관용으로 특징지어지는 사회를 탄생시키니, 이는 이후 수 세기 동안 유럽의 유산 속에 뚜렷한 특성으로 자리 잡았다. 물론 강제 개종과 박해의 사례들은 초창기 교회에서도 수없이 존재해서, 콘스탄티누스 이후의 황제들을 비롯해 아우구스티누스 같은 초기 교부들의 시대에도 그런 일들이 빈번했다. 그러나 교회가 새로이 성립되고 나서 교리를 둘러싼 일차적 논쟁이 마무리된 뒤로는,(여기에서 아리우스파, 단성론파, 네스토리우스파, 펠라기우스파와 같은 집단이 '이단'으로 규정되었다.) 사실 교회의 내부에서는 비교적 잠잠한 상태가 오랜 기간 이어졌다. 이즈음 불관용의 분위기가 새로이 불거진 부분은 유럽의 부흥에 발맞추어 교회가 사회적으로 갖가지 의견을 표명한 데 뒤따른 것이었다.

그러한 교회의 정책들이 지지를 받은 초창기의 수많은 사례 중 하나가 바로 반유대주의였다. 기독교의 성립과 함께 유대인들은 옛 로마 시대의 특권을 잃어 더는 자신들만의 방식으로 예배를 드릴 수 없었고, 기독교도와 결혼할 수도, 기독교도를 노예로 둘 수도, 새로 유대교 회당을 지을 수도 없었다. 694년에는 톨레도 공의회를 통해 서고트 왕국이 모든 유대인을 노예의 지위로 격하해 피레네산맥 이남 지역에만 머물게 했다.(이에 비하면 이슬람의 정책은 훨씬 관대한 편이었으니, 유대인이 이슬람을 환영한 것도 그렇게 놀랄 일이 아니었다.) 하지만 이때까지는 유대인들이 환대받거나 사회 안에 통합되기까지는 못했어도 전반적으로는 관대한 처우를 받은 편이었다. 당시 유대인들은 입지가 좀 더 국제적이고 문자 해독 능력이 있어, 서유럽의 협소한 기독교 세계 바깥과 접촉할 수 있었기 때문이다. 그러다가 12세기를 거치면서부터 곳곳에서 반유대주의가 점차 심해졌다. 일례로 프랑스 남서부 성읍들에서는 부활절 일요일이면 성당 바깥에서 유대인의 뺨을 때리게 하는 '전통'이 생겨났는데, 물론 수많은 성당에서는 이를 특별세를 내는 것으로 대체하곤 했다. 이러한 반유대주의의 풍조가 맨 처음 절정에 달한 것은 1096년 제1차 십자군이 결성되어 종교적 광신주의와 결부되면서였다. 1084년에는 슈파이어의 루디게르(Rudiger of Speyer) 주교가 최초로 담장으로 둘러쳐진 유대인 집단 거주지를 조성하기에 이르고, 연이은 십자군의 결성과 더불어 루앙, 보름스, 마인츠, 쾰른, 그리고 독일에서 프라하에 이르는 전역에서 반유대주의와 관련된 다양한 잔혹 행위가 수없이 일어났다.

이런 반유대주의 조치는 12세기를 거치며 도를 더했고, 이제 유대인들은 기독교 공동체의 적으로까지 간주되기에 이른다. 유대인들은 법적으로 토지를 소유할 권리나 상속을 통해 재산을 물려줄 권리도 가지지 못했고, 더는 법정의 보호도 받지 못했다. 아울러 왕 밑의 농노로 귀속되어, 왕이 마음대로 그들의 재산을 몰수하거나 그들의 후계자가 되어 재산을 상속받을 수 있었다. 경제적으로 파산한 통치자나 빚에 허덕이던 서유럽의 엘리트층이 이런 상황에서 어떤 유혹을 받았을지는 불 보듯 뻔했다. 개중에서도 프랑스의 필리프 2세(Philip II)는 반유대주의의 성향이 유독 강한 인물이었다. 1181년에 그는 유대인들을 왕령에서 축출했는데,(이듬해에는 프랑스 전역에 발을 못 들이게 했다.) 그것도 모자라 강제로 왕에게 '대출'하게 하고 가진 재산 대부분을 몰수했다. 잉글랜드의 경우 군주의 형편이 약간 낫기는 했지만, 1189년에 리처드 1세(Richard I)의 즉위식이 열렸을 때 최소 서른 명 이상의 유대인이 런던에서 화형에 처해졌고, 이후 이러한 집단 학살 사태는 잉글랜드 전역으로 확산되어 이듬해에는 150명 이상의 유대인이 요크에서 대량으로 살상당했다. 1215년에 교회는 라테란 공의회를 열어 유대인의 지위를 공식적으로 규정했다. 이에 따라 유대인들은 따로 정해진 복식을 착용해야 했고, 그 어떤 공직에도 진출할 수 없었으며, 기독교로 개종할 경우 자신들의 예전 전례는 더는 따를 수 없었다. 한 마디로 유대인들은 기독교 문명의 테두리 밖으로 완전히 밀려난 셈이었다. 1288~1289년에는 에드워드 1세(Edward I)가 가스코뉴의 왕령에서 유대인들을 축출하기에 이르고 2년 뒤에는 잉글랜드 전역에서 유대인들이 추방당했다.

　유대인은 별개의 공동체였던 만큼, 교회에서 유대인을 정의하는 일은 비교적 용이했다. 하지만 이즈음 교회는 '이단'에 대해서까지도 새로운 정의를 내리려 애쓰는 중이었다. 이 같은 작업은 교회가 거대한 부와 권력을 가지는 것에 반대하는 이들을 적으로 낙인찍는데 유용했으니, 발도파를 비롯해 수많은 프란치스코회, 그리고 자유 성령 형제단 같이 빈곤이라는 기독교의 초창기 이상을 교회 내부에서부터 추구해야 한다고 주장했던 이들이 주로 표적이 되었다. 아울러 이단 규정은 카타리파 같은 신앙 집단을 처리하는 데도 유용했는데, 카타리파는 자기들이 독자적으로 교회, 주교, 전례를 구성해 힘없고 가난한 사람들에게 호소했으며, 아마도 기성 교회에 비해 좀 더 직접적인 종교 체험을 제공했던 것 같다. 12세기 말에 이르자 이 카타리파가 랑그도크, 프로방스, 롬바르디아, 토스카나에서 강한 위세를 떨쳤다. 이에 교회에서는 1215년 다시 한번 라테란 공의회를 열어 카타리파에 대응했는데, 속세의 통치자들이 모든 수단을 강구해 이단을 뿌리 뽑되 그 과정에서 교회의 권한이 실추되거나 교회의 땅이 선량한 기독교도에게 넘어가는 일은 어느 정도 감수해야 한다는 결정이 내려졌다. 그리하여 이슬람이 아닌 카타리파를 겨냥한 십자군 결성이 선포되었고, 이단자들의 땅을 모조리 몰수해 십자군 참전자에게 넘겨준다는 포상책이 추가로 마련되었다. 교회에서는 종교재판을 만들어 개인의 신앙을 속속들이 파헤쳤고, 이러한 심문은 비단 카타리파뿐만이 아니라 유대교도 및 신앙심을 잃은 개종자들, 그리고 교회의 뜻을 따르지 않는 기타 여러 세력에도 마찬가지로 활용되었다. 이단으로 판명 난 자들은 속세의 권력자들에게 넘겨져 처벌을 받았다.

이즈음 교회로부터 박해를 받은 사람들에는 단순히 유대인과 '이단자'만이 아니라, 사회 내의 다른 집단들도 끼어 있었다. 유럽에 나병이 등장한 것은 6세기였지만, 이 질병이 유럽 각지로 광범위하게 확산된 것은 11세기에나 들어서의 일이었던 것으로 보인다. 교회에서는 1179년에 라테란 공의회를 열어 나병 환자들을 어떻게 다룰 것인지 정의했다. 이에 따라 나병 진단은 곧 사자(死者) 선고로 통하게 되었다. 실제로 나병 환자들은 파헤쳐진 무덤 위에 올라 사제가 죽은 사람을 위해 읊는 전례를 들어야 했으며, 그럴 때면 보통 상징적 차원에서 흙을 얼마쯤 나병 환자의 머리 위에 뿌렸다. 사회에서는 추방이나 감금의 형태로 나병 환자들을 공동체에서 배제했으며, 나병 환자들은 재산에 대한 모든 권리를 상실하는 것은 물론 교회에서 드리는 예배에 참석할 수도, 교회의 공동묘지에 묻힐 수도 없었다. 1200년에는 런던에서 나병 환자들의 길거리 통행을 금지했으며, 2년 뒤에는 파리도 동일한 조치를 취했다. 프랑스의 경우 필리프 5세(Philip V)의 치세에 정기적으로 나병 환자들을 종교재판에서 고문해 우물에 독을 탔다는 자백을 받아 냈는가 하면, 수백 명의 나병 환자를 한꺼번에 화형에 처하고 나병 환자 병원이 거두어들이는 수입도 몰수했다. 12세기를 기점으로 나날이 사회적 비난의 대상이 된 또 다른 집단은 남자 동성애자들이었다. 교회는 1179년에 공식적으로 동성애를 비난했으며, 각지의 주된 시민법에서도 동성애로 적발될 시 사형에 처한다고 규정했다. 13세기 이후로는 여자 매춘부들이 유대인과 똑같은 처우를 받기에 이르는데, 교회 권위자들은 매춘부들이 교회에 자선이나 기부를 할 경우에는 그들의 몸이 더럽혀지지 않았다는 결정을 내리곤 했다.

13.13 유럽: 왕국의 출현

10세기 말부터 유럽 서부에 인구가 증가하고 정착지가 확장된 것은, 과거 2세기의 혼란을 뚫고 이즈음 좀 더 대규모의 정치 단위 및 왕국들이 서서히 출현하기 시작한 사실에서 잘 드러난다. 이런 과정이 그 어디보다 일찍 시작된 데는 잉글랜드로, 당시 이곳에 세워진 웨식스 왕국은 바이킹족으로부터의 혹심한 침략을 용케 면하며 10세기에 확장에 성공했고, 그렇게 해서 바이킹족의 정착지까지 통합한 후 결국에는 잉글랜드 땅 대부분에 대한 지배권을 확립했다.

13.13.1 '제국'

하지만 좀 더 의미 있는 발전은 과거 프랑크족 제국이 자리하고 있던 동부 지방에서 찾아볼 수 있었다. 911년 루트비히 유아왕(Louis the Child)의 사망 이후 카롤링거 왕조에는 더는 가문의 대를 이을 후손이 남아 있지 않았고, 이에 귀족들은 프랑켄의 공작 콘라트(Conrad)를 자신들의 통치자로 선택했다. 콘라트는 919년에 세상을 떠나기 전 자신의 후계자로 작센의 하인리히(Henry of Saxony: '하인리히 매사냥꾼왕')를 추천했고, 이 하인리히를 시조로 성립된 작센(혹은 오토) 왕조가 이후 1024년까지 이 지역을 통치해 나갔다. 19세기에는(그리고 그 이후에도) 이 작센 왕조를 최초의 '독일' 제국의 성립으로 간주하는 경향이 있었다. 하지만 이러한 생각에는 오해의 소지가 많다. 작센 제국 자체도 스스로 '독일'로 여긴 적이 없었으니, 작센 제국 황제들이 명목상 다스리던 영토는 오늘날의 독일보다 훨씬 넓은 데도 있고 좁은 데도 있었기 때문이다. 실질적인 면에서 작센 제국은 카롤루스 대제 치세에 잠시나마 존재했던 '로마' 제국을 다시 부활시키려고 한 시도로 보아야 적당할 것이다. 작센 왕조의 왕들은 초창기에는 자신들 공국을 다스릴 때 정도의 권력을 가졌을 뿐, 그 이상으로는 별 힘을 행사할 수 없었다. 그러다가 오토 1세(Otto I)의 치세에 이르러 이런 상황에 일부 변화가 왔다. 955년에 그가 헝가리인들을 맞아 레흐 전투에서 결정적 승리를 거두면서 그 결과 통치자로서의 특권을 손에 넣은 것이 주효했고, 여기에 이탈리아의 내정에 관여해 '랑고바르드족의 왕' 자리에 오른 것도 한몫했다. 그리하여 962년 교황이 직접 오토의 대관식을 열어 주었다. 카롤루스 대제의 경우와 마찬가지로, 이 대관식 역시 교황과 황제 양측의 이해관계가 맞아떨어진 결과였다. 오토는 이를 계기로 자신의 지위를 종전보다 끌어올릴 수 있었고, 교황은 카롤링거 왕조 때 증여받은 토지를 확실히 자기 것으로 못 박을 수 있었다. 하지만 과거에도 그런 적이 있듯, 이 '제국'은 인위적인 면이 있었고, 교황과 황제가 각자 나름의 권력을 보유하다 보니 이후에도 수 세기 동안 큰 분란들이 이어졌다. 여기에 제국의 힘이 근본적으로 강하지 못했던 것도 문제였으니, 당시에 황제는 나라 안을 다스릴 만한 실질적인 권력을 갖지 못한 상태였다. 황제의 힘이 미친 지역들은 규모도 작고 뿔뿔이 흩어져 있었던 데다, 거기서 황제가 나라를 통치해 나갈 조세수입이나 권력 기반을 마련해 주는 것도 아니었다. 오히려 제후국에서는 그곳을 실질적으로 다스리는 제후들에게 권력이 집중되었으며, 따라서 황위 계승 문제나 교황의 내정 간섭 문제가 불거질 때면 황제보다 이들이 더 막강한 힘을 발휘했다. 심지어 오토 제국은 초창기의 농경 국가 대부분에 비해서도 힘이 약한 편이었다. 이 오토 제국의 군주제가 세습을 따랐는지 아니면 선출로 결정되었는지는 불명확하며, 설령 선출로 뽑혔다고 해도 군주를 선출한

962년 무렵의 제국 경계
권역별 경계
오토 1세의
주요 영토 밀집지

빌룽 변경백령
함부르크
북부
변경백령
프리슬란트
작센
라우시츠 변경백령
베스트팔렌
튀링겐
마이센 변경백경
리에주
쾰른
하로타링기아
프랑켄
보헤미아
모라비아
상로타링기아
메츠
오스트리아
베르됭
변경백령
스트라스부르
아우크스부르크
동프랑크
알자스
바이에른
슈타이어
헝가리
슈바벤
잘츠부르크
마르크
왕국
변경백령
부르고뉴
백작령
케른텐
베로나
부르군트
왕국
랑고바르드 왕국

0 50 100 150 km
0 50 100 m

주체가 누구였는지 알 길이 없다. 오토 제국에는 수도가 따로 없었고, 황제가 자신의 '왕국'을 두루 순행하기는 했지만, 자신의 영지와 그가 관할하는 몇 군데의 주교좌성당 및 수도원 사이를 오가는 데 그쳤다. 이것이 그를 비롯한 그의 총신들이 얼마 안 되는 잉여 식량을 손에 넣을 수 있는 유일한 방법이었다.

　그중에서도 약간이나마 강력한 황제의 면모를 보였던 이가 호엔슈타우펜 왕조(그들이 살던 성의 이름 슈타우프를 따라 왕조의 이름이 지어졌다.)의 시조인 슈바벤의 프리드리히(Fredrick of Swabia)다. 초창기의 수많은 국가가 흔히 그랬듯, 그가 강력한 힘을 행사할 수 있었던 것은 1150년에 즉위해 1190년에 제3차 십자군 전쟁에서 사망하기까지 꽤 오랜 기간 나라를 다스린 덕분이었다. 프리드리히의 경우 교황권이 약해진 틈을 잘 활용하기는 했지만, 자신의 제국을 지배할 실질적인 기반을 이탈리아에서 찾으려고 했다는 점이 큰 문제였다. 당시에 이탈리아에서는 제국, 교황권, 그리고 (주요 성읍들이 모여 결성된) 롬바르디아 동맹의 이해관계가 다양하게 엇갈리고 있었기 때문이다. 그러다가 프리드리히가 세상을 떠나고 그의 아들 하인리히 6세(Henry VI)가 시칠리아의 왕위를 계승하게 되면서 곧바로 이러한 힘의 판도에 큰 변화가 왔다. 제국과 이탈리아 양국의 자원이 합쳐지게 되면 제국이 이탈리아 안에서 압도적인 지배력을 행사할 만큼 위력이 대단할 것이었는데, 그러자 교황은 물론 독일의 제후들까지 하인리히에게 반기를 들고 나왔던 것이다.(당시 독일의 제후들은 하인리히가 황제직을 세습화하려는 것에도 반발하던 참이었다.) 과연 그렇게 되었던들 독일 북부에서 시칠리아까지 뻗은 광대한 제국을 정말 통치할 수 있었을까 하는 의구심이 들지만, 결국 1197년에 하인리히가 세상을 떠나고 그의 세 살배기 아들 프리드리히가 후계자로 남으면서 제국과 이탈리아를 모두 아우르려던 계획은 그의 계획은 사실상 수포로 돌아갔다. 이때부터 독일과 시칠리아의 황제 권력은 별개로 분리되었으나, 그럼에도 불구하고 프리드리히는 황제 자리에 오르고 나자 좀 더 부유하고 국제적인 시칠리아에서 일생 대부분을 보내며 독일은 거의 찾지 않았다. 그러다가 1250년에 그가 세상을 떠나면서 호엔슈타우펜 왕조는 사실상 막을 내렸다. 그의 손자 콘라딘(Conradin)이 프리드리히의 적통 계승자로 마지막까지 남아 있었으나, 앙주의 샤를(Charles of Anjou)에게 참수당하면서,(그러고 나서 앙주의 샤를은 1266년에 몸소 시칠리아의 왕위에 올랐다.) 호엔슈타우펜의 황위가 혈통으로 계승될 가능성은 완전히 사라졌다. 1272년에는 합스부르크의 루돌프 백작(Count Rudolf of Hapsburg)이 황제로 선출되지만, 이제 '제국'은 허울만 남은 상태였다. 그 뒤 100년 동안은 다양한 가문에서 황제들이 배출되어 황위를 계승해 갔지만, 실질적인 면에서 권력을 쥔 것은 속세와 성직에 몸담고 있던 수많은 지방 통치자들이었다.

[이후의 '제국' ☞ 15.9.1]

13.13.2 '프랑스'와 앙주 제국

프랑크 왕국의 서쪽의 경우 동쪽에서보다 권력의 분열 양상이 좀 더 오래 지속되었다. 그러다가 987년에 접어들어 위그 카페(Hugh Capet)가 왕으로 선출된 이후, 자신의 공작령을 남아 있던 옛날 왕령과 통일하면서 서부에서도 비로소 회복의 기미가 나타나기 시작했다. 세간에서는 위그 카페가 이렇게 왕으로 즉위한 사건을 '프랑스'의 출현으로 보거나, 이 무렵부터 수 세기 동안 왕권 통치가 서서히 확대되어 간 점을 들어 이를 프랑스 역사의 출발점으로 보는 경우가 많다. 하지만 실질적으로 10세기에는(나아가 이후의 매우 오랜 기간에는) 옛 프랑크 왕국의 서쪽을 무엇으로 불러야 할지에 대해 전혀 정해진 바가 없었다. '프랑키아'라는 지명은 루아르강 근방에서 시작해 로타링기아 왕국(베르됭의 서쪽을 향해 뻗어 있었다.)의 국경선 일대까지를 가리킬 뿐이었고, 이곳도 절대 단일민족의 거주지로는 여겨지지 않았다. 위그 카페는 '프랑스'의 왕이 아니라, 갈리아인, 브르타뉴인, 노르만족, 아키텐인, 고트족, 스페인인, 가스코뉴인의 왕으로 즉위한 것이었으며, 더구나 이들 민족을 모두 다스린 것도 아니었다. 10세기 동안에도 속주의 통치자들은 나름의 지배 영역을 확립해 두고 있었으며, 아키텐의 기욤 5세(William V of Aquitaine)와 블루아의 오도(Odo of Blois) 같은 이들은 걸핏하면 이탈리아, 부르군트, 로타링기아의 상속을 둘러싸고 싸움을 벌였다. 이 모든 싸움은 대체로 왕위와는 크게 상관이 없었다. 물론 그럼에도 그 누구도 왕권이 존재해야 한다는 사실 자체에는 이의를 제기하지 않았다. 초창기 카페 왕조의 통치자들은 파리 일대의 왕령 바깥으로는 거의 지배력을 행사하지 못했으며, 심지어 그 안에서조차 그들의 권위는 제한적이었다. 단 이런 카페 왕조가 (과거 '독일'의 황제들과는 다르게) 한 가지 점에서는 매우 유리했는데, 통치자들이 꽤 오랜 기간 치세를 이어 가며 안정적으로 왕위를 계승해 나갔다는 사실이었다. 1060년 이후의 2세기 동안 카페 왕조의 왕은 총 다섯 번이 바뀌었을 뿐이었다. 그리고 초창기 왕국들에서 보통 그렇듯, 통치자의 장기간 치세와 안정적인 왕위 계승은 곧 꾸준한 권력 강화를 의미했다.

11세기와 12세기의 기간 당시에 이른바 '프랑스' 지역에서 그 힘이 가장 막강했던 것은 카페 왕조의 통치자들이 아니었다. 11세기 초기에는 지방의 모든 공국을 통틀어 노르망디가 가장 강력한 위세를 떨쳤다. 1040년대 중반의 윌리엄 치세 때부터 시작된 노르망디의 확장은 그가 1066년에 기어이 잉글랜드의 왕위에 오르면서 절정에 이르렀다. 그 이후부터 (1087~1096년, 1100~1106년, 1144~1154년의 잠깐씩은 제외하고) 1204년까지는 잉글랜드와 노르망디가 한 사람의 공동 통치자에게서 통치를 받았지만, 이때에는 오히려 노르망디보다 잉글랜드 쪽의 힘이 좀 더 우세했다. 한편 노르만족 통치자는 카페 왕조 통

11세기 중반의 '프랑스'

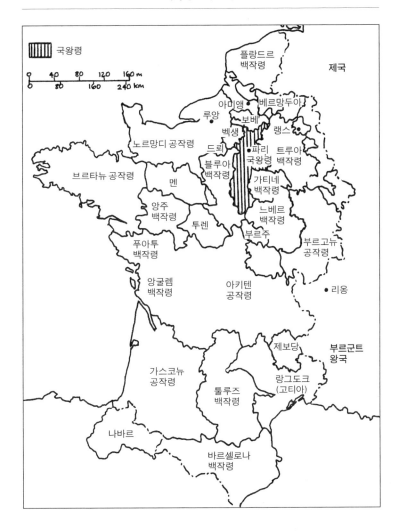

국왕령

제국

플랑드르
백작령

아미앵   베르망두아
루앙   보베
벡생   랭스
드뢰   파리   트루아
국왕령   백작령
블루아
백작령
가티네
백작령
느베르
백작령
부르주
부르고뉴
공작령

노르망디 공작령

브르타뉴 공작령

멘

앙주
백작령
투렌

푸아투
백작령

아키텐
공작령
리옹

앙굴렘
백작령

제보당
부르군트
왕국

가스코뉴
공작령
툴루즈
백작령
랑그도크
(고티아)

나바르

바르셀로나
백작령

치자보다는 힘이 강했고, 1109년에는 자신 역시 동등한 왕이라며 헨리 1세(Henry I)가 노르망디의 상위 군주인 프랑스 왕에게 신하의 예를 갖추지 않았다. 이후 권력 판도는 카페 왕조에 더욱 불리하게 전개되어, 1154년에 헨리 2세(Henry II)가 잉글랜드의 왕은 물론 노르망디, 멘, 앙주의 통치자 자리에 올랐다. 거기다가 헨리 2세가 (카페 왕조의 루이 7세(Louis VII)와 이혼한) 아키텐의 엘레오노르(Eleanor of Aquitaine)와 혼인까지 함으로써 그녀가 상속받은 광대한 양의 영지까지 손에 넣었다. 이로써 다시 한번 귀족들의 혼인 동맹 및 행운이 복잡하게 뒤얽혀 한 사람의 통치자가 곳곳의 영토를 한꺼번에 다스리는 일이 발생했다. 이렇게 해서 탄생한 일명 '앙주' 제국은 스코틀랜드 국경에서 시작해 피레네산맥까지 뻗어 있어 12세기 서유럽의 정치 단위로서는 그 규모가 가장 광범위했다. 하지만 너무 방대하다 보니 효율적인 통치가 어려웠고, 여기에 점차 군사력 증강의 필요성이 가중되다가,(리처드 1세가 국가 예산을 제3차 십자군에 쏟아부은 것이 사태를 더욱 악화시켰다.) 존(John)의 치세에 이르러 절정에 이르면서 갖가지 내부 문제가 불거지기 시작했다.

한편 앙주 제국의 강한 위세는 오히려 카페 왕조의 부흥에 도움이 되었는데, 앙주 제국이 더 커지는 것을 막고자 타 지역 통치자들이 카페 왕조를 중심으로 결집했기 때문이다. 카페 왕조는 12세기 초반만 해도 나라 밖은커녕 자기들의 왕령 내에서조차 그다지 큰 권력을 행사하지 못하던 상태였다. 그러다가 차차 왕의 지위가 높아지기 시작했는데, 몇몇 주교직에 대한 임명권, 동전의 발행, (일드프랑스 지방에서 특히 두드러진) 경제 회복, 속주 통치자들에 대한 군대 소환권, 왕령 바깥으로의 빈번해진 순행 등이 주된 역할을 했다. 하지만 카페 왕조가 제법 많은 양의 영지를 손에 넣는 동시에 앙주 제국이 결

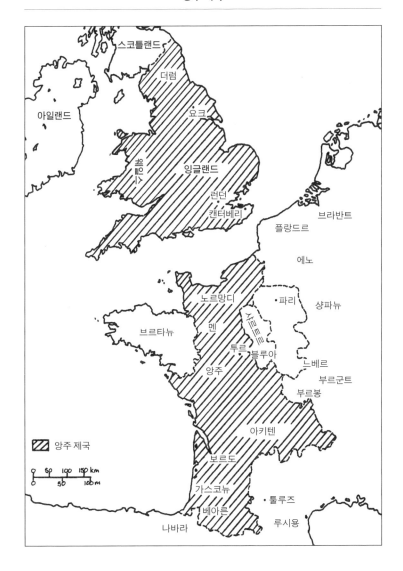

스코틀랜드

더럼

아일랜드

요크

웨일스

잉글랜드

런던

캔터베리

브라반트

플랑드르

에노

노르망디

파리

샹파뉴

브르타뉴

멘

샤르트르

투르

블루아

느베르

앙주

부르군트

부르봉

아키텐

앙주 제국

0 50 100 150 km
0 50 100 m

보르도

가스코뉴

툴루즈

베아른

나바라

루시용

국 몰락한 것은 그보다 한참 뒤인 필리프 2세(Philip II: 1180~1223년)의 치세에 일어난 일이었다. 그는 앙주, 푸아투, 노르망디, 브르타뉴를 손에 넣는 한편, 1214년에 부빈 전투를 치른 이후로는 대체로 북부 지방에 대한 통치를 공고히 했다. 새로운 땅을 얻은 덕에 왕실의 부와 권력은 엄청나게 늘어났고, 노르만족 및 앙주 제국 시민들이 확립해 놓은 체제 덕분에 행정도 비교적 원활하게 돌아갔다. 그러나 남부 지방의 상황은 이와는 사뭇 달랐다. 가스코뉴 지방의 경우 잉글랜드 왕들의 영토가 광범하게 자리했고, 매우 강력한 세력을 떨치던 툴루즈 백작령들의 경우에도 교황의 지원이 없거나 카타리파를 겨냥한 알비 십자군의 선전포고 같은 조치가 없이는 군주의 힘으로 손쉽게 제압되지 않았다. 그래도 랑그도크를 정복하면서 추가로 생겨난 부가 1240년에 들어 효율적으로 관리되면서 왕권을 신장해 주는 결과를 가져왔다. 하지만 그렇게 되자 카페 왕조는 제도, 역사, 언어가 제각기 다른 서로 이질적인 성격의 영토를 여러 군데 지배하기 위해 애쓰지 않으면 안 되었다. 그러다 보니 중앙의 지배력이 당연히 매우 제한적인 수준에 머물러, 카페 왕조에서 가장 위세가 강력했던 필리프 4세(Philip IV: 필리프 '미남왕')의 1285년에서 1314년에 걸친 치세 때조차 다양한 지역들이 상당 수준의 자치를 이어 갔다. 당시 카페 왕조의 통치에서 안정적인 왕위 계승과 장기간의 치세가 얼마나 큰 역할을 했는지는 1328년에 샤를 4세(Charles IV)가 사망한 이후 왕실의 대가 아예 끊겨 버린 데서도 잘 드러난다. 이를 시작으로 나라는 각종 내부 분열과 왕위 계승 다툼, 그리고 여러 차례의 내전과 외전을 장기간 겪게 된다.

[이후의 프랑스 및 잉글랜드 ☞ 15.9.2]

13.13.3 유럽 중부 및 동부

유럽의 훨씬 동쪽에서도 수천 년간 심각한 한계 지대 및 주변부였다가 서서히 유라시아 세계 체제 안에 편입되던 곳들에서 하나둘 군주국이 출현하기 시작했다. 북쪽에서는 덴마크, 노르웨이, 스웨덴의 지역들에서 스칸디나비아반도 국가들이 하나둘 형성되었다. 유럽 중부는 게르만족 정착민들이 한참 동부로 밀고 들어오면서, 처음에는 보헤미아에, 나중에는 폴란드에 차례로 왕국이 발달했다. 폴란드의 경우 963년 미에슈코 1세(Miezco I)가 피아스트 왕조를 세운 후 차후 폴란드 역사에 길이길이 영향을 미치게 될 중대한 결정을 내리는데, 바로 그리스가 아닌 라틴 양식의 기독교를 채택한 것이다. 그 후 폴란드(이 국명은, 평야 혹은 탁 트인 대지라는 뜻의 폴란드어 폴스카(polska)에서 유래했다.)는 늘 서쪽을 지향하며 그곳의 제국을 본보기로 삼았다. 그러다가 955년에 폴란드인이 오토 1세(Otto I)에게 대패한 뒤로는, 헝가리인들이 중부 유럽의 대평원에 대신 자리 잡더니 11세기 말에 아르파드 왕조의 통치자 게자(Geza)의 통치 속에서 점차 조직화된 국가를 출현시키기 시작했다. 폴란드인들이 그랬듯, 게자 역시 서쪽의 문물을 지향하며 그곳의 황제 및 라틴 기독교로부터 지원을 얻고자 했다. 1000년에는 게자의 아들 버이크(Vajk)가 이슈트반(Istvan: 영어의 '스티븐(Stephen)'에 해당한다.)으로 개명한 후 교황이 하사한 왕관을 쓰고 왕위에 오르면서 황제 오토 3세(Otto III)로부터 얼마간 지원을 얻어 냈다. 1089년에 헝가리는 크로아티아와 달마티아를 점령할 수 있었으나, 그 대신에 수중에 있던 아드리아해 연안의 항구도시들을 1102년에 베네치아에 빼앗겼다. 그러다가 12세기 후반에 이들의 지배력이 보스니아 내지로까지 확장되면서 발칸반도 북부를 비롯한 중부 유럽 일대에서 헝가리가 주요 강국으로 부상했다. 그러나 벨러 3세(Béla III)가 1196년에 세상을 떠나자마자 왕국은 붕괴하며 내전에 휩싸였고, 그렇게 해서 13세기 중반에 헝가리 군주제는 한때 위대했던 과거의 잔영만을 희미하게 간직하고 있을 뿐이었다.

　이보다 더 동쪽으로 들어간 오늘날의 우크라이나와 벨라루스, 러시아 서부에서도 국력은 훨씬 약했지만 하나둘 국가가 출현하기 시작했다. 9세기에는 루스(Rus)라 일컬어지는 바이킹족이 동쪽의 다양한 슬라브 부족의 영토에 지배권을 확립하고 원시적 수준의 성읍들(키예프, 노브고로드, 스몰렌스크)을 건설하는 한편, 일대에 자리한 대규모의 강을 따라 내려가 흑해 및 콘스탄티노폴리스로 통하는 무역로를 터놓았다. 그러다가 이들 정착촌들이 한데 뭉쳐지면서 원시 국가가 탄생했는데, 유럽 동부의 다른 주변부에서는 폴란드와 헝가리 같은 국가들이 생겨나고 남부의 스텝 지대에서는 하자르 제국(유대교를 받아들인 엘리트층이 통치하던 곳이었다.)이 막 쇠락해 가던 그 무렵이었다. 이 루스족 국가는 비잔티움과의 갖가지 연결을 통해 자신만의 고유한 특성을 확립해 가게 된다. 즉 10세기를 거치는 동안 이 지역에 서서히 침투해 들어오던 그리스 정교회를 아마도 988년 즈음에는 루스족 통치자가 공식적으로 채택하기에 이르고, 그 후로는 다른 곳에서와 마찬가지로 이곳에서도 종교가 체계 잡힌 국가의 형성에 핵심적 역할을 담당했다. 이 나라는 그리스 교회를 통해 문화의 가장 큰 특징들을 형성했을 뿐 아니라, 국민들도 (9세기에 성 키릴로스(Cyril)와 성 메토디오스(Methodius)가 만든) 키릴 문자로 글을 썼으며, 교회의 각종 문헌에는 이른바 고대 교회 슬라브어(슬라브어 단어들을 비잔티움 양식에 맞춘 글자다.)가 이용되었다. 당시 루스족의 통치 지역은 체제가 엉성했으며 경제 발달 수준도 매우 낮았다. 교역품으로는 노예를 비롯해 산림 생산물들(모피, 꿀, 밀랍)이 주를 이루었다. 노브고로드 같은 주요 도시에 석재로 성당이 지어진 것은 1050년에나 들어서의 일이었으며, 이후 100년이 더 지나는 동안에도 이 성당 외의 모든 성당은 목재로 지어졌다. 통신 시설은 열악했으며, 끊이지 않는 왕가의 내분 때문에 통일된 나라를 다스리기도 매우 어려웠다. 야로슬라브(Iaroslav: 1036~1054년)의 치세에 잠시 1인 통치가 이루어지기는 했으나, 얼마 안가 루스족은 다시 여러 제후국이 느슨하게 연합한 형태로 분열되었다. 이들 제후국들은 주로 커다란 성읍 일대에 집중적으로 몰려 있었으며, 명목상 키예프 통치자의 패권은 인정했으나 실질적인 권력은 거의 혹은 전혀 허용하지 않았다. 그러다가 12세기 말에 접어들면서 키예프의 위세가 꺾이고 노브고로드가 주요 도시로 부상하니, 이즈음 영토를 새롭게 통합함과 동시에 큰 강의 무역로들을 통해 주요 교역 도시들을 발트해와 연결한 것이 주효했다. 이 지역에 존재했던 제후국은 여남은 개에 이르렀지만, 제후의 가문 및 키예프의 교회를 통해 공통된 엘리트 문화가 형성되었던 것 말고는 이들 제후국 사이에는 별다른 연결이 존재하지 않았다.

[이후의 동유럽 ☞ 14.5.3]

13.13.4 비잔티움 제국의 몰락

———

이탈리아 남부에서 교역 도시 베네치아를 비롯해 노르만 왕국이 발흥하고 발칸반도에서 이렇듯 새로운 강국들이 부상했다는 것은 서유럽의 확장으로 인한 여파가 이슬람보다 비잔티움에 더 강하게 미쳤다는 뜻이었다. 비잔티움은 1071년의 만지케르트 전투 이후 아나톨리아 땅 대부분을 잃은 상태였는데, 서부에서의 힘이 아무리 커진다고 해도 이 손실이 상쇄될 수는 없었다. 이에 비잔티움인들은 교역권을 내어 주고 지원을 받는다는 조건으로 처음에는 베네치아를 상대로, 나중에는 피사를 상대로 거래했다. 그러다가 12세기 초반에 레반트의 이슬람 세계가 분열하면서 비잔티움이 손쓸 여지가 약간 늘어났고, 그리하여 안티오크 수복에는 성공했으나 이슬람에 다시 내주었다가 1159년에 되찾아오는 과정을 거쳐야 했다. 하지만 셀주크족이 다시 위세를 회복함으로써 비잔티움은 1176년의 마리오케팔론 전투에서 돌이킬 수 없는 대패를 당했고, 그 결과는 100년 전의 만지케르트 전투에 거의 맞먹을 만큼 처참했다. 거기다가 발칸반도 대부분은 이제 헝가리인과 세르비아인들이 장악한 상태였다. 1185년에는 테살로니카가 노르만인의 수중에 떨어졌고, 1191년에는 키프로스가 잉글랜드의 리처드 1세가 이끄는 제3차 십자군 병사들의 차지가 되었다. 그뿐만 아니라 비잔티움인들은 한때 자신들을 지원해 주던 베네치아와도 전쟁을 벌이는 중이었다. 그러다가 13세기 초에 제국은 사실상 종말을 고하고 마는데, 본래 목적대로라면 이슬람을 공격했어야 할 '제4차 십자군'이 자금이 바닥나 버리자 그들의 채권자인 베네치아인들의 뜻에 따라 콘스탄티노폴리스로 목적지를 바꾸었기 때문이다. 콘스탄티노폴리스는 1204년에 십자군에 의해 점령은 물론 약탈까지 당했고, 결국에는 이곳을 근거로 십자군의 여러 세력이 할거하게 되었다. 플랑드르의 보두앵(Baldwin of Flanders)은 황제 자리에 올랐고, 베네치아인들은 크레타와 에비아를 비롯한 여타 그리스 섬들을 점유한 한편, 몬페라토 후작(Marquis of Montferrat)은 테살로니카를 차지하고 왕이 되었으며, 오통 드 라 로셰(Othon de la Roche)는 아테네와 보이오티아를 차지했고, 고드프루아 드 빌라르두앵(Geoffroi de Villahardouin)은 펠로폰네소스반도를 통치하게 되었다.

실질적으로 동로마 제국의 계승자나 다름없던 비잔티움 제국은 이제 트레비존드, 에페이로스, 니카이아 일대의 외진 지역 몇 군데에만 겨우 영토를 보유하고 있을 뿐이었다.

개관 9

1200년의 세계

인구 3억 6500만 명

권역별 중국: 1억 1500만, 인도: 8500만, 아시아 나머지: 5000만, 유럽: 6000만

주요 도시 항주(250만), 페스(25만), 카이로(25만), 콘스탄티노폴리스(2만), 광동(20만), 남경(20만), 다마스쿠스(10만), 파리(10만), 런던(4만)

사건

- 송나라가 항주를 수도로 삼아 남중국을 다스림.

- 여진족이 북경을 수도로 북중국과 만주를 다스림.

- 카라 키타이가 중앙아시아 대부분을 장악함.

- 칭기즈 칸이 몽골족 지도자로 부상함.

- 일본에 가마쿠라 막부가 성립됨.

- 캄보디아에 크메르 국가가 성립됨.

- 화레즘의 샤들이 트란스옥시아나, 호라산, 아프가니스탄, 인도 북서부를 다스림.

- 인도 북부에 델리 술탄조가 확립됨.

- 이집트와 레반트에 아이유브 국가가 성립됨. 아크레가 끝까지 십자군 점유지로 남음.

- 비잔티움 제국이 쇠락하고, 셀주크족이 아나톨리아를 다스림. 제4차 십자군이 (1204년에) 콘스탄티노폴리스를 점령함.

- 포르투갈, 스페인 중부 및 북부에 다수의 기독교 왕국이 성립됨.
- 독일의 호엔슈타우펜 제국, 이탈리아, 시칠리아가 분열함.
- 앙주 제국이 잉글랜드, 아일랜드 및 웨일스 일부, 노르망디, '프랑스' 서부 상당 지역을 지배함. '프랑스' 중부에서는 카페 왕조, 남부에서는 독립 통치자들이 세를 형성함.
- 헝가리 왕국에서 내전이 발생함.
- 멕시코 중부의 톨텍 제국이 몰락함. 유카탄반도에서 치첸이트사의 세력이 절정에 달함.
- 안데스의 티와나쿠 국가가 몰락함.
- 킬와가 동아프리카 이슬람의 주요 핵심지로 부상함.
- 자그웨 왕조에 의해 에티오피아 왕국이 성립되고, 랄리벨라에 암벽을 깎아 교회가 건설됨.
- 그레이트 짐바브웨가 주요 교역 중심지로 부상함.
- 중국에서 다색(多色) 인쇄술이 사용됨.
- 유럽 선박들이 중국의 선미재 키와 나침반을 채택함.
- 서유럽에서 수평 축 수차가 이용됨.
- 안데스에서 최초로 청동제 및 철제 무기가 이용됨.

몽골 제국

1200~1350년

14

몽골 제국은 중앙아시아의 스텝 지대에 권력 공백이 발생했을 때 출현했다. 당시는 돌궐족과 위구르족이 세운 제국들이 잇따라 무너진 뒤였고, 1120년대부터는 여진족이 만주에서 출발해 중국 북부를 장악하는 데 성공했다. 그 뒤 수십 년 동안 중앙아시아는 무정부 상태의 혼란에 빠져들었다가 12세기 말에 접어들어 여진족이 수차례의 군사작전을 전개하기에 이르는데, 이 무렵에 스텝 지대를 차지하고 있던 몽골족을 몰아내기 위함이었다. 이 몽골족의 초창기 역사에 대해서는 거의 알려진 바가 없다. 역사에서 몽골족은, 어떤 동기나 일관성도 없이 요란하게 정복, 약탈, 분탕질, 파괴를 일삼은 민족으로 묘사되는 것이 보통이다. 그러나 이는 실상에서 많이 벗어난 이야기다. 몽골족은 유라시아 역사상 가장 대규모의 제국을 이룩한 민족이었다. 전

성기 시절에 몽골 제국의 영토는 서쪽의 헝가리에서 시작해 동쪽의 한반도와 중국에까지 이르렀고, 북쪽의 스텝 지대에서 시작해 남쪽의 레반트, 이란, 그리고 버마에까지 뻗어 있었다. 애초에 스텝 지대에서 출현해 이웃한 정착 국가들을 하나도 빠짐없이 모두 장악한 제국도 몽골이 최초이자 유일했다. 당시 유라시아에서 몽골족이 가해 오는 직접적 영향을 피할 수 있었던 곳은 서유럽, 이집트, 인도, 동남아시아의 단 몇 군데에 불과했다. 1200년 이후 약 150년 동안의 유라시아 역사는 대부분 몽골족의 영향을 논하지 않고는 그 이해가 불가능하다.

14.1 칭기즈 칸

이 시절 몽골족의 발흥은 테무진(鐵木眞: 나중에는 칭기즈 칸(成吉思汗)으로 널리 알려지는 인물)의 성장과 맥을 같이 했다. 테무진의 아버지는 예수게이(也速該)로 생전에 보르지긴 씨족의 우두머리로 활동했으나, 12세기 중반의 어느 시점엔가 타타르 부족과 전투를 벌이다가 사망했다. 이에 테무진이 아버지에게서 다양한 몽골 씨족 및 부족 연맹체를 이끄는 전쟁 지도자의 역할을 물려받았다. 12세기 말엽에 그는 몽골족의 주된 지도층으로서의 위치를 확립했는데, 1203년에 테무진과 그의 추종자 19인 사이에 이른바 '발주나의 맹약(Baljuna Covenant)'이 맺어져 테무진이 정복 활동을 벌일 시 19인이 부관이 되어 함께 싸우기로 한 것이 그가 지배적 입지를 다지는 핵심 열쇠가 되었다. 그로부터 3년 뒤에 몽골족은 오르홍강에서 쿠릴타이(quriltai: 몽골족의 대규모 회합이다.)를 열어 테무진을 지도자로 선출한 후 그에게 '칭기즈 칸'의 칭호를 부여했다. 이 칭호의 정확한 뜻은 현재 밝혀져 있지 않지만, 아마도 '여러 대양을 아우르는 최고 통치자' 혹은 '황제 중의 황제'라는 뜻이었던 것 같다.

몽골족 사이에서 최고 위치를 확립하고 나자, 칭기즈 칸은 여진족이 장악한 중국 북부 점령을 자신의 일차적인 목표로 삼았다. 이를 위해 식량과 물을 비롯한 각종 보급품을 조달하려면 하서주랑을 통과하는 비단길을 이용하는 수밖에 없었는데, 당시에 이 길은 서하의 탕구트족 엘리트층이 장악하고 있었다. 몽골족이 서하를 상대로 잇따라 공격을 감행했고, 이내 서하는 몽골족의 지배권을 받아들이는 한편 여진족에 대한 조공도 중단하게 되었다. 1211~1213년에 몽골족과 여진족 사이에 국경 전쟁이 벌어졌고, 1214년에는 몽골족이 (오늘날의 북경 근방에 자리한) 여진족의 수도를 점령했다. 이에 여진족은 남하했지만, 오히려 몽골족과 남송 사이에서 좀 더 심한 압박을 받아야 하는 형국이 되었다. 여진족에서는 몽골족으로 이탈해 버리는 군부대가 속속 생겨나고 있었고, 그러기는 수많은 중국인 관료(문관과 무관 모두였다.)도 마찬가지였다. 1216년에 이르자 몽골족은 중국 북동부를 상당 부분 장악하는 데 성공했지만, 그런 상황에서도 여진족을 결정적으로 궤멸하기가 무척 어려웠다. 이런 상황이 1220년대 초반에 이르기까지 거의 답보 상태로 이어졌다.

이 시절에 칭기즈 칸이 주로 군사 활동을 벌인 곳은 여진족 군대가 거의 절반가량을 차지하고 있던 중국 북부가 아니었다. 그가 생애 대부분의 시간을 보내며 정벌했던 곳은 그보다 훨씬 서쪽의 땅들이었다. 한때 몽골족은 트란스옥시아나와 호라산의 화레즘 튀르크족 통치자들을 상대로 일단의 교역 사절단을 파견한 일이 있었는데, 1218년에 이들이 살해당하는 사건이 벌어졌다. 몽골족은 이들의 원수를 갚고자 원정에 나섰고, 이 원정이 급속도로 일련의 대규모 정복 활동으로 번졌다. 몽골 군대는 1219년에 트란스옥시아나를 공격하는 한편, 이듬해에는 부하라와 사마르칸트 같은 대규모의 교역 도시들을 점령하더니 그길로 별 어려움 없이 화레즘을 무너뜨렸다. 몽골족은 이참에 잘 닦여진 무역로를 따라 서쪽으로 더 밀고 들어가기로 결정했다. 그리하여 1221년에 옥수스강을 건너 발흐 성읍을 처참히 파괴했다.(오늘날의 발흐는 새 부지에 건설된 것으로, 고대 도시의 흔적은 현재 전혀 발견되지 않고 있다.) 그 뒤에는 칭기즈 칸과 그의 막내아들 툴루이(拖雷)가 이란 땅에서 양 갈래로 공격을 펼쳤다. 툴루이는 호라산을 정복하는 한편, 칭기즈 칸은 메르브 성읍을 점령한 후 전 주민의 목숨을 앗았는데,(약 10만 명에 이르렀던 것으로 보인다.) 후일 몽골족의 지배에 반대해 니샤푸르에서 반란이 일었을 때도 이와 똑같은 일이 벌어졌다. 몽골의 이란 땅 정복은 1222년에 몽골족이 칼라바 전투에서 승리함으로써 최종적으로 마무리되었다. 한 나라가 이 정도의 대규모 전쟁과 학살을 일삼은 것은 당대의 기준에서도 지극히 이례적인 일이었다. 몽골족의 정복으로 인해 트란스옥시아나와 이란 동부에서만 엄청난 수의 사망자가 발생했다. 거기다 몽골족이 가는 데마다 지하에 건설된 카나트(qanat)를 일부러 파괴하면서 피해가 더욱 가중되었다. 현지 주민들이 수백 년에 걸쳐 어렵사리 건설해 놓았던 이들 지하 수로는, 시골 지역 전역에 수 마일 길이로 뻗어 관개는 물론 모든 농사일에 필요한 물을 대 주는 역할을 했기 때문이다. 수로가 파괴되자마자 식량 생산량은 이내 엄청난 수준으로 떨어졌고, 시골의 잉여 식량에 의지하던 도시 역시 더는 생활을 영위할 수 없었다. 몽골족의 정복 이후 주민들은 기아에 허덕여야 했고 인구도 급격히 감소했다.

1220년대 초에 몽골족의 공격은 방대한 지역에 걸쳐 진행되고 있었다. 군부대 몇 개가 캅카스 지방에 진입해 급습을 감행하는가 하면, 일부 병력은 노브고로드 근방에 주둔했다. 이런 공격이 한참 진행되는 가운데 칭기즈칸은 이란에서 말을 돌리자마자 카라코룸에 몽골족의 수도를 건설하기로 결정을 내렸다. 물론 그럼에도 그는 생전에 카라코룸에 상주용 건물이 완공되는 것을 보지 못한 채 세상을 떠나야 했다. 이 무렵에 칭기즈칸은 수도 건설만 결의한 것이 아니어서, 1224년에 탕구트족이 반란을 일으키자 탕구트족과 여진족 모두를 섬멸하겠다고 목표를 세웠다. 탕구트족의 경우에는 바라던 대로 섬멸에 성공했으나, 여진족에 대해서는 1227년 8월에 세상을 떠날 때까지도 그 뜻을 실현하지 못했다. 이즈음 몽골 제국의 규모는 과거에 존재한 수많은 스텝 제국보다 약간 큰 정도였다. 탕구트족을 섬멸하고 이란을 정복하기는 했지만, 이때의 몽골은 중국 북부의 여진족조차 완전히 정복하지 못하고 있었다.

14.2 우구데이와 귀위크

칭기즈 칸이 세상을 떠나자 그의 제국은 잘게 나뉘어 슬하의 네 아들에게 돌아갔다. 장남인 주치(朮赤)의 후손들은 스텝 지대의 킵차크를 비롯해 루스족의 여러 공국과 인접한 지역을 차지했다. 차가타이(察合台)에게는 사마르칸트와 트란스옥시아나, 그리고 오늘날의 투르키스탄 일대가 돌아갔다. 막내인 툴루이에게는 몽골족의 통상적인 상속 체계에 따라 칭기즈 칸이 조상 대대로 물려받아 다스리던 땅이 주어졌다. 네 아들 중에 미리 최고 통치자로 지명되어 있던 것은 우구데이(窩闊台)였으나, 그가 공식적으로 선출된 것은 1229년에 몽골족의 쿠릴타이가 열리고 나서였다. 우구데이는 선대에 진행된 몽골족의 정복이 단기에 끝나지 않을 것임을 확신하고 대규모의 제국 건설 작업에 착수했다. 그는 몽골족이 취해야 할 전략을 결정하는 데 누구보다 과단성을 보였지만, 현장의 군사작전에 몸소 참가한 것은 단 한 번, 칭기즈 칸 사후에 몽골족의 혼란을 틈타 여진족이 하남 지역과 위수 유역의 땅을 다시 손에 넣었을 때뿐이었다.

최고 통치자의 자리에 오르자 우구데이는 가장 먼저 아버지가 선대에 구상했던 정복 작업, 특히 여진족에 대한 토벌을 마무리 짓겠다고 결의했다. 그리고 남송의 암묵적인 지원을 받아 그 뜻을 이루는데, 이를 위해 1231년 이후에 대규모의 군사작전이 4년간 전개되었다. 결국 이 작전은 여진족의 마지막 황제가 황위에서 물러나며 스스로 목숨을 끊는 것으로 마무리되었다. 이란에서는 과거 화레즘을 이끌던 잘랄 알-딘(Jalal al-Din)이라는 인물이 몽골족과 서쪽의 셀주크족으로부터 압박받는 상황에서 튀르크 제국을 다시 세우고자 애 쓰고 있었다. 그런데 1228년에 그가 수도 이스파한에 붙잡혀 있던 몽골족 포로를 몰살했다. 몽골족이 복수해 올 것이 뻔했으나 대응할 힘이 없던 잘랄 알-딘은 나라를 버리고 서쪽으로 도주하는 수밖에 없었다. 이렇게 해서 호라산이 몽골족의 통치권으로 들어왔고, 1230년대 초에 몽골족 군대는 서쪽 멀리의 조지아와 아르메니아에서까지 군사작전을 펼치는 상황이 되었다. 그렇게 해서 1234년에 자기의 당면한 목표를 모두 다 이루고 나자, 우구데이는 쿠릴타이를 열어 몽골족의 차후 전략을 결의했다. 카라코룸 근방의 오르홍강가에서 열린 이 회의에서 몽골족은 한반도를 정복하기로 결정하는 한편,(한반도에서는 이미 1231년부터 몽골족의 군사 활동이 이루어지고 있었다.) 그길로 서진해 루스족의 제후국은 물론 남송까지도 손에 넣기로 했다. 그리하여 1236년에 첫 번째 목표를 이루는 데는 성공했으나, 남송에 대한 공략은 결국 교착상태에 빠져 몽골족은 고작 사천 지방을 급습할 수 있었을 뿐이었다. 이에 몽골족은 귀위크(貴由)와 몽케(蒙哥)의 지휘 아래(나중에 둘 모두 대칸 자리에 오른다.) 서쪽 지방의 공략에 집중했다. 1235년에 몽골족은 볼가강 유역의 공격을 시작으로 불과 2년 만에 당시에는 매우 보잘 것 없던 도시 모스크바와 함께 보로네시와 랴잔을 점령하는 한편, 1238년에는 블라디미르와 노브고로드 같은 대도시를 점유했다. 1240년에 키예프까지 함락한 뒤에는 루스족의 제후국이 모두 몽골족의 지배권으로 들어왔다. 1241년 초봄에는 몽골이 국력이 약한 헝가리 왕국의 땅에서 세 갈래 공격을 펼쳤다. 헝가리가 정복당한 것은 순식간의 일이었다. 이후 몽골족은 서쪽으로 진군해 1241년 4월에는 레그니차 전투에서 실레시아의 공작 헨리크 2세(Duke Henry I of Silesia)을 맞아 그가 이끌던 게르만족 및 폴란드인 기사 부대를 완전히 궤멸했다. 이 시점에서 몽골족이 서유럽을 공략함으로써 진군을 계속할 것은 당연한 일로 비쳤다. 당시에 서유럽 왕국들은 국력도 약한 데다 잘게 분열되어 있어, 몽골족이 어떤 식으로 공격해도 손쉽게 정복당할 것처럼 보였기 때문이다. 그럼에도 독일의 국가들과 그보다 훨씬 서쪽에 있는 국가들이 살아남은 것은 순전히 몽골족 내부의 사정 때문이었다. 이즈음 몽골족은 전략 결정 문제를 두고 지도층 사이에 내분이 벌어져 일부 군대가 퇴각한 데다, 우구데이마저 1241년 12월에 돌연 세상을 떠났다.(폭음이 원인이었다.) 우구데이는 후계자를 따로 지명해 두지 않은 상태였고, 따라서 몽골족 세계는 금세 혼란에 휩싸였다. 1246년에 쿠릴타이가 열려 종국에는 귀위크가 지도자로 선출되었지만, 그 후에도 내란은 잇따라 1248년에 귀위크가 사망한 이후에도 계속되었다. 몽골족은 1251년에 이르러서야 몽케를 새 지도자로

뽑을 수 있었다. 하지만 이후에도 엘리트층 내부에서는 분란이 계속
되다가 몽케가 정적을 모두 숙청해 버린 후에야 비로소 잠잠해졌다.

14.3 제국의 전성기

1251년에 몽케가 대칸으로 즉위할 당시에 그렇게 성치 못했던 몽
골 제국은, 그가 세상을 떠날 무렵인 1258년에는 세계사에 유례없는
사상 최대의 제국이 되는 순간을 목전에 두고 있었다. 당시에 몽골 제
국이 채택한 제도는 초창기의 제국에 흔했던 것이었으며 효과적인 인
프라는 갖추지 못한 상태였다. 통치자는 그저 권력을 통치 가문의 다
양한 일원들에게 나누어 주고, 그들이 끝까지 충성을 바치기를 바랄
뿐이었다. 킵차크 칸국(종종 '금장(金裝) 칸국'이라 일컬어지나 잘못된 이름
이다.)은 우구데이 시대만 해도 반(半)독립의 상태였던 곳으로, 처음에
는 주치가 맡아 다스리다가 이후 아들 바투(Batu)가 넘겨받아 1255년
까지 다스린 후 다시 형제 베르케(Berke)에게 넘겨주었다. 1240년대
초반에 일련의 정복 활동이 이루어지고 난 후, 킵차크 칸국에는 하나
의 체제가 성립되어 이후 200년간 지속되었다. 즉 몽골족이 루스족의
다양한 통치자들을 장악해, 그들이 몽골족의 지배권을 인정하게 한
것이다. 루스족 통치자들은 반드시 몽골족 통치자가 기거하는 카스
피해 근방의 수도 사라이까지 와서 권위를 부여받아야 했으며, 몽골
족 통치자에게 일정량의 조공을 바치고 그 대가로 그의 땅을 대신 다
스리는 것이라 여겨졌다. 남부에서는 몽케가 형제인 훌라구(Hulagu)
를 사마르칸트의 몽골족 지도자로 임명하고 ('부왕(副王)'이라는 뜻을
지닌) 일 칸의 칭호를 부여했는데, 이란의 몽골족 통치자들은 이후에

도 이 일 칸의 칭호를 계속 사용하게 된다. 훌라구의 첫 번째 과업은 서쪽 지방의 정복 활동을 완전히 마무리 짓는 것이었다. 이 과업을 완수하기 위해 훌라구는 무슬림과 협력 관계를 구축하고자 얼마간 노력하면서 외진 산악 지대의 요새에 근거하던 이스마일파를 공격했다. 당시에 대부분의 무슬림들이 이스마일파를 이단으로 간주하고 있었기 때문이다. 그런 다음에는 급격히 방향을 돌려 메소포타미아 공략에 들어가 1258년 2월에 과거 이슬람의 수도이던 바그다드를 점령했다. 이곳에서 몽골족의 노략질이 일주일간 이어지면서, 도시의 상당 부분이 파괴당하고, 수많은 주민이 목숨을 잃었으며,(아바스 왕조 초기의 절정기를 지나 쇠락에 접어든 상태였음에도 이곳의 인구는 10만 명이 훌쩍 넘었다.) 도시 주변의 시골 지역들이 쑥대밭이 되었다. 그리고 앞서 몇십 년 전에 이란의 수많은 지역에서 그랬듯, 몽골족의 침략으로 메소포타미아의 관개시설도 대규모로 파괴당하며 인프라가 돌이킬 수 없는 타격을 입었다. 오랜 기간 겨우 허울만 유지해 오던 아바스조의 마지막 칼리파가 목숨을 잃은 것도 이때였다. 그 후에도 몽골족 군대는 서쪽으로 더 진군해 알레포를 파괴했다. 1260년 3월 초에는 다마스쿠스가 몽골족에 항복해 왔으며, 그해 여름에 몽골 군대는 가자 지역까지 도달했다. 훌라구는 여기까지 와서야 비로소 자신의 형제 몽케가 중국에서 거의 2년 전에 사망했다는 소식을 전해들을 수 있었다.

훌라구는 이내 동부로 향했고 점령지에는 소규모의 몽골군만을 남겨 두었다. 이 몽골군이 이후에 맘루크들을 마주쳤는데, 아이바크(Aybeg)라는 군관이 이끄는 이 노예 병사 집단은 1250년에 이집트에서 아이유브 왕조를 전복하고 독자적으로 자기네 나라를 세운 상태였다. 아이유브 왕조는 이슬람의 노예 군대제가 고도로 발달하면 어느 수준에 이르는지를 보여 주는 사례였다. 맘루크 왕조에서는 (통치자를 포함해) 현재 노예이거나 과거 노예 출신이 아니면 절대 엘리트 층에 들어갈 수 없었고, 군대의 사령관직도 오로지 노예로 팔려와 그 체제 안에서 신분이 상승한 타지인들(보통은 튀르크인이나 체르케스인이었다.)만 맡을 수 있었다. 이집트나 시리아의 토착민들은 군대 사령관 직에 오를 수 없었으며, 이론상으로는 심지어 노예의 아들로 태어나 통치자 자리에 오른 이들조차도 군대 통솔은 불가능했다. 1260년에 맘루크들은 순순히 항복하라는 몽골족의 요구를 거부하고 아인잘루트 전투에서 훌라구가 남겨 두고 떠난 힘없는 병사들을 상대로 승리를 거두었다.(아니면 최소한 비겼다.) 이로써 맘루크는 이 지역에서 계속 명맥을 유지하며 1517년까지 이집트 및 시리아 대부분에 대한 통치를 이어 갔다.

몽케의 사망은 1258년부터 몽골족이 남송에서 대규모의 세 갈래 공격을 수행하던 중 일어난 일이었다. 생전에 몽케는 자신의 형제 쿠빌라이(忽必烈)를 북중국의 일 칸으로 임명해 둔 상태였는데, 1260년대에 쿠빌라이가 스스로 몽골족의 지도자임을 선포하고 나섰다. 물론 그러고 난 후에도 쿠빌라이는 자신의 통치 기반을 여전히 중국에 두었다. 이 대목에서 수많은 역사가가 몽골 제국은 이때부터 사실상 존재하지 않았으며, 쿠빌라이 역시 중국을 통치한 한 사람의 황제에 불과하게 되었다고 주장하곤 한다. 하지만 당시 몽골족은 상황을 그렇게 보지 않았다. 이란에 근거하고 있던 훌라구가 쿠빌라이의 권위를 인정했고, 쿠빌라이 역시 1265년에 훌라구의 아들 아바카(Abaqa)가 적법한 통치자임을 인정한 후 1270년에는 공식적으로 일 칸의 자리에 앉혔다. 킵차크 칸국에서는 몽케 테무르(Mongke Temur)가 베르케의 뒤를 이어 이곳의 수장 자리에 올랐는데 그 역시 1267년에 쿠빌라이에게 최고권이 있음을 인정했다. 몽골족이 중국의 정복 과업을 완전히 마무리 짓고 마침내 제국을 전성기로 끌어올릴 수 있었던 것이 바로 이 쿠빌라이의 치세 때였다.

　남송을 차지하기 위한 몽골족의 마지막 공격은 중국 북부의 자원을 활용한 것임에도 불구하고 몽골족이 감당하기에는 매우 벅차서, 1270년대 말에나 들어서야 정복은 최종적으로 마무리될 수 있었다. 몽골족이 남송을 장악하는 데는 1275년에 벌어진 전투에서 결정적 승리를 거둔 것이 주효했지만, 이때에도 몽골족은 송나라와 해전을 벌이며 2000척이 넘는 함선을 상대로 승리를 거두어야만 했던 상황이었다. 남송의 수도 항주가 함락된 것은 1276년이었지만, 몽골족은 이후 남송 전역에서 3년간 더 전투를 벌인 끝에야 비로소 최종 승리를 이루어 낼 수 있었다. 1279년에는 쿠빌라이가 새로이 원(元) 왕조를 세우고 스스로 초대 황제임을 선포했다. 이제 중국 전역에서 나는 자원을 어떻게 쓰느냐는 몽골족에 달린 문제였고, 이에 몽골족은 대규모의 군사작전을 더 펼치겠다는 구상을 짰다. 그리하여 1280년대 초에 버마 북부와 이라와디강 유역은 물론 베트남의 참파와 크메르 왕국을 상대로도 몽골족의 정벌이 진행되었다. 수마트라와 자와 지역에서는 1000척 이상 선박을 동원해 해상에서 공습을 펼쳤다. 한편 나라가 침략의 위협을 받는 상황에 처하자 티베트에서는 9세기 중반에 토번 제국이 몰락한 이후 처음으로 내부 결속이 그 어느 때보다 강해졌다. 몽골족의 침략 소식에 티베트에 할거하던 지방 통치자들은 협상을 위해 티베트 불교 샤카파의 수장인 쿵가걜첸(恐喝堅贊)을 티베트의 대표로 선출했다. 1247년에 몽골족은 쿵가걜첸을 티베트의 지도자로 인정해 주었고, 몽골족 관료들이 티베트에서 해마다 공물을 거두어 보낸다는 조건에 따라 티베트 침략 계획을 철회했다. 종교와 세속의 권력이 하나로 융합된 티베트만의 독특한 체제가 출현

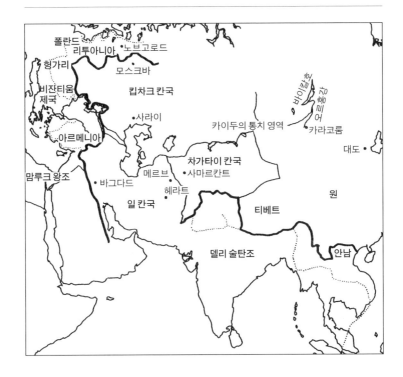

한 것이 바로 이때로, 티베트에서는 이 정치 구조가 20세기를 한참 지나서까지 이어졌다. 하지만 그 대단했던 몽골족조차 점차 정복에 한계를 드러내고 있었으니,(사실 이전까지는 중국의 그 어떤 왕조도 티베트, 버마, 수마트라, 자와까지는 지배력을 행사하지 못했다.) 심지어 베트남 땅에 대한 지배권을 유지하는 것조차 몽골족으로서는 감당하기가 어려운 일로 드러났다. 베트남의 용의주도한 게릴라 전술에 시달리던 몽골족은 결국 이 땅을 포기하는 수밖에 없었다. 1281년에는 중국의 지배력이 단 한 번도 닿은 적 없던 또 다른 땅, 일본에 대한 공격이 결정되었다. 그리하여 대규모 함대가 조직되었는데, 동원된 선박만 4400척에

침략군 병사는 4만 5000명에 이르렀고 이들이 탈 군마도 함께 준비되었다. 하지만 몽골족 함대는 바다를 건너다가 태풍을 만나 풍비박산이 나고 말았다. 일본으로서는 덕분에 대규모 파괴를 당할 뻔했던 것을 면한 셈이었으니 이 태풍을 가미카제(神風: '신이 일으키는 바람'이라는 뜻이다.)라 여겼다. 이로써 몽골의 정복 시대는 대단원의 막을 내렸고, 이제부터는 몽골족이 함께 통합을 이루어 유라시아 사상 최대의 제국을 다스려 나가기 위해 노력하는 시기가 막을 연다.

14.4 제국의 통치

이후에도 쿠빌라이는 여전히 몽골 제국의 최고 수장이었지만, 몽골의 지배권 내에서 중국의 부가 차지하는 비중이 너무 압도적이어서 그의 통치도 점차 중국을 중심으로 삼는 경향이 나타났다. 물론 제국을 이루고 나서도 몽골족은 자신들의 유목 생활과 관습을 오랜 기간 그대로 유지해 갔다. 심지어는 13세기 말엽에 접어들어서까지 카라코룸에 여전히 많은 수의 몽골족이 거주했기 때문에, 이들의 식량을 공급하고자 대규모의 운송대가 매년 4개월이 넘는 거리를 왕복하며 50만 부셸 이상의 곡물을 중국에서부터 실어 날랐다. 하지만 이런 상황에서도 몽골족의 삶과 제도가 변화하기 시작한 것은 사실이었다. 그중 가장 중요했던 현상은, 칭기즈 칸의 아들들 및 그들 가문의 주도하에 막강한 권력을 가진 제후 가문이 출현한 것이었다. 예전에는 뛰어난 무인 자질을 가진 이들이 스텝 지대의 통치자를 맡았었다. 하지만 이제는 주로 칭기즈 칸 후손들에 의한 권력 독점 양상이 전개되었다. 이런 추세와 더불어 새로운 엘리트층이 형성되기에 이르렀는데, 과거와 달리 씨족 및 거기서 파생한 다양한 배경보다는 정복 활동에서 쌓은 개개인의 전공(戰功)이 중요시되었고, 새로 획득한 지위는 대대로 가족들에게 물려주었다. 엘리트층에 속하지 못한 나머지 몽골족들도 나름의 보상을 얻었으니, 몽골족이 유라시아 전역에서 엘리트층으로 자리 잡자 이들의 지위도 전반적으로 상승했던 것이다. 이 시절에도 몽골족의 주요 제도는 여전히 군대였으며,(성인 남자는 모두 군대에 들어가 있었으므로, 몽골족으로서는 군대가 사실상 사회였다.) 몽골족 세계에서 얼마나 신분 이동을 할 수 있느냐도 여전히 군인으로서 얼마나 무용을 발휘하느냐가 관건이었다. 1203년에 칭기즈 칸은 일종의 황실 근위대로 케식(keshik)을 창설했는데, 이것도 13세기 동안에 서서히 확대되더니 1312년에는 몽골족만 입대할 수 있는 부대가 되었다.

초반만 해도 몽골족은 미미한 수준의 행정 기능밖에는 수행해 내지 못했으나, 제국이 점차 확대됨에 따라 이 같은 상황에도 결국 변화가 올 수밖에 없었다. 무엇보다 몽골족은 행정과 관련한 경험이 전무할 뿐더러, 그토록 방대한 제국을 다스려 나갈 관료의 수가 충분치 못하다는 것이 문제였다. 그럼에도 불구하고 몽골족 엘리트층은 권력을 나눌 의향은 없이 계속 강력한 실권을 가지고 싶어 했고, 주변의 정착 사회에 자신들이 흡수당할 가능성도 가급적 낮추고 싶어 했다. 이후의 수십 년 역사는 몽골족이 상충하는 이 압박들을 어떤 해법들로 풀어 나갔는지가 주된 주제라고 하겠다. 그 과정에서 몽골족에 중요한 역할을 해 준 것이 주요 민족으로서 몽골족에 맨 처음 정복당한 거란인들이었다. 몽골족은 애초에 행정 체계의 건설을 시도할 때 이들에게서 수많은 아이디어와 용어, 제도들을 채택해 썼으며, 이런 현상은 몽골족이 여진족의 수도 중도를 점령한 이후에 특히 두드러졌다. 그 초창기 국면에서 핵심 역할을 한 것이 야율초재(耶律楚材)로, 한화한 거란인이었던 그는 일찍이 1218년부터 칭기즈 칸의 조정에 합류해 일했다. 몽골 제국은 그를 통해 (여진족에 사이에서 여전히 운용되던) 송의 재무 체제를 받아들이는 한편, 더 많은 여진족 및 송나라 출신의 인물들을 몽골 제국의 관료로 임용할 수 있었다. 하지만 야율초재는 몽골 제국에 전면적인 송의 통치 체제를 도입하려고 시도했고, 수많은 몽골족이 여기에 반감을 가지면서 1236년에 실각했다. 몽골족이 통치의 초창기 국면에서 일차적인 목표로 삼았던 것은 자금 모집이었다. 이를 위해 몽골족은 특정 지역을 정복하면 전체 소유물의 약 10분의 1을 세금으로 부과하는 것이 상례였다. 차후에는 관세(탐가(tamgha))가 따로 신설되었고, 이내 전통적 형식에 따른 정기 납입식의 유목민 공납(알반(alban))과 함께, 좀 더 드물게 부과되던 특별세(쿠브치리(qubchiri))도 신설되었다. 이들 세금은 종종 각기 다른 이름을 달고 제국의 모든 지역에서 수십 년 동안 부과됨으로써, 몽골족 정복 이전의 기존 조세제도에 서서히 적응하며 통합되어 나갔다. 이 무렵에 몽골족이 좀 더 통일된 행정 체계를 갖추었다는 표시는 몽케가 1252년에 제국의 전 주민을 대상으로 완벽한 인구조사를 시작한 데서 찾을 수 있다. 이 조사는 규모가 워낙 방대해 1250년대 말에나 완료되었지만, 성직에 복무하는 성인 남자들 외에는 조사에서 누락된 이들이 없을 정도로 철저한 작업이 이루어졌다.

그토록 방대한 제국을 통치해 나가면서 몽골족이 특히나 곤란을 겪었던 문제는 크게 두 가지였다. 첫째, 지방에서의 통치는 토착어로도 얼마든 가능했지만, 중앙정부의 칙령을 제국 전체에 전달하는 데는 페르시아어, 위구르어, 중국어, 티베트어, 탕구트어, 아라비아어, 마지막으로 몽골족 자신의 언어까지 그야말로 수많은 언어가 이용되었다는 점이었다. 거기다 이들 언어는 모두 제각각 상이한 문자를 사용해서, 몽골족으로서는 번역가와 필경사들로 대규모 조를 짜 수도에 상주시키지 않으면 안 되었다. 몽골족은 여기에 원활한 통치를 위해 주요 정착민별로 따로 행정 부서를 두어 운영케 했다. 그럼에도 제국이 너무도 널리 뻗어 있었기 때문에 그 안에 통일성을 부여하기가 여간 어려운 일이 아니었다. 이 같은 상황은 몽골족이 맞닥뜨린 두 번째 문제, 즉 원활하지 못한 통신 상황에서도 잘 드러난다. 앞에서도 살펴봤지만, 몽골 제국에서는 중요한 소식이(예를 들면 중국에서 몽케가 사망했다는 소식이) 있어도 그것이 메소포타미아 및 시리아에서 군사작전을 펼치던 훌라구에게 전해지는 데 거의 2년이 걸렸다. 그랬던 만큼 몽골 제국에서는 군사작전의 체계를 잡기도 무척 어려웠다. 이 문제를 해결하기 위해 몽케 치세에는 매년 1월에 군사 지도자들이 한 자리에 모여 정복 활동에 관한 사안을 결정했고, 여기서 결정된 일정 및 계획을 가급적 철저하게 지켜 군부대 간의 활동을 조율했다. 당시 몽골 부대의 규모가 얼마나 컸는지를 감안하면 이는 꼭 필요한 일이기도 했다. 가령 이란에서의 최종 정복 활동에는 병사만 7만 5000명 이상이 동원되었고, 여기에 공성전 장비와 말을 비롯해 군량을 대기 위한 양 떼와 염소 떼도 항상 부대를 따라다녔다. 몽골족 군대가 정복 활동을 벌이면서 이따금 일부 도시를 아예 무시하고 지나치거나 우회했던 것도 사전에 정해진 이 일정을 가급적 따라야 하는 필요성 때문이었다. 따라서 몽골족으로서는 제국 내부에 효율적인 통신 체계를 갖추는 일이 꼭 필요했다. 그리하여 1234년에 우구데이가 창설한 제도는, 체제 자체는 산업화 이전의 여타 제국들의 것과 비슷했지만 규모는 훨씬 방대했다. 즉 전역에 걸쳐 하루 노정 단위로 역참을 설치한 것인데, 제국의 가도를 따라 약 25마일에서 30마일마다 하나씩 역이 자리했다. 좀 더 재빠른 급사나 주자가 일을 맡으면 이 역참 제도를 통해 단 하루 만에 200마일에 이르는 거리까지 전갈이 전해졌다. 역참 운영은 군대에서 담당해 인력과 말, 사료를 공급하되, 파발꾼의 식사 및 동물 사료 공급은 해당 지역 주민들이 맡았다. 역참 운영의 물품 부담과 관련해서는 일정한 체제가 정해져 있었던 것으로 보이나, 실질적으로는 임의적인 면이 많았고 결국에는 병사들이 주민들에게 얼마큼의 강제력을 행사하느냐에 따라 역참 운영의 질이 달라졌다. 역참은 부절(符節: 파이자(paiza))이라는, 목재, 금, 은으로 된 명판을 가진 사람들만 이용할 수 있었다. 원칙적으로 역참은 행정적 공무에만 이용할 수 있었으나, 비중 있는 상인들도 역참을 이용할 수 있었다. 몽골족 사이에서는 역참 체제 전반을 얌(yam)이라 일렀는데, 이는 애초에 중국에서 시행되던 제도를 몽골족이 거란인을 통해 받아들였음을 시사한다. 중국에서는 여정 중 잠시 들르게 되는 역을 참(chan)이라 칭했다.

몽골 제국 사람들은 이렇듯 제국 전역에 나 있는 다양한 길들을 통해 동에서 서로, 서에서 동으로 오갔다. 이런 식의 이동이 가능했던 것을 '몽골족의 평화' 덕분이라 보는 견해는 약간 허황되지만, 확실히 이 시절에 유라시아 전역에서는 예전과 다름없는 상당 수준의 교류가 이루어졌다. 일례로 1258년에 몽골족은 바그다드를 침략하면서 공성전에 능하다는 이유로 중국인 장수에게 지휘를 맡겼다. 그 뒤에는 수많은 중국인 토목 기술자들이 메소포타미아 지역으로 건너가 관개시설 체제를 정비했다. 중국인 행정 관료들 역시 여러 가지의 다양한 사명을 띠고 몽골 제국 전역을(특히 이란을) 순행했다. 1275년에는 라반 바르 사우마(Rabban Bar Sauma)라는 네스토리우스파 중국인 수도사가 그때껏 유례없던 전혀 색다른 여행길에 올랐다. 종전처럼 비단길을 따라 이동하되, 그길로 이란까지 경유해 팔레스타인에 도착해서는 곳곳의 기독교 유적지를 답사한 것이다. 1287~1289년에는 콘스탄티노폴리스와 로마를 둘러본 것과 함께, 내친 김에 프랑스에도 들러 당시 가스코뉴에 머물던 잉글랜드의 에드워드 3세와 파리에 머물던 필리프 4세까지 모두 만나 보고 1294년에 세상을 떠났다. 기독교도들은 1220년대에 들어 몽골족에 대한 관심이 부쩍 커졌는데, 몽골족의 침략이 마치 불경한 무슬림들을 치기 위해 다윗 왕(칭기즈 칸을 가리킨다.)이 신성한 부대를 이끌고 오는 것처럼 보였기 때문이다. 하지만 이런 환상은 1240년 무렵에 동유럽과 중앙유럽이 몽골족의 공격을 받으면서 여지없이 깨졌고, 교황이 이들을 막자고 십자군 결성을 외쳤지만 소용이 없었다. 그럼에도 불구하고 무슬림이 아니라는 이유로 유럽에서는 몽골족에 대한 관심이 금세 되살아났다.(당시에 유럽 최대의 적은 무슬림들이었다.) 이 시절에 몽골족은 체계 잡힌 종교를 갖진 못했지만,(종교라기보다는 애니미즘을 근간으로 한 무속 신앙에 가까웠다.) 제국 내의 신앙들이 무척 다양했기 때문에 종교에도 무척 관대했다. 몽골 황실 내부에서는 네스토리우스파 기독교(중앙아시아에서 여전히 강력한 세를 형성하고 있었다.)와 중국의 선불교가 주류를 이루었다. 이즈음 서유럽에서는 몽골족과 연합하면 이슬람과 맘루크를 견제할 수 있으리라는 막연한 구상이 지배적이었으나, 결국에는 헛된 기대였던 것으로 드러났다. 1245~1247년에 걸쳐 서유럽이 카라코룸으로 사절단을 파견해 보았지만, 귀위크가 이들을 매몰차게 물리치며 몽골족에 복종하고 조공을 바치라는 전언을 보내왔기 때문이다. 1253년에는 플랑드르 프란치스코회의 수도사인 기욤 드 뤼브룩(Wilhelm van Ruybroeck)이 몽골의 황실에 발을 들였으나 이 방문 역시 무위에 그쳤다.

이 외에도 몽골족이 지배한 유라시아 세계를 두루 돌아다닌 이들은 여행가, 수도사, 성직자들을 비롯해 여럿이었다. 그중 서방의 여행가로 가장 유명한 인물이 마르코 폴로로, 그 자신의 여행담에 따르면 그는 1271년에 베네치아를 출발해 먼 옛날부터 트여 있던 무역로를 따라 메소포타미아, 이란, 중앙아시아를 차례로 거친 끝에 1275년에 중국에 이르렀다고 한다. 그러고는 17년간을 중국에 머물다 고국으로 돌아갔는데, 이번에는 인도양의 무역로를 따라 수마트라, 스리랑카, 인도를 거쳐 1295년에 다시 베네치아에 발을 들였다. 포르데노네의 오도릭(Odoric of Pordenone)은 1315년에서 1330년의 기간에 이와 똑같은 여정을 역순으로 되풀이했다. 그 외에도 상인과 그들의 가족이 이탈리아의 도시들을 출발해 중국에 이르는 사례도 있었다. 중국 양주의 한 묘에는 카트린 데 비글리오네(Catherine de Viglione)라는 이가 1342년에 세상을 떠났다고 되어 있는데, 제노바를 고향으로 둔 사람이었던 듯하다. 중국을 찾은 프란치스코 수도사는 앞서의 기욤 말고도 또 있었으니, 바닷길을 이용해 중국에 이르렀던 조반니 디 몬테코르비노(Giovanni di Monte Corvino)는 엄밀히 말해 북경의 사목을 담당한 주교였으나 그가 중국에서 확보한 신도의 수는 그야말로 미미했다. 조반니는 내내 북경에 머물다가 1328년에 세상을 떠났다. 이 시절에 유라시아 전역의 모든 여행가를 통틀어 가장 위대한 인물을 꼽으라면 단연 이븐 바투타일텐데, 광대한 이슬람 세계에 펼쳐져 있는 다양한 문화적·경제적 연결망을 십분 활용할 수 있었다. 이븐 바투타는 1325년에 탕헤르를 출발해 메카를 순례하는 길에 올랐다. 그 후에는 메소포타미아 지방으로 들어가 배를 타고 페르시아만을 따라 내려가니, 그렇게 해서 인도, 몰디브 제도, 스리랑카를 거쳐 중국에 이르렀다. 마르코 폴로가 그랬듯, 이븐 바투타 역시 중국에 당도한 뒤에는 거기서 수 년을 머문 후 다시 배를 타고 인도를 경유해 페르시아만으로 돌아왔고, 이번에는 육로를 따라 시리아와 이집트를 경유하게 된다. 그렇게 해서 그가 페스에 이른 것이 1349년이었다. 이듬해에는 그라나다라는 이슬람 국가를 찾은 뒤, 1351년에 그곳을 떠나 사하라 사막을 횡단한 후 말리라는 이슬람 왕국에 들어가 2년을 보냈다. 사반세기에 걸친 그의 전체 여정은 거리만 총 7만 3000마일이었고, 그가 거쳐 간 국가는 (오늘날을 기준으로) 총 44개국이었다.

14.5 제국의 분열

몽골 제국을 다스리는 최고 통치자 자리는 쿠빌라이가 맡고 있었지만, 생전에 쿠빌라이는 중국의 황제로서 역할을 완수하는 데 더 집중하는 모습이었다. 거기다 몽골 제국 전체를 하나로 다스린다는 것은 어지간히도 힘에 부치는 일이었고, 따라서 제국은 점차 칭기즈 칸의 후손들을 중심으로 각자 자치 단위를 이룰 수밖에 없었다. 1294년에는 쿠빌라이가 세상을 떠나고 손자 테무르가 그의 뒤를 계승했는데, 이즈음에는 이론상의 최고권도 더는 아무 의의를 지니지 못했다. 하지만 전반적으로 분열 자체는 평화롭게 진행된 편이었다. 제국 내부에 분쟁이 일기는 했지만, 1260년대 초반에 이란의 일 칸들이 국경을 두고 킵차크 칸국과 싸움을 벌인 정도에 불과했다.(일 칸들이 승리했다.)

14.5.1 중국

몽골족이 지난 50년간 거의 쉴 새 없이 전쟁을 치른 결과는 쿠빌라이가 중국을 통치하며 고스란히 짊어져야 했다. 13세기를 거치면서 인구는 4분의 1 이상이 줄어, 1억 1500만 명이던 것이 이제 8500만 명을 헤아렸다. 거기다가 전쟁으로 인해 도시와 시골 모두 심각한 파괴를 당해, 지난 수 세기 동안에 중국이 쉴 틈 없이 노력해 송나라 때 절정기에 올려놓았던 농업 기반 및 인프라에서 거둔 성과가 송두리째 흔들렸다. 그때만 해도 중국은 주요한 경제적·사회적 변화를 목전에 두고 있었지만, 전쟁으로 인해 그간 이루어 온 이러한 성취가 거의 모두 곧장 원점으로 되돌아가고 있었다. 따라서 중국으로서는 농업 기반을 어떻게든 재정비하는 것이 무엇보다 급선무였다. 이 과정에서 원나라는 대사농사(大司農司)라는 기구를 새로 설립해 농업 기반 재정비를 추진했다. 하지만 그 작업은 더딜 뿐이었고, 송나라의 체제가 무척 정교했던 데 비해 원나라의 경제 인프라는 제각각 돌아가는 모습이었다. 이는 1260년에 지폐가 재도입되었는데 지대의 경우에는 곡물로 납입하고 가구세는 농민이 직접 노역을 지는 식으로 납입했다는 사실에서도 잘 드러난다. 현금으로 납입이 되었던 세금은 오로지 인두세뿐이었다. 그래도 무역은 얼마간 회복 조짐을 보여 비단길에서의 교역이 특히 성황을 이루었는데, 송나라 때만 해도 중앙아시아의 여러 제국으로부터 지배를 받던 비단길이 이제는 몽골 제국의 일원적인 정치적 지배를 받게 된 까닭이었다. 동남아시아 및 인도양 지방을 오가는 교역도 과거 송나라 시절만큼이나 원활했고, 이는 수많은 여행가가 이들 무역로를 손쉽게 이용할 수 있었다는 사실에서도 잘 드러난다. 중국의 북부와 남부 사이의 쌀 무역도 이즈음 송나라의 초장기 수준으로(즉 여진족의 중국 북부 점령으로 대운하를 통한 쌀 수송이 중단되기 이전으로) 회복되었다. 그러나 이 무렵부터 쌀은 대체로 바닷길로 교역이 되어, 심지어 전쟁으로 파괴된 운하가 복구되고, 운하가 1279년과

1294년 사이에 종전보다 훨씬 북쪽인 몽골족의 새 수도 북경에까지 확장되었음에도 그 같은 상황은 마찬가지였다.

원나라로서는 농업 기반 및 인프라 재정비에 맞먹을 만큼 골치 아 픈 문제가 또 있었는데, 중국의 행정을 어떻게 운영해 나가고, 그 과정 에서 중국의 기존 엘리트 관료층에 얼마나 의지해야 하는가 하는 점 이었다. 이에 쿠빌라이는 기존 체제를 수정해 몽골족의 지배적 입지 를 굳힐 수 있는 방향으로 나아가고자 했다. 중국의 과거제도는 몽골 족과 전쟁을 치르느라 1238년 이후로 무용지물이 되었다가, 1315년 에야 비로소 부활했다. 하지만 과거제가 부활한 뒤에도 정부의 관직 은 다양한 집단에 일정량씩 할당되었고, 몽골족 자신이 전체 관직의 약 4분의 1을 차지했다. 중앙 행정의 경우 야율초재에 의해 이른바 중 서성(中書省)이 설치되어 우구데이 치세에 중국인 관료들로 대거 채 워졌는데, 이곳이 이후 원나라의 주요 행정 기구로 자리 잡았다. 하지 만 이 기구를 총괄을 몽골족의 태자가 맡았고, 최고위층 관료들도 모 두 비중국인 출신이었다. 이 중서성을 보좌한 곳이 추밀원(樞密院)이 라는 곳으로, (매우 광범위한 차원의) 군사 업무를 담당하며 황제에게 직접 보고를 올렸다. 당시 추밀원이 어떤 기능을 수행했는지는 감시 와 평화 유지를 책임졌던 추밀원의 두 부속 기관을 통해서도 짐작해 볼 수 있다. 과거 중국에는 어사대라는 '감찰부'가 따로 존재했는데, 몽골 제국 시대에는 이곳이 지방 정부를 감시하고 나아가 중국의 중 앙 통치를 비밀 감찰하는 곳으로 바뀌었다. 당시에 중국은 열두 개 주 로 나뉘었으며, 주마다 중앙의 통치 구조를 본떠 편성했다. 지방 정부 에서도 주요 관직은 모두 황제가 임명했으며, 최고위층 관직에는 비 중국인 출신들만 오를 수 있었다. 그런데 '감찰부'는 지방의 단 세 곳 에만 부서가 편성되어 있었다. 이는 지방의 권력을 억제하고 중앙의 통제력을 좀 더 강화하기 위한 하나의 계획된 조치였다. 몽골 제국의 지배 이후 몇 세기 동안 중국인들 사이에는 몽골족이 (과거에 중국을 통치했던 여타 '이적'들이 그랬듯) 중국식의 삶과 문화에 매료되어 점차 '중국화'했다는 믿음이 강해져 갔다. 그러나 수많은 몽골족 엘리트층이 더는 스텝 세계와 접촉하지 않기는 했어도, 일반적으로 봤을 때 몽골족은 중국의 여러 양식을 채택해 쓴 일이 없었다. 오히려 그들은 중국어를 따로 배우지 않은 채 계속 통치층의 상부에 머물며 중국인들을 지배해 나가고자 했다. 이와 비슷한 맥락에서 중국 전역에 퍼져 있었다던 '반(反)몽골족'의 정서 역시 그리 대단치 않았던 것으로 보인다. 중국의 여타 왕조 시절에 대개 그랬듯, 이 시절의 농민반란 대부분은 고된 농촌 생활에서 생기는 불만에 그 뿌리가 있었다.

몽골족은 종교 문제에는 내내 지극히 관용적이었지만, 중국의 토착 신앙인 도교에는 그다지 호의적이지 않았다. 이와 관련해 1255년과 1258년 사이에 쿠빌라이의 주재하에 도가 사상과 티베트 불교 대표자들 사이에 잇따라 논쟁이 벌어졌다. 이 논쟁이 완료된 이후 쿠빌라이는 티베트 불교가 옳다며 도가 사상을 배척하는 입장을 취하게 되었다. 원나라에서는 불교가 다시 숭상되어, 곳곳의 사찰과 승려들이 세금을 면제받는 한편 점차 막대한 땅과 부를 손에 넣었다. 아울러 쿠빌라이는 티베트에 샤캬파의 고승 직위를 따로 마련했고, 샤캬파의 수장 파스파(八思巴)를 자신의 영적 스승으로 삼았다. 파스파는 원나라 때 설치된 불교국의 총책임자 역할을 맡기도 했다. 원나라 때에는 불교뿐만 아니라 여타 종교들에 대해서도 따로 관할 기구가 존재했다.(단 기독교와 이슬람교, 도교는 한 곳에서 통합해 관리했다.)

[이후의 중국 ☞ 14.6 및 15.2]

14.5.2 이란과 메소포타미아

몽골족 통치 지역에서 중국 다음으로 중요했던 곳은 일 칸들이 다스리는 이란과 메소포타미아였다. 1265년에 훌라구가 세상을 떠나고 아바카가 그 뒤를 이어 칸이 되자, 쿠빌라이는 그를 공식적으로 일 칸으로 인정하고 1270년에 즉위식을 열어 통치자 자리에 앉혔다. 하지만 몽골 제국 최고 통치자가 일 칸에게 즉위식을 베풀어 주는 이런 관례는 아바카를 마지막으로 더는 찾아볼 수 없게 된다. 아바카 치세에도 이란 현지인들은 몽골족을 여전히 이질적인 통치 엘리트층으로 여길 뿐이었으니, 이곳에는 이미 오래전부터 이란 특유의 정교한 이슬람 세계가 확립되어 있었던 까닭이다. 주민들은 몽골족을 타지의 이교도쯤으로 여기면서도 그들의 통치에는 마지못해 복종했는데, 몽골족이 끔찍한 살육과 파괴를 일삼는 데다,(몽골족은 1270년에 호라산의 반란을 진압하며 다시 한번 이런 면모를 보여 주었다.) 그들이 부과하는 무거운 세금과 강력한 군사 통치가 너무도 가혹했기 때문이었다. 그러다가 1281년에 허술하기 짝이 없던 몽골족의 공격을 맘루크 왕조가 격파해 내고 거기에 일 칸 아바카의 사망이 겹치면서 이란은 순식간에 내란에 휩싸였다. 이미 몽골족의 정복으로 막심한 피해를 입은 상황에서 일어난 내란은 나라 꼴을 더욱 엉망으로 만들 뿐이었다. 그러던 일 칸국에 역사상 가장 중요한 사건이 일어난 것은 1295년에 가잔(Ghazan)이 이란의 일 칸으로 즉위하면서였다. 이전까지 이란을 다스린 몽골족 통치자들은 몽골 제국의 여타 통치자들이 그랬듯 종교 문제에 관대한 편이었고,(가잔의 선대 통치자인 아르군(Arghun)은 특히 더 그랬다.) 심지어 불교와 기독교에는 호의적인 경향까지 보였다. 하지만 가잔은 이슬람교로 몸소 개종한 것은 물론, 1297년에는 두꺼운 테가 둘린 몽골족 모자 대신 이란의 전통 머리쓰개를 착용함으로써 더는 스텝 지역의 유산을 계승하지 않겠다는 의지를 매우 상징적으로 보여 주었다. 또한 개종의 열의를 보여 주기라도 하듯 이슬람교 이외의 모든 종교 건물에 대해 철거를 명했다. 중국에서는 일어난 적이 없던 몽골족의 전환이 이루어진 것이 바로 이 가잔의 치세였다. 이제 일 칸국은 무슬림 국가로 변모해,(이란은 이미 6세기 전부터 무슬림 국가였다.) 이슬람으로 개종한 몽골족의 통치를 받았다. 가잔은 군사적인 면에서도 성공적인 치적을 쌓아, 1300년에 맘루크 왕조로부터 알레포와 다마스쿠스를 수복하는 한편 시리아에 대한 통치권까지 확립했다. 하지만 거기서 더 진격해 이집트까지 밀고 들어가는 시도까지는 하지 않았다. 1304년에 가잔은 세상을 떠났고, 이복형제가 그의 뒤를 이어 일 칸 자리에 올라 울제이투(Oljeitu: '행운이 따르는 자')라는 이름으로 나라를 다스렸다. 그는 14년 동안 평화로운 여건 속에서 통치해 나갔고, 걸핏하면 싸움을 벌이던 킵차크 칸국과도 확실한 우호 관계를 다졌다.

[이후의 이란 ☞ 18.3]

14.5.3 킵차크 칸국
––––––––

킵차크 칸국은 멀리 우크라이나에 자리한 루스족의 여러 제후국을 다스렸지만, 이 지역이 너무도 빈곤했으므로 킵차크의 통치자들은 제후국에 정주하기보다는 카스피해 근방에 자리한 자신들의 수도 사라이를 근거로 계속 통치해 나갔다. 킵차크 칸국은 애초에 스텝 제국으로 탄생했었는데, 우여곡절을 거친 끝에 서쪽 멀리의 제후국들 정착민까지 일부 다스리는 상황에 처한 것이었다. 킵차크 칸국의 이 같은 정황은 그들이 채택한 조세제도만 봐도 잘 드러나며, 따라서 이 제도는 중국과 이란 등지의 부유한 지역에서 몽골족이 활용했던 것과는 그 성격이 판이하게 달랐다. 킵차크의 조세제도는 대체로 목축 생활을 기반으로 짜여 있어, 유목민들이 태생에 상관없이 자신들이 기르는 동물의 규모에 따라 세금을 납입하게 되어 있었다. 따라서 킵차크의 주민들의 세금은 몽골족에 정복당한 루스족 정착민들에 비해 훨씬 낮았는데, 루스족 정착민들에게는 타 지역에 준하는 몽골 제국의 높은 세율이 적용되었던 것이다. 그리고 이렇게 매겨진 세금과 공물을 주민들로부터 거둬들여 사라이의 몽골족에 보내는 것이 루스족 지방 통치자들의 주된 기능이었다. 초반만 해도 지방의 이들 제후는 몽골족의 철저한 통제 속에서 행정 업무를 처리했으며, 행정상의 가장 중요한 직분은 대부분 바스카키(baskaki)라 불린 몽골족 관리가 맡아 수행했다. 지방 제후들의 경우 반드시 그들의 신뢰성을 입증해 보일 수 있어야만 몽골족의 대리인으로 활동할 수 있었다. 이는 곧 루스족 국가의 내부 왕위 계승 문제가 몽골족의 이해와 직접적으로 얽혀 있다는 뜻이기도 했다. 과거만 해도 루스족의 왕위 계승 문제는 통치 가문 내부의 분쟁을 통해 결정되곤 했었다. 하지만 이제는 사라이의 행정부가 나서서 분쟁을 조정했고, 따라서 제후가 통치자로 인정을 받으려면 무엇보다 몽골족의 승인이 중대했다. 그래서 노브고로드의 네프스키 가문 같은 지방 통치자들은 그들 쪽에서 적극적으로 몽골족의 승인을 구하고, 몽골족의 뜻에 따라 나라를 다스렸다. 심지어 1280년에서 1313년 사이에 킵차크의 통치자들의 세가 비교적 약했던 시기에도, 루스족 제후들은 (그들 자신이 사분오열되어 별힘을 갖지 못했던 까닭에) 좀 더 독립을 이루는 데 실패했다.

킵차크의 위세는 우즈베크(Oz-beg: 1313~1340년) 치세에 들어 되살아났다. 서부 제후국들에 대한 지배를 다시 공고히 한 것도 그였다. 1328년에는 우즈베크가 적극 나서 서로 반목 중이던 루스족 제후들을 화해시키기도 했는데, 그간 루스족 제후들은 명목상의 수장이 누가 되어야 할지, 블라디미르 대공(Grand Prince of Vladimir)의 칭호를 누가 받아야 할지 설전을 벌여 오던 터였다. 우즈베크는 그 칭호를 모스크바에 자리한 다닐로비치 왕조 출신의 이반(Ivan)에게 하사했다. 사실 다닐로비치 왕조는 이 칭호를 받을 권리가 마땅히 없었고, 따라서 킵차크 칸국에 많은 부분을 의지해 직위를 유지해 갔다. 우즈베크의 이 결정을 계기로 모스크바는 일대 전환을 맞아, 매우 소규모에 원시 수준이던 국가에서 루스족 제후국 중 단연 으뜸으로 거듭나는 장기간의 과정을 시작하게 된다. 그러다가 1139년에 들어 도시 스몰렌스크가 공물을 바치지 않았다는 이유로 몽골족에 약탈을 당했고, 이어 헝가리, 갈리치아 동부, 프로이센의 내지에도 몽골족의 급습이 이어졌다. 우즈베크의 뒤를 이은 자니베크(Jani-beg: 1342~1357년) 치세에도 킵차크 칸국은 계속 위세를 유지했고, 아제르바이잔을 추가로 정복하며 지배권을 더욱 확대해 나갔다.

[이후의 역사 ☞ 15.10.3]

14.5.4 차가타이 칸국

몽골 제국 중 전해지는 지식이 가장 적은 곳은 차가타이 칸국으로, 트란스옥시아나와 투르키스탄을 상당 부분 차지했던 이곳(차가타이 칸국은 국경선이 뚜렷이 고정되어 있지 않았다.)은 부하라와 사마르칸트의 도시들을 핵심부로 삼고 있던 나라였다. 나라를 처음 세운 것은 칭기즈 칸의 둘째 아들 차가타이였으며, 몽골 제국 중 유일하게 명실상부한 스텝 국가로써 정착 생활의 전통을 대부분 거부했다. 스텝 국가의 성향이 유달리 강해 심지어는 군대에 돌릴 전리품을 얻기 위해 자국의 도시 두 곳을 노략질하기도 했다. 차가타이 칸국에는 실질적으로 수도가 없었으나, 유목민의 주된 집결지로는 일리강의 알말릭이 주로 이용되었다. 차가타이 칸국이 다스리던 영토 상당 부분에는 수 세기 전 이주한 튀르크계 유목민들이 거주하던 상태였다. 그 결과 소수의 몽골족이 차차 다수의 튀르크족에 흡수되는 양상이 나타났고, 그 영향으로 차가타이 튀르크어가 새로 만들어지기도 했다. 차가타이 칸국의 국내 역사를 알려 주는 사료는 거의 남아 있지 않으며, 남은 것마저 모두 외부에 출처를 두고 있다. 차가타이 칸국의 통치자들은 1220년대에 권력 확립에 성공했지만, 우구데이부터 쿠빌라이에 이르기까지의 몽골족 최고 통치자의 권위를 받아들이다가 제10대 통치자인 두아(Du'a: 1282~1307년)의 치세에 이르러서야 비로소 완전한 자치권을 확보했다. 일 칸국 및 킵차크 칸국의 여러 지역들과 마찬가지로, 차가타이 칸국에서도 투르키스탄에서 여전히 강세이던 불교를 밀어내고 트란스옥시아나에서 주류를 이루던 이슬람교가 마침내 국교로 채택되었다. 이슬람교로의 공식 개종이 이루어진 것은 타르마시린(Tarmashirin: 1326~1334년)의 치세 중간의 어느 시점이었다. 그가 세상을 떠나자 차가타이 칸국은 둘로 쪼개졌고, 바로 이 분열된 지역에서 14세기 말의 위대한 유목민 정복자 티무르(Timur)가 출현했다.

[이후의 중앙아시아 ☞ 15.6]

14.6 몽골족 통치의 종식

13세기의 말의 사반세기 동안 몽골 제국이 서서히 여러 개의 자치 단위로 분열되기는 했지만, 칭기즈칸의 후손들이 몽골 제국의 그 광대한 영토를 전부 차지하고 다스리는 상황은 1330년대에 이르기까지 지속되었다. 그러다가 맨 처음으로 붕괴가 일어난 곳은 이란과 메소포타미아에 자리한 일 칸국이었다. 1316년 울제이투가 세상을 떠나자 이후 일 칸국에서는 왕위 계승 문제를 둘러싸고 몽골족 엘리트층 사이에 내분이 일었고, 이로써 중앙정부의 힘이 약해지면서 속주의 강력한 행정관 및 통치자들을 더는 제어할 수 없게 된 것이었다. 1335년에 일 칸국은 마침내 완전히 무너졌고, 이후 2년 사이에 여러 지역으로 쪼개져 다양한 지방 왕조들이 잡다하게 할거하는 상태가 되었다. 호라산에서는 사르바다르 왕조가 통치를 시작했고, 바그다드와 타브리즈 일대의 중앙부는 자라이르 왕조가 장악했으며, 속주 파르스를 비롯해 헤라트 근방의 카르트는 무자파르 왕조의 차지가 되었다. 이들 통치자들은 1380년대까지 명맥을 이어 가다 이후 티무르에게 정복당했다.

중국에서 몽골족의 통치가 종식되기 시작한 시점도 대략 이와 동일한 시기로 거슬러 올라간다. 쿠빌라이의 후계자이자 손자였던 테무르(鐵穆耳: 후일 등장하는 유목민 통치자 티무르와는 상관없는 인물이다.)가 1307년에 세상을 떠나자 원나라에서도 황위 계승을 둘러싸고 점차 각종 문제와 논란이 불거지기 시작했다. 처음에는 이런 분란이 잘 억제되는 듯했으나, 1328년에 결국 몽골 황실 내 다양한 파벌 간의 알력 다툼이 공개적으로 터져 나오고야 말았다. 그렇게 해서 킵차크 엘 테무르(燕帖木兒)와 메르키트 바얀(伯顔)이 '쿠데타'를 일으킨 이후로는, 애초에 비(非)칭기즈 칸 가문 출신이던 이 두 지도자에게 원나라 황제가 점차 많은 부분을 의존하는 양상이 나타났다. 이와 동시에 14세기 초반부터 식량 부족, 기근, 물가 상승에 시달리다 못한 농민들이 중국 전역에서 반란을 일으켰다. 이 같은 상황은 1327년 이후 황하 유역의 광범위한 지역들에서 잇따라 홍수가 발생하면서 더욱 악화되었다. 농민반란은 다양한 종교 운동과도 연관이 있었는데, 장차 부처가 도래해 중생을 구제해 주리라 믿었던 불교의 미륵불 신앙이 특히 강한 영향을 미쳤다. 1340년에 이르자 하남, 호남, 광동, 사천 전역에서 대규모의 봉기가 줄을 이었다. 아울러 1344년에는 개봉 일대의 강 하류 농경지가 제방 붕괴 대규모 홍수 피해를 입는 사태가 발생했다. 원나라는 무너진 제방을 복구하는 데에만 5년 이상이 걸렸고, 이로써 광대한 지역의 농경지와 촌락이 그대로 유실되었다. 1351년에 중국에서 대규모의 민중 봉기인 '홍건적의 난'이 일어난 것도 다 이 같은 상황이 직접적 원인이 되었던 것으로 보인다. 몽골족의 마지막 황제는 1333년에 즉위한 토곤 테무르(妥懽帖睦爾)였는데, 그도 이즈음 들어 대규모 지역에 대한 통치권을 잃어 가기 시작했다. 일례로 사천 지방은 황제와 별개인 다른 몽골족 통치자가 지배해서 실질적으로는 독립한 상태나 다름없었다. 1350년대 말에 이르러서는 중국 남부의 방대한 지역은 물론 장강 이남 전역에 대한 통치권을 아예 상실했다. 그로부터 몇 년 뒤에는 농민 봉기의 움직임이 북쪽으로까지 이어져 1368년에는 몽골족의 수도 북경이 점령당했다. 몽골족은 싸움 한 번 해 보지 못하고 수도를 떠나야 했는데, 계속 중국에 머무는 이들도 있었지만 대부분은 옛날의 스텝 지대로 되돌아갔다. 그중 몇몇은 새로이 북원(北元) 왕조를 창건해, 향후 수십 년 동안 중국의 새로운 통치자들을 적잖이 위협했다.

중국에서 한참 서쪽으로 들어간 차가타이 칸국에서는 1330년대에 나라가 분열되어 14세기 말에 새로이 유목민 지도층이 출현했다. 이렇듯 몽골 제국이 와해되는 와중에서도 몽골족이 통치를 계속 이어 간 곳이 한 군데 있었으니, 바로 킵차크의 스텝 지대와 루스족 제후국들이었다. 비록 나라 안은 힘이 약해진 상태였지만, 군대 내부에서 소수의 몽골족 집단을 이끌던 토크타미시(Toqtamish)가 쿠데타에 성공하면서 킵차크는 1380년대에 들어 한 차례 부흥을 맞았다. 루스족이 몽골족에 더는 공물 납입을 않겠다는 의사를 표하자, 토크타미시는 1382년에 모스크바를 침략해 분탕질한 뒤 도시 전체를 깡그리 불태웠다. 14세기에 티무르가 한참 위세를 떨칠 때도 킵차크는 건재했고, 모스크바 역시 내내 킵차크에 예속된 채로 지냈다. 그러다가 1410년이 지나고서야 비로소 몽골족 통치자들은 극서 지방의 제후국들에 더는 영향력을 행사하지 못하게 되었다. 1430년대에 접어들면서 킵차크는 세 개로 쪼개져 각자 통치해 나갔고(크림, 아스트라한, 카잔), 이 중 일부는 그 후에도 3세기가 지나도록 명맥을 유지했다.

회복

1350~1500년

15

15.1 기근과 전염병

[유라시아의 질병 패턴의 이전 역사 ☞ 10.1]

    농민층의 불만, 그리고 14세기 중반 중국 전역으로 퍼져 나가 1368년에 마침내 몽골족 통치를 무너뜨린 민중 봉기는 사실 유라시아 내부에서 싹튼 문제들이 점차 커져 가고 있음을 보여 주는 한 가지 징후에 불과했다. 그간 몽골족의 침략으로 중국이(아울러 이란과 메소포타미아가) 무참한 파괴에 시달린 것은 맞지만, 유라시아의 다른 지역들, 그중 특히 유럽은 그런 중국보다 더 근본적인 차원의 문제를 안고 있었다. 이런 문제들이 생겨난 원인은 무엇보다 부쩍 늘어난 인구를 여전히 원시적 수준이던 당시의 농업 기반으로는 더는 유지할 수 없다는 데 있었다. 1300년 무렵에는 300년 전만 해도 3500만 명에 불과했던 유럽의 인구가 약 8000만 명으로 불어난 상태였다. 이러한 인구 증가는 얼마간 새로운 농경지를 지속적으로 확보할 수 있었던 덕에 가능했는데, 13세기 말에 이르자 당시의 기술 여건상 새로운 농경지 확보가 한계에 이르렀다. 그러자 유럽 전역에서 곡물 산출량이 감소하기 시작했다. 인구 과밀에 시달리는 지역도 한두 군데가 아니었다. 이탈리아, 플랑드르, 브라반트, 파리 일대는 이 당시에 19세기 초와 맞먹을 만큼 많은 인구를 보유했던 것으로 보이나, 농업 생산성 수준은 그에 훨씬 못 미쳤다. 거기다 기후 조건마저 나빠지며 유럽은 더욱 곤란한 상황을 맞아야 했다. 12세기만 해도 최적이었던 기후 여건은 1200년이 지나자 이내 소멸되었고, 기상 악화로 인한 여파가 유럽 전역에서 감지되었다. 그린란드의 바이킹족 정착지는 기후가 온화할 때조차 한계 지역이었던 만큼 이 시절에는 더 말할 것이 없었다. 건초용 풀의 생장 기간이 차차 짧아짐에 따라, 거두어들일 수 있는 작물의 양이 감소한 것은 물론 가축들이 제대로 먹지 못해 겨울철을 나기가 어려워졌다. 이누이트족은 악화된 기상 여건을 견디다 못해 결국 1350년 무렵에 남쪽으로 내려와 고트호프에 자리한 정착촌을 파괴할 정도였다. 이제는 그린란드에서는 여름철 내내 총빙(바다 위에 떠다니는 얼음이 모여 언덕처럼 얼어붙은 것이다. ─ 옮긴이)이 바다 위를 떠다녔고, 이 때문에 그린란드는 1408년 이후로 유럽의 나머지 세계와 교류가 끊어졌다. 율리아네하프에 자리하고 있던 동부의 정착촌도 15세기의 어느 시점엔가 이누이트족의 공격을 받아 자취를 감추었다. 아이슬란드 역시 훨씬 척박한 환경의 한계 지역으로 변모했다. 땅에서는 더는 밀이 자라지 않았으며,(평균 기온이 1도만 하락해도 식물의 생장 기간은 3분의 1가량 줄어들 수 있었다.) 그러자 인구가 급감했다. 스코틀랜드 남부의 고지는 농경지에서 다시 예전의 목초지로 돌아갔으며, 잉글랜드에서는 1400년 이후로 더는 포도가 자라지 않았다.

전반적인 기상 악화는 여러 가지 커다란 문제를 불러왔다. 유럽은 1315~1317년에 일련의 참혹한 사태를 겪으며 당시의 위기가 얼마나 심각했는지 여실히 보여 주었는데, 유럽의 인구 상당수는 이때 이미 최저 생계를 겨우 유지하는 상황이었다. 1315년은 1년 내내 끔찍한 날씨가 이어졌다. 사시사철 끊이지 않고 계속 비가 내리는 바람에 논밭에서 배수가 되지 않았고 질척해진 땅에서는 쟁기질이 되지 않았다. 곡식은 심어도 이삭이 다 영글지 않았을 뿐더러 이삭을 베어 창고에 넣어 두어도 채 마르지 않았다. 이 해의 곡물 수확량은 전반적으로 평년의 절반 수준에 불과했으며, 거두어들인 곡식마저 질이 매우 떨어졌다. 1316년에 접어들었을 때 유럽은 벌써 전역에서 곡물 공급이 달렸고, 그 바람에 봄에 파종해야 할 종자를 식량으로 먹는 사태가 벌어졌다. 1316년에도 전 해와 마찬가지로 매우 습한 날씨가 이어졌고, 따라서 작물 수확량 역시 평년의 절반가량에 그쳤다. 두 차례나 연이어 흉년이 들자 유럽의 위기는 심각해졌다. 밀 가격이 종전의 세 배로 뛰었으며, 공급이 심하게 달리는 곳에서는 무려 여덟 배까지 값이 치솟았다. 가난한 사람들은 돈이 없어 먹을거리를 구하지 못했고, 더 심한 데서는 절대적인 식량 부족 사태가 발생했다. 이런 곳에서는 그야말로 식량이 전무해 돈을 주고도 먹을거리를 살 수 없었다. 그 결과 엄청난 수의 빈민이 그대로 목숨을 잃어야 했고, 굶주리다 못한 농민들은 떼 지어 시골 구석구석을 누비고 다니다 남의 식량이나 돈을 훔치기 일쑤였다. 사람들이 손에 넣을 수 있는 식량은 질이 매우 떨어지는 것들뿐이었다. 빵에 비둘기나 돼지의 똥이 들어 있는가 하면, 병에 걸려 죽은 동물 사체를 가져다 먹는 바람에 사람들 사이에 질병이 돌았다. 이 시기에는 영국에서부터 발트해에 이르기까지 광범위한 지역에서 식인 행위가 이루어졌다는 기록이 전한다. 아일랜드의 경우 1318년에 사람들이 무덤에서 시체를 파내 식량으로 삼은 사례가 있으며, 실레시아에서는 처형당한 죄인의 시체를 사람들이 가져다 먹기도 했다. 사료가 부족한 데다 갖가지 질병까지 돈 탓에 기르던 양의 3분의 2가 몰살한 지역도 있었으며, 유럽에서는 1319년 이후로 4년 만에 전체 황소의 3분의 2가량이 몰살했다. 이즈음 들어서는 날씨가 그렇게 혹독하지 않았고 작황 수준도 전에 비해 개선된 상태였지만, 유럽이 이 위기를 딛고 회복되는 데는 이후 몇 년의 시간이 더 걸렸다. 하지만 그렇게 막 회복기에 접어들려는 찰나, 유라시아의 나머지 지역과 마찬가지로 유럽에도 대규모의 전염병이 돌게 된다. 이른바 '흑사병'이 유럽을 덮친 것이다.

757년에 유럽에서 발생한 사례를 마지막으로 유라시아에서는 한동안 림프절 페스트가 돌았다는 기록이 전혀 없다. 그랬음에도 림프절 페스트는 완전히 사라진 것이 아니었는데, 일부 설치류 동물의 몸안에 계속 잠복해 있었던 것이다. 그러다가 14세기 초반의 어느 시점엔가 중국의 운남 지방에서부터 페스트가 다시 돌기 시작한 것으로 보인다. 당시 유라시아의 무역망이 얼마나 효율적이고 긴밀하게 얽혀 있는지는 페스트가 이들 무역로를 따라 어떻게 전파되었는지만 봐도 잘 알 수 있다. 역병은 1331년에 중국을 시작으로 대규모로 돌기 시작해, 1338년에는 중앙아시아 이식쿨호의 네스토리우스파 무역상에게까지 전파되었다. 그리고 1346년에는 이것이 크림반도에 자리한 제노바의 무역 식민지 카파에까지 퍼졌다.(몽골족 군대가 이 도시에서 공성전을 벌이던 중 전파되었을 가능성이 높다.) 1347년 말에 이 지역에 돌던 역병은 콘스탄티노폴리스, 시칠리아, 이집트는 물론 프랑스 남부에까지

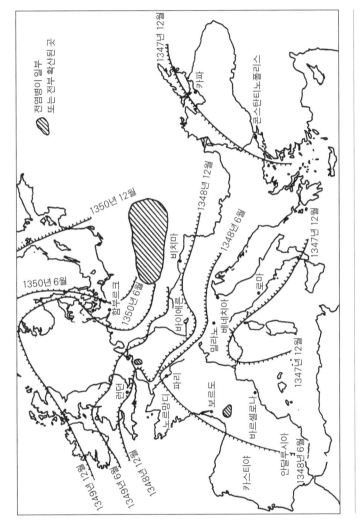

유럽에서의 '흑사병' 확산

1347년 12월
카파
콘스탄티노폴리스
1348년 12월
1348년 6월
비차마
로마
1347년 12월
1347년 12월

전염병이 일부
또는 전부 확산된 곳

1350년 12월
1350년 6월
함부르크
1350년 6월
바이에른
파리
밀라노
베네치아
보르도
바르셀로나
카스티야
안달루시아
1348년 6월
런던
노르망디
1348년 12월
1349년 6월
1349년 12월

번졌고, 그 이듬해의 1년 동안에는 잉글랜드 남부까지 이르렀다. 그 후로는 북쪽으로 이동해 심지어 그린란드에까지 전염병이 돌았고, 여기서 다시 동쪽으로 방향을 틀어 1350년 12월에는 모스크바에 이르렀다. 이 병은 쥐 때문에 퍼져 나가기도 했지만, 역병이 도는 지역에서 감염된 채로 도망쳐 나오는 사람들도 발병의 원인이 되었다. 폐렴성 페스트는 콧물이나 재채기를 통해 직접적으로 접촉해야 감염되었는데, 그럴 때는 치사율의 거의 100퍼센트에 달했다. 하지만 감염된 생쥐의 벼룩이 매개일 때는 감염이 된다고 해도 목숨을 잃는 사람이 세 명 중 두 명이 채 안 되었던 것 같다. 이 역병은 1346년부터 1350년의 기간에 유럽, 이집트, 레반트에 끔찍한 영향을 미쳤고, 그로 인해 중국보다 훨씬 참혹한 피해를 입었다.(페스트는 당시에 인도와 아프리카에도 퍼졌지만, 이 지역들이 얼마나 피해를 입었는지는 관련 정보가 전무해 파악할 수 없다.) 유럽과 서남아시아 일부 지역에서는 전체 인구의 약 3분의 1이 목숨을 잃었던 것으로 보이며, 훨씬 큰 피해를 입은 지역들도 있었다. 이 시절에 페스트를 피할 수 있었던 곳은 단 몇 군데의 궁벽한 오지뿐이었다. 따라서 가족이 해체되고 촌락들이 버려지면서 사회 내부에 분열이 일어난 것도 그렇게 놀랄 일이 아니었다.

페스트는 한 차례 발병으로 끝나지 않았다. 14세기의 나머지 기간에 페스트는 유라시아 전역에서 주기적으로 되풀이해서 발병했으며, 유럽의 경우 1360년대와 1370년대에 유독 상황이 심각했다. 유라시아의 인구가 페스트에 얼마간 면역력이 생겨 페스트의 발병 기세가 꺾이기까지는 1세기하고도 몇 세대가 더 지나야 했다. 하지만 이후에도 유럽 사람들은 수 세기 동안 늘 페스트에 걸릴지도 모른다는 두려움에 떨며 살아야 했다. 1347년에서 1536년 사이에는 평균적으로 11년에 한 번씩 반드시 유럽의 어딘가에서 페스트가 발병했고, 심지어는 그로부터 150년이 지난 뒤에도 이 주기는 약간 나아지는 데 그쳐 15년에 한 번꼴이었다. 스페인 북부에서는 1596년 이후 발병한 한 번의 페스트가 6년 만에 전체 인구의 절반가량의 목숨을 앗아갔다. 프랑스에서는 17세기의 한 세기 동안 페스트에 걸려 목숨을 잃은 사람만 2000만 명에 달했다. 잉글랜드는 1665년에 런던 일대에서 집중적으로 페스트가 돈 것이 마지막이었는데, 암스테르담에서부터 번진 이 페스트는 위세가 가장 강했을 때는 일주일 만에 6000명을 한꺼번에 사망에 이르게 했다. 서유럽에서는 1720~1721년의 마르세유를 끝으로 더는 페스트가 발병하지 않았으나, 서남아시아와 이집트에서는 이보다 훨씬 오랜 기간에 페스트가 돌았다.

유럽 전역에 미친 페스트, 기근, 기상 악화의 영향은 주로 14세기에 집중되었다. 1000년에 2억 6500만 명이던 세계 인구는 1200년에는 3분의 1가량이 늘어 약 3억 6000만 명에 이르렀으나, 이후의 2세기 동안에는 늘기는커녕 오히려 약간 감소했던 것으로 보인다. 이는 단순히 페스트에서만 비롯된 결과는 아니었는데, (특히 이란과 메소포타미아 지방에서) 몽골족 침략의 영향도 있었던 데다 거의 한 세기 동안 중국에서 전쟁이 끊이지 않아 최전성기에 1억 1500만 명에 이르던 중국 인구가 1300년에는 8500만 명으로 훌쩍 줄어든 것도 중요했다. 중국은 14세기에 들어서도 전혀 회복의 기미를 보이지 않았다. 오히려 중국에도 페스트가 덮치면서 인구는 다시 한번 크게 줄어 14세기 말에도 1300년의 인구 수준을 회복하지 못했던 것 같다. 전반적으로 1400년의 아시아 인구는 그보다 한참 전인 1100년 수준에서 전혀 늘지 않았던 것으로 보인다. 유럽은 1300년 직후에 인구가 약 8000만 명에 이르며 정점을 찍었다. 하지만 이후 심각한 흉작, 인구 과밀, 기근, 거기다 역병까지 겹치면서 한 세기 만에 유럽 인구는 전체적으로 최소한 4분의 1가량이 줄어, 1400년에는 6000만 명을 밑돌았다. 14세기의 이 끔찍한 재앙에서 살아남은 사람들은(특히 1350년 무렵 이후의 세대들은) 제법 나아진 삶을 경험할 수 있었다. 전반적인 면에서 노동력이 가용 토지의 양에 부족해진 상황이었고, 따라서 농민층의 여건이 (특히 그들이 부담해야 하는 지대의 측면에서) 전보다 크게 개선되었다. 이와 함께 식량 공급의 압박도 전보다 덜해졌다. 물론 이 시기에도 경제나 사회의 측면에서 근본적인 변화는 일어나지 않았지만, 이 시기에 들면서 유라시아 인구 거의 대부분이 어느 정도의 생활 향상을 경험한 것은 분명 사실이었다.

15.2 중국: 명의 발흥

[이전의 중국 ☞ 14.5.1]

1320년대 후반부터 중국에 점차 위세를 떨치기 시작했던 대규모의 농민 봉기 및 종교계의 천년왕국 운동은 1340년대 중반 이후에 정점에 이르러 결국 몽골족의 통치를 종식시키는 결과를 가져왔다. 이 같은 일련의 사태로 중국에는 과거의 엘리트층과는 전혀 상관없는 새로운 지도층이 형성되었다. 이들 지도층 일부는 중국 사회의 최하위 빈민층에서 나오기도 했는데, 이들이 오늘날 기준에서 이른바 혁명 운동이라 불릴 만한 것을 이끈 장본인이었다. 1368년에 몽골족이 떠난 이래 겪게 된 이 같은 유례없는 사회적·정치적 격변을 통해 중국은 종전과는 전혀 다른 성격의 나라가 건설하게 된다. 이 당시 중국의 중부 및 남부 연안 일대에서 봉기를 이끌었던 것은 방국진(方國珍)으로, 대대로 어부와 소금 상인으로 일하던 가문 출신이었다. 1350년대에 그는 1000척이 넘는 선박의 함대를 지휘하게 되었고, 이를 기반으로 일대의 수많은 항구도시를 점령하고 노략질했다. 한편 장강 이남의 대부분 지역과 옛 송나라의 수도 항주를 장악한 것은 장사성(張士誠)으로, 그의 가문은 대대로 운하를 오가는 뱃사공 일을 했다. 하지만 당시의 지도자 중에서도 가장 중요했던 인물은 바로 1368년에 홍무제로 즉위해 중국의 명나라를 건설하게 되는 주원장(朱元璋)이다. 애초에 주원장이 명(明)이라는 다소 유별난 명칭을 왕조에 붙이게 된 데는 그의 청년 시절 종교적 믿음과(특히 마니교의 영향과) 연관이 있을 가능성이 크다. 그간 중국 역사가들은 14세기 중반에 일어난 수차례의 농민 봉기를 종종 몽골족에 반감을 품은 애국주의자들의 반란으로 그리곤 했다. 하지만 당시 반란들은 사회적 성격이 강했던 사건들로써 반(反)몽골 정서는 거의 찾아볼 수 없었으며, 주원장 자신부터도 수많은 몽골족을 군대에 활용하면서 그들이 전공을 세울 경우 갖가지 직위를 내려 보상해 주었다.

주원장은 중국 역사에서도 핵심적인 비중을 차지하는 인물 중 하나다. 그의 치세에 한 번 확립된 통치 양식은 이후 중국에서 수 세대 동안 지속되었고, 그로 인해 중국 내부가 확연히 회복된 것은 물론 중국의 영향력도 크게 확대되었다. 주원장은 1328년에 한 어부의 손자로 태어났다. 아버지는 안휘 지방을 떠도는 농장 일꾼이었고, 어머니는 대(大)관상가 집안 출신이었다. 유년 시절에 주원장은 황하의 홍수로 제방이 터져 일어난 1344년의 대기근을 겪던 와중에 절에 들어가 승려가 되었다. 그러다가 1348년 무렵에 안휘 북동부의 소규모 농민반란군을 이끌게 되었다. 반란이 전국으로 확산되자 그는 농민들을 이끌고 1359년에 남경을 점령했고, 그 후 4년이 채 안 되어 중원 대부분을 장악했다. 그리고 1365년에서 1367년 사이에 각축을 벌이던 다른 반란군 지도자들을 대부분 제거한 후 1368년에 몽골족의 수도 북경을 차지했다. 그러고 나서 10년도 지나지 않아 명나라의 지배력은 중국 전역은 물론 그 너머로까지 확장되니, 사천(1371년), 하서회랑(1372년), 운남(1382년)은 물론 종국에는 한반도(1392년)까지도 명의 영향권 안으로 들어왔다.

명 행정부가 새로 세워지고 나서 무엇보다 화급하게 해결해야 했던 과제는 중국 농업 기반의 재건이었으니, 13세기의 전란, 홍수, 그리고 20년 이상 이어진 농민반란과 내전으로 엄청난 훼손을 입은 상태였기 때문이다. 이런 상황에서도 명 왕조는 실로 대단한 성취를 이루어 냈는데, 이런 사실만 봐도 중국의 인프라가 혼란 속에서도 얼마나 견고하게 버티었는지, 나아가 중국 통치 체계가 얼마나 강력한 것이었는지를 실감할 수 있다. 명은 우선 토지 개간을 장려하기 위해 인구 이주 계획을 마련했고, 이에 따라 이주민들에게 새로운 토지와 함께 세금 면제의 혜택을 주었다. 1370년대에 초반 이 정책이 실행에 들어갈 때만 해도 개간의 규모는 1년에 약 20만 에이커 정도였으나, 몇 년만에 1년에 200만 에이커를 웃돌 정도로 규모가 커졌다. 이 개간 작업에서 핵심을 차지한 것은 식목과 산림 조성이었다. 1391년에는 남경 일대에 5000만 그루 이상의 나무가 심어졌으며, 그로부터 5년 뒤에는 하남, 호북 지방 일대에 8400만 그루의 과실수가 심어졌다. 그런 식으로 해서 14세기 말 동안 중국 전역에 심어진 나무만 총 1억 그루를 헤아렸다. 여기에 관개를 좀 더 원활히 하기 위해 새로 조성되고 보수가 이루어진 저수지도 약 4만 개에 달했다. 1381~1382년에는 명나라 정부에 의해 전면적인 인구조사가 시행되었고, 그로부터 10년 뒤에는 보강 조사를 거쳐 내용을 갱신하는 한편 전 국토에 대해서도 토지 측량 작업을 진행했다.

당시에 주원장과 측근의 관료들은 그들이 당대와 송대에 확립되어 있던 중국의 전통적 통치 패턴을 복구해 가는 중이라고 믿었다. 하지만 몽골족의 통치가 100년 넘게 이어졌던 만큼 그간 사용되어 오던 몽골의 관습도 얼마간은 통합시키지 않을 수 없었고, 거기에 명 왕조도 스스로 기존의 체제에 나름의 혁신을 가했다. 그 결과 명대에 등장한 통치는 종전과는 양식이 사뭇 달랐고, 그렇게 해서 한번 확립된 통치 패턴이 이후 19세기 중반까지 이어졌다. 이 당시 주원장이 사람을 믿지 못하기는, 자신과 함께 밑바닥에서부터 출세한 이들에 대해서나 중국의 행정 대부분을 결정하던 식자층 엘리트층에 대해서나 마찬가지였다. 그래서 그는 별 특권을 가지지 못한 사회집단들을 더 많이 관료로 끌어들이고자 노력했고, 그래서 황제로 즉위하자마자 남경에 국학을 세워 새로운 세대의 관료층을 양성하고자 애썼다. 하지만 이런 노력에도 불구하고 여전히 관료 체제에 선발되어 높은 관직에 오르는 데는 누구의 후원을 받느냐가 핵심적이었다. 이에 주원장은 몽골족 치세 때 권력 장악의 핵심 열쇠를 쥐고 있던 과거의 중서성을 억누르고, 자신이 직접 주요 6부를 장악했다. 그 6부란 각각 재정(이부), 공공사업(공부), 군사(병부)를 담당했던 세 개의 주요 부서와, 사법, 공공 치안, 의례를 담당했던 3부를 이른다. 아울러 그는 조정 위원회를 통해 군사 전략도 자신이 장악하고자 했다. 하지만 10년이 채 지나지 않아 이 새로운 황제는 모든 핵심 결정을 자신이 직접 처리한다는 것이 불가능한 일임을 깨달았다. 중국 행정의 규모가 엄청나게 크고 복잡했기 때문에 개인 한 사람의 능력으로는 도저히 감당이 안 되었던 것이다.(이 시절 유라시아의 정부 대부분이 그랬지만, 이렇듯 행정이 대규모에 복잡했음에도 불구하고 정부의 능력은 매우 제한적이었다는 것이 특히 문제였다.) 그리하여 1382년 명나라는 대규모의 조직 개편을 단행했다. 우선 '대학사'라는 새로운 관료 기구의 직위를 창설해 그들이 황제의 뜻에 따라 측근에서 활동하게 했다. 주원장은 이때까지도 여전히 중국의 행정 관료 대부분을 믿지 못하는 상태였고, 그래서 정부의 관료를 통제할 수 있는 원시 수준의 비밀첩보 체제인 '금의위(錦衣衛)'도 함께 창설했다.(이 금의위의 권력은 1387년에 대폭 축소되었다.) 이 새로운 통치 체제는 전반적으로 과거 그 어느 때보다 많은 권력을 황제에게 집중시켰다. 또한 이 통치 체제에서는 황제 한 사람만을 위한 비밀 위원회 및 특별 자문단도 함께 설립되어 가동되었는데, 좀 더 체계 잡힌 기존의 관료 체제에 배치되는 면이 있었다.

주원장은 중국 통치를 재확립하고 경제와 사회가 회복되는 것을 지켜본 뒤 1398년에 사망했다. 그의 뒤를 이은 후계자는 황실 제후들의 권력을 일정 수준으로 제한하려고 애썼으며, 산업화 이전의 제국들이 대부분 그랬듯 이들 제후들은 주로 주요 속주에서 행정관을 지내던 인물이었다. 하지만 황제가 이런 압박을 가해 오자 북경 지방의 군대 통솔권을 쥐고 있던 황제의 숙부 주체(朱棣)가 반란을 일으켰다. 1402년에 그가 남경을 점령했고, 결국 영락제(永樂帝)라는 이름으로 황위에 올라 1424년까지 중국을 다스렸다. 14세기의 마지막 30년 동안 중국이 광범한 면에서 회복을 이룬 터라, 이후 이어진 영락제의 치세는 중국 역사에서도 가장 괄목할 만한 시기로 꼽힐 만한 모습을 연출하게 된다.

15.3 중국과 그 주변 세계

주원장의 치세에 시작된 중국의 확장은 영락제 치세에 들어서도 이어졌다. 북부 지방에서는 몽골족이 중국을 잃은 뒤 세웠던 왕국이 몰락한 상태였다. 이제 중국의 북쪽에는 두 개의 주요 유목민 집단 출현해, 북서쪽은 오이라트족이, 북동쪽은 타타르족이 각각 나누어 차지하고 있었다.(유럽인들은 보통 이 타타르족을 타르타르족이라고 일컫는데 잘못된 상식이다. 타르타르족은 후일의 러시아 역사에 등장하는 민족으로 타타르족과는 전혀 다른 튀르크족 혈통이다.) 15세기에 접어들어 첫 10년이 지나는 사이에 중국 군대는 과거 그 어느 때보다 멀리 북쪽으로 진군해 들어갔고, 1410년에는 몽골 울란바토르의 북동쪽의 오르홍강에서 전투를 벌여 유목민 집단을 상대로 대승을 거두었다. 이후 몽골 땅은 중국이 점유하게 되어 북쪽 멀리 아무르강까지 중국의 지배권으로 들어왔다. 앞서 4년 전에 중국은 20만 명이 넘는 대군을 이끌고 베트남에 발을 들여, 그곳에 할거한 지방 군벌들을 제압하고 장기간 베트남을 통치해 왔던 쩐 왕조를 종식시킨 상태였다. 그러고는 홍강 유역 및 베트남 중부 상당 부분을 중국 영토로 병합했다. 하지만 과거에도 그랬듯, 중국의 왕조는 하나같이 이 지역을 상대로는 지배권을 유지해 나가지 못하는 것으로 드러났다. 1418년에 레러이(黎利)가 일으킨 반란으로 중국 세력은 10년도 채 지나지 않아 베트남에서 물러났고, 대신 새로이 레 왕조가 창건되었다. 이와 함께 중국은 중앙아시아 내지의 서쪽으로도 외교 사절을 파견해 1413년, 1416년, 1420년의 세 차례에 걸쳐 트란스옥시아나에 이르렀으나, 750년 이전의 당나라처럼 이 지역에 광범위한 지배권을 행사하려는 시도는 전혀 없었다. 중국인으로써 이 지역을 가장 광범위하게 오간 사람으로는 아마도 황실 내관 후현(侯顯)을 꼽을 수 있을 것이다. 후현은 1403~1406년에 인도와 티베트를 방문한 것은 물론, 1413년에는 네팔을, 1415년과 1420년에는 벵골만을 찾았으며,(2차 방문 때는 바닷길을 이용했다.) 1427년에는 티베

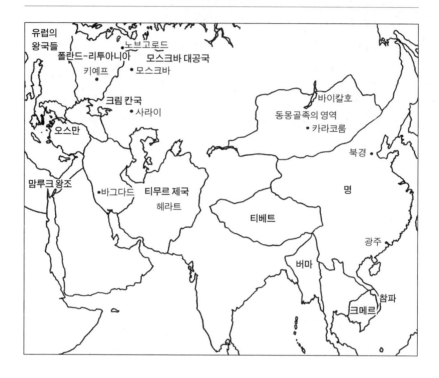

트를 다시 한번 방문했다. 중국에 다시 강력한 왕조가 성립되자 주변 지역에서도 잇따라 수많은 외교 및 무역 사절을 중국에 파견했다. 주원장이 황위에 오른 이듬해(1369년)에만 고려와 일본, 베트남, 참파에서 사절들이 당도했다. 이후 2년 사이에는 크메르 왕국의 잔존 세력, 태국, 말라야에서도 사절을 보내왔다. 1390년에는 인도 해안의 코로만델에서 중국에 대표단을 보내오기도 했다. 1408년에는 보르네오의 왕이 중국의 남경에서 숨을 거두었는데, 당시 그는 가족 및 조정 신하들을 데리고 몇 년째 중국에서 생활하던 중이었다. 바로 그해, 그리고 1441년에는 이집트의 맘루크 왕조에서 보낸 대표단이 중국에

도착했다.

하지만 여기서 훨씬 눈에 띄는 대목은 이 시절에 중국인들이 동남아시아와 인도양을 거쳐 멀리 아프리카 연안까지 항해했다는 점이다. 사람들은 종종 이를 두고 중국인들이 '탐험 항해'를 한 것처럼 그리는데, 앞서의 여러 장에 걸쳐 이미 살펴봤듯, 당시 중국은 인도양 전역을 누비며 교역하고 항해한 지 이미 오래였다. 특히 중국인들은 동아프리카 연안을 다니는 데 아주 익숙했는데, 거기서 상아, 코뿔소 뿔, 진주, 그리고 각양각색의 향신료 및 향수를 사들이곤 했기 때문이다. 동아프리카 연안에서 발견되는 중국의 동전 꾸러미들은 최초의 것이 연대가 620년까지 거슬러 올라가며, 탄자니아 연안을 따라서는 엄청난 양의 10세기 중국 도자기가 발견되기도 한다. 9세기에 편찬된 중국의 한 서적에는 베르베라 지역의 이야기가 상세하게 실려있으며, 1060년에 편찬된『신당서(新唐書)』에도 말린디 항구를 비롯한 케냐 연안의 나머지 지역 이야기가 상세히 기술되어 있다. 연대가 1402년으로 거슬러 올라가는 중국의 한 지도에는 남아프리카 대륙의 방향이 실제 모습에 일치하게 뻗어 있다.(한국의 지도 역시 마찬가지다.) 이에 반해 유럽인들은 이때까지도 아프리카 대륙이 동쪽으로 길게 뻗어 있다고 생각했다. 이 무렵에 중국 남부의 항구들에 이슬람 무역업자들도 수시로 드나들었던 만큼, 중국인들은 이들과의 교류를 통해서도 아프리카에 대해 상당히 많은 지식을 보유할 수 있었다. 따라서 15세기 중국인들의 항해를 미지의 세계에 대한 탐험으로 보기는 곤란하다. 그들은 그저 수천 년 전부터 단 하나뿐이던 무역로의 일부, 그들 자신이 이미 오래전부터 확립해 놓고 수없이 드나들었던 그 길을 이 시절에 다시 오간 것뿐이었다. 물론 이는 중국이 국내의 혼란에서 회복되어 예전에 가졌던 여러 가지 교류 관계를 다시금 트게 되면서 가능해진 일이었지만 말이다.

이 위대한 항해의 지휘를 맡았던 것은 정화(鄭和: 1371~1433년)로, 중국 황실의 내관이자 대사이자 공식적으로는 '삼보태감(三寶太監)'의 직함을 갖고 있던 인물이었다. 애초에 태생을 따지자면 운남 지방의 이슬람교도 가문 출신이었다. 그의 부친이 생전에 메카를 순례한 적이 있었던 만큼, 정화 자신도 아마 동남아시아와 인도양 전역을 거치는 무역로 및 순례길을 잘 알고 있었을 것이다. 1405년에서 1433년 사이에 그는 대규모의 선단을 이끌고 일곱 차례 원정을 떠났는데, 예순 척 이상이었던 이 선단의 선박은 각기 1500톤가량에 이르렀으며 화물과 함께 약 500명의 승객을 실을 수 있었다.(1세기 뒤에 인도양에 도달한 유럽의 선박은 무게가 약 300톤에 불과했으나, 중국 해군은 이 무렵에 보유하고 있던 선박만 총 6500척이었다.) 1405~1411년의 제1차 원정에서는 자와, 태국, 스리랑카를 목적지로 삼아 인도 연안의 캘리컷과 코친을 거치는 식으로 항해했다. 1415년에는 수마트라를 목적지로 삼아 항해에 나섰다가 인도양을 곧장 가로질러 아덴에 이른 후, 오르무스와 페르시아만, 몰디브 제도를 거친 후에 돌아왔다. 마지막 세 차례 항해에서는 동아프리카, 특히 모가디슈와 모잠비크, 그리고 마다가스카르 해협이 목적지가 되었다. 선단이 중국으로 최종 귀환을 하기에 앞서 말린디에서 기린 두 마리를 보내 온 것도 이 세 차례의 항해가 이루어지던 중의 일이었다.

이들 항해는 16세기 초에 유럽인들이 행한 것과는 그 성격이 매우 달랐다. 중국인들은 항해에서 만난 사람들을 정복하거나 혹은 개종시키려는 노력을 전혀 하지 않았다. 중국인들 자신이 종교를 다양하게 믿었기 때문에, 개종이라는 생각 자체가 중국인들에게는 익숙하지 않았다. 그뿐만 아니라 중국인들은 자신들의 문화, 가치관, 지배권을 현지인들에게 강제하려는 시도도 하지 않았고, 그들을 노예로 삼으려는 생각은 더더욱 없었다. 나아가 중국인들은 목적지의 주민들에 대해 상당한 지식을 쌓고 항해를 떠나곤 했는데, 이는 1409년에 중국 선단이 스리랑카에 도착했을 때 일어난 일련의 일만 봐도 잘 알수 있다. 우선 중국 선단의 도착을 기념해 스리랑카에서 세운 기념 석주에는 중국어, 타밀어, 페르시아어의 세 가지 언어가 이용되었다. 또한 중국 황제는 이 섬나라에서 세 가지 종교가 신봉되고 있음을 알고 그들 모두에게 선물을 보내왔다. 즉 불교(특히 스리랑카에서 유명한 칸디의 투스 사원), 타밀족의 신 데분다라 데비요(Devundara Deviyo), 그리고 다양한 이슬람교 모스크에 모두 선물을 전한 것이다. 그 선물들은 전부 합하면 금 1000괴, 은 5000괴, 비단 100필에 이르렀으며, 여러 가지 다양한 물품이 추가로 끼어 있었다. 항해를 마치고 돌아온 후 중국은 이 원정의 결과를 방대한 규모의 서적으로 편찬해 내기 시작했다. 그렇게 해서 간행된 수많은 서적 중 가장 유명한 것들로는 『서양번국지(西洋番國志)』(1434), 『성차승람(星嵯勝覽)』(1436), 『영애승람(瀛涯勝覽)』(1451)이 꼽힌다. 마지막 책이 편찬되어 나올 쯤에는 주요 항해가 마무리되고 한참이 지난 뒤였지만, 이때 복원된 교류 관계를 통해 동남아시아와 인도양 전역을 거치는 중국 무역업자들의 항해는 이후에도 계속되었다.

[유럽인의 초창기 확장과의 비교 ☞ 15.11 및 17.1]

15.4 중국: 안정

1430년대가 지나자 이제 중국 조정은 (교역에 별 어려움이 없었던)

동남아시아에서 눈을 돌려 북쪽의 변경 지대를 주된 관심사로 삼았다. 이렇게 된 데는 두 가지 요인이 있었다. 우선 1368년부터 수도 역할을 해 온 남경을 대신해 1421년부터 북경이 중국의 수도로 기능하게 되었다는 점이었다. 물론 정부의 모든 기능은 1450년에 이르러서야 비로소 북경으로 최종 이전될 수 있었지만 말이다. 북경은 과거 거란, 여진, 몽골족의 치세에도 수도 역할을 했지만, 이민족이 아닌 중국의 왕조가 이렇게나 북쪽에, 그것도 장강과 중국 남부의 부유한 농경 지대 및 교역 지대에서 한참을 멀리 떨어진 곳에 수도를 세운 것은 역사상 유례가 없는 일이었다. 북경으로의 천도가 가능했던 것은 몽골족 치세에 복원되고 북경까지 확장되었던 대운하가 이즈음 추가 정비를 마친 덕분이었다. 1411~1415년의 기간에 걸쳐 강물 깊숙한 곳에 대규모의 수문 설치가 완료된 것인데, 이 말은 이제 최대 규모의 선박들도 1년 내내 운하를 오갈 수 있다는 뜻이었고, 그것은 연안 항해를 그만큼 많이 하지 않아도 된다는 의미였다. 그러나 북경을 수도로 삼는 데 뒤따랐던 커다란 문제는, 그곳이 거의 변경 지대 도시나 다름없어 스텝 지대 유목 민족의 침략에 여전히 취약하다는 사실이었다. 이러한 우려는 오이라트족이 자주 북경을 급작스레 침입하며 현실화했는데, 오이라트족은 1440년대 에센 칸(Essen Khan)의 통치하에 재통일을 이룬 상태였다. 급기야 1449년에서 1457년 사이에는 이들이 명나라의 정통제(正統帝)를 포로로 잡아, 중국인들은 몸값을 치르고 황제를 구해 오는 수밖에 없었다. 이런 상황에서 중국이 택한 대응책은, 6세기에 조성된 요새의 윤곽선을 따라 1403년에서 1435년 사이에 재축조된 만리장성의 안쪽으로 물러나 더는 북진하지 않는 것이었다. 명나라는 1440년대에 들어 그 '안쪽'에 새로 만리장성을 쌓았고, 1465년에서 1487년 사이에는 길이를 더 확장했다. 이렇게 해서 완성된 장성은 곳곳을 성곽이 이중, 삼중으로 에워쌌고, 전체적으로 길이만 약 3000마일에 이르렀다.(오늘날 관광객들이 북경 근처에서 구경하게 되는 것이 바로 이 장성이다.) 15세기 중반 이후에 중국은 북동쪽으로 진출하려는 노력은 거의 하지 않은 채 기존의 변경 지대를 방어하는 선에서 만족했다.

명나라는 통치 초창기에 명나라의 옛 수도인 남경 및 대운하 인접 지역과 함께,(대운하는 식량 공급에 필수적이어서 반드시 안전하게 지켜야 했다.) 변경 지대(북경 및 중국 남서부(운남과 귀주))에도 군사 식민지를 건설했었다. 군사 식민지에서는 총 10인으로 구성된 군대가 편성되어, 세 명은 병사 임무를 맡고 나머지 일곱 명은 농부로 일하며 전장의 병사들에게 식량을 공급했다. 사실 이는 명대에 들어 새로이 생겨난 체제는 아니었는데, 외진 변경 지대는 육로로 대량의 군량을 이송해 오기 어려웠기 때문이다. 이런 체제가 아니면 달리 군부대를 유지할 방법이 없었다. 그리고 명나라 초창기에는 이 군역의 의무를 집안 대대로 세습시켰으니, 역시 그러지 않고는 제국의 가장 변두리에서 군부대를 유지하기가 불가능했기 때문이다. 하지만 15세기 중반에 이 체제가 붕괴한 것은 이미 예견된 일이었다. 이른바 '군인 집안' 출신의 후손들이 덜 고된 일을 찾아 병영을 이탈하기 시작했고, 식민지 유지에 이용되던 땅들은 토착 지주들이 점유했다.(엄밀히 따지면 이는 위법 행위였으나 법은 무용지물이었다.) 그러나 이 무렵에 중국은 부가 쌓여 가고, 농업 기반이 재건되고, 교역도 한참 회복되던 터라, 종전의 체제를 급격히 탈피해 좀 더 정교한 방식으로 군대를 유지해 가는 것이 가능했다. 다만 지방의 민병대 창설 방안만큼은 중국 정부에서 반대했는데, 그들이 차후 해당 지역에서 반란을 이끌 소지가 있음을 우려해서였다. 그 대신 정부에서는 주요 용병 부대에 급료 지급이 가능할 만큼 조세수입을 상당 수준 올리는 것으로 이 문제를 해결했다. 중국 북부에서는 군부대의 영지를 상인들이 점유하는 양상이 나타났다. 상인들은 이 땅을 농민들에게 소작을 주고, 소작료로 받은 농산물은 병사들에게 팔았다.

이러한 변화들은 중국 경제가 좀 더 폭넓은 변화를 겪으며 유라시아에서 단연 제일가는 부유국의 위치를 다시 한번 다졌기에 가능한 일이었다. 14세기 말에 한참 회복기를 거칠 때까지는 명나라도 낡은 통치 체제로 돌아가 현물로 세금을 거두어들이는 수밖에 없었다. 그러다가 화폐경제가 서서히 온전한 형태로 재건되었다. 1394년에는 구리 동전을 대신해 당시에 발행 중이던 새 지폐를 사용하게 되었고, 1403년에는 사업 거래에 금과 은 대신 오로지 지폐만을 사용하라는 정부의 포고가 내려졌다. 민정 공무의 처리 비용 역시 지폐로 지급되었다. 하지만 명나라 정부는 지폐 발행에서는 송나라 때만큼 신중하지 못해, 지폐를 너무 많이 찍어내는 우를 범했다. 그 결과 인플레이션이 발생해 15세기 중반에 지폐가 그야말로 종잇조각이 되면서 점차 은화가 지폐의 기능을 대신하게 되었다. 이 같은 현상은 장강 이남이나 남부 연안의 무역도시 같은 중국의 주요 상업 지대들에서 최초로 나타났다. 그러다가 차차 모든 종류의 거래에 은이 채택되어 쓰이기 시작하더니, 1465년에는 중앙정부에 대한 지방의 세금 납입도 은으로 이루어졌고, 1475년에는 소금세를 은으로 거두어들였으며, 1485~1486년에는 직인이나 농민은 은으로 세금을 납부하면 부역을 면제해 준다는 포고가 발표되었다. 당시의 중국 경제가 온전히 현금 위주였음은 이 같은 체제만 봐도 잘 드러나며, 따라서 농민들 역시 자신들의 생산물을 현물로 내놓기보다는 현금을 받고 팔았다. 15세기 말에 이르자 중국에는 은을 기반으로 한 경제가 본격적으로 자리 잡았다.

　15세기가 지나는 동안 중국은 경제 뿐 아니라 통치의 성격에서
도 변화를 겪었다. 1430년대 이후 지방의 이른바 '순무(巡撫)'들이 행
정의 거의 모든 면을 실질적으로 좌우하면서 중앙정부의 권력이 전
에 비해 훨씬 약화된 것이다. 중앙에서는 1382년 명나라 초대 황제가
창설한 일명 '대학사'들의 권력이 점차 막강해졌다. 이들은 1424년부
터 공식적으로 행정 직위를 갖기 시작했고, 2년 뒤에는 정식으로 '내
각대학사'(1368년에 폐지된 송대의 제도와 실질적으로 동일했다.)가 재설립
되어 주요 6부의 수장, 군대의 주요 다섯 개 보직, 그리고 감찰의 수
장 자리를 도맡았다. 하지만 황제가 몸소 행정의 모든 면면을 감독하
겠다는 명나라의 초기 이상은 끝내 복원되지 못했고, 대신 옛날 방식
의 관료 체제가 다시 들어섰다. 하지만 옛 관료 체제의 성립 못지않게
중요한 일이 또 있었으니, 정부 내에서 환관들이 권력이 대두한 것이
다. 15세기에 이르자 이들 환관들은 황제의 근위대 통솔은 물론, 황
궁 내 설치된 작업장 관리 및 공물 납입의 일까지 책임졌다. 1420년대
에 이르러서는 새로 만들어진 첩보 체제인 동창(東廠)까지도 금의위
대신 환관들이 장악하게 된다. 일반적으로 환관은 중국 북부에서 배
출되는 경향이 있어, 과거제를 통해 여전히 행정부의 대부분을 구성
하던 중국 남부의 옛 엘리트층에서는 환관들을 별로 찾아볼 수 없었
다. 15세기의 마지막 사반세기에 이르러서는 황실 내에서 일하던 이
들 환관들에게 황제가 점차 지배당하는 양상이 나타났다.

　이후 16세기 말에 이르기까지 중국은 나라 전역에 고도의 안정과
번영이 나타났다는 것이 두드러진 특징이었다. 물론 이따금 농민반란
도 일어났지만, 규모가 비교적 작았고 진압도 손쉬웠다. 인구도 계속
증가하는 추세를 보였다. 1400년에 8000만 명이던 인구는 1600년에

두 배로 늘어 1억 6000만 명으로 불어났는데, 이는 세계의 평균적인 증가 추세에 비하면 훨씬 빠른 속도였다. 이렇듯 인구가 1200년대의 정점에서 최소한 3분의 1은 더 증가했음에도 불구하고 이 시절 중국은 토지 및 식량 공급의 압박을 잘 조절한 것으로 보이는데, 더딘 속도로나마 생산성 향상이 이루어지고 훨씬 많은 토지를 농경지로 끌어들인 덕분이었다. 국내 무역과 해외무역도 호조를 띠었고, 해외무역의 경우 공식적으로는 금지되었다가 1567년에 들어서야 금지 조치가 풀렸음에도 활발한 교류가 이루어졌다. 이 시절 중국에 확립된 화폐경제 덕에 부유층의 지주들은 토지의 지대를 현금으로 받아 대도시에 들어가서 생활할 수 있었다. 이에 따라 1500년에 북경의 인구가 67만 2000명에 이르며 단연 세계 제일의 규모를 자랑했다. 북경 말고도 중국에는 대규모의 도시들이 여럿이어서 세계 최대 도시 일곱 개 중 네 개가 중국의 도시였다. 나머지 셋은 항주(37만 5000명), 남경(28만 5000명), 광동(25만 명)이었는데, 송나라 때에는 그 규모가 더 컸었다.(1500년대에 세계 20대 도시에 들어간 유럽 도시는 단 두 군데뿐이었다. 그중 하나인 파리는 그나마 좀 더 규모가 커서 인구가 22만 5000명에 달했던데 반해, 나머지 하나인 런던의 인구는 고작해야 5만 명에 불과했다.) 인구 증가와 함께 산업 생산에서도 회복세가 나타났다. 명나라 초기만 해도 경제가 한참 회복 중이라 나라에 소속된 직인이 많았는데, 15세기 중반에 이르자 이들이 모두 개인 사업장에 들어가 일하게 되었다. 시간제 노동으로 산업 생산 분야에서 일하는 농민도 갈수록 늘어났다. 이같은 현상은 특히 농사일의 부담이 가장 적은 농한기 때 직물 생산 분야에서 두드러졌으며, 이는 현금 경제에 대한 농민들의 참여도를 크게 높이는 결과를 가져왔다. 16세기 무렵에 중국이 유라시아에서 가장 부유하고 발달한 경제 및 사회를 이루고 있었다는 사실에는 의

심의 여지가 없다.

[이후의 중국 ☞ 17.15.3 및 19.2]

15.5 한반도, 일본, 동남아시아

15.5.1 한반도

[이전의 한반도 ☞ 13.6.1]

원이 중국에서 몰락할 때까지 한반도는 몽골족의 지배를 받았다. 그러다가 명나라가 성립된 직후 잠시 반(半)독립의 상태에 들어갔으나, 1388년에 장군 이성계(李成桂)가 오래된 고려 왕조에 대항해 쿠데타를 일으킨 이후 중국의 지배권이 재확립되었다. 새로 세워진 이 조선 왕조는 이른바 사대(事大: 큰 나라를 섬긴다는 뜻이다.)가 특징인 대외 정책을 추진해, 1년에 두 차례 중국으로 조공 사절단을 파견했다. 조선 왕조는 명나라로부터 수많은 관제도 채택해 썼다. 아울러 과거제를 통해 양반이라는 행정 계층이 형성되면서 이들이 지배 세력으로 군림했다. 또한 중국에서부터 (특히 대포와 화전(火箭) 같은) 화약 무기들이 들어와 사용되면서 새로이 군기감이 설치되어 화약 무기 관련 업무를 담당했다. 1400년에는 귀족들 휘하의 군부대가 일괄적으로 중앙의 군대에 편입되었는데, 중앙의 군대는 전문 엘리트층이 통솔하되 병사들은 강제로 징집하는 방식이었다. 1390년에는 왕국 전체를 대상으로 전면적인 토지조사가 시행되었고, 이를 기반으로 옛 귀족층 가문의 재산을 빼앗아 수도 근방의 땅은 이성계의 추종자들에게, 그 나머지는 왕토로 삼았다. 하지만 이 체제가 장기간 유지되기란 불가능한 일이었다. 결국 15세기에 들어서며 이 체제는 무너지고 마는데, 좀 더 많은 땅이 개인의 수중으로 흘러들어 가 버린 데다 군대, 정부 시설, 불교 사찰의 유지에도 더 많은 땅이 이용되어야 했기 때문이다. 한반도에 점차 부가 쌓여 가기 시작하자 1566년 이후에 조정에서는 공직자의 녹봉을 토지가 아닌 현금의 형태로 지급해 주게 된다. 역사상 중대한 의미를 갖는 두 가지 발전이 한반도 내부에서 일어난 것도 조선 왕조 초창기의 일이었다. 그 첫 번째는 가동 활자 인쇄술이 세계 모든 곳을 제치고 한반도에서 제일 먼저 이용되었다는 점이다. 두 번째는 한글 창제다. 조선은 (후일 일본이 그랬던 것처럼) 이미 기원 전후부터 중국 문자를 채택해 쓰고 있었으나, 한국어는 복수 음절에 교착어의 특징을 가진 터라 (역시 일본과 마찬가지로) 한자로는 잘 표현되지 않았다. 그리하여 7세기 말에 한자의 본래 형태를 기본으로 서른여섯 개 기호의 음절문자가 만들어졌지만, 이 체제는 기호가 금세 연달아 추가되면서 혼란스러워졌다. 그러다가 가동 활자 인쇄술이 도입되고 나서 몇십 년 후에 세종이 이 문자를 개혁해 1446년에 대중적인 새로운 글자를 도입했다. 하지만 모음 열한 개와 자음 열일곱 개로 이루어진 이 한글도 한자를 완전히 대체하는 데까지는 이르지 못했다. (물론 한글이 훨씬 덜 복잡하기는 했지만) 일본의 문자 체계가 그랬듯, 한글도 한자의 모호한 의미를(즉 과거의 방식으로는 풀이되지 않던 부분을) 좀 더 명백히 밝히는 수단으로 이용되었다.

15.5.2 일본

[이전의 일본 ☞ 13.6.2]

수백 마일에 이르는 대양이 일본을 유라시아 대륙으로부터 갈라

놓고 있었던 까닭에 일본의 역사는 이번에도 개별적인 성격을 띨 수밖에 없었고, 아울러 역사의 발전 역시 거의 전적으로 내적인 요소들에 좌우되었다. 일본은 1274년에 이미 몽골족의 침입을 한 차례 면한 일이 있었는데, 1281년에도 일명 가미카제로 일컬어지던 태풍이 몽골족의 선단을 파괴하면서 또 한 번 침략을 피했다. 하지만 침략에 대비해 각종 방비를 갖추고 곳곳에 요새를 건설하는 데 막대한 비용이 들어간 터라 이후 가마쿠라 막부는 여러 가지로 큰 문제들에 시달려야만 했다. 가마쿠라 막부는 당시 내부적으로도 분열된 상태여서, 그 외의 수많은 군벌 가문들까지도 1230년대부터 실권을 쥔 호조 가문에 대해 거의 혹은 전혀 충성심을 보이지 않고 있었다. 세습 무사 계층이 한창 세력을 확장해 가는 중이었지만,(장자상속제는 존재하지 않았다.) 토지가 이들 계급을 지탱해 줄 만큼 충분히 증가하지 않은 것이 문제였다. 따라서 채무의 양이 계속 늘어난 결과 세습 무사 계층은 점차 빈곤한 처지에 놓였다. 가마쿠라 막부는 제한된 권력밖에 가지지 못했고 중앙정부도 별 힘을 가지지 못했다.

그러다가 14세기 초반에 일본은 결정적 요인을 만나게 되는데, 교토 황실 가문의 대가 끊기자 다양한 당파들이 막부의 실권을 억누르고 좀 더 많은 권력을 차지하려고 시도한 것이다. 그리하여 1331년에 고다이고 천황(後醍醐天皇)이 막부에 대항해 일으킨 반란이 겐코(元弘)의 난으로 이어지더니 결국에는 일본 대부분 지역으로 확산되었다. 가마쿠라 막부에서는 1333년에 장군 아시카가 다카우지(足利尊氏)를 교토로 보내 고다이고를 잡아 오게 했다. 하지만 호조 가문의 반대파였던 아시카가가 가마쿠라 막부에 등을 돌려 오히려 고다이고 쪽을 돕고 나섰다. 고다이고는 이후 3년 동안 천황의 통치를 온전히 재확립하기 위한 노력을 기울이지만,(겐무 신정) 결국 실각하고 말았다. 아시카가가 간토 지방에 할거하던 자신의 정적을 모두 물리치고 교토를 점령한 후 1336년에는 급기야 고이다고를 천황 자리에서 몰아냈기 때문이다. 황위를 찬탈당하자 고다이고는 거의 곧바로 교토를 떠나 요시노로 피신한 후 별도의 황실 정권을 하나 세웠지만, 힘은 별로 없었다. 이후 50년이 넘게 일본에는 황실 가문이 두 개 존재하는 상황이 전개되었고, 이 둘을 중심으로 다양한 군사 파벌들이 형성되어 각기 권력과 위세를 손에 넣기 위해 갖은 수를 동원했다. 그러다가 1392년에 요시노 계통이 휴전을 선언하고 교토로 돌아가면서 이 시기는 막을 내렸다.

교토를 점령하고 나자 아시카가는 자신이 장악한 황실 가문을 활용해 1338년부터 쇼군의 위치에 올랐고, 이를 시초로 성립된 막부가 이후 1573년까지 일본에서 명맥을 이었다. 하지만 아시카가 치세 때의 막부 체제 및 권력 행사의 양상은 약 150년 전에 성립되었던 가마쿠라 막부의 원래 모습과는 매우 차이가 있었다. 물론 아시카가 가문 자체나 그가 가진 쇼군의 지위에 도전해 오는 사람은 거의 없었지만, 일본 전역에 대한 아시카가 막부의 지배는 매우 제한된 수준에 머물렀다. 지방 및 속주 행정관의 임명권도 이론상으로는 아시카가 막부가 보유했지만, 실질적으로 막부가 한 일이란 지방의 강력한 영주나 대규모 영지 보유자들이 가진 지위를 승인해 주는 것뿐이었다. 이어지는 2세기 동안 일본 역사에서는 지방의 (후일 다이묘로 통칭되는) 이 영주들이 핵심 인물들로서 두각을 나타내는데, 이들이 서로 간에 동맹을 맺고 끊기를 반복하며 더욱 많은 권력을 수중에 쌓아 갔기 때문이다. 그리고 점점 더 많은 추종자와 무사들을 끌어들여 서서히 자신들만의 고유한 체제를 성립시키니, 이 체제는 가문에 대한 충성심을 무엇보다 우선시하고 오로지 아들 하나에게 가문의 유산을 모두 물려주게 했다.(장자상속제에 따르기보다는 가문에서 상속자를 선출하거나 채택하는 방식이 이용되었다. 여자들은 상속자 명단에서 배제되었다.) 무사 엘리트층은 이내 사회에서도 지배 세력으로 자리 잡아 용기, 충성심, 명예를 중시하는 특유의 무사도를 발전시켰다. 그중에서도 특히 명예를 중시해 결투에서 패배하면 그 자리에서 칼로 배를 갈라 자결하곤 했으며 이를 일러 셋푸쿠(割腹)라고 했다.(서양에서 쓰이는 '하라키리(harakiri)'라는 말은 '할복'을 뜻하는 일본 속어다.) 교토의 중앙정부 내에서는 군부(그 대표 세력이 막부였다.)가 나랏일의 거의 전 분야에 대한 실권을 쥐고 있었다. 이렇듯 쇼군의 통치는 이제 가마쿠라보다 교토를 근거지로 했고, 따라서 아시카가 가문의 영지 대부분이 위치하고 있어 경제력의 핵심으로 통했던 가마쿠라에는 간레이('관령(管領)')라는 핵심 직위를 따로 두어 그곳을 관리하게 했다. 간레이직은 1439년까지는 아시카가 가문의 일원이 맡았으나, 한 차례 반란이 일어나 수포로 돌아간 뒤에는 우에스기(上杉) 가문이 대대로 이 직을 맡았다. 아시카가 막부는 1467년까지는 평화를 유지해 갈 수 있었으나, 다이묘들 간의 알력 다툼이 대규모로 번지면서 이후 일본에는 1세기 넘게 거의 전쟁이 그치지 않았다.

이렇듯 비교적 혼란 속에서 정치 발전이 일어났음에도 불구하고, 일본은 경제적으로는 점점 더 많은 부와 번영을 누리게 되었다. 우선 농업 분야의 생산성이 매우 높아졌는데, 중국에서처럼 산출량이 많은 벼 품종을 재배하게 된 것과 함께 관개시설을 정교화하고 비료를 대량 사용하게 된 것이 주효했다. 일본의 토지 중 3분의 2가량은 장원(농경 영지)이 차지했던 것으로 보이며, 이 장원은 귀족층을 비롯해 지방에서 주로 군부 엘리트층을 형성하고 있던 지방의 자치 영주들이 장악했다. 하지만 이 시절에 일본에서는 농민들도 촌락에서 상당 수준의 자치를 누렸으며,(일례로 촌락에서 발생한 범죄에 대해 지주가 아닌 농민들이 판결을 내렸다.) 1428년과 1441년에 대규모의 농민 봉기 및 항의 시위를 거친 이후에는 농민들이 그간의 채무를 일괄로 면제받기도 했다. 얼마 전까지만 해도 농민들은 자급자족 생활을 하며 (보통은 교토에 기반을 잡고 있던 지주들에게) 세금이나 요금을 현물로 납부했지만, 교역과 부가 사회 전반으로 확산된 결과 급격히 그 생활에서 벗어나 훨씬 더 폭넓게 현금 경제에 참여할 수 있게 되었다. 11세기부터는 일본이 독자적으로 선박을 만들어 한반도 및 중국과 교역하기 시작했으며, 1404년에는 아시카가 막부의 제3대 쇼군인 아시카가 요시미쓰(足利義滿)가 명나라와 공식적인 조공 관계를 맺은 것을 계기로 공식 조약에 따라 무역 규제가 이루어지기도 했다. 이들 교역을 통해 일본은 중국에 구리, 유황, 목재를 비롯해 특수하게 제작한 칼을 팔았다.(1480년대 무렵에는 칼의 한 해 수출량이 3만 7000자루에 이르렀다.) 그러자 물품의 대금으로 대량의 중국 화폐가 일본으로 쏟아져 들어왔다. 이것이 일본에 현금 경제를 탄생시키는 결과를 가져왔고, 상인층에서는 이내 여러 가지 신용 체제와 현금 전송 체계를 만들어 내는 한편, 이른바 도소(doso: '창고지기')라 불린 은행업자들을 통해 이자 대출도 시행했다. 이 당시에 일본의 상인층은 지방 권력의 핵심부에 굴하지 않고 자(座)라는 조직체를 형성하는 데 성공했는데, 대략 유럽의 길드와 유사했던 이들 조직은 통치자들을 상대로 협상을 벌여 자신들이 부담해야 하는 지방세를 면제받곤 했다. 대규모의 교역 도시 안에서는 상인들이 차차 자치 조직체를 형성해 갔다. 일본 서쪽의 항구들에서도 대륙과의 교역이 점차 늘어나, 하카타(오늘날의 후쿠오카 일부다.)와 사카이(훗날 오사카로 편입된다.)를 비롯한 내륙의 요새화한 성읍에도 대규모의 시장이 들어섰다.

    13세기 이후로는 일본에서 불교가 급속히 성장하는 양상이 나타나니, 자신의 원류인 중국 종파에서 더욱 발달해 나름의 고유한 특성을 갖기에 이른다. 당시 일본의 무사 엘리트층은 대부분 불교를 믿었지만, 유럽에서 발달한 비슷한 무인 집단인 기사들과는 달리 무사도와 종교를 혼동하는 일은 없었다. 그리고 이후에도 일본에서 이 두 개념은 내내 전혀 별개의 것으로 여겨졌다. 1175년에는 일본에 정토종(淨土宗)이 도입되는데, 아미타불이 거처하는 낙원이 있고 중생도 부처의 이름을 성심껏 염불하기만 하면 그곳에 환생할 수 있다고 믿은 것이 특징이다. 불교를 국교로 믿었던 교토 황실은 이 정토종이 불교가 아니라며 배척했으니, 정토종에서는 부처의 거의 모든 가르침을 쓸모없다며 버렸기 때문이다. 그럼에도 불구하고 정토종은 일반 대중 사이에서는 매우 인기가 높았다. 1222년 이후로는 일본에서 니치렌(日蓮) 종파가 발달했다. 니치렌파는 여러 가지 면에서 정토 사상과 상통했지만, 『묘법연화경』의 내용을 특히 강조하되 일본 특유의 요소가 훨씬 강했다는 점에서 차이가 있었다. 하지만 이 시절에 일본에서 그 위세가 단연 가장 대단했던 것은 12세기에 일본의 승려들이 중국을 찾았다가 들여온 선종이었다. 그리하여 1191년에는 임제종(臨濟宗)이, 1227년에는 조동종(曹洞宗)이 공식 창시되었다. 이 두 종파는 여러 가지 점에서 차이도 있었지만, 인성과 극기심을 중시했다는 점, 교리 중심주의를 배격했다는 점, 아울러 스승의 역할과 직접적인 깨달음의 경험을 강조했다는 점에서 동일했다. 그중에서 특히 직접적인 깨달음은 좌선(고요히 앉아 명상하는 것)과 간화선(풀기 어려운 화두를 가지고 갑작스러운 깨달음에 이르는 것)의 두 가지 방법을 통해 얻을 수 있다고 보았다.

[이후의 일본 ☞ 18.6]

15.5.3 동남아시아

[이전의 동남아시아 ☞ 12.2.1]

일본과 달리 동남아시아는 늘 대양의 무역로들이 교차하는 중심에 있었을 뿐 아니라, 중국이 장악하던 바다를 인도양과 연결해 주는 핵심 고리 역할을 했다. 동남아시아에 중대한 발전이 일어난 것은 몽골족의 침략이 마무리된 이후인 13세기 말엽의 일로, 1294년 자와 중부의 나라 마자파힛에 케타라자사(Ketarajasa)가 왕으로 즉위한 것이 계기였다. 그의 치세를 거치며 마자파힛의 내부 지배력은 전에 비해 훨씬 커졌고, 세금도 지방 통치자들을 중간에 거치치 않고 중앙정부에 직접 납입하는 식이 되었다. 점차 상업화하던 습식 벼농사 지대의 잉여농산물들이 연안의 교역 항구들과 직접 연결된 것도 동남아시아 역사상 이때가 처음이었다. 마자파힛은 여기에 그치지 않고 수마트라, 보르네오의 일부 지역들, 말레이반도에까지 지배력을 확장하면서 동남아시아 역사상 가장 광대한 교역 제국을 탄생시키기에 이른다. 당시의 국제무역은 이곳의 다양한 교역 도시들을 거치게끔 되어 있었는데, 무역에 뒤따르는 세금을 꽤 낮은 선에서 책정한 것이 제국이 대부분의 부를 쌓는 원천이 되었다. 그중에서도 특히 중국과의 무역이 중요했는데, 광범한 종류의 향신료를 구입하기 위해 중국 상인들이 이곳을 찾아오면서 대량의 금괴와 은괴가 마자파힛으로 흘러들었기 때문이다. 마르크 폴로도 중국을 답사하고 고국으로 돌아가는 길에 마자파힛에 닿을 수 있었는데, 그 모습을 보고 지구상에서 가장 부유한 곳이 아닐까 생각할 정도였다. 당시 마자파힛은 유럽보다 훨씬 부유했다.

하지만 종국에 마자파힛의 통치자들은 제국 전체에 대한 지배력을 끝까지 유지하지는 데는 실패했다. 1402년에 수마트라 남동부에서 망명해 온 왕자 파라메시바라(Paramesvara)가 소도시 믈라카를 점령하고는, 믈라카 해협을 통과하는 좀 더 북부의 무역로를 지배했다. 믈라카는 15세기를 거치며 동남아시아의 교역 도시로서 지배적 위치를 점하게 된다. 이런 식의 새로운 발전은 다른 곳에서도 많이 일어나고 있었는데, 무역에서 웬만큼 부가 산출되었던 까닭에 항구도시 하나만으로도 어엿한 독립 국가로 변성하는 것이 가능했다. 각종 생산품 및 식량만 꾸준히 유입할 수 있으면 항구도시가 반드시 내륙과 통합되어 있을 필요가 더는 없었다. 그리하여 믈라카와 함께 아체, 조호르 같은 국가들도 점차 그 비중이 커졌지만, 이 나라들은 주민들의 생활에 필요한 주요 식량들을 지나치게 수입품(쌀, 소금, 건어물, 후추)에 의존했다는 것이 문제였다. 시간이 갈수록 도시들에서는 더 많은 물품이 자국을 거쳐 갈 수 있게 노력했고, 아울러 국제무역에서 이들이 맡은 역할에 전보다 훨씬 막중해지면서, 상업적인 면에서 도시들 사이에 자연스레 경쟁이 치열해져 갔다. 동남아시아 전역은 이 무렵에 이미 교역이 매우 원활하게 이루어져, 유럽인에게 지배당한 18세기와 동일한 수준을 보였다. 그런 도시들의 모습이 전형적으로 나타난 곳이 바로 믈라카였다. 애초에 믈라카는 군사 정복을 통해 생겨났지만, 이후 정치적 중립 및 세금 감면 정책으로 급속히 전환해 무역 활성화를 꾀했다. 그 결과는 매우 성공적이었다. 1500년에 이르자 예순 개가 넘는 나라 및 도시들의 상인이 믈라카에 상주했고, 인도양 전역은 물론 카이로에서부터 중국, 류큐 제도의 오키나와, 인도, 동남아시아 전역의 상인들이 믈라카를 찾았다. 이들 무역업자 공동체는 믈라카 도시 내부에 별개의 거주 지역을 마련해 두었으며, 각 거주 지역은 지방 통치자의 지배에서 벗어나 나름의 자치권과 자유를 누릴 수 있었다. 무역이 가져다주는 수익이 있었던 만큼, 그 정도 대가는 지방 통치자 입장에서 얼마든지 치를 용의가 있었다. 플라카에서는 인도 무역의 핵심부인 구자라트 출신 무역업자들이 가장 대규모 집단을 이루었다.

13세기 말 이후로는 동남아시아에 이슬람교의 영향이 점차 강해지는데, 이 같은 상황이 구체적으로 어떻게 진행되었는지에 관해서는 거의 알려진 것이 없다. 그전만 해도 동남아시아의 엘리트층 상당수는 인도의 무역로를 따라 전파된 힌두교와 불교의 영향을 주로 받았다. 동남아시아의 여러 지역이 좀 더 광범위한 세계 안에 통합될 수 있었던 것도 힌두교와 불교의 전파 과정에 힘입은 것이었다. 그러다가 13세기 말 이후 주로 아라비아, 페르시아만, 인도 출신의 상인들이 항구에 정착한 후 종종 그 지방의 토착 가문과 혼인하는 방법으로 동남아시아에 이슬람교를 전파한 것 같다. 힌두교를 믿었던 기존 엘리트층에 반감을 가진 지방 통치자들에게는 타지의 이 종교가 매력적으로 비쳤다. 이와 함께 구자라트, 벵골만, 아라비아에서 이슬람 선교단이 파견되었으며, 특히 수피교도들은 이슬람교를 엘리트층만의 전유물이 아닌 일반 대중 사이에서도 매우 인기 높은 종교로 탈바꿈해 놓았다. 이 무렵에 동남아시아에 이슬람교가 전파되었다는 사실은 다음의 몇 가지 사례를 통해서도 확인된다. 수마트라의 북부의 사무드라의 경우 힌두교도였던 말레이족 통치자가 1282년에 조정에 무슬림 고문단을 두었다고 전하며, 이븐 바투타 역시 수많은 여행지를 답사하던 중인 1345~1346년에 잠시 이곳에 들렀을 때 대규모의 이슬람 율법학자들을 접할 수 있었다고 한다. 마르코 폴로도 1292년에 사무드라에서 그리 멀지 않은 파사이에서 대규모의 무슬림 공동체를 만났다. 이후 15세기 초에 플라카의 통치자들이 이슬람교로 개종했고,

이를 기반으로 이슬람교는 더욱 널리 확산되었다. 1474년에는 파항, 크다, 파탐의 말레이족 통치자들이 모두 이슬람교로 개종한 것과 함께, 투반과 같은 자와의 연안 공동체들에까지 이슬람교가 확산되고 다시 내륙 지방까지 전파되었다. 1498년에는 말루쿠 제도가 이슬람교로 개종한 데 이어 보르네오의 연안 도시들도 그 대열에 합류했고, 여기서 출발한 이슬람교는 다시 필리핀까지 확산되었다.

이 무렵에 동남아시아 전역은 거대한 교역 세계 안에 완전히 통합되어 있었고, 그 교역망은 이슬람교의 핵심부와 인도 그리고 중국을 하나로 연결해 주었다. 이븐 마지드(Ibn-Majid) 같은 인물은 15세기 말에(즉 유럽인은 누구 하나 해당 지역에 도착하지 못했던 시절에) 항해사들을 위한 안내서를 한 권 펴냈는데, 페르시아만에서 출발해 홍해를 거쳐 중국에 이르는 항해의 출항 일정표 및 계절풍 시기가 일목요연하게 정리되어 있었다. 거기에는 동아프리카 연안에 대한 상세한 정보가 빠짐없이 실려 있었을 뿐 아니라, 희망봉을 돌아 항해하는 법과 거기서 서아프리카 연안을 돌아 대서양에서 지중해로 들어가는 방법까지 실려 있었다.

[이후의 인도양 세계 ☞ 17.10~17.13]

15.6 티무르

[이전의 중앙아시아 ☞ 14.5.4]

티무르(종종 티무르-이-랑(Timur-i-lang)으로도 불리며, '절름발이 티무르'라는 뜻의 페르시아어에서 유래했다.)는 위대한 유목민 정복자로서 유라시아의 정착 사회에 영향을 끼친 마지막 인물이었다. 티무르는 선대에 몽골족이 이룬 성취, 그리고 그들이 주변 정착 지대에 행사한 통치력에서 깊은 영향을 받아 자신의 이력과 목표를 추구했다. 하지만 티무르의 성취는 몽골족의 옛 통치자들에 훨씬 못 미쳤다.(그럼에도 그가 자행한 파괴는 과거 몽골족의 정복 시절에 맞먹을 만큼 엄청났다.) 티무르는 1330년 무렵의 어느 쯤엔가 사마르칸트 근방에서 출생했으며, 발라스 씨족을 주축으로 울루스 차가타이 내의 부족 연맹체를 이끌면서 두각을 나타냈다.(울루스 차가타이는 몽골족의 차가타이 칸국이 1334년에 붕괴한 이후 그곳에 생겨난 수많은 후계 '국가' 중 하나였다.) 티무르는 스텝 지대의 통치자들이 흔히 그랬듯 카리스마 넘치는 통치를 해나갔지만, 나라는 내부적으로 정치 분열이 심했고 중앙정부도 거의 존재하지 않았다.

티무르는 1370년 무렵에 울루스 차카타이의 지배권을 손에 넣었고, 이로써 목초지와 정착지가 뒤섞인 트란스옥시아나 근방의 땅과 아프가니스탄 북부 및 동부를 다스리게 되었다. 그리고 1405년에 사망할 때까지 남은 일생을 거의 쉬지 않고 군사작전에 매달렸다. 티무르는 자신이 직접 임명한 인물들을 과거 부족장의 자리에 대신 앉히는 조치를 취했지만, 그가 이들에게 행사한 권력은 미미한 수준에 그쳤다. 종국에는 추종자들에게 얼마큼의 약탈품을 안겨 주느냐에 따라 권력의 크기가 결정되었다. 티무르가 왜 한 번 정복한 땅에 거듭 군사작전을 펼쳤는지, 아울러 명목상 그의 지배권으로 들어온 땅에 왜 군이 정부를 세우려고 노력하지 않았는지는 이로써 얼마간 설명할 수 있다. 1380~1381년에 티무르는 호라산에 군사작전을 펼친 후 곧장 이란 서부로 이동해 들어갔다. 1380년 말에는 이란과 캅카스 지방을 집중적으로 공략한 후,(명목상으로 조지아를 정복한 것도 이때였다.) 북쪽의 킵차크 칸국을 향해 말머리를 돌렸다. 1393년에는 과거 몽골족이 차지했었던 바그다드를 다시 점령했고, 이듬해에는 모스크바를 공격했다. 그로부터 4년 뒤에는 델리 지방을 공격했다. 티무르는 15세기의 초반 몇 년 동안에는 바그다드를 재점령하는 한편 조지아를 재정복했고, 다마스쿠스와 알레포도 점유했다. 하지만 이들 군사 작전으로 다시 광범위한 영역에서 파괴, 대량 학살, 약탈이 자행되면서, 몽골족의 침략 이후 지난 1세기간 진행된 회복 작업에 제동이 걸렸다. 1404년에는 중국의 명나라를 정복하겠다고 출사표를 던졌지만, 이듬해 초반에 그는 세상을 떠났다. 티무르의 군대에는 이슬람교도, 기독교도, 튀르크족, 타지크인, 아랍인, 조지아인, 인도인 병졸들이 잡다하게 뒤섞여 있었다. 지방 통치자들은 티무르에게 '정복'당해도 조세만 제때 납입하면 자리를 보전할 수 있었다. 이들은 티무르의 군사작전 지원을 위해 종종 군부대를 함께 편성하기도 했으나, 티무르 측근에서 활동한 유목민 엘리트층의 권위는 단 한 번도 인정하지 않았다.

따라서 티무르가 세상을 떠나자 즉시 그가 세운 '제국'이 분열되며 (또 한 번의 참혹한 파괴를 불러온) 권력 투쟁이 벌어진 것은 그다지 놀랄 일이 아니었다. 권력 투쟁은 이후 한동안 지속되다가, 1420년에 별개로 분열된 제후국을 재통일하려는 노력이 전면 폐기되면서 비로소 종식되었다. 이에 트란스옥시아나, 사마르칸트, 부하라의 대도시에서 울루그-베그(Ulugh-beg)가 독자적인 지배권을 확립하게 되고, 그의 치세 동안 이들 지역에서는 과거 800년간 진행된 적 있던 이란-이슬람 전통의 종합이 또 한 차례 일어났다. 그가 통치한 왕국은 부유해 중앙아시아의 무역망을 통해 수입을 창출했으며, 이를 기반으로 주요 도시 곳곳에 웅장한 건물들을(특히 모스크를) 수없이 지어 올렸다. 아제르바이잔, 파르스, 캅카스 같은 좀 더 한계 지역들에서는 지방 통치자들이 할거하는 양상이 나타났다. 그 외에도 울루스 차가타이를 계승한 주요 후계 국가는 더 있었는데, 호라산과 인접 지역에 근거하되 헤라트를 수도로 삼은 곳이었다. 이 나라는 1407년 이후 40년 동안 샤 루흐(Shah Rukh)의 통치를 받으며 엄격한 이슬람 국가로 발달했다.

[이후의 중앙아시아 ☞ 18.4]

15.7 오스만의 발흥과 패배

13세기에 몽골족이 한참 확장할 당시에 튀르크족의 몇몇 집단이 서쪽으로 흘러들어 아나톨리아 서부, 그중에서도 비잔티움인과 셀주크족 사이의 주된 분쟁지역에 정착했다. 오스만인도 튀르크족의 이런 일파에 해당했는데, 14세기 중반까지만 해도 이들 세력은 중요성을 거의 혹은 전혀 갖지 못했다. 하지만 이후 1세기가 채 지나지 않아 이 오스만이 콘스탄티노폴리스를 점령하고 비잔티움을 멸망시키니, 이로써 먼 친척뻘로나마 로마 제국의 전통을 계승해 오던 마지막 후계 국가의 운명도 끝이 났다. 이 무렵에 오스만은 발칸반도 대부분의 지배권을 확보하는 한편, 이슬람교 세력을 과거 그 어느 때보다도 깊숙이 유럽 내지로 확대하는 데 성공했다. 16세기 초반에 이들의 지배력은 서남아시아와 이집트까지 이르렀고, 지중해 전역에도 점차 자신의 위세를 확대해 나갔다.

오스만 제국이 아나톨리아로 진입할 즈음에 비잔티움 사람들은 1204년에 맞았던 최악의 상황, 즉 십자군이 베네치아의 지지에 따라 콘스탄티노폴리스를 점령하고 자기들끼리 제국을 나눠 가졌던 위기에서 얼마간 회복한 상태였다. 비잔티움의 소규모 후계 국가 중 명맥을 가장 잘 유지한 곳은 니카이아를 본거지로 한 나라였다. 이곳은 그리스의 에페이로스 같은 국가들과 숙적이 되어 경쟁을 벌이다가 서서히 지배권을 확대해 갔고, 1261년에 비로소 베네치아와 앙숙이던 제노바와 연합해 황제 미카일 8세 팔라이올로고스(Michael VIII Palaeologus)가 옛 수도를 수복했다. 그러나 되살아난 비잔티움 국가는 거의 지배력을 갖지 못해, 심지어 제국의 힘이 약했던 12세기 말보다 상황이 형편없었다. 그리스 땅 대부분은 여전히 서유럽 출신 통치자들이 다스렸고, 그리스의 섬 다수는 베네치아가 거의 장악하고 있었으며, 키프로스는 프랑스계 왕조가 다스렸던 한편, 발칸반도 북부에서는 세르비아와 불가리아가 독립해 나갔다. 따라서 오스만인 같은 지방의 가지 통솔자들이 1260년에서 1320년 사이에 이른바 가자(ghaza: 성전)를 명분으로 비잔티움인들에게서 땅을 빼앗아 아나톨리아에 일련의 자잘한 '국가'를 세우기란 비교적 손쉬운 일이었다. 오스만은 세력 확장을 시작한 초창기부터 이슬람교 확산을 자신들의 핵심 의무로 삼았으나, 그렇다고 반드시 대규모 전쟁으로 파괴를 일삼을 필요는 없다고 여겼다. 그들 나라는 변경 지대 국가여서 국제적 성격이 강했고, 따라서 애초부터 기독교도가 다수 포함되어 있었다. 이곳은 심지어 이슬람교의 기준에서조차 지극히 관용적이었으며, '불경자'들을 항복시키고 지배해 그들을 좀 더 넓은 이슬람 세계로 끌어들일 수만 있으면 확장의 목표는 충분히 달성된 것이라 여겼다. 오스만은 관제 정비에서도 기존 셀주크족의 통치 관행을 상당 부분 통합했으며, 성읍들도 대체로 독자적 통치 방식을 줄곧 유지해 갔다.

1320년대 무렵에 오스만은 이미 멀리에 있는 부르사까지 확장한 상태였다. 그 후 20년 동안 비잔티움인들은 쉴 새 없이 내전에 시달렸고, 이것이 결국 1339년에 아나톨리아 영토 거의 전부를 오스만에 빼앗기는 결과를 불러왔다. 이에 비잔티움인들은 황제 요안네스 칸타쿠제노스(John Cantacuzenus)의 영지 대부분이 몰려 있던 트라키아만을 집중적으로 방어하기로 결정을 내렸다. 이 무렵에 황제는 허수아비에 불과해 소규모 통치 귀족층의 일원으로 전락한 상태였다. 오스만은 오르한(Orhan)의 치세인 1345년에 다르다넬스 해협 동쪽의 소규모 제후국 카레시를 자국의 영토로 병합하면서 결정적 한 수를 놓았다. 이듬해에 오르한은 비잔티움의 황제 자리를 노리던 요안네스 5세 칸타쿠제노스(John V Cantacuzenus)와 연합하고 그의 딸 테오도라(Theodora)와 혼인했다. 1352년에는 기어이 요안네스가 황제가 되어 세르비아인 및 불가리아인과 전투를 벌였고, 오르한의 아들 슐레이만(Suleyman)이 곁에서 그를 지원했다. 하지만 슐레이만은 갈리폴리의 트짐페 요새를 차지하자 비잔티움에 넘기지 않고 그대로 차지한 것은 물론, 좀 더 많은 요충지를 점령해 수많은 병사를, 나중에는 카레시의 정착민들을 다르다넬스 해협 서안으로 이주시켰다. 오스만은 이곳을 발판 삼아 본격적으로 발칸반도 안쪽으로 확장해 들어갔다.

오스만의 주된 확장 시기는 1360년대 이후의 무라트(Murad) 치세였다. 그러나 오스만이 진격해 오는데도 기독교 국가들은 각자 힘없이 분열된 채 이들을 저지하려는 공조의 노력을 거의 기울이지 못했다. 오스만은 1369년에 트라키아의 아드리아노폴리스를 점령했고, 이로써 좀 더 손쉽게 발칸반도에 진입할 수 있는 길들이 열리면서 확장의 핵심 전기가 마련되었다. 3년 뒤 오스만은 도브루자와 불가리아를 점령하는 한편 1385년에는 서쪽의 알바니아 연안에 이르렀고, 그로부터 2년 뒤에는 테살로니카를 손에 넣었다. 이곳에 이르자 곳곳의 샛길을 통해 북쪽으로 진격할 수 있게 되었다. 오스만이 핵심적 승리를 거둔 것은 1389년의 코소보 전투로, 여기서 세르비아 군대를 대파하며 발칸반도 거의 전역을 차지했다. 이후 세르비아 왕국은 무력한 십자군이 니코폴리스 전투에서 대패를 당하면서 1396년에 끝내 오스만의 속국으로 전락했다. 비잔티움은 나라의 틀만 겨우 남은 채로 콘스탄티노폴리스 방어에는 성공했으나, 이곳도 오스만의 보호령이기는 마찬가지였다. 이슬람 세력의 통상적 패턴이 그랬듯, 당시에 오스만도 아드리아노폴리스를 점령한 이후 발생한 포로들로 노예 군단을 구성해 이를 기반으로 군대의 효율성을 갖추었다. 이들이 바로 예니체리(yeniçeri: 유럽식으로는 '재너서리(janissary)'로 표기한다.) 군단병이었다. 단 오스만의 군대는 보통의 노예 군대와는 달라서, (여타의 모든 노예 군대와 달리) 제국 밖이 아닌 제국 내의 비(非)무슬림을 대상으로 병력을 징발했다. 이슬람에서는 속주들이 번갈아 가며 병력을 징발한다는 뜻에서 이 정책을 데브시르메(devsirme: '순번'을 뜻한다.)라 일컬었다. 예니체리 군단은 대부분 변경 지대 출신이었고, 지방의 사령관이 아닌 오로지 술탄만이 이런 식의 정예군 모집을 할 수 있었다. 오스만의 이 군역은 봉건 영주 및 오스만 이전의 기독교 통치자들이 농민층에 부과했던 것에 비해 그렇게 부담스럽지는 않았던 것으로 보인다. 오히려 그전까지 농민층에 대한 지방 영주의 권력 행사가 극심했던 만큼, 오스만의 통치는 나라의 힘을 신장해 과거 세계의 질서를 대폭 바로잡아 주는 역할을 했다. 따라서 농민층으로서는 과도한 착취가 줄고, 세금 및 군역이 지속 가능한 수준에서 책정되었다는 점에서 상황이 개선된 셈이었다. 오스만인을 비롯한 여타 무슬림 정착민들은 서서히 아나톨리아로부터 발칸반도로 이주해 들어와 자신들만의 고유한 농경 정착촌을 건설했다. 이 시절에 오스만인이 세운 나라는 무척 관용적이어서, 비신자라도 인두세만 납입하면 별 문제가 없

었다. 17세기에는 기독교도에게 따로 상당수의 공직을 할당해 놓을
정도였다.(종전부터 이어지던 관행이 이 무렵에 공식화되었다.) 지방 엘리트
층도 대체로 오스만 제국 안으로 통합되었고, 그중 많은 이가 오스만
제국 군대에서 활동하면서 휘하 병사들을 전장에 보내 예니체리 곁
에서 싸우게 했다.

　오스만의 위세는 동쪽으로도 확대되어 아나톨리아 전역에 미쳤
는데, 이곳에는 제후국 에르타나,(시바스를 수도로 삼았다.) 셀주크의 구
도(舊都) 코니아, 제후국 카라만이 자리 잡았다. 그중에서 카라만은
1387년에 세르비아인과 기독교도로 구성된 오스만 군대에 대패를 당
했다. 1390년대 말에는 이들 소규모 국가 대부분이 오스만에 정복당
했고, 이로써 오스만 제국이 도나우강에서 유프라테스강에 이르기
까지 널리 뻗어 나갔다. 그런데 하필 이때 오스만 제국은 티무르와 그
의 유목민 전사 부대를 만나 전투를 벌이게 된다. 오스만은 1402년
의 앙카라 전투에서 티무르의 군대에 결정적 패배를 당하면서 통치
자 바예지드(Bayezid) 술탄이 포로로 잡혀갔다. 이에 아나톨리아에서
는 티무르의 지배 속에서 지방 통치자들이 독자적인 권력을 재확립
했고, 오스만 제국의 나머지 영토는 바예지드 슬하의 아들들이 나누
어 가졌다. 이후 바예지드의 아들들 사이에서는 제국의 지배권을 둘
러싼 투쟁이 벌어졌고, 발칸반도에서는 지방 통치자들이 독립을 되
찾기 위해 애를 썼다. 이때까지만 해도 앙카라의 패배는 오스만 제국
을 기어이 분열시키고 말 것처럼만 보였다.

1400년의 세계

인구 3억 5000만 명

권역별 인도: 1억, 중국: 8000만, 아시아 나머지: 8500만, 유럽: 6000만(프랑스 1100만, 이탈리아 700만, 독일 650만, 잉글랜드 250만), 아프리카: 4000만

주요 도시 남경(47만 5000), 카이로(45만), 비자야나가르(35만), 항주(30만), 북경(30만), 광동(30만), 파리(27만 5000), 교토(20만), 밀라노(12만 5000), 베네치아(10만), 사마르칸트(10만), 다마스쿠스(10만), 바그다드(10만), 런던(4만 5000), 찬찬(4만 5000)

사건

- 명 왕조의 치세 속에 중국이 대체로 힘을 회복해, 몽골과 한반도까지 세를 확장함. 동남아시아, 인도양, 페르시아만, 동아프리카로 항해가 시작됨.
- 일본에 아시카가 막부가 성립됨.
- 믈라카가 성립해, 마자파힛을 대신해 동남아시아 무역로의 핵심 거점으로 부상함.
- 티무르 '제국'의 세가 절정에 달함. 이란에서 사파비 가문 운동이 일어남.
- 인도 북부에서 델리 술탄조가 쇠락함.
- 인도 남부에 비자야나가르 국가가 성립됨.

- 맘루크조가 이집트와 레반트를 다스림.
- 오스만인이 발칸반도와 아나톨리아 대부분을 지배함. 비잔티움이 콘스탄티노폴리스 근방을 중심으로 겨우 나라의 명맥을 유지함.
- 이탈리아의 도시국가들이 번성함.
- 교황권 '대분열'.
- 잉글랜드와 프랑스가 '백년전쟁'을 벌이며 충돌함.
- 이슬람의 이베리아반도에 대한 지배권이 안달루시아 지방에 한정됨.
- 동유럽에 대규모의 폴란드-리투아니아 왕국이 성립됨.
- 몽골족이 루스족에 여전히 지배력을 행사함.
- 그린란드에 자리한 바이킹족 정착지와 교류가 단절됨.
- 테노치티틀란의 '아즈텍'을 비롯해, 멕시코 계곡에 소규모의 도시국가들이 출현함.
- 페루 북부 및 중부에 치무 제국이 성립됨.
- 안데스에서 최초로 잉카족의 정복 활동이 이루어짐.
- 팀북투를 중심으로 말리 제국이 서아프리카를 지배함.
- 서아프리카의 삼림 지대에 베냉 국가가 출현함.
- 중국과 한반도에서 다시 지폐가 사용됨.
- 중국에서 가동 목재 활자가 이용됨.
- 한국에서 가동 금속활자가 발명됨.
- 유럽에서 최초로 주철이 생산됨.
- 프랑스, 독일, 이탈리아에서 최초로 종이가 제조됨.

15.8 오스만의 부흥과 확장

앙카라 전투 이후 20년 동안 오스만 세계는 내부 분란으로 사분오열되었고, 발칸반도와 아나톨리아에서는 다양한 집단들 사이에 동맹이 맺고 끊어지는 일이 쉴 새 없이 반복되었다. 아나톨리아 상당 지역은 티무르의 아들 샤루크(Shahrukh)에게 여전히 충성을 맹세하고 있었고, 비잔티움도 핵심 도시 테살로니카를 재점령하며 자신들에게 아직 충분한 여력이 있음을 보여 주었다. 따라서 무라트는 1423년에야 비로소 오스만인 사이에서 1인 권력 체제를 확립해 나라를 재건하는 작업에 들어갈 수 있었고, 근 30년이 걸려서야 이 작업을 마무리했다. 무라트는 집권 초기부터 아나톨리아와 화친을 맺어, 오스만을 항상 위태한 지경에 빠뜨렸던 양면전의 문제를 사전에 방지했다. 1430년에 오스만은 비잔티움으로부터 테살로니카를 다시 빼앗아 왔고, 발칸반도 지배권을 두고 헝가리 왕국과 대규모 분쟁에 돌입했다. 1439년에 오스만은 세르비아를 다시 점유하는 데 성공했지만, 아나톨리아를 수성하기 위해서는 동쪽에 주안점을 두어 주력군을 배치해야 했으므로 세르비아 땅은 거의 곧바로 다시 빼앗겼다. 하지만 1444년의 바르나 전투에서 헝가리인을 상대로 승리를 거두며 오스만은 발칸반도에 대한 실질적 지배권을 확립하기에 이른다. 이 무렵에 오스만은 확실히 1402년의 강성한 모습으로 거의 복귀한 상태였고, 이를 기반으로 얼마 뒤 자신들 역사에서 가장 눈부신 성취를 이루게 된다.

1430년대 무렵에 비잔티움은 군사력을 대부분 상실한 채 콘스탄티노폴리스 하나만을 겨우 장악한 상황이었는데, 그나마 콘스탄티노폴리스를 점유한 것도 오스만이 다른 데를 공략하느라 미처 이곳을 칠 겨를이 없기 때문이었다. 이제 비잔티움에 남은 마지막 희망은 반(反)이슬람 십자군의 형태로 서유럽으로부터 군사적 지원을 얻어 내는 것뿐이었고, 이 숙원이 이루어지느냐는 지난 400년 동안 분열된 교회가 재통일될 수 있느냐에 달려 있었다. 비잔티움은 장기간에 걸친 수차례의 협상 끝에 마침내 이 목표를 이루는데, 1439년의 페라라 및 피렌체 공의회에서 대체로 라틴 교회가 주축이 되어 반이슬람을 결의한 것이다. 그러나 결의에만 그쳤을 뿐 거기에는 어떤 식의 군사적 지원도 뒤따르지 않았다. 이 시절엔 서유럽 국가들 자신부터 국력이 너무 쇠약했고, 각자 나름대로의 문제로 골머리를 앓는 상황이었기 때문이다. 그러던 중 1451년 메흐메트 2세(Mehmed II)가 술탄으로 즉위하며 옛 동로마 제국의 명운이 마침내 다하기에 이른다. 그가 콘스탄티노폴리스 방어군의 열 배에 맞먹는 병사들을 소집해 콘스탄티노폴리스 공략에 나선 것이다. 더구나 당시 오스만의 공격부대는 뛰어난 성능의 대포도 구비하고 있었으니, 이 무기 앞에서는 지난 1000년간 난공불락이던 콘스탄티노폴리스의 성곽도 무방비였다. 그렇게 해서 1453년에 콘스탄티노폴리스가 함락당했다. 이와 함께 비잔티움 제국도 마침내 종식되고 말지만, 그 와중에도 자잘한 정치 체제 두 개가 살아남아 명맥을 유지해 갔다. 그리스의 속주 모레아는 스파르타 근방의 미스트라를 수도로 삼고 있던 곳으로, 이미 오스만의 속국이 되어 있다가 1460년에 마침내 오스만에 완전히 흡수되어 정복당했다. 그로부터 1년 뒤에는 트레비존드의 마지막 전초기지마저 오스만에 넘어갔다. 비잔티움에서 이어지던 장기간의 쇠락을 뒤로 하고, 이제 콘스탄티노폴리스는 다시 건물과 사람들로 들어차며 대제국의 수도로서 면모를 과시하게 되었다. 톱카프 궁전과 함께 대규모의 황궁 모스크가 도시 안에 건립되는 한편, 천막촌 형태로 엄청난 규모의 장도

들어섰다. 오스만 점령 이후 1세기 만에 콘스탄티노폴리스는 인구가 70만 명까지 불어나, 세계에서 두 번째로 큰 도시로 자리매김했다. 이제 그리스 구어에서는 콘스탄티노폴리스를 터키어인 이스탄불로 부르게 되었지만, 공식 석상, 문서, 그리고 동전에는 1920년대까지 쿠스탄티니야라는 명칭이 줄곧 사용되었다. 오스만인들은 비잔티움이 남긴 행정 체제를 상당 부분 그대로 차용했을 뿐 아니라, 자신들이 정복한 남동유럽의 땅을 항상 럼-리(Rum-li: '로마의 땅'이라는 뜻이다.)라 불렀으며, 이웃 나라의 무슬림들도 오스만의 술탄을 카이사르-이-룸(Qaysar-i-Rum: '로마의 카이사르')이라 칭했다.

콘스탄티노폴리스를 점령한 후에도 오스만 제국의 확장은 계속되었다. 1454년에는 오스만의 함대(함대를 갖추지 못했던 것이 초창기 오스만의 큰 약점이었다.)가 흑해에서 작전을 펼치면서, 흑해의 제노바 식민지들이 오스만 제국의 종주권을 인정했다. 북쪽에서는 1456년의 벨그라드 공성전이 수포로 돌아가며 도나우강을 제국의 국경선으로 삼게 되었다. 하지만 오스만은 이 무렵에 발칸반도에 잔존해 있던 소규모의 독립 정치 체제들을 일소하는 데 성공해, 세르비아(1459년), 모레아(1460년), 보스니아(1463년), 알바니아 북부(1464~1479년)가 차례로 오스만 제국의 수중에 들어왔다. 아나톨리아에서는 제후국 카라만이 1468년에 오스만에 끝내 재정복당했다. 지중해의 서유럽 강국들에 오스만 제국이 제법 큰 위협으로 다가온 것이 바로 이때부터였다. 1479년에 오스만은 베네치아로부터 스쿠타리를 빼앗아 아드리아해 동부 연안 상당 지역에 지배권을 확립했다. 1480년에는 오스만 군대가 이탈리아반도에 상륙해 오트란토를 점령하기도 했다. 이슬람이 곧 처들어올 것을 우려한 교황은 한때 프랑스로 피신할 계획까지 세웠다. 하지만 1481년에 접어들며 오스만 제국의 확장은 잠시 소강 국면에 접어들었다. 메흐메트 2세가 세상을 떠나면서 오트란토가 서유럽에 넘어간 데다, 예니체리 군단이 일으킨 반란의 진압에도 얼마간 시간이 걸렸기 때문이다. 지난 50년이 오스만 제국에 눈부신 회복과 발전의 시기였다면, 그 후 이어진 15세기의 마지막 20년은 제국이 하나로 뭉치는 통합의 시기였다.

[이후의 오스만 역사 ☞ 17.15.1 및 18.2]

15.9 유럽: 서부의 분열

유럽은 14세기 초반에 농업 방면의 갖가지 문제와 '흑사병'으로 인한 참혹한 여파가 한데 겹치면서 대위기를 맞았다. 전반적으로 이 기간에만 유럽의 전체 인구가 3분의 1가량 줄어들었고, 농업은 위축되었으며, 원시 상태 국가들은 세제 기반이 허물어져 국력이 훨씬 약해지면서 그들이 직면한 갖가지 문제를 도무지 해결해 내지 못했다. 유럽은 여전히 유라시아에서 가장 낙후된 지역이었으며,(서부보다 동부의 상황이 훨씬 심각했다.) 다른 지역들보다 오랜 시간이 걸린 끝에야 비로소 14세기 중반의 재앙에서 벗어났다. 유럽은 다른 곳들과 달리 몽골족의 침략이나 티무르의 군사 정복의 여파가 미치지 않았는데도 말이다. 이 시절 유럽은 정치적으로 심하게 분열되어 있었지만, 그런 가운데서도 엘리트층 사이에는 (특히 서유럽에서) 라틴 교회를 중심으로 제법 동질성을 띤 문화가 형성되었다. 유럽은 정치적 권위가 분산되어 있었고 따라서 각지에 소규모의 정치 독립체가 출현했다. 유라시아의 나머지 지역과 마찬가지로 그런 정치 체제는 교역 도시인 경우가 많았으니, 이런 곳에서는 통치자들이 교역에서 나오는 수입에 의존해 체제를 지탱해 나갈 수 있었기 때문이다. 하지만 소규모라고 대규모의 정치 체제보다 분열이 덜한 것은 아니었다. 이들 내에서도 종종 격심한 계급 분쟁이 일어나곤 했으며, 주도권을 쥔 가문 사이에는 뿌리 깊은 불화가 사라질 줄 몰랐다. 1350년에서 1450년 사이의 기간에 전반적으로 유럽의 군주국은 모두 상당히 힘이 약했고,(교황권도 마찬가지였다.) 15세기 후반부에나 들어서서야 어느 정도 회복의 기미가 나타나기 시작했다.

15.9.1 '제국'

[이전의 '제국' ☞ 13.13.1]

이 시절 유럽 전역을 통틀어 가장 분열이 심했던 곳은 신성 로마 제국의 영토로, 아주 대략적으로나마 독일과 오스트리아 그리고 그 인근의 땅 일부를 포함했다. 제국 안에서도 가장 많은 발달이 이루어진 서부에는 소규모 국가가 다수 몰려 있었던 반면에 동부에는 바이에른 공국, 오스트리아, 마르크 브란덴부르크, 프로이센(튜턴 기사단장의 지배를 받았다.) 같은 좀 더 대규모의 정치 체제들이 자리 잡고 있었다. 13세기 말에 호엔슈타우펜 왕조의 대가 끊긴 이래 황제의 직이 제국 안에서 계속 보전되고는 있었지만, 실질적 권력은 예전보다 훨씬 유명무실했다. 이런 신성 로마 제국이 장차 통일된 효과적인 통치 체제를 이루리라고는 전혀 기대할 수 없었다. 제국을 움직이는 실질적 권력을 황제가 아닌 다른 데서 쥐고 있었던 데다, 황제는 제국 지배에 대한 일반적 권리만 주장할 수 있었기 때문이다. 신성 로마 제국 황제의 대관식은 교황이 집전해 주는 것이 통례였으며, 이것이 황제가 이탈리아 내정에 관여하는 빌미를 만들기도 했다. 물론 그래 봤자 황제가 이탈리아에 행사할 수 있는 권력은 그가 독일에서 행사할 수 있던 수준에도 훨씬 못 미쳤지만 말이다. 신성 로마 제국의 황제는 라인란트의 권력자 네 명(마인츠, 쾰른, 트리어의 대주교, 팔라틴 백작)과 동부의 권력자 세 명(작센 선제후, 브란덴부르크 후작, 보헤미아 왕)이 모여서 선출했다.

14세기의 상당 기간에는 이 선제후(選帝侯)들이 누가 되느냐가 실질적으로 중요했다. 그리하여 선제후 자리를 둘러싸고 룩셈부르크가, 합스부르크가, 비텔스바흐가의 세 귀족 가문 사이에 주로 알력 다툼이 벌어졌다. 룩셈부르크가는 애초에 룩셈부르크 공국에서 탄생해 가문의 이름도 공국을 따라 지어졌지만, 14세기 대부분 동안에는 보헤미아 왕의 자리도 겸했다. 합스부르크가는 스위스에서 탄생한 가문으로, 1315년 당시에 스위스 동맹을 구성하던 소규모의 농민주(州)들(우리, 슈비츠, 운터발덴)에 모르가르텐 전투에서 패배당했다. 이 전투에서 합스부르크가의 패배로 스위스 동맹은 결국 명맥을 계속 이어 갈 수 있었고, 14세기 중반에 이르자 루체른, 취리히, 베른 같은 도시들까지 동맹에 가담했다. 이에 합스부르크가에서는 자신들의 오스트리아 영토를 보전하는 데 좀 더 주안점을 두게 된다. 비텔스바흐가는 대대로 바이에른 공작과 팔라틴 백작을 배출해 온 집안이었지만, 가문 내에 내부 분란이 끊이지 않아 비교적 많은 힘을 갖지는 못했다. 신성 로마 제국의 14세기는 갖가지 혼란으로 점철되었음에도 장기적으로 큰 의미를 갖지 못한 시기였으니, 황제직을 이용해 가문의 권력을 확립하고 증대하는 것이 가장 중차대한 일로 여겨졌기 때문이다. 따라서 이 시절에 신성 로마 제국의 황제 중 비중 있는 인물도 단 둘 뿐이다. 첫 번째는 바이에른의 루트비히(Lewis of Bavarian)로, 비텔스바흐 가문 출신인 그는 1322년의 뮐도르프 전투에서 숙적인 합스부르크 가문을 궤멸하는 성과를 올렸다. 하지만 루트비히는 교황과(특히 이탈리아와) 숙적 관계였고, 따라서 황제 재위 중 그는 브란덴부르크와 티롤을 가문의 영지로 추가로 확보하는 데 간신히 성공했을 뿐이었다. 이 루트비히의 뒤를 이어서는 카를 4세(Charles IV)가 황제에 올랐는데, 룩셈부르크가 출신으로써 1340년대 초반에 교황과 연합해 루트비히를 견제한 바 있던 그는 황제 자리에 올라서는 아예 이탈리아에 대한 모든 이권을 포기했다. 그러고는 동부 땅에서 가문의 입지를 좀 더 공고히 하는 데에 자신의 일생 대부분을 보냈다. 그의 치세에서 가장 중요한 사건은 1356년의 이른바 '금인칙서(Golden Bull)' 반포로, 이를 통해 황제의 선거 체제를 특정 틀에 고정해 그의 아들 벤체슬라스(Wenceslas)에게 황위가 돌아갈 수 있게 했다.

그러다가 14세기 말에 가문의 상속 재산이 여러 군데로 분할되는 양상이 계속된 결과 대단했던 세 귀족 가문의 위세도 점차 기울기 시작했다. 수 세기간 막강한 힘을 자랑하던 비텔스바흐 가문의 위세가 끝났고, 룩셈부르크가도 1356년에 카를 4세가 세상을 떠나면서 영지가 셋으로 분할되었으며, 합스부르크가도 1395년에 이와 동일한 방식으로 분열되었다. 아울러 신성 로마 제국 전역에서 정치적 권위가 쇠락하는 모습이 나타났다. 슈바벤 동맹의 도시들이 독자적으로 권위를 보유한 지역을 구축하는 데 성공했고, 체코 근방의 땅은 후스개혁파를 비롯한 몇몇 '이단'의 군대가 장악했으며, 스위스 연맹에서는 한 차례 농민 봉기가 일어났다. 이 무렵에 황제의 권력이란 거의 존재하지 않는 것이나 다름없었고, 따라서 1410년에 황제 자리에 오른 지기스문트(Sigismund)는 신성 로마 제국의 황제보다 차라리 헝가리 왕으로서의 역할을 충실히 수행하는 것이 훨씬 더 득이라고 판단했다. 그러다가 1437년에 그가 세상을 떠나면서 장기적 면에서 가장 중요한 발전이 일어나게 된다. 오스트리아의 알베르트 공작(Duke Albert of Austria: 황제 알베르트 3세)이 지기스문트의 뒤를 이어 황제로 선출된 것이다. 합스부르크가 출신으로써 황제 자리에 처음 올랐을 때만 해도 알베르트는 가문의 영지에조차 지배권을 거의 행사하지 못할 만큼 힘이 약했지만, 그의 치세 이후로는 내내 합스부르크가에서 황제직을 이어 갔다. 그리고 이어진 한 세기 동안 합스부르크가는 유럽에서 가장 강성한 왕조로 군림하게 된다.

15.9.2 잉글랜드와 프랑스

[이전 역사 ☞ 13.13.2]

유럽 서쪽에서는 잉글랜드와 프랑스의 군주제가 서로 접촉하면서 엄청난 불안정과 분쟁이 일었고, 둘 사이의 갈등은 한참 뒤인 1450년대에야 일단락되었다.(이 시기를 '백년전쟁'이라 일컫기도 한다.) 애초에 갈등의 화근은 카페 왕조의 대가 끊기자 1328년에 필리프 6세(Philip VI)가 프랑스 발루아 왕조의 초대 왕으로 즉위한 데 있었다. 이에 잉글랜드 군주들이 프랑스 왕위 계승권을 주창하고 나서지만, 프랑스의 군주제에서는 단 한 번도 받아들여진 적이 없던 모계 혈통을 왕위 계승의 근거로 내세웠기 때문에 다소 무리는 있었다. 하지만 가스코뉴 지방을 둘러싼 분쟁과 함께, 이는 잉글랜드가 프랑스의 내정에 간섭하고 프랑스를 약탈할 충분한 빌미가 되었다. 당시에 '프랑스'(그런 실체가 정말 있었다고 한다면)는 단결된 하나의 정치 체제이기는커녕, 카페 왕조가 견실한 기반 위에서 장기간 지켜 온 왕령 정도에 불과했다. 따라서 남부에서 (심지어는 가스코뉴 외곽 지대에서도) 프랑스의 지배력은 제한된 수준에 그쳤으며, 북부에서도 다수의 플랑드르 백작령이 실질적으로는 독립된 상태에서 브뤼헤 같은 번성한 교역 도시들을 하나둘 장악해 갔다. 프랑스가 주요 동맹으로 삼은 곳은 잉글랜드와 오랜 앙숙이기도 한 스코틀랜드였지만, 왕국의 내부의 발전이 워낙 낮은 수준이어서 연합의 힘은 강하지 못했다. 잉글랜드는 부유함으로는 프랑스에 훨씬 못 미쳤지만 대신 좀 더 강력하고 중앙집권화한 군주제를 갖추었고, 이를 통해 제한된 군사작전에 필요한 여러 자원을 제법 효과적으로 조달해 냈다. 아울러 잉글랜드는 프랑스의 약점을 십분 활용할 줄도 알았다.

잉글랜드는 플랑드르와의 동맹을 시도하기도 했으나 이 계획은 1340년대 초반을 제외하고는 거의 성공을 거두지 못했다. 그래도 크레시 전투에서 승리해 1346년에 칼레를 손에 넣고 2세기간 유지해 낸 것만큼은 소기의 성과였다. 한편 프랑스는 1356년에 들면서 국운이 최악의 상황까지 치달았다. 얼마 전 벌어진 푸아티에 전투에서 왕이 생포당해 정부가 와해된 데다, 프랑스 상당 지역에서 농민 유적 떼가 발생해 시골과 도시를 휩쓸고 다니면서 잉글랜드 병사들과 다름없는 짓을 일삼았기 때문이다. 그러나 이런 상황에서도 잉글랜드는 프랑스에 결정적 타격을 입히지 못했고, 따라서 샤를 5세(Charles V)가 즉위한 1364년부터 프랑스에 대대적인 회복이 일어나기 시작했다. 왕권이 다시 살아나면서 샤를은 주민들에게서 충분한 조세수입을 거두어들일 수 있었고, 이를 기반으로 (동시대의 명나라에 비하면 100분의 1 정도에 불과한 규모였지만) 약 6000명 규모의 상비군을 편성했다. 그러다가 1380년에 샤를이 세상을 떠난 이후 25년 동안은 둘 사이에 별달리 싸움이 일지 않다가, 잉글랜드가 다시금 프랑스의 왕위 계승권을 주창하고 나섰다. 당시 프랑스는 샤를 6세의 광기가 점차 도를 더해 왕가의 분열이 심화되고 있던 데다, 1415년의 아쟁쿠르 전투마저 잉글랜드의 승리로 돌아가면서 국운이 다시 한번 최악의 상황까지 치달았다. 잉글랜드는 프랑스 북부 전역에 약탈 작전을 전개하며 노르망디에 대한 지배권을 재차 요구하는 한편, 1419년에는 부르고뉴 공작과 암묵적인 동맹을 맺어 프랑스의 파리까지 점령했다. 하지만 1422년에 헨리 5세(Henry V)가 이른 나이에 세상을 떠나자,(샤를 6세가 사망한 것도 이 해였다.) 그의 젖먹이 아들 헨리 6세(Henry VI)가 왕위에 오르면서 잉글랜드의 국력은 점차 약화될 수밖에 없었다. 한편 프랑스는 카리스마와 종교적 열정을 함께 지닌 잔 다르크의 활약 속에서 1429년에 다시금 부흥을 맞지만, 1444년에나 들어서야 잉글랜드인들을 그들의 옛 영토인 노르망디와 가스코뉴 지방에만 묶어 둘 수 있었다. 그러다가 1453년에 프랑스가 끝내 잉글랜드인들을 추방하면서, 프랑스 군주제는 샤를 7세(Charles VII)의 통치 아래 오늘날의 프랑스 영토와 얼마간 연관이 있는 지역을 통치할 수 있게 되었다. 이 같은 시기에 잉글랜드는 한 차례 내전('장미 전쟁')에 휩쓸리는데, 이때 불거진 혼란은 1485년에 튜더 왕조가 새로 개창되어 헨리 7세(Henry VII)가 초대 왕으로 즉위하고 나서야 비로소 가라앉았다.

15.9.3 이탈리아와 교황권

이 당시에 극심한 분열을 보이기는 이탈리아반도도 마찬가지였다. 이탈리아반도에서 가장 큰 정치 체제를 이룬 곳은 (물론 구조는 심각하게 취약했지만) 나폴리 왕국으로, 13세기 중반 이후로 앙주 가문이 통치해 오고 있었다. 앙주 가문은 프로방스도 통치했지만, 시칠리아 왕이라는 호칭이 무색하게 사실 시칠리아를 다스린 것은 이들이 아니었다.(당시 이들 섬은 스페인의 아라곤 왕가에서 다스렸다.) 이탈리아반도 한참 북쪽에는 교황령이 다수 자리 잡았고, 그 외 나머지 지역에는 여러 도시와 제후국이 난립해 있었다. 이들 국가는 하나같이 소규모였지만, 교역에서 수입이 창출된 덕에 유럽의 기준에서는 비교적 부유했다. 이들 나라는 인구가 얼마 되지 않았으므로, 통치자들은 따로 자원을 들여 용병 군대(이른바 콘도티에로(condottiero))를 양성해야만 했다. 하지만 이들 콘도티에로들은 통제가 어려웠던 것은 물론, 급료를 지급하지 않거나 끊임없이 전쟁을 벌여 약탈품을 충분히 안겨 주지 않으면 고용주들에게 반기를 들기 십상이었다. 이탈리아 도시 대부분의 통치는 1320년대에 이르자 대규모의 상인 가문이 주축이던 공화제 정부에서 벗어나, 한 가문의 단독 지배, 혹은 통제가 심한 과두제 정부로 흘러가는 양상을 띠었다. 그리하여 밀라노는 비스콘티 가문의 지배를 받았고, 페라라는 에스테, 베로나는 델라 스칼라 가문의 지배를 받게 된다. 단 베네치아는 상황이 약간 달랐는데, 이곳 정부는 대회의(Great Council)의 통제를 받는 과두제의 형태였음에도 1297년 이후로는 새로운 가문들이 더는 통치층으로 편입되지 못했다. 이 체제를 지배했던 이른바 '도제(Doge: 통령 또는 원수)'는 사실상 선출을 통해 보위에 오른 군주나 다름이 없었다. 한편 시에나에서는 정부가 대체로 공화제의 형태를 그대로 유지해 갔고, 이는 제노바도 마찬가지였지만 후자의 경우 나라의 불안정이 심해지면서 14세기말 당시에 한참 세력을 키워 가던 밀라노에 독립권을 내어 주었다. 피렌체의 경우 1340년 이후 내내 공화제에 근거한 지방 자치체를 유지하다가, 1세기 후 메디치 가문의 대두로 공화제가 종식되었다.

14세기 초반에서 15세기 중반까지의 시기에는 교황권도 분열되고 취약해졌다. 1309년에 프랑스 군주제가 교황의 지배권을 빼앗아 일명 '아비뇽 유수'의 기간 내내 이를 내주지 않았기 때문인데, 이 같은 상황이 1377년에 이르기까지 이어졌다. 교황들이 로마를 떠나 있었음에도 불구하고, 이 시기에 들어 교황청은 체제가 점차 정교해지고, 부가 늘어나고, (물론 종교를 정면에는 내세워 진의는 감추었지만) 좀 더 적극적으로 정치술을 구사하게 되는 등 괄목할 만한 발전을 보였다. 프랑스 성직자들과 세속의 권위자들이 선거 과정을 조작한 결과, 한동안은 프랑스인들이 연달아 교황직에 올랐다. 1378년에 그레고리오 11세(Gregory XI)가 세상을 떠날 무렵에는 교황이 로마로 복귀한 상태였지만, 그가 죽고 우르바노 6세(Urban VI)가 교황으로 선출되면서 곧바로 '대분열(Great Schism)'이 일어났다. 그의 경쟁자 중 하나였던 클레멘스 7세(Clement VII)가 1379년 무렵에 아비뇽을 근거지로 교황권을 확립한 것이다. 이렇듯 교황이 둘 존재하게 되면서, 서유럽은 속세의 구분법으로 친프랑스파와 반프랑스파의 둘로 나뉘었다. 교황권이 약화된 데다가 라틴 교회 내부마저 분열되자 기독교 안에서는 이른바 '공의회주의 운동'이 일어나, (4세기와 5세기에 교회의 교리 내용을 결정지은 바 있는) 공의회가 교회에서 최고권을 지녀야 한다고 주장했다. 이에 1409년에 피사에서 공의회가 열렸으나, 여기서 빚어진 주된 결과는 다름 아닌 세 번째 교황의 선출이었다. 교회의 이 같은 상황은 콘스탄스 공의회(1414~1418년)가 열리면서 마침내 일단락되지만, 이 공의회는 서방 교회를 분열하는 데 그치지 않고 보헤미아의 후스파 종교개혁 지도자 얀 후스(John Hus)에게 선고를 내려 그를 화형시키는 결과도 초래했다. 이 무렵에 교황 마르티노 5세(Martin V)는 제자리를 찾아 로마로 돌아왔지만, 지난 몇십 년간의 알력 다툼으로 교황권은 그 성격 자체가 상당히 변해 있었다. 이제 교황권의 기반은 대체로 이탈리아 내의 교황 속령들이 제공했으며, 이에 따라 이후 4세기간 벌어진 이탈리아반도 내의 복잡한 권력 다툼에서도 교황권이 막중한 역할을 하게 된다.

15.9.4 이베리아

[이전 역사 ☞ 13.12.2]

　대규모로 진행되던 이슬람의 영토 재수복 과정이 13세기 중반 무렵에 일단락되자, 이베리아반도에서도 극심한 분열이 나타났다. 그 이후 250년 동안의 이른바 '레콩키스타(reconquista: 718년부터 1492년까지 약 7세기 반에 걸쳐서 이베리아반도 북부의 로마 가톨릭 왕국들이 이베리아반도 남부의 이슬람 국가를 축출하고 이베리아반도를 회복하려고 했던 일련의 과정을 이른다. ― 옮긴이)'도 그 성과가 매우 저조해, 여기저기에서 두서없이 국경분쟁만 일삼는 정도였다. 그라나다라는 이슬람 왕국이 매우 번성하기는 했지만, 이베리아에는 이 왕국 안보다 국경 바깥에 거주하는 무슬림이 더 많았다. 그중에서도 기독교 왕국 안의 무슬림들은 (유대교도들이 그랬듯) 법적으로 아예 별개의 부류로 나뉘어 좀 더 심해지는 차별 대우 속에서 살아가야 했다. 그러한 기독교 국가 중에서 13세기 중엽 이후의 상당 기간에 가장 강성한 세를 보인 곳이 아라곤이었다. 하지만 제후국 카스티야가 발렌시아 근방에서 길목을 막는 바람에 아라곤은 남방으로 진출할 수 없었고, 따라서 이베리아 대신 지중해에 근거한 자신의 제국 및 그곳의 교역망을 발달시키는 데 주력했다. 그리하여 1282년의 이른바 '시칠리아 만종 사건'(1282년의 부활절에 시칠리아 왕국에서 프랑스 앙주 가문의 왕 카를로 1세에게 대항해 일어난 반란이다. ― 옮긴이) 이후 아라곤은 시칠리아, 사르데냐, 코르시카를 손에 넣는 한편, 1343년 이후로는 발레아레스 제도까지 차지했다. 이베리아반도 내의 복잡한 권력 쟁탈 속에서 아라곤은 주로 교황권 및 앙주 가문과 대척을 이루었고, 때때로 프랑스의 군주제와도 반목했으며, 상업 방면의 경쟁자였던 제노바와는 늘 대립이 끊이지 않았다. 한편 소왕국 나바라는 카스티야와 아라곤이 합작한 수차례의 분열 계획에도 끝까지 살아남았으나, 14세기 말 이후로는 (수차례의 혼인 동맹으로 말미암아) 차후 프랑스 왕국의 일부로 전락할 가능성이 농후해 보였다. 포르투갈 왕국의 경우 왕실 내부에 분란이 끊이지 않은 탓에,(이는 이베리아반도의 다른 왕국들도 모두 마찬가지였다.) 국력이 매우 약했다. 그런 데다가 공식적으로는 교황이 종주권을 갖고 있어 걸핏하면 로마 혹은 아비뇽으로부터 내정간섭을 받았다. 기독교 국가 중 규모가 가장 컸던 곳은 스페인 중부의 카스티야였다. 이 무렵에 카스티야는, 마르틴 1세(Martin I)가 1410년에 세상을 떠난 이후 아라곤의 옛 왕실 가문에 아들 대가 끊긴 것을 염두에 두고 서서히 아라곤에 접근 중이었다. 카스티야의 이러한 정책은 1469년에 아라곤의 페란도(Ferdinand of Aragon)가 카스티야의 이사벨(Isabel of Castile: 카스티야의 왕위 계승권을 가지고 있었다.)과 혼인하면서 절정에 이른다. 그리하여 1479년 이후로는 이 두 사람이 두 왕국 모두를 공동으로 통치하게 되지만, 이런 상황에서도 조만간 통일된 스페인 왕국이 탄생하리라는 기대는 전혀 할 수 없었다. 이후에도 아라곤과 카스티야는 별개로 분리된 채, 자신들 나름의 고유한 관제를 계속 유지해 갔다.

15.10 유럽: 동부의 왕국들

1300년 무렵 이후의 동유럽 역사는 일부 측면에서 서유럽의 역사와는 정반대로 흘러갔다고 볼 수 있다. 이 시기에 동유럽에서는 분열이 일어나기는커녕, 오히려 헝가리 및 폴란드-리투아니아 같은 왕국이 출현해 대규모로 영토를 장악해 가는 모습이었다. 그럼에도 불구하고 이 시절 내내 이들 왕국들이 가진 힘은 비교적 약했다. 그보다 더 동쪽에서는, 1430년대에 킵자크 칸국이 셋으로 쪼개져 그 위세가 기울면서, 모스크바가 루스족 사이에서 패권을 차지하게 되었다.

15.10.1 폴란드-리투아니아

폴란드가 재통일된 것은 피아스트 공작 치세의 1320년으로, 그 이후 50년간 폴란드는 튜턴 기사단(이들은 동쪽으로 세를 확장해 13세기 말 무렵에 발트해 근방의 대규모 지역을 장악했다.) 및 보헤미아와 별 마찰 없이 지냈다. 그 대신 동쪽으로의 진출이 이루어졌는데, 킵차크 칸국이 더는 극서 지방 제후국들에 큰 힘을 미치지 못하고 있던 데다 루스족 제후국들 역시 여전히 힘없이 분열된 상태였기 때문이다. 이에 폴란드가 갈리시아와 (도시 리비우를 포함해) 볼히니아를 차지하면서, 1370년에는 나라가 원래의 세 배까지 불어났다. 그러다가 1370년 카지미에시 3세(Kazimiercz III)가 세상을 떠나면서 피아스트 왕조는 막을 내리고, 조카인 앙주의 루이(Louis of Anjou: 헝가리의 로요슈 1세(Lajos I of Hungary)와 동일 인물이다.)가 그의 뒤를 이어 왕위에 올랐다. 그는 반대파를 무마하기 위해 총신들에게 대규모의 토지를 하사하는 한편, 1374년에는 이른바 '코시체 법령(Statute of Kosice)'을 반포해 귀족, 성직자, 도시의 특권을 한층 증대해 주었다. 루이는 1382년에 계승자를 남기지 않은 채 세상을 떠났다. 당시 폴란드 귀족의 위세가 얼마나 커졌는지를 바로 이 대목에서 알 수 있는데, 얼마간의 공위(空位) 기간 끝에 루이의 딸 야드비가(Jadwiga)는 여왕 자리에 올랐지만, 그녀의 정혼자 빌헬름 폰 합스부르크(Wilhelm von Habsburg)는 폴란드에서 쫓겨났기 때문이다. 합스부르크가 폴란드를 제후국으로 합병할 것에 위협을 느낀 폴란드의 귀족층이 결국 그를 본국으로 내친 것이다. 그 대신 야드비가는 리투아니아 대공 요가일라(Jogaila)와 억지로 결혼해야 했고, 후일 대공은 폴란드의 야기에우워(Jagiello) 왕으로 선출되었다. 이 두 나라가 통일되면서 생겨난 왕국은 유럽 역사상 최대 규모의 것이었다.(당시 리투아니아는 여전히 이교 신앙을 믿는 편이었고, 따라서 야기에우워는 폴란드와 통일되는 대가로 자신이 믿던 이교 신앙을 버리고 라틴 가톨릭교회로 개종해야 했다.)

15세기에는 폴란드-리투아니아의 힘이 계속 강성해지는 양상이 전개되었다. 1410년에는 폴란드인, 리투아니아인, 체코인, 루테니아인, 왈라키아인으로 구성된 군대가 (타넨베르크 근방의) 그룬발트에서 벌어진 전투에서 튜턴 기사단을 완파했다. 튜턴 기사단은 이 전투에서만 (기사단장을 포함해) 전체 기사 중 절반이 목숨을 잃었고, 나머지 절반(약 1만 4000명)도 포로로 붙잡혀 갔다. 튜턴 기사단은 그 이후에도 얼마 동안은 자신들이 가지고 있던 땅 대부분을 보전했으나, 1454년에 들어 그단스크, 엘블롱크, 토룬에서 폴란드의 보호를 받겠다는 움직임이 일었다. 그리하여 이후 14년간 전쟁이 벌어졌고 여기서 폴란드인과 리투아니아인이 종국에 승리를 거두었다. 1466년에 들자 기사단의 땅은 결국 여러 개로 분할되고 말았다. 서프로이센은 폴란드 내부에 자치 속주로 자리 잡은 반면, 동프로이센과 리보니아는 여전히 튜턴 기사단이 장악했지만 실질적 주권은 폴란드에 있었다. 한편 그단스크는 본래대로 다시 폴란드 땅이 되어 급속히 주요 항구로 자리 잡고 폴란드의 생산품들을(주로 곡식을) 네덜란드로 수출하는 역할을 했다. 동부에서는 리투아니아가 루스족의 옛 땅 대부분을 지배하게 되었다.

[이후의 폴란드-리투아니아 ☞ 18.10.1]

15.10.2 헝가리

폴란드-리투아니아가 그랬듯 (1440년대에 들어 매우 단기간에 통일이 되었다는 점에서) 이 당시 헝가리도 매우 커다란 왕국으로 성장할 가능성이 있었지만, 불안정하고 취약한 왕실 계보 때문에 골치를 썩는 일이 주변의 이웃 국가보다 훨씬 많았다. 거기다 헝가리는 이 무렵에 한참 힘이 커져 가던 오스만에도 대응하지 않으면 안 되었는데, 결국 헝가리 왕조를 패망시킨 것이 바로 이 오스만이었다. 하지만 이 시절 헝가리가 꽤 강성했던 것만은 분명인데, 잘만 하면 동부 유럽에 형성되었을 대제국의 핵심부를 거의 두 차례나 차지할 뻔했기 때문이다. 애초에 헝가리는 오랜 시간이 걸린 끝에야 몽골족 침략의 여파에서 회복된 참이었는데, 13세기 말에 접어들자 귀족들이 더욱 많은 권력을 탈취하면서 중앙정부가 아예 붕괴했다. 그리하여 아르파드 왕가의 마지막 왕인 언드라시 3세(Andras III)가 세상을 떠난 뒤, 헝가리에는 공위(空位) 기간이 7년 동안 이어졌다. 종국에는 교회와 하급 귀족층이 나서서 1308년에 앙주의 샤를(Charles of Anjou: 나폴리 왕의 아들로, 아르파드 왕조 집안의 딸과 혼인한 사이였다.)을 왕으로 선출해 카롤리 1세(Karoly I)의 이름으로 강제로 왕위에 올렸다. 카롤리 1세는 1342년에 이르기까지 오랜 기간에 걸쳐 나라를 다스리며 헝가리 군주제의 위상을 재정립하고, 귀족층에서 전용해 오던 토지를 상당량 회수하는 한편, 점차 증대되던 금은 채굴에 세금을 부과해 나라의 세입을 좀 더 증대시켰다. 하지만 카롤리 1세의 뒤를 이어서 왕위에 오른 러요시 1세(Lojos I: 1342~1382년)는 세 차례나 나폴리의 왕좌 탈취를 위해 공을 들이다가 자신이 가진 자원 대부분을 써 버렸다. 그러기는 했으나 크로아티아, 슬로베니아, 달마티아 지역에 헝가리의 패권을 재확립한 것도 결국에는 그였다. 러요시 1세는 1370년에 들어 폴란드의 왕 자리에도 오르지만, 그가 보기에는 두 왕국을 합친다고 해도 득이 될 것은 하나도 없었다.

러요시 1세가 세상을 떠나자 헝가리는 대규모의 권력 다툼에 휘말렸다. 처음에는 나폴리의 왕이 헝가리 왕좌를 탈취했으나 이내 살해당했고, 이에 헝가리 귀족층이 룩셈부르크의 지기스문트를 추대해 1387년에 그가 지그문트(Zygmunt) 왕의 이름으로 헝가리 왕위에 올랐다. 지그문트는 1410년에 황제의 칭호를 취했고, 그로부터 10년 뒤에는 보헤미아 왕까지 겸했다. 이제 잘만 하면 이를 기반으로 대규모의 왕국이 탄생할 수도 있는 셈이었다. 하지만 지그문트는 보헤미아 지방에 산적해 가는 문제들을 처리하는 데에 치세 대부분을 보낼 수밖에 없었으니, 바로 이곳에서 후스파의 운동 및 반란이 일어나 1415년 무렵에 절정에 달했기 때문이다. 1437년에 지그문트가 세상을 떠나면서 헝가리는 3년간 다시 혼란에 휩싸였고, 야기에우워 가문의 폴란드-리투아니아 왕인 브와디스와프 3세(Wladyslaw III)가 헝가리의 울라슬로(Ulaszlo) 왕으로 선출된 후에야 비로소 사태가 진정되었다. 울라슬로 왕의 즉위는 중앙 및 동부 유럽 전역에 걸쳐 대제국이 탄생할 수도 있을 것이라는 기대를 또 한 차례 불러왔다. 하지만 다시 흥기한 오스만 세력에 헝가리가 맞서 싸우면서 울라슬로의 치세는 단 4년에 그쳤다. 1444년에 울라슬로는 바르나 전투에서 오스만인들과 싸움을 벌이다가 목숨을 잃었다. 이에 트란실바니아의 군사령관 야노시 후녀디(Janos Hunyadi)가 왕을 대신해 헝가리를 이끌다가, 이내 합스부르크가를 대신해 헝가리의 섭정으로 선출되었다. 하지만 그가 세상을 떠난 뒤, 아들 마차시는 헝가리의 왕으로 선택되었다. 왕이 된 마차시는 강성한 세력의 오스만을 공격하는 대신에 서부로 눈을 돌려 1470년에 보헤미아를 차지하는 데 성공했다. 보헤미아는 종국에 분할되어 마차시 후녀디가 모라비아와 실레시아를 차지했고, 더 나아가 그는 1485년에 오스트리아 동부를 장악한 뒤 빈을 수도로 삼았다. 하지만 1490년에 마차시가 세상을 떠나자마자 헝가리는 빈과 오스트리아 동부에 대한 지배권을 잃었다. 헝가리의 귀족층은, 1세기 전 폴란드에서 똑같이 그랬듯, 자신들의 나라가 합스부르크가의 제후국으로 통합되는 것만은 어떻게든 피하고자 했다. 그리하여 나라를 야기에우워 가문의 보헤미아 통치자인 블라디슬라프에게 헌상했고, 그가 곧 울라슬로 2세가 되어 헝가리를 통치했다.

15.10.3 모스크바의 발흥

[이전 역사 ☞ 14.5.3]

폴란드-리투아니아의 동쪽, 루스족 제후국들이 자리한 지역에서는 카스피해 근방 볼가강의 사라이에 근거한 킵차크 칸국이 1430년까지 계속 지배적 세를 이어 갔다. 하지만 이후로는 킵차크 칸국도 카잔, 크림, 아스트라한의 삼국으로 분열되었고, 이로써 서부의 소국들에 약간이나마 유리한 판도가 형성되었다. 모스크바의 통치자들(도시 모스크바 하나만 겨우 지배하는 정도였다.)은 그간 몽골족의 지원을 통해 세를 키울 수 있었고, 특히 몽골족으로부터 블라디미르 대공의 칭호를 부여받아 다른 루스족 국가들 사이에서 명목상의 패권을 쥘 수 있었던 것이 주효했다. 하지만 모스크바 및 그곳을 다스린 다닐로비치 왕조는 힘이 너무 약해, 몽골족의 후원이 없이는 자신의 입지를 유지해 갈 수 없는 형편이었다. 그래서 모스크바의 통치자들은 몽골족에 반드시 공물 납입을 한 것은 물론, 때가 되면 반드시 사라이를 찾아 신하의 예를 갖추었으니, 모스크바가 다른 루스족보다 월등히 많은 특권을 누리게 된 것도 다 이 같은 노력의 부산물이었다. 그렇기는 했으나 이는 모스크바로서는 장기간에 걸쳐 (비록 중간에 종종 단절은 있었지만) 자신의 세를 본격적으로 확대해 가는 과정의 출발점이기도 했다. 모스크바의 지위가 한층 높아지는 데는 그리스 정교회도 일조했는데, 루스족이 신봉한 이 종교의 수장(그리스 정교회의 대주교)이 1299년에 키예프에서 블라디미르로 거처를 옮긴 데 이어 1325년에는 모스크바로 거처를 옮겨 왔기 때문이다. 이 교회는 1257년 이래로 내내 몽골족의 지원을 받았으며,(몽골족은 이 교회의 세금을 면제해 주었다.) 1261년 이후에는 사라이에도 주교좌를 두는 한편 예배에서는 몽골족 칸의 건강을 기원하는 기도를 드리기도 했다. 아무래도 그리스 정교의 배경이 비잔티움에 있는 만큼, 이 교회가 끼친 영향은 주로 모스크바 내부에 비잔티움 문화를 널리 전파한 데 있었다고 하겠다.

한편 세속의 일과 관련해서는 여전히 몽골족의 영향력이 지배적이었다.(그간 애국주의 성향의 러시아 역사가들은 몽골족의 이러한 영향력을 어떻게든 과소평가하려는 경향을 보여 왔지만 말이다.) 모스크바는 다른 제후국들과 마찬가지로, 전투에서 몽골족의 기마술을 채택해 썼을 뿐 아니라, 훨씬 중요하게는 그때껏 몽골족이 사용하던 행정 관례를 그대로 가져다가 썼다. 당시 모스크바들의 통치자들은 몽골족의 대리 자격으로 그들의 영역을 다스리는 것이었기 때문이다. 이 무렵에 모스크바에서는 행정을 맡아보는 문관직은 러시아어로 다루가(daruga)라 하고 무관직은 바스카크(baskak)라 일컬었는데, 각기 몽골어의 다루야(daruya)와 튀르크어 바스카크(basqaq)에서 파생한 것이 분명하다. 후자의 튀르크어는 제국 서부를 통치한 몽골족이 채택해 쓴 말이었다. 이들 행정직은 14세기 초반만 해도 루스족 제후국들을 감독한 몽골족이 맡는 것이 원칙이었다. 그러다가 차차 시간이 흐르면서 몽골족 대신 루스족을 그 자리에 임명하게 되었는데, 그렇게 해도 지방의 제후들이 몽골족에 계속 충성과 공물을 바칠 것임을 몽골족이 믿게 되었기 때문이다. 일명 메스트니치스트보(Mestnichestvo)라고 해서 19세기까지 명맥이 유지된 모스크바의 사회 지위 및 군사 서열 체제도 그 기원은 몽골족의 체제에 있었다. 아울러 몽골족의 여러 형벌도 루스족의 법전 안에 한데 통합되는 양상을 띠었다.

1430년대 초반에서 1440년대 사이에 모스크바는 내전을 겪으며 분열되는 위기에 처하지만, 이후 몽골족의 지배력이 쇠퇴함에 따라 뚜렷한 회복세를 보였다. 이로써 모스크바는 당시 서부에서 발흥 중이던 폴란드-리투아니아를 상대로 각종 문제들을 좀 더 자유롭게 협의해 나갈 수 있었다. 1449년에는 모스크바의 바실리 2세(Vasilii II)와 폴란드의 카지미에시 4세(Casimir IV) 사이에 두 나라의 상호 국경선 및 영향력 범위와 관련해 조약이 맺어졌다. 이 조약을 통해 모스크바는 노브고로드와 프스코프, 그리고 북동쪽의 루스족 제후국에 대해 지배적 입지를 점하게 된 반면, 폴란드-리투아니아는 루스족의 서부 땅을 (동쪽 멀리의 스몰렌스크에 이르는 지역까지) 전부 장악하게 되었다. 모스크바의 통치자들은 이때에도 여전히 크림 칸국에 공물을 바치는 상황이었지만, 1462년 왕위에 오른 이반 3세(Ivan III)를 시초로 해서는 몽골족의 명백한 승인이 떨어지지 않더라도 공물을 납입할 만큼 자주성을 갖게 되었다. 이와 병행해 교회에서도 모스크바 통치자들의 입지를 대폭 상승시키고자 애를 썼고, 몽골족의 세가 기울자 이들은 점차 반(反)몽골의 성향을 띠어 갔다. 아울러 교회는, 1453년에 콘스탄티노폴리스이 함락된 이후 특히, 자신들과 비잔티움의 관련성을 적극 강조했다. 그래서 급기야는 모스크바가 '제3의 로마'라는 터무니없는 주장까지 내놓을 정도였다. 하지만 이때까지도 제후국 모스크바는 여전히 매우 후진적인 상태를 면치 못했다. 농민들은 필수품인 소금을 제외하면 대체로 자급자족 생활을 했으며, 멀찍이 떨어져 서로 왕래가 없는 공동체에서 생활하며 그곳의 지형 대부분을 뒤덮은 산림에 들어가 이른바 '화전농법'으로 농사를 지었다. 흑사병은 이 지역도 덮쳐 14세기의 나머지 기간 내내 언제고 재발했으니, 주민들이 이 역병의 여파에서 회복되는 데는 오랜 시간이 걸렸다. 15세기 말엽에 모스크바의 제후국 전체에서 성읍은 서른 개가 채 되지 않았고, 그 안에 생활하는 주민의 수도 대부분 2000명 정도에 불과했다.

[이후의 모스크바 ☞ 18.10.2]

[이후의 유럽 왕조 분쟁 ☞ 18.9]

15.11 대서양을 향해

세계사 전체의 시각에서 봤을 때 15세기의 유럽에서 가장 중요한 발전은 다름 아닌 대서양으로의 확장이었다. 포르투갈인들의 항해는 1294년에 포르투갈에서 이른바 '레콩키스타'가 완료되고 나서 처음 이루어졌지만, 1395년에 주앙 1세(João I)가 왕위 올라 새로운 군주제가 성립된 것이 본격적으로 항해가 시작되는 계기가 되었다. 1419년에는 아비스 기사단의 대장이기도 했던 그의 아들 엔히크(Henrique)가 주앙 1세의 뒤를 이어 대서양으로의 확장 사업을 적극 지원했다.(엔히크는 19세기의 한 잉글랜드 역사가에 의해 '항해 왕자 엔히크'라는 별명을 처음 갖게 되지만, 사실 1460년에 사망하기까지의 오랜 기간에 엔히크가 북아프리카를 찾은 것은 단 세 차례뿐이었다.) 이 당시 포르투갈의 항해는 장기 계획의 일환, 즉 동부 지중해의 이슬람 지배권을 돌아 인도양의 무역로로 들어간다는 식의 일정에 따른 것이 아니었다. 포르투갈의 항해를 애매하게 '발견의 정신'이나 유럽인의 신비한 확장 동력에서 비롯되었다고 생각하는 것은 더더욱 터무니없다. 항해가 최종 완료되기까지 장기간이 걸리긴 했지만, 당시 포르투갈은 당장에 손쉬운 이익을 거두어들일 수 있을 때마다 그때그때 필요한 항해의 단계들을 진행했다. 또한 항상 재정적인 부분을 최우선적으로 고려했으며, 항해의 일차 단계에서는 보통 소규모 집단으로부터 후원을 받되 차후 수익 창출의 가능성이 커지면 그때서야 비로소 군주의 지원을 받을 수 있었다.

포르투갈이 본격적으로 확장을 시작한 것은 엔히크의 등장 직전인 1415년에 북아프리카 연안의 세우타를 점령하면서였다. 하지만 당시의 포르투갈은 모로코의 이슬람 통치자들을 도저히 당해 낼 수 없는 상황이었다. 이 시절에 포르투갈의 인구는 모로코의 6분의 1에 불과했을 뿐 아니라, 그들이 가진 부도 모로코에 한참 모자랐기 때문이다. 따라서 포르투갈이 시도할 수 있는 일이란 모로코에 측면공격을 가하는 것, 그리고 수익성 좋은 사하라사막 횡단 무역로에 대한 지배권을 공략해 서아프리카의 금을 직접 손에 넣는 것 정도였다. 이 무렵에 포르투갈인들은 돛대 세 개의 캐러벨을 개발해 이용 중이었지만,(거기에 이슬람 세계에서 수 세기 동안 사용해 오던 대형 삼각돛을 달았다.) 이 선박으로도 해결할 수 없는 문제가 있었으니 바로 아프리카 연안을 따라 흐르는 해류였다. 사하라 사막 연안의 카나리 해류는 사시사철 북에서 남으로 가는 한 방향으로만 흘렀는데, 따라서 지중해의 항해사들은(이때만 해도 육지에서 멀리 떨어져 대양을 항해해 본 경험이 거의 혹은 전혀 없었다.) 보자도르 곶(카나리아 제도 바로 남쪽에 있다.)을 한번 돌고 나면 영영 고국은 밟지 못하는 줄로만 알았다. 하지만 이슬람 항해사들의 경우 아프리카 대륙을 시계 방향으로 돌 때 이 같은 문제를 잘 넘겼는데, 다름 아닌 대서양 좀 더 깊숙이까지 항해해 카나리 해류를 피한 것이다. 시간이 흐르자 포르투갈인들은 차차 카나리아 제도, 마데이라, 그리고 아조레스 제도를 이용해 본국으로 돌아오는 방법을 익히게 되었고, 그제야 비로소 이슬람 항해사들과 같은 방식으로 항해할 수 있게 되었다. 그리하여 포르투갈 항해가로서는 처음으로 보자도르 곶을 돌아 고향으로 돌아온 것이 1434년의 길 에안네스(Gil Eannes)였다. 하지만 유럽의 항해가가 최초로 아프리카 최남단의 희망봉에 도달하기까지는 그 후로도 50년 이상이 더 걸렸고, 바스쿠 다 가마(Vasco da Gama)가 희망봉을 돌아 인도까지 항해하기까지는 그로부터 다시 10년이 더 걸렸다.

따라서 이들 항해에서 핵심은 대서양의 섬들이었다. 차후 수 세기에 걸친 유럽인의 대서양 전역으로의 확장이 어떤 성격과 영향을 지니는지도 바로 이 섬들에서 맨 처음 축소판으로 드러난다. 이 시절 유럽인들에게 최초로 이용당한 섬들은 유럽인들이 14세기에 들어 발견한 카나리아 제도였다. 카나리아 제도는 일찍이 1380년대부터 포르투갈인, 프랑스인, 아라곤인들이 들어와 사람들을 노예로 잡아가곤 했다. 당시에 이곳의 일곱 개 섬에는 관체인들이 거주하고 있었고, 약 8만 명에 달했던 이들 민족은 베르베르인들과 유사했으며, 기원후를 전후해 섬에 정착한 이후 자신들의 작물 및 가축을 섬에 들여와 기르고 있었다.(염소, 돼지, 개는 키웠지만 말과 소는 키우지 않았다.) 아마도 이 관체인들이 유럽인들에 의해 끝내 멸종당한 수많은 민족 중 최초가 아니었을까 한다. 유럽인들(주로 카스티야인들이었다.)은 카나리아 제도의 섬들을 하나하나 점령해 나갔고,(1496년의 테네리페섬이 마지막이었다.) 그 과정에서 무력을 동원해 토지를 탈취하고, 주민들을 데려다가 노예로 팔았으며, 섬으로 유럽의 작물과 동물을 들여와 길렀다.(그중에서도 설탕 농장을 조성한 것이 특히 중요했다.) 마지막 남아 있던 관체인은 1540년대에 끝내 사망했다. 그 외 대서양의 섬들은 사람이 살지 않는 곳이었으나, 카나리아 제도가 정복되자 곧바로 정착이 이루어졌다. 그리하여 마데이라는 1425년, 아조레스 제도는 1427년에서 1450년 사이, 그리고 카보베르데 제도는 1450년대 이후로 사람들이 들어와 살았다.

유럽인이 대서양의 이들 섬을 이용하는 데 하나같이 핵심적인 역할을 한 것은 설탕이었다.(단 기후가 너무 서늘한 아조레스 제도만은 예외였다.) 유럽인들이 (이슬람 세계에 널리 퍼져 있던 주요 작물 중 하나인) 설탕에 익숙해지기 시작한 것은 12세기 초반의 일로, 제1차 십자군 전쟁 이후 베네치아인들이 티레 근방의 촌락 일부를 점령하고 그곳을 유럽에 대한 설탕 수출 농장으로 전환한 것이 계기였다. 당시 유럽에는 꿀 외에는 달리 감미료가 없던 까닭에 설탕이 중요하기는 했지만, 사실 초기만 해도 설탕은 상품으로서의 가치가 매우 떨어지는 물품이었다. 설탕 생산과 관련한 가장 어려운 문제는 무엇보다, 설탕은 재배는 물론 가공에도 매우 많은 양의 노동력이 집약적으로 들어가야 한다는 사실이었다. 거기다 설탕의 원료가 되는 사탕수수는 그 무게며 부피가 엄청나기 때문에 (특히 육로를 이용해) 수송을 해 오려면 매우 많은 비용이 들었고, 따라서 농장마다 설탕 공장을 하나씩 짓는 수밖에 없었다. 이 공장에서 사탕수수를 으깨 즙을 짜내고 그것을 다시 불로 가열해 농축하는 과정이 진행되었는데, 등골이 휠 만큼의 고된 노동을 수 시간에 걸쳐 집약적으로 쏟아부어야 하는 어려운 작업이었다. 그러다 보니 이때만 해도 선뜻 설탕 생산을 하겠다고 나서는 사람은 거의 없었다. 하지만 가공 및 농축 과정만 거치고 나면 설탕은 그 부피에 비해 가치가 매우 높은 상품이어서, 선박으로 장거리를 운송해 내다 팔면 상당한 수익을 거둘 수 있었다. 설탕 산업이 대규모로 커진 것은 이슬람이 세를 회복해 레반트 땅이 그들에게 넘어간 연후의 일이었다. 이로써 레반트 대신 십자군의 귀족층과 베네치아 상인들이 함께 장악하고 있던 키프로스가 설탕 생산지로 급전환한 것이다. 키프로스 현지 주민들은 자신들의 식량을 재배하는 데 겨를이 없었던 만큼 설탕 농장에서 일하려는 사람은 거의 없었다. 따라서 농장주들은 흑해에서 노예들을 데려와,(몇몇은 아프리카에서 데려오기도 했다.) 그들에게 대부분의 작업을 시켜야 했다. 하지만 당시에는 설탕에 대한 수요와 생산량 모두 낮았던 터라 노예무역도 그렇게 성행하지 않았다. 1년에 거래되는 노예의 수를 다 합쳐 보아야 약 1000명에 불과했다. 시칠리아에서 설탕 생산이 처음 시작되었을 때에도 그 규모 역시 이때에 비해 그렇게 커지지 않은 상태였다.

유럽인들은 대서양의 섬들에 들어온 초창기에는 목재를 비롯한 다른 원료들을 주로 착취해 갔지만, 그것들이 다 떨어지고 나자 이내 설탕 생산이야말로 이 땅을 이용해 가장 많은 수익을 올릴 수 있는 길임을 명확히 알게 되었다. 다만 설탕 생산에 들어가는 그 막대한 노동력을 어떻게 동원할지가 문제였다. 당시 유럽인들은 농장의 감독관 이상의 힘든 일은 하려고 들지 않았기 때문이다. 그 해결책은 다름 아닌 아프리카에서 노예를 들여오는 것이었다. 노예무역은 1440년대에 크게 발달하기 시작했는데, 이때부터 포르투갈인들이 서아프리카 연안을 정기적으로 오가며 노예를 사 오는 동시에 아프리카의 토착 통치자들에게 공물을 바치고 특권을 손에 넣었던 것이다. 그리고 이런 활동들 속에는 유럽인들만의 고유한 태도가 몇 가지 녹아들어 있었으니, 오래전부터 확립된 흑인종의 피부색에 대한 혐오감, 자신들이 좀 더 우월한 인류라는 인식,(이러한 인식이 생겨나는 데는 성경도 한몫했다.) 유럽의 정체성에 정면으로 맞서는 신앙인 이슬람에 대한 적의, 아울러 십자군이나 선교단이 갖고 있던 기독교 신앙의 우월성에 대한 믿음이 그러했다. 1442년 이후로는 아예 교황이 포르투갈인들의 항해를 비롯해, 대서양 제도에서의 정착 사업 및 아프리카 연안 무역을 십자군 활동으로 인정해 주었다. 엔히크 왕자를 새로 창설된 '그리스도 기사단'의 수장으로 임명한 것도 이때였다. 아울러 교황의 뜻에 따라 아프리카인들을 붙잡아 노예로 부리는 것도 도덕적으로 정당화되었는데, 그것이 아프리카인들을 기독교 신앙 안으로 끌어들이는 길이라는 이유에서였다. 이와 비슷한 맥락에서 무슬림에게 돈을 주고 노예를 사 오는 것도 허용되었으니, 거기서 얻은 수익을 이슬람에 대한 성전에 재투자하면 된다는 것이었다. 하지만 노예무역의 대금을 무기로 치르는 것은 불경자들의 힘만 키워 주는 꼴이므로 엄격히 금지되었다. 그리하여 포르투갈로 처음으로 노예들이 잡혀 오지만, 1455년에 이들이 이용된 곳은 아프리카 연안 아구인에 있는 포르투갈의 요새 건설 현장이었고, 이 같은 일이 1480~1482년의 엘미나에서 또 한 차례 되풀이되었다.

그러다가 이들 노예들이 대서양의 섬들로 끌려와 설탕 농장에서 일하게 되면서, 유럽인의 대서양 세계를 특징짓는 두 가지의 주된 요소가 하나로 결합되었다. 설탕 생산이 처음 시작된 것은 1455년에 마데이라에서였다. 당시에 설탕 공장 건설에 필요한 대부분의 자본은 제노바에서 출자되었으며, 기술 고문은 주로 시칠리아에서 파견되었다. 마데이라가 대서양에서 지니는 입지를 감안할 때 여기서 생산된 설탕은 북유럽의 수출이 용이했는데, 제노바와 플랑드르의 상인들로서는 이것이 설탕 사업에 박차를 가해야 할 나름의 동기가 되었다. 두 집단 모두 이 새로운 지역을 개발함으로써 당시 지중해 동부 무역을 장악하던 베네치아를 어떻게든 무너뜨리려는 심산이었기 때문이다. 1480년대에 이르자 안트베르펜에는 마데이라의 설탕을 실어 나르는 선박만 약 일흔 척에 달했고, 이에 설탕 정제와 유통을 담당하는 시설들이 대거 안트베르펜으로 몰렸다. 1490년대에는 마데이라의 설탕 생산량이 키프로스를 능가했다. 이에 포르투갈에서는 1480년대에 카사 도스 에스크라보스(Casa dos Escravos)라는 기구를 설립해, 아프리카에서 대서양의 섬들 및 포르투갈로 들어가는 노예의 양을 조절했다. 상인들은 특정 지역에 가서 그곳의 노예 매매권을 사들이기도 했으며, 노예무역에서 발생하는 수익의 30퍼센트는 정부가 가져갔다. 그렇게 되자 얼마 안 가 리스본에는 노예를 사고파는 대규모의 공공 경매장이 들어서기에 이른다.(리스본은 이때 이미 전체 인구의 10분의 1 정도가 노예였다.) 노예로는 모리스코(Morisco: 비밀리에 이슬람교를 믿다가 추방당한 스페인들을 일컫는다. — 옮긴이)나 무슬림보다는 아프리카인이 선호되었으며, 그중 상당수가 카스티야로 팔려가 발렌시아 근방에 발달해 있던 설탕 농장에서 일했다. 시기를 막론하고 대서양의 섬들에서는 노예들의 인구가 항상 1만 명의 선에서 유지되었다. 이 정도의 노예 수를 유지하는 데만도 1440년대에서 15세기 말엽 사이에만 총 14만 명에 이르는 노예가 거래되어야 했다.

이로써 앞으로 유럽인들이 대서양에 어떤 세계를 건설하게 될지는, 그들이 아메리카 대륙을 발견하기 전부터 그 윤곽이 대강 드러난 셈이었다. 그 세계의 본질적 특성은 다름 아닌 토착 원주민의 정복과 제거, 아프리카로부터의 노예무역, 상업적 플랜테이션을 통한 유럽에의 물품 공급이었다. 그리고 바로 이러한 체계가 이후의 몇 세기에 걸쳐 규모만 어마어마하게 커진 채 그대로 되풀이되었다.

왕수민

서강대학교에서 철학과 역사를 공부하고, 주로 인문 분야의 영문 도서를 맡아 번역 작업을 하고 있다. 옮긴 책으로는 『더 타임스 세계사』(예경)와 『문명이야기 1, 4』(민음사), 『바른 마음』(웅진지식하우스), 『인포그래픽 세계사』(민음사), 『수잔 와이즈 바우어의 세상의 모든 역사: 중세편』(부키) 등이 있다.

클라이브 폰팅의
세계사 1

선사시대에서 중세까지

1판 1쇄 펴냄 2019년 12월 27일
1판 2쇄 펴냄 2024년 10월 21일

지은이　클라이브 폰팅
옮긴이　왕수민
발행인　박근섭, 박상준
펴낸곳　(주)민음사

출판등록　1966. 5. 19. (제16-490호)
주소　　서울시 강남구 도산대로1길 62
　　　　강남출판문화센터 5층 (06027)
대표전화　02-515-2000　팩시밀리 02-515-2007

www.minumsa.com

한국어판 ⓒ (주)민음사, 2019. Printed in Seoul, Korea

ISBN 978-89-374-4390-9 (04900)
ISBN 978-89-374-4389-3 (세트)